城投简史

苑德江 ◎ 著

History of City Investment Company

上海财经大学出版社
SHANGHAI UNIVERSITY OF FINANCE & ECONOMICS PRESS
上海学术·经济学出版中心

图书在版编目(CIP)数据

城投简史 / 苑德江著. -- 上海：上海财经大学出版社, 2025.1. -- ISBN 978-7-5642-4537-5

Ⅰ. F299.23

中国国家版本馆 CIP 数据核字第 2024L811Z0 号

□ 责任编辑　陈　佶
□ 封面设计　贺加贝

城 投 简 史

苑德江　著

上海财经大学出版社出版发行
（上海市中山北一路 369 号　邮编 200083）
网　　址：http://www.sufep.com
电子邮箱：webmaster@sufep.com
全国新华书店经销
上海叶大印务发展有限公司印刷装订
2025 年 1 月第 1 版　2025 年 2 月第 2 次印刷

787mm×1092mm　1/16　32 印张(插页:2)　571 千字
定价：158.00 元

序　言

城投公司是中国经济发展过程中一个特殊存在，是属于中国特色的国有经济实体。读懂了城投公司，在一定程度上就读懂了中国经济发展的内在逻辑，就可以解开中国经济多年高速发展的密码。

城投公司承担了一个城市的基础设施建设、保障房建设、道路建设管理和园林绿化等各项职能，是城市基础设施最重要的建设和运营主体，为保障城市经济发展打好了坚实的物质基础。有了这些良好的基础设施作为保障，各行各业才得以快速健康发展，城市经济发展也就更有根基。从实践来看，一个区域的城投公司质量和数量，与区域经济发展情况是成正比的。优质的城投公司可以为城市经济发展提供基础设施基础，而快速发展的城市经济则为城投公司业务的发展提供支持。因此可以这样说，城投公司和城市经济是互相成就的。

城投公司最本质的特点，是不以营利为发展目标，公益性是城投公司的首要目标。这里的不营利并不代表财务报表上公司亏损，而是说城投公司设立及发展的主要目标是做好城市基础设施和公共服务的提供者和服务者，做好城市运营商的职能，以提供公益性服务为最重要任务。而营利性是城投公司业务开展过程中附加形成的，并不是城投公司设立的初衷。公益性的发展目标是城投公司与国有实业企业之间最根本的区别。

而要说城投公司，就必须讨论城投公司的融资问题。城投公司从诞生开始，就和融资紧密地联系在了一起，密不可分。原因其实很简单，城投公司开展的各项业务，都是需要大量资金支持的，而城投公司自身及其政府股东无法直接给城投公司主营业务提供足够的资金支持。银行贷款、信用债券、信托贷款、融资租赁、资管产品、商业保理和定融产品等各种融资方式，都在城投公司得到了广泛的运用。从一定程度上看，城投公司的发展史，也是城投公司的融资史，就是城投公司融资渠道不断拓展的过程，而城投公司的融资，从一开始就受到了各个监管机构的监督管理。随着经济的发展和城投公司融资方式的创新，金融监管机构的监管政策也在与时俱进地更新，监管规则也在日趋完善。所以城投公司的融资史，也就是城投公司的监管史。

通过梳理城投公司的发展阶段、主营业务和融资方式，可以更清晰地看出城投公司的发展脉络，更明确城投公司发展面临的困难和问题，从而可以更好地规划城投公司未来发展前景，明确未来发展方向。

而城投公司如果转型成功，带来的影响将会极其深远。这就意味着，城投公司可以实现新的业务发展思路，能够适应经济发展要求的变化，在一定程度上也意味着为经济发展增添了新的发动机，保障地方区域经济的稳健发展。

所以，读懂了城投公司，就能够读懂中国经济；读懂了城投公司转型，就能看清楚宏观经济的未来。

苑德江

2024年11月10日

目　录

第一章 城投公司的概念

城投公司不是一个官方说法，而是一个约定俗成的叫法，是在发展过程中逐渐被市场认可的一种称呼，是“城市建设投资公司”或者“城市投资公司”的简称。城投公司的官方名称是地方政府融资平台公司、地方政府投融资平台公司或者地方政府融资平台。从实践来看，城投公司和地方政府融资平台公司的含义是比较相近的，因此可以通过官方监管法规对地方政府融资平台公司的定义来界定城投公司的概念。

第一节 城投公司的名称

城投公司的名称中会包含行政区域、主营业务、公司性质等很多重要的信息，是大家对城投公司的第一印象。所以熟悉城投公司的名称，就对城投公司有了第一步的了解。

一、城投公司命名模式

城投公司的名称是有一定规律的，一般包含了公司的主营业务范围和主要经营领域，比如：建设投资公司，主营业务主要是城市基础设施建设等；土地整理中心，主营业务主要是城市土地整理等；交通建设集团，主营业务主要是城市市内道路和高速公路的建设、日常维护和绿化管理等；高速公路集团，主营业务主要是高速公路的建设、运营和收费等；金融控股集团公司，主营业务主要是持有、管理城投公司当地金融机构股权等。

当然随着公司主营业务范围的不断拓展，城投公司的公司名称和主营业务之间可能会产生一定的差异，城投公司的实际业务领域要比公司名称涵盖的范围更广。

首先需要说明的是，本书中关于城投公司的范围界定主要参考 Wind 资讯的城投认定。从国内众多城投公司的名称来看，城投公司的名称命名模式一般包括直接式命名、间接式命名和中性式命名三种模式。

（一）直接式命名

直接式命名是指城投公司的名称按照“实际控制人所在的行政区域名称＋主营业务内容”方式进行命名，这是最常见的城投公司命名模式。比如宁夏交通投资集团有限公司，名称直接表明公司是宁夏回族自治区主要从事交通建设的省级城投公司；合肥市建设投资控股（集团）有限公司，名称直接表明公司是合肥市主要从事城市建设的市级城投公司；金湖县水务投资有限公司，名称直接表明公司是金湖县主要从事水利基础设施业务和供水业务的区县级城投公司。

（二）间接式命名

间接式命名是指城投公司的名称按照“所在的省级行政区域名称＋主营业务内容”方式进行命名，城投公司自身可能是市级或者区县级城投公司，但是公司名称不具体体现公司的实际行政级别。比如湖南金阳投资集团有限公司，公司的实际控制人是浏阳市人民政府；四川花园水城城乡产业发展投资开发有限责任公司，公司的实际控制人为四川省成都市金堂县国有资产监督管理和金融工作局；江苏苏海投资集团有限公司，公司的实际控制人为连云港市赣榆区人民政府。

（三）中性式命名

中性式命名是指城投公司的名称不直接和城投业务相关，名称中不包含任何投资、建设、开发之类的内容，需要根据公司的主营业务等要素来进行判断。比如江苏建秋高科集团有限公司，公司是实际控制人为邳州市财政局的城投公司；江苏双溪实业有限公司，公司是实际控制人为睢宁县预算外资金管理局的城投公司；山东省鑫诚恒业集团有限公司，公司是实际控制人为青岛市即墨区国有资产运营服务中心的城投公司；山东正方控股集团有限公司，公司是实际控制人为邹城市财政局的城投公司；鞍山市鸿成实业有限公司，公司是实际控制人为海城市国资委的城投公司。

还有部分城投公司的公司名称甚至和区域也没有任何关系。比如中德联合集团有限公司，公司是控股股东为青岛青发控股集团有限公司、实际控制人为青岛市国资委的城投公司；江东控股集团有限责任公司，公司是控股股东为马鞍山市国资委、实际控制人为马鞍山市人民政府的城投公司；伟驰控股集团有限公司，公司是控股股东和实际控制人均为常州市武进区国有(集体)资产管理办公室的城投公司。

也有部分城投公司的名称看起来像是科技企业。比如黄石磁湖高新科技发展有限公司,公司是实际控制人为黄石市国资委的城投公司;南京创启科技发展有限公司,公司是实际控制人为南京江宁经济技术开发区管理委员会的城投公司;北京实创高科技发展有限责任公司,公司是实际控制人为北京市人民政府的城投公司。

公司名称中含有"中国"两字的城投公司有两个:中国雄安集团有限公司,公司控股股东和实际控制人均为河北省人民政府,主体信用等级为 AAA;泰州东方中国医药城控股集团有限公司,公司控股股东为泰州医药城控股集团有限公司、实际控制人为泰州医药高新技术产业开发区管理委员会,主体信用等级为 AA。

二、城投公司常见名称

目前常见的城投公司名称包括综合性城投公司名称和行业性城投公司名称两大类。

(一)综合性城投公司名称

综合性城投公司的名称不体现公司的主营业务或者特定业务范围,主要包括城市建设公司、城市开发公司、城市投资公司、建设投资公司、建设开发公司、投资开发公司、投资控股公司、投资发展公司、投资集团公司、国有资产运营公司、国有资产控股公司、国有控股集团和国有资本经营管理中心等。

(二)行业性城投公司名称

行业性城投公司名称将公司的主营业务特定在某个行业,主要包括金融控股集团公司、交通建设集团、高速公路集团、文化旅游集团、土地整理和市政集团等。行业性城投公司的实际主营业务一般会大于名称中的行业范围,会包括其他的主营业务。

当然公司名称中带有"城投"字样,也并不一定是城投公司。比如上市公司云南城投置业股份有限公司(证券简称:云南城投,证券代码:600239.SH)和西藏城市发展投资股份有限公司(证券简称:西藏城投,证券代码:600773.SH),从公司名称和证券简称来看,好像属于城投公司,但实际上云南城投和西藏城投这两个公司都是房地产公司,属于证监会行业分类中的房地产行业,和城投公司没有直接关系。

非上市公司的公司名称中带有"城投"字样的也很多。比如中交城市投资控股有限公司,是中国交通建设集团的孙公司,实际控制人是国务院国资委,并不属于城投公司;中国城市建设控股集团有限公司,实际控制人是中民国际投资有限公司,并不是城投公司;中青城投控股集团有限公司,实际控制人为北京应大信息产业研究院,不是城投公司;中国城投建设集团有限公司及其下属的中城投集团第二工程局有限公司、天津城投建设开发有限公司等,均不是城投公司。

第二节 城投公司的法规定义

国务院、财政部、国家发改委、原银监会[①]和中国人民银行等政府机构分别在专门出台的监管政策文件里明确界定了地方政府融资平台公司的定义。虽然地方政府融资平台公司和城投公司的概念相近,但是也存在明显的区别。从定义范围和包含的主体来看,地方政府融资平台公司涵盖的范围要比城投公司广。根据原银监会的平台名单可以看出,地方政府融资平台公司实际上包含了部分机关法人和事业法人,甚至包括部分学校和医院等,涵盖的范围非常广,而城投公司只能是企业法人,这是地方政府融资平台公司和城投公司明显的差别。

因此,城投公司一定是地方政府融资平台公司,而地方政府融资平台公司不一定是城投公司。但是,地方政府融资平台公司和城投公司在出资人、主要职能和业务范围等方面比较相近,因此可以通过地方政府融资平台公司的监管法规定义来分析城投公司的定义内容。

一、国务院法规的定义

国务院于2010年6月10日印发的《国务院关于加强地方政府融资平台公司管理有关问题的通知》(国发〔2010〕19号)[②]是国内最早对地方政府融资平台公司的概念进行明确定义的监管文件。根据国发〔2010〕19号文,“地方政府融资平台公司是指由地方政府及其部门和机构等通过财政拨款或注入土地、股权等资产设立,承担政府投资项目融资功能,并拥有独立法人资格的经济实体”。

国发〔2010〕19号文明确了地方政府融资平台公司的出资人、出资方式、主要职能和性质四个基本要素,是关于地方政府融资平台公司最基本的定义。地方政府融资平台公司的四大要素如下:

---

① 银监会为中国银行业监督管理委员会的简称,于2003年3月设立;2018年3月,在银监会和保监会的基础上组建中国银行保险监督管理委员会(以下简称“银保监会”),银监会和保监会撤销;2023年3月,在银保监会基础上组建国家金融监督管理总局,不再保留银保监会。本书根据法规的出台时间引用监管机构当时的名称。

② 资料来源:国务院网站,http://www.gov.cn/zwgk/2010-06/13/content_1627195.htm

(一)出资人是地方政府及其部门和机构

地方政府融资平台公司的出资人是地方政府及其部门和机构，包括地方政府自身以及国资委、财政局等下属机构。这个要素同时也明确了地方政府融资平台公司必须是地方性企业，意味着央企是肯定不属于地方政府融资平台范围的。比如中能建城市投资发展有限公司，控股股东是中国葛洲坝集团股份有限公司，虽然名称中带有“城市投资发展”，但是肯定不属于地方政府融资平台公司。

(二)出资方式是财政拨款或注入土地、股权等资产

地方政府融资平台公司的出资方式是财政拨款或注入土地、股权等资产，这个要素明确了地方政府的资产注入和政府支持是地方政府融资平台公司成立的基础，是地方政府融资平台公司最根本的特点。地方政府对融资平台公司的出资方式可以是多种多样的，但是公益性资产不能作为出资。

(三)主要职能是承担政府投资项目融资功能

地方政府融资平台公司的主要职能是承担政府投资项目融资功能，这个要素明确了地方政府融资平台公司的最基本职能是融资功能，而且针对的项目类型是政府投资项目。根据国发〔2010〕19 号文的定义，地方政府融资平台公司的职能仅限于融资，并不包括投资功能。

(四)性质是拥有独立法人资格的经济实体

地方政府融资平台公司的性质是拥有独立法人资格的经济实体，这个要素明确了地方政府融资平台公司首先必须是独立法人，不能是分支机构；其次必须是经济实体，不能是机关法人或者事业法人。但是从实践来看，部分机关法人、事业法人因为承担了与地方政府融资平台公司类似的职能，所以也被视作地方政府融资平台公司进行监管。

二、财政部法规的定义

财政部于 2010 年 7 月 30 日印发《关于贯彻国务院关于加强地方政府融资平台公司管理有关问题的通知相关事项的通知》(财预〔2010〕412 号)[①]，将地方政府融资平台公司定义为：“截至 2010 年 6 月 30 日，由地方政府及其部门和机构、所属事业单位等通过财政拨款或注入土地、股权等资产设立，具有政府公益性项目投融资功能，并拥有独立企业法人资格的经济实体，包括各类综合性投资公司，如建设投资公

---

① 资料来源：财政部网站，http://yss.mof.gov.cn/zhengceguizhang/201008/t20100817_333515.htm

司、建设开发公司、投资开发公司、投资控股公司、投资发展公司、投资集团公司、国有资产运营公司、国有资本经营管理中心等,以及行业性投资公司,如交通投资公司等”。

财预〔2010〕412 号文对地方政府融资平台公司的定义做了进一步的丰富和完善:

(一)对名称进行了总结和概括

财预〔2010〕412 号文明确官方名称为“地方政府融资平台公司”,与国发〔2010〕19 号文是一致的,同时对地方政府融资平台公司的各种类型和名称做了总结和概括,涵盖了已有的各种地方政府融资平台公司类型。

(二)负责的项目类型是政府公益性项目

财预〔2010〕412 号文明确地方政府融资平台公司负责的是政府公益性项目,并不适用于所有类型的政府项目,对项目性质进行了明确的限制性界定,防止地方政府融资平台公司的业务范围无限制地扩展。

(三)承担的职能是投融资功能

财预〔2010〕412 号文明确地方政府融资平台公司承担的是投融资功能,从融资功能扩展至融资功能和投资功能。财预〔2010〕412 号文是首个赋予地方政府融资平台公司投资功能的监管文件。

三、国家发改委法规的定义

国家发改委于 2010 年 11 月 20 日印发《进一步规范地方政府投融资平台公司发行债券行为有关问题的通知》(发改办财金〔2010〕2881 号)①,将地方政府投融资平台定义为:“由地方政府及其部门和机构等通过财政拨款或注入土地、股权等资产设立,从事政府指定或委托的公益性或准公益性项目的融资、投资、建设和运营,拥有独立法人资格的经济实体”。

发改办财金〔2010〕2881 号文将地方政府融资平台公司的概念做了三个方面的拓展:

(一)对名称做了进一步的修订

发改办财金〔2010〕2881 号文将地方政府融资平台公司的名称改为“地方政府投融资平台”,在公司名称中增加了“投资”的内容,与国发〔2010〕19 号文、财预

① 资料来源:福建发改委网站,http://www.fjdpc.gov.cn/show.aspx?id=53111

〔2010〕412 号文的规定均有一定的差异。

(二)业务范围有所拓展

发改办财金〔2010〕2881 号文明确地方政府融资平台公司负责的是“公益性或准公益性项目”,将业务范围有所拓展,这与国发〔2010〕19 号文规定的“政府投资项目”、财预〔2010〕412 号文规定的“政府公益性项目”有着明显的区别。

(三)对主要职能做了进一步的拓展

发改办财金〔2010〕2881 号文将地方政府投融资平台的职能拓展至融资、投资、建设和运营四个方面,职能范围有了很大的拓展,这意味着公司可以从事的业务种类和内容更加丰富。

四、原银监会法规的定义

原银监会印发了多个专门针对地方政府融资平台公司的监管文件,并对地方政府融资平台的概念进行了界定。

1. 原银监会于 2010 年 12 月 16 日印发的《关于加强融资平台贷款风险管理的指导意见》(银监发〔2010〕110 号)[①],将地方政府融资平台公司定义为:“由地方政府及其部门或机构、所属事业单位等通过财政拨款或注入土地、股权等资产设立,具有政府公益性项目投融资功能,并拥有独立企业法人资格的经济实体”。银监发〔2010〕110 号文对于地方政府融资平台公司的定义和财预〔2010〕412 号文的概念界定一致。

2. 原银监会于 2011 年 6 月 17 日印发的《关于地方政府融资平台贷款监管有关问题的说明通知》(银监办发〔2011〕91 号)[②],将名称由“地方政府融资平台公司”变更为“地方政府融资平台”,定义为:“由地方政府出资设立承担连带还款责任的机关、事业、企业三类法人,不含由中央政府直接投资设立的部门和机构”。

银监办发〔2011〕91 号文对于地方政府融资平台的定义比较特别,有以下几个关键点:

(1)银监办发〔2011〕91 号文将地方政府融资平台的出资人确定为地方政府,并未包含地方政府部门或机构以及事业单位等,出资人范围有所收窄。

---

① 资料来源:原银监会网站,http://www.cbrc.gov.cn/govView_B9632882B03B4E8EB6DF8A74850C92B6.html

② 资料来源:百度文库,http://wenku.baidu.com/link?url=9PYPeP2uFRRmmd6QxzYzCr5ilFJwMhvTLSOKHwVroh46NLfLI7IE8odg-9-5ZKTljvfeWpbsei2FtGEWUVJ8tGPUewfbrTIKqg9VLOGbsGC

(2)银监办发〔2011〕91 号文明确地方政府对于地方政府融资平台承担连带还款责任，这是其他监管文件中均没有出现的内容。

(3)银监办发〔2011〕91 号文将机关、事业、企业三类法人均纳入地方政府融资平台的范畴，拓展了地方政府融资平台的范围，这与其他监管文件的定义存在很大的差别。

3. 原银监会于 2011 年 6 月 28 日印发《关于进一步落实信托公司、金融租赁公司地方政府融资平台清查工作的通知》(非银发〔2011〕15 号)[①]，对地方政府融资平台的概念做了专门的名词解释，将地方政府融资平台定义为：由地方政府出资设立并承担连带还款责任的机关、事业、企业三类法人，不含由中央政府直接投资设立的部门和机构。这个文件界定的概念与银监办发〔2011〕91 号文是一致的。

同时非银发〔2011〕15 号文按照借款人自有现金流覆盖全部应还债务本息的比例，对地方政府融资平台的贷款划分为“全覆盖、基本覆盖、半覆盖、无覆盖”四类，每类贷款的定义如下：

(1)全覆盖：是指借款人自有现金流占其全部应还债务本息的比例达 100%(含)以上。

(2)基本覆盖：是指借款人自有现金流占其全部应还债务本息的比例达 70%(含)至 100%之间。

(3)半覆盖：是指借款人自有现金流占其全部应还债务本息的 30%(含)至 70%之间。

(4)无覆盖：是指借款人自有现金流占其全部应还债务本息的 30%以下。

4. 原银监会于 2013 年 4 月 9 日印发《关于加强 2013 年地方政府融资平台贷款风险监管的指导意见》(银监发〔2013〕10 号)[②]，将地方政府融资平台定义为：由地方政府出资设立并承担连带还款责任的机关、事业、企业三类法人。这个文件对于地方政府融资平台的定义与银监办发〔2011〕91 号文、非银发〔2011〕15 号文的定义一致，只是去掉了“不含由中央政府直接投资设立的部门和机构”。

五、三部委法规的定义

根据国务院 2015 年 5 月 11 日转发的财政部、原银监会和人民银行《关于妥善

① 资料来源：百度文库，https://wenku.baidu.com/view/cc8b7d0d7cd184254b35359a.html

② 资料来源：信托网，http://www.trust-one.com/news/35982

解决地方政府融资平台公司在建项目后续融资问题的意见》(国办发〔2015〕40号)[①],将地方政府融资平台公司定义为:"由地方政府及其部门和机构等通过财政拨款或注入土地、股权等资产设立,承担政府投资项目融资功能,并拥有独立法人资格的经济实体"。

国办发〔2015〕40号文实际上是有了国务院、财政部、原银监会和人民银行多个监管机构的共同认可,是对于地方政府融资平台概念比较权威的认可。国办发〔2015〕40号文对于地方政府融资平台公司的这个定义有以下几个特点:

(一)明确平台公司的名称

国办发〔2015〕40号文对地方政府融资平台公司名称和定义进行了确认,而且名称中不包含"投资"等内容,是对"地方政府融资平台公司"这个名称的官方确认。

(二)明确项目范围为政府投资项目

国办发〔2015〕40号文对地方政府融资平台公司负责的项目范畴明确为政府投资项目,那就意味着所有类型的政府投资项目均属于地方政府融资平台公司的业务范围,与之前监管法规确定的"公益性项目"范畴存在一定的差异。

(三)明确承担的职能为融资功能

国办发〔2015〕40号文将地方政府融资平台公司的职能明确界定为"政府投资项目融资功能",不再包含投资职能,也没有包含建设、运营等职能。但是从实践来看,投资职能、建设职能和运营职能与地方政府融资平台公司是很难完全分离的。

六、交易所法规的定义

交易所的监管文件中没有对地方政府融资平台公司的含义进行界定,有明确定义的是"城市建设企业"。从实践来看,交易所界定的城市建设企业的内涵与地方政府融资平台公司、城投公司基本一致。

根据《上海证券交易所公司债券发行上市审核规则适用指引第1号——申请文件及编制》之《附件7:城市建设企业公司债券信息披露及核查要求》(上证发〔2023〕167号,以下简称"《1号指引》")[②],城市建设企业是指主营业务主要为市政基础设施项目建设与运营、土地一级开发等业务的地方国有企业。

---

① 资料来源:国务院网站,http://www.gov.cn/zhengce/content/2015-05/15/content_9760.htm

② 资料来源:上海证券交易所网站,http://www.sse.com.cn/lawandrules/sselawsrules/bond/review/c/c_20231020_5727820.shtml

(一)明确城市建设企业的主营业务

1. 市政基础设施项目包括城市建设企业在所在城市区域内从事的城市道路、公共交通、供水、排水、燃气、热力、园林、环卫、污水处理、垃圾处理、防洪、地下公共设施及附属设施的土建、管道、设备安装项目。不包括跨所在城市项目,符合规定的政府与社会资本合作模式项目(PPP 项目),保障性住房、棚户区改造、易地扶贫搬迁、基础设施领域补短板等国家支持的项目。

2. 土地一级开发包括城市建设企业按规定对国有土地、集体土地实施征地、拆迁、安置、补偿和相应的市政基础设施建设,以达到土地供应条件的土地开发。

(二)明确城市建设企业为地方国有企业

《1 号指引》将城市建设企业的性质确定为地方国有企业,包含两层含义:首先,城市建设企业必须是国有企业,民营企业不属于这个行列,混合所有制企业也不属于城市建设企业;其次,必须是地方企业,即公司的控股股东或者实际控制人必须为地方政府或者下属职能部门。城市建设企业必须是地方国有企业,这是与公司的历史沿革、承担的主营业务、地方政府的支持等直接相关联的。

第三节　城投公司的主要特征

根据地方政府融资平台公司的定义可以确定城投公司的主要特征。参考城投公司的设立情况、历史沿革、业务情况、发展情况等,综合国务院、财政部、国家发改委、原银监会和人民银行监管法规对于地方政府融资平台公司的定义,笔者认为城投公司应该具备以下五大特征:

一、出资人为地方政府及其职能部门

针对城投公司的出资人是地方政府及其职能部门的特征,需要关注以下几个问题:

(一)出资人的类型

各个地方的城投公司的设立原因、职能定位不尽相同,所以其出资人的类型也是多种多样。城投公司最常见的出资人是地方政府、国资委和财政局,也有交通局、住建局、文旅局、规划局和国土局等多种类型的出资人。而对于各类工业园区、高新技术开发园区和经济开发园区的城投公司来说,出资人主要是工业园区管委会、经济开发园区管委会或者高新技术开发园区管委会等。出资人不同,对于城投公司发

展的支持力度也有所不同,能给出的支持政策也存在一定的差别。

这里需要再特别强调一下,城投公司的出资人必须是地方政府及其职能部门。如果出资人是国务院国资委或者中央部门,即使公司从事的也是公益性项目投融资建设,也不属于城投公司的范畴。因为城投公司本质上是为地方政府区域经济发展服务的,所以央企是肯定不属于城投公司范畴的。

(二)出资人的行政级别

城投公司出资人的行政级别,直接决定着城投公司可以获取资源的数量、业务拓展的范围和地方政府支持的力度,对于城投公司的发展有着决定性的作用。城投公司出资人的主要行政级别包括省级、地市级、国家级经开区、省级经开区、区县级(包括县级市)等。部分经济发达地区的城投公司出资人已经下沉到了乡镇级,但目前数量相对较少。出资人的行政级别直接决定了城投公司的行政级别,也决定了城投公司的业务拓展范围。

从城投公司的实践来看,对于一个城投公司的行政级别,可以从以下四个维度进行综合判断:

1. 城投公司的名称

很多城投公司的公司名称就明确体现出了公司的行政级别。比如天津城市基础设施建设投资集团有限公司,表明公司是天津市的直辖市级城投公司;南京市城市建设投资控股(集团)有限责任公司,表明公司是南京市的市级城投公司;杭州上城区城市建设综合开发有限公司,表明公司是杭州市上城区的城投公司。

但是,也有部分城投公司的名称中没有体现公司的级别。比如江苏金海投资有限公司,虽然名称中带有江苏省,但是没有明确的地域,单从公司名称是无法判断公司行政级别的,该公司其实是连云港的城投公司;安东投资控股集团有限公司,公司名称中未包含任何区域信息,公司实际上是安徽省池州市东至县的城投公司。这类城投公司需要综合公司的控股股东、实际控制人和业务区域范围等指标来判断公司的行政级别。

2. 城投公司的实际控制人

城投公司的实际控制人是判断公司级别最直接的指标,可以初步判断公司的行政级别。但是在实践中也有很多区县级城投公司将公司股权上划至地级市城投公司或者地市级政府部门,实现了实际控制人的上划,由区县级城投公司变为地市级城投公司。因此如果只从实际控制人指标来判断城投公司的行政级别,会出现偏差。

3. 城投公司的业务区域范围

城投公司的业务区域范围是城投公司开展业务和实现发展的基础。一般来说，城投公司的主营业务区域范围和城投公司的行政级别是一致的，即使公司的股权进行了上划，但是城投公司的业务区域范围一般也不会出现变化。因此城投公司的业务区域范围是判断行政级别的关键指标。

4. 城投公司董事长的行政级别

城投公司董事长的行政级别是判断一个城投公司行政级别最直接的指标。区县级城投公司董事长的行政级别一般是正科级，地市级城投公司董事长的行政级别一般是正处级，省级城投公司的行政级别一般是副厅级或者正厅级。也有部分城投公司的董事长是高配的，董事长的行政级别会高于城投公司的行政级别。

综上所述，对于城投公司的行政级别的判断，需要结合以上四个指标进行综合分析，这样的判断结果能够更加准确。之所以要判断城投公司的行政级别，是因为行政级别越高，城投公司获取的地方政府支持越多、主营业务经营范围越大，公司的盈利能力和偿债能力越有保障。

（三）出资人的结构

从城投公司出资人结构的实际情况来看，城投公司股权结构一般有以下五种模式：

1. 全资控股型

区域内地方政府及其职能部门100%持有城投公司的股权，属于全资控股公司。全资控股型出资人结构是最常见的城投公司股权结构，也是最基本的股权结构。

2. 共同控股型

两级地方政府共同持有城投公司的股权，比如省级政府和地市级或者县级政府部门共同持有城投公司股权。这种股权结构主要是根据国务院于2017年11月9日印发的《划转部分国有资本充实社保基金实施方案的通知》（国发〔2017〕49号）[①]，将城投公司10%股权无偿划转至省财政厅持有。

3. 股权上划型

地市级城投公司100%持有区县级城投公司股权，或者地市级城投公司与区县级政府部门共同持有区县级城投公司股权。区县级城投公司股权上划的主要目的是提升公司主体信用评级或者方便开展融资活动。

---

① 资料来源：国务院网站，https://www.gov.cn/gongbao/content/2017/content_5241911.htm

4. 金融机构参股型

地方政府及其职能部门与金融机构共同持股，其中金融机构持股比例一般不超过 20%。比较常见的对城投公司持股的金融机构是国开发展基金有限公司和中国农发重点建设基金有限公司。

5. 明股实债型

部分金融机构持有城投公司的特定比例股权，比较常见的是部分城投公司通过明股实债的方式进行融资，信托公司、私募基金、有限合伙公司等金融机构作为公司的股东。

(四)实际控制人的持股比例

城投公司的股权结构可以包含金融机构或者其他类型的机构，但是地方政府及其职能部门必须是城投公司的实际控制人，这就要求持股比例理论上最少要达到 51%及以上。实践中也有个别城投公司是由金融机构控股，比如海拉尔区城市基础设施投资开发置业有限责任公司的第一大股东为国开发展基金有限公司，持股比例为 86.49%。但是即使金融机构是第一大股东，地方政府及其职能部门仍可以通过控制董事会等方式实现对城投公司的实际控制。如果公司的实际控制人不是地方政府及其职能部门，那么这个公司就不可能是城投公司。

二、注资方式为地方政府通过多种方式注资

城投公司成立时的注资方式主要是地方政府及其职能部门进行财政拨款、注入土地使用权和固定资产、划入国有企业股权、授予特许经营权等。地方政府对城投公司的注资是城投公司成立和发展的基础，也是城投公司信用最基本的构成部分。

(一)财政拨款

财政拨款是地方政府对城投公司最直接的注资方式，也是最有力的支持方式。财政拨款的多少，一方面可以体现出地方政府对城投公司的支持力度；另一方面也可以体现出当地的财力状况和经济发展情况。在城投公司成立和发展过程中，地方政府及其职能部门均可以通过财政拨款的方式对城投公司进行持续的增资，不断提高城投公司的资本实力和综合实力。

(二)土地使用权

土地使用权是地方政府对城投公司最常见的注资方式，也是数量、金额占比最高的注资方式。地方政府及下属部门一般是通过无偿划拨的方式将土地使用权注入城投公司。城投公司从成立之初就与土地资产产生了密不可分的联系，开展的主

营业务也涉及土地使用权。对于注入的土地使用权，需要重点关注土地使用权的用途，住宅用地、商业用地、工业用地和农业用地的价值和升值潜力差别很大，对于城投公司业务的持续性影响也很大。

(三)固定资产

固定资产也是常见的地方政府对城投公司的注资方式，资产类型包括住宅、办公楼、写字楼、商铺、底商和停车场等。不过需要关注的是，根据《国务院关于加强地方政府融资平台公司管理有关问题的通知》(国发〔2010〕19 号)的要求，学校、医院、公园、政府办公楼等公益性资产不能划入城投公司。因此，在国发〔2010〕19 号文发布之后划入的公益性资产均属于无效资产，需要从城投公司的有效资产中剔除。

(四)国有企业股权

地方政府以地方国有企业股权作为对城投公司的出资方式，主要包括金融企业股权和实业企业股权。金融企业股权主要是城投公司所属区域的城商银行股权、农商银行股权、私募基金公司股权、担保公司股权和小贷公司股权等；实业企业股权包括城投公司所属区域内由地方政府控制的高速公路公司、物业公司、保障房公司、工程建设公司、智慧泊车公司等各种类型国有企业的股权。

(五)特许经营权

特许经营权作为地方政府对城投公司的出资方式，主要类型包括供热、供水、燃气、污水处理、垃圾处理、停车场等的经营权。特许经营权在城投公司所属区域一般代表了垄断性经营，具有较强的排他性，可以给城投公司带来稳定的现金流，增加城投公司与地方政府及其职能部门之间的合作黏性。

三、主要职能是承担地方政府公益性项目投融资功能

城投公司的主要职能是承担政府公益性项目投融资功能。政府公益性项目投融资功能主要包括三层含义：

(一)公益性项目

城投公司的主要职能是承担地方政府投资项目的建设任务，负责城市基础设施建设、土地整理开发、保障房建设、棚改项目建设等业务，建设项目以公益性项目为主，建设模式以委托代建为主。公益性项目并不意味着项目是纯公益项目或者项目没有收益，而是指项目建设的目标是提高当地的基础设施建设水平或者居民生活水平，有着较强的收益外溢作用。

随着城投公司的发展，公司的主营业务开始有所拓展，不限于地方政府投资项

目或者公益性项目的投融资，逐渐拓展至部分准公益性业务和经营性业务，但是公益性项目的投融资仍然是城投公司的本质职能，是城投公司最重要的业务类型。

（二）投融资功能

在诞生期，城投公司承担的职能主要是项目的投资功能，地方政府及其职能部门为基础设施建设项目提供资金，城投公司只负责项目的建设和管理，并不承担项目融资的职能。随着城投公司职能的进一步增加，地方政府及其职能部门对重大基础设施建设项目不再提供资金，投资、融资、建设和运营等职责全部由城投公司负责，城投公司相当于承担了基础设施建设项目的全流程职能。事实上，城投公司的投资职能和融资职能是没办法完全分割开的，在项目规划、审批、建设、运营过程中均需要投资职能和融资职能的支持。

（三）不以营利为直接目标

城投公司最本质的特点，是公司开展业务不以营利为直接发展目标，公益性是城投公司的首要目标。这里的不营利并不代表业务必须是亏损的或者财务报表上出现亏损，而是说城投公司设立及发展的主要目标是做好城市基础设施的提供者和服务者，承担好城市运营商的职能，以提供公益性服务为最重要任务，而不是为了实现盈利。而盈利性是城投公司业务开展过程中附加形成的，是为了实现投融资职能的必要要求，并不是城投公司设立的初衷和主要发展目标。公益性的发展目标是城投公司与国有实业企业之间最根本的区别。

四、公司发展得到了地方政府多方面的支持

城投公司的发展得到了地方政府多方面的支持，具体支持措施包括资产注入、财政补贴、财政贴息、土地出让金返还和税收优惠等各种类型。地方政府的支持是城投公司发展最重要的信用支持。

（一）资产注入

资产注入是指地方政府及其职能部门通过不断整合当地的国有企业股权、固定资产、土地使用权和特许经营权等各种资源，将其注入城投公司，充实城投公司的资产规模，提升城投公司的盈利能力和综合实力。资产注入是一个持续的过程，并不是一次性的。持续的资产注入能够体现出地方政府及其职能部门对于城投公司的持续支持，而且可以提升城投公司的主体信用等级，降低城投公司的融资成本。

（二）财政补贴

地方政府对城投公司的财政补贴包括通用补贴和专项补贴两种类型。通用补

贴是指地方政府因为城投公司承担区域内公益性项目的建设和运营等职能而直接给予公司的补贴，是针对城投公司本身的补贴，不针对特定的业务或者特定的项目。专项补贴是指地方政府因城投公司运营某项业务或者建设某个项目给予的专门补贴，是针对某个项目或者某个业务的补贴。

（三）财政贴息

财政贴息是指地方政府为支持城投公司的发展，由地方财政局出资通过贴息的方式为公司支付特定金融机构借款全部或部分贷款利息。财政贴息的金额根据地方财政收入情况和城投公司的债务负担情况确定，可以有效降低城投公司的财务费用支出压力，确保城投公司运营的稳定性。

（四）土地出让金返还

土地出让金返还是指地方政府对于在区域发展中有一定贡献的城投公司，在通过招拍挂方式取得土地使用权而支付土地出让金后，将一定比例的土地出让金返还给城投公司。土地出让金返还的金额主要根据区域财力情况和城投公司贡献情况确定。

（五）税收优惠

税收优惠是指地方政府根据城投公司的战略定位、主营业务、承担的基础设施建设任务等，在增值税、企业所得税等方面给予公司一定比例的税收返还，具体返还比例由各地方政府及其职能部门根据区域经济发展状况和财政收入情况自主确定。

五、融资平台的性质为企业法人

从监管机构印发的监管文件中的定义来看，城投公司必须是拥有独立法人资格的经济实体，即属于独立法人。目前国内认定的法人主要包括机关法人、事业法人和企业法人三类。

（一）机关法人

机关法人是指依法行使国家权力，并因行使国家权力的需要而享有相应的民事权利能力和民事行为能力的国家机关。在进行民事活动时，国家机关以法人身份出现，与对方自然人或法人一样是平等民事主体，而不是行政主体。

（二）事业法人

事业法人是指依靠国家预算拨款，从事非营利性社会公益事业活动的各类法人组织。例如新闻、出版、广播、电视、文教、卫生单位等。

(三)企业法人

企业法人是指以营利为目的,独立地从事商品生产和经营活动的社会经济组织。目前除了公司法人,还有国有企业法人、集体企业法人等企业法人种类。

笔者认为城投公司必须是国有企业法人,不能是机关法人和事业法人。因为城投公司开展各类业务、进行投融资均需要作为一个独立的市场主体,尤其是在开展市场化业务时,企业法人的地位就更加重要。当然在城投公司的发展初期,存在部分事业法人甚至是机关法人承担城投公司职能的情况。但是随着监管规则的进一步细化和完善、城投公司各项业务的进一步规范,目前事业法人承担城投公司职能的情况已经很少见了。

第四节　城投公司的定义

综合本章上文所述的内容,参考国务院、财政部、国家发改委、原银监会和交易所关于地方政府融资平台公司的定义,笔者认为城投公司的定义应该是这样的:

城投公司的官方名称是地方政府融资平台公司、地方政府投融资平台公司或者地方政府融资平台,是以地方政府及其职能部门的各种形式的注资为发展基础,承担城市公益性项目或者政府投资项目的投资、融资、建设、运营和维护等职能,在发展过程中得到了地方政府及其职能部门多方面的支持,不以营利为主要目标而以完成公益性项目建设和运营、推动区域基础设施建设水平为主要任务的地方重要国有企业法人。

当然,这只是笔者关于城投公司定义的想法,并不是关于城投公司的官方定义,目前也没有对城投公司的一个统一定义。从实践来看,城投公司的发展目标、主营业务、战略定位等一直处于变化中,未来可能会随着发展阶段和监管环境的变化有新的城投公司定义。

第二章 城投公司的起源

城投公司自诞生发展至现在，已经成长为一个庞然大物，成为国内经济发展中不可或缺的重要参与者。要认识城投公司，就需要清楚地了解城投公司的诞生背景和发展起源。

第一节 城投公司的诞生背景

自 20 世纪 80 年代实施改革开放以来，国内经济的迅速发展对各项基础设施的要求越来越高，城市基础设施建设的规模也越来越大。市政设施、城市道路、居民住房、城市园林绿化、供热管网、污水处理和燃气管道等工程建设任务的开展，都需要大量的资金支持，仅靠地方政府的财政拨款资金已经无法满足城市基础设施项目建设的资金需求。因此，国内各个城市在基础设施建设过程中资金紧缺的现象日益严重。

1985 年 9 月 9 日，国务院办公厅印发《关于暂不发行地方政府债券的通知》[①]，明确各地方政府不能通过发行地方政府债券进行融资，主要原因是"国民经济增长速度过快，固定资产投资增加过猛，如不加以控制，就会超过国家财力和物力的承受能力"。地方政府无法通过发行地方政府债券进行融资，也就无法直接为基础设施建设提供资金支持。在无法获得地方政府财政拨款和发行地方政府债券进行融资的情况下，地方基础设施建设的资金缺口就变得更大。

① 资料来源：法律图书馆网站，http://www.law-lib.com/law/law_view.asp? id=50894

在这一大背景下，受地方财政收入受限、地方政府举债能力受限（涉及《预算法》《担保法》和《贷款通则》）以及1997年亚洲金融危机催化等多重因素影响，城投公司诞生了。

一、地方财政收入受限

城投公司的诞生与国内财政体制的变更过程紧密相关，是财政体制由财政包干制变更为分税制之后的必然产物。在介绍地方财政收入受限催化出城投公司诞生之前，需要先介绍一下国内财政体制由包干制到分税制的变革过程。

（一）财政包干制

我国从1976年开始试行“定收定支，收支挂钩，总额分成，一年一定”（即“收支挂钩，总额分成”）的财政体制，主要内容是：按照各地财政支出总额对收入总额的比例，作为中央和地方、地方各级之间收入留交比例；超收时按总额分成比例分成，短收时按总额分成比例分担。

从1980年起，我国财政系统进行改革，开始采用“划分收支，分级包干”的新体制，即财政包干制。财政包干制源于国内农村土地承包制的成功。财政包干制的特点是对中央和地方的财政收支范围进行了明确的划分，以1979年各地方的财政收支数为基础，核定地方收支包干的基数，对收入大于支出的地区，规定收入按一定比例上缴，对支出大于收入的地区，将工商税按一定比例留给地方，作为调剂收入；工商税全部留给地方后仍收不抵支的，再由中央给予定额补助。地方财政多收可以多支，少收可以少支，中央不再增加补助，地方财政必须自求平衡。从1989年起，中央政府对地方收支包干的基数进行了调整，实行“划分税种，核定收支，分级包干”的体制，使得财政包干制度更加完善。

（二）分税制的诞生

财政包干制实施之后，“两个比重”（即财政收入占GDP的比重、中央财政收入占整个财政收入的比重）指标一直是在下降的。财政包干制对中央财政有两个直接的影响：首先是中央财政获得的资源减少；其次是中央财政对整个国家财政总收入的控制能力有所下降。在这种情况下，我国的财政体制开始谋求变革。

国务院于1993年12月15日印发《关于实行分税制财政管理体制的决定》[①]，明确规定从1994年1月1日起改革现行地方财政包干体制，对各省、自治区、直辖市

① 资料来源：国务院新闻办公室网站，http://www.scio.gov.cn/zhzc/6/2/Document/1066129/1066129.htm

以及计划单列市实行分税制财政管理体制，分税制正式诞生。

（三）分税制的特点

分税制以“收入集权、支出分权”为基本原则，配套成立了“国税”与“地税”两套税收系统。分税制改革之后，地方政府的财政能力被削弱，开始依赖中央财政收入的税收返还和转移支付。但需要注意的是，分税制改革之后，地方政府的行政责任没有发生变化，除了区域经济发展和基础设施建设职能，还需要承担教育、公共卫生和社会保障等具有效益外溢性的职能，以及教师工资调整、军人转业安置等国家政策性调整支出。

分税制改革之后，地方政府在与中央政府的财政权、行政权分配中较为被动，地方政府的财政收入无法满足地方公共支出的资金需求。因此分税制改革后，地方政府的财政权和行政权不匹配，地方政府缺乏足够的资金完成行政权项下的职责，这是城投公司诞生的根本原因。

二、地方政府举债能力受限

在地方财政收入受限的情况下，如果地方政府能够有充足的资金筹措渠道来获取资金，城投公司可能不会诞生。但是从实践来看，地方政府直接举债有着诸多的限制，其中影响最大的是《预算法》《担保法》和《贷款通则》三部法律法规的正式实施。《预算法》《担保法》和《贷款通则》三部法律的正式实施，规范了地方政府的举债行为，限制了地方政府的融资渠道，进一步催化了城投公司的诞生。

（一）1994 年版《预算法》

1994 年 3 月 22 日第八届全国人民代表大会第二次会议通过并于 1995 年 1 月 1 日实施的《中华人民共和国预算法》[①]（以下简称“1994 年版《预算法》”），其中第二十八条明确规定：“地方各级预算按照量入为出、收支平衡的原则编制，不列赤字。除法律和国务院另有规定外，地方政府不得发行地方政府债券。”

根据 1994 年版《预算法》的监管要求，地方政府无法直接通过发行地方政府债券的方式进行融资，也就无法通过举债的方式为地方基础设施建设项目提供资金支持。

（二）1995 年版《担保法》

1995 年 6 月 30 日第八届全国人民代表大会常务委员会第十四次会议通过并于

---

① 资料来源：湖南省财政厅网站，http://czt.hunan.gov.cn/ztzl/lwpf/lwpfjxs/flzd/201411/t20141104_2905662.html

1995 年 10 月 1 日正式实施的《中华人民共和国担保法》[①]（以下简称“1995 年版《担保法》”），其中第八条明确规定“国家机关不得为保证人”。

根据 1995 年版《担保法》的监管要求，财政局、国资委等地方政府部门不能为国有企业或者其他企业的融资提供担保。在地方国有企业资质一般、地方政府部门不能为国有企业融资进行担保的情况下，地方政府相当于失去了一条间接融资的渠道。

（三）1996 年版《贷款通则》

1996 年 6 月 28 日，中国人民银行印发《贷款通则》（中国人民银行令〔1996〕第 2 号）[②]，其中第二条明确规定“借款人是指从经营贷款业务的中资金融机构取得贷款的法人、其他经济组织、个体工商户和自然人”，对借款人的范围进行了明确的限制。

按照《贷款通则》对借款人的定义，地方政府及其职能部门不属于借款人的范畴，因此是不能作为融资主体从经营贷款业务的金融机构直接进行借款的。《贷款通则》直接限制了地方政府及其职能部门作为借款人直接向银行贷款的行为。

三、亚洲金融危机的催化

1997 年 7 月 2 日，亚洲金融危机开始席卷泰国，不久之后波及马来西亚、新加坡、日本和韩国等地。1997 年亚洲金融危机爆发后，我国经济发展出现有效需求不足和通货紧缩的现象。

在亚洲金融危机这种特殊的经济背景下，为有效扩大内需，我国中央政府开始实施积极的财政政策。由中央政府对城市基础设施建设进行转移支付的同时，要求地方政府提供相应的配套资金，地方政府承担了较大的财政支出压力。

为有效缓解财政支出压力，地方政府开始通过城投公司向银行等金融机构进行融资。在扩张性财政政策的影响下，城投公司得到了一定的发展。

第二节 城投公司的诞生

通过了解城投公司的诞生过程，可以充分认识城投公司的诞生背景，并更好地分析城投公司的内在发展逻辑。目前存续城投公司的数量已经较多，因此可以通过

① 资料来源：中国人大网，http://www.npc.gov.cn/zgrdw/npc/lfzt/rlyw/2016-07/01/content_1992740.htm

② 资料来源：中国人民银行网站，http://www.pbc.gov.cn/eportal/fileDir/image_public/rhwg/19961202f.html

分布情况来分析城投公司的发展现状。

一、城投公司的雏形

结合国内各地城投公司的历史沿革和发展实践，笔者认为国内城投公司最早的雏形是上海久事公司。

(一)起源背景

1986 年 8 月，国务院以“国函〔1986〕94 号”文批复上海市政府，同意上海第一批扩大利用外资 32 亿美元，用于加强城市基础设施建设、工业技术改造和发展第三产业。根据国务院 94 号文件精神，上海市政府确定了第一批 32 亿美元的利用外资项目，统称为“九四专项”。

(二)公司成立

1987 年 2 月 24 日，上海市人民政府印发《上海市人民政府关于同意成立“上海九四公司”的批复》(沪府〔1987〕15 号)，同意成立“上海九四公司”。1987 年 4 月，上海市人民政府办公厅下发了《上海市人民政府办公厅关于“上海九四公司”更名为“上海久事公司”的通知》(沪府办〔1987〕54 号)，将公司名称变更为“上海久事公司”。1987 年 12 月 30 日，上海久事公司(以下简称“久事公司”)正式成立，取名“九四”谐音，专门承担上海市政府确定的“九四专项”任务。

(三)主营业务

久事公司成立后，向国际货币基金组织、世界银行、亚洲开发银行等金融机构筹措外资 32 亿美元，先后安排、审核、投资、管理 308 个“九四专项”项目，包括五大市政基础设施项目、268 个工业技改项目和 35 个三产旅游项目。①

从公司的设立和发展历程来看，久事公司成立的目的主要是更好地利用外资。因此从久事公司成立之初的定位和发展战略来看，并不属于城投公司。但是久事公司利用外资从事了部分基础设施项目建设业务，因此属于城投公司的雏形和先行者，首开政府投融资体制先河。

目前久事公司已经更名为上海久事(集团)有限公司，发展为以城市交通服务、地产置业为主的综合性集团公司，主营业务板块包括地铁运营业务、公交运营业务及房产销售租赁业务。从公司现有的股权结构、主营业务结构和地方政府支持政策来看，久事公司属于城投公司范畴。

① 资料来源：中国新闻网，https://www.chinanews.com.cn/cj/2018/10-17/8652287.shtml

久事公司首次发行的债券产品为企业债券，债券名称为“1998 年上海久事建设债券”，债券规模为 6 亿元，债券期限为 5 年，票面利率为 4%，起息日为 1999 年 11 月 24 日。久事公司发行企业债券时，需要多个监管机构进行审批，涉及国家发展计划委员会计经调〔1998〕2648 号文、上海市计划委员会沪计调〔1999〕018 号文、中国人民银行银复〔1999〕251 号文、中国人民银行上海分行上海银复〔1999〕第 677 号文等批复文件。

二、第一家城投公司

通过梳理国内城投公司的历史沿革、发展历程和主营业务，笔者认为国内第一家城投公司是 1992 年 7 月 21 日成立的上海市城市建设投资开发总公司。上海市城市建设投资开发总公司现已更名为上海城投(集团)有限公司，以下简称“上海城投”。

首先需要说明的是，本书探讨的第一家城投公司，并非只是在成立时间上最早，而是最早开展城投业务的城投公司。事实上很多城投公司的前身成立时间特别早，但是因为这些公司的前身当时并未开展城投业务，所以并不能被界定为城投公司。比如北京市基础设施投资有限公司，前身为北京市地下铁道管理处，成立于 1981 年 2 月 10 日，并在 1986 年改制为公司，在 2003 年 11 月更名组建北京市基础设施投资有限公司。但是从城投业务开展时间来看，北京市基础设施投资有限公司并不算早。

(一)历史沿革

上海城投是根据上海市建设委员会、上海市计划委员会和上海市财政局印发的《关于成立上海市城市建设投资开发总公司的通知》(沪建计〔92〕第 660 号)成立的。上海城投成立于 1992 年 7 月 21 日，成立时的注册资本为人民币 10.20 亿元，注册资本由各类集资款人民币 4.00 亿元、公路养路费人民币 2.00 亿元、基金会历年结余资金人民币 3.80 亿元、基金会历年利息收入人民币 0.40 亿元构成，成立时的企业性质为全民所有制企业。上海城投作为控股公司对下属房地产开发、公用事业、建设物资等子公司实行资产控股、参股、投资和管理。

(二)主营业务

自 1992 年成立以来，上海城投重点发挥上海市基础设施和公共服务投资、建设、运营管理企业集团，重大项目建设主体和城市安全运营主体作用，聚焦路桥、水务、环境、置业四大业务板块。在路桥行业，上海城投是上海市收费高速公路、越江隧桥设施、非收费公路的主要建设方和运营方;在水务行业,上海城投在供水、排水及污水处理方面均占据行业垄断地位,是上海市中心城区全部原水、自来水的供应者,是中心城区排水及污水处理的承担者,还是上海周边部分区域的原水、自来水供应者和排水污水处理承担者;在环境行业,上海城投是上海市中心城区固废垃圾清运、中转处置的垄断经营者;在置业投资业务方面,上海城投是上海市重要的保障性住房开发商。

目前,上海城投旗下拥有 6 家子集团(城投公路、城投水务、城投环境、城投资产、上海中心、城投兴港)、2 家上市公司(城投控股、上海环境)、1 家科研机构(市政规划院)等直属单位以及城投老港、城投研究总院、城投财务公司、城投环保金服公司等专业机构,是一家专业从事城市基础设施投资、建设、运营管理的国有特大型企业集团。[①]

上海城投首次发行的债券产品为企业债券,债券名称为“1997 年浦东建设债券”,债券简称“97 浦东建设债券(5 年)”,债券发行规模为 5 亿元,债券期限为 5 年,票面利率为 12.50%,起息日为 1997 年 1 月 23 日。“1997 年浦东建设债券”也是全国首只由城投公司作为发行人发行的信用债券。

三、城投公司的数量

(一)城投公司数量概况

自第一家城投公司诞生以后,国内各地的城投公司如雨后春笋般出现,成为国内基础设施建设的重要力量。根据 Wind 资讯的统计数据(截至 2024 年 1 月 1 日),Wind 资讯口径的发债城投公司数量为 3 585 家(见表 2—1 和表 2—2)。根据原银保监会拟定的《地方政府融资平台名单(2018 年四季度)》,地方政府融资平台的数量为 11 737 家。不管从哪个口径的统计数据来看,城投公司已经发展成为一个不可忽视的庞然大物。当然,城投公司的数量一直处于动态变化的过程中,因为不断会有新的城投公司成立或者组建,也会有部分城投公司实现了市场化转型发展而退出城投公司行列,还会有已经完成区域内历史使命的城投公司注销。

① 资料来源:上海城投(集团)有限公司官网,https://www.chengtou.com/node2/n578/n588/n610/index.html

表 2—1　　发债城投公司主体信用等级分布情况及数量

序　号	城投公司主体信用等级	城投公司数量
1	AAA	185
2	AA+	825
3	AA	1 913
4	AA—	281
5	A+	24
6	A	3
7	A—	5
8	其他级别或无级别	349
	合　计	3 585

资料来源:根据 Wind 资讯数据整理

表 2—2　　发债城投公司省份分布情况及数量

序　号	省　份	数　量
1	江苏省	673
2	浙江省	448
3	山东省	273
4	四川省	237
5	湖南省	227
6	贵州省	157
7	安徽省	172
8	湖北省	149
9	重庆市	143
10	江西省	146
11	河南省	120
12	福建省	93
13	广东省	81
14	陕西省	75
15	辽宁省	71
16	云南省	68

续表

序号	省份	数量
17	广西壮族自治区	64
18	天津市	61
19	新疆维吾尔自治区	51
20	上海市	45
21	河北省	42
22	内蒙古自治区	40
23	北京市	32
24	甘肃省	25
25	黑龙江省	25
26	吉林省	23
27	山西省	20
28	宁夏回族自治区	9
29	青海省	6
30	海南省	5
31	西藏自治区	4
	合计	3 585

资料来源:根据 Wind 资讯数据整理

(二)城投公司分布概况

根据 Wind 资讯的统计数据(截至 2024 年 1 月 1 日),江苏省、浙江省和山东省三个省的城投公司数量最多,三个省的城投公司数量占全国城投公司总数的 38.88%。江苏省是全国的城投之王,城投公司的数量在全国遥遥领先。分省份来看,国内主要省份的城投公司数量情况如下。

1. 江苏省主要地级市城投公司情况

(1)南京市共有 85 家城投公司(地市级、地市级开发区、国家新区级、区县级,不包括省级城投公司),其中主体信用等级为 AAA 的城投公司 11 家,主体信用等级为 AA+的城投公司 24 家。

(2)苏州市(包括常熟市、太仓市、昆山市和张家港市四个县级市)共有 78 家城投公司,其中主体信用等级为 AAA 的城投公司 5 家,主体信用等级为 AA+的城投公司 27 家。苏州市是全国一般地级市中城投公司数量最多的。

2. 浙江省主要地级市城投公司情况

(1)杭州市共有 72 家城投公司(地市级、地市级开发区、国家新区级、区县级),其中主体信用等级为 AAA 的城投公司 14 家,主体信用等级为 AA+的城投公司 30 家。

(2)宁波市共有 73 家城投公司(包括慈溪市和余姚市),其中主体信用等级为 AAA 的城投公司 1 家,主体信用等级为 AA+的城投公司 29 家。需要说明的是,这只是 Wind 资讯统计口径下的宁波市城投公司情况,宁波市主体信用等级为 AAA 的国有企业数量很多,只是未被界定为城投公司。

3. 山东省主要地级市城投公司情况

(1)济南市共有 22 家城投公司(地市级、地市级开发区、国家新区级、区县级),其中主体信用等级为 AAA 的城投公司 6 家,主体信用等级为 AA+的城投公司 7 家。

(2)青岛市共有 45 家城投公司(包括胶州市、莱西市和平度市),其中主体信用等级为 AAA 的城投公司 2 家,主体信用等级为 AA+的城投公司 25 家。再次需要说明一下,这只是 Wind 资讯统计口径下的青岛市城投公司情况,青岛市主体信用等级为 AAA 的国有企业数量很多,只是未被界定为城投公司。

第三章

城投公司的发展阶段

根据城投公司的设立情况、发展特点、业务模式、融资情况和监管政策等维度进行划分，从第一家城投公司诞生发展到现在，城投公司的发展可以划分为诞生期、爆发期、规范期和强监管期四个阶段，具体可以细分为萌芽阶段、探索阶段、鼓励发展阶段、初步规范阶段、从严监管阶段、阶段性宽松阶段、全面监管阶段、隐性债务监管阶段、疫情监管阶段、隐性债务化解阶段共十个阶段。

第一节　城投公司的诞生期

城投公司的诞生期主要包括萌芽阶段和探索阶段两个阶段。诞生期的城投公司处于随机的无序发展状态，并没有形成明确的发展模式、发展方向和主营业务范围，处于城投公司的摸索发展阶段。

一、城投公司的萌芽阶段

城投公司的萌芽阶段是从 1992 年 7 月第一家城投公司上海城投的诞生到 2003 年 11 月重庆八大城投公司正式成立之前。在城市基础设施建设融资需求增多叠加地方政府举债受阻的共同作用下，地方政府开始通过城投公司开展基础设施建设投融资。但此时城投公司的作用和职能主要集中在“投资”上，还没有充分发挥“融资”的职能。1994 年《预算法》实施以后，城投公司开始成为地方政府的重要投融资工具。

(一)萌芽阶段的发展背景

在萌芽阶段，由于没有明确的战略定位、发展目标和业务模式，也没有专门的监管政策要求，城投公司处于无序的随机发展状态。全国各个地方有零星的城投公司成立，但是没有形成明确的主营业务，也没有规范的投资和融资方式，均处于摸索式的发展阶段。

（二）萌芽阶段的监管政策

在萌芽阶段，由于城投公司数量很少，因此没有监管机构针对城投公司出台专门的监管政策，只有部分监管政策中的部分内容涉及城投公司或者与城投公司的主营业务、融资相关。

其一，国务院于1987年3月27日印发《企业债券管理暂行条例》（国发〔1987〕21号）[①]，正式推出了企业债券产品。企业债券是国内第一个信用债券产品，为企业融资提供了直接融资渠道和方式，也是城投公司可以申报发行的首个信用债券产品。但是城投公司在萌芽阶段发行的企业债券数量很少，第一只城投公司企业债券——"97浦东建设债券（5年）"发行于1997年1月23日。

其二，国务院于1993年8月2日印发《企业债券管理条例》（国发〔1993〕121号）[②]，对企业债券的发行条件和申报要求做了进一步完善，明确具有法人资格的企业可以在境内发行债券。国发〔1993〕121号文中明确规定，发债企业必须"发行企业债券前连续3年盈利"，这成为城投公司申报发行企业债券最基本的准入要求。

其三，财政部于1999年7月9日印发《关于禁止各级地方政府或部门违法直接从事担保业务的紧急通知》（财债字〔1999〕147号）[③]，再次明确规定"各级地方政府和部门要严格执行《担保法》，一律不得直接从事担保业务"。按照财债字〔1999〕147号文的要求，地方政府及其下属政府部门无法为企业的融资提供担保。在这种情况下，地方基础设施建设项目需要的资金只能依靠城投公司通过自身信用进行融资。如果要想进行市场化融资，城投公司的资产状况、负债状况和盈利能力就显得尤为重要。

（三）萌芽阶段的发展情况

在萌芽阶段，城投公司发展的标志性事件是"芜湖模式"建立。1997年亚洲金融危机爆发后，为了提高各地基础设施的建设水平，国家开发银行率先与安徽省芜湖市通过签订捆绑式项目贷款协议进行项目贷款，即城投公司贷款融资的"芜湖模

---

① 资料来源：广东省人民政府网站，http://www.gd.gov.cn/zwgk/gongbao/1987/5/content/post_3354856.html

② 资料来源：国务院网站，http://www.gov.cn/gongbao/content/2011/content_1860733.htm

③ 资料来源：法律图书馆网站，http://www.law—lib.com/law/law_view1.asp? id=69917

式”。“芜湖模式”主要包括抵押增信贷款模式、打捆贷款模式和先贷款后开发模式三种类型。①

1. 抵押增信贷款模式

芜湖市于1998年2月16日成立了芜湖市建设投资有限公司(以下简称“芜湖建投”),向芜湖建投注入土地储备、高速公路等优质资产。芜湖建投以这些优质资产作为抵押增信措施向国家开发银行申请贷款。有了优质资产作为抵押增信措施,芜湖建投向国家开发银行申请的贷款不需要地方政府提供担保,形成了城投公司“抵押增信贷款模式”。

2. 打捆贷款模式

芜湖建投将8个财务质量和项目质量参差不齐的城市建设项目捆绑在一起,综合测算8个项目的整体收益,以此向国家开发银行借款10.80亿元。这种模式解决了财务质量较差的基础设施建设项目无法融资的问题,形成了城投公司基础设施建设项目“打捆贷款模式”。

3. 先贷款后开发模式

芜湖市政府在2002年授权芜湖建投“以土地出让未来收益质押作为主要还款保证”,将土地收益权作为抵押品,向国家开发银行申请10.95亿元贷款。同时经芜湖市人大批准,在借款人不能及时偿还贷款本息的情况下,由芜湖市财政补贴偿还,形成了城投公司“先贷款后开发模式”(见图3—1)。

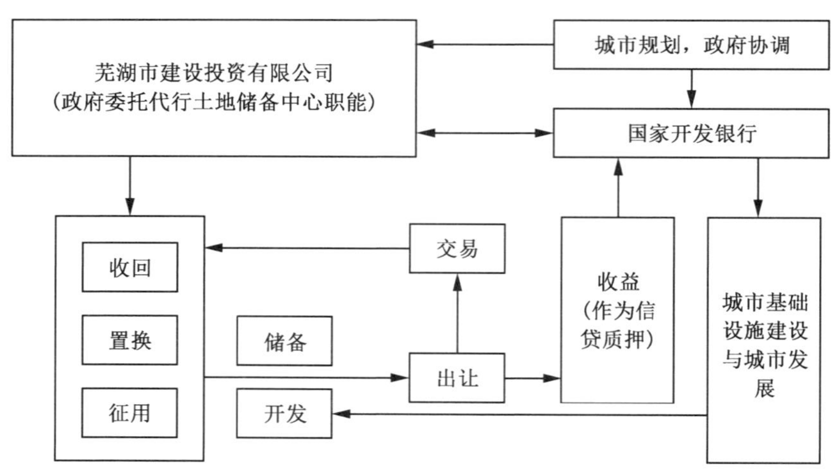

图3—1 芜湖市土地出让收益权质押模式

① 资料来源:图解金融公众号,https://mp.weixin.qq.com/s/Wmvoti-66M1pOjO6QheUmA

“芜湖模式”为各地方政府开展基础设施建设投融资开启了新思维、新模式，成为各地城投公司效仿和学习的榜样。各地城投公司开始将项目建设与融资结合在一起，实现了投资和融资的合并。

需要特别说明的是，“芜湖模式”开始于1998年，结束于2006年。国家发改委、财政部、建设部、中国人民银行和原银监会五部委于2006年4月25日印发《关于加强宏观调控、整顿和规范各类打捆贷款的通知》(银监发〔2006〕27号)[①]，明确提出整顿和规范银行各类打捆贷款，切实防范贷款项目的信用风险和法律风险。银监发〔2006〕27号文出台后，城投公司融资的“芜湖模式”被禁止，城投公司开始探索新的城市建设项目融资模式。

在萌芽阶段，各个地方开始成立城投公司，城投公司的数量不断增加，尤其是1998年以后，每年新成立的城投公司数量都在100个左右(见图3－2)。各地设立城投公司的主要目的是解决城市基础设施建设过程中的融资问题，探索通过市场化方式进行融资。在萌芽阶段组建的城投公司，主要是由财政部门、建委共同组建，主要融资模式如下：城投公司的资本金和项目资本金由财政拨款，其余项目建设资金缺口以城投公司的自身信用或者叠加地方政府的财政作为担保，由城投公司向银行等金融机构进行贷款。这里需要说明的是，虽然1995年版《担保法》禁止地方政府部门为企业融资提供担保，但是在实践中仍然存在不少类似的城投公司贷款案例。

二、城投公司的探索阶段

城投公司的探索阶段是从2003年11月重庆八大城投公司正式成立至2008年1月金融危机爆发之前。

(一)探索阶段的发展背景

在探索阶段，各地城投公司开始根据所在区域的经济发展特点、资源禀赋、自然资源情况、产业结构情况等探索适合本地的业务模式和投融资模式，开始形成具有地方特色的城投公司发展模式。

(二)探索阶段的监管政策

在探索阶段，监管机构专门针对城投公司的监管政策依然很少，但是有部分宏观方面的监管政策涉及规范城投公司发展。

其一，国家发改委于2004年6月21日印发《关于进一步改进和加强企业债券

---

① 资料来源：国家金融监督管理总局网站，http://www.cbirc.gov.cn/cn/view/pages/governmentDetail.html?docId=268111&itemId=861&generaltype=1

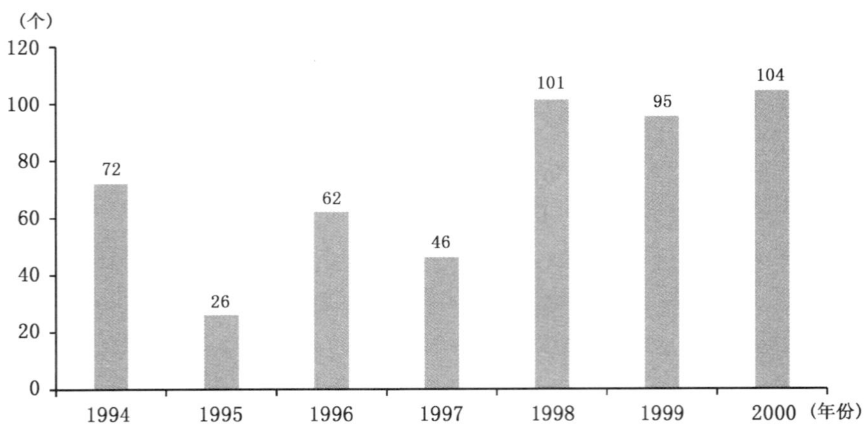

数据来源:根据 Wind 资讯数据整理

图 3—2　1994—2000 年新增城投公司数量

管理工作的通知》(发改财金〔2004〕第 1134 号)①,为城投公司企业债券的申报发行确定了基本监管框架,明确规定“企业发行债券余额不得超过其净资产的 40%”,为城投公司企业债券发行规模设定了明确的上限。

其二,国务院于 2004 年 7 月 16 日印发《关于投资体制改革的决定》(国发〔2004〕20 号)②,明确提出要转变政府管理职能,确立企业的投资主体地位,落实企业投资自主权,对非经营性政府投资项目加快推行“代建制”。国发〔2004〕20 号文对城投公司的影响非常深远,深刻影响了城投公司的投融资体系。国发〔2004〕20 号文的最终目标是建立起市场引导投资、企业自主决策、银行独立审贷、融资方式多样、中介服务规范、宏观调控有效的新型投资体制。国发〔2004〕20 号文是城投公司融资和投资模式最基本的监管法规,对于城投公司的发展起到了关键作用。

其三,财政部于 2005 年 4 月 3 日印发《关于规范地方财政担保行为的通知》(财金〔2005〕7 号)③,明确提出要求全面清理各种财政担保事项,坚决纠正和防止各种违规担保行为,严格按照《预算法》和《担保法》的要求,规范举债行为,控制债务规模,并通过进一步完善偿债机制,加大对现有债务的清偿力度。

---

① 资料来源:宁夏发改委网站,http://www.nxdrc.gov.cn/cszz/jcc/tzgg_jcc/24310.htm

② 资料来源:国务院网站,http://www.gov.cn/zhengce/content/2008-03/28/content_1387.htm

③ 资料来源:北京市财政局网站,https://czj.beijing.gov.cn/zwxx/tztg/201912/t20191206_888708.html

(三)探索阶段的发展情况

城投公司在探索阶段最标志性的发展事件是“重庆八大城投模式”的形成，为全国各地城投公司的发展提供了一个参考模板。

2000年以前，重庆市相继成立了重庆市建设投资公司、重庆城市建设投资(集团)有限公司、重庆高速公路开发总公司和重庆市开发投资有限公司。2001年以后，重庆市又先后成立了重庆市水务控股(集团)有限公司、重庆高等级公路建设投资有限公司、重庆市水利投资有限公司和重庆市地产集团有限公司，“重庆八大城投模式”正式形成，分别负责土地整治、基础设施建设、交通、水利、公共事业等各个领域，服务于重庆的城市基础设施建设等领域。重庆八大城投的基本情况详见表3—1。

表3—1　　重庆八大城投的基本情况

序号	公司成立时名称	成立时间	公司最新名称	主营业务
1	重庆市建设投资公司	1989年	重庆市能源投资集团有限公司	煤炭、天然气、电力生产等
2	重庆城市建设投资(集团)有限公司	1993年	重庆市城市建设投资(集团)有限公司	基础设施建设、路桥经营维护、土地整理、公租房建设等
3	重庆高速公路开发总公司	1994年	重庆高速公路集团有限公司	高速公路建设、运营
4	重庆市开发投资有限公司	1994年	重庆城市交通开发投资(集团)有限公司	公共交通和轨道交通运营
5	重庆市水务控股(集团)有限公司	2001年	重庆水务环境控股集团有限公司	供水和污水处理等
6	重庆高等级公路建设投资有限公司	2002年	重庆旅游投资集团有限公司	旅游资源开发和旅游项目运营
7	重庆市地产集团有限公司	2003年	重庆市地产集团有限公司	土地储备、公租房建设等
8	重庆市水利投资有限公司	2003年	重庆市水利投资(集团)有限公司	水利基础设施建设、供水(负责九龙坡区、沙坪坝区以及非主城区)、供电等

资料来源：根据公开材料整理

为支持地方城投公司的发展，重庆市通过“五大注资”的方式提高城投公司的投融资能力和综合实力。

1. 国债/地方债注入

国债/地方债注入模式，即重庆市将国债或地方债资金作为项目资本金注入城投公司。比如在2003年为解决三峡库区污水处理项目建设资金缺口，重庆市政府将中央下拨三峡库区的30多亿元国债资金划转至重庆水务作为项目资本金。

2. 收费注入

各项收费注入模式，即重庆市将高速公路收费、养路费、部分城维费等作为财政专项资金注入城投公司。

3. 土地资产注入

土地资产注入模式，即重庆市赋予重庆地产和重庆城投市级土地储备中心的职能，同时允许其他城投公司通过“以项目换土地”等方式实施局部的土地储备。

4. 存量资产注入

存量资产注入模式，即重庆市将优质国有企业股权、资产注入城投公司，比如重庆市国资委在2017年将持有的重庆市轨道交通(集团)有限公司7.57%的股权、重庆轨道交通投资有限公司33.33%的股权、重庆融资铁路投资有限公司66.67%的股权划入重庆城市交通开发投资(集团)有限公司。

5. 税收返还

税收返还模式，即重庆市对城投公司的基础设施建设、公共设施投资等实施营业税等相关税收返还。

重庆市较早建立了以国有建设性投融资集团为依托、由企业向社会融资的方式，开创了城市基础设施投融资的“重庆八大城投模式”，这种模式后续也被全国多个城市所借鉴，有多个城市陆续建立了符合区域特点的城投公司。

第二节　城投公司的爆发期

城投公司的爆发期包括鼓励发展阶段和初步规范阶段两个阶段。在爆发期，城投公司有了一定的发展方向，开始形成具有城投特色的主营业务模式和投融资模式。

一、城投公司的鼓励发展阶段

城投公司的鼓励发展阶段是从2008年1月美国次贷危机爆发至2009年10月城投公司首次被采取监管政策之前，持续了将近两年的时间。

(一)鼓励发展阶段的发展背景

2008年1月美国次贷危机爆发引发了全球性的金融动荡。为应对2008年金融危机带来的影响，中央推出“四万亿”计划，集中投向基础设施建设领域。在基础设施建设的资金供给方面，中央政府和地方政府之间按照 1∶3 的比例分担。但是因为地方政府财力有限，无法直接负担基础设施建设的资金，因此基础设施建设的任务就安排给了城投公司。在鼓励发展阶段，城投公司开始在城市基础设施建设领域崭露头角，成为地方政府重要的投融资主体。

(二)鼓励发展阶段的监管政策

在 2008 年美国次贷危机的大背景下，城投公司的发展得到了多个监管机构在政策方面的支持与鼓励。国务院、人民银行、国家发改委和原银监会等机构相继印发了多个监管文件，推动城投公司的发展：

其一，国家发改委于 2008 年 1 月 2 日印发《关于推进企业债券市场发展、简化发行核准程序有关事项的通知》(发改财金〔2008〕7 号)①，将企业债券的发行流程简化为直接核准发行一个环节，并明确了企业公开发行企业债券应符合的准入条件，鼓励城投公司申报发行企业债券。

其二，为支持地方融资平台发行非金融企业债务融资工具，中国银行间市场交易商协会(以下简称“交易商协会”)于 2008 年 10 月专门制定了针对城投公司债务融资工具审核的“六真原则”。在“六真原则”的基础上，各地的城投公司开始在交易商协会申报发行债务融资工具产品。

其三，国务院办公厅于 2008 年 12 月 6 日印发《关于当前金融促进经济发展的若干意见》(国办发〔2008〕126 号)②，明确提出“扩大债券发行规模，积极发展企业债、公司债、短期融资券和中期票据等债务融资工具。优先安排与基础设施、民生工程、生态环境建设和灾后重建等相关的债券发行”。国办发〔2008〕126 号文中提到的基础设施、民生工程等均是城投公司的主营业务范围，在一定程度上鼓励城投公司通过债券融资的方式进行融资。

其四，人民银行、原银监会于 2009 年 3 月 18 日联合发布《关于进一步加强信贷结构调整，促进国民经济平稳较快发展的指导意见》(银发〔2009〕92 号)③，明确提出“鼓励地方政府通过设立合规的政府投融资平台等多种方式，吸引和激励银行业金融机构加大对中央投资项目的信贷支持力度”，同时“支持有条件的地方政府组建投融资平台，发行企业债、中期票据等融资工具，拓宽中央政府投资项目的配套资金融

---

① 资料来源：国家发改委网站，http://bgt.ndrc.gov.cn/zcfb/200801/t20080104_498979.html

② 资料来源：国务院网站，http://www.gov.cn/zwgk/2008-12/13/content_1177484.htm

③ 资料来源：国务院网站，http://www.gov.cn/gongbao/content/2009/content_1336375.htm

资渠道”。

银发〔2009〕92号文是国内监管机构印发的首个明确鼓励城投公司发展的监管文件，要求具备条件的地方政府成立并发展城投公司，对城投公司的发展起到了至关重要的作用。此后，通过城投公司进行投融资的模式在国内得到了全面的开展。

其五，财政部于2009年3月23日印发《关于加强扩大内需投资财政财务管理有关问题的通知》(财建〔2009〕133号)①，明确提出“利用现有融资平台，充分发挥企业债、公司债和中期票据等融资工具的功能，利用市场机制筹集配套”。财建〔2009〕133号文对城投公司的地位和作用进行了充分的肯定，积极鼓励城投公司开展信用债券融资。

其六，国家发改委于2009年4月29日印发《关于进一步落实新增中央投资项目地方配套投资有关问题的紧急通知》(发改电〔2009〕121号)②，明确提出要求各地方政府落实好新增中央投资项目地方配套投资，专门解决地方配套资金到位率较低和部分项目管理不够规范等问题。发改电〔2009〕121号文加强了对地方政府在配套投资方面的监管要求，在一定程度上减轻了城投公司的投融资任务。

其七，国家发改委和财政部于2009年5月18日联合印发《关于进一步加强扩大内需中央投资项目管理有关问题的紧急通知》(发改电〔2009〕137号)③，明确提出“为集中力量加快项目开工建设，尽快落实地方配套资金，现明确以下考核目标”。部分地方配套资金的落实需要依靠城投公司进行融资，城投公司融资职能进一步凸显。

其八，财政部于2009年10月12日印发《关于加快落实中央扩大内需投资项目地方配套资金等有关问题的通知》(财建〔2009〕631号)④，明确提出地方政府可以“用政府融资平台通过市场机制筹措的资金”，确保地方政府配套资金落实到位。财建〔2009〕631号文同样鼓励各地利用城投公司进行市场化融资。

(三)鼓励发展阶段的发展情况

因为银行贷款、信托贷款和融资租赁等融资方式投向城投公司的融资规模没有专门的统计数据，因此在本书的分析中通过Wind资讯城投公司债券的口径来分析

---

① 资料来源：财政部网站，http://www.mof.gov.cn/zhengwuxinxi/caizhengwengao/2009niancaizhengbuwengao/caizhengwengao200904/200906/t20090630_173349.html

② 资料来源：中国会计视野网，https://law.esnai.com/print/85885/

③ 资料来源：农业农村部网站，http://www.moa.gov.cn/gk/cwgk_1/cwgl/201006/t20100606_1533145.htm

④ 资料来源：国务院网站，http://www.gov.cn/zwgk/2009-10/13/content_1437713.htm

城投公司的融资情况。因为监管政策颁布之后城投公司的债券申报、发行有一定的滞后性，不会实时反映出融资规模的变化，所以虽然2008年已经推出了多个鼓励城投公司的监管政策，但是从债券发行数据来看，2008年没有明显变化。从债券发行数据来看，2009年城投公司债券发行金额大幅提升，相比2008年大幅增长了212.58%，增长幅度非常明显，表明监管机构的鼓励政策对城投公司申报发行信用债券有着明确的支持作用(见表3—2)。

表3—2　　2007—2009年城投公司债券发行数据　　单位:亿元

起始日期	截止日期	总发行量	发行只数	总偿还量	净融资额
2007—01—01	2007—12—31	402.50	37	53.50	349.00
2008—01—01	2008—12—31	485.00	31	154.00	331.00
2009—01—01	2009—12—31	1 516.00	111	92.70	1 423.30

资料来源:根据Wind资讯数据整理

二、城投公司的初步规范阶段

城投公司的初步规范阶段是从2009年11月财政部印发《关于坚决制止财政违规担保向社会公众集资行为的通知》(财预〔2009〕388号)[①]开始，至2012年12月《关于制止地方政府违法违规融资行为的通知》(财预〔2012〕463号)[②]之前。

(一)初步规范阶段的发展背景

在推动城市基础设施项目建设过程中，部分地区出现了城投公司等主体由地方财政局进行担保，向行政单位、事业单位和国有企业单位职工等社会公众集资，用于开发区、工业园等的拆迁及基础设施建设的现象。同时，部分地区存在地方政府及其职能部门“出具担保函、承诺函、安慰函等直接或变相担保协议”为城投公司融资提供担保的情况。部分城投公司开始出现融资不规范的行为，甚至利用基础设施建设项目过度融资、重复融资。

(二)初步规范阶段的监管政策

为进一步规范城投公司的融资行为，财政部和原银监会相继出台了一系列专门监管法规。这些监管法规中最重要的监管规则是国务院于2010年6月10日印发

① 资料来源:财政部网站，http://yss.mof.gov.cn/zhengceguizhang/200912/t20091202_240158.htm

② 资料来源:财政部网站，http://yss.mof.gov.cn/zhengceguizhang/201212/t20121231_723354.htm

的《关于加强地方政府融资平台公司管理有关问题的通知》(国发〔2010〕19 号)[①]。国发〔2010〕19 号文明确了城投公司的含义,提出要清理核实并妥善处理融资平台公司债务,并且对融资平台公司进行清理规范,同时提出坚决制止地方政府违规担保承诺行为。国发〔2010〕19 号文是首个提出规范城投发展的监管文件,也是由国务院出台的对城投公司进行监管的最高层级监管政策。初步规范阶段针对城投公司的监管政策出台频率非常高,初步建立起城投公司监管政策框架。

1. 财政部城投公司监管法规

(1)财政部于 2009 年 11 月 6 日印发《关于坚决制止财政违规担保向社会公众集资行为的通知》(财预〔2009〕388 号)[②],明确规范地方政府及其平台公司的举债和担保承诺行为,严禁发生新的财政违规担保向社会公众集资行为,严禁地方政府违反或规避相关法律的规定为平台公司向社会公众集资等直接或变相提供财政担保。财预〔2009〕388 号文是财政部首个明确提出对地方政府融资平台(即城投公司)进行规范的监管文件。

(2)财政部于 2010 年 7 月 30 日印发《关于贯彻国务院关于加强地方政府融资平台公司管理有关问题的通知相关事项的通知》(财预〔2010〕412 号)[③],明确要求各地抓紧清理核实并妥善处理融资平台公司债务,对融资平台公司进行清理规范。财预〔2010〕412 号文主要包括以下要点:

①明确清理核实的债务范围

财预〔2010〕412 号文明确清理核实的债务是指截至 2010 年 6 月 30 日,融资平台公司通过直接借入、拖欠或因提供担保、回购等信用支持形成的债务,对债务范围进行了明确的界定。

②对融资平台公司债务进行了分类

财预〔2010〕412 号文明确将融资平台公司债务经清理核实后分为三类:

A. 融资平台公司因承担公益性项目建设运营举借、主要依靠财政性资金偿还的债务;

B. 融资平台公司因承担公益性项目建设运营举借、项目本身有稳定经营性收入并主要依靠自身收益偿还的债务;

C. 融资平台公司因承担非公益性项目建设运营举借的债务。

---

① 资料来源:国务院网站,http://www.gov.cn/zwgk/2010-06/13/content_1627195.htm

② 资料来源:财政部网站,http://yss.mof.gov.cn/zhengceguizhang/200912/t20091202_240158.htm

③ 资料来源:财政部网站,http://yss.mof.gov.cn/zhengceguizhang/201008/t20100817_333515.htm

③明确融资平台公司职责

财预〔2010〕412号文明确只承担公益性项目融资任务且主要依靠财政性资金偿还债务的融资平台公司，今后不得再承担融资任务。同时，对于其他兼有不同类型融资功能的融资平台公司，包括为政府投资项目（含公益性项目）融资而组建，不承担具体项目建设、项目经营管理职能，且与下属子公司仅是股权关系的国有资产运营公司、国有资本经营管理中心等类型的融资平台公司，也要按照规定原则进行清理规范。

④明确公益性项目定义

财预〔2010〕412号文明确公益性项目的定义为：为社会公共利益服务、不以营利为目的，且不能或不宜通过市场化方式运作的政府投资项目，如市政道路、公共交通等基础设施项目，以及公共卫生、基础科研、义务教育、保障性安居工程等基本建设项目。

⑤明确公益性资产定义

财预〔2010〕412号文明确公益性资产的定义为：为社会公共利益服务，且依据有关法律法规规定不能或不宜变现的资产，如学校、医院、公园、广场、党政机关及经费补助事业单位办公楼等，以及市政道路、水利设施、非收费管网设施等不能带来经营性收入的基础设施等。

（3）财政部于2010年9月2日印发《关于规范地方各级政府部门举债和担保承诺行为的通知》（财预〔2010〕437号）[①]，明确提出“地方各级国家机关以及学校等以公益为目的的事业单位、社会团体要严格执行上述法律规定，不得出具担保函、承诺函、安慰函等直接或变相担保协议，不得以机关事业单位及社会团体的国有资产为其他单位和企业融资进行抵押或质押，不得为其他单位或企业签订回购（BT）协议，不得从事其他违法违规担保承诺行为”。财预〔2010〕437号文是对部分城投公司存在的融资乱象进行的针对性管理，制止各种政府部门担保行为。各种融资乱象存在的原因一方面是城投公司急需融资，另一方面则是部分金融机构为了防控风险要求地方政府部门出具担保函，才使得违规担保的情况屡次发生。

（4）2010年11月，财政部、国家发展改革委、人民银行和原银监会四部委联合印

① 资料来源：财政部网站，http://yss.mof.gov.cn/gongzhongcanyu/jzrzjbxx/zwglgd/201306/t20130618_925795.html

发《关于下发融资平台公司债务清理核实情况表的通知》(财预〔2010〕429号)[①],根据承担职能和偿债能力将融资平台公司分为五类,要求各地方填写《地方政府融资平台公司债务余额核实表》。

(5)财政部、国家发展改革委、人民银行和原银监会四部委于2010年12月15日联合印发《关于进一步做好地方政府融资平台公司名录及债务余额核实工作的通知》(财预〔2010〕525号)[②],要求各地方高度重视、通力配合,按时、准确填写《地方政府融资平台公司名录及债务余额核实表》,进一步规范城投公司融资事宜。

2. 原银监会城投公司监管法规

(1)原银监会办公厅于2010年8月2日印发《关于地方政府融资平台贷款清查工作的通知》(银监办发〔2010〕244号)[③],要求各金融机构应该与地方政府融资平台、各地方政府、各银监局进行四方对账,按照"全覆盖、部分覆盖、基本覆盖和无覆盖"的标准对平台贷款划分风险类别,进一步核清地方政府融资平台贷款的详细数据,逐户建立台账,以有效缓释和化解平台贷款风险。

(2)原银监会办公厅于2010年10月11日印发《关于做好下一阶段地方政府融资平台贷款清查工作的通知》(银监办发〔2010〕309号)[④],明确将地方政府融资平台的贷款分为整改为公司类贷款、保全分离为公司类贷款、清理回收贷款、仍按平台贷款处理四类,要求各银监局按照监测、监督、监控的方式进行分类监管,确保存量贷款得到妥善处理,严格监控新增贷款情况。

(3)原银监会办公厅于2010年11月9日印发《关于开展地方政府融资平台贷款台账调查统计的通知》(银监办发〔2010〕338号)[⑤],明确提出建立地方政府融资平台贷款统计台账,要求各银监局定期对各银行业金融机构平台贷款进行台账统计,控制地方政府融资平台贷款规模。

(4)原银监会于2010年11月15日印发《关于加强当前重点风险防范工作的通知》(银监发〔2010〕98号)[⑥],明确要求各银监局切实抓紧抓好地方政府融资平台贷

---

① 资料来源:财政部网站,http://www.mof.gov.cn/zhuantihuigu/czjbqk2010/5czgl/201110/t20111031_603425.html

② 资料来源:财政部网站,http://www.mof.gov.cn/zhuantihuigu/czjbqk2010/5czgl/201110/t20111031_603425.html

③ 资料来源:百度文库,https://wenku.baidu.com/view/4c54b3ee81c758f5f61f6783.html

④ 资料来源:华律网,http://www.66law.cn/laws/395460.aspx

⑤ 资料来源:百度文库,https://wenku.baidu.com/view/49805d42c850ad02de80412c.html

⑥ 资料来源:百度文库,https://wenku.baidu.com/view/181f09c10c22590102029d27.html

款风险管控，对地方政府融资平台贷款实施动态台账管理，按现金流覆盖原则开展分类处置平台公司贷款工作，切实加强平台贷款押品、项目现金流和还贷条件以及资产分类、拨备计提的管理。

(5)原银监会于 2010 年 12 月 3 日印发《关于规范中长期贷款还款方式的通知》(银监发〔2010〕103 号)①，提出对包括平台贷款在内的中长期贷款还款方式进行统一规范，不得集中在贷款到期时偿还。同时明确要求对于平台贷款，要作为重点进行清理规范，根据平台自身现金流情况和地方政府财力情况，与地方政府和平台客户协商贷款合同修订工作，调整还款计划，实现平台贷款还款方式和还款期限的转变。

(6)原银监会于 2011 年 3 月 31 日印发《关于切实做好 2011 年地方政府融资平台贷款风险监管工作的通知》(银监发〔2011〕34 号)②，按照“逐包打开、逐笔核对、重新评估、整改保全”的方针，以降旧控新为目标，做好地方政府融资平台贷款风险监管工作。同时，银监发〔2011〕34 号文正式建立地方政府融资平台“名单制”信息管理系统，是国内监管机构首次建立的城投公司名单制，将全国的城投公司均纳入了监管体系范围内。

3. 国家发改委城投公司监管法规

(1)国务院于 2011 年 1 月 8 日发布《国务院关于废止和修改部分行政法规的决定》③，对国家发改委印发的《企业债券管理条例》进行了修订，删除并修改了部分条款，对于企业债券的发行要求进行了更新，但并未涉及城投公司发债的相关内容。

(2)国家发改委于 2012 年 6 月明确城投公司申报企业债券需要遵循“2111”原则：各地的省会城市可以有 2 家城投公司申报企业债券；国家级开发区、国家级保税区和地级市可以有 1 家城投公司申报企业债券；百强县可以有 1 家城投公司申报企业债券；直辖市没有申报企业债券的限制，但直辖市所属区仅可以有 1 家城投公司申报企业债券。“2111”原则为城投公司申报企业债券设定了上限，相当于是在一定程度上限制了城投公司企业债券的发行规模。

(三)初步规范阶段的发展情况

从债券发行数据来看，在监管机构对城投公司进行初步规范之后，2010 年城投

---

① 资料来源：百度文库，https://wenku.baidu.com/view/a8848606cc1755270722087b.html

② 资料来源：百度文库，https://wenku.baidu.com/view/86974c1b227916888486d754.html?_wkts_=1686885413449&bdQuery=%E5%85%B3%E4%BA%8E%E5%88%87%E5%AE%9E%E5%81%9A%E5%A5%BD2011%E5%B9%B4%E5%9C%B0%E6%96%B9%E6%94%BF%E5%BA%9C%E8%9E%8D%E8%B5%84%E5%B9%B3%E5%8F%B0%E8%B4%B7%E6%AC%BE%E9%A3%8E%E9%99%A9%E7%9B%91%E7%AE%A1%E5%B7%A5%E4%BD%9C%E7%9A%84%E9%80%9A%E7%9F%A5

③ 资料来源：国务院网站，http://www.gov.cn/gongbao/content/2011/content_1860704.htm

公司债券发行金额增速有所放缓，相比 2009 年只增长了 19.22%。2011 年城投公司债券发行金额相较 2010 年有了一定程度的增长，增速为 32.64%。但是在 2012 年城投公司债券发行金额又有了大幅的增长，较 2011 年增长了 205.74%。2012 年城投公司之所以产生这么高的增长速度，一方面是因为监管政策有一定的滞后性；另一方面则是因为各个地方基础设施投融资压力很大，城投公司承担的融资职能进一步加强。

表 3—3　　2009—2012 年城投公司债券发行数据　　单位：亿元

起始日期	截止日期	总发行量	发行只数	总偿还量	净融资额
2009—01—01	2009—12—31	1 152.50	83	52.70	1 099.80
2010—01—01	2010—12—31	1 374.00	107	1.30	1 372.70
2011—01—01	2011—12—31	1 822.50	142	86.30	1 736.20
2012—01—01	2012—12—31	5 572.20	476	142.30	5 429.90

资料来源：根据 Wind 资讯数据整理

第三节　城投公司的规范期

城投公司的规范期包括从严监管阶段、阶段性宽松阶段和全面监管阶段三个阶段。在规范期，各个监管机构开始系统性地制定城投公司监管规则，构建了城投公司监管框架。

一、城投公司的从严监管阶段

城投公司的从严监管阶段是从 2012 年 12 月《关于制止地方政府违法违规融资行为的通知》(财预〔2012〕463 号)到 2015 年 1 月《公司债券发行与交易管理办法》[中国证券监督管理委员会令(第 113 号)]出台之前。

(一)从严监管阶段的发展背景

受 2010 年欧洲债务问题引发的经济危机影响，2012 年中国经济延续 2011 年的表现，出口出现增长乏力的情况，国内消费难以支撑整体经济的高速增长，国内税收收入和地方土地出让收入出现一定下降。在这种情况下，地方债务问题以及由此引发的区域性债务风险和金融风险成为未来经济运行中的重要不确定因素。因此，规范城投公司的融资行为，防止出现区域性债务风险，成为刻不容缓的选择。

(二)从严监管阶段的监管政策

1. 财政部、国家发展改革委、人民银行和原银监会四部委于 2012 年 12 月 24 日联合印发《关于制止地方政府违法违规融资行为的通知》(财预〔2012〕463 号)[①],明确规定:“地方各级政府及所属机关事业单位、社会团体等不得以委托单位建设并承担逐年回购(BT)责任等方式举借政府性债务。”BT 模式是城投公司开展基础设施建设业务最主要的业务模式,通过回购的方式将地方政府信用隐含到了城投公司,对于城投公司来说意义重大。财预〔2012〕463 号文明确禁止 BT 模式,对城投公司开展业务产生了一定的负面影响。但是,财预〔2012〕463 号文也做出了专门规定,公共租赁住房、公路等符合法律或国务院规定可以举借政府性债务的项目,可以采用逐年回购(BT)责任等方式,但是必须依据项目建设规划、偿债能力等,合理确定建设规模,落实分年资金偿还计划。

财预〔2012〕463 号文对于城投公司的发展提出了新的监管框架,进一步规范了城投公司的业务开展模式,为城投公司的发展指明了方向。尤其是对 BT 模式的禁止性规定,改变了城投公司的业务开展模式。财预〔2012〕463 号文对于城投公司的影响很深远,后续部分城投监管法规的出台主要是以此为基础的。

2. 原银监会于 2013 年 4 月 9 日印发《关于加强 2013 年地方政府融资平台贷款风险监管的指导意见》(银监发〔2013〕10 号)[②],对城投公司的“名单制”做了进一步的完善。银监发〔2013〕10 号文对城投公司进行动态调整风险定性,将城投公司分为“全覆盖”“基本覆盖”“半覆盖”“无覆盖”,是对城投公司融资体系化管理的进一步细化和完善。

3. 审计署于 2013 年 8 月至 9 月按照“见人、见账、见物,逐笔、逐项审核”的原则,对全国 7 170 个融资平台公司进行了债务审计并公布《全国政府性债务审计结果》[③]。根据审计署的审计结果,截至 2013 年 6 月末,全国融资平台公司负有偿还责任债务金额 40 755.54 亿元。这是审计署第一次对城投公司的债务问题进行系统化审计,标志着城投公司债务正式纳入监管机构的管理范畴。

4. 第十二届全国人民代表大会常务委员会第十次会议于 2014 年 8 月 31 日通过《关于修改〈中华人民共和国预算法〉的决定》[④](即“新《预算法》”),明确新《预算

---

① 资料来源:财政部网站,http://yss. mof. gov. cn/zhengceguizhang/201212/t20121231_723354. htm

② 资料来源:中国信托登记有限责任公司网站,http://www. chinatrc. com. cn/contents/2017/4/1-d34b6653d43b47cd83912cf62f8fc565. html

③ 资料来源:国务院网站,http://www. gov. cn/gzdt/2013-12/30/content_2557187. htm

④ 资料来源:国务院网站,https://www. gov. cn/zhengce/2014-09/01/content_2743208. htm

法》于 2015 年 1 月 1 日正式实施。新《预算法》第三十五条规定"经国务院批准的省、自治区、直辖市的预算中必需的建设投资的部分资金,可以在国务院确定的限额内,通过发行地方政府债券举借债务的方式筹措"。

新《预算法》第三十五条规定的实施,从全国范围内授予了地方政府举债的权利,支持地方政府发行债券。新《预算法》明确,除地方政府债券外,地方政府及其下属部门不得以任何方式举借债务。这为地方政府通过公开方式融资建立了渠道。地方政府有了公开融资渠道后,对城投公司融资的依赖性就有了一定程度的降低。

5. 国务院于 2014 年 9 月 21 日出台《关于加强地方政府性债务管理的意见》(国发〔2014〕43 号)[①],明确提出要"疏堵结合",修明渠、堵暗道,赋予地方政府依法适度举债融资权限,加快建立规范的地方政府举债融资机制。国发〔2014〕43 号文明确要求政府债务不得通过企业举借。对于城投公司,国发〔2014〕43 号文专门提出"剥离融资平台公司政府融资职能,融资平台公司不得新增政府债务",这是对城投公司融资职能非常明确的限制。国发〔2014〕43 号文标志着对城投公司在从严监管阶段的监管程度达到了高峰,为城投公司的融资业务明确了新的监管框架。

(三)从严监管阶段的发展情况

从信用债券发行数据来看,在对城投公司进行从严监管之后,2013 年城投公司债券发行金额相较 2012 年减少了 1.87%。但是在 2014 年城投公司债券发行金额又有了大幅的增长,较 2013 年增长了 105.12%。在 2014 年新《预算法》、国发〔2014〕43 号文实施之后,2015 年城投公司债券发行金额相较 2014 年减少了 3.33%(见表 3－4)。考虑到信用债券批文需要一定的周期,因此监管政策的效力有一定的滞后性。

表 3－4　　2012—2015 年城投公司债券发行数据　　单位:亿元

起始日期	截止日期	总发行量	发行只数	总偿还量	净融资额
2012－01－01	2012－12－31	5 572.20	476	142.30	5 429.90
2013－01－01	2013－12－31	5 467.90	485	430.83	5 037.07
2014－01－01	2014－12－31	11 215.95	1 138	1 136.86	10 079.08
2015－01－01	2015－12－31	10 842.21	1 197	3 487.83	7 354.38

资料来源:根据 Wind 资讯数据整理

① 资料来源:国务院网站,http://www.gov.cn/zhengce/content/2014-10/02/content_9111.htm

二、城投公司的阶段性宽松阶段

城投公司的阶段性宽松阶段是从 2015 年 1 月《公司债券发行与交易管理办法》[中国证券监督管理委员会令(第 113 号)]出台到 2016 年 11 月《地方政府性债务风险应急处置预案》(国办函〔2016〕88 号)出台之前。

(一)阶段性宽松阶段的发展背景

2015 年中国经济增速缓慢下滑,经济"稳增长"成为宏观政策首要任务。从推动经济发展的角度来说,基础设施建设仍然是经济稳增长的重要手段,因此积极的财政政策开始发力。

新《预算法》正式实施之后,财政部在 2015 年相继印发《地方政府一般债券发行管理暂行办法》(财库〔2015〕64 号)、《关于做好 2015 年地方政府一般债券发行工作的通知》(财库〔2015〕68 号)、《地方政府专项债券发行管理暂行办法》(财库〔2015〕83 号)和《关于做好 2015 年地方政府专项债券发行工作的通知》(财库〔2015〕85 号)等相关政策,明确地方政府一般债券和地方政府专项债券的发行规范。2015 年 5 月 18 日江苏省采用公开招标方式顺利发行地方政府债券 522 亿元,这是新《预算法》施行后地方政府首次发行地方政府债券。

在地方政府可以通过政府债券进行融资的情况下,城投公司作为基础设施建设的重要主体,面临的监管压力有了阶段性的放松。

(二)阶段性宽松阶段的监管政策

1. 证监会于 2015 年 1 月 15 日印发《公司债券发行与交易管理办法》[中国证券监督管理委员会令(第 113 号)][①],放松了对公司债券发行主体的要求,将公司债券的发行主体从上市公司放宽至普通公司,城投公司可以作为公司债券的发行主体。这是公司债券产品监管政策一个非常大的变化,此后大量的城投公司开始选择公司债券作为直接融资方式。从 2015 年开始,公司债券开始成为城投公司重要的融资方式。

2. 财政部、人民银行、原银监会于 2015 年 5 月 11 日联合印发《关于妥善解决地方政府融资平台在建项目后续融资问题的意见》(国办发〔2015〕40 号)[②],要求各级地方政府和金融机构支持融资平台公司在建项目的存量融资需求,切实做好在建项

① 资料来源:中国证监会网站,http://www.csrc.gov.cn/pub/shenzhen/ztzl/ssgsjgxx/jgfg/ssgsrz/201506/t20150612_279069.htm

② 资料来源:国务院网站,http://www.gov.cn/zhengce/content/2015-05/15/content_9760.htm

目后续融资管理工作，重点支持农田水利设施、保障性安居工程、城市轨道交通等领域的融资平台公司在建项目。国办发〔2015〕40 号文为城投公司解决部分特定基础设施建设项目的融资问题提供了政策依据。

3. 国家发改委于 2015 年 5 月 25 日印发《关于充分发挥企业债券融资功能支持重点项目建设促进经济平稳较快发展的通知》（发改办财金〔2015〕1327 号）①，从多个方面鼓励发行人申报发行企业债券。

4. 国家发改委于 2015 年 6 月 19 日印发《对发改办财金〔2015〕1327 号文件的补充说明》（发改电〔2015〕353 号）②，进一步放开对企业债券的申报要求：

（1）有增信措施的发行人或项目自身收益确定且回报期较短的债券，不受发债企业数量指标的限制；

（2）鼓励以省级（含计划单列市）投融资公司作为主体发行重点领域项目集合债券；

（3）放宽了发行人募集资金的使用要求，允许主体不低于 AA、债项不低于 AA＋的企业可以使用不超过 40％用于偿还银行贷款和补充营运资金的比例；

（4）允许满足一定条件的企业发行债券，专项用于偿还为在建设项目举借且已进入偿付本金阶段的原企业债券及其他高成本融资；

（5）明确已经市场化运营的城投公司使用规范的 PPP 项目发行企业债券不受发债企业数量指标的限制。

5. 国家发改委于 2015 年 11 月 30 日印发《关于简化企业债券审报程序加强风险防范和改革监管方式的意见》（发改办财金〔2015〕3127 号）③，明确深化企业债券审批制度改革，推进企业债券发行管理由核准制向注册制过渡，提出了部分措施：

（1）简化申报程序，精简申报材料，提高审核效率；

（2）对发行人进行分类管理，鼓励信用优良企业发债融资，放宽信用优良企业发债指标限制；

（3）增强债券资金使用灵活度，提高使用效率。

6. 交易商协会于 2015 年 6 月 16 日发布《关于进一步推动债务融资工具市场规范发展工作措施的通知》④，鼓励符合条件的发行人申报发行项目收益票据、资产支

① 资料来源：国家发改委网站，https://www.ndrc.gov.cn/xxgk/zcfb/tz/201505/t20150527_963842.html

② 资料来源：黄石发改委网站，http://www.hsfgw.gov.cn/zxzx/tzgg/201506/t20150625_290573.html

③ 资料来源：国家发改委网站，https://www.ndrc.gov.cn/xxgk/zcfb/tz/201512/t20151202_963511.html

④ 资料来源：第一财经网站，https://www.yicai.com/news/4633743.html

持票据等创新债务融资工具产品，以满足发行人的重大项目融资需求。在与发行人、主承销商的后续监管沟通中，交易商协会明确对AA级以上企业放宽发债限制，这意味着城投公司通过债务融资工具产品进行融资的渠道也更加畅通了。

当然，在城投公司的阶段性宽松阶段，对于城投公司的监管也有收紧的政策。财政部、原国土资源部、中国人民银行和原银保监会等部门于2016年2月2日联合印发《关于规范土地储备和资金管理等相关问题的通知》（财综〔2016〕4号）[①]，明确提出对现有土地储备机构进行全面清理，土地储备工作只能由纳入名录管理的土地储备机构承担，其他各种类型的城投公司等机构一律不得再从事新增土地储备工作。与此同时，土地储备机构不得承担与土地储备职能无关的事务。在财综〔2016〕4号文印发之前，部分城投公司承担着当地的土地储备职能，并通过土地储备的方式进行融资，具体模式为：城投公司将没有开发的“生地”作抵押，从银行拿到贷款之后，进行土地整理并将整理好的“熟地”进行“招拍挂”，以此获得土地出让的收入。在获得土地出让收入之后，城投公司偿还银行贷款并获得一定的收入。财综〔2016〕4号文的出台，意味着城投公司通过土地储备进行融资的模式终结，这对于部分城投公司（尤其是承担土地整理职能的城投公司）来说影响很大。

（三）阶段性宽松阶段的发展情况

从债券发行数据来看，在2015年1月开始对城投公司进行阶段性宽松管控之后，2016年城投公司债券发行金额相较2015年有了一定程度的增长，增幅为64.01%，增幅非常明显（见表3—5）。

表3—5　　2015—2016年城投公司债券发行数据　　单位：亿元

起始日期	截止日期	总发行量	发行只数	总偿还量	净融资额
2015—01—01	2015—12—31	10 842.21	1 197	3 487.83	7 354.38
2016—01—01	2016—12—31	17 781.90	1 927	5 208.66	12 573.24

资料来源：根据Wind资讯数据整理

三、城投公司的全面监管阶段

城投公司的全面监管阶段是从2016年11月国务院办公厅印发《地方政府性债务风险应急处置预案》（国办函〔2016〕88号）至2017年7月中央政治局布置隐性债务化解之前。

---

① 资料来源：国务院网站，http://www.gov.cn/xinwen/2016-02/23/content_5044994.htm

(一)全面监管阶段的发展背景

随着国内经济发展进入"新常态",面临着增长速度换挡、发展方式转变、经济结构调整、增长动力转换的新形势。在这种情况下,地方政府债务和城投公司债务再次成为监管机构关注的重点。

(二)全面监管阶段的监管政策

1. 国务院办公厅于2016年11月14日发布《地方政府性债务风险应急处置预案》(国办函〔2016〕88号)[①],明确省级政府对本地区政府性债务风险应急处置负总责,对地方政府债券、非政府债券形式的存量政府债务、存量或有债务以及新发生的违法违规担保债务等进行分类处置,并将政府性债务风险事件的性质、影响范围和危害程度等情况,划分为Ⅰ级(特大)、Ⅱ级(重大)、Ⅲ级(较大)、Ⅳ级(一般)四个等级。国办函〔2016〕88号文进一步规范各地方政府在融资过程中出现的违规操作手段,城投公司的投融资也就纳入了监管范畴。

2. 财政部、国家发改委、司法部、人民银行、原银监会和证监会等多部委于2017年4月26日联合印发《关于进一步规范地方政府举债融资行为的通知》(财预〔2017〕50号)[②],明确提出全面组织开展地方政府融资担保清理整改工作,进一步规范融资平台公司融资行为管理,推动融资平台公司尽快转型为市场化运营的国有企业、依法合规开展市场化融资。财预〔2017〕50号文再次明确各地方政府不得承诺为其他任何单位和个人的融资承担偿债责任,不得将公益性资产、储备土地注入融资平台公司,不得承诺将储备土地预期出让收入作为融资平台公司偿债资金来源。财预〔2017〕50号文进一步限制和规范了各地城投公司的融资行为。

3. 财政部于2017年5月28日印发《关于坚决制止地方以政府购买服务名义违法违规融资行为的通知》(财预〔2017〕87号)[③],明确提出严禁将基础设施建设、储备土地前期开发和农田水利等建设工程作为政府购买服务项目,严禁将建设工程与服务打包作为政府购买服务项目。财预〔2017〕87号文同时明确棚户区改造、易地扶贫搬迁工作可以通过政府购买服务项目的方式进行。按照财预〔2017〕87号文的监管要求,城投公司通过"政府购买服务"进行融资的方式被进一步规范。

上述几个文件的公布和实施,标志着城投公司的发展正式进入全面监管阶段。

---

① 资料来源:国务院网站,http://www.gov.cn/zhengce/content/2016-11/14/content_5132244.htm

② 资料来源:财政部网站,http://yss.mof.gov.cn/zhuantilanmu/dfzgl/zcfg/201705/t20170503_2592801.htm

③ 资料来源:财政部网站,http://yss.mof.gov.cn/zhengceguizhang/201706/t20170602_2614514.htm

(三)全面监管阶段的发展情况

从债券发行数据来看,在2016年11月开始对城投公司进行全面监管之后,2017年城投公司债券发行金额相较2016年有了一定程度的下降,下降了22.92%(见表3—6)。

表3—6　　2016—2017年城投公司债券发行数据　　单位:亿元

起始日期	截止日期	总发行量	发行只数	总偿还量	净融资额
2016—01—01	2016—12—31	17 781.90	1 927	5 208.66	12 573.24
2017—01—01	2017—12—31	13 705.91	1 790	8 354.43	5 351.48

资料来源:根据Wind资讯数据整理

第四节　城投公司的强监管期

城投公司的强监管期包括隐性债务监管阶段、疫情监管阶段和隐性债务化解阶段三个阶段。

一、城投公司的隐性债务监管阶段

城投公司的隐性债务监管阶段是从2017年7月中央政治局提出隐性债务化解到2020年1月新冠疫情开始之前。

(一)隐性债务监管阶段的发展背景

在对城投公司进行全面监管的过程中,监管机构对于城投公司的债务问题及债务数据有了体系化的掌握,地方政府的隐性债务问题成为监管机构关注的重点。为了更好地化解债务风险,城投公司开始进入强监管期,隐性债务监管阶段正式开始。

地方政府隐性债务是指地方政府在法定债务预算之外,直接或间接以财政资金偿还,以及以违法提供担保等方式举借的债务。隐性债务具备三个明显的特征:

1. 决策主体

隐性债务的决策主体是地方政府,即政府通过会议纪要、项目规划等形式进行确认,城投公司或者地方国有企业是决策的直接执行者。

2. 资金用途

隐性债务的资金用途是区域内公益性项目建设,即具备非营利性和具有社会效益特点的项目,包括但不限于学校、医院、公园、市政道路等。

3. 偿债资金来源

隐性债务的偿债资金来源于政府财政资金,即地方政府直接承诺以财政资金偿还,或者地方政府以各种形式提供担保等。

根据财政部官网于2022年5月18日[①]、2023年11月6日[②]和2024年9月19日[③]发布的《财政部关于地方政府隐性债务问责典型案例的通报》,以及2022年7月29日发布的《关于融资平台公司违法违规融资新增地方政府隐性债务问责典型案例的通报》[④],目前隐性债务共有如下形式:

第一种,地方政府直接向企事业单位借款

地方政府或者下属部门直接向企事业单位(以城投公司和地方国有企业居多)借款并承诺偿还,将资金用于区域内市政基础设施建设项目等支出,违背新《预算法》通过"发行地方政府债券举借债务"的规定,是最直接、最显而易见的隐性债务形成方式。

第二种,违规开展PPP项目

根据国务院印发的《中共中央国务院关于防范化解地方政府隐性债务风险的意见》(中发〔2018〕27号),规范的PPP项目形成中长期财政支出事项不属于地方政府隐性债务,地方国有企业或者城投公司未严格按照监管规则违规开展的PPP项目视为新增隐性债务。

第三种,假借医院采购药品名义新增隐性债务

地方政府或者下属部门要求区域内的医院根据市/县政府常务会议纪要,以采购药品为由向银行等金融机构取得贷款,用于支付应由地方财政预算支付的新医院项目工程款或者将资金用作区域内其他项目,造成新增隐性债务。

第四种,借政府购买服务名义新增隐性债务

地方政府或者下属部门根据市/县人民政府授权,与地方性国有企业签订政府购买服务合同,实施公益性项目暨配套设施建设项目,约定到期需偿还的贷款本息列入市/县中长期财政预算。市/县人大常委会、市/县人民政府、市/县财政局分别出具决议、批复、承诺书等文件,明确将相关资金列入市/县中长期财政预算。地方性国有企业与银行等金融机构签订合同,贷款用于公益性项目暨配套设施项目建

① 资料来源:财政部网站,http://jdjc.mof.gov.cn/jianchagonggao/202205/t20220518_3811312.htm

② 资料来源:财政部网站,http://jdjc.mof.gov.cn/jianchagonggao/202311/t20231106_3914898.htm

③ 资料来源:财政部网站,http://jdjc.mof.gov.cn/jianchagonggao/202409/t20240919_3944019.htm

④ 资料来源:财政部网站,http://jdjc.mof.gov.cn/jianchagonggao/202207/t20220729_3830829.htm

设，造成新增隐性债务。

第五种，通过占用国有企业资金方式新增隐性债务

地方政府或者下属部门以资金“往来”名义占用地方国有企业/城投公司资金，并以“拨款”“补贴收入”等名义拨付给区域内基础设施建设项目的建设方，用于辖区内公益性项目建设，造成新增隐性债务。

第六种，欠付公益性项目工程款新增隐性债务

地方政府或者下属部门与施工企业签订公益性项目建设合同，承诺由市/县人民政府承担大部分建设支出，并启动项目建设施工。在未安排财政预算的情况下，市/县政府常务会议承诺由市/县人民政府承担建设成本，由此形成了对施工企业的应付工程款，造成新增隐性债务。

第七种，要求代理银行垫付资金且长期未清算新增隐性债务

地方政府或者下属部门违反各地财政部门不得违规要求代理银行延期清算并长期垫付资金的规定，自行与银行签订《国库集中支付代理委托合作协议》，要求银行延期清算，违规垫付应由财政负担的支出资金，用于工程款、购买土地指标款、业务经费、民生类项目等支出，造成新增隐性债务。

第八种，以预期土地出让收入等作为项目投资回报来源，要求国有企业垫资建设新增隐性债务

地方市/县委、市/县委政府有关会议决定，授权地方国有企业/城投公司作为城市片区综合开发及运营商，开展区域内基础设施、地产开发等项目的投资、融资、开发、建设及运营工作，并承诺以预期土地出让收入等作为项目投资回报来源，造成新增隐性债务。

第九种，要求省属国有企业垫资建设新增隐性债务

地方市/县/经开区政府与省属国有企业签订协议，由省属国有企业垫资承担一级土地整理开发、基础设施建设等城市综合开发业务，地方政府以土地收益偿付企业开发成本及适当收益，形成新增隐性债务。

第十种，通过代政府借款等方式违法违规融资

地方国有企业/城投公司将银行贷款等融资资金按要求交由市/县/经开区政府统筹使用，用于辖区内基础设施、道路工程等建设，形成政府承诺以财政资金偿还的债务，造成新增隐性债务。

第十一种，通过政府承诺方式违法违规融资

地方市/县/经开区政府批准相关部门与地方国有企业/城投公司签订委托代建

协议，承诺安排财政补贴，并以预期土地出让收入支付应收账款，支持该公司发行债券或者取得金融机构贷款，造成新增隐性债务。

第十二种，通过政府部门担保方式违法违规融资

地方国有企业/城投公司以其持有的对市/县/经开区政府及其下属职能部门的应收账款为质押，向银行、信托公司、融资租赁公司、资产管理公司等金融机构融资，造成新增隐性债务。

第十三种，通过抵押公益性资产发债方式违法违规融资

地方国有企业/城投公司通过抵押包含绿地广场、市民文化广场使用的地块在内的公益性土地使用权或者公益性建筑，用于发行公司债券/企业债券/债务融资工具等产品的增信措施，造成新增隐性债务。

第十四种，通过质押政府购买服务协议约定的应收账款方式违法违规融资

地方市/县/经开区政府专题会议研究同意，地方财政局与城投公司签订政府购买服务协议，购买城投公司建设的市政道路的运营服务，并出具文件承诺将购买服务资金按约定逐年纳入本级财政预算管理。城投公司以上述协议约定的应收政府购买服务费为质押，向银行等金融机构申请贷款，造成新增隐性债务。

第十五种，通过以财政资金为还款来源发债方式违法违规融资

经地方人大常委会同意，市/县/经开区政府决定以政府购买服务方式运作债券项目，由市/县财政安排预算资金按年支付相关债券项目资金，并与城投公司签订政府购买服务合同。城投公司发行企业债券/公司债券用于光伏扶贫电站、孝心养老基金补贴等扶贫项目，造成新增隐性债务。

第十六种，通过抵押储备土地和公益性资产方式违法违规融资

地方市/县/经开区政府要求自然资源和规划局将储备土地注入城投公司，城投公司以上述地块为抵押向银行等金融机构贷款，造成新增隐性债务。

第十七种，通过财政担保方式违法违规融资

经地方市/县/经开区政府批复同意，地方国有企业/城投公司向金交所等非标机构融资，地方财政局报经市/县/经开区政府有关负责人批准后，为该笔融资提供协调资金支付融资产品本息的承诺函，造成新增隐性债务。

第十八种，以退回资本公积名义违法违规融资

地方财政局或者国资委以退回资本公积名义，从其控股的地方国有企业、城投公司调入一定规模的融资资金，由地方政府、财政局或者国资委进行统筹使用，形成新增隐性债务。

第十九种，通过农村人饮及农业灌溉特许经营权质押违法违规融资

区县政府通过政府常务会议审议，将区域内的农村人饮及农业灌溉特许经营权转让给城投公司，由城投公司以特许经营权作为质押向金融机构借款，并由财政局出具承诺在特许经营期间将农业灌溉向干渠缴纳的水费及农村人饮和农业灌溉设备的更新及维修费用全额列入预算，形成新增隐性债务。

第二十种，以租代建新增隐性债务

地方政府设立的职业技术学院自行确定与建筑公司进行合作，采取以租代建的方式建设新校区，通过每年向建筑公司支付租金和以三产委托经营（包含新、老校区）的方式进行回购，形成新增隐性债务。

第二十一种，借款用于偿还存量隐性债务造成化债不实

地方政府设立的职业技术学院或者城投公司、国有企业向金融机构借款，资金用于偿还存量隐性债务，并在地方政府隐性债务统计监测系统中作为化债处理，造成化债不实。

（二）隐性债务监管阶段的监管政策

1. 2017 年 7 月 24 日召开的中央政治局会议上指出“要积极稳妥化解累积的地方政府债务风险，有效规范地方政府举债融资，坚决遏制隐性债务增量”[①]。这是“隐性债务”概念首次被明确提出，意味着城投公司隐性债务监管阶段正式开始。

2. 财政部于 2017 年 11 月 10 日印发《关于规范政府和社会资本合作（PPP）综合信息平台项目库管理的通知》（财办金〔2017〕92 号）[②]，明确提出严格新项目入库标准、集中清理已入库项目，进一步规范政府和社会资本合作（PPP）项目运作，防止 PPP 异化为新的融资平台，坚决遏制隐性债务风险增量。

3. 国务院办公厅于 2019 年 6 月下发《关于防范化解融资平台公司到期存量地方政府隐性债务风险的意见》（国办函〔2019〕40 号）[③]，指导地方政府、金融机构和融资平台开展隐性债务置换工作。

在信用债券方面，监管机构也加强了对于地方政府隐性债务的监督和管理，制定了相关的管理规则进一步规范城投公司融资行为。

其一，国家发改委办公厅于 2017 年 8 月 7 日印发《关于在企业债券领域进一步

① 资料来源：国务院网站，http://www.gov.cn/xinwen/2017-07/24/content_5213043.htm

② 资料来源：财政部网站，http://jrs.mof.gov.cn/zhengcefabu/201711/t20171116_2751258.htm

③ 资料来源：第一财经网站，https://www.yicai.com/news/100231398.html

防范风险加强监管和服务实体经济有关工作的通知》(发改办财金〔2017〕1358号)①,明确提出要积极防范企业债券领域地方政府债务风险,应明确发债企业和政府之间的权利与责任关系,实现发债企业与政府信用严格隔离;加强企业债券的事中事后监管并防违约风险,对出现偿债风险的存量债券,省级发展改革部门应提前介入,充分运用市场化、法治化手段,指导发行人和中介机构制订完备的偿债方案,牢牢守住不发生系统性金融风险的底线。

其二,国家发改委办公厅和财政部办公厅于2018年2月8日联合印发《关于进一步增强企业债券服务实体经济能力严格防范地方债务风险的通知》(发改办财金〔2018〕194号)②,再次明确严禁将公立学校、公立医院、公共文化设施、公园、公共广场、机关事业单位办公楼、市政道路、非收费桥梁、非经营性水利设施、非收费管网设施等公益性资产及储备土地使用权计入申报企业资产;严禁涉及与地方政府信用挂钩的虚假陈述、误导性宣传;募投项目若有财政资金支持,程序和内容必须依法合规;发行人需要切实做到“谁借谁还、风险自担”。

(三)隐性债务监管阶段的发展情况

从债券发行数据来看,在2017年7月开始对城投公司进行全面监管之后,2018年城投公司债券发行金额相较2017年有了一定程度的增长,但是增速有所放缓,只有5.55%。2019年城投公司债券发行金额较2018年增长了63.92%,2020年城投公司债券发行金额较2019年增长了47.76%(见表3—7)。2019年和2020年城投公司债券发行金额的增加,也从一个侧面反映出城投公司承担的地方基础设施建设项目融资压力在加大。

表3—7　　2017—2020年城投公司债券发行数据　　单位:亿元

起始日期	截止日期	总发行量	发行只数	总偿还量	净融资额
2017—01—01	2017—12—31	13 705.91	1 790	8 354.43	5 351.48
2018—01—01	2018—12—31	14 466.34	1 929	12 518.43	1 947.91
2019—01—01	2019—12—31	23 713.91	3 157	14 135.15	9 578.76
2020—01—01	2020—12—31	35 038.95	4 862	16 703.53	18 335.42

资料来源:根据Wind资讯数据整理

① 资料来源:国家发改委网站,https://www.ndrc.gov.cn/xxgk/zcfb/tz/201708/t20170815_962531.html?code=&state=123

② 资料来源:国家发改委网站,https://www.ndrc.gov.cn/xxgk/zcfb/tz/201802/t20180212_962669.html?code=&state=123

二、城投公司的疫情监管阶段

城投公司的疫情监管阶段是从2020年1月新冠疫情暴发开始到2021年4月《关于进一步深化预算管理制度改革的意见》(国发〔2021〕5号)出台之前。

(一)疫情监管阶段的发展背景

2020年1月新冠疫情暴发,对国内经济和全球经济的发展都造成了很大的冲击。在疫情防控和稳定经济增长的大背景下,城投公司在逆周期调节、社会维稳和经济发展中的作用进一步加强,监管政策有了一定的放松。因此,新冠疫情的暴发,在一定程度上暂缓了对城投公司的严监管趋势。

(二)疫情监管阶段的监管政策

1. 人民银行、财政部、原银保监会、证监会、外汇局于2020年2月1日联合发布《关于进一步强化金融支持防控新型冠状病毒感染肺炎疫情的通知》①,明确提出对募集资金主要用于疫情防控以及疫情较重地区金融机构和企业发行的金融债券、资产支持证券、公司信用类债券建立注册发行绿色通道,鼓励发行人申报发行信用债券产品。

2. 国家发展改革委办公厅于2020年2月8日印发《关于疫情防控期间做好企业债券工作的通知》(发改办财金〔2020〕111号)②,支持企业债券募集资金用于疫情防控相关医疗服务、科研攻关、医药产品制造以及疫情防控基础设施建设等项目,适当延长批文有效期。

(三)疫情监管阶段的发展情况

交易商协会和交易所在2020年相继推出了疫情防控债,鼓励符合条件的发行人发行专项债券用于疫情防控工作。2020年疫情防控债共发行了642只,发行金额为5 111.31亿元(见表3—8)。

表3—8　　2020年疫情防控债发行统计情况

产品名称	发行只数	发行金额(亿元)
资产支持证券	182	884.45
短期融资券	179	1 238.10

① 资料来源:国务院网站,http://www.gov.cn/zhengce/zhengceku/2020-02/01/content_5473639.htm

② 资料来源:国家发改委网站,https://www.ndrc.gov.cn/xxgk/zcfb/tz/202002/t20200208_1220174.html

续表

产品名称	发行只数	发行金额(亿元)
公司债券	145	1 245.46
中期票据	59	445.00
PPN	44	272.70
金融债券	30	937.60
国际机构债	2	80.00
可交换债	1	8.00
合　计	642	5 111.31

资料来源:根据 Wind 资讯数据整理

三、城投公司的隐性债务化解阶段

城投公司的隐性债务化解阶段是从 2021 年 4 月《关于进一步深化预算管理制度改革的意见》(国发〔2021〕5 号)出台至今。

(一)隐性债务化解阶段的发展背景

在城投公司的隐性债务化解阶段,最主要的监管特征是依据隐性债务名单和"3899 名单"对城投公司进行分类监管。

在城投公司的发展历史上,出现过多个版本与城投公司相关的名单,比如原银监会融资平台名单(2010 年 3 季度至 2018 年 3 季度,2018 年 4 季度停止更新)、财政部融资平台公司债务及中长期支出事项监测平台名单(简称"隐债名单",自 2015 年财政部主导第一轮隐债甄别至今)等,而城投公司一旦被列入上述名单,则将面临融资层面的各种限制,以防控其过度融资行为及由此引发的金融风险、财政风险等。"3899 名单"起源于"一揽子化债"方案和国办发〔2023〕35 号文,涉及的城投公司数量实际上超过了 4 000 家。

隐债名单和"3899 名单"的企业主体是以城投公司为主。如果公司被纳入了隐债名单和"3899 名单",就会受到全方位的监管,新增融资难度会比较大,尤其是在信用债券方面。

(二)隐性债务化解阶段的监管政策

国务院于 2021 年 4 月 13 日发布《关于进一步深化预算管理制度改革的意见》

(国发〔2021〕5 号)[①]，明确提出“把防范化解地方政府隐性债务风险作为重要的政治纪律和政治规矩，坚决遏制隐性债务增量，妥善处置和化解隐性债务存量”。国发〔2021〕5 号又拉开了规范性、及时性化解地方隐性债务的大幕。此后，多个监管部门出台了关于隐性债务化解的相关配套规则。

1. 上海证券交易所和深圳证券交易所于 2021 年 4 月 22 日分别印发《上海证券交易所公司债券发行上市审核规则适用指引第 3 号——审核重点关注事项》(上证发〔2021〕24 号)[②]和《深圳证券交易所公司债券发行上市审核业务指引第 1 号——公司债券审核重点关注事项》(深证上〔2021〕430 号)[③]，结合 2020 年末的地方政府债务率“红橙黄绿”分类监管，加强对城投公司申报公司债券的审核要求，严控高债务率区域的城投公司新增债券规模。

2. 原银保监会于 2021 年 7 月 9 日印发《银行保险机构进一步做好地方政府隐性债务风险防范化解工作的指导意见》(银保监发〔2021〕15 号)[④]，对隐性债务提出更加严格的监管标准，要求地方政府不得以任何形式新增地方政府隐性债务。对承担地方政府隐性债务的客户，银保监发〔2021〕15 号文要求银行等金融机构不得新提供流动资金贷款或流动资金贷款性质的融资，不得为其参与地方政府专项债券项目提供配套融资。

3. 财政部在 2021 年 7 月建立了融资平台公司债务及中长期支出事项监测平台，目标是厘清地方政府与融资平台公司的关系，防范化解财政金融风险。[⑤] 融资平台债务联合监管平台能实行名录管理和中长期支出事项风险评估，实现融资平台债务和政府中长期支出事项全面动态监控，对城投公司的债务情况进行全面的监测。

4. 中国人民银行和外汇管理局于 2022 年 4 月 19 日印发《关于做好疫情防控和经济社会发展金融服务的通知》[⑥]，全力做好疫情防控和经济社会发展金融服务，同时提出“支持地方政府适度超前开展基础设施投资”和“要在风险可控、依法合规的前提下，按市场化原则保障融资平台公司合理融资需求”。这个文件一方面明确要

① 资料来源：国务院网站，http://www.gov.cn/zhengce/zhengceku/2021-04/13/content_5599346.htm

② 资料来源：上海证券交易所网站，http://www.sse.com.cn/lawandrules/sselawsrules/bond/review/c/c_20210422_5390451.shtml

③ 资料来源：深圳证券交易所网站，http://investor.szse.cn/lawrules/rule/allrules/bussiness/t20210422_585628.html

④ 资料来源：《中国经营报》网站，http://www.cb.com.cn/index/show/bzyc/cv/cv135114351645

⑤ 资料来源：腾讯网，https://new.qq.com/rain/a/20210726A08F5X00

⑥ 资料来源：中国人民银行网站，http://www.pbc.gov.cn/goutongjiaoliu/113456/113469/4533227/index.html

保障城投公司的合理融资需求，另一方面也明确了城投公司的发展方向包括适度超前开展基础设施投资。

5.2023年7月的中央政治局会议提出"有效防范化解地方债务风险，制定实施一揽子化债方案"。"一揽子化债方案"的内容包括但不限于特殊再融资债券、央行SPV应急流动性贷款支持等，具体内涵可能会根据实际化债情况进一步丰富完善。

6. 国务院于2023年9月印发《关于金融支持融资平台债务风险化解的指导意见》(国办发〔2023〕35号，以下简称"35号文")，指导融资平台债务风险化解，要求严控融资平台各类债务规模新增，引导债务规模与地方经济发展和地方财力相匹配。35号文要求金融机构支持化解存量风险，将天津市、重庆市、云南省、贵州省、内蒙古自治区、辽宁省、吉林省、黑龙江省、广西壮族自治区、甘肃省、青海省和宁夏回族自治区12个省份确定为重点省份，将地方国有企业分为三类：地方政府融资平台、按照地方政府平台管理的国有企业(针对新设平台)和一般国有企业。

7.2024年7月18日公布的三中全会公报中指出，"要统筹好发展和安全，落实好防范化解房地产、地方政府债务、中小金融机构等重点领域风险的各项举措"①。从公报内容可以看出，以城投公司债务为主的地方政府债务仍然是受到关注的重点风险领域，"落实好"各项举措，意味着之前出台的相关政策会继续稳步实施。

8. 中共中央政治局在2024年7月30日的工作会议中，分析研究了当前经济形势，部署了下半年经济工作，审议了《整治形式主义为基层减负若干规定》②。会议中明确提出"要完善和落实地方一揽子化债方案，创造条件加快化解地方融资平台债务风险"。"完善和落实地方一揽子化债方案"，意味着未来会根据地方政府债务化解的具体进度，以及各个区域的债务情况，因城施策、因地施策。而"创造条件加快化解"，则表明会进一步制定化解地方政府债务的具体细则，提升相关政策的落实速度和效率。

(三)隐性债务化解阶段的发展情况

隐性债务的清理和化解，对于地方政府来说是非常重要的，对于城投公司来说，也是非常关键的。目前，监管机构已经出具了多个文件，明确在信用债券发行过程中对于涉及隐性债务问题的城投公司进行严格披露和审核。

1. 中国人民银行、发改委、财政部、原银保监会、证监会和外汇局六部委联合印

① 资料来源：国务院网站，https://www.gov.cn/yaowen/liebiao/202407/content_6963409.htm

② 资料来源：国务院网站，https://www.gov.cn/zhengce/202407/content_6965338.htm

发的《关于推动公司信用类债券市场改革开放高质量发展的指导意见》[①]于 2021 年 8 月 18 日发布，再次强调企业债务不得由政府偿还或者财政兜底，明确政府融资平台需要进行改革，厘清政府和企业的边界责任。这个规则实际上是和原银保监会 15 号文一脉相承的，主要目的还是要控制隐性债务风险，规范地方政府融资平台的发展。

2. 中国证监会于 2021 年 12 月 24 日公布了《公开发行证券的公司信息披露内容与格式准则第 24 号——公开发行公司债券申请文件(2021 年修订)》(证监会公告〔2021〕47 号)[②]，对于主承销商核查意见中增加了“地方政府隐性债务”的专门核查要求，这个规则实际上也是和原银保监会 15 号文一脉相承的，主要目的也是要控制隐性债务风险，规范地方政府融资平台的发展。

3. 上海证券交易所于 2022 年 4 月 29 日发布了《上海证券交易所公司债券发行上市审核规则适用指引第 3 号——审核重点关注事项(2022 年修订)》(上证发〔2022〕63 号)[③]，提出主要从事城市建设的地方国有企业申报发行公司债券，应符合地方政府隐性债务管理的相关规定，不得新增地方政府债务。募集资金用于偿还公司债券以外存量债务的，发行人应披露拟偿还的存量债务明细，并承诺所偿还的存量债务不涉及地方政府隐性债务。

从信用债券发行数据来看，2022 年城投公司债券发行金额相较 2021 年有了一定程度的下降，降幅为 13.49%。但是 2023 年城投公司债券发行金额较 2022 年有了一定幅度的增长，增幅为 25.01%，主要原因是 2023 年到期或者回售的城投公司债券金额较大。如果从 2021—2023 年的净融资额来看，城投公司在隐性债务化解阶段的净融资额整体处于下降趋势(见表 3—9)。

表 3—9　　2021—2023 年城投公司债券发行数据　　单位：亿元

起始日期	截止日期	总发行量	发行只数	总偿还量	净融资额
2021—01—01	2021—12—31	44 221.41	6 580	25 045.99	19 175.42
2022—01—01	2022—12—31	38 256.85	5 707	29 959.84	8 297.01
2023—01—01	2023—12—31	47 825.16	7 168	39 243.00	8 582.16

资料来源：根据 Wind 资讯数据整理

① 资料来源：国务院网站，http://www.gov.cn/xinwen/2021-08/18/content_5631977.htm

② 资料来源：中国证监会网站，http://www.csrc.gov.cn/csrc/c101954/c1661985/content.shtml

③ 资料来源：上海证券交易所网站，http://www.sse.com.cn/lawandrules/sselawsrules/bond/review/c/c_20220429_5701756.shtml

第四章

城投公司的业务

城投公司从事的主营业务，直接体现了城投公司和地方政府及其职能部门之间的合作关系，决定了城投公司的根本属性，也是城投公司区别于实业企业和一般国有企业的最重要特征。城投公司从事的业务是公司最核心的竞争力，通过分析城投公司的主营业务类型和业务开展情况，可以判断公司运营的可持续性和未来发展潜力。

第一节　城投公司的类型

城投公司的类型是多种多样的，不同类型的城投公司从事的业务有所不同。所以在分析城投公司的业务之前，需要对城投公司的类型进行梳理。城投公司的类型可以依据业务性质和主导业务两个维度进行分类。

一、根据业务性质分类

城投公司的业务性质，主要是根据该业务是否市场化运营、是否市场化盈利作为判断标准。以业务性质作为维度来划分，城投公司可以划分为公益性业务城投公司、准公益性业务城投公司和经营性业务城投公司。

(一)公益性业务城投公司

公益性业务城投公司，是指主要从事为了满足地方经济发展的基础设施要求而进行的以固定资产项目投资、融资、建设、运营等为主要业务的城投公司。公益性业务具有明显的垄断性特征，不存在市场化竞争，由城投公司所在区域的地方政府安排一家或多家城投公司共同开展业务。如果区域内有多家城投公司共同开展公益性业务，那么各家城投公司之间有着明确的业务区域划分，不会形成竞争冲突。公益性业务的营利方式不是市场化的，一般是由地方政府及其下设机构按照固定资产项目投资金额的一定比例给予城投公司代建费或者管理费等作为业务报酬或者业务收入。

从实践来看，城投公司从事的基础设施建设业务、土地整理业务、围海造地业务等均属于公益性业务。这些公益性业务并不是城投公司主动开展的，是为了服务当地经济发展需要而开展的，并且从客观上提升了城投公司的资产规模、收入规模和盈利能力。

（二）准公益性业务城投公司

准公益性业务城投公司，是指主要从事在满足地方经济发展的公益性需求的同时能够给城投公司带来一定的市场化收入业务的城投公司。准公益性业务兼具公益性和收益性的特点，与城投公司公益性业务的区别比较明显。准公益性业务存在不充分的竞争，有一定的市场化竞争者，但是城投公司具备更加明显的竞争优势。城投公司在开展准公益性业务取得一定市场化收入的同时，一般还会获得一定的政府补贴，进而保障准公益性业务的持续性。

从实践来看，城投公司从事的保障房建设业务、棚户区改造业务和公用事业业务（包括供热、燃气、供水等）等属于准公益性业务。比如城投公司开展保障房建设业务和棚户区改造业务，在满足中低收入住房困难家庭住房需求的同时，还能够配置一定数量的房屋进行市场化销售，这就能够为城投公司带来一定的市场化业务收入。城投公司开展供热、燃气、供水等业务，在满足城市居民公用需求的同时，也能够给城投公司带来一定的收入，同时还会有一定的财政补贴。

（三）经营性业务城投公司

经营性业务城投公司，是指主要以市场化主体的身份参与开展业务的城投公司。城投公司参与的经营性业务存在充分竞争，实现盈利的模式也是市场化模式，不存在地方政府支持或者财政补贴。当然，因为城投公司在当地的特殊地位，在开展经营性业务时具备一定的优势，但是这种优势并不是决定性或者垄断性的，并不会让城投公司在相关业务中处于绝对领先地位。

从实践来看，城投公司从事的工程施工业务、房地产开发业务、商品贸易业务、物业运营业务、融资担保业务等均属于经营性业务。又比如城投公司工程施工业务，可以充分运营自身获得的施工资质，主动开展水利工程、河道治理、房屋建筑施工等业务。又比如城投公司开展房地产开发业务,可以通过市场化方式取得土地使用权,开展住宅、商品房、写字楼、酒店等各类商业房地产开发项目,实现市场化的房屋销售收入。

二、根据主导业务分类

城投公司从事的主营业务是多种多样的,很少有城投公司只从事一种业务。但是每个城投公司的主营业务中都会有占主导地位的业务,主导业务决定了城投公司的业务方向和拓展业务的类型。根据城投公司占主导地位的业务类型,可以将城投公司划分为公益事业类城投公司、公用事业类城投公司、园区运营类城投公司、交通建设类城投公司、文化旅游类城投公司、综合性城投公司和其他类型城投公司等多种类型。

(一)公益事业类城投公司

公益事业类城投公司是指主要从事基础设施委托代建、土地开发、保障房建设、棚户区改造业务等公益属性较强业务的城投公司。公益事业类城投公司从事的业务主要是来自地方政府或者下属部门的委托,交易对手相对单一,不存在市场性竞争。公益事业类城投公司从事的业务公益性属性较强,可以有效提升当地的基础设施水平或者改善当地居民的居住环境,能够为地方经济发展奠定基础,是推动地方经济发展的重要保障。公益事业类城投公司一般命名为城市建设发展投资有限公司、城市发展集团有限公司、投资控股集团有限公司和开发投资集团有限公司等。

(二)公用事业类城投公司

公用事业类城投公司是指主要从事供热、供水、燃气、污水处理、垃圾处理等公用事业业务的城投公司,而且一般是多种公用事业业务同时运营。公用事业类城投公司从事的业务存在一定的市场化竞争,但是竞争并不充分。在部分地区,部分公用事业是由民营企业运营的。公用事业类城投公司提供的各项服务价格是稳定的而且一般是低于市场价格的,因此地方政府或者下属部门会给予城投公司一定的财政补贴,确保城投公司公用事业业务能够正常运营。公用事业类城投公司一般会命名为公用事业集团有限公司、公用控股集团有限公司、市政集团有限公司和公用产业集团有限公司等。

但是需要明确的是,如果一个公司只是承担供热、供水或者燃气等单一业务,不涉及其他公用事业业务或者固定资产投资项目职能,则一般可以界定为地方国有企业,不应该被认定为城投公司。

(三)园区运营类城投公司

园区运营类城投公司是指以工业园区(经济技术开发区、高新技术产业园区和特色工业园区)为主要经营区域,负责工业园区的投资、建设和运营,主营业务包括工业园区内的基础设施代建、土地整理、工业区综合开发建设、物业管理、园区房屋销售、园区房产租赁、市政服务等业务的城投公司。园区类城投公司的经营区域非常明确,限于特定园内且不会跨区域运营,但是主营业务比较多,涵盖各种城投公司业务类型以及市场化业务。园区类城投公司一般命名为园区开发建设投资有限公司、园区投资集团有限公司、园区管理有限公司和工业园区开发建设有限公司等。

我国的园区可以分为两大类:第一类是国务院批准设立的,为国家级开发区;第二类是省级人民政府批准设立的,为省级开发区。国家级开发区包括 6 种:经济技术开发区、高新技术产业开发区、保税区、出口加工区、边境经济合作区和其他类型开发区。省级开发区包括 3 种:省级经济开发区、省级高新技术产业园区和省级特色工业园区。

(四)交通建设类城投公司

交通建设类城投公司是指主要从事城市道路、快速路、高速公路等交通建设类业务的城投公司。交通建设类城投公司从事的业务包括收费类交通运输项目和非收费类交通运输项目。对于收费类交通建设项目,城投公司一般是通过市场化方式建设,在项目投资建设完工后对其进行市场化的运营收费;对于非收费类交通建设项目,城投公司一般是通过委托代建模式建设,在项目完工后移交给地方政府或者下属政府部门。交通建设类城投公司一般命名为交通发展集团、高速公路发展集团和高速公路建设集团等。

需要特别说明的是,各个地级市或者区县独立运营的公交公司一般不应该被认定为城投公司。因为此类公交公司只是承担了公交运营业务,业务类型非常单一,而且并没有承担区域内项目建设投融资职能,不符合城投公司的定义。

(五)文化旅游类城投公司

文化旅游类城投公司是指主要从事景区建设、运营和管理等业务的城投公司。一般来说,文化旅游类城投公司的业务主要包括旅游服务业务、酒店业务、餐饮业务和旅行社业务等。其中,旅游服务业务是文化旅游类城投公司最重要的业务板块,主要运营内容包括景区运营管理收入、景区内摆渡收入、电子商务服务收入、政府返还门票分成收入等。文化旅游类城投公司从事的运营类业务市场化程度很高,面临着较为激烈的市场竞争,但是因为文化旅游类城投公司一般具备独特的旅游资源或者地方政府的特定支持，因此有着较好的发展空间。文化旅游类城投公司一般会命名为文化旅游集团有限公司、旅游文化产业发展有限公司、文化旅游投资开发有限责任公司和文化旅游服务发展集团有限公司等。

(六)综合类城投公司

综合类城投公司是指承担公益事业、公用事业、交通运输业务和文化旅游业务等多项业务的城投公司。综合类城投公司在所属区域一般占据绝对优势地位，能够开展各类业务并得到地方政府的大力支持，而且各项主营业务发展相对均衡。综合性城投公司一般是集团类组织架构，集团内下设多个子公司，每个子公司负责开展一项或者多项业务，各个业务板块之间可以实现一定的业务协同，集团总部主要是承担运营管理类职责。综合类城投公司一般会命名为城市投资控股集团有限公司、城市运营集团有限公司和城市建设投资运营集团有限公司等。

(七)其他类型城投公司

根据各地城投公司的实践，除了上述六大类城投公司，国控类公司和金控类公司是需要重点关注的。

1. 国控类公司

2020年以来，不少地方成立了省级和地市级的国控类公司，名称中包含“国控集团”“国控资产运营”“国控资本”等。国控类公司的发展定位一般较为宏观，业务种类较为丰富，业务范围非常宽泛，公司的发展也得到了地方政府的大力支持。

对于这类国控公司的属性界定，需要重点关注公司的战略定位、子公司的性质和主营业务构成。如果主要子公司为城投公司或者主营业务中城投类业务占优势地位，那么国控类公司也可以认定为城投公司。但是如果国控类公司以实业产业为主，则不应该认定为城投公司。

2. 金控类公司

首先要说明的是，依据国务院印发的《关于实施金融控股公司准入管理的决定》(国发〔2020〕12号)①、中国人民银行印发的《金融控股公司监督管理试行办法》(中国人民银行令〔2020〕第4号)②等监管法规，未经中国人民银行批准，任何公司不得登记为“金融控股公司”，不得在公司名称中使用“金融控股”“金融集团”等字样。按照国发〔2020〕12号文制定的准入标准，从财务指标来看，金控类公司的资产最少要

---

① 资料来源：国务院网站，http://www.gov.cn/zhengce/content/2020-09/13/content_5543127.htm

② 资料来源：中国人民银行网站，http://www.pbc.gov.cn/tiaofasi/144941/144957/4093006/index.html

达到 1 000 亿元以上。从现有监管机制和监管条件来看，未来只有央企集团和纳入监管范围内的超大型民营企业才有可能申报成立金控公司，而且这个数量应该是受到严格管制的。城投公司申报成为金控集团或者金融控股公司的难度非常之大。

但是从市场情况来看，目前部分省和地级市仍然有存续的金控类公司。这些金控类公司是存在一定的监管风险的，未来很有可能会需要按照监管规则进行更名。从业务范围来看，金控类公司一般都会持有地方城商行或者农商行的部分股权，同时会设立租赁公司、私募基金或者融资类担保公司，开展类金融业务。

对于金控类公司属性的判断，重点是要从公司的主营业务来判断是否属于城投公司。如果金融类业务占比过高，城投类业务占比很低或者没有城投类业务，那么这种金控类公司是不属于城投公司的。如果金融类业务只是属于公司长期投资，公司业务仍然以城投类业务为主，则这种金控类公司属于城投公司。

第二节　城投公司的业务内容

城投公司的业务内容是指城投公司开展业务的运营模式、盈利模式和会计处理方式等。以业务内容作为维度来划分，城投公司的业务可以划分为城投公司传统业务、城投公司特定业务、城投公司拓展业务和城投公司转型业务。

一、城投公司传统业务

城投公司传统业务是指在全国各地城投公司均有开展的业务，是具有很强代表性的城投公司业务类型。城投公司传统业务是城投公司的本源性业务，是城投公司最核心的主导业务，也是决定城投公司属性的本质性业务，并且是城投公司区别于一般国有企业的特定业务。城投公司传统业务主要包括基础设施建设业务、土地整理业务、保障房建设业务和棚户区改造业务等。

(一)基础设施建设业务

城投公司的基础设施建设业务主要是采用委托代建模式在各类城市基础设施领域开展的业务。首先要说明的是，委托代建是城投公司一种特有的业务开展模式，而不是一种单独的业务或者一个业务类型。委托代建模式适用于城投公司的基础设施建设业务、土地整理业务、保障房建设业务和棚户区改造业务等多种业务类型。因此，在介绍基础设施建设业务前，需要对委托代建模式进行重点介绍。

1. 委托代建模式的发展阶段

随着监管政策的变化,委托代建模式的具体内容根据监管政策的要求进行了演变和完善。从发展历程来看,委托代建模式经历了代建制模式阶段、BT 回购模式阶段、BT 回购模式规范阶段、拨改租模式阶段、政府购买服务模式阶段和委托代建模式阶段的发展历程。因为监管机构不断出台新的监管政策,而且不同地区城投公司开展基础设施建设业务的具体模式存在一定差异,所以委托代建模式的部分阶段在时间上存在重合。

(1)代建制模式阶段

代建制是基础设施建设业务的起源模式。代建制模式起源于国务院 2004 年印发的《关于投资体制改革的决定》(国发〔2004〕20 号)①。国发〔2004〕20 号文明确提出"对非经营性政府投资项目加快推行'代建制',即通过招标等方式,选择专业化的项目管理单位负责建设实施,严格控制项目投资、质量和工期,竣工验收后移交给使用单位"。国发〔2004〕20 号文中指出的"非经营性政府投资项目"主要指城市基础设施建设项目,城投公司基础设施项目建设的代建制模式由此产生。国发〔2004〕20 号文出台后,全国各地的城投公司开始通过代建制模式参与到由地方政府主导的基础设施项目建设中。

在代建制模式下,地方政府及其职能部门为基础设施建设项目提供资金,城投公司负责项目的建设和管理,并不承担基础设施建设项目的融资职能。城投公司和地方政府及其职能部门在代建制模式中主要是利用财政资金进行项目建设,不通过举债的方式筹措项目建设资金,因此代建制模式并不会新增地方政府债务,更不会新增地方政府隐性债务。

(2)BT 回购模式阶段

随着经济的发展和城镇化水平的不断提高,各地需要投资建设的基础设施项目日渐增多。但是因为地方政府可支配财力有限,无法完全为新增基础设施建设项目提供充足的资金支持,因此各地均产生了较大的项目建设资金缺口。在这种情况下,代建制模式开始变形,逐渐演化为基础设施 BT 回购模式。尤其是 2008 年以后,BT 回购模式在各个地方的城投公司中都得到了广泛的应用。BT 回购模式也就是传统意义上的委托代建模式。

需要说明的是,BT 模式(Build-Transfer 模式,即"建设—移交模式"的简称)是

① 资料来源:国务院网站,http://www.gov.cn/zwgk/2005-08/12/content_21939.htm

常见的工程建设模式，在房地产行业、基础设施建设行业等有着广泛的应用。在城投公司的主营业务中，BT 模式都会加上“回购”，演变为“BT 回购模式”。BT 模式和 BT 回购模式是有本质区别的：BT 回购模式的主要内容是各级地方政府及其职能部门、事业单位和社会团体等作为基础设施建设项目的委托单位，与当地城投公司签署委托代建回购协议，在协议中需要特别明确由地方政府或者下属政府职能部门按照固定的金额承担逐年回购责任。

在 BT 回购模式下，地方政府及其职能部门不再为基础设施建设项目提供项目资金，项目的投资、融资、建设和管理等职责由城投公司全流程负责。BT 回购模式在城投公司各类业务中都得到了广泛的应用。在 BT 回购模式下，城投公司在基础设施建设项目中的职能，由项目建设职能向融资职能和投资职能转变，成为地方政府重要的项目建设、融资和投资职能主体。因为存在地方政府或者下属政府职能部门的回购责任和回购义务，BT 回购模式的实质是将地方政府信用注入城投公司，使得城投公司与一般国有企业有了实质性的区别。

(3)BT 回购模式规范阶段

财政部、国家发改委、人民银行和原银监会四部委于 2012 年 12 月 24 日联合发布《关于制止地方政府违法违规融资行为的通知》(财预〔2012〕463 号)[①]，明确规定：“地方各级政府及所属机关事业单位、社会团体等不得以委托单位建设并承担逐年回购(BT)责任等方式举借政府性债务。”财预〔2012〕463 号文对城投公司开展 BT 回购模式业务进行了明确的限制，城投公司 BT 回购模式进一步规范化。财预〔2012〕463 号文并没有对城投公司 BT 回购模式进行一刀切的管理，明确可以举借政府性债务的公共租赁住房、公路等项目还可以采用逐年回购(BT)模式。

财预〔2012〕463 号文出台之后，城投公司基础设施建设的 BT 回购模式受到了严格的限制，只有少数的项目类型可以采用 BT 回购模式。而且从债券审核监管的实践来看，城投公司作为发行人与地方政府及其职能部门在 2013 年 12 月 31 日以后签署的 BT 回购协议，在信用债券审核过程中是不被认可的。

2015 年 6 月 25 日，财政部发布《关于进一步做好政府和社会资本合作项目示范工作的通知》(财金〔2015〕57 号)[②]，明确规定上报备选示范项目的 PPP 项目中“政府和社会资本的合作期限原则上不低于 10 年”，强调拒绝受理采用 BT 方式的项目及通过保底承诺、回购安排等方式进行变相融资的项目。这是监管政策对 BT 回购模

---

① 资料来源：国务院网站，http://www.gov.cn/gzdt/2012-12/31/content_2302905.htm

② 资料来源：财政部网站，http://jrs.mof.gov.cn/zhengcefabu/201506/t20150626_1261852.htm

式的又一次规范和限制。在财金〔2015〕57 号文以及多个监管文件的规范之下，BT 回购模式能够应用的业务领域越来越少。

(4)拨改租模式阶段

拨改租模式起源于 2013 年部分地区印发的《政府租用企业投资的城市基础设施项目管理工作暂行办法》。拨改租模式的主要内容是地方政府及其职能部门和事业单位依法租用地方国有企业/城投公司作为项目业主投资建设或购买的已建成、在建或者拟建的非经营性城市基础设施项目(项目类型包括市政道路、桥梁、隧道、地下综合管廊、生态基础设施、公共交通设施等)，并按期向国有企业/城投公司支付租金。

拨改租采取“建设(购买)—租用—移交”的模式实施，即地方国有企业/城投公司筹集资金建设或购买城市基础设施项目，地方政府授权有关政府职能部门与企业签订相关租用合同，按照合同约定使用基础设施项目并支付租用费用，租用合同到期后企业按照合同约定向地方政府及其职能部门移交建设或者购买的城市基础设施项目。

拨改租模式具备明显的优点：一方面地方财政部门可以逐年支付租赁费用，支付年限长达 10 年以上，可缓解地方财政在基础设施建设项目方面一次性资金投入压力；另一方面可以为城投公司带来稳定的经营性现金流，有效缓解基础设施项目建设的资金压力，在满足城市基础设施建设需要的同时显著提升城投公司的综合实力。

但是需要注意的是，拨改租模式涉及地方政府职能部门向城投公司支付租金，实际上是一种政府购买行为，需要履行法定的程序。城投公司与地方政府及其职能部门合作的主要是基础设施类项目，程序上很难做到完善，在合规性上可能存在一定的问题。财政部于 2017 年 6 月 2 日发布《关于坚决制止地方以政府购买服务名义违法违规融资的通知》(财预〔2017〕87 号)[①]，明确要求严格按照规定范围实施政府购买服务，明确“不得将原材料、燃料、设备、产品等货物，以及建筑物和构筑物的新建、改建、扩建及其相关的装修、拆除、修缮等建设工程作为政府购买服务项目。严禁将铁路、公路、机场、通讯、水电煤气，以及教育、科技、医疗卫生、文化、体育等领域的基础设施建设，储备土地前期开发，农田水利等建设工程作为政府购买服务项目”。财政部财预〔2017〕87 号文对于政府购买服务的内容和范围进行了明确的限

① 资料来源：财政部网站，http://yss.mof.gov.cn/zhengceguizhang/201706/t20170602_2614514.htm

制,此后城投公司应用拨改租模式的案例逐渐减少。

(5)政府购买服务模式阶段

国务院办公厅于2013年9月30发布《关于政府向社会力量购买服务的指导意见》(国办发〔2013〕96号)[①],对政府购买服务按照购买主体、承接主体、购买内容、购买机制、资金管理和绩效管理等要素进行了明确的界定。

①购买主体

政府购买服务的购买主体是各级行政机关和参照公务员法管理、具有行政管理职能的事业单位。纳入行政编制管理且经费由财政负担的群团组织,也可根据实际需要,通过购买服务方式提供公共服务。

②承接主体

政府购买服务的承接主体包括社会组织、企业、机构等社会力量。承接主体的具体条件由购买主体会同财政部门根据购买服务项目的性质和质量要求确定。

③购买内容

政府购买服务的内容为适合采取市场化方式提供、社会力量能够承担的公共服务,突出公共性和公益性。教育、就业、社保、医疗卫生、住房保障、文化体育及残疾人服务等基本公共服务领域,要逐步加大政府向社会力量购买服务的力度。非基本公共服务领域,要更多更好地发挥社会力量的作用,凡适合社会力量承担的,都可以通过委托、承包、采购等方式交给社会力量承担。

④购买机制

各地需要建立健全政府向社会力量购买服务机制,及时、充分向社会公布购买的服务项目、内容以及对承接主体的要求和绩效评价标准等信息,建立健全项目申报、预算编报、组织采购、项目监管、绩效评价的规范化流程。

⑤资金管理

政府购买服务所需资金在既有财政预算安排中统筹考虑。随着政府提供公共服务的发展所需增加的资金,应按照预算管理要求列入财政预算。

⑥绩效管理

各地需要建立健全由购买主体、服务对象及第三方组成的综合性评审机制,对购买服务项目数量、质量和资金使用绩效等进行考核评价。

财政部、民政部和工商总局于2014年12月15日印发《政府购买服务管理办法

---

① 资料来源:国务院网站,https://www.gov.cn/zhengce/content/2013-09/30/content_4032.htm

(暂行)》(财综〔2014〕96号)[1],明确了政府购买服务的承接主体和购买范围。按照财综〔2014〕96号文的规定,依法在工商管理或行业主管部门登记成立的企业、机构等社会力量都可以是承接政府购买服务的主体(即承接主体)。而将住房保障、公共文化、公共体育、公共安全、公共交通运输、三农服务、环境治理、城市维护等领域的服务纳入政府购买服务指导性目录。按照财综〔2014〕96号文的规定,城投公司是可以通过政府购买服务的模式参与住房保障、公共交通运输、城市维护等多方面的城市基础设施建设项目的。

财综〔2014〕96号文为基础设施建设指明了新的方向,即通过政府购买方式进行基础设施建设。城投公司通过政府购买服务模式开展基础设施建设业务,不仅可以满足当地的基础设施建设需求,还能够有效地降低城投公司的融资压力,为城投公司带来稳定的经营收入和现金流。

但是在财综〔2014〕96号文的执行过程中,部分地区存在以政府购买服务名义变相举债融资、违法违规扩大政府购买服务范围、超越管理权限延长购买服务期限等问题。财政部于2017年6月2日发布《关于坚决制止地方以政府购买服务名义违法违规融资的通知》(财预〔2017〕87号),以制止地方政府违法违规举债融资行为。

财政部于2020年1月3日印发《政府购买服务管理办法》(财政部令第102号)[2],对政府购买服务的范围做了进一步的规范,同时明确并规定政府购买服务合同履行期限一般不超过1年。《政府购买服务管理办法》明确六类事项不得纳入政府购买服务范围:①不属于政府职责范围的服务事项;②应当由政府直接履职的事项;③政府采购法律、行政法规规定的货物和工程,以及将工程和服务打包的项目;④融资行为;⑤购买主体的人员招、聘用,以劳务派遣方式用工,以及设置公益性岗位等事项;⑥法律、行政法规以及国务院规定的其他不得作为政府购买服务内容的事项。

《政府购买服务管理办法》规定的禁入事项第三项"政府采购法律、行政法规规定的货物和工程,以及将工程和服务打包的项目",实际上均属于城投公司所从事的主营业务方向,这就意味着以基础设施建设等为内容的政府购买服务在制度层面上的操作空间已经很小了。

---

① 资料来源:财政部网站,http://zhs.mof.gov.cn/zhengcefabu/201501/t20150104_1175300.htm

② 资料来源:财政部网站,http://tfs.mof.gov.cn/caizhengbuling/202001/t20200122_3463449.htm

(6)委托代建模式阶段

在财政部、原银保监会等一系列监管规则的规范下，BT回购模式、拨改租模式和政府购买服务模式等从城投公司基础设施建设的主要业务方式中退出。城投公司的基础设施建设业务，从BT回购模式回归到委托代建模式。

在委托代建模式中，城投公司与地方政府及其职能部门针对基础设施建设项目签署委托代建协议，但是协议中不再明确回购金额和回购时间，而是规定城投公司按照项目投资金额的一定比例收取项目代建费或者管理费。在委托代建模式下，城投公司是以相对市场化的方式参与基础设施建设项目，因为没有地方政府或者下属部门的回购义务，城投公司和地方政府信用在一定程度上进行了分离。

根据债券监管机构的相关要求，城投公司在申报信用债券时，需要在募集说明书中明确：

“发行人委托代建业务不涉及地方政府及其所属部门以担保函、承诺函、安慰函等任何形式提供担保，不存在替政府垫资的情形，不涉及新增地方政府隐性债务，符合相关法律法规的要求。

“发行人委托代建业务符合《预算法》《政府投资条例》《国务院关于加强地方政府债务管理的意见》(国发〔2014〕43号)、《关于进一步规范地方政府举债融资行为的通知》(财预〔2017〕50号)及《国务院关于进一步深化预算管理制度改革的意见》(国发〔2021〕5号)等关于地方政府债务管理的相关规定，不存在替政府垫资的情形，不涉及新增地方政府隐性债务。”

2. 基础设施建设业务的业务模式

基础设施建设业务的业务模式为：城投公司与地方政府或者下属机构签署《项目委托代建协议》《建设项目委托建设合同》《项目代建服务合同》或者《工程建设委托协议书》等，通过自筹资金的方式进行区域内基础设施项目开发建设。城投公司根据项目的建设情况，每年提供成本核算明细，由政府部门或者下属政府职能部门按照区域内固定资产项目实际工作量及对应发生的开发成本并加计固定收益支付给城投公司。固定收益的比例一般是由城投公司与地方政府或者下属机构协商确定，不同地区、不同城投公司之间差别很大，一般是在3%—20%之间。

根据城投公司业务实践来看，基础设施建设业务开展流程如下：

(1)项目前期开发阶段

在项目前期开发阶段，城投公司根据地方政府或者下属机构对特定固定资产投资项目的规划要求，自主编制或委托第三方机构编制项目建议书、项目可行性报告等文件，并由地方政府相关职能部门进行审批，取得固定资产投资项目的备案信息、可研批复、建设用地规划许可证、土地使用证、建设工程规划许可证、建设工程施工许可证和环评意见等合规性文件。

（2）工程实施阶段

在取得固定资产投资项目合规性文件之后，项目进入工程实施阶段。城投公司根据固定资产投资项目情况，就项目的设计、施工、工程管理等进行招标，具体施工由具有施工业务资质的施工方或者专业城投子公司进行。城投公司按照项目批文中关于项目建设的规模、建设内容、建设标准、总投资额、工程完工日期等的要求，与施工方签署施工合同并实施项目建设。城投公司或者专业子公司负责监督项目建设全过程，并对项目设计、施工、监理的招投标、施工进度、建设质量等进行监督与指导，并组织对代建项目进行审计。

（3）竣工验收阶段

在竣工验收阶段，城投公司在项目竣工后按照规定向地方政府有关主管部门申请验收。地方政府相关部门在收到城投公司提交的由地方政府主管部门签发的竣工文件后，与城投公司交接基础设施项目资产，并按照《固定资产项目委托代建协议》等协议约定的比例加成支付代建费用。

3. 基础设施建设业务的会计处理方式

（1）取得借款

城投公司为基础设施项目建设取得银行借款时，借记“银行存款”，贷记“长期借款”。

（2）支付成本

城投公司根据基础设施项目的建设进度，以工程合同、工程款支付单据和发票等原始凭证为依据进行工程建设成本核算，借记“存货——开发成本”，贷记“银行存款”。

（3）取得回款

地方政府或者下属部门根据基础设施项目建设进度支付工程款或者确认工程款时，借记“银行存款”或“应收账款”，贷记“存货——开发成本”。

（4）确认收入

城投公司按基础设施项目的建设进度确认营业收入时，或基础设施建设项目竣工后向政府部门及下属机构移交项目并确认收入结转成本时，借记“银行存款”或“应收账款”，贷记“营业收入——基础设施委托代建项目收入”，借记“营业成本”，贷记“存货——开发成本”。

(5)现金流出和流入

基础设施委托代建业务的现金流量表会计处理方式为,项目建造期为项目建造发生的支出计入“购买商品、接受劳务支付的现金”,融资计入“筹资活动产生的现金流量”。地方政府或者下属机构支付项目回购款或项目工程款计入“销售商品、提供劳务收到的现金”。

(二)土地整理业务

从实践来看,很多城投公司是地方政府通过以部分财政拨款配比较大规模土地资产注入的方式成立的,因此城投公司在成立之初即拥有较大规模的土地使用权资产,城投公司与土地资产和土地整理业务产生了密不可分的关系。

根据国土部门的相关监管要求,土地储备主要包括征购环节、储备环节和供地环节,主要流程是把国有土地(毛地)或乡村集体土地(生地)进行统一的征用、拆迁、安置、补偿,并进行适当的基础建设,使土地达到“三通一平”(通水、通电、道路通和土地平整)、“五通一平”(通给水、通电、通路、通信、通排水和土地平整)、“七通一平”(通给水、通电、通路、通信、通排水、通热力、通燃气和土地平整)的建设条件(熟地),在此基础上再由地方国土部门对熟地进行有偿出让或转让。

1. 土地整理业务的模式

城投公司土地整理业务涉及征地、拆迁、土地平整等多个环节,每个环节都需要投入大量的资金。从土地整理业务的资金来源方面来看,城投公司土地整理业务模式可以分为城投公司融资模式、政府购买服务模式、地方政府专项债券投资模式和委托代建模式等。

(1)城投公司融资模式

土地整理业务涉及大量的资金投入,城投公司无法完全依靠地方政府或者相关政府部门提供资金支持。在2016年之前,城投公司在实际上承担了土地整理项目的融资职能,类似于土地储备中心。在土地整理业务的城投公司融资模式下,城投公司与地方政府或者下属职能部门签署土地开发协议/土地整理协议等,由城投公司负责征地拆迁以及补偿款的支付(包括拆迁补偿款、工程施工款、资金成本和相关税费)、土地性质变更税费等支出,使土地达到可以公开出让的标准和要求。

在土地整理完成之后,由区域内的土地储备中心对土地进行挂牌出让。在完成土地挂牌出让后,地方政府或者下属机构将扣除相关税费后的全额土地出让收益返还至城投公司。在城投公司融资模式下,城投公司承担融资职能,且土地出让收益全额返还。在这种模式下，城投公司和地方政府实现了双赢。

（2）政府购买服务模式

财政部、原国土资源部、中国人民银行和原银保监会四部委于2016年2月联合发布《关于规范土地储备和资金管理等相关问题的通知》（财综〔2016〕4号）[①]，明确规定土地储备工作只能由纳入名录管理的土地储备机构承担，各类城投公司等其他机构一律不得再从事新增土地储备工作，土地储备机构不得在土地储备职能之外，承担与土地储备职能无关的事务，包括城市基础设施建设、城镇保障性安居工程建设等事务。2018年1月3日，原国土资源部、财政部、中国人民银行和原银保监会四部委联合发布《土地储备管理办法》（国土资发〔2017〕17号）[②]，明确规定国土资源主管部门对土地储备机构实施名录制管理，土地储备机构应组织开展对储备土地必要的前期开发，为地方政府供应土地提供必要保障。

在财综〔2016〕4号文和国土资发〔2017〕17号文的限制下，城投公司和土地整理业务之间产生了明确的隔离，城投公司无法为土地整理业务提供资金支持。城投公司的土地储备职能被正式剥离，仅纳入名录管理的土地储备机构才能承担土地储备职能。

但是财综〔2016〕4号文也明确规定，“地方国土资源主管部门应当积极探索政府购买土地征收、收购、收回涉及的拆迁安置补偿服务。土地储备机构应当积极探索通过政府采购实施储备土地的前期开发，包括与储备宗地相关的道路、供水、供电、供气、排水、通讯、照明、绿化、土地平整等基础设施建设”。在财综〔2016〕4号文出台之后，各地城投公司开始探索通过政府购买模式进行土地整理和开发。

在土地整理业务的政府购买模式下，土地储备机构与城投公司签订《土地整理及前期开发服务购买协议》，城投公司负责土地收购、征地拆迁安置及前期开发，土地储备机构在购买服务期内按照项目总投资本金回收计划支付购买服务款，城投公司按上述模式每年度确认收入。

2017年5月28日，财政部发布《关于坚决制止地方以政府购买服务名义违法违规融资的通知》（财预〔2017〕87号）[③]，明确规定严禁将“储备土地前期开发”作为政府购买服务项目，限制地方政府以政府购买服务的名义违法违规融资，进一步规范土地储备前期开发的资金来源。根据财预〔2017〕87号文，城投企业通过政府购买

① 资料来源：财政部网站，http://www.mof.gov.cn/gp/xxgkml/zhs/201602/t20160223_2510268.htm

② 资料来源：自然资源部网站，http://www.mnr.gov.cn/gk/tzgg/201801/t20180110_1992824.html

③ 资料来源：财政部网站，http://yss.mof.gov.cn/zhengceguizhang/201706/t20170602_2614514.htm

服务模式开展土地开发业务受到了限制。

(3)地方政府专项债券投资模式

在一系列监管政策之下，城投公司的土地储备融资职能逐步弱化，各地的土地储备业务开始通过地方政府专项债券来筹措资金。

2017 年 5 月 16 日，财政部和原国土资源部联合发布《地方政府土地储备专项债券管理办法(试行)》(财预〔2017〕62 号)①，明确土地储备由纳入原国土资源部名录管理的土地储备机构负责实施，地方政府为土地储备发行以项目对应并纳入政府性基金预算管理的国有土地使用权出让收入或国有土地收益基金收入偿还的地方政府专项债券。在地方政府专项债券投资模式下，土地储备的资金来源为地方政府土地储备专项债券，城投公司承担的仅为土地整理职能，不再承担任何融资职能。

(4)委托代建模式

从城投公司的实践来看，在政府购买服务模式受限之后，城投公司主要是通过委托代建模式开展土地整理业务。委托代建模式下土地整理业务的一般模式为：土地储备机构作为项目业主，负责土地储备的前期业务，通过签署委托代建协议的方式委托城投公司负责土地整理的具体工作，主要内容包括制订计划、实施土地前期开发等。在委托代建模式下，城投公司不承担土地整理业务的融资职能，仅承担土地整理职能，土地储备机构按照工程进度进行资金拨付，城投公司按照一定比例收取委托代建费用。但在实际操作中，由于土地开发业务的资金拨付普遍滞后，因此土地整理业务的回款来源为财政资金，会形成一定规模的对土地储备机构或者地方财政局的应收款项。

2. 土地整理业务的会计记账模式

(1)取得借款

城投公司为土地整理业务取得银行借款时，借记“银行存款”，贷记“长期借款”。

(2)支出成本

城投公司土地整理业务开展过程中实际发生的各项成本(征地安置房补偿、房屋拆迁补偿、规划设计费、场地平整费等)，按照项目的实际支出借记“存货——土地整理”，贷记“银行存款”。

(3)确认收入

政府部门及其下属机构按照城投公司土地整理成本及一定比例的开发利润确

① 资料来源：财政部网站，http://yss.mof.gov.cn/zhuantilanmu/dfzgl/zcfg/201706/t20170601_2612924.htm

认收入，借记“银行存款”或“应收账款”，贷记“主营业务收入”；同时将该片土地相应的存货结转为成本，借记“主营业务成本”，贷记“存货——土地整理”。

(4)收到回款

城投公司收到土地整理业务结算的相关款项后，借记“银行存款”，贷记“应收账款”。

(5)现金流出和流入

土地整理业务的现金流量表项目会计处理方式为，城投公司支付土地开发前期费用，在现金流量表上计入“购买商品、接受劳务支付的现金”；在收到土地整理业务的开发成本及利润时，计入“销售商品、提供劳务收到的现金”。

3. 土地整理业务的流程

城投公司土地整理业务的流程包括拟订计划、前期准备、征地拆迁、招标出让等环节，具体业务流程如图 4－1 所示：

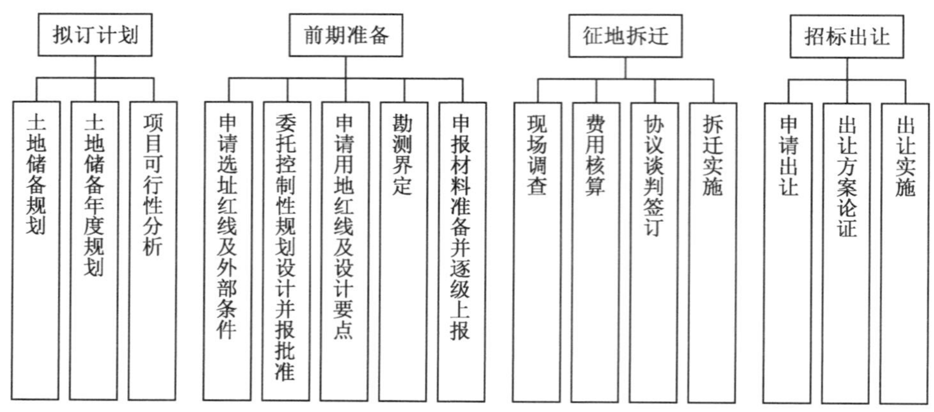

图 4－1　土地整理业务流程

资料来源：根据公开资料整理

(三)保障房建设业务

保障房建设业务是指城投公司通过委托代建模式和自营模式参与保障性住房建设的业务。保障房建设业务可以有效提升区域内居民的住宅水平和住宅质量，提高当地居民的生活幸福指数。保障房是保障性住房的简称，是指地方政府为中低收入住房困难家庭所提供的限定标准、限定价格或租金的住房。

1. 保障房的类型

根据监管规则的界定，保障房包括经济适用住房、廉租住房、公共租赁住房和定向安置房等类型。

(1)经济适用住房

根据国务院房改领导小组、原建设部、财政部等于1994年12月15日联合印发的《城镇经济适用住房建设管理办法》(建房〔1994〕761号)[①],经济适用住房是指以中低收入家庭住房困难户为供应对象,并按国家住宅建设标准(不含别墅、高级公寓、外销住宅)建设的普通住宅。

(2)廉租住房

根据原建设部于1999年4月22日印发的《城镇廉租住房管理办法》(中华人民共和国建设部令第70号)[②],城镇廉租住房是指地方政府和单位在住房领域实施社会保障职能,向具有城镇常住居民户口的最低收入家庭提供的租金相对低廉的普通住房。

(3)公共租赁住房

根据住房和城乡建设部于2012年5月28日印发的《公共租赁住房管理办法》(住房和城乡建设部令第11号)[③],公共租赁住房是指限定建设标准和租金水平,面向符合规定条件的城镇中等偏下收入住房困难家庭、新就业无房职工和在城镇稳定就业的外来务工人员出租的保障性住房。

(4)定向安置房

目前监管机构关于定向安置房并无统一的法规定义。参考北京市门头沟区人民政府于2013年10月31日印发的《门头沟区"三定三限三结合"定向安置房项目管理实施办法的通知》(门政发〔2013〕104号)[④],定向安置房是地方政府因城市规划、土地开发、基础设施建设和其他公共设施建设项目等原因进行拆迁,而安置给被拆迁人或承租人居住使用的房屋。定向安置房一般是在以下几种情况下建设:

①国家级、市级重点工程需征收集体土地并涉及农村居民点搬迁,需要建设定向安置房的;

②本行政区规划新城建设需征收集体土地并涉及农村居民点搬迁,需要建设定

① 资料来源:住房和城乡建设部网站,https://www.mohurd.gov.cn/gongkai/fdzdgknr/tzgg/200108/20010821_157519.html

② 资料来源:百度百科,https://baike.baidu.com/item/%E5%9F%8E%E9%95%87%E5%BB%89%E7%A7%9F%E4%BD%8F%E6%88%BF%E7%AE%A1%E7%90%86%E5%8A%9E%E6%B3%95/4668200?fr=aladdin

③ 资料来源:住建部网站,http://www.mohurd.gov.cn/zcfg/jsbgz/201206/t20120612_210227.html

④ 资料来源:北京市人民政府网站,http://www.beijing.gov.cn/zhengce/gfxwj/qj/201905/t20190522_57726.html

向安置房的；

③经国家发展改革委等部委联合审核设立、批准确认的开发园区，市政府批准的重点功能区建设，需征收集体土地并涉及农村居民点搬迁，需要建设定向安置房的；

④为增强政府宏观调控能力，经市政府批准的土地储备开发项目需征收集体土地并涉及农村居民点搬迁，需要建设定向安置房的。

2. 保障房建设业务的模式

在保障房建设业务中，城投公司根据地方政府或者下属部门制定的保障房建设任务进行保障房建设，在保障房竣工验收后，向地方政府指定的特定群体分配房屋，包括分配给拆迁住户、特定价格销售给中低收入家庭住房困难户或者进行市场化房屋销售等模式。

保障房建设业务的流程分为拆迁补偿阶段、保障房建设阶段和保障房销售阶段三个阶段，具体业务开展模式如下：

(1)拆迁补偿阶段

城投公司根据地方政府或者下属机构的规划，确定保障性住房的拆迁建设区域。在明确拆迁安置方案后，城投公司聘请专业评估公司对安置户的房屋及附属设施进行合理评估并出具拆迁评估计算表，结合临时安置补助、误工补贴、征收奖励、综合补贴等，确定最终对拆迁安置户的补偿金额。城投公司或者其指定的专业子公司与安置户就补偿、搬迁等事项签订《住宅房屋征收补偿安置协议》，由地方财政局或者城投公司向拆迁安置户支付拆迁补偿款。为保障拆迁款不被安置户用于生活消耗品支出，安置款项能够用于保障房购买，安置户最终有房可住，拆迁补偿款通常由拆迁区域所在的街道办事处进行统一管理。

(2)保障房建设阶段

在完成保障房区域的旧房拆迁工作之后，由拆迁实施单位出具《拆迁房屋交房验收单》。城投公司结合地方政府的保障房规划和建设任务，逐步落实保障房的立项、规划、用地等手续，进行保障房建设。保障房建设用地依据位置不同，分为回迁房和异地安置，建设所用土地可以为划拨地，部分为出让地，各地政策各有不同。

(3)保障房销售阶段

在保障房达到销售阶段或者竣工验收后，城投公司开始保障房预售及销售流程，向相关部门申请项目销售，由住房和城乡建设局出具销售许可证，依据保障房相关价格指导文件依法进行销售。城投公司通过销售保障房、销售结余房屋、销售或出租底商和车位等实现保障房业务的成本平衡。

3. 保障房建设业务的会计处理方式

(1)取得借款

城投公司为保障房建设业务取得银行借款时,借记“银行存款”,贷记“长期借款”。

(2)保障房项目建设阶段

城投公司在支付保障房项目建设资金(包括房屋拆迁补偿、规划设计费、场地平整费、项目建设费用、工程施工费用等)时,借记“开发成本——保障房项目”,贷记“银行存款”。

(3)保障房项目销售阶段

依据城投公司与地方政府签署的保障房项目委托代建协议,按批次阶段性回购保障性住房并过户至保障房管理单位,收到对应购房款项时,借记“银行存款”,贷记“预收账款——保障房项目”。

(4)保障房项目结转阶段

签订整体回购合同,且收到全部款项时结转收入,借记“预收账款”,贷记“主营业务收入”;借记“营业税金及附加”,贷记“银行存款”。同时进行成本结转,借记“主营业务成本”,贷记“开发成本——保障房项目”。

(5)现金流出和流入

保障房建设业务的现金流量表会计处理方式为,项目建造期为项目建造发生的支出计入“购买商品、接受劳务支付的现金”,融资计入“筹资活动产生的现金流量”。城投公司在收到保障房销售款时,归入“经营活动现金流入”项目,计入“销售商品、提供劳务收到的现金”项目。

(四)棚户区改造业务

棚户区改造业务是指城投公司通过委托代建模式或者自营模式,建设棚户区改造项目的业务。根据住房和城乡建设部等五部委联合下发的《关于推进城市和国有工矿棚户区改造工作的指导意见》(建保〔2009〕295 号)[①]、《关于做好城市和国有工矿棚户区改造规划编制工作的通知》(建保〔2010〕58 号)[②],城市和国有工矿棚户区

---

① 资料来源:住房和城乡建设部网站,https://www.mohurd.gov.cn/gongkai/fdzdgknr/tzgg/201001/20100108_199192.html

② 资料来源:住房和城乡建设部网站,https://www.mohurd.gov.cn/gongkai/fdzdgknr/tzgg/201004/20100422_200439.html

是指国有土地上集中连片简易结构房屋较多、建筑密度较大、基础设施简陋、房屋建成年限较长、使用功能不全、安全隐患突出的居住区域。城市棚户区为城市规划区内的棚户区，国有工矿棚户区为城市规划区外的独立工矿棚户区。根据财政部与住房和城乡建设部于2018年8月31日印发的《试点发行地方政府棚户区改造专项债券管理办法》（财预〔2018〕28号）①，棚户区改造是指纳入国家棚户区改造计划，依法实施棚户区征收拆迁、居民补偿安置以及相应的腾空土地开发利用等的系统性工程，包括城镇棚户区（含城中村、城市危房）、国有工矿（含煤矿）棚户区、国有林区（场）棚户区和危旧房、国有垦区危房改造项目等。

1. 棚户区改造发展历程

我国的棚户区改造始于2004年，经历了多个发展阶段，目前仍在进行过程中。

（1）2004年，辽宁省在全国率先启动全省范围内的棚户区改造。

（2）2005年，国家启动对中央下放东北三省煤矿棚户区的改造。在此之后，全国不少地区也陆续开始开展棚户区改造工作。

（3）2008年，国家启动保障性安居工程，并将国有林区（场）棚户区（危旧房）、国有垦区危房、中央下放地方煤矿棚户区改造作为重要内容，加快了改造步伐。

（4）2010年，国家全面启动城市和国有工矿棚户区改造工作，并继续推进中国国有林区（场）棚户区（危旧房）、国有垦区危房、中央下放地方煤矿棚户区改造。

（5）2012年12月12日，住房和城乡建设部、发改委、财政部、原农业部、原国家林业局、国务院侨务办公室和中华全国总工会七部门联合印发《关于加快推进棚户区（危旧房）改造的通知》（建保〔2012〕190号）②，要求加快推进棚户区（危旧房）改造：已纳入中央下放地方煤矿棚户区改造范围的煤矿棚户区，2013年年底前要基本建成；国有林区棚户区和国有林场危旧房改造中任务较少的省（区、市）要争取在2013年年底前完成改造，其他省（区、市）要力争在2015年年底前基本完成；还未完成的国有垦区危房改造，力争在2015年年底前全面完成，有条件的地区要争取在2014年年底基本完成。

（6）2013年7月，国务院印发《关于加快棚户区改造工作的意见》（国发〔2013〕25号）③，明确2008年至2012年全国改造各类棚户区1 260万户，提出2013年至2017

① 资料来源：财政部网站，http://yss.mof.gov.cn/zhuantilanmu/dfzgl/zcfg/201804/t20180402_2858433.html

② 资料来源：住房和城乡建设部网站，https://www.mohurd.gov.cn/gongkai/fdzdgknr/tzgg/201212/20121226_212390.html

③ 资料来源：国务院网站，https://www.gov.cn/zwgk/2013-07/12/content_2445808.htm

年五年共计改造各类棚户区 1 000 万户，其中改造城市棚户区 800 万户。

(7)2014 年 8 月 4 日，国务院办公厅印发《关于进一步加强棚户区改造工作的通知》(国办发〔2014〕36 号)①，部署有效解决棚户区改造中的困难和问题，推进改造约 1 亿人居住的城镇棚户区和城中村，2014 年(计划)改造棚户区 470 万户以上。

(8)2015 年 6 月 30 日，国务院办公厅印发《国务院关于进一步做好城镇棚户区和城乡危房改造及配套基础设施建设有关工作的意见》(国发〔2015〕37 号)②，明确截至 2014 年底，全国共改造各类棚户区住房 2 080 万套、农村危房 1 565 万户，要求制订城镇棚户区和城乡危房改造及配套基础设施建设三年计划(2015—2017 年)，改造包括城市危房、城中村在内的各类棚户区住房 1 800 万套(其中 2015 年 580 万套)，农村危房 1 060 万户(其中 2015 年 432 万户)。

(9)2015 年 12 月 28 日，住房和城乡建设部部长陈政高在 12 月 28 日召开的全国住房城乡建设工作会议上表示，将继续推进棚改货币化安置，努力提高安置比例，2016 年新安排 600 万套棚户区改造任务；实现公租房货币化，通过市场筹集房源，政府给予租金补贴。③

(10)2016 年 3 月 25 日，财政部与住房和城乡建设部联合印发《关于进一步做好棚户区改造相关工作的通知》(财综〔2016〕11 号)④，明确提出要推进棚户区改造货币化安置，切实化解库存商品住房。

2. 棚户区改造的业务模式

城投公司开展棚户区改造业务，一般是根据地方政府或者下属政府职能部门的委托开展，与地方政府职能部门签订棚户区改造建设协议。棚户区改造业务分为棚户区拆迁和安置房建设两部分内容。棚户区拆迁是指城投公司或者委托街道办事处对棚户区的危旧房进行拆迁并进行土地整理，达到“五通一平”或者“七通一平”的状态。安置房建设是指城投公司的专业子公司进行安置房建设，部分安置房分配给棚户区拆迁户，并对安置以外的房屋进行市场化销售。具体来看，城投公司棚户区改造业务包括制订棚户区改造规划、棚户区拆迁、土地整理、安置房建设和安置房分配等环节。

(1)制订棚户区改造规划

① 资料来源：国务院网站，http://www.gov.cn/zhengce/content/2014-08/04/content_8951.htm

② 资料来源：国务院网站，https://www.gov.cn/zhengce/content/2015-06/30/content_9991.htm

③ 资料来源：国务院网站，https://www.gov.cn/xinwen/2015-12/29/content_5028676.htm

④ 资料来源：财政部网站，http://www.mof.gov.cn/gp/xxgkml/zhs/201604/t20160419_2510279.htm

地方政府根据省级政府的统一安排，制订本区域内的棚户区改造计划。城投公司根据地方政府或者下属政府职能部门制订的棚户区改造规划安排，聘请专业的可行性研究报告编制机构，制订棚户区改造项目的可行性方案、申报土地征收计划，在获得相关政府部门批准后实施棚户区改造计划。

(2)棚户区拆迁

城投公司与棚户区改造项目所属地的地方政府/拆迁中心/住建局等签订委托拆迁协议，由地方政府/拆迁中心/住建局负责组织土地征收区域拆迁居民的具体拆迁工作。地方政府/拆迁中心/住建局按照批次向城投公司上报动迁名单、补偿标准、补偿金额和资金拨付申请，城投公司结合征收补偿方案对上报资料进行审核，并根据改造项目动迁进度向地方政府/拆迁中心/住建局拨付项目资金，并将拆迁款逐户支付到拆迁户。为保障拆迁款不被安置户用于生活消耗品支出，安置款项能够用于保障房购买，安置户最终有房可住，拆迁补偿款通常由拆迁区域所在的街道办事处负责统一管理。

(3)土地整理

在棚户区完成拆迁之后，城投公司负责对棚户区区域土地进行整理，达到“五通一平”或者“七通一平”的状态。城投公司完成地块改造后，由土地整理储备成本审核部门对项目土地征收成本的预、决算进行审核。土地征收成本包括前期费用，土地征收、转让、补偿费用，绿化和看管费用，财务费用和管理费用等。

(4)安置房建设

根据地方政府职能部门的规划和棚改项目拆迁居民对原地安置房的需求，城投公司作为项目投资人与安置房开发单位签订安置房委托建设合同，结合项目开发进度向委托建设安置房开发单位拨付项目建设资金、管理费用等。为确保棚改项目实施进度，在委托建设安置房项目交付使用前，城投公司一般会先按照相关政策逐户核定补偿标准并向拆迁居民支付临时租房补贴。

(5)安置房分配

安置房项目建成后，城投公司向拆迁居民支付拆迁补偿款，并安排拆迁居民进行选房工作。拆迁居民向安置房委托开发单位办理选房并支付购房款。安置房开发单位收到拆迁居民购房款项，配合购房人办理购房手续。针对棚改项目动迁居民对异地安置房的需求，城投公司向安置房开发单位统一安排预购房源。

3. 会计处理方式

(1)项目建设阶段

①项目借款

城投公司为棚户区改造业务取得银行借款时，借记“银行存款”，贷记“长期借款”。

②支出成本

城投公司棚户区改造业务开展过程中实际发生的各项成本，按照项目的实际支出，借记“存货——棚户区改造项目开发成本”，贷记“银行存款”。

③财务费用核算

A. 支付棚改项目财务费用时，借记“待摊支出——成本明细”，贷记“银行存款”。

B. 结转财务费用时，借记“存货——开发成本（棚户区改造项目）”，贷记“待摊支出——成本明细”。

④管理费核算

A. 城投公司计提管理费用时，借记“存货——开发成本”，贷记“应付账款——计提管理费（棚户区改造项目）”。

B. 当期发生运营费用时，借记“管理费用（或财务费用和营业税金及附加）”，贷记“银行存款”。

⑤结转管理费收入核算

结合当期发生运营期间费用结转收入时，借记“应付账款——计提管理费”，贷记“主营业务收入”。

（2）成本审核阶段

土地地块改造完毕后，项目成本需经地方政府及其职能部门审计，并出具审计报告确认土地整理成本，借记“存货——开发成本（棚户区改造项目）”，贷记“存货——开发支出（棚户区改造成本明细）”。地块出让后依据此结果返还土地征收成本。

（3）土地出让阶段

土地整理中心地块出让工作完成后，将地块成本返还至城投公司。收到土地整理中心返还地块成本及管理费时，直接冲减相关土地征收成本，借记“银行存款”，贷记“存货——开发成本（棚户区改造项目）”。

（4）保障房安置阶段

①货币安置核算

A. 支付拆迁居民拆迁资金时，借记“预付账款——某拆迁单位”，贷记“银行存款”。

B. 按月结转棚户区改造项目直接拆迁成本时，借记“开发支出（棚户区改造项目）”，贷记“预付账款——某拆迁单位”。

②原地安置核算

A. 当拆迁居民原地安置时，通过委托建设安置房的方式集中解决安置房源。在每次支付某委托代建单位安置房建设资金时，借记“预付账款——某安置房开发单位”，贷记“银行存款”。

B. 拆迁居民选房并签署购房协议时，借记“预付账款——某拆迁单位”，贷记“预付账款——某安置房开发单位”。

C. 按月结转某拆迁项目直接拆迁成本时，借记“开发支出（棚户区改造项目）”，贷记“预付账款——某拆迁单位”。

③异地安置核算

A. 当拆迁居民异地安置时，通过预购安置房的方式集中解决安置房源。城投公司向某安置房开发单位支付安置房预购款项时，借记“预付账款——某安置房开发单位”，贷记“银行存款”。

B. 拆迁居民选房前，按相应标准先行支付补偿款时，借记“预付账款——某拆迁单位”，贷记“银行存款”。

C. 拆迁居民选房后，安置房开发单位退回预购房款时，借记“银行存款”，贷记“预付账款——某安置房开发单位”。

D. 按月结转某拆迁项目直接拆迁成本时，借记“开发支出（棚户区改造项目）”，贷记“预付账款——某拆迁单位”。

二、城投公司特定业务

城投公司特定业务是指由城投公司承担，但是只适用于特定区域或者特定领域的城投公司开展的业务，是不具有普适性但是又有一定公益性的城投公司业务。因为地域或者资源的限制，这类业务只能在特定区域开展，并不适用于所有的城投公司。城投公司特定业务主要包括城市更新业务、公用事业业务、公共交通业务、保障房租赁业务、土地出让业务、留用地开发业务、土地指标转让业务、项目管理业务、PPP 业务、水利项目业务、围海造地业务、港口建设管理业务、矿山修复治理业务、城市园林绿化业务、原水销售业务、利息收入业务和资产使用业务等。

(一)城市更新业务

城市更新是指对旧城区内功能偏离需求、利用效率低下、环境品质不高的存量片区进行功能性改造,打造成为新型生产生活空间,以推进老旧小区、老旧厂区、老旧街区、城中村"三老一村"改造为主要内容。城市更新业务是指城投公司按照地方政府及其下属机构的规划安排,在特定区域内进行城市更新建设并取得相应的收入。虽然城市更新业务与棚户区改造业务有一定的相似性,但是业务范畴更为广泛,属于独立的城投公司业务类型。从实践来看,只有部分城投公司开展了城市更新业务。

城投公司开展城市更新业务的模式主要包括委托代建模式、自建自营模式、城市更新基金模式和 PPP 模式。

1. 委托代建模式

在委托代建模式下,城投公司承接的城市更新项目主要是老旧小区改造、公共空间改造等公益性较强、收益相对有限的项目。城投公司接受地方政府及其职能部门的委托,通过委托代建模式承接区域内城市更新项目,项目建设资金主要由城投公司自身负责筹措,在项目完工并结算后分期确认项目收入。

2. 自建自营模式

在自建自营模式下,城投公司承接的城市更新项目主要是有一定市场化收益的城市更新项目。城投公司通过自筹资金进行城市更新项目建设,并通过项目改造提升后的租售及运营(物业管理、广告、充电桩等)收入平衡前期投资。同时,城投公司还可以通过资产或股权收购、资产租赁等方式,对城市更新相关资产进行改造提升并获取租金收益。

3. 城市更新基金模式

在城市更新基金模式下,城投公司和社会资本参与的主要是市场化收益较好的城市更新项目。城投公司作为地方政府出资人发起设立城市更新基金,并作为基金管理人负责组建基金管理公司和基金的日常经营管理;其他参与方为有限合伙人,以其投资金额为限承担有限责任,收益为利润分成。具体基金模式和管理方式由城投公司与社会资本方协商确认。

4. PPP 模式

在 PPP 模式下,城投公司和社会资本参与的主要是市场化收益较好的城市更新项目。城投公司作为地方政府方出资代表或社会资本方,以 PPP 模式参与政府主导的城市更新项目,PPP 模式下的项目公司作为实施运营主体,负责城市更新项目的融资、投资、建设、运营等全流程工作；社会资本方不参与项目公司的管理，主要是根据协议约定分配项目利润。

（二）公用事业业务

城投公司从事的公用事业业务主要包括供热、供水、燃气、污水处理和垃圾处理等。目前只有部分城投公司在开展公用事业业务，而且只是开展公用事业业务中的部分业务。公用事业业务虽然具有一定的经济性和收益性，但是公益性属性也很强，在业务的开展运营过程中一般会由地方政府给予财政补贴或者税收优惠等政策性支持。城投公司的公用事业业务具有很强的区域专营性，一般不会跨区域运营。在公用事业的价格方面，城投公司对于价格调整具有一定的议价权，但并无最终的决定权，价格调整要经历公用事业运营公司提出调价申请→成本监审→价格听证会→调价方案申报→地市级市政府常务会议通过等一系列流程方可执行。

1. 公用事业业务的类型

（1）供热业务

供热业务需要取得地方住房和城乡建设主管部门颁发的《供热经营许可证》，明确供热能力和供热类别，许可证有效期一般不超过5年。城投公司与当地用热用户签订供热合同，居民用户的合同期限一般为1年，企业用户的合同期限一般为3年。城投公司依照供热合同相关约定为用户提供供热服务，并按期收取费用。供热费收缴方面，对于居民客户，收费主要集中在供暖季，客户于供暖季期间自行前往所在物业或热力公司指定场所缴费；对于非居民客户，主要采取按月收取供热费和供水费，同时存在部分客户于供暖季开始前一次性收取。

供热业务的供热模式分为购买热源和自有锅炉烧热两种：①购买热源模式下，城投公司主要是向热电厂购买热源，将外购热量通过供热管网输送至用热单位所在区域的热力站中，热力站设备将热量交换至二次供热管网，最终热量经二次供热管网输送至用户。②自有锅炉烧热模式下，城投公司主要通过燃烧煤炭予以供热，各区域热源厂根据本区域热量需求，分别与供应商签订购煤合同。

（2）供水业务

供水业务需要取得地方水利部门颁发的《取水许可证》、卫生部门颁发的《供水单位卫生许可证》《供水许可证》等许可资质文件。供水业务主要包括原水制作、自来水生产、管网建设和自来水销售等环节，供水水质需要完全符合国家饮用水质新标准《生活饮用水卫生标准》（GB5749-2006）。城投公司与当地用水企业客户和居民客户签订供水合同，提供自来水供给与排水服务并收取费用。城镇供水价格以成本监审为基础，按照“准许成本加合理收益”的方法，先核定供水企业供水业务的准许收入，再以准许收入为基础分类核定用户用水价格。

在供水业务中，城投公司一般属于居于垄断地位的自来水生产和供应商，承担所属区域城乡供水任务，承担水厂建设、管网铺设、污水收集管网和泵站的建设运行管理工作。供水业务的成本主要包括制水成本和输配成本：①制水成本主要指通过一定的工程设施，将地表水、地下水进行必要的汲取、净化、消毒处理，使水质符合国家规定标准的生产过程中发生的合理费用，包括原水费、水资源费、原材料费、动力费、制水部门生产人员工资及福利、外购成品水费和制造费；②输配成本指组织管理输送净水到户过程中所发生的各种费用，包括输配部门人员工资及福利、动力费用、输配环节固定资产折旧、修理费、机物料消耗、低值易耗品摊销和其他辅配费用。

(3)燃气业务

燃气业务(天然气、液化石油气和人工煤气)采用燃气特许经营权的经营模式，需要取得地方住房和城乡建设局颁发的《燃气经营许可证》、市场监督管理局颁发的《移动式压力容器充装许可证》、质量技术监督局颁发的《气瓶充装许可证》、交通运输局颁发的《道路运输经营许可证》等相关证照，许可证有效期一般不超过 5 年。燃气业务的范围涵盖高、中、低压天然气输配，燃气工程安装，分布式能源应用等，盈利模式为：城投公司向央企燃气公司或者省级燃气公司采购燃气，再通过城市燃气管网向用户输配和销售天然气，赚取采购价格与销售价格之间的差价。

燃气业务中，城投公司与居民用户和企业用户签订燃气合同。天然气的销售价格标准由地方政府及地方发改委予以确定，价格按照“准许成本加合理收益”的原则制定，即通过核定城镇管道燃气企业的准许成本，监管准许收益，考虑税收等因素确定年度准许总收入，再除以年度配送气量确定燃气价格。

由于天然气价格的特殊性，一般由地市级发改委对居民生活用天然气价格及非居民用天然气价格进行整体调控：当上游天然气价格调整时，下游天然气价格可做相应同向调整；针对工商户等非居民用天然气，地市级发改委动态调整天然气最高销售价格，燃气经营企业可根据经营成本、用户用气的实际情况，在最高销售价格范围内与用户协商决定。

(4)污水处理业务

污水处理业务需要取得城镇排水与污水处理主管部门颁发的《城镇污水排入排水管网许可证》和《危险废物经营许可证》。污水处理业务涉及从城市污水管网所收集生活污水、工商业污水、雨水及其他污水，经污水处理厂进行无害化处理，并将符合国家环保标准的污水排入河流的污水处理的全过程。地级市环保局会对污水处理厂的运行情况实施24小时不间断监测，确保各污水处理厂出水水质稳定，出水水质均能达到《城镇污水处理厂污染物排放标准》一级A类或一级B类标准。

使用自来水的用户，由污水处理主管部门委托供水企业在收取水费时，按规定的标准一并收取污水处理费。污水处理费征收由三部分组成：①一般纳税人企业的污水处理费，使用污水公司向税务部门购买的发票按照用户用水量，由自来水公司代收后直接拨付到污水公司账户；②居民和其他企业的污水处理费，使用自来水公司发票一票制征收，由自来水公司上缴到财政局收费管理局，地方财政局扣除代收手续费后拨付到污水处理公司；③自备井污水处理费，使用污水处理公司购买的发票，由公司收费办按照用户用水量开具发票收取后直接拨付到污水处理公司。

污水处理费有统一征收和自行征收两种征收方式。第一种征收方式为随自来水费一起征收：包含污水处理的自来水费上缴地方财政局后，由地方财政局按污水处理量乘以对应的污水处理费率拨付给城投公司。第二种征收方式为城投公司自行向企业征收：对于部分污水处理需求较多的企业，城投公司与其签署接管合同，产生的污水通过"一企一管"专用管道排放到城投公司指定的接入口，经采样检测后由城投公司进行污水处理，按照污水处理量乘以对应的污水处理费率向企业征收污水处理费。

(5)垃圾处理业务

垃圾处理业务包括垃圾的收集、转运、处理乃至最终处置等环节。从来源来看，垃圾包括生活垃圾和工业垃圾，其中生活垃圾包括餐厨垃圾、建筑垃圾等；工业垃圾包括一般工业固废垃圾和工业危废垃圾。

①生活垃圾在垃圾处理业务中占比最高。生活垃圾处理产业链可以分为上游、中游和下游三个环节：上游环节，居民生活垃圾进入各社区垃圾站点或公共场合的垃圾桶；中游环节，部分有回收利用价值的垃圾由拾荒者/个体户或回收企业回收后进行综合利用，而余下的生活垃圾则由当地环卫部门或者第三方的环卫服务企业进行垃圾的清扫、收集和运输；下游环节由垃圾终端处置企业进行填埋、焚烧、生物堆肥等。

②工业垃圾处理主要以工业危废垃圾为主，需要取得地市级生态环境局核准的《危险废物经营许可证》，核准经营方式包括收集、贮存、处置危险废物等，其中焚烧需要符合《危险废物焚烧污染控制标准》GB18484-2001；填埋需要符合《危险废物填埋污染控制标准》GB18598-2001；贮存需要符合《危险废物贮存污染控制标准》

GB18597-2001;污水排放需要符合《污水综合排放标准》一级标准 GB8978-1996。有机污泥和可燃工业废物采用焚烧工艺;表面处理的废物及重金属污泥采用稳定化/固化处理工艺;废液采用物化处理工艺;可直接入填埋场的工业固废采用直接填埋工艺;对于不宜采用上述方法处置的危险废物,存放于暂存库,以便和其他处置单位进行废物交换或进一步研究开发利用。危险废物经物化、稳定化/固化处理和焚烧后,产生的废水、废气经处理后达标排放,固废进填埋场安全填埋。

城投公司的垃圾处理业务主要以 BOT 模式开展主营业务。在项目初期,城投公司投入资金以完成项目建设,后续通过特许经营期的运营获得收入,收回投资并获得投资收益。在运营期间,由于国家环保政策、产业政策、物价指数等变化使公司的生产成本和收入发生变化时,城投公司可按照 BOT 协议约定相应调整垃圾处置费。

2. 公用事业业务的会计处理方式

(1)城投公司将公用事业业务的成本计入存货项下"生产成本"科目,支出借记"生产成本",贷记"货币资金""应付账款"等;相应的现金流出计入"购买商品接受劳务支付的现金"。

(2)部分公用事业业务的收费模式为用户先充值后使用,充值部分借记"货币资金",贷记"预收账款";相应的现金流入计入"销售商品提供劳务收到的现金";用户使用阶段,借记"预收款项",贷记"营业收入";同时结转成本,借记"营业成本",贷记存货项下"生产成本"科目。

(三)公共交通业务

公共交通业务包括地铁、公共汽车、客运大巴、出租车等类型的交通类运营业务。公共交通业务存在于部分城投公司中,部分地区的公共交通业务是由民营企业运营的。因为公共交通业务的特性,定价一般会低于市场价格,所以在运营过程中都会产生亏损,必须有地方政府给予的财政补贴才能保障业务的正常开展,单纯依靠公共交通业务的票价收入是很难实现盈利的。公共交通业务具有很强的区域专营性,一般不会跨区域运营。

1. 公共交通业务的运营模式

(1)公交地铁业务

公交地铁业务作为城市公共事业项目,票价由地方政府实行价格管制,一般会实行低票价及减免票(老年人、未成年人、残疾人、伤残军人等)政策。公交地铁业务营运成本的主要构成为人工成本,燃油、燃气成本,车辆折旧,车辆保险费,汽配材料,修理费,安全生产费用,其他支出等,票价收入很难覆盖公司的运营支出,从而形成公共交通业务的政策性亏损。

公交地铁中的主要资产是各类车辆,一般采用融资租赁模式进行车辆更新。公共交通业务的车辆融资租赁模式如下:

①城投公司与汽车销售公司签订购车合同,汽车销售公司在规定时间内将车辆投放至市场运营。

②城投公司、融资租赁公司与汽车销售公司签订三方资金合同,在规定时间内融资租赁公司将购车款一次性直接支付给汽车销售公司。

③城投公司与融资租赁公司签订融资租赁合同,约定按时分期还本付息。

(2)汽车客运业务

汽车客运业务包括班车客运和旅游客运。班车客运包括省际、市际、县际、县内班线旅客运输服务,客流主要包括以商务及上下班为出行目的的企事业人员、以上学或探亲访友为出行目的的学生群众、以外出打工为出行目的的务工人员;旅游客运主要依托当地旅游资源开展固定班线运送游客,以及为旅行社、旅游团及其他企事业单位、个人提供旅游及商务、会议等包车服务。

(3)汽车货运业务

汽车货运业务包括普通货物运输、大件运输业务、公铁联运业务、仓储配送业务等。汽车货运业务需要严格遵守和执行针对责任经营人有关安全生产运输、站场管理、服务质量管理、车辆设备管理和维修保养等方面的管理制度。

(4)出租车业务

出租车业务是城市公共交通系统的重要补充,也属于公共交通业务的一种,但是运营模式有着独有的特点。国内的出租车运营模式分为个体出租车与公司化出租车两类。个体出租车是指出租车产权与经营权归个人所有,出租车司机将出租车挂靠在某一出租车公司名下从事营运,出租车公司与司机签订服务协议,收取一定的管理费用,工作及费用一律由司机负责。公司化出租车是指出租车产权与经营权归公司所有,司机是公司的员工,与公司签订正规合法的劳动合同,具有劳动合同关系,公司按月发放固定工资及奖励。城投公司出租车业务一般是由专业子公司负责,子公司需要通过 ISO9001:2001 国际质量体系认证的出租汽车企业评估、交通行业安全生产评估。出租车业务在城投公司所在区域内具备一定的垄断性,但是受网约车等新型交通方式的冲击较大,业务规模整体呈下降趋势。

2. 公共交通业务的会计处理方式

(1)购置车辆

城投公司在支付车辆款项后，借记“其他应付款”，贷记“货币资金”；在取得供应商发票时，借记“在建工程”和“应交税费——应交增值税——进项税额”，贷记“其他应付款”；车辆完成交付后，借记“固定资产”，贷记“在建工程”。

(2)取得票款收入

城投公司在取得票款收入后，借记“银行存款”，贷记“主营业务收入——公交客运/现金收入/IC 卡收入/月票收入/包车收入”和“应交税费——应交增值税——销项税额”。

(3)支付各项经营支出

城投公司在支付各项经营支出后，借记“主营业务成本”和“应交税费——应交增值税——进项税额”，贷记“燃料费/材料费/保险费/卫生费等”；借记“主营业务成本”和“应交税费——应交增值税——进项税额”，贷记“应付职工薪酬/应付福利/折旧等”。

(4)计提各项税金

城投公司在计提各项税金后，借记“营业税金及附加”，贷记“应交税费”；上缴税款时，借记“应交税费”，贷记“银行存款”。

(5)取得政府补贴

①城投公司每月根据财务管理办法计提应收补贴款，借记“其他应收款”，贷记“其他收益”。

②城投公司在月末或者年末实际收到运营补贴时，借记“银行存款”，贷记“其他应收款”。

(四)保障房租赁业务

保障房租赁业务是指城投公司将持有的保障性住房进行租赁，通过对存量资产进行市场化运营从而实现业务收入。鉴于保障房的特殊性，保障房租赁一般会涉及租户资格审核、区县摇号以及政府审批后分批分次入住等环节。在租金价格方面，根据住房和城乡建设部于 2012 年 5 月 28 日发布的《公共租赁住房管理办法》(住房和城乡建设部令第 11 号)[①]规定：“市、县级人民政府住房保障主管部门应当会同有关部门，按照略低于同地段住房市场租赁水平的原则，确定本地区的公共租赁住房租金标准，

① 资料来源：住房和城乡建设部网站，https://www.mohurd.gov.cn/gongkai/zhengce/zhengceguizhang/201206/20120612_763824.html

报本级人民政府批准后实施。”根据此规定，城投公司保障房租赁的租金标准为按照同地段住房市场租赁平均价格的50%—90%收取，具体价格根据区域政策确定。

1. 保障房租赁业务模式

根据保障房资产的来源，保障房租赁业务一般可以分为自建租赁和收购租赁两种模式。

(1)自建租赁模式

自建租赁模式是指城投公司通过自有资金或者市场化融资的方式筹资，根据地方政府的规划自建保障性住房，房屋建成后向符合要求的家庭提供保障性住房租赁服务。在自建租赁模式下，城投公司主要是通过划拨方式获得建设保障房项目用地。城投公司与当地的土储中心签订补偿协议，取得相应的土地使用权。

(2)收购租赁模式

收购租赁模式是指城投公司通过收购商品房项目配建的保障房以及由其他保障房建设主体整体开发的保障性住房项目，向符合要求的家庭提供保障性住房租赁服务。配建保障房的收购价格，在商品房土地“招拍挂”阶段确定；其他保障房建设主体整体开发的保障房项目的收购价格，由城投公司与项目业主方市场化协商确定。收购价格由土地补偿款和建安成本构成。在保障房项目收购完成后，由城投公司直接持有，向符合要求的居民家庭提供保障房租赁服务。

2. 会计处理方式

(1)取得保障性住房

①城投公司自行建造的保障性住房交付使用时，按照项目的建设成本，借记“存货”科目，贷记“固定资产”科目。

②城投公司收购保障房时，按照协商好的市场化价格，借记“银行存款”科目，贷记“固定资产”科目。

(2)房屋出租

①城投公司如果是一次性收到房屋租金，则借记“银行存款”，贷记“预收账款/合同负债”；然后根据保障房出租期限分期结转收入，借记“预收账款/合同负债”，贷记“主营业务收入/其他业务收入”。

②城投公司如果是先收租金模式，则在收到租金后，借记“银行存款”，贷记“预收账款/合同负债”；按照保障房出租期间分期结转收入，借记“预收账款/合同负债”，贷记“主营业务收入/其他业务收入”。

③城投公司如果是后收租金模式，则按照保障房出租期间分期结转收入，借记

“应收账款”，贷记“主营业务收入/其他业务收入”；收到租金后，借记“银行存款”，贷记“应收账款”。

（3）计提折旧

城投公司用于出租的保障房一般是记入投资性房地产科目。如果保障房按照公允价值模式后续计量，不计提折旧或摊销；如果保障房按照成本模式后续计量，则借记“主营业务成本/其他业务成本”，贷记“投资性房地产累计折旧”。

（五）土地出让业务

城投公司的土地出让业务，是指城投公司将持有的土地使用权通过市场化方式或者协议转让方式转让给第三方，从而获得资产转让收入的业务。土地出让业务涉及住宅用地、商业用地以及部分工业用地。

根据《中华人民共和国土地管理法》的规定，按照土地用途将土地分为农用地、建设用地和未利用地：农用地是指直接用于农业生产的土地，包括耕地、林地、草地、农田水利用地、养殖水面等；建设用地是指建造建筑物、构筑物的土地，包括城乡住宅和公共设施用地、工矿用地、交通水利设施用地、旅游用地、军事设施用地等；未利用地是指农用地和建设用地以外的土地。

1．土地出让业务模式

从实践来看，城投公司的土地出让业务包括三种业务模式：

（1）补缴土地出让金的土地出让业务

城投公司通过地方政府注入获得区域内的土地使用权，以评估值计入公司存货或者无形资产。该类土地使用权主要为收储后的储备土地，城投公司可以在补充缴纳土地出让金的前提下，将土地使用权转让给第三方。在进行土地使用权转让时，城投公司与土地购买方签订土地使用权转让协议，根据转让协议约定的价款确认土地使用权转让业务收入。

（2）城市规划变更的土地出让业务

城投公司利用城市基础设施建设业务的优势和便利，以招拍挂方式获得已经完成整理的土地，缴纳足额出让金，扣除相关税费后计入公司存货或者无形资产。由于城市规划要求变更，城投公司与各级土地储备部门签署土地收购协议，由土地储备部门将土地收回后通过招拍挂方式出让给用地单位。土地储备部门依据市场化价格支付土地价款，城投公司将其确认为公司自有土地转让收入，相应减少存货。

（3）市场化的土地出让业务

城投公司按照市场化方式通过国土部门招拍挂方式获得区域内的土地使用权，

支付相应的土地出让金并取得土地使用权证后计入公司存货。城投公司通过向第三方转让存货中的土地使用权，获取土地使用权转让收入，土地使用权转让业务成本为公司取得土地使用权的成本，相应减少存货。

2. 土地出让业务的会计处理模式

(1)取得土地使用权

城投公司在取得土地使用权时，借记"存货——土地使用权"科目，贷记"银行存款/应付账款"科目；如果是无偿划转取得的土地使用权，则贷记"资本公积"科目。

(2)出让土地使用权

城投公司在出让土地使用权时，借记"货币资金"或者"应收账款"科目，贷记"主营业务收入——土地使用权转让收入"科目；借记"主营业务成本"科目，贷记"存货——土地使用权"科目。

(六)留用地开发业务

留用地是指地方政府征收农村集体土地后，按实际征收土地面积的一定比例，安排给被征地农民集体或农户进行开发经营，用于发展生产的建设用地。留用地开发业务主要是特定区域范围内撤村建居村(社)留用地、开发性安置用地及拆复建用地的合作开发建设。

1. 留用地开发业务模式

留用地开发业务的具体模式为：各村级集体经济组织提供留用地指标和土地，并由项目所属镇(街)、村(社)负责项目地块拆迁补偿、"三通一平"、围墙构筑和场地管理等工作，城投公司或者专业子公司作为项目的做地主体，负责土地出让前期手续的具体办理工作。

城投公司采用自建或代建模式负责留用地项目的开发建设，同时可引进专门的房地产开发公司作为战略合作伙伴。在合作开发留用地项目时，村(社)持有不低于地上总建筑面积(不含物业用房面积)51%的房产和地下空间51%的建筑面积。城投公司所持不高于49%比例的物业产权可售，村级集体经济组织所持物业可自行组织招商，也可委托公司运营管理。在留用地开发业务中，村级集体经济组织无实际出资，只提供用地指标，项目建设资金由城投公司和第三方房地产开发商负责。

2. 留用地开发业务的会计处理方式

(1)项目支出

城投公司在开展留用地开发业务时，按项目开发产生的支出，借记"存货——开发成本"，贷记"银行存款""应付账款"等。

(2)项目销售

留用地开发业务的项目完工预售后，城投公司按收到的预售款，借记“银行存款”，贷记“合同负债”。

(3)项目交付

留用地开发业务的项目向业主交付后，城投公司确认房地产开发项目销售收入，借记“合同负债”，贷记“营业收入——房屋销售”，同时结转项目成本，借记“营业成本”，贷记“存货——开发成本”。

(七)土地指标转让业务

土地指标转让业务包括耕地占补平衡指标转让和城乡建设用地增减挂钩指标转让两种业务类型。

1. 耕地占补平衡指标转让

耕地占补平衡指标是基于《土地管理法》第四章耕地保护中的“国家实行占用耕地补偿制度”，即非农业建设经批准占用耕地的，按照“占多少，垦多少”的原则，由占用耕地的单位负责开垦与所占用耕地的数量和质量相当的耕地；没有条件开垦或者开垦的耕地不符合要求的，应当按照省、自治区、直辖市的规定缴纳耕地开垦费，专款用于开垦新的耕地。

城投公司通过各类土地（水面、坑塘、林地、草地、未利用地、沟渠、滩涂）整治工作生成耕地（旱地、水田），经自然资源部门验收通过后生成耕地占补平衡指标，新生成的耕地占补平衡指标可用于与其他地区政府、企业进行交易，以实现耕地和建设用地动态平衡。新增耕地可以来源于同一地区，也可以来源于非同一地区。

耕地占补平衡指标一般有明确的地方政府指导价格。比如根据甘肃省自然资源厅、甘肃省财政厅于 2022 年 3 月 15 日印发的《关于明确全省耕地占补平衡指标调剂指导价格的通知》，按照耕地质量等别，每亩数量指标和标准粮食产能指标合并调剂指导价格为：8 等 4.2 万元，9 等 4.1 万元，10 等 4.0 万元，11 等 3.9 万元，12 等 3.8 万元，13 等 3.7 万元，14 等 3.6 万元；粮食产能指标单独调剂指导价格为 20 元/公斤；水田占补平衡指标调剂指导价格，按耕地质量等别指导价格上浮 50%。

2. 城乡建设用地增减挂钩指标转让

城乡建设用地增减挂钩指标是指依据土地利用总体规划，将若干拟整理复垦为耕地的农村建设用地地块（即拆旧地块）和拟用于城镇建设的地块（即建新地块）等面积共同组成建新拆旧项目区，通过建新拆旧和土地整理复垦等措施，在保证项目区内各类土地面积平衡的基础上，最终实现增加耕地有效面积、节约集约利用建设用地、城乡用地布局更合理的目标。城乡建设用地增减挂钩指标的来源为复垦农村建设用地，包括宅基地、公益性公共设施用地和经营性用地等。

城乡建设用地增减挂钩指标的工作重点在于“建新拆旧”：“建新”指的是占用耕地新建项目，即“增”；“拆旧”指的是把旧的建设用地恢复为耕地，即“减”。所谓“增减挂钩”，即因建设需要而减少耕地的同时，需挂钩增加相当数量和质量的耕地，耕地是通过“拆旧”得来的，“建新”和“拆旧”共同组成项目进行整体审批。

城乡建设用地增减挂钩指标一般有着明确的地方政府指导价格。比如山东省国土资源厅和山东省财政厅于 2018 年 10 月公布的《山东省使用跨省域调剂城乡建设用地增减挂钩节余指标及资金收取实施细则的通知》（鲁国土资字〔2018〕304 号）中明确规定，跨省域有偿调剂使用的城乡建设用地增减挂钩节余指标的使用价格为每亩 30 万元，附加规划建设用地规模的，每亩再增加 50 万元。

3. 土地指标转让业务模式

土地指标转让业务一般是由城投公司和地方政府进行合作，由城投公司负责投入资金，土地所在的区县政府及其下属机构或者其指定的企业负责对宅基地等农村建设用地拆除、整理并复垦成耕地。在取得新增土地指标后，城投公司负责在区域内进行指标流转，并获得土地指标调剂收益。耕地占补平衡指标开发周期一般为 0.5—1 年，城乡建设用地增减挂钩指标开发周期一般为 1—2 年。在土地复垦完成后，地市级自然资源和规划局组织对耕地验收，并在验收合格后将新增的土地指标在省级自然资源厅开设的交易平台进行调剂，调剂价格在成本加成的基础上根据市场供求关系确定。土地指标转让业务一般是由地方政府牵头推进，地方人民政府与调剂申请方（即指标受让方或客户）签订相应合同，然后由城投公司按合同约定完成指标交易，指标转让款项由调剂申请方直接转入城投公司银行账户。部分地区的土地指标转让业务由城投公司直接与调剂申请方签订合同并完成交易。土地指标调剂产生的净收益由城投公司和各区县人民政府根据协议约定的分成比例进行分配。

（八）项目管理业务

项目管理业务是指城投公司利用基础设施项目建设的人才、技术和设备优势，对区域内其他主体建设的基础设施项目提供管理服务并收取一定的项目管理费用。

1. 项目管理业务的模式

项目管理业务的主要模式为：地方政府及其职能部门将辖区内园林绿化、水利工程、市内道路维护等投资项目委托给城投公司管理，并签订工程项目委托管理合同。城投公司应当按照规划设计要求、工程建设质量标准和技术规范，对项目的立项、预算、招投标、验收及后续管养维护等过程予以管理。城投公司凭阶段性验收、工程进度确认单等凭证按预算造价一定比例提取项目管理费。

2. 项目管理业务的会计处理方式

(1)项目支出

城投公司在开展项目管理业务时,按项目开发产生的支出,借记"存货——开发成本",贷记"银行存款""应付账款"等。

(2)确认项目收入

城投公司在确认项目管理业务符合收入确认条件后确认"其他业务收入",同时在会计处理时增加"应收账款"。

(3)收到项目收入

城投公司在收到地方政府职能部门按照结算进度支付的项目管理业务收入时,借记"货币资金",贷记"应收账款"。

(九)PPP 业务

PPP 业务在国内的发展时间已经比较长了,但是真正得到发展是在 2014 年财政部印发《关于推广运用政府和社会资本合作模式有关问题的通知》(财金〔2014〕76 号)①和国家发改委印发《关于开展政府和社会资本合作的指导意见》(发改投资〔2014〕2724 号)②之后。此后,城投公司在部分业务中开始运用 PPP 模式,由此产生了城投公司 PPP 业务。

城投公司的 PPP 业务主要是运用在城市基础设施建设领域。城投公司凭借自身在城市基础设施建设业务方面的竞争优势,与社会主体通过 PPP 模式建立起"利益共享、风险共担、全程合作"的共同体关系,最终实现地方政府的财政负担减轻、社会资本方的投资风险减小的双赢效果。虽然城投公司开展 PPP 业务的时间并不算久,但是因为 PPP 模式运用的业务领域主要是在高速公路、轨道交通、机场、港口等重大基础设施建设领域,因此笔者将 PPP 业务纳入城投公司特定业务范畴。

1. PPP 业务的模式

PPP 业务的模式为:城投公司作为社会资本方与地方政府签订特许经营权协议,共同实施项目建设与运营,并在特许经营期内按照 PPP 合同的约定负责项目运营。在开展 PPP 项目时,城投公司主要作为社会资本方,同其他社会资本方共同成立 SPV 公司,由 SPV 公司负责融资并进行项目建设。特许经营期满后,城投公司

---

① 资料来源:财政部网站,http://jrs.mof.gov.cn/zhengcefabu/201409/t20140924_1143760.htm

② 资料来源:国家发改委网站,http://www.sdpc.gov.cn/gzdt/201412/t20141204_651014.html

向地方政府移交和转让包括项目、附属设施及其资产有关的其他权益和收益。城投公司开展PPP业务的盈利来源主要为特许经营协议项下的收入。PPP项目的建设期一般为3—5年,建设期满后进入运营期,运营期限根据项目情况设定。在PPP项目的运营期内,城投公司控制的项目公司负责项目的运维管养工作,同时可获得可用性服务费、日常运营维护服务费收入和政府可行性缺口补助等。

国务院2019年4月14日发布的《政府投资条例》(国令第712号)①、财政部2019年发布的《关于推进政府和社会资本合作规范发展的实施意见》(财金〔2019〕10号)②,规范了政府投资和政府与社会资本合作(PPP)等基础设施建设模式,要求城投公司开展PPP项目不违反“国令第712号”和“财金〔2019〕10号”等文件中对于政府和社会资本合作的相关要求,不能增加地方政府隐性债务。此后城投公司PPP业务的开展受到了一定的限制。

2. PPP业务的会计处理方式

(1)预付工程款

项目公司按建设工程的施工进度预付承包方工程款,借记“预付款项”,贷记“银行存款”。

(2)确认工程进度

项目公司与承包方双方计量、签字、结算,借记“固定资产——建筑安装投资支出”,贷记“银行存款”“预付款项”“应付款项”等。

(3)支付管理费用

项目公司支付工程管理费用及资本化利息,借记“固定资产——待摊投资”,贷记“银行存款”。

(4)结转固定资产

建设工程工时结转暂估固定资产(竣工决算时进行调整),借记“固定资产——各类别固定资产”,贷记“固定资产——建筑安装投资支出、待摊投资”。

3. PPP业务新规

2023年以来,监管机构制定了一系列政府和社会资本合作监管新规,城投公司在开展PPP业务时需要按照监管新规进行。

(1)国务院办公厅于2023年11月3日转发国家发展改革委、财政部《关于规范

---

① 资料来源:国务院网站,http://www.gov.cn/zhengce/2020-12/27/content_5574206.htm

② 资料来源:财政部网站,http://www.mof.gov.cn/gkml/caizhengwengao/wg201901/wg201904/201909/t20190902_3378536.htm

实施政府和社会资本合作新机制的指导意见》(国办函〔2023〕115 号)[①],对 PPP 业务做了进一步的规范,明确政府和社会资本合作应全部采取特许经营模式实施,根据项目实际情况合理采用建设—运营—移交(BOT)、转让—运营—移交(TOT)、改建—运营—移交(ROT)、建设—拥有—运营—移交(BOOT)、设计—建设—融资—运营—移交(DBFOT)等具体实施方式。同时,国办函〔2023〕115 号文明确了支持民营企业参与的特许经营新建(含改扩建)项目清单。

(2)国家发改委、人民银行和财政部等部门于 2024 年 4 月 8 日联合发布修订后的《基础设施和公用事业特许经营管理办法》[②],明确基础设施和公用事业特许经营要聚焦"使用者付费",删除"可行性缺口补助"等相关内容;延长特许经营期限至"原则上不超过 40 年",提升特许经营者收益;特许经营项目实施方式上,禁止在建设工程完成后直接将项目移交政府,或者通过提前终止协议等方式变相逃避运营义务。

(十)水利项目业务

水利项目业务主要存在于沿海城市、沿河城市等有一定的水利项目建设需求的区域,由城投公司承担水利项目建设的业务。水利项目业务的建设内容包括防洪、除涝、灌溉、发电、供水、围垦、水土保持、移民、水资源保护等工程(包括新建、扩建、改建、加固、修复)及其配套和附属工程等。一项水利工程可能同时为防洪、灌溉、发电、航运等多种目标服务,可以作为综合利用水利工程。从产业链来看,水利项目建设业务上游主要包括建筑材料、输水管道等,中游涵盖水利工程设计、施工及养护等,下游主要包括工程项目施工建设等。

水利项目业务的模式一般是城投公司与地方水务局签订总承包合同或者委托代建合同,由城投公司以项目工程承包方的身份负责重大水利建设项目的建设、融资、监督与管理和运营维护等。城投公司承担的水利项目建设工程的主要内容包括河道改造、拦河大坝建设、除险加固等。水利项目业务的建设模式一般是委托代建模式。

(十一)围海造地业务

围海造地业务是指存在于沿海城市中有围海造地需求的区域,由城投公司承担围海造地职能的业务。围海造地业务有着严格的审批流程,市、区(县)海洋行政主管部门与同级国土资源行政主管部门依法对围填海造地项目使用海域进行审查后,

---

① 资料来源:国务院网站,https://www.gov.cn/zhengce/zhengceku/202311/content_6914162.htm

② 资料来源:国家发改委网站,https://www.ndrc.gov.cn/xxgk/zcfb/fzggwl/202404/t20240409_1365563.html

报省海洋行政主管部门审核。围填海造地项目在可行性研究阶段，必须编报海洋环境影响报告书，由有审批围填海造地项目权限的人民政府的同级海洋行政主管部门核准，并报同级环境保护行政主管部门备案。

围海造地业务的模式为：城投公司受当地政府或者下属部门的委托负责在规划范围内开展围海造地业务，并进行土地一级开发整理，使土地达到“七通一平”的条件。在围海造地项目验收确认移交后，地方政府或者下属部门根据审计机构出具的审计结果进行结算，结算金额为土地收储价格（即土地开发整理实际投入价格，包括征地拆迁、填海造地、工程投入、财务费用及管理费用等）加固定回报。围海造地业务一般是采用委托代建模式。

但是需要关注的是，海域使用权是使用特定海域的权利，因此围海造地前应首先按规定取得相应海域的海域使用权，交纳海域使用费。但海域使用权只是用海的权利，围海造地海域变成陆地后，海域使用权自动灭失，所形成土地不再属于海域，如何配置、如何使用等应按照土地管理的法律法规办理，因此围海造地需进行地块部分的海域使用权向土地使用权的变更登记。

（十二）港口建设管理业务

港口建设管理业务主要存在于有港口的区域（包括海港和河港），由城投公司负责港口的建设、疏浚和管理等业务。港口建设管理业务主要包括港口基础设施建设业务和航道疏浚业务两大类：

1. 港口基础设施建设业务

港口基础设施建设业务的模式为：城投公司与地方政府或者港口所有人签署港口设施委托代建协议，负责办理与施工建设项目相关的各项手续、组织协调拆迁安置工作、与施工和监理等单位谈判并签订各类承包合同、筹集工程建设资金并对资金使用进行管理、协调工程建设各参与方以及办理竣工验收等，待项目验收合格后移交给地方政府或者港口所有人，并按照最终决算确认的金额与地方政府或者港口所有人进行代建费用结算。

2. 航道疏浚业务

航道疏浚业务的模式为：城投公司与地方政府、政府下属部门或者港口所有人签署《航道维护性疏浚工程项目管理协议》，负责港口航道维护性疏浚工程，工程单价按照疏浚工程项目管理协议中约定的固定标准执行。地方政府或者港口所有人按标准向发行人支付航道疏浚工程费用及一定的项目管理费用。航道疏浚业务一般是采用委托代建模式。

(十三)矿山修复治理业务

矿山修复治理业务主要存在于矿产资源丰富区域,由城投公司负责矿山的修复和治理,在修复完成之后因地制宜建设矿山公园、地质博物馆、植物园、湿地公园、休闲农业、观光绿道、体育场所等多元化主题项目,推动矿山生态修复与文化、旅游、体育、康养等产业融合发展。因此,矿山修复治理业务是一项综合性业务,可能会涉及城投公司的多个业务板块。

矿山修复治理业务的主要模式为:城投公司与地方政府下属部门签署委托代建协议,采取植树、种草和覆土复绿等生态修复措施,修复垦矿区受损土地并建设多元化主题项目。矿山修复治理业务的收入主要包括三方面:

1. 修复土地的市场化开发收入

根据自然资源部的监管要求,矿山修复治理完成后,在符合国土空间规划和土壤环境质量要求、不改变土地使用权人的前提下,经依法批准并按市场价补缴土地出让价款后,可将依法取得的国有建设用地修复后用于工业、商业、服务业等经营性用途,即修复之后的土地可以进行市场化的开发。而矿山用地修复为耕地的,可参照城乡建设用地增减挂钩政策,腾退的建设用地指标可在省域范围内流转使用。

2. 砂石销售收入

矿山修复治理一般会伴随产生大量的砂石料。因此在开展矿山修复治理的同时,城投公司可以将在治理过程中产生的石料加工成砂石,进行市场化销售,获取一定的砂石销售收入。

3. 财政补贴收入

根据财政部印发的《关于支持开展历史遗留废弃矿山生态修复示范工程的通知》(财办资环〔2021〕65 号)①、《重点生态保护修复治理资金管理办法》(财资环〔2021〕100 号)②,修复责任人灭失的废弃工业土地和矿山废弃地,可以争取中央专项资金。同时,地方政府一般也会配比一定比例的专项财政补贴。

(十四)城市园林绿化业务

城市园林绿化业务是指由城投公司负责对区域内的城市园林、绿化进行投资、建设、养护,覆盖生态环境设计、城市园林、乡村景观、生态景观、绿化工程、绿化养护等多个环节的业务。部分城投公司的城市绿化业务和基础设施建设业务放在一起,没有单独分类。园林绿化工程是城市建设工程中的一类,即运用工程技术和艺术手

---

① 资料来源:财政部网站,http://zyhj.mof.gov.cn/zcfb/202201/t20220113_3782421.htm

② 资料来源:财政部网站,http://zyhj.mof.gov.cn/zcfb/202111/t20211110_3764662.htm

段，通过改造地形、种植树木花草、营造建筑和布置园路等途径创作而成的优美的自然环境和游憩境域，主要包括新建、改建、扩建公园绿地、防护绿地、广场用地、附属绿地、区域绿地，以及对城市生态和景观影响较大的绿化工程项目。

根据业务内容，城市园林绿化业务可以分为工程绿化和园林绿化两大类。工程绿化主要是为城市道路工程、给排水工程、桥梁工程、公路工程等进行绿化，园林绿化主要包括园林绿化工程施工，园林绿化养护，花卉、盆景、林木、草坪、园林绿化等。城市绿化业务的建设模式主要是采用委托代建模式。因为园林绿化业务每年都需要进行，所以城市园林绿化业务的持续性较好，能够为城投公司带来持续的营业收入。

因为城投公司与地方政府及其职能部门关系紧密，所以城投公司在开展城市园林绿化业务时有着得天独厚的优势。城市园林绿化业务原先需要资质核准，但住房和城乡建设部于 2017 年 4 月 13 日印发的《关于做好取消城市园林绿化企业资质核准行政许可事项相关工作的通知》（建办城〔2017〕27 号）明确不再强制要求将城市园林绿化企业资质作为承包园林绿化工程施工业务的条件。

（十五）原水销售业务

原水销售业务是指城投公司利用控制的水库向区域内自来水厂、发电厂、化工厂和钢铁厂等大型工业企业供水并取得水务费用。原水主要来源于自然降水，因此年降水量是影响城投公司供水能力的主要因素。城投公司开展原水销售业务包括三个关键点：

1. 取得水库使用权

城投公司在开展原水销售业务时，首先要取得地方国资委或者水务局的批复，确认公司拥有库区（水库）的永久使用权或者特定期间的使用权。在取得水库使用权之后，城投公司委托资产评估公司出具资产价值评估报告，并依据评估报告将水库资产入账。需要注意的是，库区（水库）资产仅指水库用于储水的容体，并不包含水库大坝、溢洪道、分洪闸、溢洪道闸门等其他固定资产。除库区（水库）外，其余的水库大坝、溢洪道、分洪闸、溢洪道闸门等均作为固定资产评估入账，具有有限期限。

2. 水库运营维护

水库运营维护主要包括水库养护和水资源保护。水库养护主要为水库周边的绿化养护，包括树苗种植、养护、除虫及草被种植等，其主要目的是保护水库的安全和水质，避免水库周边的泥石滑坡破坏水库的容量和水质。水资源保护支出主要为对水库的日常维护支出和原水输送渠道的维护支出，包括水资源保护费、维修工程支出、日常维护的工具购买等。

3. 原水销售结算

城投公司的原水销售价格是由省、市物价局进行核算，不同的自来水厂和企业，生活用水和工业用水的价格均各不相同。结算期间，原水销售收入的结算方式为单位结算价格和原水结算供水量的乘积。城投公司的供水管理处将原水输送至愿意接受公司原水服务的用户，并且以水表或流速仪计量实际原水销售量，按月向愿意并且已经接受公司原水供应服务的用户直接收取原水销售费，公司一般执行每月收取一次原水销售收入。

(十六)利息收入业务

利息收入业务是指城投公司将自有资金或者利用信用优势取得的贷款资金借给第三方并取得一定利息差的业务。利息收入业务主要包括转贷款利息收入、拆借资金利息收入和应收款利息收入三种模式。

1. 转贷款利息收入

转贷款利息收入是指城投公司因为棚改贷款和基础设施项目贷款产生的息差收入，一般适用于地级市城投公司。地级市城投公司作为政策性银行棚改贷款和基础设施项目贷款的承接主体，因承接棚改项目和基础设施项目而从政策性银行取得贷款，取得贷款后将贷款资金通过委托贷款的方式转贷给其他市级城投公司或者区县级城投公司并由其进行项目建设。

2. 拆借资金利息收入

拆借资金利息收入是指城投公司将自有资金或者贷款资金转给第三方并收取一定的利息费用。城投公司转借的第三方一般是区域内的其他城投公司或者国有企业，一般不会借给民营企业，而且也不会借给其他区域的城投公司，因此信用风险较低。

3. 应收款利息收入

应收款利息收入是指地市级城投公司为区域内区县级政府完成了特定的基础建设项目或者土地整理项目，但是区县级政府未按时向城投公司支付项目回款，只能体现在城投公司的应收账款科目，城投公司按照相关协议的约定根据应收账款的金额计提应收款利息。

(十七)资产使用业务

资产使用业务是指城投公司将部分城市基础设施设备(道路、管网、路灯、信号灯)出租给地方政府职能部门并收取一定的资产使用费的业务。需要说明的是，资产使用业务中的资产主要具备一定公益性、合作方是地方政府职能部门，这与城投公司一般的资产租赁业务是存在实际性区别的。

从业务模式来看，城投公司与城市建设管理局/城市管理行政执法局等地方政府职能部门签订协议，明确在特定时间通过道路、管网、路灯、信号灯等资产提供综合服务（租赁、维修、养护等），地方政府职能部门以预算资金支付资产使用费，款项由财政局直接拨付至城投公司。资产使用费业务结算周期为按照年度结算，在每年年末进行确认，在年内按照财政预算计划收到回款。

特别需要关注的是，资产使用业务的运作模式实际上与“拨改租模式”很相似。资产使用业务同样涉及地方政府职能部门向城投公司支付租金，在本质上属于政府购买行为，需要履行法定的程序和流程。由于城投公司与地方政府及其职能部门合作的基础设施类项目，程序上很难做到完善，所以在合规性上可能存在一定的问题。

三、城投公司拓展业务

城投公司拓展业务是指城投公司在开展传统业务基础上拓展运营的新业务。城投公司拓展业务的相关业务资质、资源、人员主要来自城投公司传统业务，是城投公司传统业务的延伸。城投公司拓展业务和传统业务之间存在千丝万缕的联系，是城投公司业务转型中的探索业务。城投公司拓展业务主要包括园区运营业务、高速通行业务、工程施工业务、房地产开发业务、砂石开采业务、停车场运营业务、资产运营业务、物业服务业务、景区运营业务、劳务派遣业务、教育投资业务和粮油购销业务等类型。

（一）园区运营业务

园区运营业务是指城投公司对开发建设的工业园区、产业园区进行市场化运营，包括招商代理业务、园区销售业务、园区租赁业务和园区物业服务业务等类型。

1. 招商代理业务

招商代理业务是指城投公司与园区管委会签署相关协议，根据招商引资落地企业注册资本或到账资本的固定比例收取招商服务佣金。城投公司可以充分发挥在区域内的国企优势，进一步联动政府部门，形成招商合力，提升招商效率。与此同时，城投公司可以发挥自身的人才优势、资源优势等，协助园区深入推进异地项目，在跨省、跨市合作上取得重大突破，并在地理布局上突破园区地域限制。

2. 园区销售业务

园区销售业务是指对园区建成后的写字楼、标准化厂房、公寓、员工宿舍等进行市场化的销售。园区销售业务是基于产业集聚的考虑而向特定对象进行销售，特定对象需要满足园区的产业定位、发展规划和入园条件。园区销售业务的定价方式主要采用市场定价方式，对于通过招商方式进入园区的企业，价格以最终谈判结果确定。

3. 园区租赁业务

园区租赁业务是指园区建成后将部分资产用于出租从而获取租赁收入。园区主要涉及厂房、写字楼、宿舍等资产，租赁价格主要采取市场定价方式，通过与招商入园的企业谈判确定租赁价格并签订租赁合同。园区租赁业务可以分为直租业务和转租业务两类。

(1)直租业务

直租业务是指城投公司向入园企业直接出租园区配套设施自持物业。直租业务可以分为两类：

①自主招商的入园企业，城投公司按市场价与其签订出租合同并按期收取租金。

②重点支持的入园企业，园区管委会给予招引企业优惠出租成本价差补贴及承租户租金。城投公司与招引企业签订房屋租赁合同，租赁价格与成本价的差额由园区管委会给予补贴，列入园区财政预算。

(2)转租业务

转租业务是指城投公司不直接持有园区资产，通过与园区管委会或者资产所有者签订租赁合同、购买房屋30年经营权等方式，租入房屋等资产后，转租给入园企业并获得租金收入。

4. 园区物业服务业务

园区物业服务业务是指城投公司为入园企业提供各类物业服务。园区物业服务业务包括向业主提供保洁、秩序维护、绿化以及设备维护保养等基础性服务，也包括向业主提供特约服务或延伸服务并向被服务业主收费，例如家政保洁、电器维修、自助洗车等。

(二)高速通行业务

高速通行业务是指城投公司通过运营高速公路收取通行费的业务。高速通行业务的收入来源是向客车、货车收取的通行费，是具备一定市场化运营程度的业务。但是需要关注的是，地市级和区县级高速公路运营主体主要是负责区域内的高速公路运营，部分高速公路的建设运营是为区域经济发展服务的，而且公司与地方政府之间的关系非常紧密，因此属于城投公司范畴；而省级高速公路运营主体一般不属于城投公司。

对于高速通行业务，可以从以下几个维度进行分析：

1. 高速公路的类型

根据高速公路的投资主体和资金来源，高速公路可以划分为政府还贷路和经营性高速公路两种类型。

(1)政府还贷路是指由县级以上交通主管部门投资、通过贷款或者集资建设的高速公路，其主管部门或其所属机构是高速公路通行费的收费主体，收费管理按照行政事业收费性质纳入财政管理体系，实行“收支两条线”。部分地级市的交通局或者高速公路管理局进行企业化改革时，将政府还贷路作为资产注入高速公路运营企业，但是政府还贷路的性质并没有改变。政府还贷路的收费年限一般不超过 20 年。

(2)经营性高速公路是指由企业依法投资建设而成的高速公路或者依法受让政府还贷路收费权的高速公路，投资建设企业是高速公路收费的行为主体，按照约定的收费期限收取通行费。经营性高速公路的收费年限一般不超过 30 年。

2. 高速公路收费结算模式

(1)政府还贷路

政府还贷路的收费结算模式采用“收支两条线”模式，通行费收入由省级高速公路收费联网分中心/收费结算中心拆分后直接上缴到地市级财政专户，由地市级财政在扣除 3%水利基金后返还地市级交通局/高速公路管理局，再下拨至城投公司，公司以实际收到财政返还的通行费确认相关收入。

(2)经营性高速公路

交通运输部于 2019 年印发了《取消高速公路省界收费站总体技术方案》《取消高速公路省界收费站工程建设方案》《加快推进高速公路电子不停车收费应用服务实施方案》等政策，明确从 2020 年 1 月 1 日起全国取消高速公路省界收费站，实现全国联网收费。根据交通运输部《收费公路联网收费运营和服务规则》，通行费按照车辆实际行驶路径收费，实际行驶路径拆分。对于不能判定通行路径的车辆，按照全网最低费额收费。部中心负责省域间通行费拆分，省中心负责省域内通行费拆分。各省高速公路通行费行业管理单位为省交通运输厅，业务主管单位是省高速公路联网管理中心，业务服务单位为专门成立的高速公路联网监控收费公司。各高速公路收费站通过经办银行将现金收入统一上缴至联网公司全省高速公路统一经办银行通行费收入专户。联网公司将通行费拆分后收入，及时、准确划转至各高速公路联网运营管理单位相应银行资金账户。每月 10 日左右,对上月通行费进行清算拨付。

3. 高速公路计费方式

高速公路的收费群体主要是客运车辆和货运车辆,根据车辆类型制定了具体的收费标准。

(1)货运车辆

货运车辆及客货两用车辆行驶高速公路、一级公路和独立桥梁、隧道原则上按计重收费方式计收,当计重收费系统发生故障时按车型收费方式计收。属于高速公路辅道的经营性二级公路经过有关部门批准后,可按计重收费方式计收。

(2)客运车辆

客车行驶高速公路、一级公路、经营性二级公路和独立桥梁、隧道按车型收费方式计收。

4. 高速公路折旧方式

因为高速公路资产规模较大,每年需要计提的折旧金额很大,折旧政策会对公司的盈利情况产生直接的影响。根据高速公路运营企业的审计报告,目前高速公路折旧方式主要包括如下三种:

(1)不计提折旧

根据省交通运输厅/地级市政府/地市级国资委/地市级财政局等政府机构专门出具的说明文件、会议纪要或者批复文件,明确部分高速公路资产(主要是政府还贷路)不计提折旧。

(2)车流量法计提折旧

经营性高速公路按照车流量法对其计提折旧,折旧部分计入营业成本。当年折旧=(当年车流量/通行期间总车流量)×(1－残值率)×高速公路资产原值,其中总车流量参考具有甲级资质的公路设计咨询公司出具的数据分析报告所计算的预估总车流量,残值率一般为 0%。

(3)路基不计提折旧、路面计提折旧

部分高速公路运营企业对高速公路资产采取路基不计提折旧、路面计提折旧的政策。路基资产不计提折旧的原因是考虑到高速公路路基资产比较稳定,高速公路后续改扩建也不需要重新开拓,使用寿命无明确时间。路面资产按照车流量法计提折旧,即按特定年度预测车流量(折算为收入)与预估总车流量(折算为收入)的比例计算年度折旧额。

(三)工程施工业务

工程施工业务是指城投公司利用开展传统业务和特定业务形成的工程施工资质、施工人员、机械设备等,重点在城投公司所在区域内开展并适当拓展区域外市场化工程施工项目。基础设施建设业务、土地整理业务和保障房建设业务等城投公司传统业务都会直接和工程施工发生业务关联,也会让城投公司在工程施工领域具备人员、业务和资金等方面的优势,并具备良好的工程施工经验和工程施工资质。城投公司在传统业务的基础上,可以利用良好的工程施工经验开展市场化的工程施工业务。

在具备工程施工资质之后,城投公司可以通过公开招投标的方式,开展市场化的工程施工业务。从业务类型上看,城投公司的工程施工业务主要包括房屋建筑施工、道路施工、绿化设施施工、桥梁施工、水利工程施工、河道治理施工等。随着工程施工业务量的增加,城投公司的工程施工资质也会逐步提升,形成一个良性的业务发展循环。城投公司工程施工业务在所在区域具备一定的优势,在区域外拓展业务有一定的难度,面临着较为激烈的市场化竞争。

工程施工业务主要采用传统的施工总承包模式,部分项目采用 PPP 和 BOT 模式。

1. 总承包模式

城投公司通过参与工程施工项目的招投标,在中标后进行工程施工建设。工程开工前,城投公司项目部收到业主拨付的10%的预付工程款,随后按每月确认工程进度,待中期计量支付证书经监理工程师、总监办、业主等相关部门审核批复后,城投公司再确认相应的工程计量收入和应收工程款。项目部是实施项目管理的临时性组织机构,对项目进行全过程负责,即:开工准备→开工→施工→交工→缺陷修复→竣工交验→资料印件归档→项目(任职)审计。

2. PPP 模式

城投公司工程施工业务的 PPP 模式业务流程分为四个阶段:项目前期准备阶段、项目招标阶段、项目实施阶段和项目移交阶段。

(1)在项目前期准备阶段,由地市级政府牵头发改委、财政局、国资委、规划和自然资源局等部门组成领导小组,制定整体工作计划和实施安排,聘请专业的咨询机构研究调研项目模式、设计项目结构、编制项目实施方案,组织专家对项目可行性进行分析、进行财政承受能力论证,并报市政府批准和财政部备案入库。

(2)在项目招标阶段,由地方政府 PPP 项目实施团队细化协议文本编制(包括投资、运营成本收益测算、回购总价、回购期限和方式、回购资金来源和安排，落实建设内容分工和质量要求等），发布项目招标信息及相关要求，通过竞争性程序确定城投公司的项目公司承接主体地位，中标后需在约定时间内办理好项目公司成立相关事宜，落实到位资本金，地方政府配合完成资产交割及项目审批事宜后与城投公司的项目公司进行签约。

(3)在项目实施阶段，城投公司的项目公司组织项目的开发建设，开发过程中，地方政府及相关部门对项目过程进行监督，工程验收试运营合格后，项目正式进入运营阶段。城投公司的项目公司与政府及相关部门签署特许经营协议，在协议约定的经营期限内对项目设施进行维护和运营，运营期间，政府、贷款人、投资者均对项目具有监督权。

(4)PPP 项目特许经营期届满后，城投公司的项目公司将项目及经营权向地方政府进行移交。

3. BOT 模式

BOT 的主要运营模式是：地方政府根据当地经济社会发展情况提出项目假想，聘请专业机构进行技术论证，并按照基本程序完成项目立项及审批手续，政府及相关部门通过协商或招标的方式确定城投公司作为 BOT 项目承接主体，中标后设立专门的项目公司对建设方案进行详细设计、融资，并组织相关项目的建设。项目竣工后，城投公司与地方政府及相关部门签署特许经营权协议，由项目公司进行运营。BOT 项目期届满，城投公司下属项目公司将建筑工程及设备移交地方政府或者职能部门。

(四)房地产开发业务

房地产开发业务是指城投公司通过市场化方式开发房地产项目并进行销售的业务。城投公司的土地整理业务、保障房建设业务、棚户区改造业务等与房地产开发业务存在着天然的联系，都主动或者被动地成为房地产开发业务的上下游产业链。因此从实践来看，城投公司开展房地产开发业务具备先天的优势。

1. 成本优势

城投公司在所属区域内属于重要国有企业，与地方政府及各个政府部门关系良好，熟悉当地的房地产市场情况，能够以相对优惠的价格取得土地使用权甚至取得无偿划转的土地，因此在开发房地产项目时具备明显的成本优势。

2. 业务优势

城投公司负责的土地整理业务、保障房建设业务、棚户区改造业务和城市更新业务等，与房地产开发业务有着很大的关联，城投公司可以直接打通房地产开发业务的上下游，实现房地产开发业务全产业链的发展，业务开展难度较小。

3. 监管优势

城投公司的财务指标相对稳健，一般不会触发各项房地产监管政策的限制，所以开发房地产业务面临的监管压力较小。

4. 融资优势

城投公司作为国内信用债券市场上的参与者，在融资方面也具备很大的优势。即使是主体信用评级为 AA 及以下的城投公司，融资成本也比很多房地产公司要低。

5. 沟通优势

城投公司在房地产业务开发过程中，能够有效地沟通所在区域的发改委、自然资源和规划局、环保局等各个房地产业务监管部门，有效提高房地产项目的开发效率。

根据 2022 年 3 月 2 日中华人民共和国住房和城乡建设部令第 54 号公布的《房地产开发企业资质管理规定》[①]，房地产开发企业按照企业条件分为一、二两个资质等级，资质要求情况如表 4－1 所示。

表 4－1　　房地产业务资质及其要求

资质等级	资质要求
一级资质	1. 从事房地产开发经营 5 年以上。 2. 近 3 年房屋建筑面积累计竣工 30 万平方米以上，或者累计完成与此相当的房地产开发投资额。 3. 连续 5 年建筑工程质量合格率达 100％。 4. 上一年房屋建筑施工面积 15 万平方米以上，或者完成与此相当的房地产开发投资额。 5. 有职称的建筑、结构、财务、房地产及有关经济类的专业管理人员不少于 40 人，其中具有中级以上职称的管理人员不少于 20 人，专职会计人员不少于 4 人。 6. 工程技术、财务、统计等业务负责人具有相应专业中级以上职称。 7. 具有完善的质量保证体系，商品住宅销售中实行了《住宅质量保证书》和《住宅使用说明书》制度。 8. 未发生过重大工程质量事故。

① 资料来源：住房和城乡建设部网站，https://www.mohurd.gov.cn/gongkai/zhengce/zhengceguizhang/202203/20220315_765163.html

续表

资质等级	资质要求
二级资质	1. 有职称的建筑、结构、财务、房地产及有关经济类的专业管理人员不少于5人，其中专职会计人员不少于2人。 2. 工程技术负责人具有相应专业中级以上职称，财务负责人具有相应专业初级以上职称，配有统计人员。 3. 具有完善的质量保证体系。

资料来源：根据公开资料整理。

城投公司开展房地产业务时需要特别注意房地产业务在公司主营业务中的占比。根据交易所的监管规定，"发行人最近一年经审计的房地产业务收入比重大于或等于50%时，应将其划为房地产行业。发行人没有某一类业务的营业收入比重大于或等于50%，但房地产业务的收入和利润均在所有业务中最高且均占到公司营业收入和利润的30%以上（包含本数）时，应将该发行人归类于房地产行业。"城投公司开展房地产业务，需要关注在主营业务收入中的占比，确保公司不会被划入房地产公司范畴。

（五）砂石开采业务

河道砂石是天然石在自然状态下，经水的作用力长时间反复冲撞、摩擦而产生的，是组成河道砂床的重要部分，用于建筑、混凝土、筑路材料以及铸造、钢结构、架结构、修造、桥梁等领域，是一种不可或缺的建筑材料。砂石开采业务是指按照"政府主导、国企参与"的原则，由地方政府或者下属政府部门委托城投公司作为业主单位，实行河道砂石的"统一开采、统一经营、统一运输、统一使用"。城投公司开展砂石开采业务，一方面可以拓展市场化主营业务，增加市场化收入，提升公司盈利能力；另一方面可以在一定程度上降低公司承担的基础设施建设项目的建设总成本。

1. 砂石开采的国有化管理

根据水利部于2019年7月24日印发的《河道采砂管理条例（征求意见稿）》[①]，明确："省级人民政府可以决定本行政区域内设区的市级、县级人民政府按政企分开的原则，对河道砂石资源组织实行统一开采经营管理，并制定具体管理办法。所采砂石不得自行销售，由当地县级以上地方人民政府统一处置。"因此，砂石开采业务采取许可制，而且砂石"国有化"从国家部委层面得到正式文件认定，全国砂石行业进入国有化统一管理的新模式。目前多个省份已经出台了区域内的《河道采砂管理条例》，规范采砂业务。

① 资料来源：水利部网站，http://zfs.mwr.gov.cn/tztg/201907/t20190731_1351930.html

受环保限制、河道砂石开采量减少等多重因素的影响，砂石供求失衡导致砂石价格不断上涨，2018年以来部分地区砂石价格涨幅很高。砂石开采经营权收归国有，加之砂石价格大涨，就使得砂石资源已成为地方政府手中新增的重要有价资源。受益于地方政府统一管理政策，砂石开采业务具有一定的区域专营性和垄断性，且业务稳定性和可持续性较强。

2. 砂石开采业务经营权的获取

城投公司获得砂石开采经营权的方式有两种：一是地方政府无偿将一定年限的砂石开采经营权授予城投公司；二是城投公司通过公开竞拍方式获取砂石开采经营权。河道砂石开采经营权属于未来的收益权，因此地方政府将其注入城投公司时，在资产端计入"无形资产"，权益端计入"资本公积"，后续由城投公司的下属砂石开采类子公司进行运营管理。

3. 砂石开采业务的运营模式

在运营模式方面，城投公司通过购买/租用砂石开采船舶等设备，在地理及开采量的地方政府授权范围内进行砂石开采，主要成本为砂石开采船舶等设备租用费用和人工费用等。城投公司以市场价格将开采的河道砂石进行销售，销售对象主要为区域周边的建筑公司。

部分城投公司将采砂经营权出租给开采方，由开采方自行对砂石进行开采、施工、销售等，城投公司与其签订租赁合同，约定租赁期限及租金价格，开采方于租赁合同到期前一次性或分批支付租金。

(六)停车场运营业务

停车场运营业务是指城投公司在地方政府规划的区域范围内投资、建设和运营市场化收费的停车场，取得的收入主要包括停车服务收入、充电桩充电服务收入和配套商业物业出售及出租收入。

1. 停车服务收入

城投公司建设停车场之后，由专业的子公司对停车场进行运营并按照规定的收费标准进行收费。目前每个城市都会由城市管理局或者物价局制定停车场收费管理规定，比如根据南京市城市管理局2014年发布的《南京市停车收费管理规定》(宁价规〔2014〕1号)，公共停车场收费标准按白天8元/小时、晚上1元/小时收取。

2. 充电桩充电服务收入

随着新能源汽车的普及，充电桩成为停车场的必备设施，因此在规划停车场时可以建设新能源汽车充电设施。城投公司在建设停车场时，可以根据区域特点和市场需要规划部分充电桩，一般采用计时收费的方式，白天和夜间按照规定价格获取充电服务收入。

3. 配套商业物业出售及出租收入

配套商业物业出售及出租收入是停车场运营的重要组成部分。根据国家发改委、财政部、原国土资源部等多部委联合印发的《关于加强城市停车设施建设的指导意见》(发改基础〔2015〕1788 号)[①]，允许在不改变土地用途和使用权人的前提下将部分建筑面积用作便民商业服务设施，收益用于弥补停车设施建设和运营资金不足。因此城投公司在建设停车场项目时可以配套部分商业物业进行出售和出租。

(七)资产运营业务

资产运营业务是指城投公司在开展保障房建设业务、棚户区改造业务和房地产开发业务等的过程中，拥有了部分不动产资产，可以作为物业运营主体对各类不动产进行统一管理，提供专业的物业管理和运营服务，收取资产租赁费用和物业管理费用。资产运营涉及的不动产资产包括公租房、廉租房、写字楼、商业街区、商铺、酒店和停车场等各种类型，具体租赁费用和物业费用收费标准根据当地市场化水平确定。城投公司可以利用自身资产运营业务的优势，为其他主体的不动产提供物业管理和运营服务，拓展市场化业务。

1. 业务类型

资产运营业务包括保障类资产运营、商业类资产运营和拓展类资产运营三种。

(1)保障类资产运营

保障类资产运营主要是以保障房、棚户区改造房、廉租房等保障性住房的住户为服务对象，资产出租和物业收费水平略低于市场水平。城投公司专门的子公司重点是为保障类住房提供稳定、持续的服务，盈利性相对较弱。

(2)商业类资产运营

商业类资产运营主要是以写字楼、商业街区、商铺和酒店等资产为基础，进行市场化的招商、运营和维护，向商家或者租户提供专业化服务并收取市场化的租金和物业服务费。商业类资产运营是完全市场化的业务，面临的竞争非常激烈，因此物业服务质量非常重要。

(3)拓展类资产运营

城投公司可以在发展资产运营业务的同时，对业务进行适当的拓展，比如通过

---

① 资料来源：国家发改委网站，https://www.ndrc.gov.cn/xwdt/rdzt/xxczhjsl/ghzc/201605/t20160513_971942.html

“物业运营＋养老”模式，拓展老年人托护服务，积极开展社区养老服务；通过“物业运营＋托育”模式，拓展全日、托育、亲子、早教、家长课堂、课后托管、接送服务等业务模式，满足业主们在育儿方面的需求。

2. 业务结算模式

在资产运营业务结算模式方面，城投公司根据资产类型、租赁对象等确定租金支付周期、支付方式，定期收取租金、物业费：个人客户，支付周期以季度、年度为主，主要通过支付宝、微信支付和银行转账等方式收取租金；企业客户，支付周期以半年、一年为主，主要通过银行转账方式收取租金。

(八)物业服务业务

物业服务业务是指城投公司通过提供物业管理服务而收取物业费的业务，涉及住宅、商业、办公、园区、学校、医院、交通枢纽、文旅、场馆、市政环卫等各个业态。城投公司设立专业的子公司开展物业服务业务，服务对象包括集团自身持有资产的各个子公司和通过市场化方式中标的其他企业。物业管理企业之前是采取物业服务企业资质认定制度，根据企业的资质情况将物业服务企业资质等级分为一、二、三级。住房和城乡建设部于 2018 年 3 月 8 日印发《关于废止〈物业服务企业资质管理办法〉的决定》，物业服务企业资质认定成为历史，物业资质被全面取消。

1. 物业服务的内容

根据物业公司的营业范围来看，物业服务包括但不限于如下内容：

(1)物业共用部位、共用设施设备的日常维修、养护和管理；

(2)物业共用部位、公共区域的清洁卫生、垃圾的收集清理和化粪池清理；

(3)公共绿地、景观和花草树木的养护管理；

(4)秩序维护以及车辆停放管理；

(5)物业维修、更新费用的账目管理和物业档案资料管理；

(6)协助做好安全防范工作；

(7)业主委托的其他公共性服务内容等。

2. 物业服务的类型

根据物业服务的具体内容，可以细分为基础物业服务和增值物业服务。

(1)基础物业服务

基础物业服务按收费方式细分，可分为包干制物业管理服务与酬金制物业管理服务。

①包干制物业管理服务

包干制物业管理服务是指由业主向物业管理企业支付固定物业服务费用，盈余或者亏损均由物业管理企业享有或者承担。该种收费方式促使企业树立成本意识，提高自身服务效率。

②酬金制物业管理服务

酬金制物业管理服务的内容及对象与包干制大致相同，但是在收费方式上截然不同。酬金制是指在预收的物业服务资金中，按约定比例或者约定数额，提取酬金支付给物业管理企业，其余全部用于物业服务合同约定的支出，结余或者不足均由业主享有或者承担。该种收费方式保证了业主的知情权，有利于财务透明。

(2)增值物业服务

增值物业服务是指物业公司在物业管理服务之外开展的业务，主要包括场所清洁、家政服务、绿化养护、入室维修等服务。

(九)景区运营业务

景区运营业务主要适用于具备丰富旅游资源城市的城投公司。旅游资源主要包括自然风景资源(比如峨眉山)、历史风景资源(比如避暑山庄)和人造风景资源(比如秦王宫景区)。景区运营业务主要包括景区设施建设业务和景区运营业务两大类。

1. 景区设施建设业务

景区设施建设业务主要包括景区内基础设施建设、配套设施建设以及部分土地整理业务等，属于城投公司传统业务类型，只不过是在特定景区范围内开展的，具体业务模式与城投公司传统业务模式也基本一致。

2. 景区运营业务

景区运营业务主要是城投公司负责特定景区的门票收取、商业设施运营、旅游资源 IP 打造、文创投资等，属于市场化运作业务。景区运营权的权属关系一般包括两种：一种是城投公司与当地政府合作开发，景区收入需要与地方政府分成；另一种是景区由城投公司独立自主开发，景区运营权和收费权属于公司所有，景区收入由公司独享，不需向政府分成。

(1)景区门票业务

景区门票业务一般由城投公司专门的子公司独立运营，通过景区官网、售票亭以及各大电商网站进行销售。电商网站是景区门票业务的重要销售渠道，部分景区与携程、飞猪、美团、同程等电商进行战略合作，与电商约定统一的景区门票结算价格，并按月结转门票收入。

(2)住宿餐饮业务

住宿餐饮业务的运营模式主要为城投公司专门的子公司自主经营,其中住宿业务采取传统的以销售酒店住宿、娱乐、会议等产品为主,为游客提供舒适的住宿环境服务;餐饮业务可以分为酒店餐饮、景区餐饮、流动餐饮、特色活动餐饮等多种类型,为游客提供全方位的餐饮服务。

(3)旅行社业务

旅行社业务主要是以传统旅行社组团和接待为主,盈利模式为收取客人团费和代客人支付房、餐、车费等,以赚取差价为主,结算模式采取以现收现付、预收预付、应收应付为主的结算模式。

(十)劳务派遣业务

劳务派遣业务主要适用于劳务派遣需求较大区域的城投公司。劳务派遣业务需要取得地方人力资源和社会保障局颁发的《劳务派遣经营许可证》。城投公司劳务派遣业务主要包括公务劳务派遣业务、工程施工劳务派遣业务和金融安保劳务派遣业务三大类。

1. 公务劳务派遣业务

公务劳务派遣业务主要由地方政府及其职能部门授权城投公司的专业子公司,根据区域内各政府行政部门及事业单位的用人需求,向社会招聘劳务人员,为地方政府各部门输送劳务雇员,提供相关劳动关系管理、社会保障事务代理及人才培训等服务。地方政府及其职能部门同城投公司的专业子公司签订政府购买服务协议或者劳务派遣协议等,专业子公司每月根据实际用人需求核算公务劳务派遣业务的收入及成本。

2. 工程施工劳务派遣业务

城投公司在开展基础设施建设业务、土地整理业务和保障房建设业务等过程中,因为存在大量的工程施工,有着大量的劳务派遣业务需求,所以具有一定的业务优势。工程施工劳务派遣业务的模式为城投公司与劳务分包企业通过签订劳务分包合同明确双方合作关系,劳务分包内容一般为工程施工的劳务作业,主要包含人工费、材料费及小型机具使用费等。城投公司和劳务分包企业通过定期验工计价进行结算和支付。

3. 金融安保劳务派遣业务

金融安保劳务派遣业务主要是城投公司利用地方国有企业的信用作为基础,与当地城商行、农商行以及其他银行的分支机构建立劳务派遣合作关系。金融安保领域劳务派遣的内容比较丰富，主要包括：自动设备（ATM）加卸钞、巡防、维护、票据处理、储存托管；银行柜员尾箱寄存托管、寄库、库管、顺车上门运送钞；银行营业网点、办公场所、金库、清点分装场地的网络视频监控；银行外包业务及第三方现金运营托管、第三方 ATM 自动设备安防托管服务。

（十一）教育投资业务

教育投资业务是指城投公司通过与高等院校进行合作，在区域内设立独立学院或者专科学院，通过市场化运营方式取得收入的业务。教育投资业务的主要内容可以分为合作办学业务和教育后勤服务两部分。

1. 合作办学业务

（1）业务模式

在开展合作办学业务时，城投公司所在区域省级教育厅与地方政府签署《关于在××市建立本科学院的协议》，同意在区域内建立本科/专科层次的独立学院，并取得教育部的同意批复。然后由地市级政府指定城投公司作为独立学院的合作方，与××大学签署《关于合作建立××大学××学院的协议》及备忘录，合作开展办学业务。

在上述独立学院的合办创建和运营中，城投公司主要承担下列职责：负责独立学院的基本建设投资和办学初期正常运转经费的筹集；负责建设和提供符合办学规模和目标的教育教学条件和工作生活等配套设施建设；争取地方政府对学院的人才引进、建设规费、后勤保障等给予必要的、持续性的政策优惠和扶持，积极争取地方政府按最优惠政策支持学院多渠道筹集办学资金，对学院引进高层次人才等工作提供特殊政策优惠，对高层次人才的家属就业及子女入学入托等给予妥善安排；负责协调当地有关部门和单位为学院学生的实习实训活动、毕业生就业等提供支持和便利。

在上述独立学院的合办创建和运营中，设立独立学院的大学主要承担下列职责：对独立学院的办学资产和教学管理负责，对学院的办学质量负责；建立独立学院的本科教学模式，确保达到教学规范，不断完善学院教育教学质量监控体系，确保办学质量稳步提高；充分发挥校本部的智力、人力资源优势，帮助独立学院制订学科专业发展计划、师资队伍及管理队伍建设规划和人才培养规划，以带动独立学院的学科建设、师资队伍及管理队伍的建设；负责建立独立学院的学科建设和科研管理体系，逐步提高独立学院的学科水平、科研水平和科研开发能力等。

（2）会计处理方式

①资产负债表

合作办学业务运营涉及的相关独立学院固定资产按协议约定比例计入发行人固定资产科目，固定资产的新建、改建、扩建，或技术改造、设备更新和大修理工程等尚未完工的工程支出按比例计入"在建工程"科目。

②利润表

合作办学业务相关学费收入在实现时计入"主营业务收入"项下"学费收入"。相关教学固定资产折旧按收入成本配比原则计入"主营业务成本"项下"学费成本"。其他日常营运支出计入"管理费用"。

③现金流量表

合作办学业务学费收入在发行人获得现金支付时计入"销售商品、提供劳务收到的现金"科目。

2. 教育后勤服务

根据教育部发布的《教育部关于深化高校后勤社会化改革的若干意见》，普通高等学校后勤服务机构都必须从高校行政管理系统中分离出来，由社会企业等后勤实体独立经营，后勤实体全面实行服务收费制，并享有后勤资产的增值收入。后勤实行独立核算、自主经营、自负盈亏。

在教育后勤服务中，城投公司可以通过投资、建设并运营高校学生公寓、食堂及配套商业物业等后勤设施及资产等方式，实现学生公寓住宿费收入、食堂运营收入、校内及周边配套商业物业出租收入和学校物业管理费收入等教育后勤服务业务收入。

（1）学生公寓业务

学生公寓业务的模式为：城投公司独立投资、建设并运营学生公寓，与独立学院相剥离，不属于独立学院的资产；城投公司对学生公寓资产拥有完整的所有权与收益权，向入住的学生收取公寓住宿费及定额收入。住宿费收入计算方式为当年实际入住学生人数（以相关教育行政主管部门学籍管理系统中记载为准）乘以当年执行住宿费标准。

（2）食堂运营业务

食堂运营业务的模式为：城投公司独立投资、建设并运营学生食堂，享有100%的所有权、经营权与收益权。食堂运营业务由城投公司的专业子公司负责，统一进行招商、业务管理、食材采购、食品安全、后勤管理等。与此同时，城投公司的食堂运营业务根据财政部和国家税务总局联合印发的《关于高校后勤社会化改革有关税收政策的通知》(财税字〔2000〕25号)相关规定享受一定的财政补贴和税收优惠。

(3)配套商业物业租赁业务

配套商业物业租赁业务的模式为:城投公司在建设校园、学生公寓和食堂时,配建部分商业物业资产,通过与市场化选聘租户签订租赁合同,将上述资产出租给租户用于经营超市、杂货、餐饮、书店、打印店、通信、自助银行等配套生活服务设施供高教园区内师生使用,城投公司根据合同约定向租户收取租赁收入。

(4)学校物业管理业务

学校物业管理业务的模式为:城投公司的专业子公司为运营的独立学院提供教学区、食堂及宿舍的公共保障、维修改造、校园环境卫生、绿化、监控、污雨水管道疏通等物业与安保工作,向独立学院收取相应物业服务费。

(十二)粮油购销业务

粮油购销业务是指城投公司根据地方政府的安排从事的储备粮收储轮换以及粮油的采购、存储、销售等业务。城投公司一般会设置独立的粮食集团开展粮油购销业务。特别需要关注的是,城投公司在开展粮油购销业务时,需要按国家粮食安全储备标准建设仓储点,配备高技术测温、通风、运输机械、电子计量等配套设施、设备。粮油购销业务主要包括储备粮油业务和粮油购销业务两种类型。

1. 储备粮油业务

储备粮油是指县级以上地方人民政府依法储备的用于调节本行政区域内粮食供求,以及应对重大自然灾害、重大公共卫生事件或者其他突发事件等情况的原粮(外壳完整的小麦、稻谷等)及其成品粮(加工后的大米、小麦粉)和食用植物油。地方政府储备粮以省级储备为主,市、县储备为辅,省级人民政府制订和下达地方政府储备粮计划;市粮食主管部门负责行政管理工作,规划储备粮总体布局,制订储备粮收购、轮换方案并组织实施,监督和检查储备粮的库存数量和质量。

(1)储备粮油采购

粮食集团根据地方政府指令性计划,在夏收、秋收时按不低于地方政府规定价格,向粮站、经纪人或农户收储粮食,形成储备库存后向农业发展银行申请发放政策性贷款,置换收储时先行垫付的收购资金。在非收获季节补库的粮食和储备的成品粮油,可在国家粮油交易市场以竞价等方式,面向市场采购、执行市场价格。

(2)储备粮油销售

储备粮油销售主要是指储备粮油的轮换,储备粮油的轮换视同销售。地方政府储备粮实行均衡轮换,优先安排轮换库存中储存时间较长或者出现不宜储存情况的储备粮。轮换年限一般为小麦不超过3年、稻谷不超过2年、食用植物油不超过2年。对采用低温储粮等新技术储存的储备粮,粮食部门可以会同财政部门等根据实际情况在年度轮换计划中适当调整轮换期限。城投公司应当执行年度轮换计划,在规定时间内完成轮换,报粮食部门验收。地方政府储备粮的轮换架空期原则上不得超过4个月,在执行国家最低收购价政策期间或者因宏观调控需要,经同级粮食部门会同财政部门批准可以适当延长,最长不超过6个月。省、市级储备粮轮换均通过交易市场公开进行。

地方储备粮的轮换流程由城投公司按照粮食主管部门轮换计划文件执行,在粮食销售季按市场价格销售,确认销售收入;同时在粮食收购季按轮换指标收购新粮储备。

2. 粮油购销业务

城投公司开展粮油购销业务需符合国家增值税减免税政策,涉及的粮食品种主要是小麦和稻谷等原粮。

(1)粮油采购

在粮油采购方面,城投公司主要经营模式是随购随销、以销定购。在采购均价方面,政策性粮油产品价格市场化程度高,采购价格主要参照市场价格。粮油采购的渠道主要有两种:一是在县区驻点从农户手里直接收购;二是通过市场交易平台竞价购入。在采购结算方面,粮食采购以现款现货为主,部分合作紧密的供应商对公司存在一定的赊销。

(2)粮油销售

在粮油销售方面,客户以面粉厂、粮油企业、贸易企业和饲料企业等粮食加工使用企业为主。粮油销售主要是参考市场价格,销售价格随市场波动,结算以现款现货为主,给少量合作紧密客户提供赊销。

四、城投公司转型业务

城投公司转型业务是指城投公司在发展的过程中,根据监管政策要求、区域经济情况和公司的实际经营情况,主动开展的市场化业务,实现部分主营业务的市场化转型。城投公司转型业务主要包括产业基金业务、融资租赁业务、保理业务、小额贷款业务、不良资产管理业务、民间资本管理业务、融资担保业务、物流业务、商品贸易业务、供应链金融业务、新能源业务、保安业务和殡葬业务等类型。

(一)产业基金业务

产业基金业务是指城投公司及下属企业作为主发起人以有限合伙人、出资人的身份参与市场化基金及投资平台的出资,由被投资基金对项目进行直接投资,基金投资的项目通过上市转让、挂牌转让或协议转让等形式退出后,按照出资份额获得收益分配。

1. 产业基金的业务模式

根据资金的来源和承担的职责划分,产业基金业务可以分为以自有资金出资参与的产业基金业务和受托管理政府引导基金业务。在产业基金业务中,城投公司及子公司通过自有资金联合社会资本参与设立多项基金,并通过“母基金＋子基金”运作模式,充分发挥杠杆放大效应。

(1)城投公司以自有资金出资参与产业基金业务模式为由具有资质的子公司出资参与私募股权投资基金设立,并合理利用基金的杠杆作用与资本运作载体功能开展股权投资。在被投资企业发展壮大和业绩增长后择机通过多种方式退出,获取投资收益。

(2)城投公司受托管理政府引导基金业务模式为:地方政府职能部门同发行人签署政府引导基金或股权直投资金委托管理协议,委托城投公司代表其出资、签订引导基金等相关协议,以委托投资额为限行使出资人权利,并监督相关基金或投资标的运行。城投公司定期向地方政府职能部门汇报受托管理资金运行情况,并由其进行考核,根据考核结果支付相应的管理费。政府引导基金以母基金的身份同股权投资机构合作发起设立子基金,引导基金作为有限合伙人出资,由股权投资机构作为基金管理人管理基金日常运作,并根据引导基金投资筛选标准开展股权投资。

2. 产业基金的收入来源

城投公司产业基金业务的收入包括基金管理费、投资收益和公允价值变动收益三部分。

(1)基金管理费

城投公司以自有资金出资参与的私募投资基金、受托管理政府引导基金均会给管理人带来一定的管理费收入。基金管理费的收费标准区间较大,一般是根据产业基金的类型、投向、收益率等要素,按照基金规模按年提取管理费。

(2)投资收益

投资收益与被投资企业、私募基金的经营业绩以及金融资产处置策略有较大的相关性,包括按权益法核算的长期股权投资收益、处置长期股权投资产生的投资收益、持有至到期投资期间取得的投资收益、交易性金融资产持有期间取得的投资收益和处置交易性金融资产取得的投资收益等类型。

(3)公允价值变动收益

公允价值变动收益主要是通过直接投资或者设立及参股基金等间接投资方式,投资于企业股权而产生的相关收益,包括基金估值变动收益、投资股权上涨收益。如果产业基金投资的标的是上市公司股权,则公允价值变动收益与证券市场的运行情况密切相关,如果股票市场出现负向波动,公允价值变动收益将面临不利影响。

3. 产业基金的会计处理

(1)产业基金项目投资

根据持有目的的不同以及发行人对被投资单位持股权益大小,城投公司在进行产业基金项目投资时,借记“长期股权投资”“交易性金融资产”“其他权益工具投资”,贷记“货币资金”等。

(2)持有期间收益

根据产业基金投资项目的类型,对持有期间的收益分别计入不同的科目:

①在长期股权投资的持有期间,根据被投资单位的收益情况以及对被投资单位的持股比例,城投公司将其计入“投资收益”和“其他综合收益”。

②在金融资产的持有期间,以公允价值模式计量的,将其公允价值变动计入对应期间的“其他综合收益”;以成本模式计量的,定期对其进行减值测试,并按《企业会计准则》的规定适当计提减值准备。在以公允价值计量且其变动计入当期损益的金融资产的持有期间,城投公司将其公允价值变动计入“公允价值变动收益”。

③交易性金融资产的持有期间,以公允价值模式计量,城投公司将其公允价值变动计入对应期间的“投资收益”。

④其他权益工具投资的持有期间,以公允价值模式计量,城投公司将其公允价值变动计入对应期间的“其他综合收益”。

(3)产业基金退出

在产业基金满足退出条件并实现退出时,城投公司将收取的全部转让价款或其他对价借记“货币资金”等科目,根据转让时股权投资账面价值结转相关成本,贷记“金融资产”“以公允价值计量且其变动计入当期损益的金融资产”“长期股权投资”“交易性金融资产”“其他权益工具投资”。根据产业基金投资金额与退出价款之间的差额,贷记“投资收益”,同时将以前期间计提的“公允价值变动收益”和“其他综合收益”转入“投资收益”。

4. 产业基金的合规性要求

根据《私募投资基金监督管理暂行办法》的规定，产业基金的合规性要求主要包括资金募集和承诺保本两方面。

(1)资金募集方面

根据“私募基金管理人、私募基金销售机构不得向合格投资者之外的单位和个人募集资金，不得通过报刊、电台、电视、互联网等公众传播媒体或者讲座、报告会、分析会和布告、传单、手机短信、微信、博客和电子邮件等方式，向不特定对象宣传推介”，城投公司产业基金募集渠道必须是无变相公开推介的情况。

(2)承诺保本方面

根据“私募基金管理人、私募基金销售机构不得向投资者承诺投资本金不受损失或者承诺最低收益”，城投公司及其子公司设立或者所管理的基金中，必须是不存在对基金投资人承诺保本、最低收益或固定收益的情形。

(二)融资租赁业务

融资租赁是城投公司重要的融资方式之一，是获取资金的重要补充渠道。部分城投公司设立了控股的融资租赁公司，对外开展市场化的融资租赁业务，实现了向类金融业务的转型。

1. 业务模式

城投公司设立的融资租赁公司，租赁业务资金来源主要是公司的注册资本、股东借款、对外融资以及租赁项目收益所产生的资金沉淀，其中对外融资方式主要包括银行贷款、信用债券和资产证券化产品等。城投公司融资租赁业务的形式包括直接租赁、售后回租、厂商租赁、经营性租赁、委托租赁、应收账款保理业务等，租赁期限有短期、中期、长期，还款方式分为等额本息、先息后本等。

城投公司设立的融资租赁公司，其融资租赁业务的客户主要包括三种：一是城投公司的控股股东以及合并范围内的企业，融资租赁公司可以为城投公司及下属企业提供资金，置换高成本资金；二是城投公司所在省份的国有企业，融资租赁公司展业具备一定的区域优势；三是城投公司所在省外的国有企业，融资租赁公司可以借助商业银行、证券公司以及其他金融机构的渠道有针对性地服务省外的优质国企，通过市场化方式展业。

2. 收入来源

城投公司的融资租赁业务收入主要由融资租赁业务利息收入和融资租赁手续费组成。

(1)融资租赁业务利息收入

融资租赁业务投放资金主要来源于金融机构借款和资本市场融资，约定的借款利率主要为浮动利率。融资租赁公司与承租人签订的融资租赁合同一般为浮动利率，利率确定方式为当期基准利率加上预先设置的利差。当期基准利率参考人民银行同期贷款基准利率，预先设置的利差经融资租赁公司与承租人商业谈判后确定，如果人民银行同期贷款基准利率发生变化，融资租赁公司有权对当期及之后的租金及其他应付款项做相应的调整。

(2)融资租赁手续费

融资租赁公司依据服务的内容、难度、团队配置以及市场情况等综合确定项目手续费及咨询费收入，收取方式为一次性收取。通常情况下，融资租赁公司在服务的过程中，按租赁物价款的一定比例向客户收取咨询服务费，并在合同中明确列示服务费条款。

3. 监管规则

原银保监会于 2020 年 5 月 26 日印发的《融资租赁公司监督管理暂行办法的通知》(银保监发〔2020〕22 号)[①]，对融资租赁公司的业务范围、经营规则、监管指标等进行了全面的规范。融资租赁公司开展融资租赁业务应当以权属清晰、真实存在且能够产生收益的租赁物为载体，不得接受已设置抵押、权属存在争议、已被司法机关查封或扣押的财产或所有权存在瑕疵的财产作为租赁物。《融资租赁公司监督管理暂行办法》明确了关于融资租赁公司的一系列监管指标：融资租赁公司融资租赁和其他租赁资产比重不得低于总资产的 60%；风险资产总额不得超过净资产的 8 倍；开展的固定收益类证券投资业务不得超过净资产的 20%。对客户集中度及关联度设定了相应指标限制，要求融资租赁公司对单一承租人的全部融资租赁业务余额不得超过净资产的 30%、对单一集团的全部融资租赁业务余额不得超过净资产的 50%、对一个关联方的全部融资租赁业务余额不得超过净资产的 30%、对全部关联方的全部融资租赁业务余额不得超过净资产的 50%、对单一股东及其全部关联方的融资余额不得超过该股东在融资租赁公司的出资额且同时满足《融资租赁公司监督管理暂行办法》中对单一客户关联度的规定。

目前国内已经有多家城投公司设立了融资租赁公司：西安城市基础设施建设投资集团有限公司合并范围内的西安城投国际融资租赁有限公司；天津城市基础设施

① 资料来源：国家金融监督管理总局网站，https://www.cbirc.gov.cn/cn/view/pages/governmentDetail.html?docId=909028&itemId=4215&generaltype=1

建设投资集团有限公司控股的天津城投创展租赁有限公司；鞍山市城市建设发展投资运营集团有限公司控股的新鞍融创融资租赁（天津）有限公司。

（三）保理业务

保理业务是指以保理业务申请人将现在或未来的应收账款转让给保理公司为前提，保理公司为其提供集应收账款催收、管理、坏账担保及融资于一体的综合性金融服务。部分城投公司设立了保理公司，对外开展市场化的保理业务，实现了向类金融业务的转型。

1. 业务模式

保理业务的模式为：保理公司应卖方申请，受让其在交易中以赊销方式向买方销售货物或提供服务所产生的应收账款，或应出租人申请，受让其向承租人提供租赁服务所产生的应收租金，并为卖方或出租人提供综合金融服务，包括保理融资、应收账款管理及催收、信用风险担保等经营活动。保理业务流程主要包括业务申请、受理与调查、风险评价、业务审批、合同签订、融资发放、融资资金支付、贷后管理、融资归还与风险处置及文件保管归档等。

2. 监管规则

原银保监会于 2019 年 10 月 18 日印发的《关于加强商业保理企业监督管理的通知》[①]，对商业保理企业风险资产总额、关联企业风险暴露、单一客户风险暴露、风险准备金等方面提出了监管指标要求：①风险资产余额不得超过净资产的 10 倍；②受让同一债务人的应收账款不得超过风险资产总额的 50%；③受让以其关联企业为债务人的应收账款不得超过风险资产总额的 40%；④逾期 90 天未收回或未实现的保理融资款纳入不良资产管理；⑤计提的风险准备金不得低于融资保理业务期末余额的 1%。

目前已经有多家城投公司设立了保理公司：西安城市基础设施建设投资集团有限公司控股的西安城投商业保理有限公司；武汉城市建设集团有限公司控股的武汉城建高业保理有限公司。

（四）小额贷款业务

小额贷款业务由城投公司设立专门的小额贷款公司运营，在特定区域内办理各项小额贷款业务，业务类型包括开展小企业发展、管理、财务等咨询业务，股权投资、委托贷款、不良资产处置和金融产品代理销售等业务类型。

---

① 资料来源：国务院网站，https://www.gov.cn/zhengce/zhengceku/2019-12/03/content_5458103.htm

1. 业务资质

小额贷款业务属于类金融业务，由中国人民银行和原银保监会管辖，由地方金融监管部门负责具体监管。小额贷款公司注册资本金实行限额管理，注册资本应全部为实收货币资本，由出资人或发起人一次足额缴纳。申请设立小额贷款公司，应向省级政府主管部门提出正式申请，经批准后到当地工商行政管理部门申请办理注册登记手续并领取营业执照。在领取营业执照后，小额贷款公司应在五个工作日内向当地公安机关、原银保监会派出机构和中国人民银行分支机构报送相关资料。小额贷款公司原则上应当在公司住所所属县级行政区域内开展业务；对于经营管理较好、风控能力较强、监管评价良好的小额贷款公司，经地方金融监管部门同意，可以放宽经营区域限制，但不得超出公司住所所属省级行政区域。

2. 业务模式

城投公司通过设立专门的小额贷款公司开展小额贷款业务。城投公司的小额贷款业务主要是在所属区域范围内开展，一般不会跨区域进行。在所属区域内，城投公司具备资金、资源、人员、渠道的优势，可以更好地分辨借款人的资信情况，挑选合适的借款人，同时能够取得更好的抵押、质押等增信措施，从而可以最大限度地降低小额贷款业务风险。从小额贷款担保方式来看，小额贷款担保方式以抵押贷款、质押贷款和保证贷款为主。城投公司小额贷款业务主要包括如下业务模式：

(1)类银行模式

类银行模式是指小额贷款公司重点发展大中型企业客户，以信贷管控行业如房地产、融资平台和产能过剩等行业为主，重点开发相关行业的优质企业客户，在防控风险的基础上对优质客户进行全方位开发。

(2)供应链金融模式

供应链金融模式是指小额贷款公司根据区域产业发展情况，专注某一行业、某一产业、某一供应链或者某一领域，专门为行业或市场上下游企业的应收应付账款开展供应链贷款的模式。

(3)助贷模式

助贷模式是指区域内银行等金融机构向小额贷款公司提供一定量的配套资金池，小额贷款公司通过向银行提供客户并收取一定手续费或财务费用的方式获取收益的模式。

(4)金控联动模式

金控联动模式是指小额贷款公司与区域内或者集团内的担保公司、租赁公司、保理公司和产业基金类金融公司开展互相配合，为重点客户提供全方位金融服务，实现多种业务合作联动。

3. 监管规则

原银保监会于 2020 年印发的《关于加强小额贷款公司监督管理的通知》（银保监办发〔2020〕86 号）[①]，明确小额贷款公司主要经营放贷业务。经营管理较好、风控能力较强、监管评价良好的小额贷款公司，经地方金融监管部门批准，可依法开展发行债券、以本公司发放的贷款为基础资产发行资产证券化产品、股东借款等业务。小额贷款公司贷款不得用于股票、金融衍生品等投资，房地产市场违规融资等事项。小额贷款公司对同一借款人的贷款余额不得超过小额贷款公司净资产的 10%；对同一借款人及其关联方的贷款余额不得超过小额贷款公司净资产的 15%。

在开展小额贷款业务时，需要重点关注贷款利率事项。小额贷款公司不得从贷款本金中先行扣除利息、手续费、管理费、保证金等，违规预先扣除的，应当按照扣除后的实际借款金额还款和计算利率。同时，根据 2015 年 9 月 1 日起实施的《最高人民法院关于审理民间借贷案件适用法律若干问题的规定》[②]第 26 条："借贷双方约定的利率未超过年利率 24%，出借人请求借款人按照约定的利率支付利息的，人民法院应予支持。借贷双方约定的利率超过年利率 36%，超过部分的利息约定无效。借款人请求出借人返还已支付的超过年利率 36%部分的利息的，人民法院应予支持。"民间借贷年利率超过 36%的，超过部分的利息约定无效。

（五）不良资产管理业务

不良资产管理业务常见于金融控股类城投公司和综合性城投公司，主要是指城投公司运用市场化方式收购金融不良资产和非金融不良资产，通过挖掘和提升不良资产价值实现业务利润。城投公司收购的不良资产，主要是位于城投公司所属区域范围内，因为具备明显的属地优势，城投公司可以选择资质较好的不良资产并进行清收。在不良资产管理的业务流程方面，城投公司需要建立从项目开发、尽职调查、交易结构设计、资产转让到处置回收的全流程专业运营模式。

1. 不良资产类型

不良资产管理业务收购的不良资产可以分为金融不良资产和非金融不良资产两种类型：

---

① 资料来源：国务院网站，https://www.gov.cn/zhengce/zhengceku/2020-09/19/content_5544764.htm

② 资料来源：最高人民法院网站，https://www.court.gov.cn/fabu/xiangqing/15146.html

(1)金融不良资产

金融不良资产是指银行或其他金融机构名下持有的不良金融资产。

(2)非金融不良资产

非金融不良资产是指企业法人、事业法人、社会团体和其他组织等非金融机构持有的逾期款项等不良资产。

2. 业务模式

城投公司开展不良资产管理业务可以分为自主清收和委托清收两种类型。

(1)自主清收

自主清收是指城投公司通过诉讼追偿、对外转让、并购重组、债转股、资产证券化等多种手段对不良资产进行经营、管理和处置。

(2)委托清收

委托清收是指城投公司委托专门的机构作为清收服务外包商进行清收,并享有资产外包清收的全部收益并承担全部风险。

(六)民间资本管理业务

民间资本管理业务是指民间资本管理公司针对实体经济项目开展的股权投资、债权投资、短期财务性投资和资本投资咨询等业务。地方金融管理局对民间融资机构进行监管,授予民间融资机构业务许可证。城投公司开展民间资本服务业务需要设立专门的民间资本管理公司开展业务。多个省市制定了专门的民间融资机构管理办法,比如山东省地方金融监督管理局于 2023 年 8 月 11 日印发《山东省民间融资机构监督管理办法》(鲁金监发〔2023〕4 号)①,对从事民间资本服务业务的基本门槛、经营区域和经营指标等做出了明确要求。

1. 业务类型

民间资本管理业务主要包括债权投资和短期财务性投资两种业务模式。

(1)债权投资业务是指符合国家法律法规规定,以取得债权、获取收益为目的进行的 6 个月(含)以上的投资行为,包括但不限于依法购买债券的投资行为、依法向借款人借出本金并按约定收回本金及其收益的投资行为。

(2)短期财务性投资业务是指符合国家法律法规规定,以取得债权、获取收益为目的进行的 6 个月以内的投资行为,包括但不限于依法购买债券的投资行为、依法向借款人借出本金并按约定收回本金及其收益的投资行为。

① 资料来源:山东省地方金融监督管理局网站,http://dfjrjgj.shandong.gov.cn/articles/ch02948/202308/855c1145-dd63-4436-8f7a-71394c3f2ace.shtml

2. 监管规则

民间资本管理公司开展业务，应当根据被投资人收入水平、总体负债、资产状况等因素，合理确定投资金额和期限，符合如下监管指标：

(1)股权投资比例原则上不低于注册资本的20%，短期财务性投资不超过公司注册资本和融资总量的30%。

(2)对单一企业（含关联企业）或项目投资余额不超过公司注册资本的30%。

(3)原则上不向股东及其关联方直接或者间接控制的企业进行投资或担保。

(4)不得从事股票、期货、黄金以及金融衍生品等交易（由于股权投资而持有上市公司股票的除外，但持有期不得少于6个月）。

(七)融资担保业务

融资担保业务包括经营借款担保、发行债券担保等融资担保业务，投标担保、工程履约担保、诉讼保全担保等非融资担保业务，以及与担保业务有关的咨询等服务业务，主要适用于融资担保需求较大区域的城投公司。

1. 业务类型

从业务实践来看，融资担保业务可以分为三大类：

(1)借款类担保，是指担保公司为被担保人贷款、互联网借贷、融资租赁、贸易融资、项目融资、商业保理、票据承兑、信用证等债务融资提供担保的行为。

(2)发行债券担保，是指担保公司为被担保人发行债券（企业债券、公司债券、债务融资工具、资产证券化等）的债务融资提供担保的行为。

(3)其他融资担保，是指担保公司为被担保人发行基金产品、信托产品、资产管理计划、资产支持证券等提供担保的行为。

2. 业务模式

城投公司开展融资担保业务，一般有两种模式：一是城投公司直接为区域内的企业提供担保服务，并收取担保费；二是城投公司设立专门的担保子公司，由担保子公司开展担保业务。城投公司的融资担保业务的产品类型包括流贷担保、项目贷款担保、票据担保等融资担保和履约保函、投标保函、预付款保函等工程担保，形式包括最高额担保、综合授信、联保、统贷统还、反担保等。

城投公司的融资担保业务一般都有着明确的区域限制，很少会跨区域经营。这主要因为城投公司对于所属区域企业的经营情况、财务情况、增信情况、人员情况较为了解，尽职调查及存续期管理工作方便开展，而且能够取得更好的反担保措施。如果跨区域经营担保业务，则对城投公司提出了人员、管理、薪酬、风险管理等多方面的要求，需要城投公司投入较多的人力成本和资金成本，而且风险较高。

担保公司开展融资担保业务时，需要重点关注的是风险缓释措施。对于城投公司和国有企业，担保公司一般要求提供充足的、变现能力强的风险缓释措施，包括出让性质的国有土地使用权抵押、应收账款质押、房产抵押、收费权质押以及第三方保证、股权质押等；对于民营企业和其他非国有企业，担保公司要求提供房产抵押、土地使用权抵押、应收账款质押、上市公司股权质押及个人连带责任保证等风险缓释措施。

3. 监管规则

融资担保业务的监管法规主要包括《融资性担保公司管理暂行办法》《融资担保公司监督管理条例》和《融资担保公司监督管理补充规定的通知》等。融资担保责任余额不得超过担保公司净资产的 10 倍；对同一被担保人的融资担保责任余额不得超过其净资产的 10％，对同一被担保人及其关联方的融资担保责任余额不得超过其净资产的 15％。

(八)物流业务

物流业务是指为了满足客户需要而对商品、服务消费以及相关信息从产地到消费地的高效、低成本流动和储存进行的规划、实施与控制的过程。城投公司作为聚焦当地区域经济发展的城市运营服务商，有着明显的土地优势和资金优势，非常适合发展物流业务，可以通过建设物流园区、参与物流运输等方式开展物流业务。城投公司的物流业务包括两种类型：

1. 物流园区业务

城投公司建设专业化的物流园区，为园区内企业提供生产加工、仓储、多式联运、配送、销售、保税、报关、报检等服务，并提供结算、金融等综合服务功能。物流园区利用信息系统，为上、下游企业提供交易场所。上游企业购买或租赁物流园区的功能设施，物流园区根据下游企业的不同需求进行初步加工形成半成品，提高附加值并组织配送形成销售。

2. 冷链物流业务

冷链物流业务是指物品在生产、仓储或运输、销售、消费的过程中，始终处于产品规定的最佳低温环境下的物流配送业务。根据业务开展模式，城投公司冷链物流业务可以分为仓储型冷链物流、运输型冷链物流、城市配送型冷链物流、供应链型冷链物流、电商型冷链物流和综合型冷链物流六种类型。

(九)商品贸易业务

商品贸易业务具备交易金额大、资金流转快、交易时间短等特点,能够改善城投公司的收入结构和现金流情况,不仅可以满足监管机构对城投公司收入结构和现金流量结构的监管要求,还能迅速做大公司的收入规模,因此得到了部分城投公司的青睐。

1. 业务类型

依据商品贸易业务涉及的品种,可以分为实物商品贸易业务和电子产品贸易业务。

(1)实物商品贸易业务

实物商品贸易业务涉及的品种包括建筑材料、机械设备、电子产品、通信器材、化工产品、家用电器、体育用品、针纺织品、汽车配件、金属材料、石油制品、原油(除成品油)、矿产品等。

(2)电子产品贸易业务

电子产品贸易业务主要包括手机和电脑等电子产品的整机及零部件进出口和国内代采代销,即接受国内核心客户委托,为落地的手机/电脑制造企业进口采购芯片、显示屏等零部件,待企业加工成低端智能机和功能机后进行出口,为客户提供报关报检、仓储物流、退税结算、资金支持等一系列综合服务。

2. 业务模式

城投公司开展商品贸易业务主要有三种模式:

(1)新设子公司开展商品贸易业务

在城投公司新设子公司开展商品贸易业务这种模式下,城投公司完全依靠自身的资金、人员、管理等优势开展商品贸易业务。商品贸易业务涉及的商品品种主要依托于城投公司所属区域的资源优势,比如煤炭、钢铁、有色金属、粮食等商品类型。

(2)收购并控股民营商品贸易企业

在城投公司收购并控股民营商品贸易企业这种模式下,部分城投公司开展商品贸易业务主要是为了能够满足监管机构对于城投公司收入结构的要求。城投公司收购并控股民营商品贸易企业的具体操作模式有两种:第一种是收购的股权比例超过 50%,可以直接实现并表到城投公司;第二种是收购的股权比例不足 50%,但是通过设置特定的董事会结构,通过控制董事会进而实际控制企业的方式实现并表到城投公司。

(3)与商贸企业合作设立合资公司开展商品贸易业务

在城投公司与商贸企业合作设立合资公司开展商品贸易业务这种模式下,城投公司可以选择具备商品贸易优势的企业进行合作,设立合资公司开展商品贸易业务。合资公司可以充分利用城投公司的信用优势和资金优势、商贸企业的经营和管理优势,实现优势互补,从而有助于合资公司迅速扩大贸易规模。

3. 销售结算模式

城投公司商品贸易业务的销售结算模式主要包括以销定采和集采分销两种。

(1)以销定采模式

以销定采模式是指城投公司提前锁定下游客户或潜在客户,根据销售量确定采购量,采购、运输、仓储、销售等各个环节均由城投公司主导,过程单据完备,根据市场价格导向选择适宜的产品。

(2)集采分销模式

集采分销模式是指城投公司通过科学合理判断货物品种的市场走向,利用公司区位优势、规模优势,与大型工商企业商定"批量采购价"并以合理价格销售给下游客户从而获取收益。

(十)供应链金融业务

城投公司的供应链金融业务以买卖双方的真实贸易背景为依托,基于企业信息流、物流和资金流,通过供应链采购、供应链销售、供应链仓储等方式为供应链条上的企业提供垫资、财务顾问等金融服务。供应链金融业务可以为大企业上下游供应链企业之间构建一个供应链金融平台,解决上下游中小微企业采购及销售中部分资金延期支付的问题,通过供应链采购或供应链销售,进而可以优化企业财务状况,提高业务合作效率。

1. 供应链金融业务概述

根据中国人民银行、国资委、市场监管总局、原银保监会和外汇局等八部委于2020年9月24日联合发布的《关于规范发展供应链金融,支持供应链产业链稳定循环和优化升级的意见》(银发〔2020〕226号)①,供应链金融是指从供应链产业链整体出发,运用金融科技手段,整合物流、资金流、信息流等信息,在真实交易背景下,构建供应链中占主导地位的核心企业与上下游企业一体化的金融供给体系和风险评估体系,提供系统性的金融解决方案,以快速响应产业链上企业的结算、融资、财务管理等综合需求,降低企业成本,提升产业链各方价值。

城投公司供应链金融业务涉及的应收账款类型主要包括工程类、贸易类、采购

① 资料来源:中国人民银行网站,http://www.pbc.gov.cn/zhengwugongkai/4081330/4081344/4081395/4081686/4128729/index.html

类、服务类以及设计费、监理费、检测费等，最主要的是工程类和贸易类应收账款。工程类应收账款为供应商向城投公司及其下属子公司提供工程服务等而享有的应收账款债权；贸易类应收账款为供应商向城投公司及其下属子公司提供货物而形成的应收账款债权。

2. 供应链金融业务的优势

城投公司开展供应链金融业务，可以在不增加公司有息负债的情况下，通过供应链金融产品进行融资，在拓宽公司融资渠道的同时，也使城投公司的资金来源更具稳定性。同时，供应链金融业务能够发挥城投公司在供应链业务上核心企业的优势，促进供应链上下游各企业主体协同高效发展。城投公司的供应链金融业务主要是以应收账款、预付账款、应付账款等为核心，通过质押、保理、ABS等方式获取较低成本的资金，从而扩大公司业务规模。

（十一）新能源业务

城投公司的新能源业务主要包括光伏发电和风力发电等业务类型。城投公司转型能源业务不仅符合“承担地区稳定和发展重任”的公益职能定位，也符合“推动经济产业高质量发展”的国企职能定位，更符合“带动地方财税收入增长”的营利职能定位。

1. 光伏发电业务

（1）光伏发电的业务类型

城投公司的光伏发电业务可以分为“光伏＋农业”发电、“纯地面光伏”发电和“闲置用地”发电三类。

①“光伏＋农业”发电是指光伏发电与现代农业种植/养殖、高效设施农业相结合，在农业设施（大棚等）上建设光伏电站，实现太阳能资源利用与土地资源利用有机结合的模式。

②“纯地面光伏”发电是指城投公司利用平地、山地等土地资源建设光伏电站，实现光伏发电的运营模式。

③“闲置用地”发电是指部分城投公司充分利用高速公路、物流园区、港口以及部分隧道间桥梁遮雪棚、服务区屋顶等闲置用地，建设公路沿线分布式光伏发电系统或者物流园区光伏发电系统的运营模式。

（2）光伏发电的业务模式

城投公司通过自筹资金、项目贷款等方式建设光伏发电项目，在项目完工之后，通过地方电力部门的验收后取得发电业务许可证，实现发电并网，向电网提供电力。

城投公司与电网公司签订购售电合同,约定上网电价、电能计量、电费结算方式等内容。其中上网电费为上网电量×对应结算电价,发行人按照上网电费确认发电收入。如果光伏发电项目带补贴,补贴部分由国家能源局给每个省的电网公司拨付,然后电网公司再给所在区域的项目按批次结算补贴,因此补贴存在一定的延迟情况。

城投公司一般委托专业运维公司进行光伏发电电站的日常运营、维护工作,签订运维合同,约定固定的运维服务费用及发电量。由运维公司承担光伏电场发电业务的生产设备和资产的运营维护、日常故障处理、发电场地的安全质量管理;城投公司负责考核运维方设备可利用率、发电量、上网电量、损失电量等运维指标,对运维公司进行监督检查。运维合同价款为电站容量×运维单价。

2. 风力发电业务

风力发电分类方式多样,按叶片旋转方式,风电可分为水平轴风力发电和垂直轴风力发电;按发电场景,可分为陆上风力发电和海上风力发电;按运营模式,可分为集中式风电和分布式风电。

目前国内风电项目主要分布于西北区域和东北三省等风资源属于Ⅰ类地区且限电相对较低的区域,以及东南及沿海区域风资源较好且脱硫煤电价较高、电力消纳较好的区域。风电项目投产并网后,由城投公司的项目公司与电网公司签订购售电合同,约定结算电价和结算方式,项目公司按照电网公司每月出具的结算单,开具相应金额的发票,电网公司一般在次月中旬前向项目公司电费结算账户付款。

(十二)保安业务

保安业务是由专门的保安公司运营、提供安全保卫服务的业务。城投公司保安业务一般由专门的保安公司负责运营,需要经地方公安局批准、经市场监督管理局核准,是专业从事文体、商贸、展览等活动的安全保卫、安全技术防范服务的国有企业。保安公司开展保安业务,需要取得的业务资质包括保安服务许可证、劳务派遣证、ISO质量管理体系认证等。保安业务由保安公司与客户单位签订保安服务合同,主要包括人防业务、武装守押服务和临时勤务三种业务模式。

1. 人防业务

人防业务是指保安公司面向社会、政府、企事业等单位、场所提供保安派遣业务。人防业务可以细分为两种模式:

(1)保安服务

保安公司与客户签订保安服务合同,由保安公司派遣保安人员到客户单位工作,保安人员接受保安公司与客户单位双重管理,服务费根据工作时间确定。保安服务可以分为两种类型：

①门岗保安服务

门岗保安服务主要内容是：对客户单位出入口进行值守，对出入人员进行验证、登记；阻止推销人员及闲杂人员进出；管理车辆停放秩序；对进出货物进行例行检查；辖区内公共秩序管理维护。

②巡逻岗保安服务

巡逻岗保安服务主要内容是：保障公共通道畅通、安全措施完整；检查施工现场是否与施工许可证中的描述相符；检查建筑物内部设施设备，如发现损坏立即通知工程维修跟进；对报警事项及可疑之处进行检查报告；保安员对特定区域、地段和目标进行巡视检查、警戒。

(2)保安管理服务

保安公司与客户签订保安管理合同，主要为酒店、娱乐场所、体育场所等提供保安管理服务。保安管理的主要内容是：监察所有警钟或警报信号，及时准确地确定报警原因及位置，通知相关部门处置；协助地方政府有关部门或客户查看录像（通过严格的审批手续）；遇到设备异常情况或故障及时通知保养商到场检修。

2. 武装守押服务

(1)武装押运服务

武装押运服务是指保安公司为各大银行等金融机构提供的安保服务，按照合同约定将银行客户的现金、有价证券、重要凭证等贵重物品押运至各网点，并为网点提供押运和安全守护服务。保安公司开展武装押运服务必须配备专业守押从业人员、防弹运钞车、押运枪支等。

(2)武装守库服务

武装守库服务是指保安公司接受银行等金融机构客户委托，为其看护和守护用于存放现金、款箱（包）、贵金属、有价证券、重要凭证、贵重物品及其他有价值品的业务库房，派驻守库员为客户金库提供24小时守库服务。

3. 临时勤务

临时勤务是指保安公司为大型商贸文体活动、文艺展览、演唱会等提供秩序维护服务，协助地方政府、公安机关维稳处理冲突等，需与客户签订保安临时勤务合同。

(十三)殡葬业务

殡葬业务包括殡仪服务、遗体处理、墓地服务和其他产品销售及服务等业务类型。城投公司作为城市基础设施建设的承担者，其职责之一便是提供和完善公共服务，而殡葬服务正是一种特殊的公共服务。殡葬业务可以分为殡葬设施类业务和殡葬经营权类业务两大类。

1. 殡葬设施类业务

殡葬设施类业务主要是指对墓地和殡仪馆等设施的运营业务，其中最重要的收入来源于墓地销售。

墓地分为公益性公墓和经营性公墓。公益性公墓由村民委员会建立，只能给本村或者本社区的户籍人员提供骨灰或者遗体安葬服务，由政府定价销售。经营性公墓是由殡葬事业单位建立，面向所有有需求的市民提供安葬服务，由公墓的管理方或者经营方根据土地、人工、材料等因素进行定价。墓地业务的收入主要来自墓地使用权；墓石、墓碑及将于墓地使用的其他墓碑等的销售。各地政策对于墓穴使用期限基本限定在20年以内，上海墓穴使用期限为70年以内。各地政策均不允许购买寿穴(生前不得预购墓穴)，不允许私下转让墓穴，杜绝了二级市场的存在。同时，墓地业务还包括墓园维护服务，客户须提前就该维护服务支付维护费，该款项一般在购买墓地服务时一并支付。

为开展殡葬设施类业务，城投公司需与属地人民政府、国资委、财政局、民政局等局委办进行沟通，申请将经营性公墓、殡仪馆等资产，划转至城投公司，并按需支付相关划转费用。城投公司在运营墓地业务时，主要采取两种模式：第一种是政府直接投资，地方政府通过申请中央预算内资金或发行专项债券解决公墓项目的资金需求，建设完成之后将经营权授予城投公司；第二种是由城投公司采用市场化融资方式筹集资金进行项目建设并运营。

2. 殡葬经营权类业务

殡葬经营权类业务是指对将墓地、殡仪馆等延伸服务经营权业务[包括但不限于遗体处理、遗体运输、出殡典礼(葬礼)、灵堂租赁、墓园维护等服务]。其中，殡仪服务包括遗体整容、遗体运输、出殡典礼(葬礼)、灵堂租赁(为进行出殡典礼及追悼而租赁灵堂)；遗体处理是指尸体处理，包括火化服务，我国实行强制火化，价格受到政府的严格管制。

城投公司需与属地人民政府、国资委、财政局、民政局进行沟通，申请将殡葬经营权转让至城投公司，并支付相关转让费用。

第五章 城投公司的融资

城投公司自诞生以来，就和融资紧密联系在了一起，互相依存、共生共荣。融资是城投公司必不可少的一个重要职能，为城投公司的发展提供了必要的资金支持。因此，城投公司的融资模式是非常重要的一个研究方向。总体来看，城投公司的融资包括银行贷款、非标融资和信用债券融资三大类。信用债券是城投公司融资的重要组成部分，因为国内信用债券体系较为复杂，涉及的债券产品种类较多，因此笔者在第六章专门对信用债券融资进行介绍。第五章主要是介绍城投公司的银行贷款和非标融资。

第一节　银行贷款

银行贷款是城投公司最重要的本源性融资方式，提供了决定城投公司发展和壮大的本源性资金支持，其他任何融资方式都无法替代银行贷款，对于城投公司来说意义非常重大。如果没有银行贷款的支持，城投公司是无法生存，更是无法发展壮大的。

城投公司的银行贷款主要包括固定资产贷款、流动资金贷款和政策性银行贷款等类型。《固定资产贷款管理办法》(国家金融监督管理总局令 2024 年第 1 号)[①]、《流动资金贷款管理办法》(国家金融监督管理总局令 2024 年第 2 号)[②]、《个人贷款

① 资料来源：国家金融监督管理总局网站，https://www.cbirc.gov.cn/cn/view/pages/ItemDetail.html?docId=1151060&itemId=861

② 资料来源：国家金融监督管理总局网站，https://www.cbirc.gov.cn/cn/view/pages/ItemDetail.html?docId=1151066&itemId=861

管理办法》(国家金融监督管理总局令2024年第3号)[①]和《项目融资业务指引》(银监发〔2009〕71号)[②]并称“三个办法一个指引”,构建了银行业金融机构的贷款业务法规框架,也是城投公司银行贷款融资的基本监管框架。

一、固定资产贷款

固定资产贷款是指银行等金融机构向企业法人发放的,用于借款人固定资产投资的贷款。对于城投公司来说,固定资产贷款主要是针对在建和拟建的基础设施建设项目和产业类投资项目等。

(一)固定资产贷款的特征

从银行贷款监管的相关规则来看,固定资产贷款具备以下特征:

1. 贷款用途

固定资产贷款的用途主要是建造基础设施项目、房地产项目、大型生产装置或其他项目,包括在建或拟建的固定资产项目。

2. 借款人

固定资产贷款的借款人包括两类:一类是为建设、经营该项目或为该项目融资而专门组建的项目公司;另一类是项目公司的控股母公司。

3. 还款资金来源

固定资产贷款的还款资金来源主要是依赖于贷款对应的固定资产项目产生的销售收入、补贴收入和其他收入。

(二)固定资产贷款的合规性要求

从国内银行等金融机构的贷款要求来看,固定资产贷款一般会要求借款人相关项目四证齐全。如果四证不齐全的话,是很难办理固定资产贷款的。固定资产项目的四证一般是指不动产权证、建设用地规划许可证、建设工程规划许可证和建筑工程施工许可证。

1. 不动产权证

不动产权证原名为土地使用权证,发证机关为不动产登记局,是证明土地使用者向国家支付土地使用权出让金,获得了在一定年限内某块土地使用权的凭证,是证明土地使用者使用土地的法律凭证。土地使用权的有偿使用方式包括国有土地

---

① 资料来源:国家金融监督管理总局网站,https://www.cbirc.gov.cn/cn/view/pages/ItemDetail.html?docId=1151064&itemId=861

② 资料来源:国务院网站,http://www.gov.cn/gzdt/2009-07/27/content_1376331.htm

使用权出让、国有土地租赁和国有土地使用权作价出资或者入股三种。

2. 建设用地规划许可证

建设用地规划许可证的发证机关为城乡建设规划局，是项目建设单位在向土地管理部门申请征用、划拨土地前，经城市规划行政主管部门确认建设项目位置和范围符合城市规划的法定凭证，是有关建设工程符合城市规划要求的法律凭证。建设用地规划许可证的办理条件包括已取得不动产权证、已取得修建性详细规划及总平面设计方案批复和已取得建设工程设计方案通知书批复及批复总平面图。

3. 建设工程规划许可证

建设工程规划许可证的发证机关为由城乡规划主管部门或者人民政府确定的镇人民政府，是建设工程符合城乡规划要求的法律凭证。建筑工程规划许可证的办理条件包括已取得不动产权证、已取得设计方案通知书批复及批复总平面图和已取得修建性详细规划及总平面设计方案批复。

4. 建筑工程施工许可证

建筑工程施工许可证的发证机关为县级以上人民政府建设行政主管部门，是建筑施工单位符合各种施工条件、允许开工的证明，是建设单位进行工程施工的法律凭证。建筑工程施工许可证的办理条件包括已经办理该建筑工程用地批准手续、已经取得建设工程规划许可证和拆迁进度符合施工要求。

当然，对于特定类型的固定资产贷款项目，还有特定的合规性要求，比如海域使用权证等。

二、流动资金贷款

流动资金贷款是指银行等金融机构向企业法人发放的、用于借款人日常生产经营周转的贷款。流动资金贷款的用途非常广泛，包括但不限于：①支付员工工资薪酬；②缴纳公司水电费；③支付生产过程中耗费的材料费用（原材料、辅助材料、构配件、零件和半成品费用）；④支付公司为租赁设备而发生的费用（租金、维修费、设备安装调试费、保险费、手续费等）；⑤支付货款；⑥清理应付账款、应付票据和其他应付款；⑦支付职工福利费、差旅费、修理费、物料消耗费等；⑧支付工会依法开展正常活动所需费用；⑨支付职工教育提升费用；⑩公司生产经营活动中产生的其他资金需求等。

（一）流动资金贷款的类型

流动资金贷款的用途非常灵活，深得全国各地城投公司的青睐。流动资金贷款的种类繁多，可以根据贷款期限和还款方式两个维度进行分类。

1. 根据贷款期限分类

(1)临时贷款

临时贷款是期限在3个月(含3个月)以内,主要用于企业一次性进货的临时需要和弥补其他季节性支付资金不足的流动资金贷款。

(2)短期贷款

短期贷款是指期限在3个月至1年(不含3个月,含1年),主要用于企业正常生产经营周转的资金需求的流动资金贷款。

(3)中期贷款

中期贷款是指期限在1年至3年(不含1年,含3年),主要用于企业正常生产经营中经常性周转的流动资金贷款。流动资金贷款期限原则上不超过3年,但是对于经营现金流回收周期较长的,可适当延长贷款期限,最长不超过5年。

2. 根据还款方式分类

(1)循环贷款

循环贷款是指银行与借款人一次性签订借款合同,允许借款人多次提取贷款、逐笔归还贷款、循环使用贷款的流动资金贷款业务。

(2)整贷整偿

整贷整偿是指借款人一次性提款,按月支付利息,在贷款到期之后一次性偿还贷款本金。

(3)整贷零偿

整贷零偿是指借款人可以一次提款,然后按照合同的约定分期偿还流动资金贷款本金。

(4)无还本续贷

无还本续贷是指在贷款到期前,银行对企业的资信情况、经营数据进行综合评估,支持符合条件的企业无须归还贷款本金即可进行流动资金贷款到期续贷。

(二)流动资金贷款规模测算

根据《流动资金贷款管理办法》(国家金融监督管理总局令2024年第2号)的要求,企业流动资金的贷款规模可参考如下公式:

营运资金量=上年度销售收入×(1-上年度销售利润率)×(1+预计销售收入年增长率)/营运资金周转次数

其中:营运资金周转次数=360/(存货周转天数+应收账款周转天数-应付账款周转天数+预付账款周转天数-预收账款周转天数)

周转天数＝360/周转次数

应收账款周转次数＝销售收入/平均应收账款余额

预收账款周转次数＝销售收入/平均预收账款余额

存货周转次数＝销售成本/平均存货余额

预付账款周转次数＝销售成本/平均预付账款余额

应付账款周转次数＝销售成本/平均应付账款余额

三、政策性银行贷款

政策性银行贷款是指国家开发银行、中国进出口银行、中国农业发展银行三家政策性银行向企业法人发放的贷款。政策性银行最大的特点是不以营利为目的，是专门为贯彻、配合国家社会经济政策或意图，在特定的业务领域内直接或间接地从事政策性融资活动，充当政府发展经济、促进社会进步、进行宏观经济管理的工具。

（一）政策性银行贷款的特点

政策性银行贷款与商业银行贷款一样，均属于银行贷款，但是政策性银行贷款具备独特性，并不是一般的商业银行贷款。政策性银行贷款与一般商业银行贷款相比，具备以如下特点：

1. 贷款规模大

政策性银行贷款重点支持的是经济社会发展领域的重大基础设施建设项目，这些重点项目的总投资规模一般都很大，因此需要政策性银行支持的贷款规模也很大。

2. 贷款期限长

政策性银行贷款期限以中长期贷款为主，期限多在5年以上，最长期限可以长达20年甚至50年。贷款期限长是与政策性银行重点支持领域的项目特点相一致的。

3. 贷款利率低

政策性银行坚持保本微利和可持续发展原则，本身并不以营利为主要目标。政策性银行贷款是为了推动国内重大项目建设推出的，而且有特定的资金来源渠道，因此利率相对较低。

4. 以项目贷款为主

政策性银行贷款面向的主要是满足国家宏观发展政策、行业支持政策的重大固定资产投资项目，流动资金贷款很少。

（二）政策性银行贷款支持的领域

政策性银行主要通过开展中长期信贷与投资等金融业务，为国民经济重大中长期发展战略服务，在经济社会发展的重点领域、薄弱环节和关键时期发挥开发性金融的功能和作用。以国家开发银行为例，政策性银行支持的领域主要包括：①基础设施、基础产业、支柱产业、公共服务和管理等经济社会发展的领域；②新型城镇化、城乡一体化及区域协调发展的领域；③传统产业转型升级和结构调整以及节能环保、高端装备制造等提升国家竞争力的领域；④保障性安居工程、巩固脱贫攻坚成果、乡村振兴、助学贷款、普惠金融等增进人民福祉的领域；⑤科技、文化、人文交流等国家战略需要的领域；⑥"一带一路"建设、国际产能和装备制造合作、基础设施互联互通、能源资源、中资企业"走出去"等国际合作领域；⑦配合国家发展需要和国家经济金融改革的相关领域；⑧符合国家发展战略和政策导向的其他领域。

从存续金额规模来看，目前政策性银行的支持领域主要包括棚户区改造、城市更新和国家基础设施投资基金等。

1. 棚户区改造

棚户区改造领域的资金来源可以分为贷款模式、政府购买服务模式和地方政府棚户区改造专项债券。

(1)贷款模式

棚户区改造贷款是政策性银行项目贷款中重要的信贷产品，在政策性银行的贷款金额中占比最高，主要是由国家开发银行和农业发展银行承担。棚户区改造贷款是由政策性银行向专门负责棚户区改造项目的城投公司发放贷款，专项用于棚户区改造涉及的安置住房建设、安置住房统筹购买、货币补偿以及配套基础设施建设等方面。

棚户区改造贷款起源于2014年。原银监会于2014年7月25日批准国家开发银行成立住宅金融事业部(银监复〔2014〕498号)[①]，专门办理纳入全国棚户区改造规划的棚户区改造及相关城市基础设施工程建设贷款业务。2015年10月，住建部与农业发展银行联合发布《关于加大棚户区改造贷款支持力度的通知》[②]，建立棚户区改造贷款合作机制，支持领域包括城中村、国有林区、国有垦区棚户区改造及其相关配套基础设施建设等。棚户区改造项目可以采取政府购买服务、政府授权公司自营、政府与社会资本合作(PPP)等融资模式。贷款期限(含宽限期)一般不超过20年，最长不超过25年。

从融资实践来看，城投公司申请政策性银行棚户区改造贷款应该满足以下条件：

---

① 资料来源：国务院网站，https://www.gov.cn/guowuyuan/2014-07/29/content_2726211.htm

② 资料来源：国务院网站，https://www.gov.cn/xinwen/2015-10/03/content_2942318.htm

①棚户区改造项目须经省(自治区、直辖市)住房和城乡建设部门认定,已纳入国家棚户区改造年度计划或者棚户区改造配套基础设施建设年度计划。对于已纳入国家棚改年度计划,但在原纳入年度内未实际开工的项目,须取得省(自治区、直辖市)住房和城乡建设部门出具的调整实施年度的相关证明材料。

②棚户区改造项目实施内容涉及安置住房新建,棚户区住房改建、扩建、修缮和配套基础设施建设的,应符合国家规划、土地、环保、安全等相关规定,并依法履行了固定资产投资项目的合法管理程序;项目实施内容涉及棚户区住房修缮的,修缮后增加房屋固定资产原值应超过50%(含),且延长房屋使用寿命2年以上。

③棚户区改造项目实施内容涉及安置住房统筹购买和单一货币补偿的,项目安置方式要符合国家和农发行的相关规定,并取得当地政府或有权审批部门批复同意的棚户区改造实施方案(或可行性研究报告)。

④借款人信用状况良好,在政策性银行信用等级在A级(含)以上。借款人为新设法人或PPP项目公司的,其控股股东(或实际控制人)为企业法人的,也应在农发行的信用评级或在国家政策性银行、国有大型商业银行、全国性股份制商业银行、银行间债券市场、交易所债券市场的信用评级为A级(含)以上。

(2)政府购买服务模式

在政府购买服务模式下,由各级地方政府选择专门的城投公司作为棚改实施主体,并与其签订棚户区改造政府购买服务协议,由城投公司负责棚户区改造项目的具体实施。国家开发银行、农业发展银行等政策性银行为棚户区改造项目提供专项贷款,并由各级政府将棚改服务资金逐年列入财政预算,并按协议要求向提供棚改服务的实施主体支付。

2015年6月30日,国务院印发了《关于进一步做好城镇棚户区和城乡危房改造及配套基础设施建设有关工作的意见》(国发〔2015〕37号)[①],明确提出“承接棚改任务及纳入各地区配套建设计划的项目实施主体,可依据政府购买棚改服务协议、特许经营协议等政府与社会资本合作合同进行市场化融资,开发银行等银行业金融机构据此对符合条件的实施主体发放贷款”。此后,棚户区改造的政府购买模式开始得到推广。

2017年5月28日,财政部印发《关于坚决制止地方以政府购买服务名义违法违规融资的通知》(财预〔2017〕87号),对地方政府购买服务的范围进行了明确的限

① 资料来源:国务院网站,http://www.gov.cn/zhengce/content/2015-06/30/content_9991.htm

制，但是也规定“党中央、国务院统一部署的棚户区改造、易地扶贫搬迁工作中涉及的政府购买服务事项，按照相关规定执行”。因此，棚户区改造未列入政府购买服务负面清单，依然在各地得到广泛的应用。

在政府购买服务模式下，融资的主体主要是城投公司，但棚户区改造贷款的偿还则主要来源于地方政府的财政预算资金，很容易形成隐性债务。为了防止地方财政隐性债务风险加大，棚户区改造的政府购买服务模式在2019年以后被叫停。

(3)地方政府棚户区改造专项债券

2018年3月1日，财政部与住房和城乡建设部印发《试点发行地方政府棚户区改造专项债券管理办法》(财预〔2018〕28号)[①]，明确可以通过发行专项债券的方式对城镇棚户区(含城中村、城市危房)、国有工矿(含煤矿)棚户区、国有林区(场)棚户区和危旧房、国有垦区危房改造项目等实施棚户区征收拆迁、居民补偿安置以及相应的腾空土地开发利用。在遏制地方政府隐性债务增量的前提下，棚户区改造项目应当有稳定的预期偿债资金来源，对应的纳入政府性基金的国有土地使用权出让收入、专项收入应当能够保障偿还债券本金和利息，实现项目收益和融资自求平衡。财预〔2018〕28号文发布之后，地方政府棚户区改造专项债券成为棚户区改造项目的重要资金来源方式。

2. 城市更新

城市更新的主要目标是推动城市空间结构优化，改造提升老旧小区、老旧厂区、老旧街区和城中村等存量片区功能，推进老旧楼宇改造，积极扩建新建停车场、充电桩，统筹安排城市建设、产业发展、生态涵养、基础设施和公共服务。城市更新贷款是政策性银行针对城市更新项目向各个地区指定的城投公司发放的专项银行贷款。

2020年7月28日，国务院办公厅印发《关于全面推进城镇老旧小区改造工作的指导意见》(国办发〔2020〕23号)[②]，明确将城市或县城(城关镇)建成年代较早、失养失修失管、市政配套设施不完善、社区服务设施不健全、居民改造意愿强烈的住宅小区(含单栋住宅楼)作为改造工作重点，要求国家开发银行、农业发展银行结合各自职能定位和业务范围，按照市场化、法治化原则，依法合规加大对城镇老旧小区改造的信贷支持力度。城镇老旧小区改造是城市更新的一部分，国办发〔2020〕23号文之后政策性银行开始推广城市更新贷款。

---

① 资料来源：财政部网站，http://yss.mof.gov.cn/zhuantilanmu/dfzgl/zcfg/201804/t20180402_2858433.htm

② 资料来源：国务院网站，https://www.gov.cn/zhengce/zhengceku/2020-07/20/content_5528320.htm

3. 国家基础设施投资基金

2022 年 6 月 29 日国务院常务会议决定，设立国家基础设施投资基金。通过运用政策性、开发性金融工具，发行金融债券等筹资 3 000 亿元，募集资金作为基础设施投资基金用于补充包括新型基础设施在内的重大项目资本金，但不超过全部资本金的 50%。在募集资金的具体使用方式上，基础设施投资基金采取股权投资、股东借款、专项债券资本金搭桥借款等方式，用于补充重大基础设施项目的资本金缺口。

(1)重点支持领域

根据监管机构的要求，国家基础设施投资基金重点支持领域如下：

①中央财经委员会第十一次会议明确的五大基础设施重点领域，分别为交通水利能源等网络型基础设施、信息科技物流等产业升级基础设施、地下管廊等城市基础设施、高标准农田等农业农村基础设施和国家安全基础设施。

表 5—1　　基础设施投资基金支持的五大基础设施重点领域

重点领域	具体建设内容
网络型基础设施	加快建设国家综合立体交通网主骨架、水运设施网络； 发展分布式智能电网，建设一批新型绿色低碳能源基地，加快完善油气管网； 加快构建国家水网主骨架和大动脉，推进重点水源、灌区、蓄滞洪区建设和现代化改造。
产业升级基础设施	布局建设新一代超算、云计算、人工智能平台、宽带基础网络等设施； 推进重大科技基础设施布局建设； 加强综合交通枢纽及集疏运体系建设； 布局建设一批支线机场、通用机场和货运机场。
城市基础设施	打造高品质生活空间，推进城市群交通一体化，建设便捷高效的城际铁路网； 发展市域(郊)铁路和城市轨道交通，推动建设城市综合道路交通体系； 有序推进地下综合管廊建设； 加强城市防洪排涝、污水和垃圾收集处理体系建设； 加强防灾减灾基础设施建设； 加强公共卫生应急设施建设； 加强智能道路、智能电源、智能公交等智慧基础设施建设。
农业农村基础设施	完善农田水利设施，加强高标准农田建设； 稳步推进建设“四好农村路”，完善农村交通运输体系； 加快城乡冷链物流设施建设； 实施规模化供水工程，加强农村污水和垃圾收集处理设施建设。
国家安全基础设施	加快提升应对极端情况的能力。

②重大科技创新等领域。

③其他可由地方政府专项债券投资的项目。

④老旧小区改造、省级高速公路等项目。

(2)基础设施基金公司情况

目前,三大政策性银行均成立了基础设施基金公司,具体设立情况和业务开展情况如下:

①国开基础设施基金有限公司成立于2022年7月21日,注册资本为300亿元。国开基础设施投资基金在项目来源上采取“部委推荐、开行自主决策”。按照“基金跟着项目走”的原则,先由国家发改委会同有关中央部门、中央企业及各地方形成备选项目清单,按照“成熟一批、推荐一批”的原则,向国家开发银行推荐。国家开发银行从中筛选,按照市场化原则,依法合规自主决策、独立评审,开展项目对接投资。具体项目选择标准上,要求投资项目既要有较强的社会效益,也要有一定的经济可行性,坚持不搞大水漫灌,优先支持“十四五”规划内的、前期工作成熟的基础设施重点领域项目。①

②农发基础设施基金有限公司成立于2022年7月20日,注册资本为100亿元。农发基础设施基金的运营方式如下:一是严格基金投向。要全部投向中央财经委员会第十一次会议明确的五大基础设施建设重点领域,重大科技创新、职业教育等领域,以及其他可由地方政府专项债券投资的项目。要确保项目质量,以国家级重大项目、央企项目优先,以水利、交通、农地类基础设施项目优先。二是规范投资方式。要严格按照国务院批复的工作方案中规定的股权投资、股东借款等方式补充项目的资本金缺口,不得超过项目全部资本金的50%。要确保项目投资方向符合政策性金融工具导向,符合能够快速拉动投资和就业的政策要求。要遵守市场利率定价自律机制,结合项目各自特点和实际情况,实施差异化、精细化定价。三是加强基金管理。要完善规章制度,强化制度执行,压实主体责任,确保基金投资运作严格按照制度办事。要加强投贷联动,优化全行客户结构,积极推进资产负债一体化营销。要做好风险防控,严格落实投前管理、资金支付、投后管理各环节风险防控措施,确保基金项目风险可控。要强化工作协同,各级行各部门各条线加强沟通协调,完善联动机制,不断增进工作横向协同、纵向贯通、形成合力,一体化推动基金各项工作

① 资料来源:国务院网站,https://www.gov.cn/xinwen/2022-08/29/content_5707234.htm

高效开展。①

③进银基础设施基金有限公司成立于2022年9月2日，注册资本为50亿元。进银基础设施基金有限公司2022年完成684亿元投放，充分发挥在外向型基础设施、制造业等领域的专业优势和丰富经验，全方位满足重大项目资本金需求。从投向看，向港口、机场、铁路、公路等交通基础设施领域投放基金462亿元，占比67.6%；向能源基础设施领域投放基金65亿元，占比9.5%，支持了一批长三角地区LNG接收站项目以及河北、广东等地的光储一体化项目；向产业园区及重大物流基础设施领域投放基金35亿元，占比5.1%，支持了浙江、江西等地的数十个产业园区和物流园区建设。②

第二节　非标融资

非标融资是城投公司融资的重要方式，是对银行贷款融资和信用债券融资的重要补充。在银行贷款融资和债券融资不畅通的时候，非标融资产品成为城投公司重要的资金筹措渠道，可以满足城投公司的特定融资需求。从长远来看，非标融资产品是特殊时期的特殊产物，未来可能会逐渐被标准化融资产品替代。但是从短期来看，城投公司融资去非标化进度可能需要一定的时间，不可能一蹴而就。

从监管机构近期的一系列监管政策来看，非标产品受到的监管和约束越来越多，城投公司获取非标融资的难度有所提升，非标融资产品规模一直处于下降的趋势。以信托产品数据为例，根据中国信托业协会发布的数据，2023年末信托资产规模为23.92万亿元，比2017年末历史最高峰值26.25万亿元相比减少了2.33万亿元。③

本章介绍的非标融资主要包括信托产品、融资租赁产品、债权融资计划、理财直融工具、资管计划产品、保债计划产品、保理产品和定融产品等。

---

① 资料来源：中国农业发展银行微信公众号，https://mp. weixin. qq. com/s? _ _ biz = MzI4MjA2MzY0Mg= = &mid = 2651914928&idx = 2&sn = 5bbf5b2700514030c6b1241d0dbccc75&chksm = f07a04c5c70d8dd3369661aa919b0a5a8aa16288cdf142366a3980787fa7d404a96bb8358c06&scene=27

② 资料来源：中国进出口银行网站，http://www. eximbank. gov. cn/info/news/202210/t20221013_43806. html

③ 资料来源：中国信托业协会网站，http://www. xtxh. net/xtxh/statistics/49052. htm

一、非标融资产品介绍

(一)非标融资的定义和认定条件

1. 非标融资的定义

非标融资是"非标准化债权融资"的简称,目前没有一个官方的、统一的定义。原银监会于2013年3月25日印发的《关于规范商业银行理财业务投资运作有关问题的通知》(银监发〔2013〕8号)[①]对非标准化债权资产进行了界定,间接定义了非标融资的含义。银监发〔2013〕8号文明确,非标准化债权资产是指未在银行间市场及证券交易所市场交易的债权性资产,包括但不限于信贷资产、信托贷款、委托债权、承兑汇票、信用证、应收账款、各类受(收)益权、带回购条款的股权性融资等。因此可以这样理解,形成非标准化债权资产的融资方式就属于非标融资方式。

中国人民银行、原银保监会、中国证监会和国家外汇管理局于2018年4月27日联合印发《关于规范金融机构资产管理业务的指导意见》(银发〔2018〕106号,即"《资管新规》")[②],明确标准化债权类资产应当同时符合以下条件:①等分化、可交易;②信息披露充分;③集中登记,独立托管;④公允定价,流动性机制完善;⑤在银行间市场、证券交易所市场等经国务院同意设立的交易市场交易。根据《资管新规》的监管要求,标准化债权类资产之外的债权类资产均为非标准化债权类资产,即非标资产。

2. 非标融资的认定条件

中国人民银行、原银保监会、证监会和外汇局四部委于2020年7月23日联合印发《标准化债权类资产认定规则》[③],将不符合"等分化,可交易;信息披露充分;集中登记,独立托管"三个条件的产品均认定为非标准化债权类资产,而形成非标准化债权类资产的融资方式即属于非标融资方式。需要注意的是,《标准化债权类资产认定规则》同时明确存款(包括大额存单)以及债券逆回购、同业拆借等形成的资产不属于非标准化债权类资产。

《标准化债权类资产认定规则》将银行业信贷资产登记流转中心有限公司的信贷资产流转和收益权转让相关产品,中证机构间报价系统股份有限公司的收益凭

---

① 资料来源:原中国银保监会网站,http://www.cbirc.gov.cn/cn/view/pages/govermentDetail.html?docId=274660&itemId=861&generaltype=1

② 资料来源:中国人民银行网站,http://www.pbc.gov.cn/goutongjiaoliu/113456/113469/3529600/index.html

③ 资料来源:国务院网站,http://www.gov.cn/zhengce/zhengceku/2020-07/04/content_5524110.htm

证，上海保险交易所股份有限公司的债权投资计划、资产支持计划，均认定为非标准化债权类资产。这些融资产品并不算是传统意义上的城投公司非标融资产品，本章不做介绍。

（二）非标融资的特点

一般来说，非标融资产品与银行贷款和信用债券相比，融资成本相对较高。但是对于很多城投公司来说，非标融资仍然是非常重要的融资方式。原因很简单，非标融资产品具备审批流程快、资金使用灵活等特点，能够满足城投公司的特定融资需求，对于城投公司来说是很有必要的融资渠道。

1. 审批流程简便

相比于银行贷款和信用债券，非标融资产品的审核流程环节要少、审批时间要短、申请材料要少，非标融资机构能够在较短时间内完成内部审批环节并为城投公司提供非标资金。尤其是在城投公司急需资金的时候，非标融资产品可以及时地满足公司的资金需求。

2. 融资方式多样

非标融资产品可以根据城投公司的实际融资需求和资金使用要求，搭建各种类型的融资结构或者产品结构。比如明股实债模式，可以不增加企业的资产负债率；又比如回购型收益权转让，可以实现融资和资产出表双重目的。多种多样的融资方式，可以更好地满足城投公司的融资需求。

3. 资金使用灵活

非标融资产品对于资金的使用限制较少，资金使用方式非常灵活，而且存续期的监管较少。城投公司可以利用非标融资的资金偿还金融机构借款、补充公司流动资金或者用于项目建设，部分非标融资资金甚至可以用于房地产项目、资金拆借等特定用途，这是其他融资渠道资金所无法比拟的优势。

4. 规避监管政策

非标融资产品可以通过特殊的业务结构设置，在一定程度上规避监管政策限制。比如非标融资可以通过明股实债的方式规避监管机构对房地产企业“四三二”（“四证”齐全、项目资本金比例达到30％、开发商或其控股股东具备二级资质）的要求；又比如融资租赁公司可以通过特定租赁物的模式设置，为企业提供融资租赁资金，从而规避监管机构对城投公司隐性债务的监管要求。

二、信托产品

信托产品是指信托公司通过自有资金或者非公开方式募资。根据原银保监会于 2023 年 3 月 20 日发布的《关于规范信托公司信托业务分类的通知》[①]，以信托目的、信托成立方式、信托财产管理内容为分类维度，将信托业务分为资产服务信托、资产管理信托、公益慈善信托三大类共 25 个业务品种(见表 5—2)。

表 5—2　　　　信托公司信托业务分类

<table>
<tr><th>业务品种
服务实质</th><th>是否募集资金</th><th>受益类型</th><th colspan="2">主要信托业务品种</th></tr>
<tr><td rowspan="19">资产服务信托业务</td><td rowspan="19">不涉及</td><td rowspan="19">自益或他益</td><td rowspan="7">财富管理服务信托</td><td>家族信托</td></tr>
<tr><td>家庭服务信托</td></tr>
<tr><td>保险金信托</td></tr>
<tr><td>特殊需要信托</td></tr>
<tr><td>遗嘱信托</td></tr>
<tr><td>其他个人财富管理信托</td></tr>
<tr><td>法人及非法人组织财富管理信托</td></tr>
<tr><td rowspan="5">行政管理服务信托</td><td>预付类资金服务信托</td></tr>
<tr><td>资管产品服务信托</td></tr>
<tr><td>担保品服务信托</td></tr>
<tr><td>企业/职业年金服务信托</td></tr>
<tr><td>其他行政管理服务信托</td></tr>
<tr><td rowspan="4">资产证券化服务信托</td><td>信贷资产证券化服务信托</td></tr>
<tr><td>企业资产证券化服务信托</td></tr>
<tr><td>非金融企业资产支持票据服务信托</td></tr>
<tr><td>其他资产证券化服务信托</td></tr>
<tr><td rowspan="2">风险处置服务信托</td><td>企业市场化重组服务信托</td></tr>
<tr><td>企业破产服务信托</td></tr>
<tr><td colspan="2">新型资产服务信托</td></tr>
</table>

① 资料来源：原中国银保监会网站，http://www.cbirc.gov.cn/cn/view/pages/governmentDetail.html?docId=1101453&itemId=861&generaltype=1

续表

<table>
<tr><th>业务品种
服务实质</th><th>是否募集资金</th><th>受益类型</th><th colspan="2">主要信托业务品种</th></tr>
<tr><td rowspan="4">资产管理信托业务</td><td rowspan="4">私募</td><td rowspan="4">自益</td><td rowspan="4">集合资金信托计划</td><td>固定收益类信托计划</td></tr>
<tr><td>权益类信托计划</td></tr>
<tr><td>商品及金融衍生品类信托计划</td></tr>
<tr><td>混合类信托计划</td></tr>
<tr><td rowspan="2">公益慈善信托业务</td><td rowspan="2">可能涉及募集</td><td rowspan="2">公益</td><td rowspan="2">公益慈善信托</td><td>慈善信托</td></tr>
<tr><td>其他公益信托</td></tr>
</table>

(一)资产服务信托

资产服务信托是指信托公司依据信托法律关系,接受委托人委托,并根据委托人需求为其量身定制财富规划以及代际传承、托管、破产隔离和风险处置等专业信托服务。按照服务内容和特点,资产服务信托可以分为财富管理服务信托、行政管理服务信托、资产证券化服务信托、风险处置服务信托及新型资产服务信托五类,共19个业务品种。

城投公司的非标融资产品中不涉及资产服务信托。

(二)资产管理信托

资产管理信托是指信托公司依据信托法律关系,销售信托产品,并为信托产品投资者提供投资和管理金融服务的自益信托。信托公司通过非公开发行集合资金信托计划的方式募集资金,并按照信托文件约定的投资方式对受托资金进行投资管理。资产管理信托分为固定收益类信托计划、权益类信托计划、商品及金融衍生品类信托计划和混合类信托计划共4个业务品种。

固定收益类信托计划是城投公司涉及的最重要的业务品种。下面将重点介绍资产管理信托产品中的单一资金信托贷款、集合资金信托贷款和财产权信托等常见的城投公司信托融资模式。

1. 单一资金信托贷款

单一资金信托贷款是指银行、证券公司或者保险公司等金融机构或者上市公司等实业企业作为委托人出资,在信托公司设立单一资金信托,然后由信托公司按照委托人的指令,向资金方指定的借款人发放指定用途的贷款。在单一资金信托贷款模式中,信托公司主要是担当通道的角色,具体业务模式如图5—1所示。

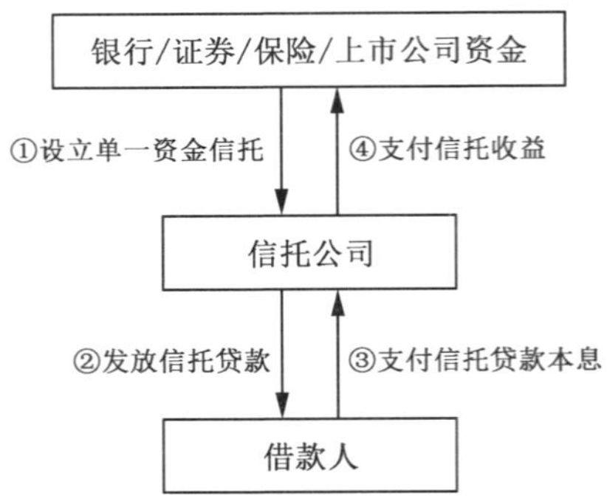

图 5—1 单一资金信托贷款模式

单一资金信托贷款的业务流程如下：

(1)银行、证券公司、保险公司和上市公司等金融机构或实业企业与信托公司签署《单一资金信托合同》，明确单一资金信托的规模、期限、收益率、借款人等要素。

(2)信托公司按照委托人的指令，与指定的借款人签署《信托资金贷款合同》，向借款人发放指定用途的信托贷款。

(3)借款人按照《信托资金贷款合同》的约定按时支付贷款利息并偿付贷款本金，由信托公司按照《单一资金信托合同》的约定向投资者分配信托收益。

2. 集合资金信托贷款

集合资金信托贷款是指由两个以上的投资者在信托公司设立集合信托产品并向借款人发放贷款的信托产品。集合资金信托贷款包括通道类集合资金信托和主动管理类集合资金信托：

(1)通道类集合资金信托贷款业务中，委托人主要是金融机构，两家以上的银行、保险公司等金融机构作为出资方，设立集合资金信托并向出资机构指定的借款人发放贷款。在这种模式中，信托公司属于通道的角色，不承担实质管理责任。

(2)主动管理类集合资金信托贷款业务中，信托公司按照公司的内部风险控制程序自主选择借款人，通过非公开方式向合格投资者募集资金，向信托公司自主选择的借款人发放信托贷款并承担贷款风险。在主动管理类集合资金信托贷款业务中，信托公司属于自主投资、自主承担相应的责任。集合信托的投资者以个人为主，同时也包括银行、保险公司、证券公司和上市公司等有理财需求的机构。

集合资金信托贷款的具体业务模式如图 5—2 所示。

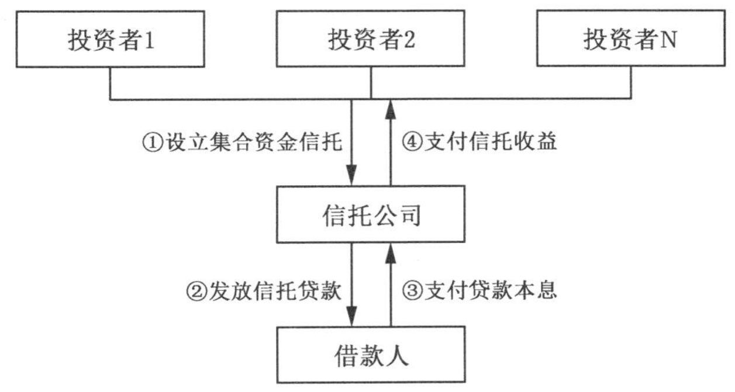

图 5—2　集合资金信托贷款模式

主动管理类集合资金信托贷款的业务流程如下：

(1)信托公司按照内部风险控制的要求，选择符合公司风控要求的借款人，通过内部审批流程，确定设立主动管理类集合资金信托。

(2)信托公司向特定自然人和机构推介集合资金信托贷款产品，并与其签署《集合资金信托合同》，明确集合资金信托的规模、期限、收益率等要素。

(3)信托公司与借款人签署《信托资金贷款合同》，向其发放指定用途的信托贷款。

(4)借款人按照《信托资金贷款合同》的约定按时支付贷款利息并偿付贷款本金，由信托公司按照《集合资金信托合同》的约定向投资者分配信托收益。

3. 财产权信托

财产权信托是指融资企业将其持有的基础资产(包括但不限于已在公司财务报表中体现的应收账款、其他应收款、土地使用权、房屋建筑物等)在信托公司设立财产权信托，融资企业作为财产权信托的委托人(受益人)享有该笔财产权信托的信托受益权，将基础资产转化为金融资产。证券公司向融资企业购买其持有的上述信托受益权，信托受益权转让完成后，融资企业获得转让款，财产权信托到期前，由融资企业回购该笔信托受益权，从而达到向政策限制类企业融资的目的。财产权信托的业务模式如图 5—3 所示。

财产权信托的业务流程如下：

(1)融资企业将基础资产(包括但不限于已在账务中体现的应收账款、其他应收款、土地使用权、房屋建筑物等)的受益权在信托公司设立财产权信托，并与信托公司签订《财产权信托合同》。

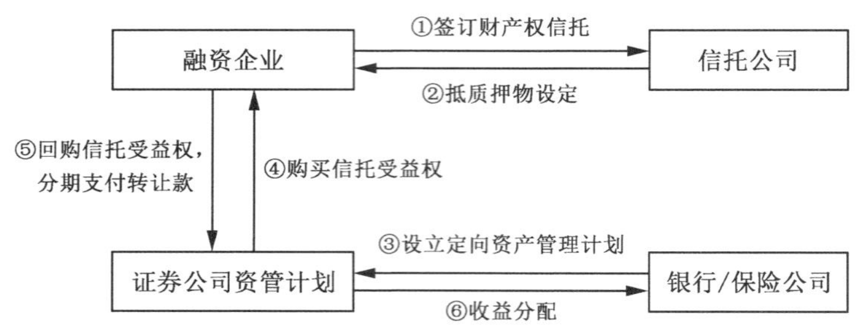

图 5—3　财产权信托业务模式

(2)融资企业与信托公司签订《质押合同》和《抵押合同》,在指定的登记机关办理相关登记手续(若有抵质押物)。

(3)银行、保险公司等资金机构与证券公司签订《定向资产管理合同》,在证券公司设立定向资产管理计划。

(4)证券公司根据《定向资产管理合同》的约定与融资企业签订《信托受益权转让协议》,并将信托受益权转让款支付至融资企业。

(5)证券公司与融资企业签订《信托受益权回购协议》,若需要按季实现收益,则在《信托受益权回购协议》中设定融资企业按季向证券公司分期支付信托受益权回购款。

(6)在证券公司定向资产管理计划收到融资企业分期支付的收益后,由其向银行分配收益。

(7)财产权信托到期,在各项收益按期实现后,信托公司与融资企业解除财产权信托,注销抵质押物。

(三)公益慈善信托

公益慈善信托是委托人基于公共利益目的,依法将其财产委托给信托公司,由信托公司按照委托人意愿以信托公司名义进行管理和处分,开展公益慈善活动的信托业务。公益慈善信托的信托财产及其收益,不得用于非公益目的。公益慈善信托按照信托目的,分为慈善信托和其他公益信托 2 个业务品种。

城投公司的融资产品中不涉及公益慈善信托。

三、融资租赁产品

在介绍融资租赁这种融资模式之前,先介绍一下融资租赁公司的类型。在 2018 年 4 月之前,融资租赁公司分别由原银保监会和商务部监管,其中由原银保监会批准设立、进行监管的是金融租赁公司（简称“金租公司”），金租公司的股东主要是金融机构；由商务部批准设立、进行监管的是商务系融资租赁公司（简称“商租公司”），商租公司的股东主要是非金融机构。金租公司和商租公司最明显的区别是融资方式不同：金租公司可以通过同业拆借、发行金融债券和租赁项目专项贷款等方式融资；而商租公司不允许进行同业拆借业务以及未经原银保监会批准的其他金融业务。此外，商租公司与金租公司的财税政策也有一定的差别。

2018 年 4 月 20 日，商务部印发《关于融资租赁公司、商业保理公司和典当行管理职责调整有关事宜的通知》（商办流通函〔2018〕165 号）[①]，将融资租赁、商业保理和典当行三类公司的业务经营与监管职责划给原银保监会。此后，原银保监会成为所有类型融资租赁公司的监管机构。

从具体业务模式来看，融资租赁主要包括直接租赁、售后回租和经营性租赁三种模式，城投公司融资租赁的模式主要是售后回租。因为部分城投公司也设立融资租赁公司并开展融资租赁业务，因此本章会对融资租赁的三种模式均进行介绍。

（一）直接租赁

直接租赁模式常见于企业新购设备的场景，交易结构主要涉及设备供应商、融资租赁公司和承租人（往往为设备采购人）三方。承租人（即设备购买人）与设备供应商提前商定好拟购置设备，融资租赁公司作为出租人，与承租人签订融资租赁合同等一系列文件，根据承租人的要求向设备供货商购买已选定设备并支付货款，设备运抵承租人指定地点完成交付后，承租人按期向融资租赁公司支付租金。

1. 直接租赁的业务模式

直接租赁业务模式的主要业务环节包括配置合适的租赁设备、签订融资租赁合同、签订购买合同、支付货款、提供租赁设备和支付租金。直接租赁模式的具体业务环节如图 5—4 所示。

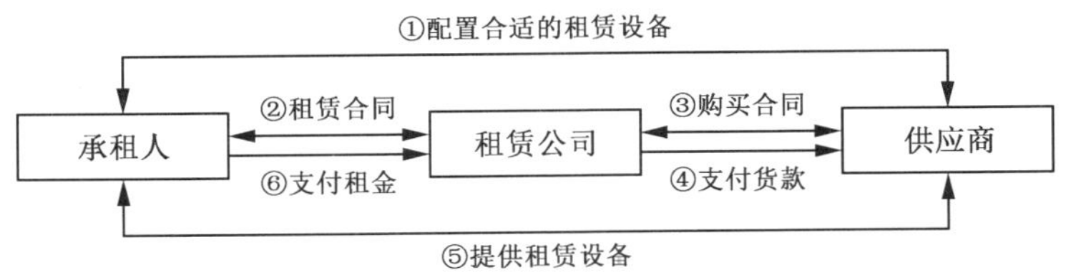

图 5—4　直接租赁业务模式

① 资料来源：商务部网站，http://ltfzs.mofcom.gov.cn/article/smzx/201805/20180502743009.shtml

(1)配置合适的租赁设备

承租人根据经营需求确定所需的租赁设备并确定制造厂商,并与厂商沟通设备的规格、型号、性能、技术要求、数量、价格、交货日期、质量保证和售后服务条件等要素。以上步骤也可由承租人委托融资租赁公司代为完成。

(2)签订融资租赁合同

融资租赁公司与承租人签订融资租赁合同,合同的主要条款包括:租赁物件、租赁物件的所有权、租赁期限、租金及其变动、争议仲裁以及租赁双方的权利与义务等。融资租赁合同的签订表明承租人获得了设备的使用权,而设备的所有权仍属于融资租赁公司。

(3)签订购买合同

承租人确定合作的融资租赁公司与设备厂商进行技术谈判,主要包括设备造型、质量保证、零配件交货期、技术培训、安装调试以及技术服务等方面,并与设备厂商签订技术服务协议。融资租赁公司与设备厂商进行商务谈判的内容主要包括设备的价款、计价币种、运输方式、供货方式等方面,并与设备厂商签订购货合同。

(4)支付货款

融资租赁公司可以用自有资金购买设备,也可以通过金融机构融通资金直接向供货厂商支付设备货款及运杂费等款项。

(5)提供租赁设备

供应商按照购货合同规定,将设备运交融资租赁公司后转交承租人或直接交给承租人。供应商派工程技术人员到场进行安装调试,由承租人验收。

(6)支付租金

承租人按照与融资租赁公司签订的融资租赁合同的约定按期向租赁公司支付应付租金。

(7)租赁结束

租赁期届满后,融资租赁公司按融资租赁合同的规定可将设备所有权转让给承租人,也可收取少量租金继续出租。

2. 直接租赁的业务优势

直接租赁业务模式具备如下优势:

(1)弥补资金缺口

利用直接租赁,前期设备支付需求可首先对接融资租赁公司的资金池,弥补承租方支付设备供应商的启动资金缺口。

(2)放大杠杆效应

承租人可有效利用杠杆效应,利用较少自有资金完成新建项目建设,即由租赁公司承担设备款支付义务,承租方可与租赁公司协商,灵活安排。

(3)租金可抵扣增值税

融资租赁公司按照收取的租金开具增值税专用发票,承租方取得增值税专用发票,可作为增值税进项税抵扣。该模式适用于新建项目,项目处于新建阶段或有设备技术改造需求需购买新设备,尚未取得其他债务融资,以及需要技术改造和设备升级的优质企业。租赁标的多为固定资产、大型设备等。

3. 城投公司的直接租赁

随着城投公司业务类型逐步往产业化方向拓展,新建或扩建就会存在大量的设备购置诉求。比如地铁公司新建线路、公交公司置换新能源车辆、城市数字化建设新的基站和物联网系统以及城投公司自主建设新能源电力项目等,都可以采用直接租赁模式,引入租赁资金完成设备款支付,解决当期一次性资金占用较大的难题。目前,地铁、公交、新能源电力等方向的融资租赁期限已经可以申请拓展到 5—10 年,极大缓解了城投公司的还款压力。

(二)售后回租

售后回租模式是指承租人依托已有设备,将该设备以出售方式转让给租赁公司,融资租赁公司向承租人支付设备转让款,同时承租人在融资租赁合同下返租已出售设备用以继续使用。在租赁期间,承租人向融资租赁公司支付租金;租赁期结束后,向融资租赁公司支付定额回购款买回前期已出售设备。售后回租模式是城投公司与融资租赁公司最重要的合作模式。从业务实质来看,售后回租模式往往被定义为承租人的一种融资方式。

1. 售后回租的业务模式

售后回租模式主要包括设备所有权转让给出租人、支付设备款、设备所有权转让给承租人和按期缴纳租金环节。售后回租的具体业务模式如图 5—5 所示。

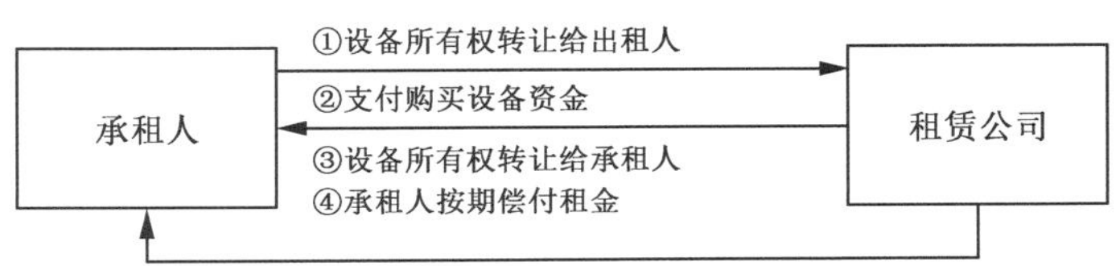

图 5—5　售后回租业务模式

(1)签署《所有权转让协议》

承租人和融资租赁公司双方签署《所有权转让协议》。承租人将其现有设备打包转让给融资租赁公司,融资租赁公司向承租人支付设备购买价款。一般情况下,融资租赁公司会对出售设备进行适当性和价值评估,确认设备可出售净值,以保证设备净值不低于融资租赁合同额。承租人收到融资租赁公司支付的设备购买价款后,可灵活使用该笔资金,融资租赁公司一般不会对资金的使用方式进行限制。

(2)签署《售后回租赁合同》

承租人和融资租赁公司双方签署《售后回租赁合同》,约定承租人通过《所有权转让协议》出售的设备返租给承租人,承租人将向融资租赁公司支付租金,并在租赁期满后向租赁公司支付一定金额的留购价款(金额 0—1 000 元不等),买回相关设备的所有权。一般情况下,承租人支付的租金总额等于设备转让价款加一定比例的利息。

(3)按期支付租金和留购价款

承租人按期支付租金和留购价款后,融资租赁公司出具说明文件,确认融资租赁合同完成履行,并将设备所有权转回承租人。

2. 售后回租的优势

售后回租在一定程度上是企业利用既有设备资产进行的融资行为,通过回租方式盘活设备资产,补充企业营运现金流。同时,在售后回租赁操作期间,同样不影响原设备的计提折旧和回租租金中的利息,融资租赁公司也会开具相应的增值税普通发票,承租人可将该部分成本纳入财务成本。

由于国内售后回租赁业务占据了融资租赁业务的大部分份额,原银保监会对于回租业务可使用的设备资产越发关注。监管机构倡导的售后回租设备主要为机械装备、交通设备、能源装备、医疗器械等动产,以及能够明确产生营运现金流且不属于公益性资产的构筑物如高速公路、热力管网之类。

3. 城投公司的售后回租

售后回租是城投公司与融资租赁公司合作中最常见、最主要的业务模式。城投公司或者子公司作为融资主体,以管网、保障房、道路等构筑物资产为租赁物,出售给租赁公司再租回,然后分期向租赁公司支付租金,到期后象征性地支付一定费用将租赁物资产购回。在售后回租模式下,虽然从法律关系上来看,城投公司的租赁物资产所有权发生了变化,但是实际上租赁公司很难将租赁物资产变现而且也没有变现的动力,都是需要城投公司购回。从公开信息披露的多个城投公司与融资租赁公司业务纠纷或者诉讼来看，主要是城投公司没有按期支付租金或者到期没有将租赁资产购回，这也从另一个角度证明售后回租实际上是一种类信贷业务，是一种融资业务。

但是需要关注的是，城投公司的售后回租模式受到了监管机构的关注和限制，已经印发了多个监管法规对此进行规范。

(1)金租公司的监管

①原银保监会于 2022 年 2 月 11 日印发《关于加强金融租赁公司融资租赁业务合规监管有关问题的通知》(银保监办发〔2022〕12 号)[①]，明确作为租赁物的构筑物，须满足所有权完整且可转移(出卖人出售前依法享有对构筑物的占有、使用、收益和处分权利，且不存在权利瑕疵)、可处置(金融租赁公司可取回、变现)、非公益性、具备经济价值(能准确估值、能为承租人带来经营性收入并偿还租金)的要求。银保监办发〔2022〕12 号文明确严禁将道路、市政管道、水利管道、桥梁、坝、堰、水道、洞，非设备类在建工程、涉嫌新增地方政府隐性债务以及被处置后可能影响公共服务正常供应的构筑物作为租赁物。

②国家金融监督管理总局于 2023 年 10 月 27 日印发《关于促进金融租赁公司规范经营和合规管理的通知》(金规〔2023〕8 号)[②]，明确要求确保租赁物权属清晰、特定化、可处置、具备经济价值并能够产生使用收益，要求严禁新增非设备类售后回租业务。

(2)融资租赁公司的监管

目前国内多个省份的地方金融监督管理局已经印发针对融资租赁公司的管理细则，要求融资租赁公司不得违反国家有关规定向地方政府、地方政府融资平台公司提供融资或要求地方政府为租赁项目提供担保、承诺还款等，不得将道路、市政管道、水利管道、桥梁、坝、堰、水道、洞，非设备类在建工程、涉嫌新增地方政府隐性债务以及被处置后可能影响公共服务正常供应的构筑物作为租赁物。

(三)经营性租赁

经营性租赁是指融资租赁公司根据当下市场热门设备使用场景，自主购置各种设备并向市场推介自身设备产品，然后以出租的方式提供给有需求的承租人使用，

---

① 资料来源：国家金融监督管理总局，http://www.cbirc.gov.cn/cn/view/pages/ItemDetail.html? docId=1083316&itemId=928&generaltype=0

② 资料来源：国家金融监督管理总局网站，https://www.cbirc.gov.cn/cn/view/pages/governmentDetail.html? docId=1133581&itemId=861&generaltype=1

承租人定期支付租金并享有设备使用权的一种租赁方式。

1. 经营性租赁的业务模式

经营性租赁主要包括设备使用权转让给出租人、支付设备款、设备使用权转让给承租人和按期缴纳租金环节。经营性租赁模式的具体业务环节如图 5－6 所示。

图 5－6　经营性租赁业务模式

(1)融资租赁公司根据市场需求和自身对设备行业的理解,自主采购设备,并向市场推销自身保有的设备。

(2)承租人根据自身需求,寻求合适的可使用设备,并向融资租赁公司提出租赁需求,双方签署经营性租赁合同,约定设备租用,承租人按期支付租赁款,融资租赁公司提供设备试用期间的各项保障。

2. 经营性租赁的特点

(1)经营租赁是为了满足经营使用上的临时或季节性需要而发生的资产租赁,是一种短期租赁形式。

(2)经营性租赁购买的设备是适合多家承租人的设备,并非针对特定承租人的设备。

(3)经营性租赁的出租人要向承租人提供设备的保养、保险、维修和其他专门性技术服务,并不是仅限于提供设备使用权。

(4)经营性租赁的出租人只能从出租中收回设备的部分垫支资本,需通过该项设备以后多次出租给多个承租人使用,方能补足未收回的那部分设备投资外加其应获得的利润。

(5)经营性租赁的设备所有权,在不同承租人的不同租赁期限内,一直归属于出租人,不存在所有权变更的情况。

四、债权融资计划

债权融资计划是融资人在北京金融资产交易所有限公司(以下简称"北金所")向具备相应风险识别和承担能力的合格投资者,以非公开方式挂牌募集资金的债权性固定收益类产品。

在这里,需要特别介绍一下北金所。北金所是中国人民银行批准的债券发行和交易平台，也是交易商协会的指定交易平台。在交易商协会的领导下，北金所为市场提供债券发行与交易、债权融资计划、到期违约债券转让、债券回购违约处置、企业股权交易、市场化债转股资产交易、债权和抵债资产交易等服务。

债权融资计划产品在刚推出的时候，被很多金融机构界定为标准化资产或者非标资产。2020 年 7 月印发的《标准化债权类资产认定规则》将债权融资计划正式认定为非标准化债权类资产。

(一)债权融资计划的特点

债权融资计划的主要政策依据是中国人民银行办公厅印发的《关于北京金融资产交易所成为中国银行间市场交易商协会指定交易平台的意见》(银办函〔2013〕399 号)和交易商协会印发的《关于同意〈北京金融资产交易所债权融资计划业务指引〉备案的通知》(中市协发〔2017〕70 号)。2017 年 6 月，北金所相继印发了《北京金融资产交易所债权融资计划业务指引》等一系列业务指引，债权融资计划有了明确的监管法规体系和产品发行要求。

相比信用债券融资，债权融资计划更加宽松、灵活，在融资规模、资金用途、主体评级以及行业方面有着一定的优势。综合来看，债权融资计划具备如下特点：

1. 发行方式为非公开发行

债权融资计划必须以非公开方式进行，没有公开发行方式，不得采用广告、公开劝诱和变相公开方式进行宣传，每期债权融资计划的投资者合计不得超过 200 人。

2. 对融资人的要求宽松

债权融资计划的融资人需要符合以下条件：①境内设立的法人机构、监管部门认可的境外机构；②最近 12 个月内无重大违法行为、机构财务会计文件不存在虚假记载；③遵守北金所的规则等。债权融资计划对于融资人的主体信用等级等方面没有强制性要求，对于发行人信用等级的要求比信用债券要宽松一些。

3. 审核流程简便

债权融资计划是由北金所进行审核，融资人将备案材料提交至北金所后，项目从申报受理到取得批文需要的时间相比信用债券要短，审核流程简便，相比企业债券、公司债券和债务融资工具等信用债券审核时间要短。

4. 操作灵活

发行人可以自主确定债权融资计划的发行规模、产品期限以及续期选择权、赎回选择权、利率跃升条款等含权条款，操作较为灵活。发行人可以根据资金需求灵活设置发行相关条款。

5. 资金用途灵活

债权融资计划的募集资金可用于长期项目资金与短期流动资金，也可用于归还借款、项目建设和补充运营资金等。

6. 单期发行规模较小

债权融资计划单期发行规模较小，备案规模以5亿元以下为主，挂牌规模以3亿元以下为主，平均期限在3年左右。

(二)债权融资计划模式

债权融资计划的业务流程主要包括开户、备案、挂牌、信息记载、转让、信息披露、资金划转环节(见图5—7)。

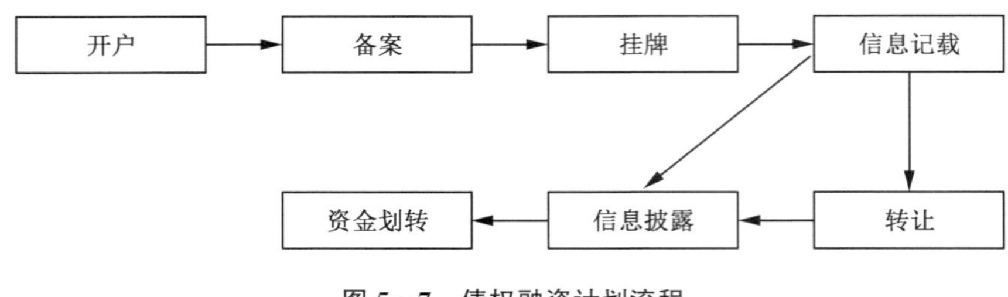

图5—7 债权融资计划流程

1. 开户

融资人、投资者、主承销商等债权融资计划参与主体均需要与北金所签署《北京金融资产交易所综合业务平台客户服务协议》并提交开户材料，北金所为参与主体开立账户、发放数字证书。

2. 备案

融资人和主承销商向北金所提交债权融资计划备案材料，北金所对申报材料进行审核，审核通过后发放债权融资计划接受备案通知书。

3. 挂牌

融资人进行债权融资计划信息披露，由挂牌管理人及投资者开展申购、定价配售及挂牌资金划转工作，最终在北金所完成初始信息记载的过程。

4. 转让

持有人出让债权融资计划，投资者受让债权融资计划，完成债权融资计划的变更信息记载。

5. 信息披露

融资人是信息披露的第一责任人，由主承销商负责督导融资人和中介机构及时进行信息披露。

6. 资金划转

融资人按照当期债权融资计划募集说明书约定的时间、方式和金额，向持有人划转本金、利息等资金，完成债权融资计划的注销信息记载。

五、理财直融工具

商业银行理财直接融资工具（以下简称“理财直融工具”）是由商业银行作为发起管理人设立，直接以单一企业的债权融资为资金投向，在指定的登记托管结算机构统一托管，在合格的投资者之间公开交易，在指定渠道进行公开信息披露的标准化投资载体。

（一）理财直融工具的特点

理财直融工具推出的背景是《关于规范商业银行理财业务投资运作有关问题的通知》（银监发〔2013〕8号），对非标资产和非标业务的监管规范日渐完善，之前的非标业务模式已经无法满足银行的投资需求。为了满足银行的直接投资需求，同时区别于信托、券商资管、基金子公司等通道，原银监会推出了理财直融工具。理财直融工具将企业融资需求和理财资金直接对接，促进直接融资，减少融资方和投资方的关系链条，减少规避监管和徒增成本的多重“通道”环节，避免由于交叉、跨业带来的风险。

2013年9月，原银监会发布《商业银行理财直接融资工具业务创新试点操作细则》，开启理财直接融资工具试点。商业银行通过发行理财直融工具，一方面可以避免理财投资的长链条操作，减少监管套利；另一方面可以节省理财投资的通道费，降低理财产品的投资成本。对于融资企业来说，理财直融工具作为企业的直接融资渠道之一，具有融资成本低、额度高、效率快、用途灵活等特色，有助于企业改善融资结构。

（二）理财直融工具的模式

根据《商业银行理财直接融资工具业务创新试点操作细则》的监管要求，理财直融工具的业务模式和涉及的业务要素如图5—8所示。

根据相关监管规则，理财直融工具的业务流程如下：

1. 产品发起

理财直融工具的发起人是商业银行。2013年10月，第一批理财管理计划试点的银行共有13家，包括工商银行、建设银行、农业银行、交通银行、平安银行、民生银

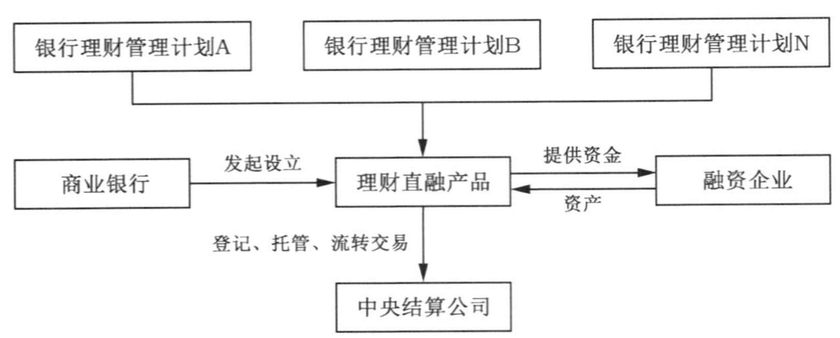

图 5—8　理财直融工具的业务模式和业务要素

行、光大银行、中信银行、浦发银行、招商银行、兴业银行、渤海银行及北京银行。原银保监会在 2014 年继续推进理财直融工具工作，包括杭州银行、宁波银行等在内的 20 余家银行参与试点。

2. 注册登记

理财直接融资工具的设立采取注册登记制度。商业银行在设立理财直接融资工具前应当向理财直接融资工具专家评估组申请进行注册登记，登记发行机构为银行业理财登记托管中心。

3. 发行账户开立

发起管理人应于工具份额发行日前向登记托管结算机构申请开立理财直接融资工具发行账户。

4. 产品发行

发起管理人采取簿记建档方式向核心认购团成员发行理财直接融资工具份额。理财直接融资工具份额的发行利率、发行价格和相关费率以市场化方式确定。

5. 产品投资

理财直融工具的合格投资者是银行理财管理计划。银行理财管理计划是指商业银行作为管理人发起设立，按照与客户约定的方式和投资范围等对客户委托的资金进行投资、运作、管理的特殊目的载体。银行理财管理计划若投资理财直接融资工具份额，必须在中央国债登记结算有限责任公司单独发起设立理财直接融资工具托管账户，并在该机构完成登记。

6. 登记托管

理财直接融资工具及其份额须在指定的登记托管结算机构进行统一登记及托管。中央国债登记结算有限责任公司为理财直接融资工具及其份额登记托管结算机构。

7. 报价交易

理财直接融资工具份额在经过登记之后，在理财直接融资工具综合业务平台上进行双边报价及转让。

8. 信息披露

理财直接融资工具的信息披露平台为中国理财网。融资企业及其他信息披露义务人，应通过中国理财网对理财直接融资工具业务进行真实、准确、完整、及时的信息披露。

六、资管计划产品

根据相关监管规则，证券公司、保险公司和期货公司等金融机构均可以设立、发行资产管理计划，但是实践中证券公司的资产管理计划产品最多，也最为融资企业所接受，因此本书以证券公司发行的资产管理计划为例对资管计划产品进行介绍。证券公司的资产管理计划产品可以分为定向资产管理计划和集合资产管理计划两大类。

（一）定向资产管理计划

根据《证券公司定向资产管理业务实施细则》（证监发〔2012〕30 号）[①]，定向资产管理计划是指证券公司接受单一客户委托，与客户签订合同，根据合同约定的方式、条件、要求及限制，通过专门账户管理客户委托资产的活动。

定向资产管理计划可分为主动管理型和被动管理型。主动管理定向资管业务是指由证券公司主动发起、自主确定投向并承担相应投资责任的产品，主要投向债券、同业存款、信托计划及股票等产品。被动管理定向资管业务是指资金投向由资金方制定，证券公司只承担通道责任的产品，主要投向信托贷款、银行委托贷款、资产收益权及票据等产品。

定向资产管理计划一般是通过股票质押回购模式、贷款模式和有限合伙模式三种方式为企业提供融资。

1. 股票质押回购模式

定向资产管理计划的股票质押回购模式主要适用于上市公司，上市公司将股票质押给证券公司的定向资产管理计划，从而获得融资（见图 5—9）。

---

① 资料来源：中国证监会网站，http://www.csrc.gov.cn/csrc/c101838/c1022004/content.shtml

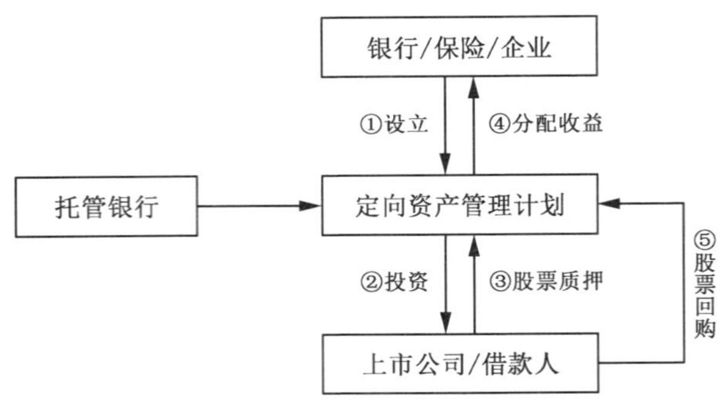

图 5—9 股票质押回购模式

定向资产管理计划的股票质押回购模式流程如下：

(1)银行、保险和企业等投资者与证券公司签署《定向资产管理计划合同》，设立定向资产管理计划。

(2)证券公司按照投资者的指令，与上市公司签署《股票质押回购交易业务协议》等合同，将上市公司的股票质押给证券公司，同时将资金投资于特定上市公司。

(3)上市公司按照协议的约定，定期向证券公司的定向资产管理计划支付固定收益，然后由定向资产管理计划分配给投资者。

(4)上市公司在约定日期向定向资产管理计划回购质押的股票。

2. 贷款模式

定向资产管理计划的贷款模式适用于各种类型的企业，主要是通过定向资产管理计划投向银行或者信托公司，通过银行委托贷款模式或者信托计划模式，向融资企业发放贷款。定向资产管理计划的贷款模式是城投公司的重要融资方式(见图 5—10)。

证券公司设立的定向资产管理计划是无法直接向借款人发放贷款的，需要通过银行或者信托公司的通道进行贷款发放。定向资产管理计划的贷款模式流程如下：

(1)银行、保险和企业等机构作为投资者，与证券公司签署《定向资产管理计划合同》，设立定向资产管理计划。

(2)证券公司的定向资产管理计划与银行签署《委托贷款合同》或者与信托公司签署《单一资金信托合同》，将资金委托给银行或者信托公司。

(3)银行或者信托公司按照定向资产管理计划的指令，将资金发放贷款给指定的借款人。

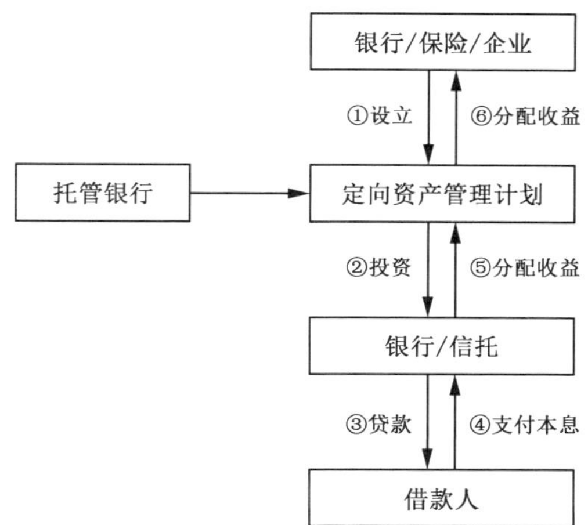

图 5—10　定向资产管理计划的贷款模式

(4)借款人按照约定期限向银行或者信托公司支付贷款利息和本金，然后由银行或者信托公司分配给定向资产管理计划，再由定向资产管理计划分配给投资者。

3. 有限合伙模式

定向资产管理计划的有限合伙模式主要是指借款人和定向资产管理计划通过结构化设立产业基金的模式，以债权或者股权的方式投向特定的项目，进而实现为融资企业提供资金的目的(见图 5—11)。部分城投公司通过定向资产管理计划的有限合伙模式进行股权融资或者债权融资。

定向资产管理计划的有限合伙模式流程如下：

(1)银行、保险和企业等投资者，与证券公司签署《定向资产管理计划合同》，设立定向资产管理计划。

(2)定向资产管理计划与借款人按照特定的出资比例，共同出资设立产业基金。其中定向资产管理计划一般为 LP(有限合伙人)，借款人一般为 GP(普通合伙人)。

(3)有限合伙通过债权的方式，向指定的借款人发放贷款，形成债权项目。或者有限合伙通过股权的方式，入股借款人特定的项目公司，成为项目公司的股东。

(4)借款人按照约定期限向有限合伙支付贷款利息，然后由有限合伙分配给定向资产管理计划，再由定向资产管理计划分配给投资者。

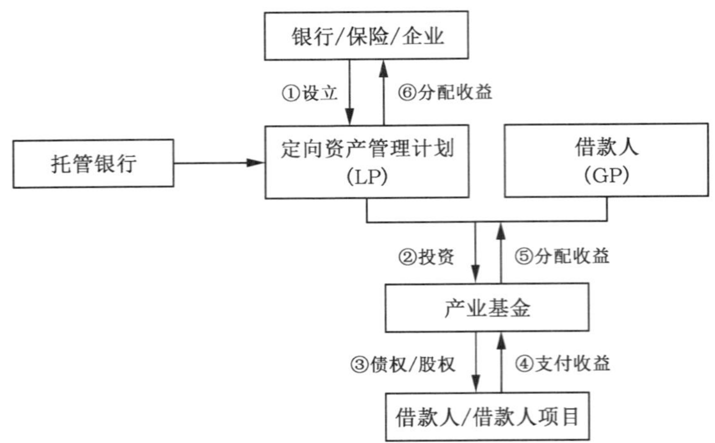

图5—11　定向资产管理计划的有限合伙模式

(二)集合资产管理计划

根据《证券公司客户资产管理业务管理办法》(证监发〔2013〕93号)①,集合资产管理计划是指证券公司为多个客户办理集合资产管理业务,与客户签订集合资产管理合同,将客户资产交由取得基金托管业务资格的资产托管机构托管,通过专门账户为客户提供资产管理服务。

集合资产管理计划的投资范围广,资金使用灵活。集合资产管理计划一般通过贷款模式和结构化贷款模式,向城投公司提供资金支持。

1. 集合资产管理计划的贷款模式

集合资产管理计划的贷款模式,除了投资者结构和定向资产管理计划存在差别,贷款模式和流程基本是一样的(见图5—12)。

集合资产管理计划的贷款模式流程如下:

(1)银行、保险、企业和合格投资者认购集合资产管理计划,签署《集合资产管理计划合同》。

(2)证券公司的集合资产管理计划与信托公司签署《资金信托合同》,将资金委托给信托公司的信托计划。

(3)信托公司按照集合资产管理计划的指令,通过信托贷款的模式,将资金贷款给借款人。

---

① 资料来源:中国证监会网站,http://www.csrc.gov.cn/csrc/c101852/c1023885/content.shtml

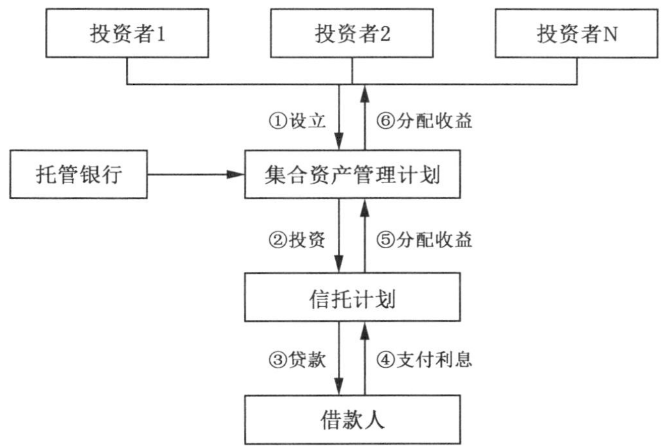

图 5—12　集合资产管理计划的贷款模式

(4)借款人按照约定期限向信托公司支付贷款利息，然后由信托公司分配给集合资产管理计划，再由集合资产管理计划分配给投资者。

2. 集合资产管理计划的结构化贷款模式

集合资产管理计划的结构化贷款模式主要是指通过优先资金和劣后资金配比的模式，设立集合资产管理计划，然后向城投公司发放贷款(见图 5—13)。

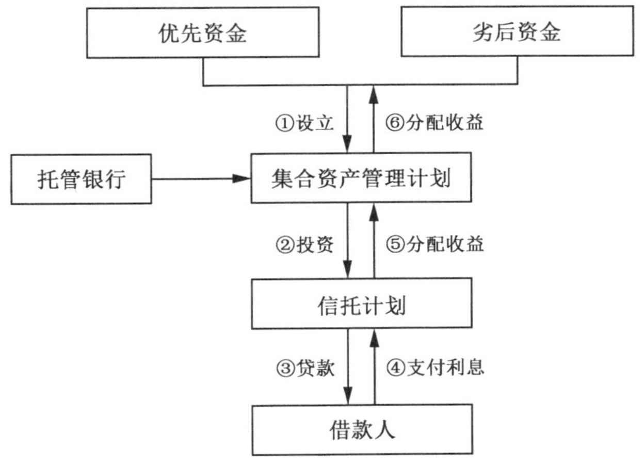

图 5—13　集合资产管理计划的结构化贷款模式

集合资产管理计划的结构化贷款模式流程如下：

(1)优先资金和劣后资金共同签署《集合资产管理计划合同》，确定优先和劣后资金的比例，共同发起设立集合资产管理计划。劣后资金可以为借款人指定的机构出资，也可以是市场化资金。

(2)证券公司的集合资产管理计划与信托公司签署《资金信托合同》，将资金委托给信托公司的信托计划。

(3)信托公司按照集合资产管理计划的指令，通过信托贷款的模式，将资金贷款给借款人。

(4)借款人按照约定期限向信托公司支付贷款利息，然后由信托公司分配给集合资产管理计划，再由集合资产管理计划分配给投资者。

七、保债计划产品

保债计划是"保险资金债权投资计划"的简称，是指由保险资产管理公司发起设立的投资产品，通过发行投资计划受益凭证，向保险公司等委托人募集资金，以债权方式投向交通、通信、能源、市政、环境保护等国家级重点基础设施或其他不动产项目，并按照约定条件和实际投资收益情况向投资者支付收益，是不保证本金支付和收益水平的保险资产管理产品。保债计划可以分为基础设施债权投资计划和不动产债权投资计划两个产品类型。

(一)保债计划的发展历程

1. 基础设施债权投资计划

2006年3月14日，原保监会印发《保险资金间接投资基础设施项目试点管理办法》(保监会2006年1号令)[①]，是第一个针对保险资金间接投资基础设施的监管规则，基础设施债权投资计划由此诞生。基础设施债权投资计划的投资范围主要包括交通、通信、能源、市政、环境保护等国家级重点基础设施项目。

此后，原保监会陆续发布了《保险资金间接投资基础设施债权投资计划管理指引(试行)》(保监发〔2007〕53号)、《基础设施债权投资计划产品设立指引》(保监发〔2009〕41号)、《关于保险资金投资基础设施债权投资计划的通知》(保监发〔2009〕43号)等监管规则。

2. 不动产债权投资计划

2010年9月5日，原保监会印发《保险资金投资不动产暂行办法》(保监发〔2010〕80号)[②]，推出了不动产债权投资计划。保险资金投资的不动产，是指土地、

---

① 资料来源：国务院网站，https://www.gov.cn/zhengce/2016-05/24/content_5076226.htm

② 资料来源：国务院网站，https://www.gov.cn/zhengce/2016-05/24/content_5076224.htm

建筑物及其他附着于土地上的定着物，可以投资基础设施类不动产、非基础设施类不动产及不动产相关金融产品。

3. 规范发展阶段

在基础设施债权投资计划初期阶段，采用的是备案制。2013 年 1 月 24 日，原保监会发布《关于债权投资计划注册有关事项的通知》（保监资金〔2013〕93 号），明确提出“债权投资计划发行将由备案制调整为注册制”，同时指定中国保险保障基金有限责任公司担任临时注册机构。

2020 年 9 月，原银保监会发布《债权投资计划实施细则》，统一了基础设施和非基础设施类不动产债权投资计划的资质条件及业务管理要求，明确在还款保障措施完善的前提下，基础设施债权投资计划可以使用不超过 40％的募集资金用于补充融资主体营运资金，满足更多实体企业特别是制造业融资需求。中国保险资产管理业协会同时发布《债权投资计划产品登记管理规则》，将债权投资计划设立程序由“注册”改为“登记”，大幅精简申报材料、简化登记流程、提升登记效率。债权投资计划的发行方式为面向合格投资者通过非公开方式发行。发行场所为中保保险资产登记交易系统有限公司（以下简称“中保登”）。

（二）保债计划的特点

根据保债计划的相关监管规则，保债计划具备如下特点：

1. 融资主体资质较好

保债计划对于融资人的信用资质要求较高，一般要求融资主体信用等级为 AA＋或者 AAA，以 AAA 级的企业为主。

2. 资金用途丰富

保债计划的资金用途为拟投项目的开发建设、归还借款（金融机构借款、股东借款等）。保债计划投资基础设施项目的，可以使用不超过 40％的募集资金用于补充融资主体的营运资金。

3. 投资期限灵活

保债计划的期限结构可以依据项目的具体情况灵活制定，短则 1 年，长则 10 年至 20 年，能满足项目方各种期限的资金需求。保险资金多为长期负债，在投资过程中倾向于选择长期资产配置，这与基础设施项目投资回收期长的特点非常匹配。

4. 投资方式多样

保债计划作为个性化产品，投资方式十分灵活，可采用固定利率、浮动利率、分期还本、一次性还本等多种普通债权方式，还可根据项目方的个性化融资需求，进行交易结构和方式的创新。

5. 资金规模大

保债计划通常对单个项目的投资金额可以达到10亿—30亿元，对于某些重点项目则可能超过30亿元的投资额度，与城投公司重大基础设施建设项目和不动资产项目的资金需求相匹配。

6. 资金使用灵活

相比银行贷款已经形成的成熟的资金监管措施，保债计划的资金则是直接打到企业在银行(资金托管行)开设的账户内，按照项目方的要求，可以融资总额一次性全部到位；并且资金在用途上可以设计得比较宽泛灵活，以便于企业的资金使用。

(三)保债计划业务模式

保债计划的主要业务模式如图5—14所示。

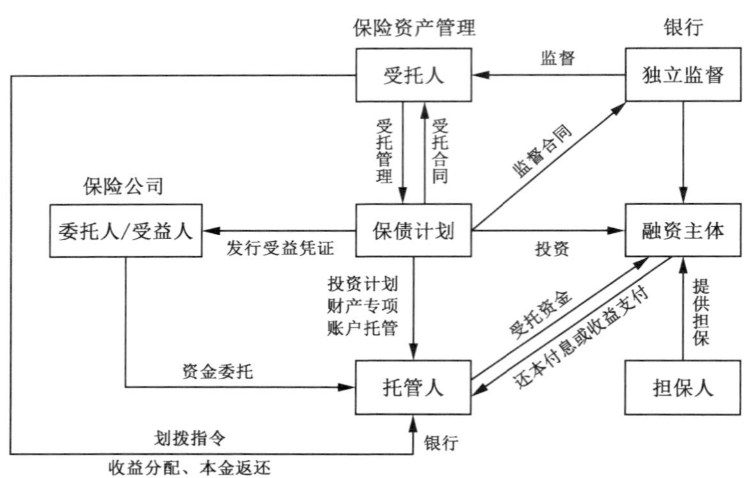

图5—14 保债计划的业务模式

1. 委托人

保债计划的委托人主要是保险公司，将投资计划涉及资金划入托管账户，并将投资计划受益人信息通知受托人、托管人和独立监督人等。

2. 受托人

保债计划的受托人是保险资管公司，受托管理委托人所交付的资产并按照委托人的指令进行投资。

3. 受益人

保债计划的受益人一般就是委托人，依法受让债权计划份额或受益凭证而对本债权计划享有受益权。

4. 托管人

保债计划的托管人主要是银行机构,一般为股份制银行。

5. 担保人

保债计划的担保人主要是高评级的大型国有企业或者集团企业,负责为融资人提供担保。

八、保理产品

保理业务是以债权人转让应收账款为基础,集应收账款催收、管理、坏账担保及融资于一体的综合性金融服务。保理业务的主要模式是融资企业将应收账款作为标的,将其转让给保理公司从而获取资金。

保理公司与商租公司一样,最初由商务部进行批准设立和运营监管,之后统一划转至原银保监会进行统一监管。由于银行牌照项下本身就具备保理业务内容,所以保理公司的发起人主要是实业类企业、金控平台和城投公司等,没有银行参与。

(一)一般保理产品的业务模式

一般保理产品的业务模式主要适用于各种类型的企业,包括直接保理、反向保理、保理池融资等业务模式。

1. 直接保理

直接保理的业务模式是供应链的卖方将交易中买方的应收账款转让给保理公司,保理公司以此为基础对融资企业(货物卖方)进行保理融资。直接保理业务的业务流程如图 5—15 所示。

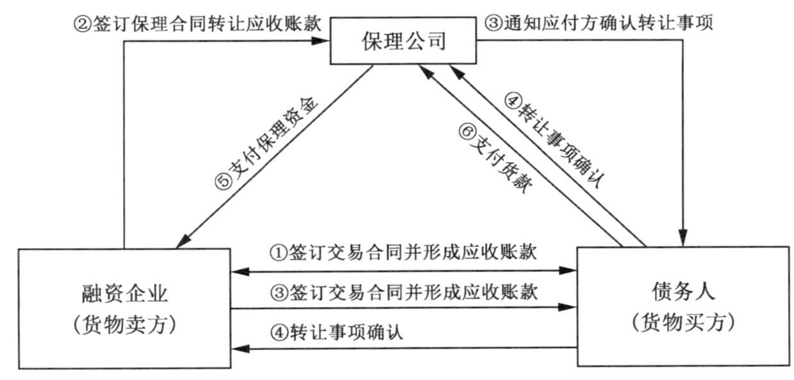

图 5—15　直接保理模式

2. 反向保理

反向保理的业务模式是供应链中的核心企业将自身或者有资金需求的成员企业的供应商推荐给保理公司，由保理公司根据核心企业或其成员企业与其供应商之间的应收账款，在核心企业或其成员企业承诺付款的情况下，向供应商提供融资（见图 5—16）。反向保理以供应链核心企业信用替代中小供应商信用，利用信用替代机制实现融资，主要适用于授信额度不高、融资规模较小的中小供应商。

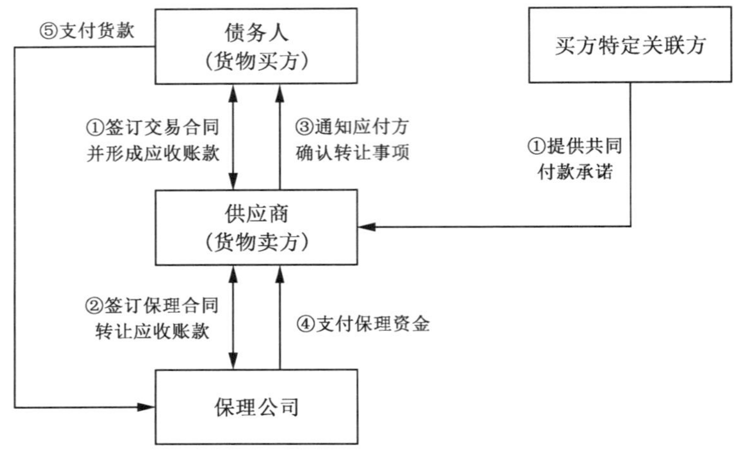

图 5—16　反向保理模式

3. 保理池融资

保理池融资的业务模式和直接保理的业务模式基本一致，所不同的是，融资方向保理公司转让的应收账款不是一笔而是多笔。融资方将多笔应收账款集合在一起形成应收账款池，然后通过直接保理的方式进行融资。

（二）城投公司保理业务模式

因为城投公司的主营业务涉及工程建设、商品贸易等，因此适合开展保理业务。而且由于主营业务的特殊性，城投公司保理业务主要是针对业务开展过程中形成的应收账款和应付账款。

城投公司的应收账款主要分为两类：一类是对地方政府、财政局、国资委或者事业单位的应收账款，如委托代建工程款、其他应收款等，属于保理业务监管不倡导的方向；另一类是城投公司在开展日常业务中产生的应收账款，比如贸易业务对贸易主体的应收账款、河道砂石开采业务中对购买方的应收账款等，可以采用保理业务模式。

城投公司在开展各项主营业务过程中产生了大量的应付账款，尤其是城投公司作为各地方主要工程建设主体，与施工单位、供应商之间存在大量的应付账款。通过保理方式可以帮助城投公司解决当期应付问题，能够对工程项目的推进起到非常积极的作用，而且保理融资目前一般是1—3年期，可以有效缓解城投公司的资金支出压力。

根据主营业务和财务结构特点，城投公司的保理产品主要包括三方保理模式、未来保理模式和保理＋租赁模式。

1. 三方保理模式

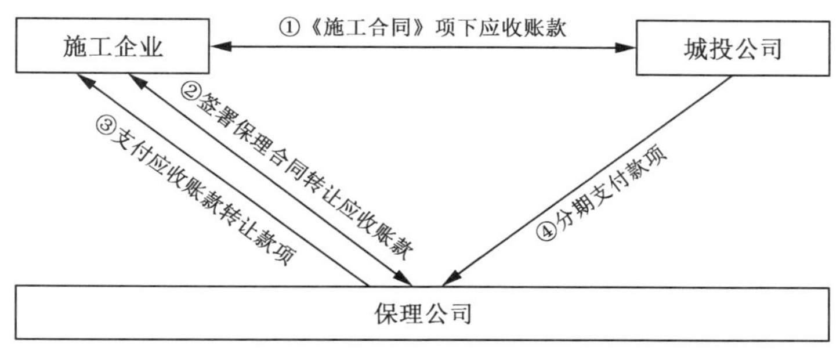

图5—17　三方保理模式

三方保理业务具体流程如下：

(1)城投公司与施工企业签订《施工合同》，通过工程计量、结算报告、第三方审计等环节确认双方之间形成的应收账款。

(2)城投公司、施工企业与保理公司签订三方《保理合同》，施工企业将《施工合同》项下已经确认的应收账款转让至保理公司。

(3)保理公司受让应收账款并支付保理融资款至施工企业。

(4)城投公司按《保理合同》中约定的还款计划，在还款日分期支付款项至保理公司。

2. 未来保理模式

未来保理业务具体流程如下：

(1)城投公司与施工企业签订《施工合同》，未来会通过工程计量、结算报告、第三方审计等环节确认双方之间形成的应收账款金额。

(2)施工企业与保理公司签署《保理合同》，施工企业将《施工合同》项下未来应收账款整体转让至保理公司。

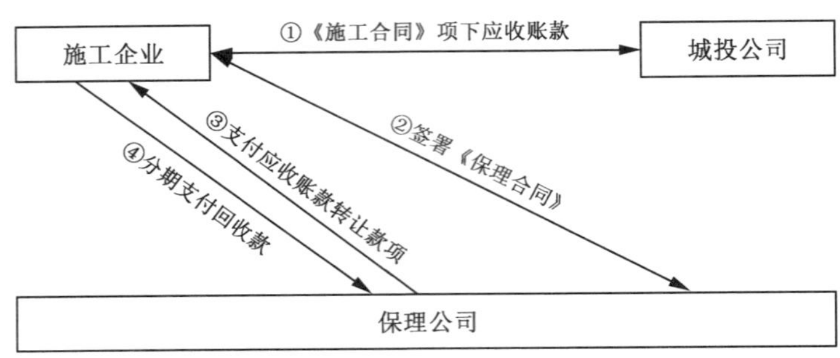

图 5—18　未来保理模式

(3)保理公司将应收账款转让款项支付给施工企业。

(4)施工企业按《保理合同》中约定的还款节奏,在还款日分期支付回收款至保理公司。

3. 保理+租赁模式

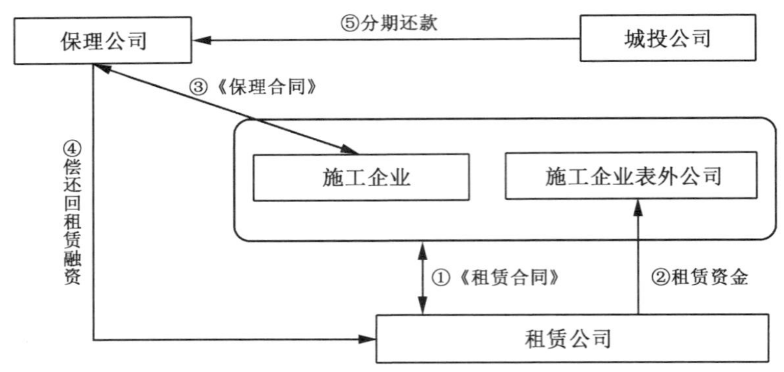

图 5—19　保理+租赁模式

保理+租赁业务具体流程如下:

(1)施工企业、施工企业表外公司与保理公司合作的租赁公司,操作一笔"双承租人"回租赁,融资租赁资金可直接支付至施工企业表外子公司,融资租赁的期限一般不超过 6 个月。

(2)保理公司与城投公司、施工企业合作一笔保理业务,保理业务的期限一般为 2—3 年。

(3)保理公司将款项支付给保理公司合作的租赁公司,用于偿还回租赁融资,租赁合同结束。

(4)城投公司按合同约定的还款计划向保理公司分期还款。

九、定融产品

定融产品是“定向融资产品”的简称,是指需要融资的企业通过在地方金融资产类交易场所(以下简称“金交所”)进行备案,以非公开发行的方式向个人投资者和机构投资者募集资金的融资项目。定融产品的投资者以个人投资者为主。从目前定融产品的发行情况来看,城投公司是定融产品最重要的发行人。

从近期披露的融资案例来看,部分城投公司发行产品的交易场所未经过相关部门备案,属于典型的“伪金交所”。城投公司在“伪金交所”发行定融产品潜在的风险会进一步加大。

(一)定融产品的参与方

不同金交所发行的定融产品的参与方会有所不同,但是定融产品一般会包括融资人、投资人、担保人、承销人、受托管理人、监管银行和备案场所七个参与方。

1. 融资人

目前国内发行的定融产品的融资人以城投公司为主,同时包括部分国有企业,民营企业发行的定融产品较少(主要是房地产公司)。从城投公司的类型来看,定融产品的融资人主要是优势区域的弱势城投公司(以区县级城投公司为主)和弱势区域的城投公司(包括市级城投公司和区县级城投公司)。

2. 投资人

定融产品的投资人主要是自然人。不同金交所对于投资人的资格认定标准不一,但是均低于合格投资者的标准,投资门槛相对较低。从市场上披露的定融产品信息来看,投资人的投资标准起点多在5万—30万元之间。定融产品的投资人主要是位于城投公司所在区域,因为投资人对于融资人比较熟悉,但是目前也有很多机构通过网络渠道在全国范围内进行销售。

3. 担保人

定融产品一般需要担保人对产品进行增信。定融产品的担保人一般是同级别的区县级城投公司或者地市级城投公司,同时有部分应收政府款项进行质押。部分定融产品还存在双担保,即由当地两家城投公司提供担保。

4. 承销人

定融产品的承销人主要是第三方财富公司、私募基金或者资产管理公司。这些机构不同于承销信用债券的银行或者证券公司,没有监管机构核发的资质或者牌照许可，不具备专业的承销能力。同时，很多承销人甚至成立时间很短、人员配置很少、没有专门的风控部门，不会对城投公司进行实质性的尽职调查或者风险审核。

5. 受托管理人

定融产品的受托管理人负责代投资者办理担保手续，成为抵质押权人；同时监管产品募集资金使用情况。定融产品的受托管理人一般是和承销人一致的，由于没有专业的风险管理人员进行产品管理，实际上很难履行监管和督导的责任。

6. 监管银行

定融产品的监管银行是产品交易结算账户的开户行。融资人、监管银行和受托管理人签署三方监管协议，约定对定融产品的资金流转、资金用途进行监管。但实践中很多定融产品的监管银行属于形式监管，流于形式甚至完全不进行监管，很难发挥监管银行的资金监管作用。

7. 备案场所

定融产品的备案场所主要是金交所或者"伪金交所"。金交所不对定融产品或者融资人进行实质性的审核，只提供产品备案登记服务。金交所的名称中一般包含"金融资产交易所"或"金融资产交易中心"等字样。"伪金交所"的名称中一般包含"资产备案登记公司""资产登记中心""管理服务公司"等字样，没有经过监管机构的审核和认可，存在较大的风险。

(二)定融产品的模式

定融产品的常见模式包括直接融资定融产品、债权类定融产品、债券类定融产品、合同存证定融产品和产登类定融产品五类。

1. 直接融资定融产品

直接融资定融产品是基于城投公司信用在金交所直接发行产品进行融资，不和公司的资产或者资产收益权挂钩，一般会通过金交所"某金宝"等形式进行产品的发行。直接融资定融产品最大的特点是产品风险直接与城投公司信用进行挂钩，不与特定资产或者债权相关联。

2. 债权类定融产品

(1)债权资产转让定融产品

债权资产转让定融产品是指将城投公司的部分债权资产(一般是应收账款)在金交所挂牌转让给投资者，约定在未来固定时间内回购相关资产，并按期支付固定的利息。比如"【××公司 1 号债权资产】AA 发债主体融资，两个 AA 发债平台担保，足额应收账款质押""【××公司债权资产转让项目】区县政信，AA 发债平台融资，双 AA 发债平台担保，对 AA 发债平台足额应收账款质押”。

(2)债权资产收益权转让定融产品

债权资产收益权转让定融产品是指将城投公司的部分债权资产的收益权在金交所挂牌转让给投资者，约定在未来固定时间内回购相关资产收益权，并按期支付固定的利息。比如“【××公司资产债权收益权】××县最大 AA 平台融资，双平台担保，足额应收账款质押并登记，提供土地抵押”。

3. 债券类定融产品

需要说明的是，按照监管机构的债券监管要求，金交所实际上是没有资质发行债券产品的，所发行的债券类定融产品不属于信用债券之列。但是在实践中，部分金交所存在冠以“债券”名称的多种产品，主要包括私募债券、专项债券和可转换公司债券等类型。这些所谓的债券产品实质上依然属于定融产品之列，并不是真正的信用债券。

(1)私募债券

私募债券是指在金交所以非公开发行方式发行的用于偿还借款或者补充流动资金的金交所债券，资金的使用方式非常灵活，比如××公司非公开发行 2022 年一号私募债券(第一期)。

(2)专项债券

专项债券是指在金交所以非公开发行方式发行的专项用于项目建设的金交所债券，资金定向用于特定项目，比如××公司非公开发行 2022 年【募投项目】专项债券(第一期)。

(3)可转换公司债券

可转换公司债券是指在金交所以非公开发行方式发行的用于项目建设或者偿还借款的金交所债券，比如××公司(【募投项目】)2022 年非公开发行可转换为股票的公司债券。虽然金交所可转换公司债券冠有可转换为股票债券的名称并设置转股期限、行权价格、赎回选择权等条款，但实际上是没有转换为股权的可能性的，并不是真正的可转换公司债券。

4. 合同存证定融产品

合同存证定融产品是一种与应收账款合同挂钩的定融产品，需要将应收账款进行质押，同时需要区域内的其他城投公司为产品提供不可撤销的连带责任担保。合同存证定融产品的还款来源设定为发行方持有的应收账款还款、担保方的经营收入和发行方经营收入及再融资资金还款。

5. 产登类定融产品

产登类定融产品起源于2021年。部分新注册、新成立的有“产登”“产登信息”“产登管理”“产权交易”“产交信息”“结算”等字样的企业，以产权登记、产权交易等名义，将城投公司的部分应收账款、其他应收款等资产在产登类公司中登记、备案、挂牌交易，以非公开发行的方式获得融资。

(三)定融产品的监管

定融产品的发行场所主要是金交所，而金交所一直受到监管机构的重点关注和监管。根据国务院于2011年11月11日印发的《关于清理整顿各类交易场所切实防范金融风险的决定》(国发〔2011〕38号)[①]，建立由证监会牵头、有关部门参加的“清理整顿各类交易场所部际联席会议”制度。根据国务院于2012年1月10日印发的《关于同意建立清理整顿各类交易场所部际联席会议制度的批复》(国函〔2012〕3号)[②]，联席会议由证监会牵头，发展改革委、科技部、工业和信息化部、公安部、原监察部、财政部、原国土资源部、原环境保护部、原农业部、商务部、原文化部、人民银行、国资委、原工商总局、广电总局、原林业局、知识产权局、法制办、原银监会、原保监会，以及中央宣传部、高法院、高检院等有关单位参加。联席会议召集人由证监会有关负责人担任，各成员单位有关负责人为联席会议成员。

因为定融产品主要是在金交所和各类交易场所发行，因此受清理整顿各类交易场所部际联席会议监管。中国证监会牵头的清理整顿各类交易场所部际联席会议于2021年12月17日发布《联席会议部署开展金交所现场检查工作》[③]，提出了对于金融资产类交易场所新的监管要求，其中对于城投公司的监管规则：“禁止金交所为房地产企业(项目)、城投公司等国家限制或有特定规范要求的企业融资”，是金交所的监管规则中对于城投公司融资最直接、最重要的一条监管要求。

中国证监会于2022年9月30日印发《联席会议第七次会议部署推进清理整顿各类交易场所和私募基金风险防范处置工作》[④]，明确深入推进重点领域整治和风险处置，巩固金交所专项整治成果，强化产权交易场所违规金融活动专项整治，继续做好“伪金交所”整治工作；压缩交易场所总量，控增量、压存量，补上制度和工作短板，高度警惕风险苗头，不断完善长效机制；以整促治，坚决刹住地方交易场所违法违规

---

① 资料来源：国务院网站，http://www.gov.cn/zwgk/2011-11/24/content_2002092.htm

② 资料来源：国务院网站，http://www.gov.cn/zwgk/2012-01/12/content_2042870.htm

③ 资料来源：中国证监会网站，http://www.csrc.gov.cn/csrc/c100028/c1656428/content.shtml

④ 资料来源：中国证监会网站，http://www.csrc.gov.cn/csrc/c100028/c5814204/content.shtml

滥发融资产品行为。

定融产品一直屡禁不止，最主要的原因是城投公司有融资需求。在各种监管政策之下，部分城投公司（尤其是弱势城投公司和网红城投公司）很难通过正规的融资方式进行融资。而定融产品对于城投公司的资质要求很低，对资金使用没有监管，可以灵活地使用资金，因此部分城投公司才会选择定融产品。

第六章 信用债券融资

信用债券属于城投公司融资的重要组成部分，是在资本市场上的公开融资渠道。因为信用债券体系较为复杂，涵盖的债券产品类型较多，因此本书单独设一章对信用债券融资体系进行详细的介绍。

第一节　信用债券体系

国内的信用债券体系主要由四大部分组成：中国人民银行监管的金融债券产品、中国证监会监管的企业债券产品和公司债券产品，以及中国银行间市场交易商协会（以下简称“交易商协会”）监管的债务融资工具产品。因为城投公司不属于金融企业，不会涉及金融债券，所以本章对于金融债券产品的介绍从简。

一、国内债券市场体系

在介绍信用债券融资体系之前，首先来谈一谈我国的债券市场体系。目前我国共有银行柜台债券市场、交易所债券市场和银行间债券市场三个市场。

（一）银行柜台债券市场

银行柜台债券市场是指银行或者证券公司通过营业网点（含电子银行系统）与投资人进行债券买卖并办理相关托管与结算等业务的债券市场，属于场外交易市场。银行柜台债券市场的发展经历了从试点到扩展的过程，最早的债券交易品种是国债。银行柜台债券市场的发展经历了较为漫长的过程：

1. 国务院于 1981 年 1 月 28 日颁布《中华人民共和国国库券条例》（国发〔1981〕

15 号)[①],明确国库券发行的相关事项,确认国库券主要面向国有企业、集体所有制企业、企业主管部门和地方政府分配发行。考虑到在金融改革的背景下银行贷款越来越难以满足企业的融资需求,1982 年首次批准有限制地发行企业债券。随着债券发行的规模不断增加,使得市场上产生了以债券流通变现为目的的债券交易需求。

2. 从 1986 年开始,我国尝试通过商业银行和邮政储蓄的柜台销售方式发行国债。1986 年 8 月 5 日,经中国人民银行沈阳分行批准,沈阳市信托投资公司首先开办债券等有价证券的柜台转让业务;1986 年 9 月 6 日,中国工商银行上海信托投资公司静安业务部开办了代理证券买卖业务,这标志着银行柜台债券市场开始形成。

3. 中国人民银行和财政部于 1988 年 2 月 27 日印发《关于开放国库券转让市场试点实施方案的请示报告》,明确经国务院批准,自 1988 年 4 月起在沈阳、上海、重庆、武汉、广州、深圳、哈尔滨 7 个金融改革试点城市首次进行开放国库券转让市场的试点工作,允许转让国库券。1988 年 6 月 2 日,中国人民银行和财政部印发《关于第二批开放国库券转让市场试点实施方案》,将国库券转让试点城市从 7 个扩展到 54 个。

4. 1991 年 3 月 7 日,中国人民银行、财政部印发《关于全面开放国债转让市场的通知》,将国债流通转让范围扩大到全国 400 个地市级以上城市,以场外柜台交易市场为主、场内集中交易市场为辅的国债二级市场格局基本形成,地方性债券交易中心及柜台交易中心形成,成为债券交易的典型场外市场。从 1981 年至 1991 年,这期间的债券交易主要通过场外柜台市场(包括地方债券交易中心等)完成。

目前,银行柜台债券市场仍然是国内债券市场的重要组成部分。根据中国人民银行发布的《2023 年金融市场运行情况》[②],2023 年全年银行柜台债券市场累计成交 105.1 万笔,成交金额 1 961.4 亿元;截至 2023 年末,银行柜台债券市场托管余额 577.5 亿元。

中国人民银行于 2024 年 2 月 29 日发布《关于银行间债券市场柜台业务有关事

---

① 资料来源:百度文库,https://wenku.baidu.com/view/87a1130580c4bb4cf7ec4afe04a1b0717fd5b317.html?_wkts_=1668495913207&bdQuery=1981%E5%B9%B4%E4%B8%AD%E5%8D%8E%E4%BA%BA%E6%B0%91%E5%85%B1%E5%92%8C%E5%9B%BD%E5%9B%BD%E5%BA%93%E5%88%B8%E6%9D%A1%E4%BE%8B

② 资料来源:中国人民银行网站,http://www.pbc.gov.cn/goutongjiaoliu/113456/113469/5221498/index.html l

项的通知》(银发〔2024〕45号)[①],明确投资者可通过柜台业务开办机构投资国债、地方政府债券、金融债券、公司信用类债券等银行间债券市场债券品种,鼓励投资者通过柜台交易各类债券产品。

(二)交易所债券市场

交易所债券市场是指投资者通过交易所进行债券投资、交易、结算和托管的市场,交易场所主要是上海证券交易所和深圳证券交易所,交易的品种主要是国债、地方政府债券、公司债券和ABS产品等。

上海证券交易所于1990年11月26日成立并于12月19日运营,开始接受实物债券的托管并进行记账式债券交易,此后深圳证券交易所也成立运营,标志着交易所债券市场正式形成,债券交易从场外的银行柜台债券市场开始回流至交易所债券市场。但在交易所成立初期,交易所债券市场的债券成交量相对较少,绝大部分债券交易仍在银行柜台债券市场进行。

1992年12月18日,上海证券交易所推出我国第一个也是当时唯一的一个金融期货品种——国债期货交易试点,试点初期仅向机构投资者开放。此后,上海证券交易所共推出12个品种的国债期货合约。1993年10月25日,上海证券交易所对国债期货交易合约进行了修订,并开始向个人投资者开放国债期货交易。1993年12月,上海证券交易所推出国债期货回购业务,场内市场债券交易量明显增加。1994年3月18日,深圳证券交易所开通债券交易业务,国债现货5个品种上市交易。1994年9月12日,深圳证券交易所推出国债期货交易业务,首批包括5个系列20个期货品种。国债期货、现货及回购交易趋于活跃。

1995年国债市场出现了部分金融乱象(包括国债期货交易市场上相继出现的"327国债事件"和"319国债事件"等违规事件),1995年8月国家正式叫停全部区域性的证券交易中心,上海证券交易所和深圳证券交易所成为我国唯一合法的债券交易市场。在国债现货和回购交易的支撑下,场内市场仍实现了较快的发展,交易所债券市场体系得到了进一步的发展。

交易所债券市场是国内发展最快的债券市场。根据中国人民银行发布的《2023年金融市场运行情况》,2023年全年交易所债券市场发行债券9.6万亿元,日均成交1 919.3亿元;截至2023年末,交易所债券市场托管余额20.9万亿元。

---

① 资料来源:中国人民银行网站,http://www.pbc.gov.cn/tiaofasi/144941/3581332/5255590/index.html

(三)银行间债券市场

银行间债券市场是指由中国外汇交易中心暨全国银行间同业拆借中心承担交易功能、中央国债登记结算公司和银行间市场清算所股份有限公司承担托管功能的债券交易市场,交易的债券品种主要包括国债、地方政府债券、金融债券、同业存单和企业债券等。

1997 年 6 月 5 日和 6 日,中国人民银行分别印发《关于各商业银行停止在证券交易所证券回购及现券交易的通知》(银发〔1997〕240 号)和《关于禁止银行资金违规流入股票市场的通知》(银发〔1997〕245 号),明确规定从 1997 年 6 月 6 日起,所有商业银行停止在交易所及各地证券交易中心的证券回购及现券交易,各商业银行在中央国债登记结算有限责任公司开立证券集中托管账户,在交易所托管的证券转至中央国债登记结算有限责任公司,商业银行的证券回购业务在全国统一同业拆借网络中集中办理,标志着银行间债券市场正式成立。至此,我国债券市场正式形成了银行间债券市场、交易所债券市场和银行柜台债券市场三大场所并立的局面。

财政部于 1997 年 6 月 9 日批转《实物国债集中托管业务(暂行)规则》,进一步明确由中央国债登记结算有限责任公司根据财政部授权,负责全国国债的统一托管和结算服务,实物国债通过托管人送交中央国债登记结算有限责任公司指定的保管库入库保管,由中央国债登记结算有限责任公司指定的代理机构登记入账,并由中央国债登记结算有限责任公司对债权统一注册。

中国人民银行于 1998 年 11 月 3 日分别印发《银行间债券回购业务暂行规定》《银行间债券交易规则》和《银行间债券交易结算规则》等,在法律制度层面上建立了银行间债券市场的监管规则。因为有规范的监管规则以及银行体系充裕的资金,银行间债券市场从成立之后便得到了迅速发展。

银行间债券市场是目前国内发行量、交易量和托管量最大的债券市场。根据中国人民银行发布的《2023 年金融市场运行情况》,2023 年全年银行间债券市场发行债券 71.0 万亿元,现券成交 307.3 万亿元,日均成交 12 341.6 亿元;截至 2023 年末,银行间债券市场托管余额 137 万亿元。

二、信用债券体系

(一)信用债券体系概况

国内的信用债券体系主要由四大部分组成:中国人民银行监管的金融债券产品、中国证监会监管的企业债券产品和公司债券产品,以及交易商协会监管的债务融资工具产品。企业债券产品之前一直是由国家发改委负责审核的，2023 年 3 月国务院机构改革方案出台之后，企业债券的审核机构和监管机构正式由国家发改委变更为中国证监会。

1. 金融债券产品

金融债券产品的发行人包括商业银行、保险公司、证券公司、期货公司、金融租赁公司、汽车金融公司和消费金融公司等各类金融机构。需要特别说明的是，这里提到的金融债券产品并不包括政策性银行债券，因为政策性银行债券属于利率债券而不是信用债券。

金融债券产品涵盖的具体品种如下：

(1)商业银行金融债券包括次级债券、混合资本债券、公司债券、小微专项金融债券、三农专项债券、绿色债券、永续债券、资本补充债券和总损失吸收能力非资本债券(TLAC)等品种。

(2)保险公司金融债券包括次级债券、资本补充债券等品种。

(3)证券公司金融债券包括短期融资券、次级债、短期公司债等品种。

(4)期货公司金融债券。

(5)金融租赁公司金融债券。

(6)汽车金融公司金融债券。

(7)消费金融公司金融债券。

2. 企业债券产品

企业债券产品包括一般企业债券、企业债券创新品种和企业债专项债券三大类。

(1)一般企业债券是以募投项目为核心的债券品种，募投项目类型包括保障房、产业园区、工业化厂房、高速公路等。

(2)企业债券创新品种包括中小企业集合债券、小微企业增信集合债券、项目收益债券和优质企业债券等。

(3)企业债专项债券包括城市地下综合管廊建设专项债券、战略性新兴产业专项债券、养老产业专项债券、城市停车场建设专项债券、双创孵化专项债券、绿色债券、配电网建设改造专项债券、市场化银行债权转股权专项债券、政府和社会资本合作(PPP)项目专项债券、农村产业融合发展专项债券、社会领域产业专项债券和县城新型城镇化建设专项企业债券 12 个品种。

3. 公司债券产品

公司债券产品的基本品种包括公开发行公司债券(大公募和小公募)、非公开发行公司债券(私募债)和资产证券化产品(ABS)。公司债券产品体系可以细分为专项公司债券产品、专项品种公司债券和特定用途公司债券。

(1)专项公司债券产品包括可转换公司债券、中小企业私募债券和项目收益专项公司债券。

(2)专项品种公司债券包括短期公司债券、可续期公司债券、可交换公司债券、绿色公司债券(包含蓝色债券子品种)、低碳转型公司债券、科技创新公司债券、乡村振兴公司债券、"一带一路"公司债券、纾困公司债券、中小微企业支持债券。

(3)特定用途公司债券包括保障性住房债券、上海临港新片区债券、可持续挂钩债券、"成渝双城经济圈"债券、能源保供债券、专精特新债券、保障性租赁住房债券、民营经济支持发展债券、海南自由贸易港债券、支持革命老区债券、大宗商品指数挂钩债券、数字经济债券、长三角一体化债券、黄河流域高质量发展债券、集成电路债券、防汛救灾专项债券、粤港澳大湾区债券、海峡两岸融合可持续挂钩债券、航天领域债券、西部陆海新通道债券、高成长产业债券、实验室经济债券、科创金融改革试验区债券、人才主题债券、物流降本增效债券、京津冀协同发展债券、未来产业债券和中部崛起债券等。

4. 债务融资工具产品

债务融资工具产品包括信用债产品和结构化产品两大类。其中信用债产品包括中期票据(MTN)、短期融资券(CP)、超短期融资券(SCP)、非公开定向债务融资工具(PPN);结构化产品包括资产支持票据(ABN)和资产支持商业票据(ABCP)。创新债务融资工具产品主要包括三大类:

(1)特定用途债务融资工具,具体产品包括创投债务融资工具、绿色债务融资工具(子品种包括蓝色债券、碳中和债券)、保障性安居工程债务融资工具、扶贫票据、双创专项债务融资工具、住房租赁债务融资工具、疫情防控债、城市更新债务融资工具、权益出资型票据、乡村振兴票据、革命老区振兴发展债务融资工具、社会责任债券、可持续发展债券、科创票据和转型债券。

(2)特定主体债务融资工具,具体产品包括中小非金融企业集合票据、境外非金融企业债务融资工具(即熊猫债)和高成长型企业债务融资工具等。

(3)特别条款或结构债务融资工具,具体产品包括永续票据、可转换票据、项目收益票据、可持续发展挂钩债券、不动产信托资产支持票据(类 REITs)和资产担保债务融资工具等。

(二)信用债券的金融基础设施

信用债券的金融基础设施主要是指交易场所、托管场所、清算场所等机构。信用债券市场的基础设施具体包括如下机构：

1. 中央国债登记结算有限责任公司

中央国债登记结算有限责任公司(简称“中债登”“中央结算公司”,缩写为CCDC)成立于1996年12月,注册资本125亿元,由国务院国资委持有100%股权。中债登全资设立银行业理财登记托管中心有限公司(理财中心)、中债金融估值中心有限公司(中债估值中心)、中债金科信息技术公司、中债金石资产管理公司等子公司,控股银行业信贷资产登记流转中心(银登中心)、中国信托登记公司、中债银登不良资产交易中心,参股上海清算所和建信金融科技有限责任公司,已成为事实上的国家金融基础设施集团。中债登受人民银行、财政部、原银保监会等部门监管。

2. 中国证券登记结算有限责任公司

中国证券登记结算有限责任公司(简称“中证登”“中国结算”,缩写CSDC)成立于2001年3月,注册资本200亿元,由上海证券交易所和深圳证券交易所各持有50%股权。中证登下设上海、深圳、北京三家分公司及中国证券登记结算(香港)有限公司、中证证券期货业信息基地建设公司两家全资子公司。中证登受中国证监会监管。

3. 银行间市场清算所股份有限公司

银行间市场清算所股份有限公司(简称“上清所”,缩写为SHCH)成立于2009年11月,注册资本33亿元,由中国金融交易中心有限责任公司、中央国债登记结算有限责任公司、中国印钞造币集团有限公司和中国金币集团有限公司分别持有46.67%、33.33%、10%和10%的股份。上清所下设上海清算信息技术有限公司一家全资子公司。上清所受中国人民银行监管。

4. 中国外汇交易中心

中国外汇交易中心(简称“交易中心”,缩写为CFETS)是中国人民银行直属事业单位。中国人民银行于1997年1月27日印发的《关于中国外汇交易中心业务工作归口管理及有关问题的通知》明确,中国外汇交易中心与同业拆借中心一套机构、两块牌子(即一个属于银行间外币市场,另一个属于银行间本币市场)。交易中心的主要职能是提供银行间外汇交易、人民币同业拆借、债券交易系统并组织市场交易,办理外汇交易的资金清算、交割,提供人民币同业拆借及债券交易的清算提示服务等。交易中心总部设在上海,备份中心建在北京,在广州、深圳、天津等18个中心城市设有分中心。

表 6—1　　信用债券的金融基础设施

债券名称	交易场所	监管机构	托管场所
金融债券	银行间债券市场	中国人民银行、原银保监会	中债登
企业债券	银行间债券市场/交易所债券市场	中国证监会	中债登
公司债券	交易所债券市场	中国证监会	中证登
债务融资工具	银行间债券市场	交易商协会	上清所
信贷 ABS	银行间债券市场/交易所债券市场	中国人民银行、原银保监会	中债登
企业资产 ABS	交易所债券市场	中国证监会	中证登

资料来源:根据公开信息整理

第二节　企业债券产品

随着改革开放的推进和国内经济的发展,城乡居民和企业的收入迅速增加,有了一定的闲置资金;而国有企业新投资固定资产项目需要大量资金,但是地方政府财力无法全部满足国有企业的资金需求。资金市场上同时出现了需求者和供给者,企业债券正是在这种背景下诞生的。

企业债券是我国最早的信用债券品种,也是最早的城投公司债券,更是在很长一段时间内唯一的城投公司债券。企业债券是以募投项目为核心的债券品种,重点用于支持固定资产投资项目建设,这是企业债券与其他信用债券产品相比独有的特征。

2023 年 3 月企业债券的监管审核划归证监会之后,企业债券就成为公司债券的一部分。本书通过梳理企业债券的审核方式变迁和审核政策变迁、企业债券的专项债券产品以及企业债券的申报等,来纪念那个曾经特别辉煌的企业债券时代,那个曾经城投公司专属的债券产品。

一、企业债券的审核方式变迁

企业债券诞生于 1982 年,是随着国家经济体制改革的不断深入和企业经营机制的转换,企业在寻求发展资金的过程中自发出现的。这里需要说明一下,虽然很多监管文件中用的是“企业债券”这个名称，但是在审核权划转之前发行人正式申报发行的文件中用的名称是“公司债券”。

从企业债券诞生至今，企业债券的审核方式经历了审批制、核准制和注册制三个阶段：

（一）审批制

1. 国务院于1987年印发《企业债券管理暂行条例》（国发〔1987〕21号）[①]，是首个对企业债券进行明确规范的监管文件。国发〔1987〕21号文明确规定企业债券发行必须经过中国人民银行的批准，也就是说，企业债券的主管机构是中国人民银行，审核方式实行审批制。

2. 国务院于1993年印发《企业债券管理条例》（国务院令第121号），明确规定由人民银行会同国家计划委员会（即国家发改委前身）对企业债券进行审批。按照国务院令第121号，企业债券的主管机构是中国人民银行和原国家计划委员会，审核方式实行审批制。

3. 1999年国务院批准中国人民银行《关于企业债券改由国家计委审批的请示》（银发〔1999〕364号）[②]，人民银行不再直接参与企业债券的发行管理工作，而由原国家计划委员会统一负责企业债券的审批。此后企业债券的主管机构正式变更为原国家计划委员会。

4. 2004年修订的《证券法》规定，发行公司债券必须获得有权部门的审批。从企业债券角度来看，这里的有权部门就是指国家发改委，而且实行的依然是审批制。

（二）核准制

1. 2008年国家发改委发布《关于推进企业债券市场发展、简化发行核准程序有关事项的通知》（发改财金〔2008〕7号）[③]，对企业债券发行核准程序进行改革，将先核定规模、后核准发行两个环节，简化为直接核准发行一个环节。企业债券审核方式正式进入核准制阶段。

2. 2011年国务院对《企业债券管理条例》[④]进行了部分修订，但在企业债券审核方式和主管机构的规定上未根据当时的实际情况进行修订，仍然保留了原来的规定，即由中国人民银行会同国家发改委审批。但是从企业债券的审核实践来看，企

---

① 资料来源：百度学术网站，https://xueshu.baidu.com/usercenter/paper/show?paperid=1f37fe87da4d3844b1a214f5b3869e3d&tn=SE_baiduxueshu_c1gjeupa&ie=utf-8&site=baike

② 资料来源：国家发改委网站，https://www.gov.cn/xinwen/2014-02/16/content_2613993.htm

③ 资料来源：国家发改委网站，http://bgt.ndrc.gov.cn/zcfb/200801/t20080104_498979.html

④ 资料来源：国务院网站，https://www.gov.cn/gongbao/content/2011/content_1860733.htm

业债券采用的还是核准制，而且核准机构是国家发改委。

(三)注册制

1. 2019 年 12 月 28 日，第十三届全国人大常委会第十五次会议审议通过了新修订的《证券法》，明确规定包括企业债券、公司债券在内的证券发行实施注册制。

2. 2020 年 3 月 1 日，国家发展改革委发布《关于企业债券发行实施注册制有关事项的通知》(发改财金〔2020〕298 号)[①]，明确企业债券发行由核准制改为注册制，国家发展改革委为企业债券的法定注册机关，发行企业债券应当依法经国家发展改革委注册，中央国债登记结算有限责任公司为受理机构，中央国债登记结算有限责任公司、中国银行间市场交易商协会为审核机构。此后，企业债券审核正式进入注册制阶段。

根据中央国债登记结算有限责任公司和中国银行间市场交易商协会联合发布的《企业债券审核工作规则(试行)》[②]，注册制下企业债券的受理流程和相关时间要求如图 6—1 所示。

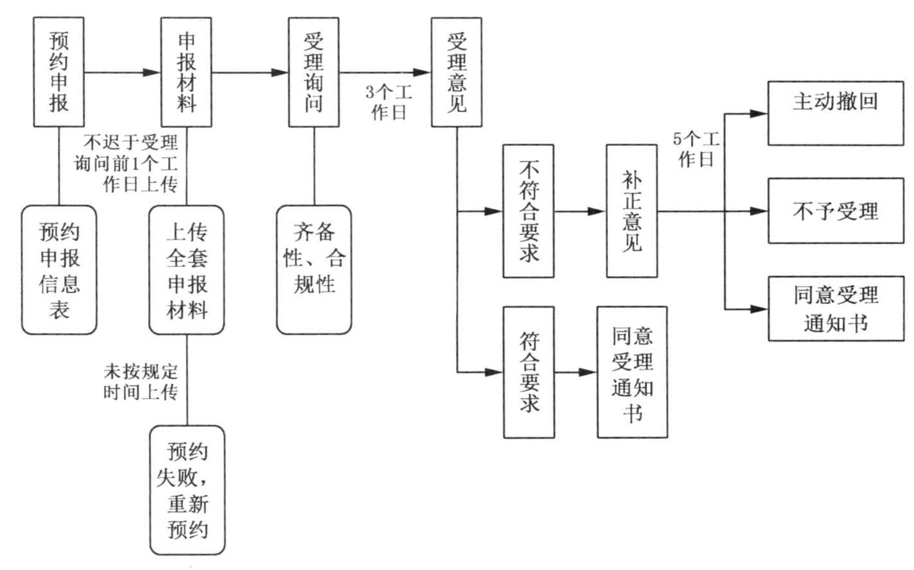

图 6—1　企业债券受理流程和时间要求

① 资料来源：国家发改委网站，https://www.ndrc.gov.cn/xxgk/zcfb/tz/202003/t20200301_1221966.html

② 资料来源：中国银行间市场交易商协会网站，http://www.nafmii.org.cn/ggtz/tz/202007/t20200729_198877.html

根据中央国债登记结算有限责任公司和中国银行间市场交易商协会联合发布的《企业债券审核工作规则(试行)》,注册制下企业债券的审核流程和审核时间要求如图 6—2 所示。

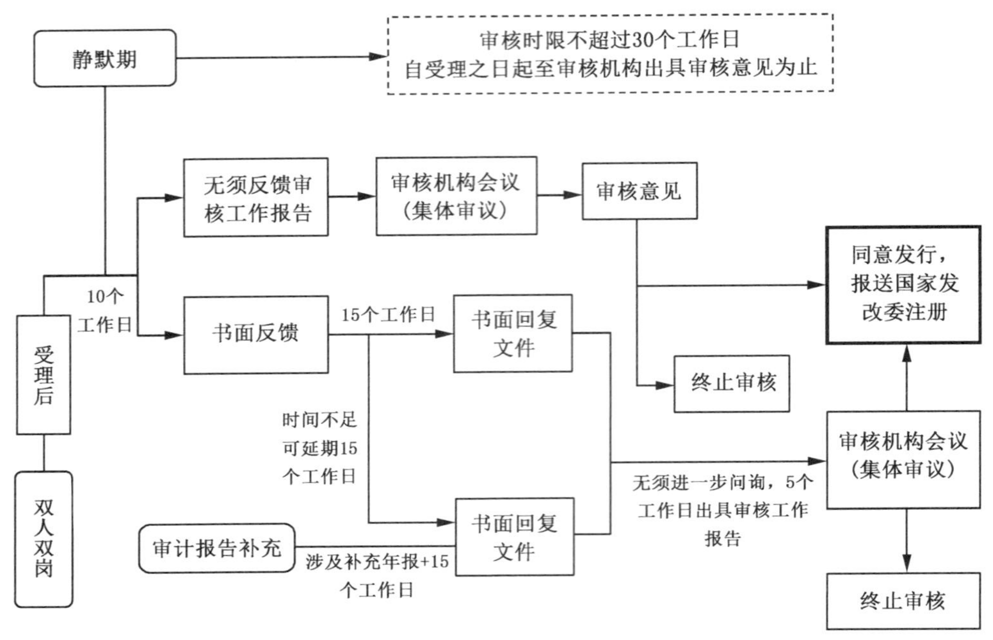

图 6—2　企业债券审核流程和审核时间

3. 2023 年 10 月 20 日,中国证监会印发《关于企业债券过渡期后转常规有关工作安排的公告》①,明确了企业债券新的审核方式。

(1)受理安排

上海证券交易所、深圳证券交易所、北京证券交易所(以下统称交易所)负责企业债券受理工作,同时取消企业债券原预约申报环节。

(2)审核注册安排

交易所负责企业债券审核工作,并报中国证监会履行注册程序。公开发行企业债券的发行条件、申请文件、审核注册程序等,按照公司债券(含企业债券)相关制度规则执行。

(3)登记托管、交易结算等安排

① 资料来源:中国证监会网站,http://www.csrc.gov.cn/csrc/c100028/c7438231/content.shtml

企业债券登记托管、交易结算等安排总体保持不变，可以选择在交易所债券市场和银行间债券市场两个市场上市(挂牌)交易，由中国证券登记结算有限责任公司、中央结算公司提供登记托管结算等服务。

(4)债券监管安排

中国证监会及其派出机构、交易所、中国证券登记结算有限责任公司、中国证券业协会等将企业债券纳入公司债券管理体系，依法履行企业债券监管和风险防控等职责。

二、企业债券的审核政策变迁

企业债券审核政策的变迁可以分为酝酿阶段、初始阶段、规范阶段、鼓励阶段、收紧阶段、宽松阶段、风险防范阶段、注册制阶段和证监会监管阶段九个阶段。

(一)酝酿阶段

1982 年至 1986 年 2 月是企业债券审核政策的酝酿阶段。

从 1982 年开始，部分国有企业开始通过向企业职工内部集资或者向社会公开发行债券的方式获取资金。从公开资料来看，酝酿阶段的企业债券产品大多属于内部集资性质，而且发行企业债券的企业数量、规模和范围都很有限，因此并不属于严格意义上的信用债券品种。酝酿阶段是企业债券的原始阶段，是企业债券开始摸索的过程。在酝酿阶段，企业债券没有明确的监管规则，没有规范性的要求，也没有监管机构进行审批，主要是企业自发组织进行的一种融资行为。但是酝酿阶段对于企业债券来说是非常重要的，正是因为有了酝酿阶段的探索和实践，才有了企业债券的正式监管规则出台。

(二)初始阶段

1987 年 3 月至 2003 年 12 月是企业债券审核政策的初始阶段。

在初始阶段，监管机构开始针对企业债券制定监管规则，但是尚未形成体系化的监管规则框架。

1. 国务院于 1987 年 3 月 27 日印发《企业债券管理暂行条例》(国发〔1987〕21 号)[①]，是国内首个规范企业债券申报发行的监管法规，确定了企业债券的基本监管框架和发行要求。从国发〔1987〕21 号文之后，企业债券有了正式的名称和监管规则，开始进入规范发展阶段。《企业债券管理暂行条例》的主要监管要求如下：

---

① 资料来源：百度学术网站，https://xueshu.baidu.com/usercenter/paper/show?paperid=1f37fe87da4d3844b1a214f5b3869e3d&tn=SE_baiduxueshu_c1gjeupa&ie=utf-8&site=baike

(1)债券监管机构

中国人民银行是企业债券的主管机关,对企业发行债券实行集中管理、分级审批制度;同时中国人民银行会同国家计划委员会、财政部等部门拟定全国企业债券发行的年控制额度,下达各省、自治区、直辖市和计划单列省辖市执行。

(2)债券发行主体

企业债券的发行主体是中国境内具有法人资格的全民所有制企业。这条规则对企业债券的发行主体范围做了严格的限制,只有全民所有制企业才能是企业债券的发行主体,意味着集体所有制企业或者民营企业是不能发行企业债券的。

(3)募集资金用途

企业债券的募集资金用于固定资产投资项目,且固定资产投资项目必须经有关部门审查批准,纳入国家控制的固定资产投资规模。企业债券是以募投项目为核心的,而募投项目主要是固定资产投资项目,这是企业债券区别于其他信用债券产品的重要特征。

(4)债券发行方式

在初始阶段企业债券的发行方式较为灵活,企业可以自己发售企业债券,也可以委托银行或者其他金融机构代理发售企业债券。在初始阶段,企业可以自行销售企业债券,自主性和便利性较强。

(5)债券发行额度

国发〔1987〕21号文规定,企业发行债券的总面额不得大于该企业的自有资产净值。这就意味着企业债券理论上的最大发行规模为净资产规模。国发〔1987〕21号文规定的企业债券发行规模上限较高,与后续企业债券监管规则规定的发行规模上限有着明显的区别。

(6)债券票面利率

国发〔1987〕21号文规定,企业债券的发行票面利率不得高于银行相同期限居民储蓄定期存款利率的40%。这条规定为企业债券的发行利率设置了上限,防止企业债券发行利率过高。

(7)债券投资人

国发〔1987〕21号文规定,单位和个人均可以是企业债券的投资人,并且没有对个人投资者的资格进行范围限定,投资人范围比较广。

1987年版《企业债券管理暂行条例》没有明确规定企业债券的细分品种,但是从公开材料来看,企业债券的细分品种较多,包括国家投资债券、国家投资公司债券、中央企业债券、地方企业债券、地方投资公司债券、住宅建设债券和内部债券等多个品种。

2. 国务院于1987年3月28日发布《关于加强股票、债券管理的通知》[①]，对企业债券申报发行做了进一步规范。

(1)债券发行人

全民所有制企业可以发行债券，机关团体、事业单位、集体所有制企业以及公民个人不得发行债券。这条规则对于企业债券的发行人类型做了进一步的明确，将发行人类型限制在全民所有制企业。

(2)债券发行额度

发行人申报发行企业债券必须在国家拟定下达的年控制额度内，不得突破控制额度，严控企业债券发行规模，防止企业过度融资或者资产负债率过高。

(3)募集资金使用

《关于加强股票、债券管理的通知》明确严禁用企业债券募集资金搞计划外的固定资产投资，防止企业债券募集资金被挪用，这是对于募集资金严格按照约定用途使用的监管要求。

(4)债券审批

企业发行债券必须报经当地中国人民银行审批，未经批准任何单位不得发行。这条监管规则包含两层意思：首先明确企业债券的审批机构是中国人民银行及其分支机构；其次企业债券的发行必须经过监管机构的审批，不能由企业自行开展。

3. 1993年8月2日，国务院印发了《企业债券管理条例》(国务院令第121号)[②]，对企业债券产品做了进一步的规范和完善，规定了企业债券的监管原则和监管框架。

其中，连续三年盈利是企业债券发行的重要条件，也是企业债券特有的财务指标要求。连续三年盈利，意味着发行人必须确保公司的财务数据保持稳健，不能出现亏损的情况，否则就会丧失企业债券申报发行资格。

(三)规范阶段

2004年1月至2007年12月是企业债券审核政策的规范阶段。

在规范阶段，国家发改委开始对企业债券的发行框架进行规范和完善。从酝酿

---

① 资料来源：百度学术网站，https://xueshu. baidu. com/usercenter/paper/show? paperid = 56427781d3b16fcba0a9be2861983a30&tn=SE_baiduxueshu_c1gjeupa&ie=utf-8&site=baike

② 资料来源：法律图书馆网站，http://www. law-lib. com/law/law_view1. asp? id=9707

阶段到规范阶段，企业债券的审核方式是审批制。

1. 国务院于 2004 年 1 月 31 日印发《关于推进资本市场改革开放和稳定发展的若干意见》(国发〔2004〕3 号)[①]，明确提出“鼓励符合条件的企业通过发行公司债券筹集资金，改变债券融资发展相对滞后的状况，丰富债券市场品种，促进资本市场协调发展”。国发〔2004〕3 号文提出的公司债券，实际上指的就是企业债券，这也是监管文件中对于企业债券的发展提出明确鼓励和支持。

2. 国家发改委于 2004 年 6 月 21 日印发《关于进一步改进和加强企业债券管理工作的通知》(发改财金〔2004〕第 1134 号)[②]，对于企业债券的发行要求做了进一步的完善，具体要求如下：

(1)债券发行人

发改财金〔2004〕第 1134 号文明确规定在中华人民共和国境内注册登记的具有法人资格的企业均可申请发行企业债券，将企业债券的发行主体做了进一步的拓展，理论上各种类型、各种性质的企业均可以申报发行企业债券。

(2)债券发行规模

发改财金〔2004〕第 1134 号文规定企业发行债券余额不得超过其净资产的 40%，为企业债券发行规模设定了明确的上限。此后发债余额不超过发行人净资产 40%成为多个债券品种明确或者潜在的监管规则。

(3)募集资金使用

发改财金〔2004〕第 1134 号文规定企业债券募集资金用于固定资产投资项目的，累计发行额不得超过该项目总投资的 20%。按照这个比例来测算的话，发行人通过企业债券募集资金实际可以投向募投项目的比例并不高，以募投项目为核心的企业债券发行规模受到了一定的限制。

(4)债券中介机构

发改财金〔2004〕第 1134 号文对于企业债券的中介机构提出了具体要求，明确参与企业债券发行的中介机构应具有从事企业债券发行业务的资格。

3. 原银监会于 2007 年 10 月 12 日印发《关于有效防范企业债担保风险的意见》(银监发〔2007〕75 号)[③]，明确要求各银行应充分认识为企业债券提供担保的风险，

---

① 资料来源：国务院网站，http://www.gov.cn/gongbao/content/2004/content_63148.htm

② 资料来源：宁夏发改委网站，http://www.nxdrc.gov.cn/cszz/jcc/tzgg_jcc/24310.htm

③ 资料来源：原银监会网站，http://www.cbrc.gov.cn/chinese/home/docDOC_ReadView/20071102D5284B879FC64A31FFE572889E70A600.html

要进一步完善融资类担保业务的授权授信制度，将该类业务审批权限上收至各银行总行（公司总部），即日起要一律停止对以项目债为主的企业债券进行担保增信。在银监发〔2007〕75 号文出台之前，银行增信是企业债券的重要增信措施，极大地促进了企业债券的发展。银监发〔2007〕75 号文出台之后，发行人开始探索新的市场化增信渠道和方式。

（四）鼓励阶段

2008 年 1 月至 2012 年 3 月是企业债券审核政策的鼓励阶段。

在鼓励阶段，国家发改委开始制定监管政策鼓励企业申报、发行企业债券。从鼓励阶段开始，企业债券审核方式由审批制变更为核准制。

1. 国家发改委于 2008 年 1 月 2 日发布《关于推进企业债券市场发展、简化发行核准程序有关事项的通知》（发改财金〔2008〕7 号）①，对企业债券发行核准程序进行改革，将先核定规模、后核准发行两个环节，简化为直接核准发行一个环节。发改财金〔2008〕7 号文对于企业债券的审核程序进行了重大的改变，极大地提高了企业债券的审核效率。

2. 国家发改委于 2010 年 11 月 20 日发布《关于进一步规范地方政府投融资平台公司发行债券行为有关问题的通知》（发改办财金〔2010〕2881 号）②，继续支持符合条件的投融资平台公司通过债券市场直接融资，但是也明确提出了新的监管要求：

（1）偿债资金来源

发改办财金〔2010〕2881 号文明确城投公司发行企业债券的偿债资金来源 70％以上必须来自公司自身收益，对企业的盈利能力和偿债能力提出了明确的要求，确保发行人能够兑付企业债券。

（2）公益性项目收入占比

公益性或准公益性项目建设收入占比超过 30％的城投公司须提供本级政府债务余额和综合财力完整信息表。在这一阶段，城投公司主营业务主要是公益性或者准公益性项目的建设，与地方政府之间的信用关联度较强。

（3）地方政府负债水平

如果公益性或准公益性项目建设收入占比超过 30％的城投公司所在地政府负债水平超过 100％，其发行企业债券的申请将不予受理。这是企业债券监管规则中

---

① 资料来源：国家发改委网站，http://bgt.ndrc.gov.cn/zcfb/200801/t20080104_498979.html

② 资料来源：福建发改委网站，http://www.fjdpc.gov.cn/show.aspx?id=53111

首次对地方政府负债水平设置了明确的指标要求。

(4)债券增信

各级地方级政府及其所属部门、机构和主要依靠财政拨款的经费补助事业单位,不能以任何直接、间接方式为城投公司发行债券提供担保或增信。这条规则的目的是防止地方政府与城投公司之间的信用进行绑定,将企业债券界定为一种市场化融资方式。

(5)公益性资产

发改办财金〔2010〕2881号文再次明确不得将公立学校、公立医院、公园、事业单位资产等公益性资产作为资本注入投融资平台公司,与城投公司相关监管规则的要求一致。

3. 2011年1月8日,国务院对《企业债券管理条例》进行了修订[①],主要是明确对未经批准发行或者变相发行企业债券、超过批准数额发行企业债券等违规行为的处罚措施。

(五)收紧阶段

2012年4月至2015年4月是企业债券审核政策的收紧阶段。

在收紧阶段,国家发改委开始收紧企业债券申报政策。

1. 国家发改委于2012年4月明确被原银监会纳入监管平台名单的发行人原则上不再审批其发债申请,开始收紧城投公司申报企业债券的政策,并进一步加强了企业债券的监管力度。

2. 国家发改委于2012年6月确定企业债券申报的"2111"审核制度,即每个省会城市可以有2家平台申请发债;国家级开发区、保税区和地级市允许1家平台发债;县级主体必须是百强县才能有1家平台发债;4个直辖市申报城投项目没有限制,但其所属任一区仅可同时申报1家。"2111"审核制度限制了各个地方申报企业债券的数量(尤其是城投公司数量较多的地区),也就直接限制了企业债券的申报发行规模。

3. 国家发改委于2012年7月对企业债券申报审核政策有了一定的放松,明确城投公司即使被原银监会纳入监管平台名单,只要有地方银监局可以出具"非平台证明文件",城投公司也可申报发行企业债券。

4. 国家发改委于2012年12月11日印发《关于进一步强化企业债券风险防范

① 资料来源:国务院网站,https://www.gov.cn/gongbao/content/2011/content_1860733.htm

管理有关问题的通知》(发改办财金〔2012〕3451号)[①],对企业债券风险防范提出了新的监管要求,明确禁止发债企业互相担保或连环担保;对发债企业为其他企业发债提供担保的,在考察资产负债率指标时按担保额一半计入本企业负债额;城投公司为其他企业发行债券提供担保的,按担保额的1/3计入该城投公司已发债余额。

5. 国家发改委于2013年4月19日印发《关于进一步改进企业债券发行审核工作的通知》(发改办财金〔2013〕957号)[②],对企业债券发行申请按照"加快和简化审核类""从严审核类"以及"适当控制规模和节奏类"三种情况进行分类管理。

6. 国家发改委于2013年5月16日印发《关于对企业债券发行申请部分企业进行专项核查工作的通知》(发改办财金〔2013〕1177号)[③],明确对企业债券发行申请部分企业进行专项核查,核查范围包括"从严审核类"和"适当控制规模和节奏类"发债申请企业以及相关的主承销商、会计师事务所和信用评级公司。

7. 国家发改委于2013年8月2日印发《关于进一步改进企业债券发行工作的通知》(发改办财金〔2013〕1890号)[④],明确企业债券新的审核要求:

(1)明确预审核职责

发改办财金〔2013〕1890号文将由国家发改委负责的地方企业申请发行企业债券预审工作委托省发改委负责,此后省发改委开始正式承担企业债券预审工作。

(2)优化企业债券审核程序

企业债券发行人按程序将发债申请材料报送省发改委,省发改委应于15个工作日内完成预审工作。对属于发改办财金〔2013〕957号文规定的"加快和简化审核类"的发债申请,国家发改委从接收到审核后上报发改委领导的时间控制在30个工作日以内,有特定原因最长不超过60个工作日。

8. 国家发改委于2014年9月26日发布《关于全面加强企业债券风险防范的若干意见》(以下简称"《若干意见》")[⑤],对于企业债券审核提出了新的关注重点和关注指标,是对企业债券发行人的进一步规范,在一定程度上提高了城投公司申报发行企业债券的难度。

---

① 资料来源:国家发改委网站,http://www.sdpc.gov.cn/zcfb/zcfbtz/201212/t20121220_519191.html

② 资料来源:国家发改委网站,http://www.sdpc.gov.cn/zcfb/zcfbtz/201305/t20130522_542124.html

③ 资料来源:国家发改委网站,http://bgt.ndrc.gov.cn/zcfb/201305/t20130522_542157.html

④ 资料来源:国家发改委网站,http://www.sdpc.gov.cn/zcfb/zcfbtz/201308/t20130828_555543.html

⑤ 资料来源:湘潭市发改委网站,http://www.xiangtan.gov.cn/fgj/zwxx/zxxx/wjwm/content_88831.html

(1)经营合规情况

《若干意见》明确重点审核申请发债企业贯彻国家有关政策情况和规范运作情况，确保发行人业务和财务合规。

(2)营业收入来源

《若干意见》明确重点审核发债城投类企业营业收入来源，明确城投公司发行企业债券的偿债资金来源 70%以上(含 70%)必须来自企业自身收益。

(3)财务指标真实性

《若干意见》明确重点审核申请发债企业资产构成和利润等财务指标的真实性，对于关键财务指标进行重点审核。

(4)土地资产有效性

《若干意见》明确重点审核申请发债企业土地资产有效性，省发改委应实地勘察申请发债企业土地资产状况，认真比对核实入账土地评估价值，确保土地资产真实、有效。

(5)资产负债率

《若干意见》提高了企业资产负债率分类审核标准，明确不同债务率水平的发债企业审核政策有所区别。

(6)应收账款

《若干意见》明确重点审核申请发债企业应收款项情况，重点关注对政府及其有关部门的应收账款、其他应收款、长期应收款合计超过净资产规模 40%的企业。

(7)担保措施

《若干意见》明确担保措施安排要求，资产负债率在 60%以上的城投公司和资产负债率在 70%以上的实业企业，原则上必须提供担保措施。

(8)担保业务

《若干意见》明确加强融资性担保公司发债担保业务规范，融资性担保公司对单个被担保人债券发行提供的担保责任余额原则上不得超过融资性担保公司自身净资产的 30%。融资性担保公司的融资性担保余额原则上不得超过其自身净资产的 10 倍。

(9)连续发债

《若干意见》明确加强对连续发债融资情况的监管，发债企业申请申报时间间隔由 6 个月调整为 1 年。

9. 国家发改委财金司于 2015 年 2 月 17 日印发《关于进一步改进和规范企业债

券发行工作的几点意见》[①]，明确企业申报发行企业债券，应该实现企业信用和政府性债务、政府信用的隔离。同时按照43号文件精神的要求，明确企业与政府签订的建设—移交（BT）协议收入和政府指定红线图内土地的未来出让收入返还，暂不能作为发债偿债保障措施。在此之前，部分企业债券是以BT协议收入作为偿债保障措施，取消之后实际上是提高了对募投项目收益性的要求，因此在一定程度上提高了城投公司申报发行企业债券的难度。

（六）宽松阶段

2015年5月至2017年7月是企业债券审核政策的宽松阶段。

在宽松阶段，国家发改委制定了一系列监管政策放松企业债券申报，鼓励企业申报发行企业债券。

1. 国家发改委于2015年5月25日发布《关于充分发挥企业债券融资功能支持重点项目建设促进经济平稳较快发展的通知》（发改办财金〔2015〕1327号）[②]，放宽企业债发行条件，简化发债审核审批程序，鼓励优质企业发债用于重点领域和重点项目，支持县域企业发行企业债券融资。发改办财金〔2015〕1327号文是首个鼓励县域企业申报发行企业债券的监管文件，放松了区县级城投公司申报企业债券的要求。在发改办财金〔2015〕1327号文的支持下，城投公司申报发行企业债券正式进入宽松阶段，城投公司企业债券申报发行加速。

2. 国家发改委于2015年6月19日印发《对发改办财金〔2015〕1327号文件的补充说明》（发改电〔2015〕353号）[③]，进一步放松了企业债券的申报要求：

（1）放开发债企业数量指标要求

发改电〔2015〕353号文明确主体信用等级为AA且有增信措施的企业债券不受发债企业数量指标的限制。

（2）明确募集资金使用

发改电〔2015〕353号文明确主体信用等级不低于AA且债项级别不低于AA+的债券，允许企业使用不超过40%的募集资金用于偿还银行贷款和补充营运资金。

（3）允许企业债券借新还旧

发改电〔2015〕353号文明确允许满足以下条件的企业发行债券，专项用于偿还

---

① 资料来源：泰州市发改委网站，http://fgw.taizhou.gov.cn/art/2015/3/19/art_3383_414822.html

② 资料来源：国家发改委网站，https://www.ndrc.gov.cn/xxgk/zcfb/tz/201505/t20150527_963842.html

③ 资料来源：黄石发改委网站，http://www.hsfgw.gov.cn/zxzx/tzgg/201506/t20150625_290573.html

为在建项目举债且已进入偿付本金阶段的原企业债券(即“企业债券借新还旧”)及其他高成本融资;符合国发〔2014〕43号文件精神,在建募投项目具有稳定收益,或以资产抵质押、第三方担保等作为增信措施;企业主体长期信用评级和债项评级不低于原有评级;新发行债券规模不超过被置换债券的本息余额。这是监管规则中首次明确企业债券可以“借新还旧”,但是从实践来看,“借新还旧”企业债券发行的数量并不多。

3. 国家发改委于2015年11月30日印发《关于简化企业债券审报程序加强风险防范和改革监管方式的意见》(发改办财金〔2015〕3127号)[①],从多个方面对企业债券的申报条件、发行条件进行了放松:

(1)精简申报材料

发改办财金〔2015〕3127号文明确不再要求提供省级发展改革部门预审意见(包括土地勘察报告,当地已发行企业债、中期票据占GDP比例的报告等)、募集说明书摘要、地方政府关于同意企业发债文件、主承销商自查报告、承销团协议、定价报告等材料,大幅精简了企业债券申报材料。

(2)优质企业审核程序

发改办财金〔2015〕3127号文明确信用优良企业发债豁免委内复审环节。信用优良企业主要包括三类:①主体或债券信用等级为AAA级的债券;②由主体评级在AA+及以上担保公司提供无条件不可撤销保证担保的债券;③使用有效资产进行抵质押担保且债项级别在AA+及以上的债券。

(3)放宽信用优良企业发债指标限制

发改办财金〔2015〕3127号文明确信用优良企业债项级别为AA及以上的发债主体(含县域企业),不受发债企业数量指标的限制。

(4)放宽募集资金使用限制

发改办财金〔2015〕3127号文进一步匹配企业资金需求,支持企业利用不超过发债规模40%的债券资金补充营运资金。同时明确发债企业可选择以一次核准、分期发行的方式发行债券。

(七)风险防范阶段

2017年8月至2019年12月是企业债券审核政策的风险防范阶段。

在风险防范阶段,国家发改委加强了对于企业债券风险的防范并建立了风险监

① 资料来源:国家发改委网站,http://www.sdpc.gov.cn/gzdt/201512/t20151202_761315.html

管框架。

1. 国家发改委于2017年8月7日印发《关于在企业债券领域进一步防范风险加强监管和服务实体经济有关工作的通知》(发改办财金〔2017〕1358号)[①],提出加强对企业债券风险防范,从地方债务风险的角度加强对企业债券的监管。

2. 国家发改委于2018年2月8日发布《关于进一步增强企业债券服务实体经济能力严格防范地方债务风险的通知》(发改办财金〔2018〕194号)[②],对于企业债券风险防范提出了明确要求:

(1)发改办财金〔2018〕194号文再次重申严禁将公益性资产及储备土地使用权等计入企业债券发行人的资产,确保发行人的资产均为有效资产。

(2)发改办财金〔2018〕194号文再次强调发行人申报企业债券时不得将企业信用与地方政府信用挂钩,要求债券发行人应主动公开声明不承担政府融资职能,发行企业债券不涉及新增地方政府债务。

(3)发改办财金〔2018〕194号文要求企业债券发行人应当依托自身信用制订本息偿付计划和落实偿债保障措施,切实做到"谁借谁还、风险自担",严禁申报企业以各种名义要求或接受地方政府及其所属部门为其市场化融资行为提供担保或承担偿债责任。

(4)发改办财金〔2018〕194号文明确纯公益性项目不得作为募投项目申报企业债券。

3. 中国人民银行、中国证监会、国家发改委于2018年11月23日联合印发《关于进一步加强债券市场执法工作的意见》(银发〔2018〕296号)[③],明确证监会依法对银行间债券市场、交易所债券市场违法行为开展统一的执法工作,对涉及公司债券、企业债券、非金融企业债务融资工具、金融债券等各类债券品种的违法违规行为进行认定和行政处罚。

(八)注册制阶段

2020年1月至2023年2月是企业债券审核政策的注册制阶段。

2019年12月28日,第十三届全国人大常委会第十五次会议审议通过了新修订的《证券法》,明确规定证券发行实施注册制,企业债券申报审核正式进入注册制

① 资料来源:国家发改委网站,http://www.ndrc.gov.cn/zcfb/zcfbtz/201708/t20170815_857807.html

② 资料来源:国务院网站,http://www.gov.cn/xinwen/2018-02/13/content_5266516.htm

③ 资料来源:中国人民银行网站,http://www.pbc.gov.cn/goutongjiaoliu/113456/113469/3676827/index.html

阶段。

1. 国家发改委于2020年3月1日发布《关于企业债券发行实施注册制有关事项的通知》(发改财金〔2020〕298号)[①],明确企业债券发行由核准制改为注册制。国家发改委为企业债券的法定注册机关,中央国债登记结算有限责任公司为受理机构,中央国债登记结算有限责任公司、中国银行间市场交易商协会为审核机构。取消企业债券申报中的省级转报环节,债券募集资金用于固定资产投资项目的,省发改委应对募投项目出具符合国家宏观调控政策、固定资产投资管理法规制度和产业政策的专项意见。

2. 国家发改委于2020年6月29日印发《关于统一延长企业债券核准批复文件有效期的通知》(发改办财金〔2020〕490号)[②],明确企业债券核准批复文件在2020年2月至6月期间到期的,批文在原有效期基础上延长12个月;在2020年7月之后到期的,批文有效期统一延长至2021年6月30日。

3. 中央国债登记结算有限责任公司和交易商协会于2020年7月28日联合印发《企业债券审核工作规则(试行)》(中债字〔2020〕98号)[③],明确了企业债券的审核程序和特殊情形处理,对企业债券申报过程中的要求做了进一步的规范和完善。

4. 中央国债登记结算有限责任公司于2020年8月17日印发《企业债券注册发行业务问答(一)》[④],明确了企业债券申报要点和申报文件编制要求。

5. 中央国债登记结算有限责任公司于2020年12月18日印发《企业债券注册发行业务问答(二)》[⑤],明确县城新型城镇化建设专项债券的支持范围、募集资金用途的要求,并进一步明确企业债券的受理、审核、备案相关政策。

6. 中央国债登记结算有限责任公司于2021年7月9日印发《企业债券注册发行业务问答(三)——信息披露业务专题篇》[⑥],明确了关于企业董事、监事和高级管

---

① 资料来源:国家发改委网站,https://www.ndrc.gov.cn/xxgk/zcfb/tz/202003/t20200301_1221966.html

② 资料来源:中国债券信息网,http://www.chinabond.com.cn:443/cb/cn/xwgg/ggtz/qtjg/20200702/154799513.shtml

③ 资料来源:中国债券信息网,https://www.chinabond.com.cn/cb/cn/xwgg/ggtz/zyjsgs/zytz/20200729/155003933.shtml

④ 资料来源:中国债券信息网,https://www.chinabond.com.cn/cb/cn/xwgg/ggtz/zyjsgs/zytz/20200817/155168636.shtml

⑤ 资料来源:中国债券信息网,https://www.chinabond.com.cn/cb/cn/xwgg/ggtz/zyjsgs/zytz/20201218/156134807.shtml

⑥ 资料来源:国家发改委网站,https://www.ndrc.gov.cn/fggz/fgzy/xmtjd/202107/t20210721_1291093.html?code=&state=123

理人员对债券发行文件书面确认的规定，并明确了关于变更企业债券存续期内募集资金用途信息披露的规定。

（九）证监会监管阶段

2023 年 3 月至今是企业债券的证监会监管阶段。

根据 2023 年 3 月出台的国务院机构改革方案，国家发改委的企业债券发行审核职能由证监会负责，证监会开始承担公司（企业）债券发行审核职能。此后，企业债券的审核机构正式由国家发改委变更为中国证监会。

1. 中国证监会和国家发改委于 2023 年 4 月 21 日联合印发《关于企业债券发行审核职责划转过渡期工作安排的公告》（中国证券监督管理委员会 国家发展和改革委员会公告〔2023〕45 号）[①]，对于企业债券的申报、审核、发行等事项提出了明确的规范性指导意见。中央国债登记结算有限责任公司也于同日发布了《关于企业债券受理工作的通知》[②]。

（1）企业债券发行审核职责划转设置了 6 个月的企业债券过渡期，即从 2023 年 4 月 21 日至 2023 年 10 月 20 日是企业债券发行审核职责划转过渡期。过渡期结束后证监会将公告企业债券管理的整体工作安排，企业债券的受理、申报、审核、发行、承销、登记等各个环节会按照证监会的统一安排进行调整。

（2）企业债券发行审核职责划转过渡期确定了“三不变两变”的监管框架。

“三不变”是指企业债券的审核机构、审核标准以及托管交易市场均保持不变：

①过渡期内企业债券受理审核、发行承销、登记托管等安排保持不变。这就意味着在这 6 个月的过渡期内，企业债券的整体流程依然保持之前国家发改委主管时的流程，不会产生大的变化，这种设置安排可以最大限度确保企业债券发行审核的平稳过渡。

②企业债券的流通场所仍然是双市场保持不变。企业债券未来依然可以在银行间债券市场、交易所债券市场挂牌交易，这就保留了企业债券双市场挂牌、流通的特点。

“两变”是指企业债券的注册机构、企业债券的监管和风险防控职责由国家发改委变更为中国证监会：

①中国证监会履行企业债券发行注册职责。目前在审的企业债券和未来申报

---

① 资料来源：中国证监会网站，http://www.csrc.gov.cn/csrc/c101954/c7403878/content.shtml

② 资料来源：中央国债登记结算有限责任公司网站，https://www.chinabond.com.cn/cb/cn/xwgg/ggtz/gsgg/zytz/20230421/162510744.shtml

的企业债券，批文将由证监会出具。而且企业债券的全套申报材料中涉及的国家发改委的表述，需要全部修改为中国证监会。

②中国证监会及相关机构依法履行对企业债券的监管和风险防控职责，这就意味着企业债券的风险监管职责转由证监会来负责。

2. 中国证监会于2023年10月20日印发《公司债券发行与交易管理办法》《公开发行证券的公司信息披露内容与格式准则第24号——公开发行公司债券申请文件》和《中国证监会关于企业债券过渡期后转常规有关工作安排的公告》，明确将企业债券纳入公司债券管理体系，按照统一公司债券和企业债券、促进协同发展的思路进行监管。此后，企业债券的名称正式明确为“×××公司××××年面向普通投资者/专业投资者公开发行公司债券/企业债券/专项品种公司债券”。

3. 根据企业债券最新的审核实践，城投公司类发行人申报发行企业债券需要参考如下审核政策：

(1)发行人是否属于由各省汇总至国务院的《地方政府融资平台名单》(即“3899名单”)或者财政部《地方政府隐性债务主体名单》(即隐债名单)之一：

①“3899名单”或者隐债名单内的发行人可新增余额不得超过地级市范围内名单内的存量企业债券到期余额；

②“3899名单”或者隐债名单以外的发行人可新增余额不得超过地级市范围内名单外的存量企业债券到期余额。

(2)省级政府或授权地市级政府(国家级新区可视为地市级政府)要针对发行人申报企业债券事项专门出文，出文内容要求：

①需要明确发行主体是否在报送国务院的“3899名单”或者隐债名单内；

②地市级区域内具有融资平台性质的企业已申报企业债券××亿元，未超过相应企业全年企业债券到期规模××亿元；

③保证已申报金额不超过该地区同类主体已发行企业债券到期金额；

④需要写明发行人的全称、社会信用代码、现在申报的企业债券要素、募集资金用途、地方政府是否予以支持等。

三、企业债券的专项债券产品

根据企业债券产品的发行人要求、募集资金用途、债券期限等要素进行划分，企业债券的专项债券产品包括创新品种和专项债券。

(一)企业债券创新品种

1. 中小企业集合债券

国家发改委于2007年4月印发《关于下达2007年第一批企业债券发行规模及发行核准有关问题的通知》(发改财金〔2007〕60号)[①],首次提出了中小企业集合债券的概念。中小企业集合债券是指由一个机构作为牵头人,几家企业一起申请发行的债券,采用"统一冠名、分别负债、分别担保、捆绑发行"的方式发行债券,应统一担保,由担保人出具集合债券担保函。

深圳市金立通讯设备有限公司、深圳市飞马国际供应链股份有限公司等20家中小企业于2007年11月14日发行的总规模为10亿元的2007年深圳市中小企业集合债券(债券简称"07深中小债")是全国首只中小企业集合债券。该债券由国家开发银行担任主承销商,由国家开发银行提供全额无条件不可撤销连带责任保证担保。

2. 小微企业增信集合债券

小微企业增信集合债券由地方国有企业或者城投公司作为申报主体,募集资金由监管银行通过委托贷款的形式贷给符合条件的当地小微企业的企业债券产品。在发展的初始阶段,小微企业增信集合债券的名称为小微企业扶持债券。

(1)国务院于2012年4月19日印发《关于进一步支持小型微型企业健康发展的意见》(国发〔2012〕14号)[②],提出要"逐步扩大小型微型企业集合票据、集合债券、集合信托和短期融资券等发行规模"。小微企业增信集合债券成为企业债券的一个创新品种。

2013年3月8日,2013年第一期盐城市国有资产投资集团有限公司小微企业扶持债券、2013年第一期天津保税区投资控股集团有限公司小微企业扶持债券、2013年第一期镇江市城市建设投资集团有限公司小微企业扶持债券、2013年第一期无锡市新区经济发展集团总公司小微企业扶持债券在同一天发行,是全国首批小微企业增信集合债券。

(2)国家发改委于2013年7月23日印发《关于加强小微企业融资服务支持小微企业发展的指导意见》(发改财金〔2013〕1410号)[③],明确提出扩大小微企业增信

---

① 资料来源:国家发改委网站,http://www.ndrc.gov.cn/zcfb/zcfbtz/200703/t20070321_122903.html

② 资料来源:国务院网站,http://www.gov.cn/zwgk/2012-04/26/content_2123937.htm

③ 资料来源:国家发改委网站,https://www.ndrc.gov.cn/xxgk/zcfb/tz/201307/t20130725_963923.html

集合债券试点规模，鼓励地方政府投融资平台公司发债用于经济技术开发区、高新技术开发区以及工业园区等各类园区内小企业创业基地、科技孵化器、标准厂房等的建设；用于完善产业集聚区技术、电子商务、物流、信息等服务平台建设；用于中小企业公共服务平台网络工程建设等，为小微企业提供设备融资租赁业务。

(3)国家发改委于 2015 年 12 月 2 日印发《关于简化企业债券审报程序加强风险防范和改革监管方式的意见》(发改办财金〔2015〕3127 号)[①]，明确了《小微企业增信集合债券发行管理规定》。对小微债募集资金委托贷款集中度的要求是：对单个委托贷款对象发放的委托贷款资金累计余额不得超过 1 000 万元且不得超过小微债募集资金规模的 3%。

(4)国家发改委于 2020 年 2 月 8 日印发《关于疫情防控期间做好企业债券工作的通知》(发改办财金〔2020〕111 号)[②]，鼓励信用优良企业发行小微企业增信集合债券，为受疫情影响的中小微企业提供流动性支持。允许债券发行人使用不超过 40%的债券资金用于补充营运资金，同时将委托贷款集中度的要求放宽为：对单个委托贷款对象发放的委托贷款资金累计余额不得超过 5 000 万元且不得超过小微债募集资金总规模的 10%。

3. 项目收益债券

项目收益债券是与特定固定资产建设项目相联系的，债券募集资金用于特定项目的投资与建设，债券的本息偿还资金完全或基本来源于项目建成后运营收益的企业债券产品。

(1)国家发改委于 2015 年 3 月 18 日印发《项目收益债券业务指引》[③]，正式推出项目收益债券。项目收益债券的基本要求如下：

①债券发行方式

项目收益债券可以通过公开发行或面向特定投资者非公开发行，发行人可以根据项目特点灵活选择发行方式。

②债券募集资金方面

项目收益债券募集的资金只能用于特定固定资产投资项目的建设和运营，不得置换项目资本金或偿还与项目有关的其他债务，募集资金用途监管较为严格。

---

① 资料来源：国家发改委网站，http://www. sdpc. gov. cn/gzdt/201512/t20151202_761315. html

② 资料来源：国家发改委网站，https://www. ndrc. gov. cn/xxgk/zcfb/tz/202002/t20200208_1220174. html

③ 资料来源：百度文库，http://wenku. baidu. com/link? url=-cpfkVqNRWbAO_Fb5iP8TO6vE5LaH4W7P301gxnmEF1l4Q493ekMhstCHdLgcZurcajDPKJw52DoHg34DA3QFcyQuuSuwxvBAK5LVZ6mwQi

③债券支持领域方面

项目收益债券现阶段重点支持棚户区改造、城市综合管廊、天然气储气设施等项目类型。

④项目经济效益评价

在项目收益债券存续期内的每个计息年度，项目收入应该能够完全覆盖债券当年还本付息的规模，项目各年收入扣除运营成本和各项税金后的净现金流应该能够覆盖债券当年还本付息资金规模的 90%。项目内部收益率(税后)应该大于现阶段社会折现率 8%。收益期较长或有财政补贴的项目，社会折现率的要求可放宽至不低于 6%。

⑤项目收入认定

项目收入包括但不限于直接收费收入、产品销售收入、财政补贴以及因项目开发带来的土地增值收入。其中，财政补贴和土地增值收入应该纳入有权限政府的财政预算并经同级人大批准列支，同时债券存续期内纳入预算的财政补贴占项目收入的比例合计不得超过 50%。

(2)国家发改委于 2015 年 7 月 29 日印发《项目收益债券管理暂行办法》(发改办财金〔2015〕2010 号)[①]，对项目收益债券提出了更加明确、细化的管理要求：

①信用评级

非公开方式发行的项目收益债券的债项评级应达到 AA 及以上。当然这是针对债项评级的要求，对于发行人的主体评级没有要求。管理办法对公开发行项目收益债券的债项评级没有明确要求，但是公开发行企业债券发行人的主体评级需要达到 AA 及以上，所以债项评级也需要达到 AA 及以上。

②债券期限

项目收益债券的存续期不得超过募投项目运营周期，还本付息资金安排应与项目收益实现相匹配。因为项目收益债券直接与项目挂钩，还款来源也是来自项目的运营，如果债券期限超过项目运营周期，则意味着项目收益实际上是无法覆盖项目投资的。

③项目可行性

项目收益债券鼓励聘请具有相应行业甲级资质的中介机构编制项目可行性研究报告。项目收益和现金流应由独立第三方(包括但不限于具有咨询、评估资质的

---

① 资料来源：国家发改委网站，http://www.sdpc.gov.cn/gzdt/201508/t20150805_744475.html

会计师事务所、咨询公司、资产评估机构等)进行评估,并对项目收益和现金流覆盖债券还本付息资金出具专项意见。

④项目财务效益评价

在项目运营期内的每个计息年度,项目收入应该能够完全覆盖债券当年还本付息的规模。项目投资内部收益率原则上应大于 8%。对于政府购买服务项目,或债券存续期内财政补贴占全部收入比例超过 30%的项目,或运营期超过 20 年的项目,内部收益率的要求可适当放宽,但原则上不低于 6%。需要注意的是,这个规定与《项目收益债券业务指引》有一定差别,需要以最新审核意见为准。

⑤项目收入认定

项目收入包括但不限于直接收费收入、产品销售收入、财政补贴等。其中,财政补贴应逐年列入相应级别人民政府的财政预算并经同级人大批准列支,债券存续期内财政补贴占项目收入的比例合计不得超过 50%。

⑥项目进度要求

项目收益债券募集资金投资项目原则上应为已开工项目,未开工项目应符合开工条件,并于债券发行后 3 个月内开工建设。

泸州市基础建设投资有限公司于 2015 年 10 月 27 日发行的 2015 年泸州市城市停车场建设项目项目收益债券(第一期)(债券简称"15 泸州停车项目 NPB01")为全国首只项目收益债券。

4. 优质企业债券

国家发改委于 2018 年 12 月 5 日印发《关于支持优质企业直接融资进一步增强企业债券服务实体经济能力的通知》(发改财金〔2018〕1806 号)[①],正式推出优质企业债券。

(1)优质企业债券要求

按照发改财金〔2018〕1806 号文等监管政策的要求,国家发改委现阶段重点支持符合以下条件的优质企业:

①主体信用等级达到 AAA。

②主要经营财务指标应处于行业或区域领先地位,具体财务指标要求如表 6—2 所示。

① 资料来源:国家发改委网站,http://www.gov.cn/xinwen/2018-12/13/content_5348454.htm

表 6—2 优质企业债券发行人的财务指标要求

序号	国民经济行业分类	资产总额（亿元）	营业收入（亿元）	资产负债率
第一类	农林渔牧业；批发和零售业；住宿和餐饮业；租赁和商务服务业；科学研究和技术服务业；居民服务、修理和其他服务业；教育；卫生和社会工作；文化、体育和娱乐业	>1 000	>1 000	不超过所在行业资产负债率重点监管线；未明确重点监管线的，原则上资产负债率不得超过 85%
第二类	交通运输、仓储和邮政业；水利、环境和公共设施管理业；电力、热力、燃气及水生产和供应业；综合	>1 000	>100	
第三类	采矿业；制造业；信息传输、软件和信息技术服务业	>1 200	>800	
第四类	建筑业；房地产业	>1 500	>300	

③生产经营符合国家产业政策和宏观调控政策。

④最近 3 年未发生公司信用类债券或其他债务违约，且不存在处于持续状态的延迟支付本息事实。

⑤最近 3 年无重大违法违规行为，未纳入失信黑名单。

⑥报告期内财务报表未被注册会计师出具否定意见或无法表示意见，如被注册会计师出具保留意见的，保留意见所涉及事项的重大影响已经消除。

（2）优质企业债券审核政策

优质企业债券在审核政策要求方面做出如下调整：

①在偿债保障措施完善的基础上，允许使用不超过 50%的债券募集资金用于补充营运资金。

②核定公开发债规模时，按照公开发行的企业债券和公司债券余额不超过净资产 40%的口径进行计算。

③鼓励符合条件的优质上市公司及其子公司发行企业债券。

④允许优质企业依法依规面向机构投资者非公开发行企业债券。

北京首都旅游集团有限责任公司于 2018 年 8 月 17 日发行的 2018 年第一期北京首都旅游集团有限责任公司公司债券（品种一）（债券简称“18 首旅债 01”）、2018 年第一期北京首都旅游集团有限责任公司公司债券（品种二）（债券简称“18 首旅债 02”）是全国首批优质企业债券。

5. 基金债

基金债并不是企业债券特有的债券品种，是根据募集资金用途对一类债券的统称，主要用途是发起设立创业投资基金、政府出资产业投资基金，出资认购基金份额或股权，或扩大基金资本规模等。企业债券、公司债券和债务融资工具均有类似用途的特定债券产品，但是因为企业债券中基金债的发行规模最大、监管规则最为明确，因此单独作为一个债券品种进行介绍。

(1)基金债的监管法规

基金债的诞生主要是与创业投资企业相关，是伴随着创业投资企业的发展而诞生的一个特定债券品种。

①国家发改委、科技部、财政部、商务部、人民银行、证监会等部门于2005年11月5日联合印发《创业投资企业管理暂行办法》(发展改革委第39号令)[①]，首次界定了“创业投资”和“创业投资企业”的概念，明确“创业投资企业可以在法律规定的范围内通过债权融资方式增强投资能力”。这实际上是说明创业投资企业可以通过发行债券的方式进行融资。

②国家发改委于2013年7月23日印发《关于加强小微企业融资服务支持小微企业发展的指导意见》(发改财金〔2013〕1410号)[②]，明确指出“支持符合条件的创业投资企业、股权投资企业、产业投资基金发行企业债券，专项用于投资小微企业；支持符合条件的创业投资企业、股权投资企业、产业投资基金的股东或有限合伙人发行企业债券，扩大创业投资企业、股权投资企业、产业投资基金资本规模”。这是国内基金债产品最早的监管法规。

③国家发改委于2014年5月13日印发《关于进一步做好支持创业投资企业发展相关工作的通知》(发改办财金〔2014〕1044号)[③]，明确提出“加快审核专项用于投资小微企业的创业投资企业发债申请。支持符合条件的创业投资企业的股东或有限合伙人发行企业债券，用于投资创业投资企业”。这是对基金债发行人的申报条件提出了明确要求。

④国家发改委于2016年12月30日印发《政府出资产业投资基金管理暂行办法》(发改财金规〔2016〕2800号)[④]，明确“已登记并通过产业政策符合性审查的政府出资产业投资基金除政府外的其他股东或有限合伙人可以按规定申请发行企业债券，扩大资本规模，增强投资能力”。发改财金规〔2016〕2800号文明确了基金债的

---

① 资料来源：国家发改委网站，https://zfxxgk.ndrc.gov.cn/web/iteminfo.jsp?id=18454

② 资料来源：国家发改委网站，https://zfxxgk.ndrc.gov.cn/web/iteminfo.jsp?id=19920

③ 资料来源：国家发改委网站，https://www.ndrc.gov.cn/xxgk/zcfb/tz/201405/t20140514_964119.html

④ 资料来源：国家发改委网站，https://zfxxgk.ndrc.gov.cn/web/iteminfo.jsp?id=19865

投向可以是政府出资的产业投资基金，进一步拓展了基金债的募集资金用途。

(2)基金债的审核要求

根据国家发改委债券监管的审核要求，发行人申报发行基金债需要满足如下条件：

①发行人主体评级不低于 AA+，债项不低于 AAA。

②发行人享有的基金收益优先用于偿还本次债券本息。

③债券募集资金不得超过发行人对募投基金认缴投资额的 50%。

④债项评级为 AAA 的债券，募集资金不得超过所投入基金总规模的 50%。

⑤发行人需要做出募集资金使用承诺：

A. 发行人承诺本次债券募集资金不借予他人，不用于房地产投资和过剩产能投资，不用于与企业生产经营无关的股票买卖和期货交易等风险性投资，不用于弥补亏损和非生产性支出，不用于不符合国家产业政策的领域。发行人承诺不承担政府融资职能，发行本次债券不涉及新增地方政府债务。本次债券拟投基金符合《关于规范金融机构资产管理业务的指导意见》的相关规定。

B. 在本次债券的存续期内，发行人承诺每个计息年度将进行不低于两次对募投基金运作的情况披露；遇重大事项应及时公告或通报，具体披露内容包括但不限于“基金规模最新情况、基金发起人出资变动情况、基金管理人变动及履职情况及其他重大事项等”。发行人承诺基金股权或份额享有的基金收益将优先用于偿还本次债券本金和利息。

C. 本次债券拟投的基金已在全国政府出资产业投资基金信用信息登记系统备案。发行人承诺本次债券募集资金拟用于认缴政府出资产业投资基金的份额占发行人认缴该政府出资产业投资基金总份额不超过 50%；本次债券募集资金拟用于认缴政府出资产业投资基金的份额占该政府出资产业投资基金总份额不超过 50%。

(二)企业债专项债券

企业债专项债券是国家发改委从 2015 年开始推出的企业债券产品，目前已经推出了 12 个专项债券品种。企业债专项债券品种和财务指标要求情况如表 6－3 和表 6－4 所示。

表 6—3　　企业债专项债券品种明细

专项债券品种	发行主体	发行方式	推出时间	主要监管法规
城市地下综合管廊建设专项债券	城投公司	公开	2015.3.31	国家发展改革委办公厅印发《城市地下综合管廊建设专项债券发行指引》(发改办财金〔2015〕755 号)
城市停车场建设专项债券	城投公司	公开	2015.3.31	国家发展改革委办公厅印发《城市停车场建设专项债券发行指引》(发改办财金〔2015〕818 号)
养老产业专项债券	城投公司	公开	2015.4.7	国家发展改革委办公厅印发《养老产业专项债券发行指引》(发改办财金〔2015〕817 号)
战略性新兴产业专项债券	城投公司、上市公司子公司	公开	2015.4.7	国家发展改革委办公厅印发《战略性新兴产业专项债券发行指引》(发改办财金〔2015〕756 号)
配电网建设改造专项债券	城投公司、上市公司子公司	公开	2015.11.9	国家发展改革委办公厅印发《配电网建设改造专项债券发行指引》(发改办财金〔2015〕2909 号)
双创孵化专项债券	产业类企业或园区经营公司、上市公司子公司	公开	2015.11.9	国家发展改革委办公厅印发《双创孵化专项债券发行指引》(发改办财金〔2015〕2894 号)
绿色债券	城投公司、上市公司子公司	公开、非公开	2015.12.31	国家发展改革委办公厅印发《绿色债券发行指引》(发改办财金〔2015〕3504 号)
市场化银行债权转股权专项债券	市场化债转股实施机构	公开、非公开	2016.12.9	国家发展改革委办公厅印发《市场化银行债权转股权专项债券发行指引》(发改办财金〔2016〕2735 号); 七部委印发《关于市场化银行债权转股权实施中有关具体政策问题的通知》(发改财金〔2018〕152 号)
政府和社会资本合作(PPP)项目专项债券	城投公司、上市公司子公司	公开	2017.4.25	国家发展改革委办公厅印发《政府和社会资本合作(PPP)项目专项债券发行指引》(发改办财金〔2017〕730 号)
农村产业融合发展专项债券	城投公司、上市公司子公司	公开	2017.8.1	国家发展改革委办公厅印发《农村产业融合发展专项债券发行指引》(发改办财金规〔2017〕1340 号)
社会领域产业专项债券	城投公司	公开	2017.8.1	国家发展改革委办公厅印发《社会领域产业专项债券发行指引》(发改办财金规〔2017〕1341 号)

续表

专项债券品种	发行主体	发行方式	推出时间	主要监管法规
县城新型城镇化建设专项企业债券	城投公司	公开	2020.8.12	国家发展改革委办公厅关于印发《县城新型城镇化建设专项企业债券发行指引的通知》(发改办财金规〔2020〕613号)

表6—4　　企业债专项债券的财务指标要求

债券品种	城投类企业债需担保的资产负债率下限			产业类企业债需担保的资产负债率下限			募集资金	
	AA	AA+	AAA	AA	AA+	AAA	补充营运资金最高比例	占募投项目总投资最高比例
一般企业债	65%	70%	75%	75%	80%	85%	40%	70%
城市地下综合管廊建设专项债券	70%	70%	75%	75%	80%	85%	40%	70%
城市停车场建设专项债券	70%	70%	75%	75%	80%	85%	40%	70%
养老产业专项债券	70%	70%	75%	75%	80%	85%	50%	70%
战略性新兴产业专项债券	70%	70%	75%	75%	80%	85%	50%	70%
配电网建设改造专项债券	65%	70%	75%	75%	80%	85%	50%	70%
双创孵化专项债券	65%	70%	75%	75%	80%	85%	50%	70%
绿色债券(非公开、无资产负债率要求)	70%	70%	75%	75%	80%	85%	50%	80%
市场化银行债权转股权专项债券	65%	70%	75%	75%	80%	85%	40%	合同约定股权金额的70%
政府和社会资本合作(PPP)项目专项债券	65%	70%	75%	75%	80%	85%	50%(项目收益债券形式除外)	70%
农村产业融合发展专项债券	65%	70%	75%	75%	80%	85%	50%	70%
社会领域产业专项债券	65%	70%	75%	75%	80%	85%	40%	70%

续表

债券品种	城投类企业债需担保的资产负债率下限			产业类企业债需担保的资产负债率下限			募集资金	
	AA	AA+	AAA	AA	AA+	AAA	补充营运资金最高比例	占募投项目总投资最高比例
县城新型城镇化建设专项企业债券	65%	70%	75%	75%	80%	85%	50%	70%

1. 城市地下综合管廊建设专项债券

国家发改委于2015年3月31日印发《城市地下综合管廊建设专项债券发行指引》(发改办财金〔2015〕755号)[①],推出了城市地下综合管廊建设专项债券,是国家发改委推出的第一个企业债专项债券品种。城市地下综合管廊建设专项债券的募集资金主要是用于城市地下综合管廊建设。城市地下综合管廊是实施统一规划、设计、施工和维护,建于城市地下用于敷设市政公用管线,满足管线单位的使用和运行维护要求,同步配套消防、供电、照明、监控与报警、通风、排水、标识的市政公用设施,是保障城市运行的重要基础设施。

十堰市城市基础设施建设投资有限公司于2016年1月8日发行的2016年十堰市城市基础设施建设投资有限公司城市地下综合管廊建设专项债券(债券简称"16十堰管廊债")是全国首只城市地下综合管廊建设专项债券。

从已经发行的债券案例来看,城市地下综合管廊建设专项债券的募投项目,入廊管线种类含自来水、雨水、中水、电力、通信、广播电视、燃气、热力等类型,意向入廊企业需要与发行人签署入廊意向协议,逐年收取入廊费和日常维护费。

自2015年推出以来,城市地下综合管廊建设专项债券受到了发行人和投资者的认可。2015—2023年,城市地下综合管廊建设专项债券累计发行只数为78只,累计发行金额为683.70亿元。城市地下综合管廊建设专项债券历年具体发行统计情况如表6—5所示。

表6—5　2015—2023年城市地下综合管廊建设专项债券发行情况　单位:亿元

时　间	专项债券发行数量	专项债券发行金额
2015年	1	12.00

① 资料来源:国家发改委网站,https://www.ndrc.gov.cn/xxgk/zcfb/tz/201504/t20150409_963791.html

续表

时　间	专项债券发行数量	专项债券发行金额
2016 年	16	182.60
2017 年	21	191.00
2018 年	10	84.40
2019 年	14	107.20
2020 年	9	68.10
2021 年	3	17.40
2022 年	4	21.00
2023 年	0	0.00
合　计	78	683.70

数据来源：根据 Wind 资讯数据统计整理

2. 城市停车场建设专项债券

国家发改委于 2015 年 4 月 7 日印发《城市停车场建设专项债券发行指引》(发改办财金〔2015〕818 号)[①]，推出了城市停车场建设专项债券。城市停车场建设专项债券的募集资金可用于房地产开发、城市基础设施建设项目中配套建设的城市停车场项目。

盘锦市双台子区经济开发投资有限公司于 2015 年 10 月 22 日发行的 2015 年盘锦市双台子区经济开发投资有限公司城市停车场建设专项债券(债券简称"15 盘双专项债")为全国首只城市停车场建设专项债券。

从已经发行的债券案例来看，城市停车场建设专项债券的募投项目主要是城投公司在区域内市场化运作的停车场项目，收入来源为停车位收入、商业出租收入和充电桩收入。

该债券自 2015 年推出以来就受到了发行人和投资者的认可，发行数量和金额较多。不过从 2019 年开始，该产品发行量有了较大幅度的下降。2015—2023 年，城市停车场建设专项债券累计发行只数为 216 只，累计发行金额为 1 744.79 亿元，历年具体发行统计情况如表 6—6 所示。

① 资料来源：国家发改委网站，http://www.sdpc.gov.cn/gzdt/201504/t20150409_676975.html

表 6－6　2015—2023 年城市停车场建设专项债券发行情况　单位：亿元

时　间	专项债券发行数量	专项债券发行金额
2015 年	3	33.50
2016 年	38	558.50
2017 年	32	296.10
2018 年	35	312.90
2019 年	21	152.09
2020 年	15	137.70
2021 年	38	25.80
2022 年	24	164.10
2023 年	10	64.10
合　计	216	1 744.79

数据来源：根据 Wind 资讯数据统计整理

3. 养老产业专项债券

国家发改委于 2015 年 4 月 7 日印发《养老产业专项债券发行指引》(发改办财金〔2015〕817 号)①，推出养老产业专项债券。养老产业专项债券支持专门为老年人提供生活照料、康复护理等服务的营利性或非营利性养老项目，用于建设养老服务设施设备和提供养老服务。发债企业可使用债券资金改造其他社会机构的养老设施，或收购政府拥有的学校、医院、疗养机构等闲置公用设施并改造为养老服务设施。

娄底锑都投资发展有限公司于 2016 年 1 月 19 日发行的 2016 年娄底锑都投资发展有限公司养老产业和城市停车场建设专项债券(债券简称"16 娄底锑都债")为全国首只养老产业专项债券，也是首只涉及两个专项债券产品的债券。

从已经发行的债券案例来看，养老产业专项债券的募投项目包括养老公寓项目、康养中心项目和综合养老服务中心项目等，收入来源包括养老床位收入、日常餐饮收入、医疗护理收入、日常体检收入、康复中心收入、停车场收入及部分地方政府补贴收入等。

养老产业专项债券自 2015 年推出以来，在 2016 年发行数量和金额达到了最高峰，此后发行量大致呈下降趋势。2015—2023 年，养老产业专项债券累计发行只数

① 资料来源：国家发改委网站，http://www.sdpc.gov.cn/zcfb/zcfbtz/201504/t20150409_676954.html

为 28 只，累计发行金额为 235.70 亿元，历年具体发行统计情况如表 6—7 所示。

表 6—7　　2015—2023 年养老产业专项债券发行情况　　单位：亿元

时　间	专项债券发行数量	专项债券发行金额
2015 年	0	0.00
2016 年	9	99.90
2017 年	8	74.80
2018 年	4	13.50
2019 年	1	7.50
2020 年	2	16.20
2021 年	3	15.50
2022 年	0	0.00
2023 年	1	8.30
合　计	28	235.70

数据来源：根据 Wind 资讯数据统计整理

4. 战略性新兴产业专项债券

国家发改委于 2015 年 3 月 31 日印发《战略性新兴产业专项债券发行指引》（发改办财金〔2015〕756 号）①，推出了战略性新兴产业专项债券。战略性新兴产业专项债券的募集资金用于知识技术密集、物质资源消耗少、成长潜力大、综合效益好的产业。监管机构鼓励节能环保、新一代信息技术、生物、高端装备制造、新能源、新材料、新能源汽车等领域符合条件的企业发行战略性新兴产业专项债券融资。

芜湖市建设投资有限公司于 2019 年 10 月 24 日发行 2019 年芜湖市建设投资有限公司战略性新兴产业专项债券（第一期）（债券简称“19 芜湖战新债 01”），为全国首只战略性新兴产业专项债券。

从已经发行的债券案例来看，战略性新兴产业专项债券的募投项目主要是战略性新兴产业方向的市场化产业类项目，收入来源为产业类项目产生的销售收入。

自战略性新兴产业专项债券推出以来，该产品申报、发行的项目较少。2015—2023 年，战略性新兴产业专项债券累计发行只数为 2 只，累计发行金额为 15.70 亿元，历年具体发行统计情况如表 6—8 所示。

① 资料来源：国家发改委网站，http://www.sdpc.gov.cn/gzdt/201504/t20150409_676955.html

表 6－8　　**2015—2023 年战略性新兴产业专项债券发行情况**　　单位：亿元

时　间	专项债券发行数量	专项债券发行金额
2015 年	0	0.00
2016 年	0	0.00
2017 年	0	0.00
2018 年	0	0.00
2019 年	1	8.00
2020 年	1	7.70
2021 年	0	0.00
2022 年	0	0.00
2023 年	0	0.00
合　计	2	15.70

数据来源：根据 Wind 资讯数据统计整理

5. 配电网建设改造专项债券

国家发改委于 2015 年 11 月 9 日印发《配电网建设改造专项债券发行指引》（发改办财金〔2015〕2909 号）[①]，推出配电网建设改造专项债券。配电网建设改造专项债券的募集资金用于电力需求稳定、未来收入可预测的配电网建设改造项目及相关装备制造。“配电网建设改造”是指企业投资新建配电网项目或应用新技术、新产品、新工艺，提高配电网装备水平，推进智能化升级。

由于配电网建设改造专项债券对于发行人和募投项目的要求较高，符合申报发行条件的企业数量很少，因此自推出以来，暂无配电网建设改造专项债券发行记录。根据公开信息，国家发改委在 2018 年 9 月 19 日批复同意正泰集团股份有限公司发行配电网建设改造专项债券不超过 15 亿元，所筹资金 2.6 亿元用于正泰智能电气西北产业园项目（一期电缆），6.9 亿元用于正泰智能电气西北产业园项目（二期智能制造），5.5 亿元用于补充营运资金，该只债券最终未发行。

6. 双创孵化专项债券

国家发改委于 2015 年 11 月 9 日印发《双创孵化专项债券发行指引》（发改办财金〔2015〕2894 号）[②]，推出双创孵化专项债券。双创孵化专项债券的募集资金用于

① 资料来源：国家发改委网站，http://cjs.ndrc.gov.cn/zcfg/201511/t20151113_758551.html

② 资料来源：国家发改委网站，http://cjs.ndrc.gov.cn/zcfg/201511/t20151113_758550.html

涉及双创孵化服务的新建基础设施、扩容改造、系统提升、建立分园、收购现有设施并改造，包括但不限于纳入中央预算内资金引导范围的“双创”示范基地、国家级孵化园区、省级孵化园区以及经国务院科技和教育行政管理部门认定的大学科技园中的项目建设等项目的企业债券。

浏阳现代制造产业建设投资开发有限公司于2016年1月18日发行的2016年浏阳现代制造产业建设投资开发有限公司双创孵化专项债券（债券简称“16产建双创专项债”）为全国首只双创孵化专项债券。

从已经发行的债券案例来看，双创孵化专项债券的募投项目包括创新创业示范基地建设项目、创新创业孵化园项目、技术创新服务中心项目等，收入来源包括研发及测试用房租赁收入、办公及商务用房租赁收入、标准厂房出租及销售收入和配套商业销售收入等。

自2015年推出以来，2016年发行数量和金额达到最高峰，然后呈断崖式下降趋势。2015—2023年，双创孵化专项债券累计发行只数为44只，累计发行金额为443.40亿元，历年具体发行统计情况如表6—9所示。

表6—9　　2015—2023年双创孵化专项债券发行情况　　单位：亿元

时　间	专项债券发行数量	专项债券发行金额
2015年	1	6.00
2016年	20	258.90
2017年	7	60.90
2018年	3	14.30
2019年	7	60.00
2020年	2	16.00
2021年	2	16.00
2022年	0	0.00
2023年	2	11.30
合　计	44	443.40

数据来源：根据Wind资讯数据统计整理

7. 绿色债券

国家发改委于2015年12月31日印发《绿色债券发行指引》（发改办财金

〔2015〕3504号)[①],推出了绿色债券。虽然债券名称中没有“专项债券”的字样,但是从国家发改委印发的发行指引内容、发行条件、债券的募集资金用途等来看,绿色债券属于企业债专项债券之列。

绿色债券的募集资金主要用于支持节能减排技术改造、绿色城镇化、能源清洁高效利用、新能源开发利用、循环经济发展、水资源节约和非常规水资源开发利用、污染防治、生态农林业、节能环保产业、低碳产业、生态文明先行示范实验、低碳试点示范等绿色循环低碳发展项目。

北京汽车股份有限公司于2016年4月21日发行的2016年第一期北京汽车股份有限公司绿色债券(债券简称“16京汽绿色债01”)为全国首只绿色债券。

从已经发行的债券案例来看,绿色债券的募投项目包括绿色产业项目改扩建、生态环境综合治理项目等,收入来源包括产业项目生产销售收入、生态治理景点门票收入、特色产品销售收入、配套停车场收费收入、商业配套租金收入和广告收入等。

绿色债券自2015年推出以来,受到发行人和投资人的认可,是发行金额和只数最多的专项债券。2015—2023年,绿色债券累计发行只数为208只,累计发行金额为2 320.95亿元,历年具体发行统计情况如表6—10所示。

表6—10　　2015—2023年绿色债券发行情况　　单位:亿元

时　间	专项债券发行数量	专项债券发行金额
2015年	0	0.00
2016年	5	140.90
2017年	21	311.60
2018年	21	213.70
2019年	38	469.90
2020年	46	477.40
2021年	37	388.60
2022年	27	223.40
2023年	13	95.45
合　计	208	2 320.95

数据来源:根据Wind资讯数据统计整理

① 资料来源:国家发改委网站,https://www.ndrc.gov.cn/xxgk/zcfb/tz/201601/t20160108_963561.html?code=&state=123

8. 市场化银行债权转股权专项债券

国家发改委于2016年12月19日印发《市场化银行债权转股权专项债券发行指引》(发改办财金〔2016〕2735号)[①],推出了市场化银行债权转股权专项债券。市场化银行债权转股权专项债券的发行主体是市场化债转股实施机构,对发行人主体资质限制较多,只能是国有资本投资运营公司、地方资产管理公司。

市场化银行债权转股权专项债券募集资金用途主要是银行债权转股权项目,债转股专项债券发行规模不超过债转股项目合同约定的股权金额的70%。债券资金既可用于单个债转股项目,也可用于多个债转股项目。对于已实施的债转股项目,债券资金可以对前期已用于债转股项目的银行贷款、债券、基金等资金实施置换。

陕西金融资产管理股份有限公司于2017年9月18日发行的2017年第一期陕西金融资产管理股份有限公司市场化银行债权转股权专项债券(债券简称"17陕金资债转股NPB01")为全国首只市场化银行债权转股权专项债券。

从已经发行的债券案例来看,市场化银行债权转股权专项债券的募投项目主要是市场化债转股项目,收入来源主要是投资项目的股权收益等。

市场化银行债权转股权专项债券自2016年推出以来,发行数量和金额一直不多。2016—2023年,市场化银行债权转股权专项债券累计发行只数为12只,累计发行金额为148.60亿元,历年具体发行统计情况如表6—11所示。

表6—11　　2016—2023年市场化银行债权转股权专项债券发行情况　　单位:亿元

时　间	专项债券发行数量	专项债券发行金额
2016年	0	0.00
2017年	2	8.00
2018年	2	14.00
2019年	3	43.80
2020年	4	79.80
2021年	1	3.00
2022年	0	0.00
2023年	0	0.00
合　计	12	148.60

数据来源:根据Wind资讯数据统计整理

① 资料来源:国家发改委网站,http://www.ndrc.gov.cn/zcfb/zcfbtz/201612/t20161226_832531.html

9. 政府和社会资本合作(PPP)项目专项债券

国家发改委于2017年4月25日印发《政府和社会资本合作(PPP)项目专项债券发行指引》(发改办财金〔2017〕730号)[①],推出政府和社会资本合作(PPP)项目专项债券。政府和社会资本合作(PPP)项目专项债券是由PPP项目公司或社会资本方发行,募集资金主要用于以特许经营、购买服务等PPP形式开展的项目建设和运营。

广州珠江实业集团有限公司于2018年7月18日发行的2018年广州珠江实业集团有限公司社会领域产业政府和社会资本合作(PPP)项目专项债券(债券简称"18珠实专项债")是全国首只政府和社会资本合作(PPP)项目专项债券,也是全国首只政府和社会资本合作(PPP)项目专项债券和社会领域产业专项债券复合型债券。

从已经发行的债券案例来看,政府和社会资本合作(PPP)项目专项债券的募投项目主要是已经纳入财政部政府和社会资本合作中心项目管理库或者国家发改委PPP项目库的项目,收入来源主要是PPP项目完成后地方财政每年的付费。

自推出以来,该产品的发行数量和金额一直很低。2017—2023年,政府和社会资本合作(PPP)项目专项债券累计发行只数为4只,累计发行金额为31.20亿元,历年具体发行统计情况如表6－12所示。

表6－12　2017—2023年政府和社会资本合作(PPP)项目专项债券发行情况　单位:亿元

时　间	专项债券发行数量	专项债券发行金额
2017年	0	0.00
2018年	2	13.20
2019年	0	0.00
2020年	2	18.00
2021年	0	0.00
2022年	0	0.00
2023年	0	0.00
合　计	4	31.20

数据来源:根据Wind资讯数据统计整理

① 资料来源:国家发改委网站,http://www.sdpc.gov.cn/zwfwzx/xzxknew/201705/t20170503_846478.html

10. 农村产业融合发展专项债券

国家发改委于 2017 年 8 月 1 日印发《农村产业融合发展专项债券发行指引》(发改办财金规〔2017〕1340 号)[①],推出农村产业融合发展专项债券。农村产业融合发展专项债券的募集资金用于农村产业融合发展项目,重点支持产城融合型农村产业融合发展项目、农业内部融合型农村产业融合发展项目、产业链延伸型农村产业融合发展项目、农业多功能拓展型农村产业融合发展项目、新技术渗透型农村产业融合发展项目和多业态复合型农村产业融合发展项目。

江苏省无锡市锡西新城产业发展集团有限公司于 2019 年 4 月 24 日发行的 2019 年江苏省无锡市锡西新城产业发展集团有限公司农村产业融合发展专项债券(债券简称"19 锡西专项债")为全国首只农村产业融合发展专项债券。

从已经发行的债券案例来看,农村产业融合发展专项债券的募投项目包括绿色产业项目改扩建、生态环境综合治理项目等,收入来源包括产业项目生产销售收入、生态治理景点门票收入、特色产品销售收入、配套停车场收费收入、商业配套租金收入和广告收入等。

农村产业融合发展专项债券自推出以来,前期的发行数量和金额一直很低,但是从 2021 年开始增长较为迅速。2017—2023 年,农村产业融合发展专项债券累计发行只数为 31 只,累计发行金额为 181.60 亿元,历年具体发行统计情况如表 6—13 所示。

表 6—13　　2017—2023 年农村产业融合发展专项债券发行情况　　单位:亿元

时　间	专项债券发行数量	专项债券发行金额
2017 年	0	0.00
2018 年	0	0.00
2019 年	1	9.50
2020 年	3	22.40
2021 年	8	46.00
2022 年	12	66.60
2023 年	7	37.10
合　计	31	181.60

数据来源:根据 Wind 资讯数据统计整理

① 资料来源:国家发改委网站,http://www.ndrc.gov.cn/zcfb/gfxwj/201708/t20170809_857277.html

11. 社会领域产业专项债券

国家发改委于2017年8月1日印发《社会领域产业专项债券发行指引》(发改办财金规〔2017〕1341号)[①],推出社会领域产业专项债券。社会领域产业专项债券的募集资金主要用于社会领域产业经营性项目建设,或者其他经营性领域配套社会领域产业相关设施建设。

社会领域产业专项债券支持企业同时用于多个社会领域产业项目或社会领域产业融合项目。并且,发债企业可使用债券资金收购、改造其他社会机构的相关设施,或扩大社会领域产业投资基金资本规模。

广州珠江实业集团有限公司于2018年7月18日发行的2018年广州珠江实业集团有限公司社会领域产业政府和社会资本合作(PPP)项目专项债券(债券简称"18珠实专项债")为全国首只社会领域产业专项债券,也是全国首只政府和社会资本合作(PPP)项目专项债券和社会领域产业专项债券复合型债券。

从已经发行的债券案例来看,社会领域产业专项债券的募投项目包括体育中心场馆建设项目、特色乡村旅游项目、文化创意产业园项目、历史文化街区开发建设项目等,收入来源包括旅游文化服务收入、研学旅行收入、商业用房出租收入、餐饮收入、停车场收费收入等。

自推出以来,该产品的发行数量和金额较低,但是呈一定的增长趋势,未来发展潜力较大。2017—2023年,社会领域产业专项债券累计发行只数为35只,累计发行金额为271.60亿元,历年具体发行统计情况如表6—14所示。

表6—14　　2017—2023年社会领域产业专项债券发行情况　　单位:亿元

时　间	专项债券发行数量	专项债券发行金额
2017年	0	0.00
2018年	2	19.80
2019年	6	46.00
2020年	11	82.00
2021年	5	49.50
2022年	6	46.60
2023年	5	27.70

① 资料来源:国家发改委网站,http://www.ndrc.gov.cn/zcfb/gfxwj/201708/t20170809_857278.html

续表

时　间	专项债券发行数量	专项债券发行金额
合　计	35	271.60

数据来源:根据 Wind 资讯数据统计整理

12. 县城新型城镇化建设专项企业债券

国家发改委于 2020 年 8 月 12 日印发《县城新型城镇化建设专项企业债券发行指引》(发改办财金规〔2020〕613 号)①,推出县城新型城镇化建设专项企业债券。县城新型城镇化建设专项企业债券由市场化运营的公司法人主体发行,募集资金用于符合《国家发展改革委关于加快开展县城城镇化补短板强弱项工作的通知》(发改规划〔2020〕831 号)、市场化自主经营、具有稳定持续经营性现金流的单体项目或综合性项目。

龙港市国有资本运营有限公司于 2021 年 3 月 31 日发行的 2021 年第一期龙港市国有资本运营有限公司县城新型城镇化建设专项债券(债券简称"21 龙港债 01")为首只县城新型城镇化建设专项企业债券。

从已经发行的债券案例来看,县城新型城镇化建设专项企业债券的募投项目包括新型城镇化建设项目、农贸市场提档升级项目、特色文旅基础设施建设项目和城市公共停车场项目等,收入来源包括厂房租赁/销售收入、市场商业用房与摊位租金收入、新建项目商业用房出租收入和停车场收费收入等。

自推出以来,县城新型城镇化建设专项企业债券的发行数量和金额呈快速增长趋势,是目前增长速度最快的专项债券品种。2020—2023 年,县城新型城镇化建设专项企业债券累计发行只数为 90 只,累计发行金额为 589.70 亿元,历年具体发行统计情况如表 6—15 所示。

表 6—15　　2020—2023 年县城新型城镇化建设专项企业债券发行情况　　单位:亿元

时　间	专项债券发行数量	专项债券发行金额
2020 年	0	0.00
2021 年	14	99.60
2022 年	53	340.80
2023 年	23	149.30

① 资料来源:国家发改委网站,https://www.ndrc.gov.cn/xxgk/jd/jd/202010/t20201010_1244040.html?code=&state=123

续表

时　间	专项债券发行数量	专项债券发行金额
合　计	90	589.70

数据来源：根据 Wind 资讯数据统计整理

四、企业债券的申报

根据中国证监会和交易所等企业债券监管机构最新的监管要求，企业债券的申报要求、募投项目要求和申报材料要求如下：

（一）企业债券的申报要求

综合《中华人民共和国证券法》《国务院办公厅关于贯彻实施修订后的证券法有关工作的通知》（国办发〔2020〕5 号）、《公司债券发行与交易管理办法》《关于企业债券发行审核职责划转过渡期工作安排的公告》等法规的要求，公开发行企业债券应当符合下列条件：

1. 具备健全且运行良好的组织机构；
2. 最近三年平均可分配利润足以支付公司债券一年的利息；
3. 具有合理的资产负债结构和正常的现金流量；
4. 国务院规定的其他条件。

存在下列情形之一的，不得再次公开发行企业债券：

1. 对已公开发行的公司债券或者其他债务有违约或者延迟支付本息的事实，仍处于继续状态；
2. 违反《证券法》规定，改变公开发行公司债券所募资金用途。

（二）企业债券的募投项目要求

企业债券是以募投项目为核心的债券产品，各项监管规则对于企业债券募投项目提出了明确的监管要求：

1. 募投项目领域

企业债券的募集资金重点用于国家及地方重大战略支持的重大项目建设，包括但不限于科技强国战略、制造强国战略、交通强国战略、数字中国战略、现代能源体系建设工程、区域重大战略、新型城镇化建设工程、服务国家战略的重大工程和重大项目、现代服务业新体系建设。鼓励发行中长期企业债券为项目建设提供资金支持，并可视情况设置分期偿还等特殊条款。

2. 募投项目法人主体

企业债券募投项目的法人主体原则上应当为发行人、纳入发行人最近一年经审计财务报告的具有股权投资关系的公司,或由发行人出资设立的未纳入发行人最近一年经审计财务报告的具有股权投资关系的公司。发行人应根据母公司对子公司的持股比例和募投项目的投资比例合理确定公司债券申报规模。

3. 募投项目披露内容

企业债券的募集资金用于固定资产投资项目的,应当披露下列内容:

(1)项目是否符合国家宏观调控政策、产业政策和固定资产管理法规制度有关规定。

(2)项目建设背景,并结合当地经济发展、人口发展、产业发展等情况论证募投项目建设的必要性、经济效益和社会效益。

(3)项目合法性文件支持情况,包括但不限于立项、土地、环评、规划等已经取得有关主管部门批准或已签署协议等相关文件的名称、文号、发文机关、印发或签署时间和主要内容等。尚未取得有关主管部门批准或尚未签署协议的,可提交有关说明。

(4)项目建设内容、实施主体及其与发行人的关系、建设期间、建设进度等。项目实施主体为发行人非全资子公司的,应结合对该子公司的持股比例和对募投项目的投资比例判断是否符合募投项目的监管要求。

(5)项目的用地情况,包括项目用地性质、用途、土地规费缴纳情况、权证取得情况等。如未取得,应当说明原因及其对项目建设和本次债券募集资金使用合规性的影响。

(6)项目资金来源构成情况,包括项目资本金、已使用和拟使用债券资金、银行贷款、其他资金等,并开展募投项目资金缺口测算。

4. 募投项目盈利性

(1)项目收入

①企业债券募投项目采用市场化定价的,应披露可比价格并合理进行项目收入测算。企业债券投向的固定资产投资项目收入应主要来自市场化销售或运营收入,不得来源于土地预期出让收入返还,且募投项目不得回售给政府部门。

②企业债券募投项目收入来源包含财政补贴的,应当披露财政补贴的金额、占比、程序和内容,并说明是否合法合规。募投项目收入中的财政补贴占比不得超过项目总收入的50%,且相关财政补贴应当符合《预算法》等有关规定。

③企业债券募投项目采用政府指导定价的，需要明确披露地方政府定价文件依据。

(2)项目净收益

①公司债券存续期内投向的固定资产投资项目净收益原则上应当覆盖用于项目建设部分的债券利息，并且运营期内募投项目净收益原则上应当覆盖项目总投资或税后内部财务收益率应大于零。

②项目净收益为项目收入扣除运营成本、税金及附加(不含所得税)后的金额。发行人应当根据母公司对子公司的持股比例和募投项目的投资比例合理计算归属于发行人的项目净收益。

③债券存续期内净收益不能覆盖用于项目建设部分的债券本息的，发行人应进一步合理测算债券本息偿还资金缺口来源及相关安排。

表 6—16　　项目净收益测算表

年　份	债券存续期					项目运营期		
	20××	20××	…	20××	债券存续期合计	20××	…	运营期合计
收入 A								
收入 B								
项目总收入								
运营成本及费用(不含折旧、摊销)								
税金及附加(如有)								
净收益								

5. 募集资金使用要求

企业债券的募集资金使用具体要求如下：

(1)企业债券募集资金用于募投项目的规模不得超过该项目总投资额的 70%，可以将不超过募集资金总额的 30%部分用于补充流动资金等其他用途。

(2)企业债券募集资金用于固定资产投资项目的金额不得超过项目资金缺口，不得过度融资或者重复融资。

(3)企业债券募集资金可以用于符合规定的保障性住房、城中村改造、“平急两用”公共基础设施等领域的固定资产投资项目。

(4)发行人及主承销商应当承诺并核查募集资金不用于缴纳土地出让金。

(三)企业债券的申报材料要求

根据上海证券交易所于2023年10月20日印发的《上海证券交易所企业债券发行注册办事指南》[①],企业债券的申报材料如下:

1. 募集说明书(申报稿)。

2. 募集说明书摘要(如有)。

3. 发行人关于本次公司债券发行并上市的申请。

4. 发行人有权机构关于本次公开发行公司债券发行事项的决议并附公司章程及营业执照副本复印件。

5. 监事会对募集说明书真实性、准确性、完整性的审核意见,以及发行人董事、监事和高级管理人员对发行申请文件真实性、准确性和完整性的确认意见。

6. 主承销商核查意见。

7. 发行人律师出具的法律意见书,以及关于申请电子文件与预留原件一致的鉴证意见。

8. 发行人最近三年的财务报告和审计报告及最近一期的财务报告或财务报表。

9. 发行人有权机构、会计师事务所及注册会计师关于非标准意见审计报告(如有)的补充意见。

10. 由会计师事务所出具的发行人最近一年资产清单及相关说明(如有)。

11. 募集资金投向固定资产投资项目的原始合法性文件(如有)。

12. 地方政府有关部门出具的意见(如有)。

13. 本次公司债券的受托管理协议和债券持有人会议规则。

14. 资信评级机构为本次发行公司债券出具的资信评级报告(如有)。

15. 本次发行公司债券的担保合同、担保函、担保人就提供担保获得的授权文件(如有);担保财产的资产评估文件(如为抵押或质押担保)。

16. 担保人最近一年的财务报告(注明是否经审计)及最近一期的财务报告或财务报表(如有)。

17. 特定行业主管部门出具的监管意见书(如有)。

18. 有关主管部门推荐意见(如有)。

19. 发行人关于申请文件不适用情况的说明(如有)。

20. 发行人信息披露豁免申请(如有)。

---

① 资料来源:上海证券交易所网站,http://bond.sse.com.cn/bridge/notification/

21. 发行人及主承销商关于申请电子文件与预留原件一致的承诺函。
22. 发行人、主承销商和证券服务机构联系表。
23. 发行人诚信信息查询情况表。
24. 本所要求的其他文件。

五、企业债券冷知识

(一)企业债券的命名

自 1987 年 3 月 27 日国务院发布《企业债券管理暂行条例》(国发〔1987〕21 号)开始到 2020 年中债登印发《企业债券审核工作规则(试行)》(中债字〔2020〕98 号),监管机构印发的多项监管政策中,对于企业债券的命名都是一致的,均界定为企业债券。

从企业债券诞生至 2004 年,在申报发行材料中对于企业债券产品的命名都为"20××年(公司名称)企业债券"。但是在 2004 年修订《中华人民共和国证券法》之后,企业债券的申报材料和发行材料中企业债券的名称开始变为"20××年(公司名称)公司债券"。2005 年 1 月 21 日发行的 2005 年神华集团有限责任公司公司债券(债券简称"05 神华债")为首只名称中带有"公司债券"的企业债券产品,此后债券名称中含有"企业债券"的企业债券越来越少。

根据交易所 2023 年的公司债券新规,企业债券的名称确定为"×××公司××××年面向专业投资者公开发行企业债券",对于企业债券的命名进行了规范和统一。

(二)银行作为企业债券的主承销商

国务院印发的 1993 年版《企业债券管理条例》(国发〔1993〕121 号),规定"企业发行企业债券,应当由证券经营机构承销。证券经营机构承销企业债券,应当对发行债券的企业的发行章程和其他有关文件的真实性、准确性、完整性进行核查"。按照这个规定,理论上只有证券公司可以担任企业债券的主承销商。国家发改委于 2004 年 6 月 21 日印发《关于进一步改进和加强企业债券管理工作的通知》(发改财金〔2004〕第 1134 号)[①],明确规定"发行企业债券应当由具有承销资格的证券经营机构承销,企业不得自行销售企业债券",这个证券经营机构实际上也是将主承销商的范围限制在了证券公司。

---

① 资料来源:宁夏发改委网站,http://www.nxdrc.gov.cn/cszz/jcc/tzgg_jcc/24310.htm

但是从目前公开发行的企业债券信息来看，在企业债券的发展早期以及部分特定时期，部分银行机构是可以担任企业债券的主承销商的。根据 Wind 资讯的企业债券发行统计数据，担任企业债券主承销商的主要是国家开发银行股份有限公司（以下简称“国家开发银行”）、交通银行股份有限公司（以下简称“交通银行”）、中国民生银行股份有限公司（以下简称“中国民生银行”）和中国工商银行股份有限公司（以下简称“中国工商银行”）等银行机构。国家开发银行担任企业债券主承销商的只数最多，债券品种最多；交通银行和中国民生银行主要是担任小微债的主承销商；中国工商银行担任主承销商的债券只数较少。

1. 中信实业银行

中信实业银行（即中信银行股份有限公司的前身）是首家担任企业债券主承销商的银行机构。2001 年 12 月 19 日发行的 2001 年中国国际信托投资公司债券（债券简称“01 中信债”），主承销商为中信实业银行和中信证券股份有限公司，债券发行规模为 35 亿元，债券期限为 10 年。这是中信实业银行首次且是唯一一次担当主承销商发行的企业债券。而且需要关注的是，“01 中信债”的副主承销商包括中国农业银行、中国人民保险公司、招商银行，也就是说，保险公司也可以作为企业债券的副主承销商。

2. 国家开发银行

国家开发银行是第二家担任企业债券主承销商的银行机构，也是作为主承销商发行企业债券只数最多的银行机构。2001 年发行的 2001 年中国广东核电集团有限责任公司企业债券（债券简称“01 广核债”），债券发行总额为 25 亿元，债券期限为 7 年，利率为 4.12%，主承销商为国家开发银行。这只债券由国家开发银行提供无条件的不可撤销连带责任担保，也是国家开发银行首次担任企业债券的主承销商。2011 年 3 月 3 日发行的 2011 年吉林市城市建设控股集团有限公司市政项目建设债券为国家开发银行最后一次担任企业债券的主承销商。国家开发银行担任过多只企业债券的主承销商，时间跨度为 2001 年至 2011 年。

3. 中国民生银行

中国民生银行担任主承销商的企业债券均为小微企业增信集合债券和小微企业扶持债券，而且均为独家主承销商。2013 年 3 月 8 日发行的 2013 年第一期无锡市新区经济发展集团总公司小微企业扶持债券（债券简称“13 无锡经发小微债 01”），独家主承销商为中国民生银行，这只债券是中国民生银行首次担任主承销商发行的企业债券。

4. 交通银行

交通银行担任主承销商的企业债券均为小微企业扶持债券，而且均为独家主承销商。2014 年 4 月 30 日发行的 2014 年合肥市工业投资控股有限公司小微企业扶持债券(债券简称“14 合工投小微债”)，主承销商为交通银行。这只债券是交通银行首次担当主承销商发行的企业债券。而且需要特别关注的是，广发证券担任这只企业债券的财务顾问。

5. 中国工商银行

中国工商银行担任主承销商的企业债券均为绿色企业债券，而且均为联席主承销商。2016 年 4 月 21 日发行的 2016 年第一期北京汽车股份有限公司绿色债券(债券简称“16 京汽绿色债 01”)，主承销商为海通证券和中国工商银行。这只债券是中国工商银行首次担当联席主承销商发行的企业债券。

(三)财务公司作为企业债券的主承销商

财务公司作为非银行金融机构，也做过企业债券的主承销商。中国电力财务有限公司担任企业债券主承销商的债券有两只:2002 年 6 月 19 日发行的 2002 年电网建设企业债券(15 年)，债券简称“02 电网债(1)”，发行规模为 35 亿元，发行人为国家电网有限公司和中国南方电网有限责任公司;2002 年 6 月 19 日发行的 2002 年电网建设企业债券(3 年)，债券简称“02 电网债(2)”，发行规模为 5 亿元，发行人为国家电网有限公司。这两只债券均由中国银行为本息全额提供无条件不可撤销担保。这两只债券有一定的特殊性，主承销商中国电力财务有限公司为发行人国家电网有限公司的控股子公司。

(四)信托公司作为企业债券的主承销商

信托公司作为非银行金融机构，也做过企业债券的主承销商。中国科技国际信托投资有限责任公司担任企业债券主承销商的债券有一只:2003 年 1 月 24 日发行的 2003 年浙江沪杭甬高速公路股份有限公司债券，债券简称“03 沪杭甬债”，发行规模为 10 亿元，发行人为浙江沪杭甬高速公路股份有限公司，由中国建设银行浙江省分行提供无条件不可撤销连带责任担保。

(五)银行为企业债券提供担保

在企业债券和公司债券发展的早期，债券发行的增信措施主要是商业银行提供担保。从已经发行的债券来看，为债券提供增信担保最多的银行是国家开发银行。原银监会于 2007 年 10 月 12 日印发《关于有效防范企业债担保风险的意见》(银监发〔2007〕75 号）[①]，要求“各银行即日起一律停止对以项目债为主的企业债进行担保，对其他用途的企业债券、公司债券、信托计划、保险公司收益计划、券商专项资产管理计划等融资性项目原则上不再出具银行担保。银行已经为企业债券办理担保增信的，要采取逐步退出措施，及时追加必要的资产保全措施”。自此，银行为债券提供担保作为增信措施的债券发行方式退出了历史舞台。

（六）BT 回购协议作为偿债保障措施

企业债券是以募投项目为核心的债券品种，而募投项目则是以项目收益为关键要素。按照最新的审核政策，企业债券募投项目的收益需要覆盖项目总投资。但是在企业债券发展早期，企业债券的募投项目是可以用 BT 协议收入作为偿债保障措施的。

国家发改委于 2012 年 12 月 11 日印发《关于进一步强化企业债券风险防范管理有关问题的通知》（发改办财金〔2012〕3451 号）[②]，明确提出“城投类企业主体评级在 AA－及以下的，应采取签订政府（或高信用企业）回购协议等保障措施或提供担保”。根据这个监管文件，部分城投公司在申报发行企业债券时，会将企业与政府签订的 BT 协议收入作为偿债保障措施。

国家发改委于 2015 年 2 月 17 日印发《关于进一步改进和规范企业债券发行工作的几点意见》[③]，明确提出“企业与政府签订的建设—移交（BT）协议收入，按照 43 号文件精神，暂不能作为发债偿债保障措施”。此后，BT 回购协议不再可以作为企业债券的偿债保障措施。

第三节　公司债券产品

公司债券是一个成熟的债券产品体系，包含种类多样的债券产品和完善的债券监管体系。在介绍公司债券产品时，首先需要了解公司债券的发展历程和审核政策变迁，熟悉公司债券的发展演变过程。

一、公司债券的发展历程

首先需要说明的是，公司债券这个信用债券品种在最开始设计的时候，发行主

① 资料来源：原银监会网站，http://www.cbrc.gov.cn/chinese/home/docDOC_ReadView/20071102D5284B879FC64A31FFE572889E70A600.html

② 资料来源：国家发改委网站，http://www.sdpc.gov.cn/zcfb/zcfbtz/201212/t20121220_519191.html

③ 资料来源：泰州市发改委网站，http://fgw.taizhou.gov.cn/art/2015/3/19/art_3383_414822.html

体是上市公司，城投公司在一开始并不属于公司债券的发行主体，这是公司债券和企业债券最主要的区别之一。2015 年公司债券产品扩容之后，城投公司成为公司债券的发行主体，公司债券发行规模迅速扩大。公司债券的发展历程就是新产品不断推出的过程，公司债券的产品包括可转换公司债券、分离交易的可转换公司债券、一般公司债券和可交换公司债券等。

(一)可转换公司债券

可转换公司债券是国内最早的公司债券品种，是指发行人依照法定程序发行，在一定期间内依据约定的条件可以转换成股份的公司债券。可转换公司债券是先有发行实践，再有监管规则。

1. 可转换公司债券的发行实践过程如下：

(1)1991 年 8 月，海南新能源股份有限公司(以下简称“海南能源”)发行“琼能源转债”，发行规模 3 000 万元，是我国首只非上市公司发行的可转换公司债券。海南能源于 1993 年 6 月登陆深市主板，3 000 万元的“琼能源转债”有 30%成功转股。随后，成都工益冶金股份公司发行了规模为 5 922.5 万元的可转换公司债券。

(2)1992 年 11 月，中国宝安集团股份有限公司发行“1992 年中国宝安集团股份有限公司可转换公司债券”(债券简称：宝安转债，债券代码：125009.SZ)，是我国首只由 A 股上市公司发行的可转换公司债券，发行规模 5 亿元。由于“宝安转债”转股失败，直到 1997 年国内都再无新的可转债项目发行。

2. 原国务院证券委员会于 1997 年 3 月 25 日印发《可转换公司债券管理暂行办法》(以下简称“《暂行办法》”)①，是首个可转换公司债券监管规则。根据《暂行办法》，可转换公司债券发行要求如下：

(1)发行人

可转换公司债券的发行人可以是中华人民共和国境内符合本办法规定的上市公司和重点国有企业。《暂行办法》对发行人的范围进行了明确的界定，包括了非上市公司的重点国有企业。

(2)审核机构

上市公司发行可转换公司债券，应当经省级人民政府或者国务院有关企业主管部门推荐，报证监会审批；重点国有企业发行可转换公司债券，应当经省级人民政府或者国务院有关企业主管部门推荐，报中国证监会审批，并抄报原国家计划委员会、

① 资料来源：法律图书馆网站，http://m.law-lib.com/law/law_view.asp?id=13191&page=1

原国家经济贸易委员会、中国人民银行、国家国有资产管理局。

(3)上市公司可转换公司债券发行条件

上市公司发行可转换公司债券需要满足的条件如下：

①最近 3 年连续盈利，且最近 3 年净资产利润率平均在 10%以上，属于能源、原材料、基础设施类的公司可以略低，但是不得低于 7%；

②可转换公司债券发行后，资产负债率不高于 70%；

③累计债券余额不超过公司净资产额的 40%；

④募集资金的投向符合国家产业政策；

⑤可转换公司债券的利率不超过银行同期存款的利率水平；

⑥可转换公司债券的发行额不少于人民币 1 亿元；

⑦原国务院证券委员会规定的其他条件。

3. 中国证监会于 2001 年 4 月 26 日发布《上市公司发行可转换公司债券实施办法》(中国证券监督管理委员会令第 2 号)[①]，重点规范上市公司可转换公司债券的发行行为，明确要求发行人最近三年平均可分配利润足以支付可转换公司债券一年的利息、有足够的现金偿还到期债务的计划安排、主营业务突出、募集资金投向具有较好的预期投资回报等。

(二)分离交易的可转换公司债券

中国证监会于 2006 年 5 月 6 日发布《上市公司证券发行管理办法》(中国证券监督管理委员会令第 30 号)[②]，推出了公开发行认股权和债券分离交易的可转换公司债券(以下简称"分离交易的可转换公司债券")。

1. 根据《上市公司证券发行管理办法》，发行人申报、发行分离交易的可转换公司债券，应当符合下列要求：

(1)公司最近一期末经审计的净资产不低于人民币 15 亿元；

(2)最近三个会计年度实现的年均可分配利润不少于公司债券一年的利息；

(3)最近三个会计年度经营活动产生的现金流量净额平均不少于公司债券一年的利息；

(4)本次发行后累计公司债券余额不超过最近一期末净资产额的 40%，预计所附认股权全部行权后募集的资金总量不超过拟发行公司债券金额。

2. 马钢股份分离交易的可转债于 2006 年 11 月 29 日在上海证券交易所上市，

---

① 资料来源：中国证监会网站，http://www.csrc.gov.cn/csrc/c101797/c1003541/content.shtml

② 资料来源：中国证监会网站，http://www.csrc.gov.cn/csrc/c101802/c1004922/content.shtml

是首只在A股市场上市的分离交易的可转换公司债券。马钢股份分离交易的可转债的认股权证简称为“马钢CWB1”，交易代码为“580010.SH”；公司债简称为“06马钢债”，证券代码为“126001.SH”。马钢股份分离交易的可转债，其中公司债券为55亿元，每张债券的认购人获得公司派发的23份认股权证，权证总量为12.65亿份，权证期限为2年，行权价格为3.40元，权证期满12个月之日的前10个交易日及权证存续期最后10个交易日可以行权。

（三）一般公司债券

1. 中国证监会于2007年8月14日发布《公司债券发行试点办法》（中国证券监督管理委员会令第49号，以下简称“《试点办法》”）[①]，推出了公司债券产品。需要注意的是，根据《试点办法》的要求，发行公司债券应当由保荐人保荐并向中国证监会申报，因此公司债券的发行主体只能是上市公司。

发行人申报、发行一般公司债券产品，应当符合下列要求：

（1）公司的生产经营符合法律、行政法规和公司章程的规定，符合国家产业政策。

（2）公司内部控制制度健全，内部控制制度的完整性、合理性、有效性不存在重大缺陷。

（3）经资信评级机构评级，债券信用级别良好。

（4）公司最近一期末经审计的净资产额应符合法律、行政法规和中国证监会的有关规定。

（5）最近三个会计年度实现的年均可分配利润不少于公司债券一年的利息。

（6）本次发行后累计公司债券余额不超过最近一期末净资产额的40%；金融类公司的累计公司债券余额按金融企业的有关规定计算。

2. 中国长江电力股份有限公司于2007年9月24日发行的“2007年中国长江电力股份有限公司债券”（债券简称“07长电债”）是全国首只一般公司债券。“07长电债”发行方式为公开发行，发行规模为40亿元，债券期限为10年，票面利率为5.35%。本期债券由中国建设银行股份有限公司提供全额、不可撤销的连带责任保证担保。

（四）可交换公司债券

1. 中国证监会于2008年10月17日发布《上市公司股东发行可交换公司债券

① 资料来源：中国证监会网站，http://www.csrc.gov.cn/csrc/c101802/c1004916/content.shtml

试行规定》(证监会公告〔2008〕41号)[①],推出可交换公司债券产品。可交换公司债券是上市公司的股东依法发行,在一定期限内依据约定的条件可以交换成该股东所持有的上市公司股份的公司债券。

根据《上市公司股东发行可交换公司债券试行规定》,可交换公司债券的发行要求如下:

(1)发行人

可交换公司债券的发行人是持有上市公司股份的股东。

(2)发行条件

①申请人应当是符合《公司法》《证券法》规定的有限责任公司或者股份有限公司。

②公司组织机构健全,运行良好,内部控制制度不存在重大缺陷。

③公司最近一期末的净资产额不少于人民币3亿元。

④公司最近3个会计年度实现的年均可分配利润不少于公司债券一年的利息。

⑤本次发行后累计公司债券余额不超过最近一期末净资产额的40%。

⑥本次发行债券的金额不超过预备用于交换的股票按募集说明书公告日前20个交易日均价计算的市值的70%,且应当将预备用于交换的股票设定为本次发行的公司债券的担保物。

⑦经资信评级机构评级,债券信用级别良好。

⑧不存在《公司债券发行试点办法》第八条规定的不得发行公司债券的情形。

(3)交换的上市公司股票

①该上市公司最近一期末的净资产不低于人民币15亿元,或者最近3个会计年度加权平均净资产收益率平均不低于6%。扣除非经常性损益后的净利润与扣除前的净利润相比,以低者作为加权平均净资产收益率的计算依据。

②用于交换的股票在提出发行申请时应当为无限售条件股份,且股东在约定的换股期间转让该部分股票不违反其对上市公司或者其他股东的承诺。

③用于交换的股票在本次可交换公司债券发行前,不存在被查封、扣押、冻结等财产权利被限制的情形,也不存在权属争议或者依法不得转让或设定担保的其他情形。

2. 宝钢集团有限公司于2014年12月10日发行的"宝钢集团有限公司2014年

---

① 资料来源:中国证监会网站,http://www.csrc.gov.cn/csrc/c101802/c1004907/content.shtml

可交换公司债券”(债券简称“14 宝钢 EB”,债券代码:132001. SH)是全国首只可交换公司债券。“14 宝钢 EB”的发行规模为 40 亿元,债券期限为 3 年,预备用于交换的股票标的为新华保险 A 股股票。

(五)一般公司债券扩容

中国证监会于 2015 年 1 月 15 日发布《公司债券发行与交易管理办法》(中国证券监督管理委员会令第 113 号,以下简称“《管理办法》”)[①],将公司债券的发行人范围从上市公司扩展到一般企业,具有划时代的意义。自此,公司债券产品进入了高速发展时代,从一个相对小众的债券产品发展为国内主流的信用债券产品。尤其是对城投公司来说,拓展了一个新的融资渠道,公司债券成为城投公司的重要融资方式。一般公司债券的申报审批流程如图 6—3 所示。

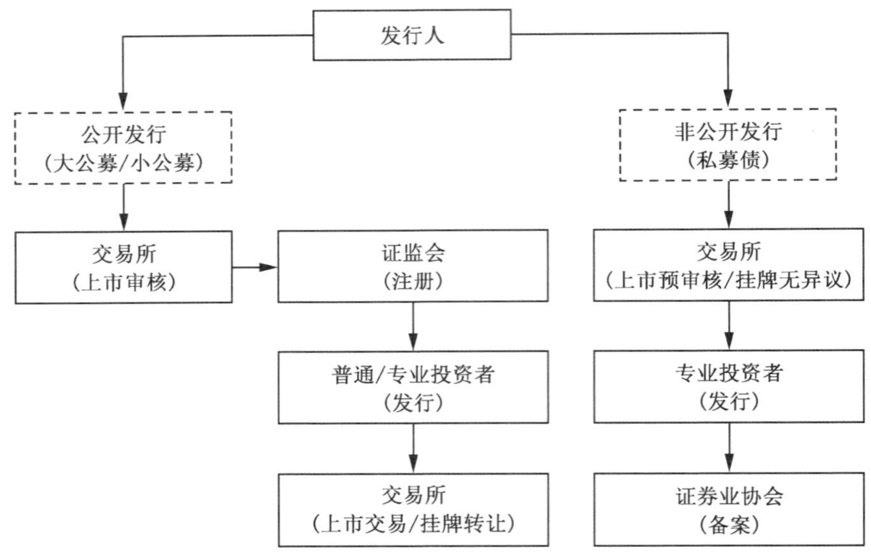

图 6—3 公司债券审核流程

二、公司债券审核政策变迁

虽然可转换公司债券在 1991 年 8 月诞生,一般公司债券在 2007 年推出,但是公司债券这个品种一直属于相对小众的债券产品,公司债券的发行主体以上市公司为主,发行人范围较为有限。城投公司申报发行公司债券始于 2015 年的公司债券

① 资料来源:中国证监会网站,http://www.csrc.gov.cn/csrc/c101802/c1045425/content.shtml

改革。2015 年监管机构针对公司债券出台了两个重要的监管规则：

1. 中国证监会于 2015 年 1 月 15 日印发《公司债券发行与交易管理办法》（证监会令第 113 号），将公司债券的发行人从上市公司拓展到了非上市公司。但是《公司债券发行与交易管理办法》第六十九条明确规定："本办法规定的发行人不包括地方政府融资平台。"

2. 中国证券业协会于 2015 年 4 月 23 日印发《非公开发行公司债券项目承接负面清单》（以下简称"《负面清单》"），地方融资平台名列负面清单中。根据《负面清单》的要求，"地方融资平台公司是指根据国务院相关文件规定，由地方政府及其部门和机构等通过财政拨款或注入土地、股权等资产设立，承担政府投资项目融资功能，并拥有独立法人资格的经济实体"。

如果严格按照城投公司的定义来看，根据《公司债券发行与交易管理办法》和《负面清单》的监管要求，城投公司是无法申报发行公司债券的。但在公司债券的申报审核实践操作中，监管机构为城投公司申报发行公司债券设置了准入门槛，制定了明确的甄别标准，允许已经退出原银监会平台名单的城投公司申报发行公司债券，城投公司迅速成为公司债券最重要的客户，公司债券规模迅速扩大。

城投公司的公司债券审核政策经历了"双 50"审核阶段、"单 50"审核阶段、隐性债务审核阶段、新"负面清单"阶段和新常态审核阶段。

（一）"双 50"审核阶段

2015 年 7 月，交易所针对城投公司申报公司债券提出了"双 50"监管要求。"双 50"的具体内容为：一是发行人报告期内来自所属地方政府的现金流入与发行人经营活动现金流入占比的平均值小于 50%；二是发行人报告期内来自所属地方政府的收入与营业收入占比的平均值小于 50%。

城投公司只要符合"双 50"指标中的一个指标即可满足公司债券的发行条件。"双 50"指标实际上为城投公司申报公司债券指明了路径和方向。从 2015 年 7 月开始，申报发行公司债券的城投公司数量大幅增加。

（二）"单 50"审核阶段

在"双 50"监管政策实施一段时间后，交易所对"双 50"指标进行了修订，变更为"单 50"，并对"单 50"指标进行了多次更新、修订。

1. 2016 年 9 月 5 日，上海证券交易所对城投公司的甄别标准进行了修订[①]，具

---

① 资料来源：上证债券信息网，http://bond.sse.com.cn/disclosure/announ/release/c/c_20160905_4173569.shtml

体变化为：一是将"双50%"调整为"单50%"，即报告期内发行人来自所属地方政府的收入占比不得超过50%，取消现金流占比指标。二是调整指标计算方法。为提高指标合理性，发行人计算政府性收入占比，除了可采取报告期内各年度政府性收入占比的算术平均值外，也可采取"加权平均法"（各年度源自地方政府的收入总额/各年度营业收入总额）。

2. 2019年3月，上海证券交易所对"单50"标准做了一定程度的放松，对于到期6个月内的债务，以借新还旧为目的发行公司债，放开政府收入占比50%的上限限制，但不允许配套补充流动资金。[①]

3. 2021年2月26日，中国证监会印发修订版《公司债券发行与交易管理办法》（证监会令第180号）[②]，对公司债券的发行主体范围再次进行了修订，删除了原管理办法中的"本办法规定的发行人不包括地方政府融资平台"，针对城投公司的"单50"要求全面取消。

（三）隐性债务审核阶段

从2021年起，隐性债务成为监管机构关注的重点，多个监管规则均对城投公司的隐性债务问题制定了明确的监管要求。与此同时，非经营性往来款、有息债务结构、特定财务指标、特定情形发行人等也成为监管关注的重点。

1. 2021年修订版《公司债券发行与交易管理办法》新增第七十七条规定："发行公司债券，应当符合地方政府性债务管理的相关规定，不得新增政府债务。"在公司债券监管中，地方政府性债务指的主要就是隐性债务。此后，隐性债务成为公司债券监管机构关注的重点。

2. 2021年4月22日，上海证券交易所发布了《上海证券交易所公司债券发行上市审核规则适用指引第3号——审核重点关注事项》（上证发〔2021〕24号，以下简称"2021年版《3号审核指引》"）[③]，明确了公司债券发行的重点事项。2021年版《3号审核指引》新增了几个对城投公司需要重点核查的财务指标：

(1)2021年版《3号审核指引》明确了非经营性往来款和资金拆借的核查标准。非经营性往来款和资金拆借超过最近一年末经审计总资产3%的，需要进行明确的

① 资料来源：华尔街见闻百家号，https://baijiahao.baidu.com/s?id=1627870267512022952&wfr=spider&for=pc

② 资料来源：中国证监会网站，http://www.csrc.gov.cn/pub/zjhpublic/zjh/202102/t20210226_393241.htm

③ 资料来源：上海证券交易所网站，http://www.sse.com.cn/lawandrules/sselawsrules/repeal/rules/c/c_20220429_5701763.shtml

信息披露并做重大风险事项提示;超过5%的,需要承诺在债券存续期不新增;超过10%的,募集资金只能用于偿还公司债券。这是交易所首次明确对非经营性往来款和资金拆借的核查标准,对于超过10%的发行人来说,如果是首次申报公司债券,新增公司债券规模的难度就非常大了。

(2)2021年版《3号审核指引》明确了有息负债结构的核查标准。银行借款占比低于有息负债总额的30%,银行借款与公司债券外其他公司信用类债券余额之和低于有息负债总额的50%。

(3)2021年版《3号审核指引》明确了对非公开公司债券发债规模不超过净资产40%的原则性监管。新《证券法》删除了对于发债规模不超过净资产40%的限制,但是2021年版《3号审核指引》中规定对非公开发行公司债券,原则上不能超过净资产的40%。

(4)2021年版《3号审核指引》明确申报发行公司债券,应符合地方政府性债务管理的相关规定,不得新增地方政府债务。同时,发行人应该承诺所偿还的存量债务不涉及地方政府隐性债务。

(5)2021年版《3号审核指引》明确城投公司资产规模小于100亿元或者低于AA(含)评级的从严审核。从实践来看,资产规模小于100亿元或者主体信用评级低于AA(含)这个标准应该就是弱资质发行人的门槛,未来新增公司债券融资的难度将会很大。

3.2022年4月29日,上海证券交易所发布了《上海证券交易所公司债券发行上市审核规则适用指引第3号——审核重点关注事项(2022年修订)》(上证发〔2022〕63号,以下简称"2022年版《3号审核指引》")①,明确了对于公司债发行的重点监管事项。2022年版《3号审核指引》延续了对于隐性债务的监管要求,同时,新增了几个对城投公司需要重点核查的财务指标:

(1)2022年版《3号审核指引》明确附认股权、可转换成股票条款的公司债券(即可转换债券)不适用本指引。可转换债券等特定债券品种有着特定的发行要求,与普通的公司债券存在较大的差异。

(2)2022年版《3号审核指引》加强了对发行人及其所属企业集团的公司债券余额的管理。2022年版《3号审核指引》明确,以发行人或其所属企业集团为公司债券余额管理主体,适当控制公司债券存量规模。在这条规则的控制下,对于同一集团

---

① 资料来源:上海证券交易所网站,http://www.sse.com.cn/lawandrules/sselawsrules/bond/review/c/c_20220429_5701756.shtml

内的多个发行人主体会产生一定影响，需要从集团口径统一进行债券发行规模的控制。

(3)2022 年版《3 号审核指引》将多元化经营、治理结构复杂的企业集团认定为特定情形发行人。自 2020 年以来，多家多元化经营集团和治理结构复杂的集团出现信用债券违约，且均属于高评级企业，对于信用债券市场的冲击非常大。因此加强对这些企业集团的管理是非常有必要的。

(4)2022 年版《3 号审核指引》明确存在特殊会计处理的发行人需要充分披露并进行核查。由于行业运营模式的特殊性，不同行业的发行人可能存在特殊的会计处理方式，对于发行人的财务报表可能会产生影响，因此需要对这种特殊处理方式进行明确的披露。

(5)2022 年版《3 号审核指引》将城投公司重点审核范围从主体信用评级低于 AA(含)修订为资质较弱。这是本次指引的一个重大修订，对于低评级城投公司是一个利好。从实践来看，AA 级城投公司的占比非常高，对于融资的需求也很大，这次修订能够改善 AA 级城投公司的融资环境。

(6)2022 年版《3 号审核指引》明确将非公开发行公司债券余额占净资产比例达到 40%列为关注事项核查。2022 年版《3 号审核指引》的第十九条已经对净资产的 40%进行了专项规定，在关注事项核查对照表中再次强调核查，充分说明对于私募债发行规模的监管会更加明确和严格。

(7)2022 年版《3 号审核指引》将“特定财务指标存在负面情形的房地产企业”修订为“房地产企业”，列为关注事项核查。也就是说，只要是行业性质定位为房地产企业，就需要进行专门的核查。

(8)2022 年版《3 号审核指引》将未设定投保条款列为关注事项核查。按照 2022 年版《3 号审核指引》的要求，投保条款成为公司债券募集说明书的制式条款要求。

(四)新“负面清单”阶段

在 2019 年 12 月 20 日修订发布的负面清单的基础上，中国证券业协会于 2022 年 12 月 9 日印发《非公开发行公司债券项目承接负面清单指引(2022 年修订)》(以下简称“2022 年版《负面清单》”)[①]。2022 年版《负面清单》修订内容如下：

1. 2022 年版《负面清单》将“发行人违法行为”扩大至“发行人违法违规行为”。从城投公司的实践来看，发行人存在违规行为实际上是比违法行为更加普遍的问

① 资料来源：中国证券业协会网站，https://www.sac.net.cn/tzgg/202212/t20221209_169916.html

题，可能会有很多的行政处罚，此后均需要纳入负面清单监管范畴。

2. 2022 年版《负面清单》将“已发行债券违约”修订为“已发行公开债券违约”。这个修订意味着如果发行人非公开发行公司债券存在违约的情况，理论上是不属于负面清单范畴的。当然这只是理论上的，实际的审核口径以监管机构认可的为准。这与 2021 年版《公司债券发行与交易管理办法》第十五条规定的内容一致：“对已公开发行的公司债券或者其他债务有违约或者延迟支付本息的事实，仍处于继续状态”，不得再次公开发行公司债券。

3. 2022 年版《负面清单》新增“违反前次公司债券申请文件中所作出的承诺，尚未完成整改的”。这条规定应该主要是针对公司债券募集资金使用和不新增非经营性其他应收款这两个指标的。

4. 2022 年版《负面清单》新增“不符合地方政府债务管理规定或者本次发行新增地方政府债务的”。这与《上海证券交易所公司债券发行上市审核规则适用指引第 3 号——审核重点关注事项》等监管政策的监管口径是一致的。

5. 2022 年版《负面清单》将地方融资平台公司剔除出了负面清单范畴。这是本次负面清单最大的修订内容。公司债券自从 2015 年扩容之后，在经历了“双 50”“单 50”等一系列审核政策变更之后，城投公司不再受负面清单的明确限制。

需要说明的是，2022 年版《负面清单》对于地方政府融资平台监管口径的修订，也与监管对城投公司认定标准的变化相契合。2015 年版《公司债券发行与交易管理办法》的第六十九条明确规定，“本办法规定的发行人不包括地方政府融资平台公司”。2021 年修订版《公司债券发行与交易管理办法》则删除了这个规定。

6. 2022 年版《负面清单》取消了对担保公司和小贷公司的主体信用级别要求。原《负面清单》对担保公司和小贷公司的主体信用评级要求为 AA，本次取消之后意味着主体信用级别较低或者无评级的担保公司和小贷公司也可以申报发行公司债券。

（五）新常态审核阶段

2023 年 10 月 20 日，上海证券交易所、深圳证券交易所和北京证券交易所印发了一系列公司债券（含企业债券）监管规则，开启了公司债券新常态审核阶段。尤其是针对城投公司，公司债券监管新规提出了明确的监管要求。此次公司债券审核政策更新是一个系统化的修订，构建了新的公司债券监管框架，意味着城投公司申报发行公司债券进入了新常态审核阶段。与此同时，交易所制定了一系列监管规则，对城投公司的定义、城投公司申报材料、审慎确定发行方案的财务指标、弱资质城投公司申报规模、信息披露要求和公司债券审核流程做出了明确的规定。

1. 城投公司的定义

交易所的监管文件中没有对城投公司的含义进行界定，有明确定义的是“城市建设企业”。从监管实践来看，城市建设企业的内涵与城投公司基本一致。根据交易所监管文件的定义，城市建设企业是指主营业务主要为市政基础设施项目建设与运营、土地一级开发等的地方国有企业。城市建设企业主营业务的内容如下：

（1）市政基础设施项目包括城市建设企业在所在城市区域内从事的城市道路、公共交通、供水、排水、燃气、热力、园林、环卫、污水处理、垃圾处理、防洪、地下公共设施及附属设施的土建、管道、设备安装项目。不包括跨所在城市项目，符合规定的政府与社会资本合作模式项目（PPP 项目），保障性住房、棚户区改造、易地扶贫搬迁、基础设施领域补短板等国家支持的项目。

（2）土地一级开发包括城市建设企业按规定对国有土地、集体土地实施征地、拆迁、安置、补偿和相应的市政基础设施建设，以达到土地供应条件的土地开发。

2. 城投公司申报材料

除了按照交易所要求提供的公司债券申报材料外，城投公司申报发行公司债券还需要提交如下申报材料：

（1）提交会计师事务所出具的发行人最近一年资产清单及相关说明文件，应当列明重点关注资产的金额和明细，应收地方政府及其部门、机构款项金额等。资产清单及相关说明文件最早是企业债券的专有申报文件，现在成为城投公司申报公司债券和企业债券的特定文件。

（2）发行人为高速公路、地铁线路等相关资产折旧政策较为特殊的政府还贷公路企业和轨道交通企业的，申报会计师应当对发行人高速公路、地铁线路等相关资产的折旧政策进行专项核查，并对相关资产的折旧政策是否符合《企业会计准则》的规定发表核查意见。

3. 审慎确定发行方案的财务指标

城投公司存在下列情形之一的，应结合自身所属层级、业务规模、盈利情况、资产负债结构、现金流量情况等评估自身经营和偿债能力，审慎确定公司债券申报方案：

（1）扣除重点关注资产后资产负债率超过 85%，其中重点关注资产和公益性项目定义如下：

①重点关注资产包括公益性资产，未缴纳土地出让金的土地使用权，无证土地、房屋等；

②公益性项目是为社会公共利益服务、不以营利为目的，且不能或不宜通过市

场化方式运作的政府投资项目，如公立学校、公立医院、公共文化设施、公共卫生设施、公园、公共广场、机关事业单位办公楼、市政道路、非收费桥梁、非经营性水利设施、非收费管网设施等没有或较少有经营性收益的项目。

(2)扣除重点关注资产后总资产规模小于100亿元。

(3)发行人政府性应收款占扣除重点关注资产后的净资产比例超过50%。

(4)触发多项重点关注事项的弱资质主体。

政府性应收款一直是监管机构关注的重点。即使发行人政府性应收款占扣除重点关注资产后的净资产比例未超过50%，也需要重点进行说明。如果发行人政府性应收款占扣除重点关注资产后的净资产比例超过30%的，发行人应充分披露政府性应收款的主要债务方及关联关系、款项形成原因、报告期内的回款情况、后续回款相关安排，以及对自身偿债能力的影响。尤其是对于已完工代建开发成本挂账三年及以上且可能导致政府性应收款项触发其他情形的，发行人应当充分披露已完工但未结算的原因及其合理性。如果发行人未能说明合理性，则需要审慎确定公司债券申报方案。

4. 弱资质城投公司申报规模

对总资产规模小于100亿元的城市建设企业，城投公司原则上应结合资产负债水平、经营性净现金流情况、EBITDA利息倍数等，对自身经营和偿债能力进行评估。城投公司可以采取增加第三方担保、有效资产抵质押或其他增信措施，调整融资工具，以及设置有效保护投资者合法权益的契约条款等措施。

5. 信息披露要求

(1)城投公司应按照相关法律法规要求规范信息披露，加强治理结构、业务运营模式等信息披露，强化企业自身经营信息、项目信息和财务信息披露，所披露的信息不得存在与地方政府信用挂钩的虚假或误导性陈述。公司债券新规再次强调了城投公司不能与地方政府信用挂钩。

(2)城投公司主要业务涉及市政基础设施建设和土地开发整理的，应当披露运营模式，包括但不限于业务合法合规性依据、政府授权或委托文件(如有)、运营主体、盈利模式、收入定价方式及收回期限等；土地一级开发业务需披露收入返还模式或固定收益率、过往支付进度等。

(3)城投公司主要业务涉及公用事业类的，应当披露运营模式和经营情况，包括但不限于经营合法合规性依据、相关部门授权、运营年限、收费定价依据、收费标准、主要经营资产情况、该资产产权模式(自有、租赁、委托运营，租赁需披露租赁费用情况，委托运营需披露期限和委托模式）、政府补贴情况（补贴金额、相关文件支持、补贴标准）、主要运营指标（行业可比指标）、成本构成及支出情况、结算方式（是否需要相关政府部门代为收取后支付）、结算回款周期。

（4）城市建设企业应在募集说明书中承诺本次债券不涉及新增地方政府债务，不用于偿还地方政府债务或违规用于公益性项目建设，并声明地方政府对本次债券不承担任何偿债责任。

6. 公司债券审核流程

在新常态审核阶段，多数城投公司仅能“借新还旧”，只有部分优质城投公司才可以新增公司债券规模。交易所对城投公司提出了明确的指导意见：“城投归城投类，产业归产投类。”也就是说，城投类发行人新增公司债券难度很大，而产业类发行人则可以根据公司资质情况和财务情况等综合考虑新增公司债券规模。

根据最新的交易所监管口径和审核实践，城投公司新增公司债券额度需“闯四关”。在进行审核的时候，需要重点核查城投公司是否属于“3899 名单”或者隐债名单、母公司和重要子公司是否属于“3899 名单”或者隐债名单、城投公司“335”指标、城投公司所在区域综合指标等。需要说明的是，“闯四关”仅适用于城投类发行人，产业类发行人新增公司债券规模不需要进行“闯四关”核查。而且随着地方政府化债进度的推进，城投类发行人申报公司债券的审核政策有可能会进行调整。

三、特定公司债券产品

特定公司债券产品包括专项公司债券产品、专项品种公司债券和特殊用途公司债券产品三大类（见表 6—17）。其中，专项公司债券产品和特殊用途公司债券产品没有监管文件确定产品类型的范围，专项品种公司债券有明确的监管文件。这其中最重要的产品是专项品种公司债券，以上海证券交易所的监管法规为例，可以分析专项品种公司债券的发展路径：

1. 上海证券交易所于 2020 年 11 月 27 日印发《上海证券交易所公司债券发行上市审核规则适用指引第 2 号——特定品种公司债券（2020 年修订）》（上证发〔2020〕87 号）[①]，首次提出了特定品种公司债券的概念并对其范围进行了界定。

2. 上海证券交易所于 2022 年 6 月 2 日印发《上海证券交易所公司债券发行上市审核规则适用指引第 2 号——特定品种公司债券（2022 年修订）》（上证发〔2022〕

① 资料来源：上海证券交易所网站，http://www.sse.com.cn/lawandrules/sselawsrules/repeal/rules/c/c_20210713_5520724.shtml

85 号)，对特定品种公司债券的发行条件进行了修订，并扩大了特定品种公司债券的范围。

3. 上海证券交易所于 2023 年 10 月 20 日印发《上海证券交易所公司债券发行上市审核规则适用指引第 2 号——专项品种公司债券(2023 年修订)》(上证发〔2023〕168 号)[①]，将特定品种公司债券变更为“专项品种公司债券”，将短期公司债券、可续期公司债券、可交换公司债券、绿色公司债券(包含蓝色债券子品种)、低碳转型公司债券、科技创新公司债券、乡村振兴公司债券、“一带一路”公司债券、纾困公司债券、中小微企业支持债券等产品纳入专项品种公司债券范畴。

表 6—17　　特定公司债券产品

特定公司债券类型	名　称	推出时间
专项公司债券产品	可转换公司债券	1997 年
	中小企业私募债券	2012 年
	项目收益专项公司债券	2017 年
专项品种公司债券产品	可交换公司债券	2008 年
	绿色公司债券	2016 年
	创新创业公司债券	2017 年
	可续期公司债券	2017 年
	“一带一路”债券	2018 年
	短期公司债券	2018 年
	纾困公司债券	2019 年
	疫情防控公司债券	2020 年
	乡村振兴公司债券	2021 年
	碳中和绿色公司债券	2022 年
	蓝色债券	2022 年
	低碳转型挂钩公司债券	2022 年
	科技创新公司债券	2022 年
	碳收益绿色公司债券	2023 年
	中小微企业支持债券	2023 年

① 资料来源：上海证券交易所网站，http://www.sse.com.cn/lawandrules/sselawsrules/bond/review/c/c_20231020_5727823.shtml

续表

特定公司债券类型	名　称	推出时间
特殊用途公司债券产品	保障性住房债券	2017 年
	上海临港新片区债券	2021 年
	可持续挂钩债券	2021 年
	“成渝双城经济圈”债券	2023 年
	能源保供债券	2021 年
	专精特新债券	2022 年
	保障性租赁住房债券	2022 年
	民营经济支持发展债券	2022 年
	海南自由贸易港债券	2022 年
	支持革命老区债券	2022 年
	大宗商品指数挂钩债券	2022 年
	数字经济债券	2023 年
	长三角一体化债券	2023 年
	黄河流域高质量发展债券	2023 年
	集成电路债券	2023 年
	粤港澳大湾区债券	2023 年
	海峡两岸融合可持续挂钩债券	2023 年
	长三角一体化发展示范区债券	2023 年
	航天领域债券	2024 年
	西部陆海新通道债券	2024 年
	高成长产业债券	2024 年
	实验室经济债券	2024 年
	科创金融改革试验区债券	2024 年
	人才主题债券	2024 年
	物流降本增效债券	2024 年
	京津冀协同发展债券	2024 年
	未来产业债券	2024 年
	中部崛起债券	2024 年

资料来源：根据公开材料整理

(一)专项公司债券产品

专项公司债券产品,是指未纳入专项品种公司债券但是属于独立债券产品的公司债券品种,包括可转换公司债券、中小企业私募债券和项目收益专项公司债券三个产品。

1. 可转换公司债券

(1)可转换公司债券是国内最早的公司债券品种。国务院于 1997 年 3 月 8 日批准、原国务院证券委员会于 1997 年 3 月 25 日印发《可转换公司债券管理暂行办法》[①],明确了可转换公司债券的监管框架,确认发行主体包括上市公司和重点国有企业。

(2)中国证监会于 2001 年 4 月 26 日发布《上市公司发行可转换公司债券实施办法》(证监会令第 2 号)[②],重点规范上市公司可转换公司债券的发行,明确担任主承销商的证券公司应对发行人的相关事项进行重点核查。

(3)中国证监会于 2006 年 5 月 6 日印发《上市公司证券发行管理办法》(证监会令第 30 号)[③],推出了公开发行认股权和债券分离交易的可转换公司债券。分离交易的可转换公司债券是认股权和债权分离,所以转换的时候是认股权那部分被冲减;而普通的可转换公司债券是债权直接转为股份,所以转换股票的时候冲减的是可转换公司债券的账面价值。

(4)中国证监会于 2017 年 7 月 4 日印发《关于开展创新创业公司债券试点的指导意见》(证监会公告〔2017〕10 号)[④],明确规定非公开发行的创新创业公司债券可以附可转换成股份的条款,即双创私募可转债。

(5)上海证券交易所于 2018 年 12 月 28 日印发《上市公司可转换公司债券发行实施细则(2018 年修订)》(上证发〔2018〕115 号)[⑤],细化了上市公司发行可转换公司债券的具体要求。

(6)上海证券交易所于 2019 年 8 月 30 日印发《非上市公司非公开发行可转换公司债券业务实施办法》(上证发〔2019〕89 号)[⑥],明确规定了非上市公司可转换公

---

① 资料来源:法律图书馆网站,http://m.law-lib.com/law/law_view.asp?id=13191&page=1

② 资料来源:中国证监会网站,http://www.csrc.gov.cn/csrc/c101797/c1003541/content.shtml

③ 资料来源:中国证监会网站,http://www.csrc.gov.cn/csrc/c101802/c1004922/content.shtml

④ 资料来源:国务院网站,https://www.gov.cn/gongbao/content/2017/content_5248243.htm

⑤ 资料来源:上海证券交易所网站,http://www.sse.com.cn/lawandrules/sselawsrules/bond/convertible/issue/c/c_20220714_5705584.shtml

⑥ 资料来源:上海证券交易所网站,http://www.sse.com.cn/lawandrules/sserules/main/trading/bond/c/c_20190830_4898335.shtml

司债券的具体要求。非上市公司可转换公司债券应当符合下列条件：

①发行人为股份有限公司；

②发行人股票未在证券交易所上市；

③可转换债券发行前，发行人股东人数不超过200人，证监会另有规定的除外；

④可转换债券的存续期限不超过6年；

⑤上交所规定的其他条件。

(7)中国证监会于2020年12月31日印发《可转换公司债券管理办法》(证监会令第178号)①，对可转换公司债券做了专门的规范。《可转换公司债券管理办法》明确可转换公司债券是指公司依法发行、在一定期间内依据约定的条件可以转换成本公司股票的公司债券，属于《证券法》规定的具有股权性质的证券。从这个定义来看，《可转换公司债券管理办法》规范的可转换公司债券的发行人只能是上市公司。

2. 中小企业私募债券

(1)上海证券交易所于2012年5月22日印发《中小企业私募债券业务试点办法》②，推出了中小企业私募债券。中小企业私募债券是指中小微型企业在中国境内以非公开方式发行和转让，约定在一定期限还本付息的公司债券。根据试点办法的要求，中小企业私募债券需要满足如下条件：

①发行人是在中国境内注册的有限责任公司或股份有限公司；

②发行利率不得超过同期银行贷款基准利率的3倍；

③期限在1年(含)以上。

(2)中国证券业协会于2012年5月23日印发《证券公司开展中小企业私募债券承销业务试点办法》(中证协发〔2012〕120号)③，明确证券公司开展中小企业私募债券承销业务的相关规则和主承销商尽职调查要求。

苏州华东镀膜玻璃有限公司2012年中小企业私募债券为全国首只中小企业私募债券，发行规模为0.5亿元，债券期限2年，票面利率9.5%。中小企业私募债券在2012年和2013年发行数量较多：2012年累计发行106只，累计发行债券金额为113.81亿元；2013年累计发行267只，累计发行债券金额为331.985亿元。此后中小企业私募债券的发行数量逐渐减少，2016年以来未有新增发行。

---

① 资料来源：中国证监会网站，http://www.csrc.gov.cn/csrc/c101950/c1416973/content.shtml

② 资料来源：上海证券交易所网站，http://www.sse.com.cn/aboutus/mediacenter/hotandd/c/c_20150912_3988551.shtml

③ 资料来源：中国证券业协会网站，http://www.sac.net.cn/tzgg/201205/t20120523_21669.htm

3. 项目收益专项公司债券

项目收益专项公司债券的监管规则主要是《上海证券交易所公司债券预审核指南(四)专项公司债券——项目收益专项公司债券》。项目收益专项公司债券是指公司依照法定程序发行,募集资金用于项目建设与运营,且以项目收益现金流为主要偿债来源的公司债券。项目收益专项公司债券的发行要求如下:

(1)发行人主体要求

项目收益专项公司债券的发行主体可以是项目公司,也可以是项目公司的直接或间接控股股东。但是项目收益专项公司债券的债项评级应达到 AA 或以上。如果项目公司成立不满一个完整会计年度,则需要由项目公司所属集团公司提供担保。

(2)募投项目要求

项目收益专项公司债券募集资金投资的项目必须符合国家产业政策和固定资产投资管理有关规定,能够产生持续稳定的现金流。而且募投项目应当是已开工项目,未开工项目应符合开工条件(原则上至少应取得募投项目的审批、核准或备案文件等),并在发行时披露预计开工时间。项目收益是指与项目建设、运营有关的所有直接收益和可确认的间接收益,包括但不限于直接收费收入、产品销售收入、财政补贴等。

(3)募集资金用途

项目收益专项公司债券的募集资金,可以用于项目投资、建设、运营(包括设备购置),偿还与项目有关的债务,不得置换项目资本金。在保障项目建设和运营的前提下,允许使用不超过 30%的债券募集资金用于企业偿还银行贷款和补充营运资金。

陕西旅游集团延安文化旅游产业投资有限公司 2017 年非公开发行项目收益专项公司债券(第一期)为全国首只项目收益专项公司债券,发行规模为 3.5 亿元,债券期限 5+5 年,票面利率 7.0%。项目收益专项公司债券在 2020 年和 2021 年发行数量较多:在 2020 年累计发行 218 只,累计发行债券金额为 1 425.07 亿元;在 2021 年累计发行 171 只,累计发行债券金额为 989.85 亿元。此后项目收益专项公司债券的发行数量逐渐减少,2023 年仅发行了两只,2024 年以来尚未有债券发行。

(二)专项品种公司债券

专项品种公司债券是指纳入《上海证券交易所公司债券发行上市审核规则适用指引第 2 号——专项品种公司债券(2023 年修订)》《深圳证券交易所公司债券发行

上市审核业务指引第 7 号——专项品种公司债券》和《北京证券交易所公司债券发行上市审核业务指引第 2 号——专项品种公司债券》等监管规则的公司债券产品。

1. 可交换公司债券

(1)中国证监会于 2008 年 10 月 17 日发布《上市公司股东发行可交换公司债券试行规定》(中国证券监督管理委员会公告〔2008〕41 号)[①],推出了可交换公司债券产品。可交换公司债券是上市公司的股东依法发行、在一定期限内依据约定的条件可以交换成该股东所持有的上市公司股份的公司债券。因此可交换公司债券的发行人是上市公司的股东。

(2)2022 年版《特定品种公司债券》将可交换公司债券认定为特定品种公司债券,2023 年版《专项品种公司债券》将可交换公司债券认定为专项品种公司债券。根据 2023 年版《专项品种公司债券》的监管要求,发行人申请非公开发行可交换公司债券,应当符合下列要求:

①预备用于交换的股票在债券发行前,除为本次发行设定担保外,不存在被司法冻结等其他权利受限情形。

②预备用于交换的股票在债券发行前不存在限售条件,且股东在约定的换股期间转让该部分股票不违反发行人对上市公司、投资者等的承诺。

③可交换公司债券发行前,发行人应当按照约定将预备用于交换的股票等设定担保,设定担保的股票数量应当不少于债券持有人可交换股票数量。

④可交换公司债券发行结束之日起 6 个月后,债券持有人方可按照募集说明书约定选择是否交换为预备用于交换的股票。可交换公司债券初始换股价格应当不低于债券募集说明书公告日前一个交易日标的股票收盘价和前 20 个交易日收盘价的均价。

⑤当事人应当就可交换公司债券具体换股期限、换股价格的确定、调整及修正机制等事项进行协商,并在募集说明书中约定。

2. 绿色公司债券

(1)上海证券交易所于 2016 年 3 月 16 日印发《关于开展绿色公司债券试点的通知》(上证发〔2016〕13 号)[②],推出了绿色公司债券。绿色公司债券是指将募集资金用于支持绿色产业的公司债券。绿色公司债券应当披露绿色产业项目类别、项目

---

① 资料来源:国务院网站,http://www.gov.cn/gzdt/2008-10/19/content_1125221.htm

② 资料来源:上海证券交易所网站,http://www.sse.com.cn/lawandrules/sselawsrules/repeal/rules/c/c_20210531_5478061.shtml

认定依据或标准、环境效益目标、绿色公司债券募集资金使用计划和管理制度等内容。绿色产业项目范围可参考中国金融学会绿色金融专业委员会编制的《绿色债券支持项目目录(2015 年版)》。

(2)中国证监会于 2017 年 3 月 2 日印发《关于支持绿色债券发展的指导意见》(中国证券监督管理委员会公告〔2017〕6 号)①,明确了绿色债券的发行要求和重点支持方向。《指导意见》明确绿色产业项目主要参考中国金融学会绿色金融专业委员会编制的《绿色债券支持项目目录》要求,重点支持节能、污染防治、资源节约与循环利用、清洁交通、清洁能源、生态保护和适应气候变化等绿色产业,募集资金可以用于绿色产业项目的建设、运营、收购,或偿还绿色产业项目的银行贷款等债务,鼓励发行人提交由独立专业评估或认证机构就募集资金拟投资项目属于绿色产业项目所出具的评估意见或认证报告。

《指导意见》重点支持申报发行绿色公司债券的发行人类型包括:①长期专注于绿色产业的成熟企业;②在绿色产业领域具有领先技术或独特优势的潜力企业;③致力于中长期绿色产业发展的政府和社会资本合作项目的企业;④具有投资我国绿色产业项目计划或致力于推动我国绿色产业发展的国际金融组织或跨国公司。

(3)《公司债券发行上市审核规则适用指引第 2 号——特定品种公司债券》(上证发〔2020〕87 号)中将绿色公司债券认定为特定品种公司债券。根据 2020 年版《特定品种公司债券》的监管要求,绿色公司债券募集资金应当用于绿色产业领域的业务发展,其中确定用于绿色产业项目建设、运营、收购或偿还绿色项目贷款等的募集资金金额应不低于募集资金总额的 70%。符合绿色产业认定的发行人申报发行绿色公司债券,募集资金用途可以不对应具体绿色项目,但应当用于公司绿色产业领域的业务发展,并在债券存续期间持续披露募集资金用于绿色项目的相关情况。

(4)2022 年版《特定品种公司债券》中将绿色公司债券认定为特定品种公司债券。2022 年版《特定品种公司债券》明确绿色公司债券募集资金应当全部用于符合规定条件的绿色产业、绿色经济活动等相关的绿色项目,包括绿色项目的建设、运营、收购,补充项目配套营运资金或者偿还绿色项目的有息债务。绿色项目是指符合绿色低碳发展要求、有助于改善环境,且具有一定环境效益的项目,具体识别和认定参照国家《绿色债券支持项目目录》。

(5)2023 年版《专项品种公司债券》将绿色公司债券认定为专项品种公司债券,

① 资料来源:中国证监会网站,http://www.csrc.gov.cn/csrc/c101802/c1045422/content.shtml

并新增了关于绿色公司债券的核查要求，明确要求发行人需要参照《绿色债券支持项目目录》或国际绿色产业分类标准，说明绿色项目是否具备符合要求的证明材料，同时进一步丰富完善了碳中和公司债券的募集资金用途明细。2023年版《专项品种公司债券》创新了绿色公司债券的增信措施，鼓励发行人探索采用用水权、用能权、排污权、碳排放权等收益权，以及知识产权、预期绿色收益质押等方式为债券提供增信担保。

浙江嘉化能源化工股份有限公司在2016年5月20日发行的浙江嘉化能源化工股份有限公司2016年绿色公司债券(第一期)(债券简称"G16嘉化1")是全国首只绿色公司债券。浙江嘉化能源化工股份有限公司主体信用等级为AA，本期债券发行规模为3亿元，债券期限3+2年，票面利率为4.78%。

3. 创新创业公司债券

(1)中国证监会于2017年7月4日印发《关于开展创新创业公司债券试点的指导意见》(中国证券监督管理委员会公告〔2017〕10号)[1]，明确了创新创业公司债券的试用范围、重点支持对象和制度安排。

(2)《公司债券发行上市审核规则适用指引第2号——特定品种公司债券》(上证发〔2020〕87号)将创新创业公司债券认定为特定品种公司债券。

根据2022年版《特定品种公司债券》的监管要求，申请发行双创公司债券的发行人，应当符合下列情形之一：①处于种子期、初创期、成长期、成熟期的创新创业公司；②创业投资公司；③主体信用评级或债项评级达到AA+或以上的产业类企业、园区经营公司和国有资本投资运营公司，且募集资金主要用于支持创新创业公司。

募集资金用于支持创新创业公司发展的金额应当不低于募集资金总额的70%，且符合下列情形之一：①通过直接投资或基金投资等方式，对创新创业公司进行股权投资；②用于为创新创业公司提供服务的园区经营或基础设施建设等。

(3)2023年版《专项品种公司债券》不再将创新创业公司债券认定为专项公司债券品种。

北京广厦网络技术股份公司在2017年1月20日发行的北京广厦网络技术股份公司非公开发行2017年创新创业公司债券(债券简称"17广厦债")是全国首只创新创业公司债券。本期债券由北京首创融资担保有限公司提供不可撤销连带保证责任担保，发行规模为0.25亿元，债券期限为2年，票面利率为7.10%。

---

① 资料来源：国务院网站，https://www.gov.cn/gongbao/content/2017/content_5248243.htm

4. 可续期公司债券

(1)上海证券交易所于2017年12月20日印发《公司债券预审核指南(四)特定品种——可续期公司债券》[①],推出了可续期公司债券产品,并明确了可续期公司债券的发行条件、发行要求和信息披露要求。可续期公司债券是附续期选择权的公司债券。续期选择权是指发行人在约定时间有权选择延长本次债券期限。可续期公司债券应当符合如下条件:①发行人主体评级和债项评级达到AA+及以上;②中国证监会和上海证券交易所规定的其他条件。

根据交易所公司债券的相关监管规则,可续期公司债券可以设置续期选择权、票面利率调整机制和递延支付利息选择权等特殊条款。

①续期选择权

本期债券以每××个计息年度为1个重新定价周期,在每个重新定价周期末,发行人有权选择将本期债券期限延长1个周期,或选择在该周期末到期全额兑付本期债券。发行人续期选择权的行使不受次数的限制。发行人将于本期约定的续期选择权行使日前至少30个交易日,披露续期选择权行使公告。

若行使续期选择权,发行人将在续期选择权行使公告中披露:A. 本期债券的基本情况;B. 债券期限的延长时间;C. 后续存续期内债券的票面利率或利率计算方法。若放弃行使续期选择权,发行人将在续期选择权行使公告中明确将按照约定及相关规定完成各项工作。

②票面利率调整机制

如果发行人行使续期选择权,本期债券后续每个周期的票面利率调整为当期基准利率加上初始利差,再加上300/500个基点。当期基准利率为重新定价周期起息日前250个交易日由中国债券信息网公布的中债国债收益率曲线中,待偿期与本期债券基础期限一致的国债收益率算术平均值(四舍五入计算到0.01%)。如果未来因宏观经济及政策变化等因素影响导致当期基准利率在利率重置日不可得,当期基准利率沿用利率重置日之前一期基准利率。

③递延支付利息选择权

本期债券附设发行人递延支付利息选择权,除非发生强制付息事件,本期债券的每个付息日,发行人可自行选择将当期利息以及按照本条款已经递延的所有利息或其孳息推迟至下一个付息日支付,且不受到任何递延支付利息次数的限制。前述

① 资料来源:上证债券信息网,http://bond.sse.com.cn/lawrule/sserules/guide/c/4437205.pdf

利息递延不属于发行人未能按照约定足额支付利息的行为。发行人决定递延支付利息的,将于付息日前 10 个交易日发布递延支付利息公告。递延支付的金额将按照当期执行的利率计算复息。在下个利息支付日,若发行人继续选择延后支付,则上述递延支付的金额产生的复息将加入已经递延的所有利息及其孳息中继续计算利息。

(2)《公司债券发行上市审核规则适用指引第 2 号——特定品种公司债券》(上证发〔2020〕87 号)中将可续期公司债券认定为特定品种公司债券。

根据 2022 年版《特定品种公司债券》的要求,申报发行可续期公司债券,发行人主体信用评级和债项评级应当达到 AA+或以上,适用优化审核安排的发行人可以自主选择是否进行债项评级。

(3)2023 年版《专项品种公司债券》将可续期公司债券认定为专项品种公司债券。根据 2023 年版《专项品种公司债券》的监管要求,删除了可续期公司债券对于发行人主体信用评级达到 AA+及以上的要求,并强化了对受托管理人的要求,明确发生强制付息事件时发行人仍未付息,或者发行人违反利息递延下的限制事项的,可续期公司债券的受托管理人应自知悉该情形之日起按照规定和约定履行义务。

浙江省交通投资集团有限公司在 2016 年 3 月 8 日发行的浙江省交通投资集团有限公司 2016 年可续期公司债券(第一期)(债券简称"16 浙交 Y1")是全国首只可续期公司债券。浙江省交通投资集团有限公司主体信用等级为 AAA,本期债券发行规模为 20 亿元,债券期限为 5+N 年,票面利率为 3.60%。

5."一带一路"债券

(1)上海证券交易所于 2018 年 3 月 2 日印发《关于开展"一带一路"债券试点的通知》(上证发〔2018〕8 号)[①],明确了"一带一路"债券的发行要求、信息披露要求、募集资金使用要求等。

(2)2022 年版《特定品种公司债券》将"一带一路"债券认定为特定品种公司债券。根据 2022 年版《特定品种公司债券》的监管要求,境内外企业发行的、募集资金用于"一带一路"建设的公司债券,募集资金应当主要用于投资、建设或运营"一带一路"项目,偿还"一带一路"项目形成的专项有息债务,或者开展"一带一路"沿线国家(地区)业务,募集资金用于"一带一路"用途的比例应不低于募集资金总额的 70%。

---

① 资料来源:上海证券交易所网站,http://www.sse.com.cn/lawandrules/sselawsrules/bond/listing/corporatebond/c/c_20220422_5701317.shtml

从募投项目合规性要求来看,“一带一路”债券的募投项目应当经省级以上发改部门或者其他国家职能部门认定,或者发行人已经与“一带一路”沿线国家(地区)政府职能部门或企业签订协议,获得有关监管机构必要批复,符合“一带一路”倡议。

(3)2023 年版《专项品种公司债券》将“一带一路”债券认定为专项品种公司债券。根据 2023 年版《专项品种公司债券》的监管要求,进一步丰富了“一带一路”公司债券募集资金用途涉及的建设领域,需要符合共建“丝绸之路经济带”和“21 世纪海上丝绸之路”重大倡议的项目或业务,包括推进基础设施互联互通,促进经贸投资合作优化升级,推动健康、绿色、数字等领域合作等。

红狮控股集团有限公司在 2018 年 1 月 19 日发行的红狮控股集团有限公司公开发行 2018 年“一带一路”公司债券(债券简称“18 红狮 01”)是全国首只“一带一路”公司债券。红狮控股集团有限公司主体信用等级为 AAA,本期债券发行规模为 3 亿元,债券期限为 3 年,票面利率为 6.34%。

6. 短期公司债券

(1)上海证券交易所于 2018 年 3 月 23 日印发《公司债券预审核指南(一)申请文件及编制》①,推出了短期公司债券。短期公司债券是指债券期限不超过 1 年的公司债券。非公开发行短期公司债券的发行人应该符合如下要求:

①发行人已在境内证券交易所上市,其股票未被风险警示、暂停和终止上市等,同时发行人不存在被有权机关立案调查或处罚的情况;

②发行人近 2 年内已在国内相关债券市场发行短期债务融资工具,且不存在违约、延迟支付债券或其他债务本息的事实;

③发行人主体信用评级达到 AA+(含)以上;

④发行人属于国家金融监管部门监管的金融企业;

⑤发行人属于中央企业、省市级大型国有企业、行业龙头企业;

⑥经交易所认可的其他条件。

(2)上海证券交易所于 2020 年 5 月 21 日印发《关于开展公开发行短期公司债券试点有关事项的通知》(上证发〔2020〕40 号)②,明确了公开发行短期公司债券的申报要求和信息披露要求。

---

① 资料来源:百度文库,https://wenku.baidu.com/view/011f414c03768e9951e79b89680203d8ce2f6a00.html

② 资料来源::上海证券交易所网站,http://www.sse.com.cn/lawandrules/sserules/main/issue/c/c_20200521_5107545.shtml

(3)《公司债券发行上市审核规则适用指引第2号——特定品种公司债券》(上证发〔2020〕87号)中将短期公司债券认定为特定品种公司债券。

(4)2023年版《专项品种公司债券》将短期公司债券认定为专项品种公司债券。根据2023年版《专项品种公司债券》的监管要求,进一步放宽了对于短期公司债券的申报要求,删除了关于主体信用评级或债项评级达到AA+或以上的要求,并分别明确了公开发行短期公司债券和非公开发行短期公司债券的申报要求。

发行人申请公开发行短期公司债券,应当具备良好的短期偿债能力,并符合下列情形之一:

①适用交易所公司债券优化审核相关安排,且发行人最近3年平均经营活动现金流量净额为正或最近一年末的速动比率大于1;

②综合实力较强、内部控制和风险控制制度健全的证券公司。

发行人申请非公开发行短期公司债券,应当符合下列情形之一:

①发行人属于行业龙头企业或经国家金融监管部门批准设立的金融机构;

②发行人信用状况良好,且存续的公司信用类债券在市场上认可度较高;

③发行人发行的股票或者存托凭证已在境内证券交易所上市,且其股票或者存托凭证未被实行风险警示或者终止上市;

④近2年内已在境内相关债券市场发行短期债务融资工具,且不存在违约、延迟支付债券或其他债务本息的情形。

上海华信国际集团有限公司在2018年1月22日发行的上海华信国际集团有限公司2018年非公开发行短期公司债券(第一期)(债券简称"18沪信01")是全国首只短期公司债券。上海华信国际集团有限公司历史最高主体信用等级为AAA,本期发行规模为10亿元,债券期限为1年,票面利率为6.80%。

7. 纾困公司债券

(1)上海证券交易所于2019年3月1日印发《公司债券融资监管问答(三)——纾困专项公司债券》[①],对纾困专项公司债券的发行要求提出了明确标准,并明确了募集资金用途的要求。纾困专项公司债券的募集资金应当主要用于支持上市公司及其股东融资、缓解上市公司及其股东流动性压力。

(2)《公司债券发行上市审核规则适用指引第2号——特定品种公司债券》(上证发〔2020〕87号)中将纾困专项公司债券的名称改为"纾困公司债券",并将其认定

① 资料来源:投资银行家网站,http://www.tzyhj.cn/rule/03/shzqjysgszqrzjgwd3%E2%80%94%E2%80%94skzxgszq.html

为特定品种公司债券。

(3)根据2022年版《特定品种公司债券》的监管要求，纾困公司债券发行人应具备良好的盈利能力和偿债能力，主体信用评级达到AA+或以上，并符合下列情形之一：

①发行人为国有资产管理公司、金融控股公司、开展投资或资产管理业务的其他企业等。发行人应是所属地方政府设立纾困计划的参与方，且以适当方式获得所属政府相关部门或机构的认可，认可方式包括但不限于所属政府部门或机构对本次纾困公司债券发行出具批复文件、相关会议纪要或其他认可方式等。

②发行人为产业链核心企业，能够通过支付预付款、清偿应付款项等方式降低上下游企业，尤其是中小企业现金流压力和融资成本。

纾困公司债券募集资金可以通过投资纾困基金、购买企业资产、向产业链上下游企业支付预付款、清偿应付款项或发放委托贷款等形式用于纾困用途，金额应不低于募集资金总额的70%。

(4)2023年版《专项品种公司债券》将纾困公司债券认定为专项品种公司债券。2023年版《专项品种公司债券》进一步放宽了纾困公司债券的发行要求，删除了发行人主体信用评级达到AA+或以上的条件，进一步扩大了纾困的方向和可以利用资金的发行主体，纾困对象不再限于民营企业。发行人是所属地方政府设立纾困计划的参与方，且以适当方式获得所属政府相关部门或机构的认可，认可方式包括但不限于所属政府部门或机构对本次纾困公司债券发行出具批复文件、相关会议纪要或其他认可方式等。同时明确，纾困公司债券募集资金可以通过投资纾困基金、购买企业资产或发放委托贷款等形式用于纾困用途，金额应不低于募集资金总额的70%。

8. 疫情防控公司债券

(1)上海证券交易所于2020年6月29日印发《关于进一步明确疫情防控债券有关事项的通知》[①]，对疫情防控公司债券的申报发行要求制定了明确标准和监管要求。《通知》明确对受疫情影响较重地区和行业以及募集资金主要用于疫情防控相关领域的企业，建立债券发行审核绿色通道；募集资金用于疫情防控相关领域的，可在债券全称后添加“疫情防控债”标识。

(2)2022年版《特定品种公司债券》将疫情防控公司债券认定为特定品种公司

---

① 资料来源：投资银行网站，http://www.tzyhj.cn/pages/03/shzqjysgszqrzjgwd3%E2%80%94%E2%80%94skzxgszq.html

债券。2022 年版《特定品种公司债券》明确疫情防控相关领域主要包括疫情防控涉及的重点医疗物资和医药产品制造及采购、科研攻关、生活必需品支持、防疫相关基础设施建设、交通运输物流、公用事业服务等领域。

疫情防控公司债券募集资金应当全部用于疫情防控相关领域,且不得用于捐赠等非生产性支出。对于募集资金用于疫情防控相关领域且金额占发行金额不低于50%的普通公司债券,可以在债券的全称中添加“疫情防控债”标识。

(3)2023 年版《专项品种公司债券》不再将疫情防控公司债券认定为专项品种公司债券。

广东东阳光科技控股股份有限公司在 2020 年 2 月 10 日发行的广东东阳光科技控股股份有限公司公开发行 2020 年公司债券(第一期)(疫情防控债)(面向合格投资者)(债券简称“20 东科 01”)是全国首只疫情防控公司债券。广东东阳光科技控股股份有限公司主体信用等级为 AA+,本期债券发行规模为 2 亿元,债券期限为 1+1 年,票面利率为 5.98%。

9. 乡村振兴公司债券

(1)《公司债券发行上市审核规则适用指引第 2 号——特定品种公司债券(2021 年修订)》(上证发〔2021〕52 号)推出了乡村振兴公司债券产品,并认定为特定品种公司债券。

(2)根据 2022 年版《特定品种公司债券》的监管要求,乡村振兴公司债券是指发行人公开或非公开发行的募集资金用于巩固脱贫攻坚成果、推动脱贫地区发展和乡村全面振兴的公司债券,包括以下两种情形:①公司注册地在国家乡村振兴重点帮扶县或按照国家有关规定脱贫摘帽不满 5 年的地区,且募集资金主要用于支持乡村振兴相关领域;②募集资金主要用于乡村振兴领域相关项目的建设、运营、收购,或者偿还项目贷款,且募集资金用于乡村振兴项目的金额不低于募集资金总额的 70%。

(3)2023 年版《专项品种公司债券》将乡村振兴公司债券认定为专项品种公司债券。2023 年版《专项品种公司债券》进一步丰富和完善了乡村振兴公司债券的募集资金投向领域,包括稳定粮食和重要农产品保障、支持农村产业融合发展、加快农业农村现代化、促进农村人口就业增收、改善乡村基础设施条件、提升乡村公共服务水平等国家乡村振兴支持领域,通过市场化法治化的方式优化乡村就业结构、健全乡村产业体系、推动乡村产业链条升级、完善乡村基础设施等。

这里需要特别说一下扶贫专项公司债券。上海证券交易所于 2018 年 5 月 11

日印发《扶贫专项公司债券融资监管问答》，推出了扶贫专项公司债券。上海证券交易所于 2020 年 11 月 27 日印发的《公司债券发行上市审核规则适用指引第 2 号——特定品种公司债券》（上证发〔2020〕87 号）中将扶贫专项公司债券认定为特定品种公司债券。但是在上海证券交易所 2021 年 7 月 13 日印发的《公司债券发行上市审核规则适用指引第 2 号——特定品种公司债券（2021 年修订）》（上证发〔2021〕52 号）中，对照国务院及中国证监会等相关部委文件要求，将原“扶贫公司债券”章节整体修订为“乡村振兴公司债券”，扶贫公司债券正式退出特定公司债券品种之列。

广东省广新控股集团有限公司在 2021 年 6 月 16 日发行的广东省广新控股集团有限公司 2021 年面向专业投资者公开发行乡村振兴专项公司债券（第一期）（债券简称“21 广新 V1”）是全国首只乡村振兴公司债券。广东省广新控股集团有限公司主体信用等级为 AAA，本期债券发行规模为 5 亿元，债券期限为 5 年，票面利率为 3.97%。

10. 碳中和绿色公司债券

（1）2022 年版《特定品种公司债券》推出了碳中和绿色公司债券产品，并将碳中和绿色公司债券认定为特定品种公司债券。2022 年版《特定品种公司债券》明确碳中和绿色公司债券属于绿色债券范畴，募集资金主要用于具有碳减排效益的绿色项目建设、运营、收购，补充项目配套营运资金或者偿还碳中和项目有息债务，发行人可以在债券全称中使用“碳中和绿色公司债券”标识。

碳中和绿色公司债券的募集资金用途包括清洁能源类项目、清洁交通类项目、可持续建筑类项目、工业地毯改造类项目等，募集资金用途的范围和交易商协会发布的《关于明确碳中和债相关机制的通知》中碳中和债的范围基本一致。碳中和绿色公司债券的发行人应当加强碳中和项目环境效益相关信息披露，按照“可计算、可核查、可检验”的原则，在募集说明书等发行文件中重点披露环境效益测算方法、参考依据，并对项目能源节约量（以标准煤计）、碳减排等环境效益进行定量测算。

（2）2023 年版《专项品种公司债券》将碳中和绿色公司债券认定为专项品种公司债券。

2021 年 2 月 25 日发行的国家能源投资集团有限责任公司 2021 年度第一期绿色公司债券（专项用于碳中和）、国家电力投资集团有限公司 2021 年公开发行绿色公司债券（第一期）（专项用于碳中和）和中国华能集团有限公司 2021 年度第一期绿色公司债券（专项用于碳中和）是全国首批碳中和绿色公司债券。

11. 蓝色债券

(1)2022年版《特定品种公司债券》推出了蓝色债券产品，并将蓝色债券认定为特定品种公司债券。蓝色债券属于绿色债券的范畴，募集资金主要用于可持续型海洋经济领域，促进海洋资源的可持续利用，用于支持海洋保护和海洋资源可持续利用相关项目，发行人在申报或发行阶段可以在绿色债券全称中添加“(蓝色债券)”标识。

(2)2023年版《专项品种公司债券》将蓝色债券认定为专项品种公司债券。

招商局通商融资租赁有限公司在2022年3月2日发行的招商局通商融资租赁有限公司2022年面向专业投资者公开发行绿色公司债券(第一期)(蓝色债券)(债券简称“22招租G1”)是全国首只蓝色债券。招商局通商融资租赁有限公司主体信用等级为AAA，本期债券发行规模为10亿元，债券期限为3年，票面利率为3.05%。

12. 低碳转型挂钩公司债券

(1)2022年版《特定品种公司债券》推出了低碳转型公司债券，并将低碳转型公司债券认定为特定品种公司债券。低碳转型公司债券的募集资金用于推动企业绿色低碳转型，募集资金投向低碳转型领域的金额一般不应低于募集资金总额的70%。低碳转型公司债券支持的低碳转型领域包括但不限于：

①高耗能行业重点领域节能降碳改造升级实施指南、绿色技术推广目录、工业节能技术推荐目录、“能效之星”装备产品目录等提出的先进技术装备及其他有助于生产过程污染防治、降低产品能耗碳排的技术工艺及装备等节能降碳技术研发和应用领域；

②煤炭安全高效绿色智能开采和清洁高效加工、煤炭资源综合利用、油气清洁高效利用等化石能源清洁高效开发利用领域；

③节能降耗技术应用、老旧基础设施转型升级等数据中心及其他新型基础设施节能降耗领域；

④园区能源系统整体优化和污染综合整治、“绿岛”项目建设等园区节能环保提升领域。

(2)2023年版《专项品种公司债券》将低碳转型公司债券认定为专项品种公司债券。根据2023年版《专项品种公司债券》的监管要求，发行人可以通过遴选关键绩效指标和低碳转型目标，明确目标达成时限，并将债券条款的调整与发行人低碳转型目标的达成情况挂钩，发行低碳转型挂钩公司债券。关键绩效指标在约定时限未达到(或者达到)预定的低碳转型目标,将触发债券条款的调整。债券条款的调整内容包括但不限于票面利率调升(调降)、提前到期、一次性额外支付。

2022 年 3 月 2 日发行的中国华能集团有限公司 2022 年面向专业投资者公开发行可续期公司债券(低碳转型挂钩债券)(第一期)(品种一)和(品种二)是全国首批低碳转型公司债券。

13. 科技创新公司债券

(1)上海证券交易所于 2022 年 5 月 20 日印发《上海证券交易所公司债券发行上市审核规则适用指引第 4 号——科技创新公司债券》(上证发〔2022〕77 号)①,推出了科技创新公司债券,并将科技创新公司债券认定为特定品种公司债券。科技创新公司债券的募集资金用途为科技创新领域,发行人必须为科技创新领域的企业,或者募集资金用于科技创新领域(高新技术产业细分领域、战略性新兴产业细分领域和引领产业转型升级领域)。科技创新公司债券既可以单独申报,也可以和其他类型的公司债券一同进行申报。

(2)中国证监会和国务院国资委于 2022 年 11 月 11 日联合印发《关于支持中央企业发行科技创新公司债券的通知》(证监发〔2022〕80 号)②,将科技创新公司债券纳入储架发行机制,对于优质中央企业发行科创债适用优化审核安排,简化文件签章和信息披露等方面要求,提高融资效率。

(3)2023 年版《专项品种公司债券》将科技创新公司债券认定为专项品种公司债券。

2021 年 3 月 4 日发行的南京江北新区产业投资集团有限公司 2021 年非公开发行科技创新公司债券、中关村发展集团股份有限公司 2021 年公开发行科技创新公司债券(第一期)(面向专业投资者)和上海科技创业投资(集团)有限公司 2021 年公开发行科技创新公司债券(面向专业投资者)(第一期)是全国首批科技创新公司债券。

广州金融控股集团有限公司在 2024 年 6 月 3 日发行的 2024 年面向专业投资者公开发行科技创新公司债券(混合型)(第一期)(债券简称"24 广金 K1")是全国首只混合型科技创新公司债券。广州金融控股集团有限公司主体信用等级为 AAA,本期债券发行规模为 3 亿元,债券期限为 10 年(5+5),票面利率为 2.38%。本期债

---

① 资料来源:上海证券交易所网站,http://www.sse.com.cn/lawandrules/sselawsrules/bond/review/c/c_20220520_5702415.shtml

② 资料来源:中国证监会网站,http://www.csrc.gov.cn/csrc/c100028/c6414576/content.shtml

券前 5 个计息年度的票面利率将通过簿记建档、集中配售结果确定，为基础票面利率，在前 5 个计息年度内保持不变。后 5 个计息年度的票面利率确定方式为：本期债券存续第 5 个计息年度付息日前的第 30 个交易日（T－30 日），参照发行人拟出资的基金年化现金分配收益率（即 T－40 日的基金年化现金分配收益率），确定后 5 年的利率。

14. 碳收益绿色公司债券

（1）2022 年版《特定品种公司债券》推出了碳收益绿色公司债券，并将其认定为特定品种公司债券。债券条款与水权、排污权、碳排放权等各类资源环境权益相挂钩，发行人可以在债券全称中使用“碳收益绿色公司债券”标识。

（2）2023 年版《专项品种公司债券》将碳收益绿色公司债券认定为专项品种公司债券，提出鼓励发行人探索采用用水权、用能权、排污权、碳排放权等收益权，以及知识产权、预期绿色收益质押等方式为债券提供增信担保。

15. 中小微企业支持债券

2023 年版《专项品种公司债券》推出了中小微企业支持债券。中小微企业是指符合《中小企业划型标准规定》的中型、小型、微型企业。中小微企业支持债券用于支持中小微企业的资金规模应当不低于募集资金总额的 70%。

湖州市产业投资发展集团有限公司在 2023 年 12 月 27 日发行的湖州市产业投资发展集团有限公司 2023 年面向专业投资者非公开发行中小微企业支持债券（债券简称“23 湖产 Z1”）是全国首只中小微企业支持债券。湖州市产业投资发展集团有限公司主体信用等级为 AA＋，本期债券发行规模为 5 000 万元，债券期限为 3 年，票面利率为 3.5%。

（三）特殊用途公司债券产品

特殊用途公司债券产品是指虽然没有纳入专项品种公司债券监管，但是有着特定募集资金用途的公司债券，可以在公司债券名称中体现出公司债券的特定用途。

1. 保障性住房债券

保障性住房债券的募集资金主要是用于被列入省级棚户区改造名单的保障性住房建设。保障性住房债券的主要目的是优化保障性住房建设和供应，加快动迁安置房建设，多种途径满足群众差别化保障需求，推进城中村、老小区、危旧房整体改造和道路沿线综合改造。

湖南昭山经济建设投资有限公司于 2017 年 9 月 4 日非公开发行的 2017 年公司债券（保障性住房）（第二期）是全国首只保障性住房公司债券。“17 昭投 02”的募集资金用于湘潭昭山示范区535厂与省建筑陶瓷厂国有工矿棚户区改造建设项目、湖南农药厂(二期)国有工矿棚户区改造建设项目。不过2022年2月18日发行的长垣市投资集团有限公司2022年非公开发行公司债券(保障性住房)(第一期)(品种二)是目前最后一只保障性住房债券,此后公司债券市场上暂时没有新增保障性住房债券项目。

2. 上海临港新片区债券

中国(上海)自由贸易试验区临港新片区的定位为集聚海内外人才开展国际创新协同的重要基地、统筹发展在岸业务和离岸业务的重要枢纽、企业“走出去”发展壮大的重要跳板、更好利用“两个市场,两种资源”的重要通道、参与国际经济治理的重要试验田。上海临港新片区债券的募集资金主要是用于上海临港新片区的投资、开发、建设和运营等,主要适用于上海临港新片区的发行人。

上海临港新城投资建设有限公司于2021年4月28日发行的2021年面向专业投资者非公开发行公司债券(第一期)(募集资金用于临港新片区)是全国首只上海临港新片区公司债券。“21临港01”的募集资金是用于补充公司支持自贸试验区临港新片区发展的营运资金。为加快建设自贸试验区临港新片区国有企业混合所有制改革进程,公司已经使用自有资金出资坐落于自贸试验区临港新片区的诚通混改基金,拟使用不超过6亿元募集资金对上述诚通混改基金出资额进行置换,募集资金将用于直接出资诚通混改基金及补充公司营运资金,保障公司在自贸试验区临港新片区经营活动的正常开展。

3. 可持续挂钩债券

可持续挂钩债券是将债券条款与发行人可持续发展目标相挂钩的一种公司债券产品,挂钩目标包括关键绩效指标(KPI)和可持续发展绩效目标(SPT),有效地加大金融对传统行业低碳转型的支持力度,便于满足传统行业转型或新能源等其他行业可持续发展的资金需求。

广西广投能源集团有限公司于2021年7月28日发行的2021年面向专业投资者公开发行公司债券(第一期)(可持续挂钩债券)是全国首只可持续挂钩公司债券。“21广能01”的可持续发展挂钩债券关键绩效指标为“广投能源清洁能源发电新增权益装机容量”,即广投能源清洁能源(包括核电、水电、光伏、风电等)发电厂实际新增安装的发电机组额定有功功率。在本期债券中,广投能源已明确KPI指标定义,设定了指标测算边界,提供了指标计算方法。同时,本期可持续发展挂钩债券与公司治理的可持续发展目标挂钩,可持续发展绩效目标(SPT)为“2021年1月1日至

2023 年 7 月 1 日，广投能源清洁能源发电新增权益装机容量不低于 85.88 万千瓦(较 2020 年末清洁能源发电权益装机容量增加 68.08%)”。

4.“成渝双城经济圈”债券

“成渝双城经济圈”是我国西部地区发展水平最高、发展潜力较大的城镇化区域，是实施“长江经济带”和“一带一路”倡议的重要组成部分。“成渝双城经济圈”已经得到了国家政策的认可和支持：中共中央政治局于 2020 年 10 月召开会议，审议通过《成渝地区双城经济圈建设规划纲要》；国家发展改革委和交通运输部于 2021 年 6 月 21 日联合印发《成渝地区双城经济圈综合交通运输发展规划》。“成渝双城经济圈”债券的募集资金主要是用于支持成都和重庆双城的发展。

重庆发展投资有限公司于 2021 年 8 月 13 日发行的 2021 年面向专业投资者公开发行公司债券(成渝双城经济圈)(第一期)是全国首只“成渝双城经济圈”公司债券。“21 重发 01”的募集资金用于补充流动资金和对京昆高速铁路西昆有限公司的股权投资。京昆高速铁路西昆有限公司管辖范围为京昆高速铁路西安至昆明段，由西安至安康高速铁路、安康至重庆高速铁路、重庆至昆明高速铁路组成，属于《成渝地区双城经济圈综合交通运输发展规划》中的综合交通运输网络重点项目。

5. 能源保供债券

能源保供债券的募集资金主要是用于保障能源供应，发行人主要包括电力企业、煤炭企业和铁路企业，其中煤炭企业发行的能源保供债券以债务融资工具产品为主。

浩吉铁路股份有限公司于 2021 年 11 月 25 日发行的 2021 年面向专业投资者非公开发行公司债券(第一期)(能源保供债)是全国首只能源保供债券。“21 浩吉 01”的债券募集资金中，10 亿元拟用于偿还金融机构借款，10 亿元用于补充公司铁路运输业务等日常生产经营所需流动资金。

6. 专精特新债券

“专精特新”系 2011 年 7 月在工业和信息化部《中国产业发展和产业政策报告(2011)》新闻发布会上的表述，指具有“专业化、精细化、特色化、新颖化”特征的中小企业，同时专精特新企业在整个制造业产业链中，对市场需求反应较为灵敏，根据需求进行创新的愿望强烈，作为补充和强化创新与产业链供应链的主力军，是科技创新类企业的典型代表之一。

工信部对专精特新“小巨人”遴选标准如表 6—18 所示。

表 6—18　　专精特新“小巨人”遴选标准

一、国家级专精特新“小巨人”申报必备基本条件	
1	在中华人民共和国境内工商注册登记、连续经营 3 年以上、具有独立法人资格、符合《中小企业划型标准规定》(工信部联企业〔2011〕300 号)的中小企业,且属于省级中小企业主管部门认定或重点培育的“专精特新”中小企业或拥有被认定为“专精特新”产品的中小企业以及其他创新能力强、市场竞争优势突出的中小企业。
2	坚持专业化发展战略,长期专注并深耕于产业链某一环节或某一产品,能为大企业、大项目提供关键零部件、元器件和配套产品,或直接面向市场并具有竞争优势的自有品牌产品。
3	具有持续创新能力和研发投入,在研发设计、生产制造、市场营销、内部管理等方面不断创新并取得比较显著的效益,具有一定的示范推广价值。
4	重视并实施长期发展战略,公司治理规范、信誉良好、社会责任感强,生产技术、工艺及产品质量性能国内领先,注重绿色发展,加强人才队伍建设,有较好的品牌影响力,具备发展成为相关领域国际知名企业的潜力。
二、国家级专精特新“小巨人”申报专项条件	
1	经济效益,截至上年末的近 2 年主营业务收入或净利润的平均增长率达到 5%以上,企业资产负债率不高于 70%。
2	专业化程度,截至上年末,企业从事特定细分市场时间达到 3 年及以上;主营业务收入占营业收入达 70%以上;主导产品在细分市场占有率位于全省前 3 位,且在国内细分行业中享有较高知名度和影响力。
3	创新能力,企业拥有有效发明专利(含集成电路布图设计专有权,下同)2 项或实用新型专利、外观设计专利、软件著作权 5 项及以上;自建或与高等院校、科研机构联合建立研发机构,设立技术研究院、企业技术中心、企业工程中心、院士专家工作站、博士后工作站等;企业在研发设计、生产制造、供应链管理等环节,至少 1 项核心业务采用信息系统支撑。
4	经营管理,企业拥有自主品牌;取得相关管理体系认证,或产品生产执行国际、国内、行业标准,或是产品通过发达国家和地区产品认证(国际标准协会行业认证)。
三、国家级专精特新“小巨人”申报分类条件	
1	上年度营业收入在 1 亿元及以上,且近 2 年研发经费支出占比不低于 3%。
2	上年度营业收入 5 000 万元(含)—1 亿元(不含),且近 2 年研发经费支出占营业收入比重不低于 6%。

资料来源:根据公开材料整理

海通恒信国际融资租赁股份有限公司于 2022 年 4 月 28 日发行的 2022 年公开发行科技创新公司债券(第一期)(募集资金用于专精特新)是全国首只专精特新公司债券。“22 恒信 K1”拟将不少于 70%的募集资金用于支持科技创新企业发展,聚焦于国家级专精特新企业和单项冠军企业,其余募集资金用于补充公司流动资金。海通恒信租赁支持专精特新企业发展的具体方式为采购专精特新企业设备并用于直接融资租赁业务,以及为专精特新企业提供融资租赁业务,协助专精特新企业及上下游产业链和供应链完成核心设备改造升级。

7. 保障性租赁住房债券

保障性租赁住房有利于帮助新市民、青年人等群体缓解住房困难，推进以人为核心的新型城镇化；有利于缓解住房租赁市场结构性供给不足，推动建立多主体供给、多渠道保障、租购并举的住房制度。保障性租赁住房债券的发行人主要是各地的保障性住房运营主体，负责辖区内保障性住房的建设、租赁运营或销售。

深圳市人才安居集团有限公司于 2022 年 6 月 15 日发行的 2022 年面向专业投资者公开发行公司债券(保障性租赁住房)(第二期)是全国首只保障性租赁住房公司债券。“22 深安 02”的募集资金用于偿还公司债务本金及其利息(含置换已偿还到期债务自有资金)和补充流动资金。深圳市人才安居集团有限公司是深圳市最重要的人才安居房建设主体，主要从事深圳市范围内的人才住房建设、租赁运营或销售。

8. 民营经济支持发展债券

民营企业是推进中国式现代化的生力军，是高质量发展的重要基础。中国证监会、国家发改委、全国工商联于 2022 年 7 月 22 日联合印发《关于推动债券市场更好支持民营企业改革发展的通知》(证监发〔2022〕54 号)[①]，明确要求“积极推动债券产品创新，引导资金流向优质民营企业”。民营经济支持发展债券的募集资金主要是用于支持民营企业的项目建设和产业投资运营。

华能天成融资租赁有限公司于 2022 年 7 月 4 日发行的 2022 年碳中和绿色公司债券(第二期)(民营经济发展支持债券)是全国首只民营经济支持发展公司债券。“GC 天成 07”将不低于募集资金的 70%用于对民营光伏、风电企业的租赁款投放，包括旭东升风电租赁项目、山西东晟光伏租赁项目、捷荣陵城风电租赁项目、南大港聚合光伏租赁项目、突泉欣盛光伏租赁项目，或使用本期债券募集资金直接支付上述类型项目所需设备及基础工程购买款并向民营光伏、风电企业(作为承租人)出租，以及置换、偿还、兑付一年内上述类型项目投入的自筹资金、借款、银行承兑汇票、信用证等债务。

9. 海南自由贸易港债券

海南自由贸易港是推进高水平开放、建立开放型经济新体制的根本要求，也是深化市场化改革，打造法治化、国际化、便利化营商环境的迫切需要。海南自由贸易

① 资料来源：中国证监会网站，http://www.csrc.gov.cn/csrc/c100028/c4697940/content.shtml

港债券的发行人和募集资金用途均需要位于海南省。

海南省农垦投资控股集团有限公司于 2022 年 7 月 12 日发行的 2022 年面向专业投资者公开发行公司债券(第一期)(海南自由贸易港)(品种一)是全国首只海南自由贸易港公司债券。“22 海垦 01”的募集资金拟用于海南农垦(儋洋)国际温控食品产业中心项目、海南农垦(三亚)冷链物流仓储中心项目等建设,有助于提升海南自由贸易港的农产品供应链水平。

10. 支持革命老区债券

支持革命老区发展,有利于全面巩固拓展脱贫攻坚成果、衔接推进乡村振兴,逐步实现共同富裕目标,有利于扎实推进农业农村现代化,促进新型城镇化高质量发展。支持革命老区债券有两个发行人条件:发行人为革命老区发行人或者公司债券募集资金用于革命老区。革命老区认定的主要依据是国务院印发的《关于新时代支持革命老区振兴发展的意见》(国发〔2021〕3 号)。

浩吉铁路股份有限公司 2022 年面向专业投资者非公开发行绿色乡村振兴公司债券(第一期)(支持革命老区)是全国首只支持革命老区公司债券。“G22 浩吉 V”本次募集资金 25 亿元,其中 5 亿元用于浩吉铁路尾工工程项目,20 亿元用于浩吉铁路机车购置。浩吉铁路一路串起榆林、延安、赣州、卢氏、平江、吉安等多个红色革命老区,上述地区均符合革命老区范围。

11. 大宗商品指数挂钩债券

大宗商品指数挂钩债券在债券条款设置上有着独特的要求,债券票面利率由基础利率加上浮动利率构成,浮动利率与大宗商品指数挂钩。

山东宏桥新型材料有限公司于 2022 年 11 月 1 日发行的 2022 年面向专业投资者公开发行公司债券(第三期)(大宗商品指数挂钩)是全国首只大宗商品指数挂钩公司债券。“22 宏桥 03”的募集资金用于偿还借款和补充流动资金,债券票面利率由基础利率加上浮动利率构成,浮动利率与“参考铝价指标 A”挂钩,每年调整一次,调整方式如下:(1)如“参考铝价指标 A”上一个计息年度算术平均值低于“基准铝价指标”时,该计息年度浮动利率为 0;(2)如“参考铝价指标 A”上一个计息年度算术平均值高于“基准铝价指标”时,该计息年度浮动利率根据“参考铝价指标 A”变化幅度确定。

12. 数字经济债券

“数字经济”产业包括数字产业化和产业数字化两部分:“数字产业化”是数字经济核心产业,包括数字产品制造业、数字产品服务业、数字技术应用业及数字要素驱动业，涉及行业主要为计算机通信和其他电子设备制造业、电信广播电视和卫星传输服务业、互联网和相关服务业、软件和信息技术服务业等，是数字经济发展的基础；“产业数字化”是指应用数字技术和数据资源为传统产业带来的产出增加和效率提升，是数字技术与实体经济的融合，主要涉及数字农业、智能制造、智能交通、智慧物流、数字商贸等。发行人通过发行数字经济债券募集资金，有利于加快数字经济基础设施建设，进而促进数字经济的发展。数字经济债券的募集资金主要是用于投向数字经济企业。

山东省国有资产投资控股有限公司于2023年1月9日发行的2023年面向专业投资者公开发行科技创新公司债券(数字经济)(第一期)(品种一)是全国首只数字经济公司债券。“23鲁资K1”募集资金主要是用于置换前期增资子公司浪潮集团款项。浪潮集团是中国领先的云计算、大数据服务商，为云计算、大数据、人工智能提供了领先的智慧计算，目前已形成具有自主知识产权、涵盖高中低端各类型服务器的云计算Iaas层系列产品。

13. 长三角一体化债券

长三角是我国经济发展最活跃、开放程度最高、创新能力最强的区域之一，一体化发展具有极大的区域带动和示范作用。长三角一体化债券的发行人主要位于长三角区域，募集资金主要是用于服务长三角一体化战略的实施。

浙江嘉兴国有资本投资运营有限公司于2023年3月23日发行的2023年非公开发行创新创业公司债券(第一期)(长三角一体化)是全国首只长三角一体化公司债券。“23嘉投K1”的募集资金通过直接投资或基金投资等方式对创新创业公司进行股权投资，置换发行前12个月内发行人通过直接投资或基金投资等方式对创新创业公司进行的股权投资，服务长三角一体化战略的实施。浙江嘉兴国有资本投资运营有限公司作为“长三角一体化战略”及“长三角G60科创走廊”的嘉兴市国有资产最核心运营主体，为了更好地推动地区经济的发展，成立了嘉兴市首只综合性母基金——长三角(嘉兴)战略新兴产业投资合伙企业(有限合伙)，通过直接投资或投资于不同的子基金获得投资收益，服务于国家战略性新兴产业，也是长三角更高质量一体化国家战略实施、G60科创走廊发展建设的重要支点和引擎。

14. 黄河流域高质量发展债券

黄河流域是我国重要的生态屏障和经济地带，是打赢脱贫攻坚战的重要区域，在我国经济社会发展和生态安全方面具有十分重要的地位。黄河流域高质量发展已经得到了政策的认可和支持：山东省政府于2021年7月印发《山东省“十四五”综合交通运输发展规划的通知》;中共中央、国务院于 2021 年 10 月印发《黄河流域生态保护和高质量发展规划纲要》;中共山东省委、山东省政府于 2022 年 2 月印发《山东省黄河流域生态保护和高质量发展规划》。黄河流域高质量发展债券的募集资金主要是用于打造黄河流域生态保护和高质量发展先行区。

山东高速集团有限公司于 2023 年 6 月 29 日发行的 2023 年面向专业投资者公开发行公司债券(第一期)(黄河流域高质量发展债)是全国首只黄河流域高质量发展公司债券。“23 鲁高 01”的募集资金用于黄河流域高速公路项目建设,拟投建设项目包括高青至商河公路项目、济南绕城高速公路二环线北环段项目、济南绕城高速公路二环线西环段项目,上述项目的建设将促进黄河沿线城市基础设施的互联互通,提升完善区域范围内跨越黄河的高速公路通道,支撑打造黄河流域生态保护和高质量发展先行区。

15. 集成电路债券

集成电路产业是现代信息社会发展的基础,包括云计算、互联网、大数据、工业互联网、新一代通信网络设备(5G)等,对于当前经济社会发展、国防安全、国际竞争及社会民生具有重要战略意义。集成电路债券的募集资金主要是通过股权、基金或者债权的方式,投资半导体和集成电路、物联网和数字经济等新一代信息技术领域,有利于加快集成电路产业发展,带动集成电路产业的上下游企业的发展。

2023 年 7 月 3 日,无锡市国联发展(集团)有限公司发行的 2023 年面向专业投资者公开发行科技创新公司债券(专项用于集成电路)(第一期)和上海张江高科技园区开发股份有限公司发行的 2023 年公开发行科技创新公司债券(第二期)(专项用于集成电路)是全国首批集成电路公司债券。“23 国联 K1”将 4.31 亿元用于置换前期对无锡锡虹联芯投资有限公司的增资,增资款定向用于出资华虹半导体(无锡)有限公司;将 1.69 亿元用于置换前期对无锡锡虹国芯投资有限公司的出资,定向用于出资华虹半导体(无锡)有限公司。“23 张江 K3”将全部募集资金用于集成电路设计产业园的开发建设,园区已形成集设计、制造、测试、封装、装备材料、技术服务等于一体的集成电路产业链。

16. 粤港澳大湾区债券

根据中共中央、国务院印发的《粤港澳大湾区发展规划纲要》[①]的要求,粤港澳三地深入实施创新驱动发展战略,深化粤港澳创新合作,构建开放型融合发展的区域

① 资料来源:国务院网站,https://www.gov.cn/zhengce/2019-02/18/content_5366593.htm#1

协同创新共同体，集聚国际创新资源，优化创新制度和政策环境，着力提升科技成果转化能力，建设全球科技创新高地和新兴产业重要策源地。粤港澳大湾区债券的发行人和募集资金用途应该均位于粤港澳大湾区。

中广核风电有限公司于 2023 年 6 月 12 日发行的 2023 年面向专业投资者公开发行粤港澳大湾区绿色科技创新公司债券（蓝色债券）（第一期）是全国首只粤港澳大湾区公司债券。“23 风电 GK01”的债券募集资金拟用于中广核惠州港口二 75 万千瓦海上风电项目的建设及置换公司前期已投入该募投项目的自有资金，以支持海洋资源可持续利用，助力粤港澳大湾区清洁、低碳、安全、高效的能源供给体系的建设。

在“23 风电 GK01”发行之前，广州市城发投资基金管理有限公司于 2021 年 1 月 19 日发行了 2021 年面向专业投资者公开发行公司债券（大湾区债）（第一期），募集资金用于偿还有息债务，与粤港澳大湾区债券是相似的。

17. 海峡两岸融合可持续挂钩债券

海峡两岸融合可持续挂钩债券可以理解为可持续挂钩债券的子品种，在设置关键绩效指标（KPI）和可持续发展绩效目标（SPT）的基础上，增加了海峡两岸融合的要求，主要适用于福建省的发行人。

福建省投资开发集团有限责任公司于 2023 年 10 月 27 日发行的 2023 年面向专业投资者公开发行公司债券（第二期）（海峡两岸融合可持续挂钩）是全国首只海峡两岸融合可持续挂钩公司债券。“23 福投 02”选取发行人清洁能源领域项目装机容量作为关键绩效指标（KPI），考察公司电力业务板块的综合经营情况；并为关键绩效指标（KPI）选取了 1 个可持续发展绩效目标（SPT），即在 2019—2022 年内新增清洁能源领域项目装机容量 31.20 万千瓦的基础上，2023—2026 年内新增清洁能源领域项目装机容量不低于 120.00 万千瓦。

18. 长三角一体化发展示范区债券

2018 年 11 月 5 日，支持长江三角洲区域一体化发展上升为国家战略。2019 年 10 月 29 日，国务院正式批复国家发改委报送的《长三角生态绿色一体化发展示范区总体方案》。2021 年 5 月 23 日，长三角一体化发展示范区执委会组织发布《长三角生态绿色一体化发展示范区重大建设项目三年行动计划（2021—2023 年）》，为长三角一体化发展示范区重大建设项目明确了任务书和时间表。长三角一体化发展示范区债券的发行人主要是长三角区域的发行人，募集资金主要是用于服务长三角一体化发展示范区战略的实施。

长三角投资(上海)有限公司于 2023 年 10 月 27 日发行的 2023 年非公开发行公司债券(长三角一体化发展示范区债)(第一期)是全国首只长三角一体化发展示范区债券。“23 长三角”的募集资金用于长三角生态绿色一体化发展示范区开发项目投资建设及运营,主要包括西岑科创中心西片区和长三角绿洲智谷・赵巷等,其中 1.70 亿元直接用于西岑科创中心西片区的投资建设,5.50 亿元用于偿还长三角绿洲智谷・赵巷项目建设的银行借款。

19. 航天领域债券

航天领域债券的募集资金主要是以投资或设立基金等方式专项投资科技创新公司或置换前期基金出资资金,所属重点支持领域为航天领域。其中航天装备主要是指运载火箭,卫星、飞船、深空探测器等空间飞行器,以及相关地面设备等。

无锡市国联发展(集团)有限公司于 2024 年 1 月 16 日发行的 2024 年面向专业投资者非公开发行科技创新公司债券(专项用于航天领域)是全国首只航天领域公司债券。“24 锡产 K1”募集资金通过无锡产发惠新朱雀基石创业投资合伙企业(有限合伙)专项投资于蓝箭航天空间科技股份有限公司,其专注于从事民营运载火箭总体研制与运营。本期募集资金的使用有利于推动航天领域的发展,响应加快建设航天强国的重要战略部署,进一步促进我国高端装备制造业的发展。

20. 西部陆海新通道债券

西部陆海新通道位于我国西部地区腹地,北接“丝绸之路”经济带,南连“21 世纪海上丝绸之路”,协同衔接长江经济带,在区域协调发展格局中具有重要战略地位。西部陆海新通道债券已经得到了国家政策的支持:国家发改委于 2019 年 8 月印发《西部陆海新通道总体规划》,将西部陆海新通道建设从地方探索上升为国家战略;国家发改委于 2021 年 8 月印发《“十四五”推进西部陆海新通道高质量建设实施方案》,更大力度推进《西部陆海新通道总体规划》实施。

重庆发展投资有限公司于 2024 年 1 月 25 日发行的 2024 年面向专业投资者公开发行公司债券(西部陆海新通道)(第一期)(品种一)是全国首只西部陆海新通道债券。“24 重发 01”的募集资金拟将不低于 10 亿元用于对外股权投资,包括置换前期的股权投资款等,拟投资公司为发行人参股的京昆高速铁路西昆有限公司、长江沿岸铁路集团股份有限公司、长江沿岸铁路集团重庆有限公司和重庆机场集团有限公司等;不超过 10 亿元用于补充流动资金,包括但不限于公租房配套商业资产板块、业务拓展等流动资金补充,以及其他合规的必要补充流动资金用途,如支付原材料购买价款、项目建设的工程款、员工工资和税金,对子公司进行增资和出资,置换前期对子公司的增资和出资等;剩余部分用于偿还公司有息负债,包括置换到期有息负债。

21. 高成长产业债券

高成长产业债券的募集资金主要是用于产业成长性较好的发行人,一般同时符合科创企业的认定。

南山集团有限公司于 2024 年 3 月 21 日发行的 2024 年面向专业投资者公开发行科技创新公司债券(第一期)(高成长产业债)是全国首只高成长产业债券,也是全国首只民营企业高成长产业债券。“24 南山 K1”募集资金拟用于偿还金融机构借款。南山集团具有显著的科技创新属性,符合科创企业类发行人认定标准,具备较好的产业成长性。

22. 实验室经济债券

实验室经济是一种以企业为主导、以实验室为载体的面向市场的技术创新模式,企业通过自建或与科研机构共建的实验室进行技术研发,然后将研发成果迅速应用于生产线并转化为现实生产力,从而获得可持续发展的动力与活力。实验室经济债券的发行人主要是科技创新企业或者承担科创企业培育职责的国有企业。

西安城市发展(集团)有限公司于 2024 年 4 月 18 日发行的 2024 年面向专业投资者非公开发行科技创新公司债券(第一期)(实验室经济)是全国首只实验室经济债券。“24 西发 K1”募集资金拟用于对陕西长安先导产业创新中心有限公司进行股权投资。陕西长安先导产业创新中心有限公司按照投资主体多元化、管理制度现代化、运行机制市场化、用人机制灵活化原则,采用实验室公司、技术投资公司、运营管理公司、科技金服公司、人才服务公司五位一体的“总部管总、职能管建、区域管运”协同发展模式,面向海内外整合优化提升航空航天、生命科学、数字经济、新能源新材料等领域各类实验室及创新平台,开展一系列创新活动,是实现西安市“双中心”实体化运行、实质性推进的重要平台。

23. 科创金融改革试验区债券

科创金融改革试验区的目标是成为科创金融合作示范区、产品业务创新集聚区、改革政策先行先试区、金融生态建设样板区、产城深度融合领先区,争创长三角科技成果转化高地和科创金融一体化服务基地。2022 年 11 月 21 日,中国人民银行、国家发改委、财政部、原银保监会和证监会等多部门联合印发《上海市、南京市、杭州市、合肥市、嘉兴市建设科创金融改革试验区总体方案》,明确提出按照《长江三角洲区域一体化发展规划纲要》和《国家创新驱动发展战略纲要》要求,推进上海市、南京市、杭州市、合肥市、嘉兴市科创金融改革，加大金融支持创新力度。科创金融改革试验区债券的发行人主要是位于科创金融改革试验区、承担科创金融发展任务的公司。

浙江嘉兴嘉国禾祺投资有限公司于 2024 年 6 月 24 日发行的 2024 年面向专业投资者非公开发行科技创新公司债券（科创金融改革试验区）是全国首只科创金融改革试验区债券。“24 禾祺 K1”募集资金拟通过股权投资或基金出资等方式对科技创新企业进行权益出资，或对发行前 12 个月内的科技创新领域相关投资支出进行置换，所投资项目所属行业符合《“十四五”规划》和《上海证券交易所科创板企业发行上市申报及推荐暂行规定》等政府相关文件提到的战略性新兴产业领域的要求。

24. 人才主题债券

人才是创新的主体，是新质生产力发展的核心力量。“激发人才创新活力”已经成为国家层面人才制度改革的主方向和突破点。人才主题债券以“唯才赋能”为切入点，充分赋能人才企业高质量发展，探索“以人促企，以企带产，以产荣城”的创新渠道。

青岛财通集团有限公司于 2024 年 6 月 24 日发行的 2024 年面向专业投资者非公开发行公司债券（唯才创新）是全国首只人才主题债券。“24 青财 01”的部分募集资金拟通过股权投资或基金出资等方式投资人才相关企业。本期债券中人才投资项目遴选标准如下：(1)经各省市级地方政府及相关部门认定的，属于行业领军人才/团队、产业领军人才/团队且在公司内持有股权份额或担任公司管理人员；(2)获得国家级、省级颁发的创新创业奖、突出贡献奖、科技进步奖等相关奖项的个人或企业技术及管理人才；(3)公司内具备参与国家级、省级重大科研项目资格的个人或团队，且在公司内持有股权份额或担任公司管理人员；(4)公司的高层次专业人才、科技相关领域博士/硕士等人员，具备相关可转化核心发明专利等的人才；(5)企业（科研类或非科研类）等具备人才认定资质机构认定的人才。

25. 物流降本增效债券

物流是实体经济的“筋络”，连接生产和消费、内贸和外贸，降低全社会物流成本可以增强产业核心竞争力、提高经济运行效率。降低全社会物流成本是提高经济运行效率的重要举措，要优化运输结构，强化“公转铁”“公转水”，深化综合交通运输体系改革，形成统一高效、竞争有序的物流市场。

浩吉铁路股份有限公司于 2024 年 7 月 30 日发行的 2024 年面向专业投资者非公开发行绿色乡村振兴公司债券（第一期）（物流降本增效）是全国首只物流降本增

效债券。“GV浩吉03”的募集资金拟偿还公司债券“G22浩吉V”本金，所投项目为浩吉铁路尾工工程和浩吉铁路配套机车购置。浩吉铁路股份有限公司作为国家重要的路网干线，衔接了多条煤炭集疏运线路，是点网结合、高效煤炭运输系统和国家综合交通运输系统的重要组成部分，对增强我国铁路能源运输南北通道能力、扩大煤炭“公转铁”运量、促进区域经济社会协调发展、有效降低全社会物流成本、提高经济运行效率具有十分重要的意义。

26. 京津冀协同发展债券

2015年4月30日，中共中央政治局会议审议通过《京津冀协同发展规划纲要》。2015年12月8日，国家发展改革委和交通运输部联合召开媒体通气会，发布《京津冀协同发展交通一体化规划》。京津冀交通一体化是京津冀协同发展的重要组成部分，以轨道为骨干的多节点、网格状、全覆盖的交通基础设施网络不断加密，有助于区域运输组织和服务质量持续提升。

北京市基础设施投资有限公司于2024年8月15日发行的2024年面向专业投资者公开发行企业债券(京津冀协同发展)(第二期)是全国首只京津冀协同发展债券。“24京投债02”拟将6.5亿元募集资金用于北京市轨道交通22号线(平谷线)北京段项目、北京市轨道交通3号线一期项目和北京市轨道交通17号线项目建设，将3.5亿元用于补充流动资金。“24京投债02”的募集资金拟用于建设的项目符合《京津冀协同发展规划纲要》的要求，能够助力构建以轨道交通为骨干的多节点、网格状、全覆盖的交通网络，有效促进京津冀协同发展。

27. 未来产业债券

《中华人民共和国国民经济和社会发展第十四个五年规划和2035年远景目标纲要》指出，在类脑智能、量子信息、基因技术、未来网络、深海空天开发、氢能与储能等前沿科技和产业变革领域，组织实施未来产业孵化与加速计划，谋划布局一批未来产业。在科教资源优势突出、产业基础雄厚的地区，布局一批国家未来产业技术研究院，加强前沿技术多路径探索、交叉融合和颠覆性技术供给。实施产业跨界融合示范工程，打造未来技术应用场景，加速形成若干未来产业。

芜湖远大创业投资有限公司于2024年8月20日发行的2024年面向专业投资者非公开发行科技创新公司债券(第二期)(用于未来产业)是全国首只未来产业债券。“24远大K2”拟将7亿元募集资金用于股权投资，出资对象芜湖产业投资基金有限公司为发行人的全资子公司，1.9亿元用于补充流动资金。根据“24远大K2”的募集资金用途，被投标的的投资方向符合未来产业方向，包括新型储能、生成式人工智能和未来显示等。

28. 中部崛起债券

中共中央政治局于 2024 年 5 月 27 日召开会议，审议通过了《新时代推动中部地区加快崛起的若干政策措施》，重申了中部地区作为全国重要粮食生产基地、能源原材料基地、现代装备制造及高技术产业基地和综合交通运输枢纽的战略定位。

浩吉铁路股份有限公司于 2024 年 9 月 5 日发行的 2024 年面向专业投资者非公开发行绿色乡村振兴公司债券（第二期）（中部崛起）是全国首只中部崛起债券。“GV 浩吉 04”的发行金额为 20 亿元，拟将 9 亿元用于偿还到期公司债券本金，11 亿元用于偿还银行借款，银行借款穿透用途后所投向项目均为浩吉铁路尾工工程和浩吉铁路配套机车购置。浩吉铁路是一条吸引蒙陕甘宁能源产地、覆盖鄂湘赣华中能源消费地的便捷大能力煤运通道，衔接了太中银、包西、黄韩侯等煤炭集运通路，有助于更好地贯彻落实西部大开发和中部崛起战略。

四、公司债券监管政策

中国证监会、证券业协会和交易所分别制定了一系列公司债券申报、发行、存续期管理等监管规则，构建了全面的公司债券监管规则体系。

（一）证监会公司债券监管政策

证监会从 2015 年开始通过一系列监管规则为公司债券构建了监管框架，是公司债券最基本的监管规则。

1.《公司债券发行与交易管理办法》于 2015 年 1 月 15 日由中国证监会发布，历经多次修订，于 2023 年 10 月 20 日进行了最新修订，是公司债券最基本的监管框架。《公司债券发行与交易管理办法》明确了公司债券发行和交易转让的一般规定、公开发行及交易要求、非公开发行及转让要求、发行与承销管理、信息披露要求、债券持有人权益保护以及监督管理和法律责任等内容。

2.《公司信用类债券信息披露管理办法》于 2020 年 12 月 25 日由中国人民银行、国家发改委和中国证监会联合发布，将企业债券、公司债券和非金融企业债务融资工具界定为公司信用类债券，主要是规定了企业信息披露、中介机构信息披露、监督管理与法律责任等方面的监管要求。

3.《关于企业债券发行审核职责划转过渡期工作安排的公告》于 2023 年 4 月 18 日由中国证监会和国家发改委联合发布，明确企业债券发行审核职责划转至证监会，此后企业债券正式划归为公司债券之列。

4.《关于深化债券注册制改革的指导意见》于2023年6月20日发布，主要内容是：构建公开透明、规范有序、廉洁高效的债券注册体系；压实发行人主体责任，督促中介机构履职尽责；强化债券存续期管理，畅通出清渠道；依法打击债券违法违规行为，切实保护投资者合法权益等。

5.《关于注册制下提高中介机构债券业务执业质量的指导意见》于2023年6月20日发布，主要内容是：强化承销受托机构债券业务执业规范；提升证券服务机构执业质量；强化质控、廉洁要求和投资者保护；依法加强监管，促进行业优胜劣汰；完善立体追责体系，持续优化发展生态等。

6.《关于企业债券过渡期后转常规有关工作安排的公告》于2023年10月20日发布，主要内容是明确了转常规后企业债券受理审核注册、企业债券登记托管监管与风险防控等工作安排。

（二）证券业协会公司债券监管政策

证券业协会为公司债券承做、存续期管理以及受托管理人等构建了自律监管规范，具体内容如下：

1.《非公开发行公司债券项目承接负面清单指引》于2015年4月23日发布，于2022年12月9日修订，明确界定了存在特定情形的发行人、特殊行业或类型的发行人的范畴。

2.《非公开发行公司债券报备管理办法》于2015年4月24日发布，于2022年5月13日修订，主要明确了非公开发行公司债券报备的时间要求和材料要求、自律监管要求等内容。

3.《公司债券承销业务规范》于2015年10月16日发布，于2022年4月28日修订，主要明确了公司债券的承接与申请、推介、定价与配售、信息披露、自律管理等方面的要求。

4.《证券公司公司债券业务执业能力评价办法（试行）》于2021年9月23日发布，主要规定了证券公司公司债券业务执业能力评价的指标、计分方法、评价期与评价类别等要求。

5.《公司债券受托管理人执业行为准则》于2022年1月17日发布，主要明确了公司债券的受托管理人资格、受托管理人权利与义务、受托管理人变更和自律管理等内容。

6.《公司债券受托管理人处置公司债券违约风险指引》于2022年1月17日发布，主要明确了公司债券违约风险的应急管理机制、潜在违约处置和实质违约处置等内容。

7.《公司债券承销、尽职调查和受托管理相关自律规则》于 2023 年 10 月 20 日发布，主要包括《公司债券承销业务规则》《公司债券主承销商尽职调查指引》《公司债券主承销商和受托管理人工作底稿目录细则》《公司债券受托管理人执业行为准则》《公开发行公司债券受托管理协议必备条款》和《公司债券受托管理人处置公司债券违约风险指引》。

(三)上交所公司债券监管政策

自 2015 年以来，上海证券交易所相继印发、更新、修订了多个公司债券申报、发行、上市审核和存续期管理等监管规则。目前，上海证券交易所针对公司债券的监管规则主要包括发行上市审核规则、发行上市审核规则适用指引、发行上市审核业务指南、自律监管规则适用指引、发行承销规则、发行上市挂牌业务指南、发行注册办事指南和存续期业务指南八大类。

1. 发行上市审核规则

《上海证券交易所公司债券发行上市审核规则》于 2022 年 4 月 22 日发布，于 2023 年 10 月 20 日修订，主要规定了公司债券的审核与受理、审核内容、审核程序、审核中止与终止等事项和自律管理等内容。

2. 发行上市审核规则适用指引

发行上市审核规则适用指引是对公司债券申报、审核的具体要求，于 2020 年首次印发并于 2021 年进行了修订。发行上市审核规则适用指引包括以下内容：

(1)《上海证券交易所公司债券发行上市审核规则适用指引第 1 号——申请文件及编制》于 2020 年 11 月 27 日发布，于 2023 年 10 月 20 日修订，主要明确了公司债券申请文件清单、募集说明书编制要求、主承销商核查意见编制要求、法律意见书编制要求、财务报告编制及其报送要求、其他申报文件编制要求以及非公开发行债券的相关要求。

(2)《上海证券交易所公司债券发行上市审核规则适用指引第 2 号——特定品种公司债券》于 2020 年 11 月 27 日首次发布，于 2023 年 10 月 20 日修订为《上海证券交易所公司债券发行上市审核规则适用指引第 2 号——专项品种公司债券》，将短期公司债券、可续期公司债券、可交换公司债券、绿色公司债券、低碳转型公司债券、科技创新公司债券、乡村振兴公司债券、“一带一路”公司债券、纾困公司债券、中小微企业支持债券等确定为专项品种公司债券，并明确了各个专项品种公司债券的申报要求和信息披露要求。

(3)《上海证券交易所公司债券发行上市审核规则适用指引第 3 号——审核重点关注事项》于 2021 年 4 月 22 日首次发布，于 2023 年 10 月 20 日修订，主要是对组织机构与公司治理、财务信息披露、特定情形发行人、募集资金用途、主承销商和相关证券服务机构执业要求等重点关注事项进行了明确的要求，并制定了《主承销商关注事项核查对照表》。

(4)《上海证券交易所公司债券发行上市审核规则适用指引第 4 号——审核程序》于 2022 年 6 月 2 日发布，于 2023 年 10 月 20 日修订，主要明确了公司债券审核程序中各个环节的要求：申请与受理；初审、反馈与回复；审核会审议；向中国证监会报送审核意见；审核中止与终止事项；非公开发行公司债券与资产支持证券挂牌条件确认的特别规定。

(5)《上海证券交易所公司债券发行上市审核规则适用指引第 5 号——审核会》于 2022 年 12 月 30 日发布，于 2023 年 10 月 20 日修订，主要是为了规范公司债券审核工作，加强审核委员管理，提高审核会工作质量和透明度，明确审核会的人员组成和任期、审核委员职责、管理与监督等。

(6)《上海证券交易所公司债券发行上市审核规则适用指引第 6 号——知名成熟发行人优化审核》于 2022 年 5 月 27 日发布，于 2023 年 10 月 20 日修订，主要明确了优化审核认定条件、优化审核措施等。

3. 发行上市审核业务指南

发行上市审核业务指南主要是对公司债券和资产证券化申报材料的指南，于 2021 年首次印发。发行上市审核业务指南包括以下内容：

(1)《上海证券交易所公司债券发行上市审核业务指南第 1 号——公开发行公司债券募集说明书编制（参考文本）》于 2021 年 8 月 13 日发布，于 2023 年 10 月 20 日修订，主要明确了公司债券募集说明书的格式、结构和内容，以及专项品种公司债券的相关事项。

(2)《上海证券交易所公司债券发行上市审核业务指南第 2 号——投资者权益保护（参考文本）》于 2021 年 8 月 13 日发布，于 2023 年 10 月 20 日修订，主要明确了公司债券（包括公开发行及非公开发行）募集说明书中与投资者权益保护机制相关的内容，具体包括特殊发行条款、增信机制、投资者保护条款、违约事项及纠纷解决机制、持有人会议规则、受托管理人六个部分。

(3)《上海证券交易所债券发行上市审核业务指南第 3 号——信用债融资业务咨询》于 2021 年 12 月 15 日发布，于 2023 年 10 月 20 日修订，主要明确了发行人、承销机构和证券服务机构在信用债产品项目申报前、审核阶段、发行阶段向上海证券交易所债券业务部门提出业务咨询的方式和具体内容。

(4)《上海证券交易所债券发行上市审核业务指南第 4 号——公司债券和资产支持证券申请文件的签章》于 2022 年 1 月 17 日发布，主要明确了公开发行公司债券并上市审核申请文件、非公开发行公司债券及资产支持证券挂牌条件确认申请文件的签章原则和要求。

(5)《上海证券交易所债券发行上市审核业务指南第 5 号——简明信息披露》于 2024 年 9 月 11 日发布，主要明确了优质公司债券发行人和优质资产支持证券发行人的申报材料简化安排、申报发行信息披露简化安排和存续期信息披露简化安排。

4. 自律监管规则适用指引

自律监管规则适用指引主要是对公司债券存续期中的督导管理和信息披露的要求，于 2021 年首次印发。自律监管规则适用指引包括以下内容：

(1)《上海证券交易所债券自律监管规则适用指引第 1 号——公司债券持续信息披露》于 2021 年 4 月 29 日发布，于 2023 年 10 月 20 日修订，主要明确了信息披露的一般规定、发行人定期报告的披露要求、发行人临时报告的披露要求、公司债券增信主体信息披露要求、专业机构职责及信息披露要求、特殊规定和自律监管要求等。

(2)《上海证券交易所债券自律监管规则适用指引第 2 号——公司债券和资产支持证券信息披露直通车业务》于 2021 年 9 月 6 日发布，于 2023 年 10 月 20 日修订，主要明确了公司债券、企业债券、资产支持证券的信息披露义务人或者其委托办理信息披露业务的受托管理人和资产支持专项计划管理人通过上海证券交易所债券业务管理系统登记和上传信息披露文件，并直接提交至上海证券交易所网站披露的信息披露方式。

(3)《上海证券交易所债券自律监管规则适用指引第 3 号——公司债券和资产支持证券自律监管措施实施标准(试行)》于 2022 年 8 月 22 日发布，于 2023 年 10 月 20 日修订，主要明确了对公司债券、资产证券化业务相关监管对象实施纪律处分和监管措施的标准。

(4)《上海证券交易所债券自律监管规则适用指引第 4 号——公司债券和资产支持证券信用风险管理》于 2023 年 10 月 20 日发布，主要明确了信用风险管理职责、信用风险监测与预警、信用风险应对与处置、信用风险管理工具等内容。

5. 发行承销规则及其适用指引

发行承销规则主要是为了规范公司债券(含企业债券)发行承销业务，维护市场秩序，保护投资者合法权益。发行承销规则包括以下内容：

(1)《上海证券交易所公司债券发行承销规则》于 2023 年 10 月 20 日发布，主要明确了承销机构履职管理、发行程序、监管措施与纪律处分等内容。

(2)《上海证券交易所公司债券发行承销规则适用指引第 1 号——发行备案》于 2023 年 10 月 20 日发布，于 2024 年 7 月 26 日修订，主要明确了发行备案流程、发行方案调整、资产支持证券发行备案的特别规定等内容。

(3)《上海证券交易所公司债券发行承销规则适用指引第 2 号——簿记建档》于 2023 年 10 月 20 日发布，主要明确了簿记建档参与主体、簿记建档现场管理和簿记建档流程。

6. 发行上市挂牌业务指南

《上海证券交易所公司债券和资产支持证券发行上市挂牌业务指南》于 2023 年 1 月 5 日发布，于 2023 年 10 月 20 日修订，主要明确了业务办理准备、公司债券代码申请业务、公司债券发行业务、公司债券登记与上市挂牌业务、资产支持证券代码申请业务、资产支持证券发行业务和资产支持证券登记与上市挂牌业务等内容。

7. 发行注册办事指南

发行注册办事指南主要明确了公司债券和企业债券的设定和实施依据以及具体要求。发行注册办事指南主要包括以下内容：

(1)《上海证券交易所公司债券发行注册办事指南》于 2023 年 10 月 20 日发布，主要明确了发行公司债券的许可条件和申报材料要求等。

(2)《上海证券交易所企业债券发行注册办事指南》于 2023 年 10 月 20 日发布，主要明确了发行企业债券的许可条件和申报材料要求等。

8. 存续期业务指南

存续期业务指南主要是对公司债券和资产支持证券存续期管理提出要求，于 2020 年印发。存续期业务指南包括以下内容：

(1)《上海证券交易所公司债券存续期业务指南第 1 号——公司债券持有人会议规则(参考文本)》于 2020 年 11 月 27 日发布，于 2023 年 10 月 20 日修订，主要是制定了公司债券持有人会议规则的参考文本，供发行人和主承销商参考。

(2)《上海证券交易所债券存续期业务指南第 2 号——公司债券和资产支持证券信息披露直通车业务》于 2021 年 9 月 6 日发布，主要明确了公司债券和资产支持证券信息披露直通车业务的具体操作流程和业务规范。

(3)《上海证券交易所债券存续期业务指南第 3 号——募集资金管理重点关注

事项(试行)》于 2023 年 12 月 29 日发布，主要明确了发行人履行募集资金使用和披露义务以及受托管理人应当履行的募集资金监督义务。

(四)深交所公司债券监管政策

自 2016 年以来，深圳证券交易所相继印发或修订了多个公司债券申报、发行、上市审核、存续期管理等监管规则。目前，深圳证券交易所针对公司债券的监管规则主要包括发行上市审核规则、发行上市审核业务指引、发行上市审核业务指南、债券业务办理指南、发行业务指南、发行承销业务指引和公司债券存续期监管业务指引七大类。

1. 发行上市审核规则

《深圳证券交易所公司债券发行上市审核规则》于 2022 年 4 月 22 日发布，于 2023 年 10 月 20 日修订，主要规定了公司债券的审核与受理、审核内容、审核程序、审核中止与终止等事项和自律管理等内容。

2. 发行上市审核业务指引

发行上市审核业务指引主要是对公司债券的申报材料、审核程序、重点关注事项等进行规范。发行上市审核业务指引主要包括如下内容：

(1)《深圳证券交易所公司债券发行上市审核业务指引第 1 号——申请文件及其编制要求》于 2022 年 4 月 29 日发布，于 2023 年 10 月 20 日修订，主要明确了公司债券申请文件清单、募集说明书及摘要编制要求、主承销商和证券服务机构核查文件编制要求。

(2)《深圳证券交易所公司债券发行上市审核业务指引第 2 号——公司债券审核重点关注事项》于 2021 年 4 月 22 日发布，于 2023 年 10 月 20 日修订，主要将公司治理与组织结构、财务信息披露、特定情形发行人、主承销商执业要求等内容列为重点审核关注事项，并制定了《主承销商关注事项核查对照表》。

(3)《深圳证券交易所公司债券发行上市审核业务指引第 3 号——优化审核安排》于 2022 年 5 月 27 日发布，于 2023 年 10 月 20 日修订，主要明确了优化审核条件和措施，适度放宽优化审核条件及延长财务报表有效期，进一步支持优质企业在交易所债券市场融资。

(4)《深圳证券交易所公司债券发行上市审核业务指引第 4 号——公开发行公司债券审核程序》于 2022 年 7 月 15 日发布，于 2023 年 10 月 20 日修订，主要明确了公开发行公司债券的申请与受理，审核、反馈与回复，审核会审议，向证监会报送审核意见，审核中止与终止事项等内容。

(5)《深圳证券交易所公司债券发行上市审核业务指引第5号——非公开发行公司债券挂牌条件确认程序》于2022年7月15日发布，于2023年10月20日修订，主要明确了非公开发行公司债券的受理、核对与反馈，挂牌工作小组会议和特殊事项等内容。

(6)《深圳证券交易所公司债券发行上市审核业务指引第6号——公开发行公司债券审核会议》于2023年8月14日发布，于2023年10月20日修订，主要是为了规范公开发行公司债券发行上市审核工作，提高公开发行公司债券审核会议的工作质量和透明度，明确审核委员的选聘、审核委员履职要求、审核会等内容。

(7)《深圳证券交易所公司债券发行上市审核业务指引第7号——专项品种公司债券》于2023年10月20日发布，将短期公司债券、可续期公司债券、可交换公司债券、绿色公司债券、低碳转型公司债券、科技创新公司债券、乡村振兴公司债券、"一带一路"公司债券、纾困公司债券、中小微企业支持债券等确定为专项品种公司债券，并明确了各个专项品种公司债券的申报要求和信息披露要求。

3. 发行上市审核业务指南

发行上市审核业务指南主要是针对公司债券申报材料做了进一步的完善和规范，具体内容如下：

(1)《深圳证券交易所公司债券发行上市审核业务指南第1号——募集说明书(参考文本)》于2021年4月29日发布，于2024年6月28日修订，主要明确了募集说明书的格式、结构、重点披露内容等。

(2)《深圳证券交易所公司债券发行上市审核业务指南第2号——投资者权益保护(参考文本)》于2021年8月13日发布，主要是对公司债券特殊发行条款、增信机制、投资者保护条款、违约事项及纠纷解决机制、持有人会议规则、受托管理人等内容进行了明确和规范。

(3)《深圳证券交易所公司债券发行上市审核业务指南第3号——简明信息披露》于2024年9月27日发布，主要明确了优质公司债券发行人和优质资产支持证券发行人的申报材料简化安排、申报发行信息披露简化安排和存续期信息披露简化安排。

4. 债券业务办理指南

债券业务办理指南主要是为了统一申请材料的编制与申报的要求，提高工作透明度和市场服务水平，并对可续期公司债券、优化审核程序进行了规范。债券业务办理指南包括如下内容：

(1)《深圳证券交易所债券业务办理指南第 1 号——公开发行公司债券上市预审核业务办理》于 2016 年 2 月 3 日发布，于 2019 年 11 月 15 日修订，主要是明确公开发行公司债券的上市预审核程序，统一申请材料的编制与申报的要求。

(2)《深圳证券交易所债券业务办理指南第 2 号——非公开发行公司债券挂牌条件确认业务办理》于 2016 年 2 月 3 日发布，于 2019 年 11 月 15 日修订，主要是明确非公开发行公司债券的挂牌条件，确认工作包括受理、审核、反馈、召开核对工作小组会议及期后事项等主要环节。

(3)《深圳证券交易所公司债券业务办理指南第 3 号——可续期公司债券业务》于 2017 年 12 月 20 日发布，主要是明确可续期公司债券的申报条件、申请文件编制要求和信息披露要求。

(4)《深圳证券交易所公司债券业务办理指南第 4 号——公司债券优化审核程序》于 2018 年 8 月 7 日发布，主要是明确优化审核程序适用对象应符合的条件、优化审核程序的具体环节等内容。

5. 发行业务指南

发行业务指南主要是为了进一步明确公司债券(含企业债券)和资产支持证券发行上市挂牌工作要求，提升发行上市挂牌效率。发行业务指南包括以下内容：

《深圳证券交易所债券发行业务指南第 1 号——公司债券(含企业债券)和资产支持证券发行上市挂牌业务指南》于 2023 年 10 月 20 日发布，于 2024 年 1 月 26 日修订，主要明确了公司债券(含企业债券)和资产支持证券的业务办理准备、发行业务和登记与上市挂牌业务等内容。

6. 发行承销业务指引

发行承销规则主要是为了规范公司债券(含企业债券)发行承销业务，维护市场秩序，保护投资者合法权益。发行承销规则包括以下内容：

(1)《深圳证券交易所公司债券发行承销规则》于 2023 年 10 月 20 日发布，主要明确了承销机构履职管理、发行程序、监管措施与纪律处分等内容。

(2)《深圳证券交易所公司债券发行承销规则适用指引第 1 号——发行备案》于 2023 年 10 月 20 日发布，主要明确了发行备案流程、发行方案调整、资产支持证券发行备案的特别规定等内容。

(3)《深圳证券交易所公司债券发行承销规则适用指引第 2 号——簿记建档》于 2023 年 10 月 20 日发布，主要明确了簿记建档参与主体、簿记建档现场管理和簿记建档流程。

7. 公司债券存续期监管业务指引

公司债券存续期监管业务指引主要是进一步明确公司债券存续期内定期报告和临时报告的披露要求，具体内容如下：

(1)《深圳证券交易所公司债券存续期监管业务指引第 1 号——定期报告》于 2023 年 5 月 5 日发布，于 2023 年 10 月 20 日修订，主要明确了公司债券发行人披露定期报告的格式、内容、重大事项等。

(2)《深圳证券交易所公司债券存续期监管业务指引第 2 号——临时报告》于 2023 年 5 月 5 日发布，于 2023 年 10 月 20 日修订，主要明确了发行人临时信息披露的情形和具体信息披露要求。

(五)北交所公司债券监管政策

北京证券交易所是从 2023 年开始受理审核债券项目，监管规则主要包括：发行上市审核规则、发行上市审核业务指引、发行上市审核业务指南、发行承销规则适用指引、发行上市业务指南和持续监管规则六大类。

1. 发行上市审核规则

《北京证券交易所公司债券发行上市审核规则》于 2022 年 10 月 20 日发布，主要规定了公司债券的审核与受理、审核内容、审核程序、审核中止与终止等事项和自律管理等内容。

2. 发行上市审核业务指引

发行上市审核业务指引主要是对公司债券的申报材料、审核程序、重点关注事项等进行规范。发行上市审核业务指引主要包括如下内容：

(1)《北京证券交易所公司债券发行上市审核业务指引第 1 号——申请文件及其编制要求》于 2023 年 10 月 20 日发布，主要明确了公司债券申请文件清单、募集说明书及摘要编制要求、主承销商和证券服务机构核查文件编制要求。

(2)《北京证券交易所公司债券发行上市审核业务指引第 2 号——专项品种公司债券》于 2023 年 10 月 20 日发布，将短期公司债券、可续期公司债券、可交换公司债券、绿色公司债券、低碳转型公司债券、科技创新公司债券、乡村振兴公司债券、“一带一路”公司债券、纾困公司债券、中小微企业支持债券等确定为专项品种公司债券，并明确了各个专项品种公司债券的申报要求和信息披露要求。

(3)《北京证券交易所公司债券发行上市审核业务指引第 3 号——公司债券审核重点关注事项》于 2023 年 10 月 20 日发布，主要是将公司治理与组织结构、财务信息披露、特定情形发行人、主承销商执业要求等内容列为重点审核关注事项，并制定了《主承销商关注事项核查对照表》。

(4)《北京证券交易所公司债券发行上市审核规则适用指引第 4 号——审核程序》于 2023 年 10 月 20 日发布，主要明确了公司债券审核程序中各个环节的要求：申请与受理；初审、反馈与回复；审核会审议；向中国证监会报送审核意见；审核中止与终止事项；非公开发行公司债券与资产支持证券挂牌条件确认的特别规定。

(5)《北京证券交易所公司债券发行上市审核规则适用指引第 5 号——审核会》于 2023 年 10 月 20 日发布，主要是为了规范公司债券审核工作，加强审核委员管理，提高审核会工作质量和透明度，明确审核会的人员组成和任期、审核委员职责、管理与监督等。

(6)《北京证券交易所公司债券发行上市审核规则适用指引第 6 号——知名成熟发行人优化审核》于 2023 年 10 月 20 日发布，主要明确了优化审核认定条件、优化审核措施等。

3. 发行上市审核业务指南

发行上市审核业务指南主要是对公司债券和资产证券化申报材料的指南，包括以下内容：

(1)《北京证券交易所公司债券发行上市审核业务指南第 1 号——公开发行公司债券募集说明书编制(参考文本)》于 2023 年 10 月 20 日发布，主要明确了公司债券募集说明书的格式、结构和内容，以及专项品种公司债券的相关事项。

(2)《北京证券交易所公司债券发行上市审核业务指南第 2 号——投资者权益保护(参考文本)》于 2023 年 10 月 20 日发布，主要明确了公司债券募集说明书中与投资者权益保护机制相关的内容，具体包括特殊发行条款、增信机制、投资者保护条款、违约事项及纠纷解决机制、持有人会议规则、受托管理人六个部分。

(3)《北京证券交易所债券发行上市审核业务指南第 3 号——公司债券和资产支持证券申请文件的签章》于 2023 年 10 月 20 日发布，主要明确了公开发行公司债券并上市审核申请文件、非公开发行公司债券及资产支持证券挂牌条件确认申请文件的签章原则和要求。

4. 发行承销规则适用指引

发行承销规则适用指引主要是为了规范公司债券(含企业债券)发行承销业务，包括以下内容：

(1)《北京证券交易所公司债券发行承销规则适用指引第 1 号——发行备案》于 2023 年 10 月 20 日发布，主要明确了公司债券的发行备案流程、发行方案调整、资产支持证券发行备案的特别规定等内容。

(2)《北京证券交易所公司债券发行承销规则适用指引第 2 号——簿记建档》于 2023 年 10 月 20 日发布，主要明确了公司债券的簿记建档参与主体、簿记建档现场管理和簿记建档流程。

5. 发行上市业务指南

发行上市业务指南主要是为了规范公司债券(含企业债券)业务的发行上市办理流程，主要包括以下内容：

(1)《北京证券交易所公司债券上市规则》于 2023 年 10 月 20 日发布，主要规定了公司债券的上市、信息披露、债券持有人权益保护和自律监管规则等。

(2)《北京证券交易所公司债券发行上市业务指南》于 2023 年 11 月 21 日发布，主要明确了业务办理准备、公司债券发行业务和公司债券登记与上市业务的具体流程和要求。

6. 持续监管规则

持续监管规则主要是对公司债券和资产支持证券存续期管理提出要求，主要包括以下内容：

(1)《北京证券交易所公司债券存续期监管业务指引第 1 号——定期报告》于 2023 年 10 月 20 日发布，主要明确了公司债券定期报告的一般规定，重要提示、目录和释义，发行人情况，债券事项，重大事项，财务报告，特殊规定等内容。

(2)《北京证券交易所公司债券存续期监管业务指引第 2 号——临时报告》于 2023 年 10 月 20 日发布，主要明确了公司债券临时报告披露一般规定、发行人重大事项披露要求、公司债券相关事项披露要求、增信主体重大事项披露要求、专业机构履责事项披露要求和特殊规定等内容。

(3)《北京证券交易所公司债券存续期监管业务指引第 3 号——信用风险管理》于 2023 年 10 月 20 日发布，主要规定了公司债券信用风险管理职责、信用风险监测与预警、信用风险应对与处置、信用风险管理工具和自律监管等内容。

(4)《北京证券交易所公司债券持有人会议规则编制指南(参考文本)》于 2023 年 10 月 20 日发布，主要规定了公司债券持有人会议的权限范围、筹备、召开及决议、会后事项与决议落实和特别约定等。

五、公司债券的申报

上海证券交易所、深圳证券交易所和北京证券交易所通过制定的一系列监管政策，明确了公司债券的申报要求和申报材料要求。

(一)公司债券的申报要求

1. 公开发行公司债券

根据《公司债券发行与交易管理办法》(中国证券监督管理委员会令第180号)[①]的规定，公开发行公司债券由证券交易所负责受理、审核，并报中国证监会注册。公开发行公司债券包括面向专业投资者公开发行公司债券(即小公募)和面向普通投资者公开发行公司债券(即大公募)两个品种。

(1)公开发行公司债券，应当符合下列条件：

①具备健全且运行良好的组织机构。

②最近三年平均可分配利润足以支付公司债券一年的利息。

③具有合理的资产负债结构和正常的现金流量。

④国务院规定的其他条件。

如果发行人存在下列情形之一的，则不得再次公开发行公司债券：

①对已公开发行的公司债券或者其他债务有违约或者延迟支付本息的事实，仍处于继续状态。

②违反《证券法》规定，改变公开发行公司债券所募资金用途。

(2)面向专业投资者和普通投资者公开发行公司债券需要满足以下条件：

①最近三年无债务违约或者延迟支付本息的事实。

②最近三年平均可分配利润不少于债券一年利息的1.5倍。

③最近一期末净资产规模不少于250亿元。

④最近36个月内累计公开发行债券不少于3期，发行规模不少于100亿元。

2. 非公开发行公司债券

根据中国证券业协会印发的《非公开发行公司债券项目承接负面清单指引(2022年修订)》[②]，非公开发行公司债券项目承接实行负面清单管理。负面清单主要包括存在特定情形的发行人、特殊行业或类型的发行人两大类。根据《负面清单指引》的要求，存在负面清单内特定情形的发行人、特殊行业或类型的发行人不能申报非公开发行公司债券。

(1)存在特定情形的发行人

---

① 资料来源：中国证监会网站，http://www.gov.cn/gongbao/content/2021/content_5602021.htm

② 资料来源：中国证券业协会网站，https://www.sac.net.cn/flgz/zlgz/202212/t20221212_169930.html

《负面清单指引》规定的存在特定情形的发行人包括以下12类：

①最近24个月内公司财务会计文件存在虚假记载，或公司存在其他重大违法违规行为。

②对已公开发行的公司债券或者其他债务有违约或延迟支付本息的事实，仍处于继续状态。

③存在违规对外担保资金或者被关联方或第三方以借款、代偿债务、代垫款项等方式违规占用的情形，仍处于继续状态。

④最近12个月内因违反公司债券相关规定被中国证监会采取行政监管措施，或最近6个月内因违反公司债券相关规定被证券交易所等自律组织采取纪律处分，尚未完成整改的。

⑤最近两年内财务报表曾被注册会计师出具保留意见且保留意见所涉及事项的重大影响尚未消除，或被注册会计师出具否定意见或者无法表示意见的审计报告。

⑥因严重违法失信行为，被有权部门认定为失信被执行人、失信生产经营单位或者其他失信单位，并被暂停或限制发行公司债券。

⑦擅自改变前次发行公司债券募集资金的用途或违反前次公司债券申请文件中所作出的承诺，尚未完成整改的。

⑧本次发行募集资金用途违反相关法律法规或募集资金投向不符合国家产业政策。

⑨除金融类企业外，本次发行债券募集资金用途为持有以交易为目的的金融资产、委托理财等财务性投资，或直接或间接投资于以买卖有价证券为主要业务的公司。

⑩本次发行不符合地方政府债务管理规定或者本次发行新增地方政府债务的。

⑪本次发行文件存在虚假记载、误导性陈述或重大遗漏。

⑫存在严重损害投资者合法权益和社会公共利益情形。

同时，对于最近一年经审计的总资产、净资产或营业收入任一项指标占合并报表相关指标比例超过30%的子公司存在负面清单第①条至第⑦条及第⑫条规定情形的，视同发行人属于负面清单范畴。

(2)特殊行业或类型的发行人

《负面清单指引》规定的特殊行业或类型的发行人主要包括以下四类：

①主管部门认定的存在“闲置土地”“炒地”“捂盘惜售”“哄抬房价”等违法违规

行为的房地产公司。

②典当行。

③未能同时满足以下条件的担保公司:经营融资担保业务满三年;注册资本不低于人民币 6 亿元;近三年无重大违法违规行为;担保责任余额符合融资担保公司相关管理规定。

④未能同时满足以下条件的小额贷款公司:经省级主管机关批准设立或备案,且成立时间满两年;省级监管评级或考核评级最近两年连续达到最高等级。

(二)公司债券的申报材料要求

根据上海证券交易所于 2023 年 10 月 20 日印发的《上海证券交易所公司债券发行上市审核规则适用指引第 1 号——申请文件及编制(2023 年修订)》(上证发〔2023〕167 号)[①],公司债券的申报材料如下:

1. 公开发行公司债券

发行人申请公开发行公司债券并上市,应当提交下列发行上市申请文件:

(1)募集说明书(申报稿)。

(2)募集说明书摘要(如有)。

(3)发行人关于本次公司债券发行并上市的申请。

(4)发行人有权机构关于本次公开发行公司债券发行事项的决议并附公司章程及营业执照副本复印件。

(5)监事会对募集说明书真实性、准确性、完整性的审核意见,以及发行人董事、监事和高级管理人员对发行申请文件真实性、准确性和完整性的确认意见。

(6)主承销商核查意见。

(7)发行人律师出具的法律意见书,以及关于申请电子文件与预留原件一致的鉴证意见。

(8)发行人最近三年的财务报告和审计报告及最近一期的财务报告或财务报表。

(9)发行人有权机构、会计师事务所及注册会计师关于非标准意见审计报告(如有)的补充意见。

(10)由会计师事务所出具的发行人最近一年资产清单及相关说明(如有)。

(11)募集资金投向固定资产投资项目的原始合法性文件(如有)。

---

① 资料来源:上海证券交易所网站,http://www.sse.com.cn/lawandrules/sselawsrules/bond/review/c/c_20231020_5727820.shtml

(12)地方政府有关部门出具的意见(如有)。

(13)本次公司债券的受托管理协议和债券持有人会议规则。

(14)资信评级机构为本次发行公司债券出具的资信评级报告(如有)。

(15)本次发行公司债券的担保合同、担保函、担保人就提供担保获得的授权文件(如有);担保财产的资产评估文件(如为抵押或质押担保)。

(16)担保人最近一年的财务报告(注明是否经审计)及最近一期的财务报告或财务报表(如有)。

(17)特定行业主管部门出具的监管意见书(如有)。

(18)有关主管部门推荐意见(如有)。

(19)发行人关于申请文件不适用情况的说明(如有)。

(20)发行人信息披露豁免申请(如有)。

(21)发行人及主承销商关于申请电子文件与预留原件一致的承诺函。

(22)发行人、主承销商和证券服务机构联系表。

(23)发行人诚信信息查询情况表。

2. 非公开发行公司债券

非公开发行公司债券的申请文件及编制参照公开发行公司债券,但是有如下要求:

(1)非公开发行公司债券无需提交募集说明书摘要和发行人关于本次公司债券发行并上市的申请。

(2)非公开发行公司债券需提交《×××公司关于非公开发行公司债券挂牌转让的申请》。

(3)非公开发行公司债券需提供最近两年的财务报告和审计报告及最近一期的财务报告或财务报表。

第四节　非金融企业债务融资工具产品

非金融企业债务融资工具产品是指非金融企业在交易商协会注册、在银行间债券市场发行、约定在一定期限内还本付息的有价证券。交易商协会对非金融企业债务融资工具的申报、发行、交易、存续期管理等实施自律管理,中国人民银行对交易商协会进行监督管理。

这里需要对中国银行间市场交易商协会(National Association of Financial

Market Institutional Investors，缩写为 NAFMII，简称“交易商协会”）进行介绍。交易商协会是由市场参与者自愿组成的，包括银行间债券市场、同业拆借市场、外汇市场、票据市场、黄金市场和衍生品市场在内的银行间市场的自律组织。交易商协会是中国人民银行将金融市场司部分职能分出，经国务院同意、民政部批准于 2007 年 9 月 3 日成立的全国性的非营利性社会团体法人。交易商协会的业务主管部门为中国人民银行。

一、债务融资工具的发展历程

债务融资工具产品的发展历程其实就是各类创新产品不断推出的过程。债务融资工具的基础产品包括信用债产品和结构化产品两大类（见表 6—19）。主权类机构债，比如外国主权及多边开发机构类债券（熊猫债）不在本书的讨论范围。

表 6—19　　债务融资工具基础产品

产品类别	产品名称	推出时间
信用债产品	短期融资券（CP）	2005 年
	中期票据（MTN）	2008 年
	超短期融资券（SCP）	2010 年
	非公开定向债务融资工具（PPN）	2011 年
结构化产品	资产支持票据（ABN）	2012 年
	资产支持商业票据（ABCP）	2020 年

（一）短期融资券

1. 短期融资券最初是一个金融债券品种，并不是非金融企业的融资产品。中国人民银行于 2004 年 10 月 18 日印发《证券公司短期融资券管理办法》（中国人民银行公告〔2004〕第 12 号）[①]，推出了证券公司短期融资券产品。证券公司短期融资券是指证券公司以短期融资为目的在银行间债券市场发行的，约定在一定期限内还本付息的金融债券。证券公司短期融资券发行和交易接受中国人民银行的监管，期限最长不得超过 91 天。

2004 年没有证券公司短期融资券发行记录。国泰君安证券股份有限公司于 2005 年 4 月 11 日发行的 2005 年国泰君安第一期短期融资券（债券简称“05 国君

① 资料来源：中国人民银行网站，http://www.pbc.gov.cn/bangongting/135485/135495/135615/2829216/index.html

CP01”)，发行规模为6亿元，是国内第一只短期融资券，也是国内第一只证券公司短期融资券。

2. 中国人民银行于2005年5月24日发布《短期融资券管理办法》[①]和《短期融资券承销规程》《短期融资券信息披露规程》等文件，允许符合条件的企业在银行间债券市场向合格机构投资者发行短期融资券（简称CP），并且将短期融资券的发行人明确界定为非金融企业。短期融资券产品的推出，为信用债券市场注入了新的活力，丰富了债券市场的投资工具，拓宽了非金融企业的融资渠道。

2005年5月26日发行的2005年国家开发投资公司第一期短期融资券（债券简称“05国开投CP01”）、2005年中国五矿第一期短期融资券（1年）（债券简称“05五矿CP01”）、2005年中国五矿第一期短期融资券（6个月）（债券简称“05五矿CP02”）、2005年华能国际电力第一期短期融资券（债券简称“05华能电CP01”）、2005年华能国际电力第二期短期融资券（债券简称“05华能电CP02”）、2005年中国国际航空第一期短期融资券（债券简称“05国航CP01”）、2005年上海振华港机第一期短期融资券（债券简称“05振港机CP01”）是全国首批非金融企业短期融资券。

城投公司短期融资券的发行时间相对较晚。天津泰达投资控股有限公司于2006年4月18日发行的2006年天津泰达投资控股第一期短期融资券（债券简称“06泰达CP01”），债券规模为18亿元，是城投公司发行的首只短期融资券。

3. 中国人民银行于2008年4月9日发布《银行间债券市场非金融企业债务融资工具管理办法》（中国人民银行令〔2008〕第1号）[②]，是债务融资工具产品的基本监管法规。《银行间债券市场非金融企业债务融资工具管理办法》对非金融企业债务融资工具进行了明确定义：具有法人资格的非金融企业在银行间债券市场发行的，约定在一定期限内还本付息的有价证券。

（二）中期票据

交易商协会于2008年4月15日印发《银行间债券市场非金融企业债务融资工具注册规则》《银行间债券市场非金融企业债务融资工具信息披露规则》《银行间债券市场非金融企业债务融资工具中介服务规则》《银行间债券市场非金融企业债务融资工具募集说明书指引》《银行间债券市场非金融企业债务融资工具尽职调查指引》《银行间债券市场非金融企业短期融资券业务指引》和《银行间债券市场非金融

---

① 资料来源：中国人民银行网站，http://www.pbc.gov.cn/tiaofasi/144941/144957/2817096/index.html

② 资料来源：国务院网站，http://www.gov.cn/gzdt/2008-04/13/content_943410.htm

企业中期票据业务指引》等监管规则[①]，进一步规范和完善了债务融资工具的监管规则，并推出了中期票据（简称 MTN）产品。中期票据是指具有法人资格的非金融企业在银行间债券市场按照计划分期发行的，约定在一定期限还本付息的债务融资工具，中期票据的期限在 1 年（含）以上。

2008 年 4 月 22 日发行的 2008 年中国中化集团公司第一期中期票据（债券简称“08 中化 MTN1”）、2008 年中国核工业集团公司第一期中期票据（债券简称“08 中核 MTN1”）、2008 年铁道部第一期中期票据（债券简称“08 铁道部 MTN1”）、2008 年铁道部第二期中期票据（债券简称“08 铁道部 MTN2”）、2008 年中国电信股份有限公司第一期中期票据（债券简称“08 中电信 MTN1”）、2008 年中粮集团有限公司第一期中期票据（债券简称“08 中粮 MTN1”）、2008 年中国交通建设股份有限公司第一期中期票据（债券简称“08 中交建 MTN1”）和 2008 年中国五矿集团公司第一期中期票据（债券简称“08 五矿 MTN1”）是全国首批中期票据。

上海市城市建设投资开发总公司于 2008 年 12 月 22 日发行的 2008 年上海市城市建设投资开发总公司第一期中期票据（债券简称“08 沪城投 MTN1”），债券规模为 30 亿元，是城投公司发行的首只中期票据。

（三）超短期融资券

交易商协会于 2010 年 12 月 21 日印发《银行间债券市场非金融企业超短期融资券业务规程（试行）》（中国银行间市场交易商协会公告〔2010〕第 22 号）[②]，推出了超短期融资券产品（简称 SCP）。超短期融资券是指具有法人资格、信用评级较高的非金融企业在银行间债券市场发行的，期限在 270 天以内的短期融资券。

中国石油天然气集团公司于 2010 年 12 月 24 日发行的中国石油天然气集团公司 2010 年度第一期超短期融资券（债券简称“10 中石油 SCP001”），发行规模为 50 亿元，是国内发行的首只超短期融资券。

城投公司发行超短期融资券的时间相较产业企业晚了 4 年。南京市城市建设投资控股（集团）有限责任公司于 2014 年 11 月 28 日发行的南京市城市建设投资控股（集团）有限责任公司 2014 年度第一期超短期融资券（债券简称“14 宁城建 SCP001”），债券规模为 18 亿元，是城投公司发行的首只超短期融资券。

---

① 资料来源：中国债券信息网，http://www.chinabond.com.cn/Info/2102299

② 资料来源：中国银行间市场交易商协会网站，http://www.nafmii.org.cn/zlgz/201202/t20120226_1637.html

(四)非公开定向债务融资工具

交易商协会于2011年4月29日印发《银行间债券市场非金融企业债务融资工具非公开定向发行规则》(中国银行间市场交易商协会公告〔2011〕第6号)[①],推出了非公开定向债务融资工具(简称PPN)产品。非公开定向债务融资工具是指在银行间债券市场以非公开定向发行方式发行的债务融资工具。PPN最大的特点是发行方式为非公开。

2011年5月3日发行的中国五矿集团公司2011年第一期非公开定向债务融资工具(债券简称“11五矿PPN001”)、中国国电集团公司2011年第一期非公开定向债务融资工具(债券简称“11国电集PPN001”)和中国航空工业集团公司2011年第一期非公开定向债务融资工具(债券简称“11中航集PPN001”)是全国首批PPN产品。

北京保障房中心有限公司于2011年12月22日发行的北京市保障性住房建设投资中心2011年度第一期非公开定向债务融资工具(债券简称“11京保投PPN001”),债券规模为20亿元,是城投公司发行的首只PPN产品。

(五)资产支持票据

交易商协会于2012年8月3日印发《银行间债券市场非金融企业资产支持票据指引》(中国银行间市场交易商协会公告〔2012〕14号)[②],推出了资产支持票据(简称ABN)。资产支持票据是指非金融企业为实现融资目的,采用结构化方式,通过发行载体发行的,由基础资产所产生的现金流作为收益支持的、按约定以还本付息等方式支付收益的证券化融资工具。资产支持票据的发行载体可以为特定目的信托、特定目的公司或交易商协会认可的其他特定目的载体,也可以为发起机构。

资产支持票据的基础资产是指符合法律法规规定,权属明确,可以依法转让,能够产生持续稳定、独立、可预测的现金流且可特定化的财产、财产权利或财产和财产权利的组合。形成基础资产的交易基础应当真实,交易对价应当公允。基础资产包括企业应收账款、租赁债权、信托受益权等财产权利,以及基础设施、商业物业等不动产财产或相关财产权利等。

2012年8月7日发行的南京公用控股(集团)有限公司2012年度第一期资产支

---

① 资料来源:中国银行间市场交易商协会网站,http://www.nafmii.org.cn/ztbd/fgkdxfx/201204/t20120412_14080.html

② 资料来源:中国银行间市场交易商协会网站,https://www.nafmii.org.cn/xhdt/201208/t20120803_196885.html

持票据、上海浦东路桥建设股份有限公司 2012 年度第一期资产支持票据、宁波城建投资控股有限公司 2012 年度第一期资产支持票据是全国首批资产支持票据，也是城投公司首批资产支持票据。

(六)资产支持商业票据

交易商协会于 2020 年 6 月 2 日印发《创新推出 ABCP 服务债券市场多元化投融资需求》[①]，推出了资产支持商业票据产品(简称 ABCP)。资产支持商业票据是指单一或多个企业(发起机构)把自身拥有的、能够产生稳定现金流的应收账款、票据等资产按照“破产隔离、真实出售”的原则出售给特定目的载体(SPV)，并由特定目的载体以资产为支持进行滚动发行的短期证券化类货币市场工具，为企业提供了兼具流动性和资产负债管理的新型工具。

2020 年 6 月 4 日发行的安吉租赁有限公司 2020 年度第一期(穗盈)资产支持商业票据、上海晋阳商业保理有限公司 2020 年度大同煤矿供应链第一期资产支持商业票据、河钢商业保理有限公司 2020 年度第一期资产支持商业票据和链鑫 2020 年度联捷第一期资产支持商业票据是全国首批资产支持商业票据产品。

二、债务融资工具审核政策变迁

(一)监管萌芽阶段

债务融资工具的监管萌芽阶段是从 2005 年 5 月至 2008 年 3 月。监管萌芽阶段是债务融资工具产品的诞生期，监管法规相对单一，存续的产品主要是短期融资券。

中国人民银行于 2005 年 5 月 24 日发布《短期融资券管理办法》《短期融资券承销规程》和《短期融资券信息披露规程》等文件，成为债务融资工具产品最初的监管规范框架。这些监管文件确定的短期融资券监管机构为：中国人民银行对短期融资券的发行、交易、登记、托管、结算、兑付进行监督管理；中央国债登记结算有限责任公司采用实名记账方式对短期融资券登记托管。

短期融资券产品的推出，放开了对信用债券发行主体的限制，打破了债券发行审批制，引入备案制，实行余额管理，并将市场化发行利率交由企业和承销机构协商确定。

---

① 资料来源：中国银行间市场交易商协会网站，https://www.nafmii.org.cn/xhdt/202006/t20200602_197327.html

(二)初步规范阶段

债务融资工具的初步规范阶段是从2008年4月至2012年6月。在初步规范阶段,中国人民银行和交易商协会出台了一系列监管政策,初步构建了债务融资工具的监管框架。

1. 中国人民银行于2008年4月9日发布《银行间债券市场非金融企业债务融资工具管理办法》(中国人民银行令〔2008〕第1号)[①],明确债务融资工具的注册机构由中国人民银行变更为交易商协会,在中央国债登记结算有限责任公司登记、托管、结算,由全国银行间同业拆借中心提供交易服务。中国人民银行依法对交易商协会、中央结算公司和同业拆借中心进行监督管理。同时,债务融资工具应由金融机构承销并且由评级机构进行信用评级。

2. 交易商协会于2008年4月15日印发《银行间债券市场非金融企业债务融资工具注册规则》《银行间债券市场非金融企业债务融资工具信息披露规则》《银行间债券市场非金融企业债务融资工具中介服务规则》《银行间债券市场非金融企业债务融资工具募集说明书指引》《银行间债券市场非金融企业债务融资工具尽职调查指引》《银行间债券市场非金融企业短期融资券业务指引》和《银行间债券市场非金融企业中期票据业务指引》等监管规则,进一步规范和完善了债务融资工具的注册规则、信息披露规则等,以及短期融资券和中期票据的监管要求,明确债务融资工具的注册有效期为2年。

3. 交易商协会于2008年10月制定"六真"原则,具体是指"真公司、真资产、真项目、真支持、真偿债、真现金流"六个原则[②],符合"六个真原则"的城投公司可以根据自身的资金需要申报发行债务融资工具。"六真原则"的具体内容包括:

(1)真公司:明确要求发行人不得为"空壳"公司,需要有完善的内控制度,公司的业务经营和财务运营应具有独立性。

(2)真资产:发行人的资产必须包含能产生现金流和利润并保证偿债的经营性资产,不能全部为公益性资产。

(3)真项目:债务融资工具的募投项目必须是发行人或下属子公司正常经营的项目,不能是为了融资而将募投项目主业临时并入发行人。

---

① 资料来源:中国人民银行网站,http://www.pbc.gov.cn/tiaofasi/144941/144957/3590807/index.html

② 资料来源:中国银行间市场交易商协会网站,https://www.nafmii.org.cn/xhdt/201609/t20160909_197186.html

(4)真支持:发行人所在地政府对发行人必须提供明确的支持措施,且支持措施必须落实到位。

(5)真偿债:发行人要制订明确、可信的偿债计划,具体体现为非经营性收入是否超过30%、地方政府债务率是否低于100%。

(6)真现金流:发行人必须有稳定、真实的现金流。

4. 交易商协会于2009年3月5日印发《银行间债券市场非金融企业债务融资工具发行注册规则》(中国银行间市场交易商协会公告〔2009〕第2号)[①],明确债务融资工具发行注册实行注册会议制度,参加会议的注册专家应对是否接受债务融资工具的发行注册做出独立判断,意见分为"接受注册""有条件接受注册""推迟接受注册"三种。

5. 交易商协会于2009年12月29日印发中国银行间市场交易商协会公告〔2009〕第18号文[②],明确发行人应从2010年起严格按照信息披露规则要求披露季度、半年度和年度财务报表;对于可能影响偿债能力的重大事项,发行人应按照信息披露规则要求在指定媒体及时向市场披露。

6. 交易商协会于2010年4月6日印发《银行间债券市场非金融企业债务融资工具主承销商后续管理工作指引》(中国银行间市场交易商协会公告〔2010〕第5号)[③],明确主承销商在债务融资工具存续期内,应该通过各种有效方法对债务融资工具发行人和担保人进行跟踪、监测、调查,及时准确地掌握其风险状况及偿债能力,持续督导发行人履行信息披露、还本付息等义务,以保护投资者权益。

7. 交易商协会于2011年4月28日印发《银行间债券市场非金融企业债务融资工具现场调查工作规程》(中国银行间市场交易商协会公告〔2011〕第5号)[④],规范银行间债券市场非金融企业债务融资工具现场调查工作,督导相关市场成员依法合规开展业务,进一步明确调查实施、调查后管理涉及的步骤和要求。

8. 交易商协会于2011年5月30日印发《银行间市场非金融企业债务融资工具

---

① 资料来源:中国银行间市场交易商协会网站,https://www.nafmii.org.cn/ggtz/gg/201204/t20120406_197859.html

② 资料来源:中国银行间市场交易商协会网站,https://www.nafmii.org.cn/ggtz/gg/201204/t20120406_197894.html

③ 资料来源:中国银行间市场交易商协会网站,https://www.nafmii.org.cn/ggtz/gg/201204/t20120406_197897.html

④ 资料来源:中国银行间市场交易商协会网站,https://www.nafmii.org.cn/ggtz/gg/201204/t20120406_197937.html

发行规范指引》(中国银行间市场交易商协会公告〔2011〕第 8 号)[①],进一步规范发行人在银行间市场以招标方式、簿记建档方式及非公开定向方式发行债务融资工具的发行事宜及行为,规范银行间市场非金融企业债务融资工具发行,维护投资人和发行人的合法权益。

(三)鼓励发展阶段

债务融资工具的鼓励发展阶段是从 2012 年 7 月至 2019 年 3 月。在鼓励发展阶段,监管机构在一定程度上放松了对发行人尤其是城投公司的申报要求,鼓励城投公司和各类发行人积极申报债务融资工具产品。

1. 交易商协会于 2012 年 7 月放松了对债务融资工具产品的发行人要求,按照"六真原则"将发行人分为四类:(1)产业类公司(高速、铁路等有真实现金流);(2)全民所有制企业;(3)保障房建设企业;(4)国发〔2010〕19 号文件中支持的地铁轨交项目企业。

2. 交易商协会于 2014 年 3 月放开省级以下城投公司的债务融资工具申报发行条件,对城投公司所在地方的行政级别不进行限制,只需符合"六真原则"且需满足地方政府级债务率不超过 100%或负债率不超过 60%。

3. 交易商协会于 2014 年 12 月发布《关于进一步完善债务融资工具注册发行有关工作的通知》[②],明确进一步规范地方政府债务融资行为,调整完善《地方政府说明性文件要点》和《主承销商尽职调查要点》,在不新增地方政府债务的前提下,明确规定发行人不能是审计署、原银监会以及财政部的融资平台名单中涉及的企业。同时,债务融资工具涉及的募投项目应为具有经营性现金流的非公益性项目。

4. 交易商协会于 2015 年 2 月进一步放松城投公司申报发行债务融资工具的口径[③],将城投公司债务融资工具发行口径进行了如下修改:

(1)如果发行人在 2013 年债务审计名单内、原银监会名单内及 2013 年审计后有新增纳入政府偿还责任的,需要额外出具说明;而企业在名单内但申请注册时已无存量债务纳入一类债务,可在注册发行材料中进行披露,并由主承销商出具专项尽职调查报告。

(2)在募集资金用途方面,可用于项目、补充流动资金和偿还银行贷款,对于募

---

① 资料来源:中国银行间市场交易商协会网站,https://www.nafmii.org.cn/ggtz/gg/201204/t20120406_197939.html

② 资料来源:文酷网,https://www.wencool.cn/doc_7co4360zz09sc9l3qd4k_1.html

③ 资料来源:第一财经网站,https://www.yicai.com/news/4579405.html

投项目和补充流动资金缺口有一定要求;用于偿还银行贷款的,严格限制不可以用于偿还甄别为一类债务的银行贷款;用于偿还的银行贷款为地方政府负有担保责任或救助责任的债务,另有特殊规定。

5. 交易商协会于 2016 年 9 月在与主承销商的座谈会上提出进一步优化债务融资工具的注册发行工作流程、优化募集资金用途等事项。

(1)募集资金用途方面

①优质企业发债可用于偿还各类信用债券及金融机构借款等。

②行业竞争力不强、资产负债率较高、经营财务状况一般、市场认可度不高的企业(指参考外部评级 AA 级以下)注册发行额度按全口径计算公开发行各类债券,并加强其募集资金用途范围的管理。

(2)发行主体范围方面

交易商协会支持经济基础较好、市场化运作意识相对较高的省会城市、计划单列市及其下属的区县级城投公司注册发行债务融资工具。

6. 交易商协会于 2016 年 12 月 19 日对《非金融企业债务融资工具注册发行规则》《非金融企业债务融资工具公开发行注册工作规程》及《非金融企业债务融资工具公开发行注册文件表格体系》[①]等监管规则,进行了债务融资工具产品的发行注册和注册文件表格体系的修订和完善,进一步规范了债务融资工具的监管规则。

(四)严格监管阶段

债务融资工具的严格监管阶段是从 2019 年 4 月至 2020 年 3 月。在严格监管阶段,债务融资工具产品的申报政策(尤其是城投公司)有了一定程度的收紧,需要明确符合关于地方政府性债务管理相关文件的要求。

1. 交易商协会于 2019 年 4 月 12 日印发《非金融企业债务融资工具公开发行注册文件表格体系(2019 版)》(中国银行间市场交易商协会公告〔2019〕10 号)[②],对城投公司发行人提出了明确的监管要求:

(1)城投公司发行人需要明确承诺:地方政府(或相关部门)作为出资人仅以出资额为限承担有限责任,相关举借债务由发行人作为独立法人负责偿还。发行人将进一步健全信息披露机制,公司不承担政府融资职能,自 2015 年 1 月 1 日起新增债

① 资料来源:中国银行间市场交易商协会网站,http://www.nafmii.org.cn/zdgz/201602/t20160219_51279.html

② 资料来源:中国银行间市场交易商协会网站,http://www.nafmii.org.cn/ggtz/gg/201904/t20190412_198219.html

务依法不属于地方政府债务。

(2)城投公司发行人需要承诺:举借该期债务募集资金用途符合国办发〔2018〕101号文等文件支持的相关领域,符合中共中央、国务院关于地方政府性债务管理相关文件要求,不会增加政府债务或政府隐性债务规模,不会用于非经营性资产,不会划转给政府或财政使用,政府不会通过财政资金直接偿还该笔债务。发行人募集资金投向不用于体育中心、艺术馆、博物馆、图书馆等还款来源主要依靠财政性资金的非经营性项目建设;募集资金不用于金融投资、土地一级开发,不用于普通商品房建设或偿还普通商品房项目贷款,不用于保障房(含棚户区改造)项目建设或偿还保障房(含棚户区改造)项目贷款。

2. 交易商协会于2019年12月27日印发《银行间债券市场非金融企业债务融资工具违约及风险处置指南》(中市协发〔2019〕161号)①,强调保护债务融资工具持有人合法权益,指导市场参与主体债务融资工具违约及风险处置行为,保障市场平稳运行和持续健康发展。

(五)系统监管阶段

债务融资工具的系统监管阶段是从2020年4月至2023年6月。在系统监管阶段,交易商协会制定了更加完善的监管政策体系,并严查债务融资工具申报、发行及存续期管理过程中存在的违规问题,对多家发行人及债券中介机构进行了自律处分。

1. 交易商协会于2020年4月16日印发《非金融企业债务融资工具公开发行注册工作规程(2020版)》《非金融企业债务融资工具公开发行注册文件表格体系(2020版)》(中国银行间市场交易商协会公告〔2020〕5号)②,对债务融资工具的注册工作规程和表格体系做了进一步完善。

2. 交易商协会于2020年11月23日印发《关于进一步加强债务融资工具发行业务规范有关事项的通知》(中市协发〔2020〕154号)③,重点整顿部分市场机构在债务融资工具发行环节存在规则执行不到位、内控机制不健全、业务操作不规范等问题,暴露出市场快速发展背景下"重承揽承做、轻发行销售""重业务发展、轻合规管

① 资料来源:中国银行间市场交易商协会网站,http://www.nafmii.org.cn/zdgz/201912/t20191227_78741.html

② 资料来源:中国银行间市场交易商协会网站,http://www.nafmii.org.cn/ggtz/gg/202004/t20200416_198249.html

③ 资料来源:中国银行间市场交易商协会网站,http://www.nafmii.org.cn/zlgz/zcfxl/fxl/202011/P020201117675745652676.pdf

理”的现象，进一步提升债务融资工具发行业务的规范化水平，切实保护投资人合法权益，维护市场良好秩序。

3. 交易商协会于2021年1月26日印发《关于进一步规范债务融资工具发行企业无偿划转事项的通知》(中市协发〔2021〕20号)[①]，进一步规范发行人资产无偿划转的事项，明确企业拟无偿划转资产，由于划出资产导致净资产减少10%，或由于划出/划入资产构成重大资产重组的，或导致丧失重要子公司控制权的，应及时通知召集人并召开债券持有人会议。

4. 交易商协会于2021年3月26日印发《非金融企业债务融资工具信息披露规则(2021版)》《非金融企业债务融资工具存续期信息披露表格体系(2021版)》《非金融企业债务融资工具募集说明书投资人保护机制示范文本(2021版)》(中国银行间市场交易商协会公告〔2021〕10号)[②]，进一步规范债务融资工具的存续期管理机制，强调注重投资者保护。

5. 交易商协会于2022年11月22日印发《银行间债券市场非金融企业债务融资工具募集资金用途管理规程》(中国银行间市场交易商协会公告〔2022〕25号)[③]，进一步规范债务融资工具募集资金的用途，对于违规使用募集资金的，可以予以诫勉谈话、通报批评、警告、严重警告或公开谴责，可并处责令改正、责令致歉或认定不适当人选。

6. 交易商协会于2023年6月20日印发《关于进一步加强银行间债券市场发行业务规范有关事项的通知》(中市协发〔2023〕102号)[④]，从多个方面监管债券发行中存在的部分发行定价不审慎、低价包销换取市场份额、未遵循市场化原则确定利率区间等不规范问题。需要关注的是，地方政府债券、金融债券、非金融企业债务融资工具均适用本通知，这应该是监管机构针对债券发行环节进行的全方位监管。

(六)新常态审核阶段

债务融资工具的新常态审核阶段是从2023年7月至今。在“一揽子化债方案”和国办发〔2023〕35号文之后，根据债务融资工具的审核实践，城投公司申报债务融

---

① 资料来源：中国银行间市场交易商协会网站，http://www.nafmii.org.cn/ggtz/tz/202101/P020210129444997545925.pdf

② 资料来源：中国银行间市场交易商协会网站，http://www.nafmii.org.cn/zdgz/202103/t20210328_84943.html

③ 资料来源：中国银行间市场交易商协会网站，https://www.nafmii.org.cn/zlgl/zlgz/hxgll/202211/P020221125619182444169.pdf

④ 资料来源：中国银行间市场交易商协会网站，https://www.nafmii.org.cn/zlgl/zlgz/zcfxl_1059/fxl/202306/P020230620650949563282.pdf

资工具在审核过程中需要“闯四关”。

在进行审核的时候，需要重点核查城投公司是否属于“3899 名单”或者隐债名单、母公司和重要子公司是否属于“3899 名单”或者隐债名单、收入结构指标和现金流结构指标、发行人是否属于 Wind 资讯认定的城投公司等。需要说明的是，“闯四关”仅适用于城投类发行人，产业类发行人新增债务融资工具规模不需要进行“闯四关”核查。而且随着地方政府化债进度的推进，城投类发行人申报债务融资工具产品的审核政策有可能进行调整。

三、创新债务融资工具产品

交易商协会债务融资工具的产品创新非常快，从 2013 年起推出了一系列创新性的债务融资工具产品，包含特定用途创新债务融资工具、特定主体创新债务融资工具和特别条款或结构创新债务融资工具三大类(见表 6—20)。

表 6—20　　创新债务融资工具产品

创新债务融资工具分类	名　称	推出时间
特定用途创新债务融资工具	并购票据	2014 年
	创投债务融资工具	2014 年
	绿色债务融资工具	2016 年
	——蓝色债券	2020 年
	——碳中和债	2021 年
	保障性安居工程债务融资工具	2017 年
	扶贫票据	2017 年
	双创专项债务融资工具	2017 年
	住房租赁债务融资工具	2017 年
	——保障性租赁住房债务融资工具	2022 年
	——绿色住房租赁债务融资工具	2024 年
	疫情防控债	2020 年
	城市更新项目债务融资工具	2020 年
	权益出资型票据	2020 年
	乡村振兴票据	2021 年
	革命老区振兴发展债务融资工具	2021 年

续表

创新债务融资工具分类	名　称	推出时间
特定用途创新债务融资工具	社会责任债券	2021 年
	可持续发展债券	2021 年
	科创票据	2022 年
	——混合型科创票据	2023 年
	转型债券	2022 年
	“平急两用”债务融资工具	2023 年
	两新债券	2024 年
特定主体创新债务融资工具	中小非金融企业集合票据	2009 年
	境外非金融企业债务融资工具	2013 年
	高成长型企业债务融资工具	2021 年
特别条款或结构创新债务融资工具	永续票据	2013 年
	可转换票据	2013 年
	项目收益票据	2013 年
	可持续发展挂钩债券	2021 年
	不动产信托资产支持票据(类 REITs)	2021 年
	资产担保债务融资工具	2022 年

资料来源:根据公开资料整理

(一)特定用途创新债务融资工具

特定用途创新债务融资工具是指发行人申报发行的债务融资工具产品的用途特定且监管机构对于用途有着特定的要求。

1. 并购票据

并购票据是交易商协会于 2014 年推出的创新债务融资工具产品。并购票据是以企业并购、股权并购为募集资金用途的产品,可支持获得控制型并购、增强控制型并购、共同控制型并购、子公司增资或注资,其中子公司增资或注资可将债务性资金转为参股等股权性资金或重大项目建设资本金。

贵州开磷控股(集团)有限责任公司于 2014 年 6 月 20 日发行的 2014 年度第一期非公开定向债务融资工具(债券简称“14 贵开磷控 PPN001”)是全国首单并购票据,募集资金用于并购贵州开磷有限责任公司。贵州开磷控股(集团)有限责任公司主体信用等级为 AA,本期债务融资工具发行金额为 10 亿元,期限为 3 年,票面利率为7.70%。

广西交通投资集团有限公司于2020年4月10日发行的2020年度第四期中期票据(债券简称"20桂交投MTN004")是全国首单增强控制型并购中期票据,也是全国首单服务国家重大战略实施并购票据,募集资金用于向控股子公司广西新柳南高速公路有限公司增资,并最终用于柳州经合山至南宁高速公路项目。广西交通投资集团有限公司主体信用等级为AAA,本期债务融资工具发行金额为5亿元,期限为5年,票面利率为3.46%。

2. 创投债务融资工具

创投债务融资工具是交易商协会于2014年推出的创新债务融资工具产品。创投债务融资工具的发行人为创业投资企业,募集资金主要是用于创投基金资本金及股权投资(仅限于非上市公司)等。因为募集资金用途的特殊性,交易商协会明确创投债务融资工具的募集资金不能用于上市公司二级市场股票投资(包括定向增发等),用于股权投资、收购产权(股权)的,原则上累计投资金额不得超过该标的金额的60%。

按照交易商协会的监管要求,创业投资企业应该是在主管部门进行过备案登记的、主体评级AA(含)以上的合规创投企业,且公司的创投类业务收入(支付给创投基金管理人的管理费与投资收益之和)应不低于发行人主营业务收入的50%。

深圳市创新投资集团有限公司于2014年7月30日发行的2014年度第一期非公开定向债务融资工具(债券简称"14深圳创新PPN001")是全国首只创投债务融资工具。深圳市创新投资集团有限公司主体信用等级为AAA,本期债务融资工具发行金额为5亿元,期限为5年,票面利率为6.80%。

3. 绿色债务融资工具

绿色债务融资工具是交易商协会于2016年推出的创新债务融资工具产品。绿色债务融资工具的发行人一般为承担节能减排、环境保护等领域项目建设运营的企业,募集资金主要用于节能环保、污染防治、资源节约与循环利用等绿色项目,具体用途包括绿色项目的建设、运营及补充配套流动资金以及偿还绿色贷款等。

云南省能源投资集团有限公司于2016年10月28日发行的2016年度第一期绿色非公开定向债务融资工具(债券简称"16云能投GN001")是全国首只绿色债务融资工具。云南省能源投资集团有限公司主体信用等级为AAA,本期债务融资工具发行金额为5亿元,期限为5年,票面利率为3.98%。

绿色债务融资工具目前有蓝色债券、碳中和债两个子产品,也属于独立的债务融资工具产品。

(1)蓝色债券

蓝色债券是交易商协会于2020年推出的创新债务融资工具产品。蓝色债券的募集资金主要是用在海洋领域,具体用于蓝色项目的建设、运营、收购,补充项目配套营运资金或偿还蓝色项目的有息债务。

青岛水务集团有限公司于2020年11月3日发行的2020年度第一期绿色中期票据(蓝色债券)[债券简称“20青岛水务GN001(蓝债)”]是全国首只蓝色债务融资工具。青岛水务集团有限公司主体信用等级为AA,本期债务融资工具发行金额为3亿元,期限为3年,票面利率为3.63%。

(2)碳中和债

碳中和债是交易商协会于2021年通过《关于明确碳中和债相关机制的通知》推出的创新债务融资工具产品。碳中和债的募集资金专项用于具有碳减排效益的绿色项目,发行人一般为承担节能减排、环境保护等领域项目建设运营的企业,拟投资的项目应为满足《绿色债券支持项目目录(2021年版)》要求的经营性项目。

中国长江三峡集团有限公司于2021年2月7日发行的2021年度第一期绿色中期票据(碳中和债)(债券简称“21三峡GN001”)是全国首只碳中和债务融资工具。中国长江三峡集团有限公司主体信用等级为AAA,本期债务融资工具发行金额为20亿元,期限为3年,票面利率为3.45%。

4. 保障性安居工程债务融资工具

保障性安居工程债务融资工具是交易商协会于2017年推出的创新债务融资工具产品。保障性安居工程债务融资工具的募集资金直接或间接用于保障性安居工程项目,支持范围包括但不限于公共租赁住房、廉租住房、经济适用住房、限价商品住房等保障性住房项目,以及城市棚户区改造、国有工矿棚户区改造、国有林区棚户区改造、国有垦区危房改造等各类棚户区改造项目。

保障性安居工程债务融资工具的募投项目应具有地方政府及相关部门出具的项目认定书、有关会议决议或具有同等效力的认定文件,发行人原则上应为募投项目的建设主体。保障性安居工程债务融资工具的募投项目要求资本金到位、合规性文件齐全。

九江市置地投资有限公司于2017年3月22日发行的2017年度第一期非公开定向债务融资工具(债券简称“17九江置地PPN001”)是全国首只保障性安居工程债务融资工具。九江市置地投资有限公司主体信用等级为AA,本期债务融资工具发行金额为10亿元，期限为3年，票面利率为5.95%。

5. 扶贫票据

扶贫票据是交易商协会于2017年推出的创新债务融资工具产品。扶贫票据的募集资金用于精准扶贫，而且企业精准扶贫用途应符合中国人民银行金融精准扶贫要求，精准支持建档立卡贫困人口的脱贫工作。2021年乡村振兴票据产品推出之后，扶贫票据不再存续。

贵州高速公路投资有限公司于2017年3月14日发行的2017年度第一期扶贫中期票据（债券简称“17贵州高投MTN001”）是全国首只扶贫票据。贵州高速公路投资有限公司主体信用等级为AAA，本期债务融资工具发行金额为5亿元，期限为5年，票面利率为5.39%。

6. 双创专项债务融资工具

双创专项债务融资工具是交易商协会于2017年推出的创新债务融资工具产品。双创专项债务融资工具的募集资金可以通过投债联动的模式用于支持科技创新企业发展。双创专项债务融资工具的发行主体应为具备良好盈利能力及偿债能力的实体产业运营主体，国有资本投资、运营公司，园区经营企业等向科技创新领域具有股权投资需求的企业。

成都高新投资集团有限公司于2017年5月8日发行的2017年第一期非公开定向债务融资工具（PPN）（债券简称“17蓉高投PPN001”）是全国首只双创债务融资工具。成都高新投资集团有限公司主体信用等级为AAA，本期债务融资工具发行金额为5亿元，期限为5年，票面利率为5.60%。

7. 住房租赁债务融资工具

住房租赁债务融资工具是交易商协会于2017年推出的创新债务融资工具产品。住房租赁债务融资工具的募集资金专项用于符合国家有关文件要求的开发建设、运营的租赁住房项目，租赁住房项目在当期债务融资工具存续期间不用于销售。住房租赁债务融资工具对于发行人有着明确的要求：具备一级开发资质、在国内一、二线房地产市场占比较大、主体评级AA（含）以上的房地产开发企业。

上海地产（集团）有限公司于2018年9月10日发行的2018年度第四期定向债务融资工具（债券简称“18沪地产PPN004”）是全国首只住房租赁债务融资工具。上海地产（集团）有限公司主体信用等级为AAA，本期债务融资工具发行金额为10亿元，期限为3+2年，票面利率为3.60%。

住房租赁债务融资工具的子品种包括保障性租赁住房债务融资工具和绿色住

房租赁债务融资工具。

(1)保障性租赁住房债务融资工具

保障性租赁住房债务融资工具是交易商协会于 2022 年推出的创新债务融资工具产品，是由承担保障性租赁住房建设运营职能的企业发行的，募集资金用于保障性租赁住房相关项目建设、偿还借款、补充营运资金的债务融资工具。

成都兴城人居地产投资集团股份有限公司于 2022 年 5 月 11 日发行的 2022 年度第一期定向债务融资工具(保障性租赁住房)[债券简称"22 人居地产 PPN001(保障性租赁)"]是全国首只保障性租赁住房债务融资工具。成都兴城人居地产投资集团股份有限公司主体信用等级为 AA，本期债务融资工具发行金额为 2 亿元，期限为 3 年，票面利率为 3.45%。

(2)绿色住房租赁债务融资工具

绿色住房租赁债务融资工具是交易商协会于 2024 年推出的创新债务融资工具产品，募集资金用于符合绿色住房要求的相关项目建设、偿还借款、补充营运资金。

苏州恒泰控股集团有限公司于 2024 年 5 月 9 日发行的 2024 年度第二期中期票据(债券简称"24 恒泰 MTN002")是全国首只绿色住房租赁债务融资工具。苏州恒泰控股集团有限公司主体信用等级为 AA，本期债务融资工具发行金额为 5 亿元，期限为 3 年，票面利率为 2.35%。

8. 疫情防控债

疫情防控债是交易商协会于 2020 年推出的创新债务融资工具产品。疫情防控债的募集资金用于疫情防控领域，用于疫情防控的金额占当期发行金额不低于 10%。

九州通医药集团股份有限公司于 2020 年 2 月 6 日发行的 2020 年度第二期超短期融资券(疫情防控债)[债券简称"20 九州通(疫情防控债)SCP002"]是全国首只疫情防控债。九州通医药集团股份有限公司主体信用等级为 AA+，本期债务融资工具发行金额为 5 亿元，期限为 270 天，票面利率为 3.00%。

9. 城市更新项目债务融资工具

城市更新项目债务融资工具是交易商协会于 2020 年推出的创新债务融资工具产品。城市更新项目债务融资工具的募集资金专项用于城市更新项目建设或偿还城市更新项目相关有息债务等，同时募投项目应取得项目所在地的城市更新有关政策文件规定的批复文件。

上海静安投资有限公司于 2020 年 9 月 22 日发行的 2020 年度第一期中期票据

(债券简称“20 静安投资 MTN001”)是全国首只城市更新项目债务融资工具。上海静安投资有限公司主体信用等级为 AA+,本期债务融资工具发行金额为 10 亿元,期限为 3+2 年,票面利率为 3.50%。

10. 权益出资型票据

权益出资型票据是交易商协会于 2020 年推出的创新债务融资工具产品。权益出资型票据的募集资金用于各类权益投资,包括获得控制型、增强控制型、共同控制型、参股型股权投资及基金出资等相关投资类型。从产品结构和募集资金用途来看,权益出资型票据与并购票据存在一定的相似性。

江苏省国信集团有限公司于 2021 年 2 月 1 日发行的 2021 年度第一期绿色权益出资型中期票据(债券简称“21 苏国信 GN001”)是全国首只权益出资型票据。江苏省国信集团有限公司主体信用等级为 AAA,本期债务融资工具发行金额为 7 亿元,期限为 3 年,票面利率为 3.50%。

11. 乡村振兴票据

乡村振兴票据是交易商协会于 2021 年推出的创新债务融资工具产品。乡村振兴票据的募集资金用于乡村振兴领域,具体要求如下:

(1)募集资金用于支持“三农”发展,投向乡村振兴项目应坚持商业可持续原则,具有市场化的投资收益机制,支持的项目类型包括农民就业增收、农业现代化、乡村建设等与乡村振兴有关的项目。

(2)募集资金中拟用于乡村振兴用途占比应不低于 30%,可用于乡村振兴项目建设、偿还乡村振兴项目借款、补充乡村振兴项目营运资金。

重庆医药(集团)股份有限公司于 2021 年 3 月 16 日发行的 2021 年度第四期超短期融资券(乡村振兴)[债券简称“21 渝医药 SCP004(乡村振兴)”]是全国首单乡村振兴票据。重庆医药(集团)股份有限公司主体信用等级为 AAA,本期债务融资工具发行金额为 2 亿元,期限为 120 天,票面利率为 3.50%。

12. 革命老区振兴发展债务融资工具

革命老区振兴发展债务融资工具是交易商协会于 2021 年推出的创新债务融资工具产品。革命老区振兴发展债务融资工具的募集资金用于革命老区振兴发展相关的经营性项目,具体要求如下:

(1)募集资金应用于革命老区区划范围内的建设发展,对发行人注册地无区域要求。革命老区振兴发展债务融资工具重点支持《国务院关于新时代支持革命老区振兴发展的意见》明确的 12 个革命老区(赣闽粤原中央苏区、海陆丰、湘赣边、陕甘宁、浙西南、左右江、琼崖、大别山、湘鄂渝黔、川陕、沂蒙、太行)等。

(2)募集资金应投向符合条件的革命老区振兴发展领域,用于具有市场化收益的经营性项目,项目运作应符合国家法律法规规定,合规性文件齐全。

2021 年 8 月 24 日发行的国电电力发展股份有限公司 2021 年度第三期绿色中期票据(碳中和债、革命老区振兴发展)、山东高速集团有限公司 2021 年度第六期中期票据(革命老区)、临沂投资发展集团有限公司 2021 年度第二期定向债务融资工具(革命老区)、广西桂冠电力股份有限公司 2021 年度第一期中期票据(革命老区)4 只产品,是全国首批革命老区振兴发展债务融资工具。

13. 社会责任债券

社会责任债券是交易商协会于 2021 年推出的创新债务融资工具产品。社会责任债券募集资金全部用于社会责任项目,包括医疗健康、农业农村和粮食安全、教育和就业、饮水和卫生设施、普惠基础设施、防灾救灾等领域。

中国圣牧有机奶业有限公司于 2022 年 12 月 23 日发行的 2022 年度第一期超短期融资券(社会责任债券)[债券简称"22 圣牧 SCP001(社会责任)"]是全国首只社会责任债券。中国圣牧有机奶业有限公司主体信用等级为 AA,本期债务融资工具发行金额为 1 亿元,期限为 90 天,票面利率为 3.95%。

14. 可持续发展债券

可持续发展债券是交易商协会于 2021 年推出的创新债务融资工具产品。可持续发展债券的募集资金全部用于绿色项目和社会责任项目,可用于同时具备环境和社会双重效益的项目。可持续发展债券募集资金用于绿色项目部分应遵守适用于绿色债务融资工具的有关规定,用于社会责任项目部分应遵守社会责任债券的有关规定。

远东宏信有限公司于 2021 年 11 月 16 日发行的 2021 年度第四期中期票据(可持续发展/债券通)[债券简称"21 远东宏信 MTN004BC(可持续)"]是全国首只可持续发展债券。远东宏信有限公司主体信用等级为 AAA,本期债务融资工具发行金额为 1.5 亿元,期限为 2 年,票面利率为 4.04%。

15. 科创票据

交易商协会推出的科创票据包括一般科创票据和混合型科创票据两个品种。

(1)科创票据是交易商协会于 2022 年推出的创新债务融资工具产品,是由科技创新企业发行的或募集资金用于科技创新领域的产品,包括科创票据(主体类)和科创票据(用途类)两个类型。

①科创票据(主体类)的发行人一般是科技创新企业,包括但不限于国家企业技术中心、高新技术企业、制造业单项冠军、专精特新"小巨人"、技术创新示范企业和智能制造示范工厂(或优秀场景)等。

②科创票据(用途类)的发行人可以是一般发行人,但是募集资金应有不低于50%的部分用于支持科技创新领域,包括但不限于人工智能、量子信息、集成电路、生命健康、脑科学、生物育种、空天科技、深地深海等前沿领域和战略性新兴产业。

无锡华光环保能源集团股份有限公司于2022年5月26日发行的2022年度第五期超短期融资券(科创票据)[债券简称"22华光环保SCP005(科创票据)"]是全国首单科创票据。无锡华光环保能源集团股份有限公司主体信用等级为AA+,本期债务融资工具发行金额为3亿元,期限为270天,票面利率为2.05%。

(2)混合型科创票据是交易商协会于2023年7月推出的创新债务融资工具产品。混合型科创票据的募集资金通过股权投资或基金出资等方式,直接以股权形式投资科技型企业。在结构设置上,混合型科创票据做了变现或质押财产权、匹配企业未来投资退出安排、附转换企业股权等条款结构设计,拉长债券期限,实现债券票面收益与科技型企业未来成长挂钩,实现条款设计上的股债混合性。在支持领域方面,混合型科创票据加强对种子期、初创期、成长期等科技型企业融资支持力度。

2023年7月24日发行的四川发展(控股)有限责任公司2023年度第二期中期票据(混合型科创票据)、南京市交通建设投资控股(集团)有限责任公司2023年度第一期中期票据(混合型科创票据)、宜宾发展控股集团有限公司2023年度第一期中期票据(混合型科创票据)、陕西投资集团有限公司2023年度第五期中期票据(混合型科创票据)、上海临港经济发展(集团)有限公司2023年度第一期中期票据(混合型科创票据)、湖北省路桥集团有限公司2023年度第二期中期票据(混合型科创票据)和合肥兴泰金融控股(集团)有限公司2023年度第一期定向债务融资工具(混合型科创票据)7只产品,是全国首批混合型科创票据。首批混合型科创票据的发行期限包括5年期、3年期、3+2年期、2+1年期等多个期限,募集资金用于置换本期债务融资工具自发行之日起一年内发行人及下属子公司向科技创新领域股权直投的自有资金投入、置换本期债务融资工具自发行之日起一年内发行人下属子公司向科技创新领域相关基金的自有资金投入等。

(3)交易商协会于2023年10月19日印发《关于明确混合型科创票据相关机制的通知》,将混合型科创票据定义为通过浮息含权条款、收益分成挂钩、股债联结转换等方式实现差异化组合式设计的债务融资工具,并对发行主体、募集资金用途、条款设计和期限安排等方面进行了明确的安排。

16. 转型债券

转型债券是交易商协会于2022年5月推出的创新债务融资工具产品。转型债券的募集资金专项用于低碳转型领域，重点推动传统行业转型升级，包括但不限于煤炭清洁生产及高效利用、天然气清洁能源使用、8个行业的产能等量置换、绿色装备/技术应用和其他具有低碳转型效益的项目。转型债券需在募集资金用途、转型信息披露、第三方评估认证和募集资金管理四项核心要素方面满足要求。

2022年6月21日发行的中国铝业股份有限公司2022年度第二期中期票据（转型）、山东钢铁集团有限公司2022年度第一期中期票据（转型）、大唐国际发电股份有限公司2022年度第五期中期票据（转型）、华能国际电力股份有限公司2022年度第四期中期票据（转型）、万华化学集团股份有限公司2022年度第一期中期票据（转型/科创）5只产品，是全国首批转型债券。

17. “平急两用”债务融资工具

“平急两用”债务融资工具的募集资金主要是用于“平急两用”项目建设、置换项目贷款或者补充流动资金。“平急两用”项目是指集隔离、应急医疗和物资保障于一体的重要应急保障设施，“平时”可用作旅游、康养、休闲等，“急时”可转换为隔离场所，满足应急隔离、临时安置、物资保障等需求。

山东颐养健康产业发展集团有限公司于2023年12月4日发行的2023年度第二期中期票据（债券简称“23颐养健康MTN002”）是全国首只“平急两用”债务融资工具。山东颐养健康产业发展集团有限公司主体信用等级为AAA，本期债务融资工具发行金额为1亿元，期限为3年，票面利率为3.20%。本期债务融资工具的募集资金用于山东颐养健康集团智慧医药仓储物流产业园，其中的城郊大仓基地按照“平时”服务城市生活物资中转分拨，“急时”可快速改造为应急物资和生活物资中转站、接驳点或分拨场地的要求，完善大仓基地内部设施布局，补齐功能性设施短板，提升“急时”快速就近调运物资能力。

18. 两新债券

国务院于2024年3月13日发布《推动大规模设备更新和消费品以旧换新行动方案》（国发〔2024〕7号），宣布实施设备更新、消费品以旧换新、回收循环利用、标准提升四大行动，畅通资源循环利用链条，大幅提高国民经济循环质量和水平。其中设备更新是指：围绕推进新型工业化，以节能降碳、超低排放、安全生产、数字化转型、智能化升级为重要方向，聚焦钢铁、有色、石化、化工、建材、电力、机械、航空、船舶、轻纺、电子等重点行业，大力推动生产设备、用能设备、发输配电设备等更新和技术改造。

2024 年 6 月 25 日发行的中国华能集团有限公司 2024 年度第二期中期票据（债券简称“24 华能集 MTN002”）、中国南方电网有限责任公司 2024 年度第二期绿色中期票据（债券简称“24 南电 GN002”）、国家石油天然气管网集团有限公司 2024 年度第一期绿色中期票据（债券简称“24 国家管网 GN001”）、大唐国际发电股份有限公司 2024 年度第五期中期票据、广西桂冠电力股份有限公司 2024 年度第一期超短期融资券、山东宏桥新型材料有限公司 2024 年度第七期中期票据（科创票据）、苏州高新环保产业（集团）有限公司 2024 年度第二期中期票据、江苏悦达集团有限公司 2024 年度第一期中期票据（科创票据）和昆山创业控股集团有限公司 2024 年度第三期中期票据，是全国首批用于“两新”领域的债务融资工具，即全国首批两新债券。“24 华能集 MTN002”的部分募集资金用于电厂百万吨级二氧化碳利用与封存研究及示范项目的换新改造；“24 南电 GN002”的募集资金全部用于发行人下属单位电网基建项目技术改造；“24 国家管网 GN001”的募集资金用于支持天然气输送储运调峰设施建设和运营类项目建设。

（二）特定主体创新债务融资工具

特定主体创新债务融资工具是指只有特定类型或者种类的发行人才可以申报发行的债务融资工具产品。

1. 中小非金融企业集合票据

中小非金融企业集合票据（简称 SMECN）是交易商协会于 2009 年推出的创新债务融资工具产品。中小非金融企业集合票据是 2 个（含）以上、10 个（含）以下具有法人资格的企业，在银行间债券市场以统一产品设计、统一券种冠名、统一信用增进、统一发行注册方式共同发行的。其中，中小非金融企业是指国家相关法律法规及政策界定为中小企业的非金融企业。中小非金融企业集合票据中任何一家企业募集资金金额不超过 2 亿元人民币，单只中小非金融企业集合票据注册金额不超过 10 亿元人民币。

北京长城华冠汽车技术开发有限公司、北京微特顺金属材料有限公司、北京长久物流股份有限公司、北京大发正大有限公司、北京冶金正源科技有限公司、北京美驰建筑材料有限责任公司和北京冶金工程技术联合开发研究中心 7 家公司发行的 2009 年北京市顺义区中小企业第一期集合票据（债券简称“09 顺义 SMECN1”），是全国首只中小非金融企业集合短期融资券。本期债务融资工具发行金额为 2.65 亿元,期限为1年,票面利率为4.08%。

集合短期融资券应该也属于集合票据的一个子品种,只不过依托的基础债务融资工具产品是短期融资券。上海韦尔半导体股份有限公司、维信诺科技股份有限公司、宁波激智科技股份有限公司和科大国创软件股份有限公司作为发行人发行的长三角科创企业2020年度第一期集合短期融资券(债券简称"20长三角科创集合CP001"),是全国首只集合短期融资券。本期债务融资工具发行金额为5亿元,票面利率为3.30%,由中债信用增进投资股份有限公司提供交易型增信。

国轩高科股份有限公司、宁波激智科技股份有限公司和上能电气股份有限公司作为发行人发行的长三角先进制造业企业2023年度第一期集合短期融资券(债券简称"23长三角集合CP001"),是全国首只先进制造业企业集合短期融资券。本期债务融资工具发行金额为7亿元,票面利率为2.98%,由中债信用增进投资股份有限公司提供交易型增信。

2. 境外非金融企业债务融资工具

境外非金融企业债务融资工具是交易商协会于2013年推出的创新债务融资工具产品。境外非金融企业债务融资工具的发行人是在中华人民共和国境外合法注册成立、具有独立法人资格的非金融企业,募集资金可根据相关法律法规及监管要求使用于中国境内或境外。

梅赛德斯—奔驰集团股份公司于2014年3月14日发行的戴姆勒股份公司2014年度第一期非公开定向债务融资工具(债券简称"14戴姆勒PPN001")是全国首只境外非金融企业债务融资工具。梅赛德斯—奔驰集团股份公司主体信用等级为AAA,本期债务融资工具发行金额为5亿元,期限为1年,票面利率为5.20%。

3. 高成长型企业债务融资工具

高成长型企业债务融资工具是交易商协会于2021年推出的创新债务融资工具产品。高成长型企业债务融资工具的发行人是市场竞争优势突出、具有良好发展前景的成长创新型企业,需要具备较强的科技创新能力、拥有核心技术,而且发行人本部具有专精特新"小巨人"称号或者发行人子公司具有专精特新"小巨人"称号。

四川科伦药业股份有限公司于2021年3月16日发行的2021年度第二期超短期融资券(高成长债)[债券简称"21科伦SCP002(高成长债)"]是全国首单高成长型企业债务融资工具。四川科伦药业股份有限公司主体信用等级为AA+,本期债务融资工具发行金额为5亿元,期限为180天,票面利率为4.49%。

(三)特别条款或结构创新债务融资工具

特别条款或结构创新债务融资工具是指债务融资工具中设置特别的条款或者特定的交易结构。

1. 永续票据

永续票据是交易商协会于2013年推出的创新债务融资工具产品。永续票据是具备不规定到期期限、发行人可赎回本金和递延支付利息等特点的含权债务融资工具。永续票据的募集资金使用非常灵活,可用于偿还公司有息债务、补充流动资金和项目建设,还允许可计入权益的永续票据募集资金用于项目资本金。

国电电力发展股份有限公司于2013年12月20日发行的2013年度第一期中期票据(债券简称“13国电MTN001”)是全国首只永续票据。国电电力发展股份有限公司主体信用等级为AAA,本期债务融资工具发行金额为10亿元,期限为5+N年,票面利率为6.60%。

2. 可转换票据

可转换票据是交易商协会于2013年推出的创新债务融资工具产品。可转换票据在一定期间内依据约定的条件可以转换成股份,发行主体主要为高成长型企业及其他有发行可转换票据需求的企业。

杨凌本香农业产业集团有限公司于2014年7月29日发行的1亿元非公开定向可转债务融资工具为全国首只可转换票据。本期债务融资工具包含两个品种:品种一“14杨凌本香PPN001A”的发行规模为2 000万元,附有发行人赎回权、转股权和投资人回售权;品种二“14杨凌本香PPN001B”的发行规模为8 000万元,附有发行人上调票面利率选择权和投资人回售权。本期债务融资工具的两个品种均由中债信用增进投资股份有限公司提供不可撤销连带保证责任担保。

3. 项目收益票据

项目收益票据是交易商协会于2013年推出的创新债务融资工具产品。项目收益票据的发行人以项目公司为主,募集资金用于项目建设且以项目产生的经营性现金流为主要偿债来源,重点支持市政、交通、公用事业、教育、医疗等与城镇化建设相关的、能产生持续稳定经营性现金流的项目,以及纳入财政预算支出安排且未来有稳定回款的民生工程类项目。项目收益票据的募集资金可用于支付土地款及项目资本金之外的项目建设支出,可使用不超过募集资金30%的部分用于项目运营,还可偿还上述用途形成的存量有息负债。

郑州交投地坤实业有限公司于2014年7月15日发行的2014年度第一期非公

开定向债务融资工具(项目收益票据)A(债券简称"14 郑州地坤 PRN001A")和 2014 年度第一期非公开定向债务融资工具(项目收益票据)B(债券简称"14 郑州地坤 PRN001B")是全国首批项目收益票据。郑州交投地坤实业有限公司主体信用等级为 AA,"14 郑州地坤 PRN001A"发行金额为 4 亿元,债券期限为 5+5+5 年,票面利率为 7.5%;"14 郑州地坤 PRN001B"发行金额为 1 亿元,债券期限为 10+5 年,票面利率为 8.2%。

4. 可持续发展挂钩债券

可持续发展挂钩债券是交易商协会于 2021 年推出的创新债务融资工具产品。可持续发展挂钩债券将债券条款与发行人可持续发展目标相挂钩,挂钩目标包括关键绩效指标(KPI)和可持续发展绩效目标(SPT)。关键绩效指标(KPI)是对发行人运营有核心作用的可持续发展业绩指标;可持续发展绩效目标(SPT)是对关键绩效指标的量化评估目标,并需明确达成时限。可持续发展挂钩债券对募集资金用途没有特殊要求。如果与绿色债务融资工具、乡村振兴票据等创新产品相结合,募集资金用途应满足专项产品的要求。

2021 年 5 月 6 日发行的中国华能集团有限公司 2021 年度第一期中期票据(可持续挂钩)、中国长江电力股份有限公司 2021 年度第二期中期票据(可持续挂钩)、国电电力发展股份有限公司 2021 年度第二期绿色中期票据(可持续挂钩)、陕西煤业化工集团有限责任公司 2021 年度第三期中期票据(可持续挂钩)、大唐国际发电股份有限公司 2021 年度第一期中期票据(可持续挂钩)、广西柳州钢铁集团有限公司 2021 年度第一期中期票据(可持续挂钩)和红狮控股集团有限公司 2021 年度第二期中期票据(可持续挂钩)7 只产品,是全国首批可持续发展挂钩债券。

5. 不动产信托资产支持票据(类 REITs)

不动产信托资产支持票据是交易商协会于 2021 年推出的创新债务融资工具产品。不动产信托资产支持票据(类 REITs)是以不动产项目公司股权和债权(如有)作为底层基础资产发行的资产证券化产品。类 REITs 重点支持符合国家重大战略和政策要求的基础设施建设项目、保障性租赁住房项目、专精特新"小巨人"项目及绿色项目等,行业范围包括但不限于公用事业、交通运输、仓储物流、产业园区及商业不动产等。

贵州西电电力股份有限公司于 2021 年 12 月 27 日发行的贵州西电电力股份有限公司 2021 年度第一期不动产 1 号定向资产支持票据是全国首只不动产信托资产支持票据。本期资产支持票据的优先级为"21 西电电力 ABN001 优先",发行规模为42.75亿元,发行利率为4.0%;次级为"21西电电力ABN001次",发行规模为2.25亿元。

6. 资产担保债务融资工具

资产担保债务融资工具是交易商协会于2022年推出的创新债务融资工具产品。资产担保债务融资工具是发行人以资产或资产池提供担保,以发行人或资产所产生的现金流作为收益支持,按约定以还本付息等方式支付收益的结构化融资工具。资产担保债务融资工具的交易结构较为灵活,包括抵质押模式和结构化模式等。在抵质押模式基础上,资产担保债务融资工具可开展结构化模式,引入信托计划等破产隔离载体,实现更好的投资人保护效果。

盐城市城镇化建设投资集团有限公司于2022年6月17日发行的2022年度第一期定向资产担保债务融资工具(债券简称"22盐城城镇PPN001CB")是全国首只资产担保债务融资工具。盐城市城镇化建设投资集团有限公司主体信用等级为AA,本期债务融资工具发行金额为3亿元,债券期限为3年,票面利率为5.89%。

四、债务融资工具的申报

(一)债务融资工具的申报要求

交易商协会根据企业市场认可度、信息披露成熟度等,将债务融资工具注册发行企业分为第一类、第二类、第三类、第四类企业,实行相应注册发行工作机制。其中,第一类和第二类为成熟层企业,第三类和第四类为基础层企业。

1. 成熟层企业

(1)成熟层企业的要求

根据交易商协会的监管要求,成熟层企业需要同时符合以下条件:

①生产经营符合国家宏观调控政策和产业政策,市场认可度高,行业地位显著,公司治理完善。

②经营财务状况稳健,企业规模、资本结构、盈利能力满足相应要求(见表6—21)。

表6—21　　成熟层企业财务要求

行业分类	资产规模(亿元)	资产负债率(%)	总资产报酬率(%)
电信业务,公用事业,交通运输,能源	>1 000	<85	>3
IT,大型制造业,纺织服装与消费品,金属,汽车与汽车零部件,医药,原材料	>1 000	<80	>3

续表

行业分类	资产规模（亿元）	资产负债率（%）	总资产报酬率（%）
酒店、餐馆与休闲、旅游，媒体与文化，农、林、牧、渔，批发和零售贸易	>800	<75	>3
土木建筑，基础设施建设，综合及其他类	>1 200	<85	>3

注：1. 行业分类基础为 NAFMII 一级行业，企业结合自身实际经营情况确认行业归属。

2. 资产规模、资产负债率、总资产报酬率应按企业最近一年经审计的财务数据进行计算，或按最近三年经审计的财务数据分别进行计算后取平均值，两者按孰优原则选择。其中，总资产报酬率（%）＝EBIT/总资产平均余额×100%；EBIT＝利润总额＋费用化利息支出。

3. 对于符合国家宏观调控和产业政策、市场认可度高、行业地位显著、公司治理完善的企业，若资产规模超过 3 000 亿元，可适当调整资产负债率、总资产报酬率财务指标要求。

③公开发行信息披露成熟。最近 36 个月内，累计公开发行债务融资工具等公司信用类债券不少于 3 期，公开发行规模不少于 100 亿元。

④最近 36 个月内，企业无债务融资工具等公司信用类债券或其他重大债务违约或者延迟支付本息的事实；控股股东、控股子公司无债务融资工具等公司信用类债券违约或者延迟支付本息的事实。

⑤最近 36 个月内，企业无重大违法违规行为，不存在国家法律或政策规定的限制直接债务融资的情形，未受到交易商协会警告及自律处分；实际控制人不存在因涉嫌违法违规被有权机关调查或者受到重大行政、刑事处罚的情形。

⑥交易商协会根据投资者保护需要规定的其他条件。

成熟层企业中，符合以下条件之一的为第一类企业，不符合以下条件的为第二类企业：

①资产规模超过 3 000 亿元、资产负债率低于 75%、总资产报酬率高于 3%。

②最近 36 个月内，债务融资工具公开发行规模不少于 500 亿元。

③资产规模超过 8 000 亿元，在国民经济关键领域中发挥重要作用。

（2）成熟层企业的申报要求

成熟层企业可就公开发行超短期融资券、短期融资券、中期票据、永续票据、资产支持票据、绿色债务融资工具等产品编制同一注册文件，进行统一注册；也可就公开发行各品种债务融资工具编制相应注册文件，按产品分别进行注册。统一注册模式包括 TDFI 和 DFI，其中第一类企业的注册方式为 TDFI，第二类企业的注册方式为 DFI。

统一注册模式下，企业在注册阶段可不设置注册额度，到发行阶段再确定每期发行产品、发行规模、发行期限等要素；企业在该注册模式下可定向发行相关产品，并可按定向发行要求进行信息披露；企业在注册有效期内仍符合成熟层企业条件的，可在注册有效期到期前 3 个月内再次报送统一注册文件。

2. 基础层企业

(1)基础层企业的要求

根据交易商协会的监管要求，对于不符合成熟层相关条件的企业，确认为基础层企业。基础层企业分类要求如下：

①完成债务融资工具首次公开发行注册满两年，且有公开发行记录的企业为第三类企业。

②完成债务融资工具首次公开发行注册不满两年，或者没有公开发行记录的企业为第四类企业。

(2)基础层企业的申报要求

基础层企业应就公开发行各品种债务融资工具编制相应注册文件，按产品分别进行注册。

(二)公开发行债务融资工具注册文件清单

公开发行债务融资工具的申报发行材料涉及注册文件清单和特定要件清单。

1. 注册文件清单

发行人在进行债务融资工具注册时应填报 Y 表(见表 6—22)，备案时应填报 YB 表。

表 6—22　　注册文件清单(Y 表)

(××企业××年××期××品种)

序号	文件种类	选项	备注
Y—1	注册报告		
	——附发行人营业执照		
	——附发行人《公司章程》及与其一致的有权机构决议		
Y—2	推荐函		
Y—3	募集说明书(M)		

续表

序号	文件种类	选项	备注
Y—4	审计报告(C)		
	近一期会计报表		
	20××年经审计的财务报告及母公司会计报表		
	20××年经审计的财务报告及母公司会计报表		
	20××年经审计的财务报告及母公司会计报表		
Y—5	评级报告(P)		
	主体信用评级报告及跟踪评级安排		
	债项信用评级报告及跟踪评级安排		
Y—6	信用增进(如有)		
	信用增进函(Z)		
	——附信用增进机构营业执照		
	——附《公司章程》、有权机构决议及有关内控制度		
	信用增进协议		
	信用增进机构近一期会计报表		
	信用增进机构近一年经审计的财务报告及母公司会计报表		
	信用增进机构主体信用评级报告及跟踪评级安排		
Y—7	法律意见书(F)		
Y—8	受托管理协议		
Y—9	其他(如有补充要件,请在此后面加行,并标明文件名)		
备注			
主承销商有关责任人签章	主承销商签章		
年　　月　　日			

2. 特定要件清单

除必备要件外,涉及特定产品、特定行业或特定情形的债务融资工具在注册或备案时还需提供特定要件清单,具体要求如表6—23所示。

表 6—23　　债务融资工具特定要件清单

类别	情况	需提供的特定要件
特定产品	集合票据	偿债资金专项账户监管协议
	供应链票据	募集资金专项账户监管协议
	项目收益票据	项目收益预测报告； 资金监管协议； 账户抵质押协议(如有)； 项目资产抵质押协议及其他担保文件(如有)
	永续票据	资金监管协议(针对募集资金用于项目资本金的情况)； 项目批复文件复印件加盖公章(针对募集资金用于项目资本金的情况)； 会计师事务所关于会计处理的说明性文件(针对条款不明确或募集资金用于项目资本金等情况)
特定行业	涉密企业	集团保密委员会和发行人出具的脱密说明及豁免披露说明
	涉及产能过剩行业的企业	发行人的自查报告； 主承销商的尽职调查报告
	城建类企业	主承销商的尽职调查报告
	房地产企业	主承销商对于房地产合规性的尽职调查报告； 募集资金专项账户监管协议
	创投企业	募集资金专项账户监管协议
特定情形	首次注册	信息披露事务管理制度
	经审计的会计报表为非标意见	发行人及会计师事务所出具的专项说明原件
	涉及重大资产重组	近三年经审计的模拟合并财务报告及近一期会计报表，或发行人及被收购对象的单独近三年经审计的合并财务报告及近一期会计报表
	涉及信用增进	信用增进机构营业执照、公司章程； 信用增进函(附有关机构决议及有关内控制度)； 信用增进协议(如有)； 信用增进机构近三年经审计的财务报告及近一期会计报表； 信用增进机构主体信用评级报告及跟踪评级安排

(三)定向债务融资工具注册文件清单

定向债务融资工具的注册文件清单，与中期票据、短期融资券和超短期融资券等公开发行产品的注册文件清单略有差异(见表 6—24)。

表 6－24　××企业 20××—20××年度定向债务融资工具注册文件清单(DY 表)

序号	文件种类	选项	备注
DY－1	注册报告		
	——附发行人营业执照		
	——附发行人《公司章程》及与其一致的有权机构决议		
DY－2	推荐函		
DY－3	□定向募集说明书(DM)/□定向发行协议及信息披露文件(DX、F1)		
DY－4	审计报告(DC)		
	□最近一个半年度会计报表		
	20××年经审计的财务报告及母公司会计报表		
	20××年经审计的财务报告及母公司会计报表		
DY－5	法律意见书(DF)		
DY－6	评级报告(DP)(如有)		
DY－7	信用增进(如有)		
	信用增进函(DZ)		
	——附信用增进机构营业执照		
	——附《公司章程》、有权机构决议及有关内控制度		
	信用增进协议		
	信用增进机构近一年经审计的财务报告及母公司会计报表		
	信用增进机构评级报告(如有)		
DY－8	受托管理协议		
DY－9	其他(如有补充要件,请在此后面加行,并标明文件名)		
备注			
主承销商有关责任人签章	主承销商签章		
	年　　月　　日		

(四)债务融资工具注册表格体系

交易商协会为债务融资工具产品制定了完善的注册表格体系,明确规定募集说明书、财务报告、法律意见书、评级报告、信用增进信息、受托管理协议信息、发行方案信息、申购说明信息等各项申报发行材料的披露格式和内容(见表 6－25)。

表 6—25　　债务融资工具注册表格体系

表格名称	适用范围
M 系列表	募集说明书信息披露表
——M 表	募集说明书信息披露表:注册及注册后首期发行信息披露基本内容
——BM 表	补充募集说明书信息披露表:注册后后续发行信息披露基本内容
——XM 表	项目收益票据募集说明书信息披露表:项目收益票据信息披露基本内容
C 表	财务报告信息披露表
F 系列表	法律意见书信息披露表
——F 表	法律意见书信息披露表
——XF 表	项目收益票据法律意见书信息披露表
P 系列表	评级报告信息披露表
——P. 1	发行人主体评级报告信息披露表
——P. 2	债项评级报告信息披露表
——P. 3	信用增进机构主体评级报告信息披露表,适用范围为按照相关监管要求开展信用增进业务的专业机构
——P. 4	跟踪评级报告信息披露表
Z 表	信用增进信息披露表
T 表	受托管理协议信息披露表
FA 表	发行方案信息披露表
SG 表	申购说明信息披露表
FQ 系列表	发行情况公告信息披露表
——FQ-1	发行要素
——FQ-1-1	披露本期债务融资工具发行相关要素,包括:发行人名称、发行日期、债务融资工具名称、简称、代码、期限、起息日、兑付日、计划发行总额、实际发行总额、发行利率或价格、簿记管理人、主承销商、联席主承销商(如有)、受托管理人等
——FQ-2	申购情况
——FQ-2-1	披露本期债务融资工具申购情况,包括:合规申购家数、合规申购金额、最高申购价位、最低申购价位、有效申购家数、有效申购金额等
XS 表	项目收益评估预测报告信息披露表
GP 表	绿色评估报告信息披露表

五、资产支持票据

资产支持票据是交易商协会推出的资产支持证券产品。交易商协会于 2012 年

8月3日印发《银行间债券市场非金融企业资产支持票据指引》(中国银行间市场交易商协会公告〔2012〕14号)[①],推出了资产支持票据产品,并明确了资产支持票据的基本监管框架。交易商协会于2017年10月9日印发《非金融企业资产支持票据指引》及《非金融企业资产支持票据公开发行注册文件表格体系》(中国银行间市场交易商协会公告〔2017〕27号)[②],对原有监管规则进行了完善,进一步明确了对资产支持票据的监管要求和信息披露要求。

(一)资产支持票据概述

资产支持票据(Asset-Backed Note,简称ABN)是非金融企业为实现融资目的,采用结构化方式,通过发行载体发行的,以基础资产所产生的现金流作为收益支持,按约定以还本付息等方式支付收益的证券化融资工具。资产支持票据的发行方式可以是公开发行或非公开定向发行。基础资产是指符合法律法规规定,权属明确,可以依法转让,能够产生持续稳定、独立、可预测的现金流且可特定化的财产、财产权利或财产和财产权利的组合。基础资产涉及的交易基础应当真实,交易对价应当公允。发行载体可以为特定目的信托、特定目的公司或交易商协会认可的其他特定目的载体,也可以为发起机构。

资产支持票据的一般交易结构如图6—4所示。

资产支持票据的一般发行流程如下:

1. 特定委托人通过单一资金信托受托人出资设立单一资金信托,形成底层标的资产,并将其持有的信托受益权转让给发起机构。特定委托人和发起机构签订《单一资金信托受益权转让合同》。

2. 发起机构将受让并持有的底层标的资产作为信托财产委托给信托公司,设立资产支持票据信托。发起机构与信托公司签订《资产支持票据信托之信托合同》。

3. 信托公司向投资人发行以上述信托财产为支持的定向资产支持票据,并以底层信托设立的信托财产所产生的现金流为限支付相应税收、费用支出、信托报酬及资产支持票据的本金和利息。

4. 信托公司与托管行/监管行签署《资金保管合同》,约定资金保管银行对信托财产产生的现金资产提供保管服务。资金保管银行根据划款指令,将相应资金划付

① 资料来源:中国银行间市场交易商协会网站,https://www.nafmii.org.cn/xhdt/201208/t20120803_196885.html

② 资料来源:中国银行间市场交易商协会网站,http://www.nafmii.org.cn/ggtz/gg/201710/t20171010_65660.html

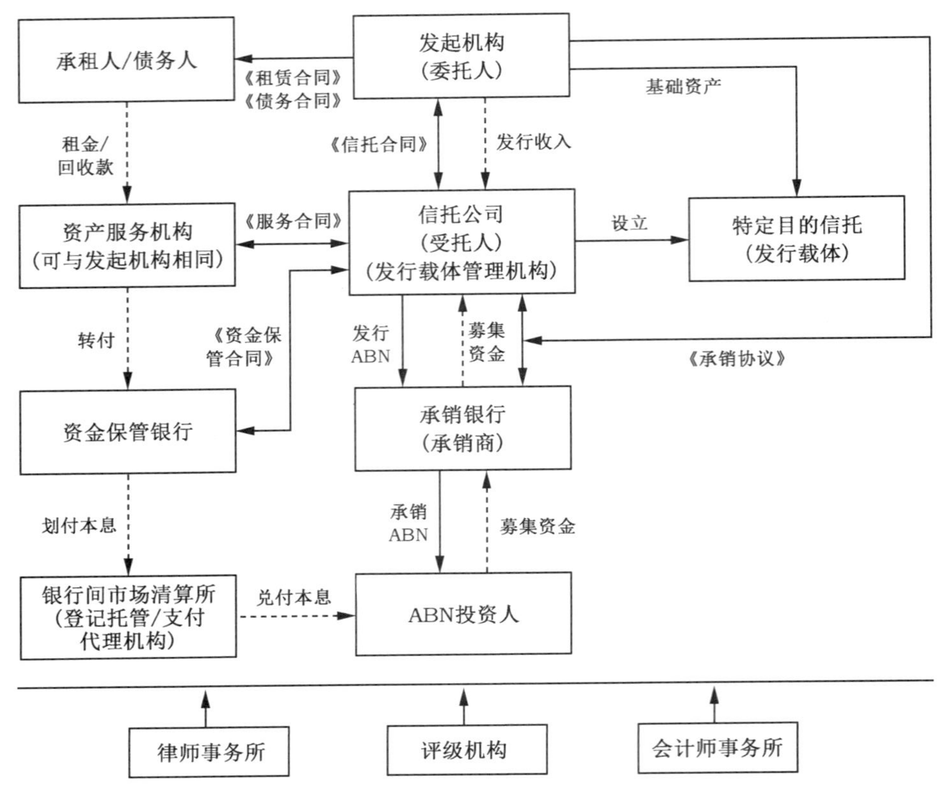

图6—4　资产支持票据交易结构

至指定账户用于支付资产支持票据本金、利息和相关费用。

5. 信托公司委托相关机构作为资产服务机构，签订《资产支持票据信托之服务合同》，并按照合同约定为信托提供基础资产管理服务。

6. 发起机构委任资产支持票据的主承销商、联席主承销商，向交易商协会提交发行注册申请。发起机构与承销商、票据信托受托人共同签订《资产支持票据承销协议》。

7. 银行间市场清算所股份有限公司作为本期资产支持票据登记托管机构和支付代理机构提供资产支持票据的登记托管和兑付本息服务。

8. 投资人认购财产权信托的份额。

(二)资产支持票据的类型

根据基础资产的类型，资产支持票据可以分为动产资产支持票据、不动产信托资产支持票据和资产支持商业票据三大类。

1. 动产资产支持票据

动产资产支持票据的基础资产包括企业应收账款、租赁债权、信托受益权等财产权利。基础资产为信托受益权等财产权利的，其底层资产需要满足交易商协会对基础资产的相关规定。资产支持票据对于基础资产的收益性有着明确的要求：在资产支持票据存续期间，基础资产预计可产生的现金流应覆盖支付资产支持票据收益所需资金。

2. 不动产信托资产支持票据

不动产信托资产支持票据（简称“类 REITs”）是指非金融企业以不动产项目公司股权和债权作为底层基础资产发行的资产证券化产品。类 REITs 支持符合国家重大战略和政策要求的基础设施建设项目、保障性租赁住房项目、专精特新“小巨人”项目及绿色项目等，行业范围包括但不限于公用事业、交通运输、仓储物流、产业园区及商业不动产等。

不动产信托资产支持票据基础资产涉及的项目公司持有的底层资产应处于稳定运营阶段，项目运营现金流应合理、稳定、可预测，且现金流测算存在合理合法依据。同时，底层资产价值评估应结合项目期限、处置难度等，充分论证选取的资产评估方法和评估假设的合理性。

3. 资产支持商业票据

资产支持商业票据（简称“ABCP”）是指单一或多个企业（发起机构）把自身拥有的、能够产生稳定现金流的应收账款、票据等资产按照“破产隔离、真实出售”的原则出售给特定目的载体（SPV），并由特定目的载体以资产为支持进行滚动发行的短期证券化类货币市场工具，为企业提供了兼具流动性和资产负债管理的新型工具。资产支持商业票据有三个特点：

（1）短久期，可滚动发行。资产支持商业票据单期发行在一年以内，单期到期时可灵活选择以新发行 ABCP 的融资款、基础资产回款或外部流动性支持作为偿付来源，实现滚动发行、循环融资。

（2）便利性好，可操作性强。资产支持商业票据基于“滚动发行”特点，入池资产可不要求与单期发行期限匹配，从而大幅提升盘活存量资产选择的灵活性和效率。

（3）标准化程度高，产品安全性好。资产支持商业票据以应收账款、票据等期限短、分散性高的基础资产为支持，可借助大数法则获得较为稳定的违约率，标准化程度高，流动性好，加之借助证券化产品的结构化设计和多元增信安排，保障了较高的产品安全性。

(三)资产支持票据申报材料

根据《非金融企业资产支持票据公开发行注册文件表格体系》,资产支持票据的申报材料如表 6—26 所示。

表 6—26　　资产支持票据申报材料

序号	文件种类	选项		备注
		注册	备案	
YZ—1	注册报告			
	——附发起机构营业执照			
	——附发起机构《公司章程》及与其一致的有权机构决议		—	
YZ—2	推荐函		—	
YZ—3	募集说明书(ZM)			
YZ—4	审计报告(ZC)			
	近一期会计报表			
	20××年经审计的财务报告及母公司会计报表			
	20××年经审计的财务报告及母公司会计报表(如有)		—	
	20××年经审计的财务报告及母公司会计报表(如有)		—	
YZ—5	评级报告(ZP)			
	债项信用评级报告及跟踪评级安排			
	主体信用评级报告及跟踪评级安排(如有)			
YZ—6	信用增进(如有)			
	信用增进函			
	——附信用增进机构营业执照			
	——附《公司章程》、有权机构决议及有关内控制度			
	信用增进协议			
	信用增进机构近一期会计报表			
	信用增进机构 20××年经审计的财务报告及母公司会计报表			
	信用增进机构 20××年经审计的财务报告及母公司会计报表		—	
	信用增进机构 20××年经审计的财务报告及母公司会计报表		—	
	信用增进机构主体信用评级报告及跟踪评级安排			
YZ—7	承销协议		—	

续表

序号	文件种类	选项		备注
		注册	备案	
YZ—8	法律意见书(ZF)			
YZ—9	会计意见书(如有)			
YZ—10	现金流预测报告(如有)			
YZ—11	主要交易文件(如有)			
	信托合同			
	主定义表			
	服务合同			
	资金监管协议			
	资金保管协议			
YZ—12	其他(如有特定要件,请在此后面加行,并标明文件名)			
备注				
主承销商有关责任人签章	主承销商签章			
	年　月　日			

第五节　资产支持证券

资产支持证券依托企业资产产生的现金流而非企业自身信用来满足企业对资金的需求,是对企业传统融资方式的突破,可以帮助企业盘活存量资产并拓宽融资渠道。我国的资产支持证券包括信贷资产支持证券、企业资产支持证券、资产支持票据和保险资产支持计划等类型。企业资产支持证券与公司债券一样,属于中国证监会和交易所监管的信用债券产品,是城投公司发行最多的资产证券化产品,也是本书重点介绍的资产支持证券类型。

一、资产支持证券概述

在介绍资产支持证券时,首先需要了解资产支持证券的概念和种类、交易结构和申报材料。

(一)资产支持证券的概念和种类

1. 资产支持证券的基本概念和基础资产要求

(1)基本概念

资产支持证券是指证券公司、基金管理公司子公司等相关主体作为计划管理人通过设立资产支持专项计划(以下简称“专项计划”)或者中国证监会认可的其他特殊目的载体(SPV),以基础资产所产生的现金流为偿付支持,通过交易结构设计等方式进行信用增级,在此基础上所发行的证券。资产支持证券将原始权益人基础资产的现金流重新打包并通过特殊目的载体(SPV)实现原始权益人和基础资产权利关系的隔离,使得投资者免受原始权益人的破产风险和其他资产风险的影响。

通过发行资产支持证券产品,一方面,满足了原始权益人盘活存量流动性差的优质资产、拓宽融资渠道的需求;另一方面,资产支持证券形式多样化的产品特征也可以满足不同投资者的风险收益偏好。

(2)基础资产要求

在资产支持证券产品的申报发行过程中,最重要的就是基础资产的筛选和选择。根据中国证监会和交易所的相关监管规则,资产支持证券基础资产需要满足如下要求:

①基础资产及底层资产应当界定清晰,具有法律法规依据,附属担保权益(如有)、其他权利(如有)的具体内容应当明确。

②基础资产、底层资产及相关资产的权属应当清晰明确,原始权益人应当合法拥有基础资产,基础资产涉及的法律协议或文件应当真实、合法、有效。

③基础资产应当可特定化,存在可识别的特征,现金流金额、付款时间、归集路径应当明确。

④基础资产、底层资产及现金流不得附带抵押、质押等担保负担或者其他权利限制。

⑤基础资产应当具有可转让性,转让应当合法、有效,转让对价应当公允,并符合下列要求:

A. 基础资产不存在法定或约定禁止转让的情形,但通过相关安排能够解除上述转让限制的除外;

B. 基础资产转让时,应当按照相关法律法规规定完成转让涉及的审批、核准、备案、登记等手续(如需);

C. 原始权益人关于基础资产权属转移的意思表示真实,基础资产转让的相关协议应当合法、有效；

D. 基础资产附属担保权益及其他权利(如有)一并转让；

E. 涉及债权转让的，应当依法依规履行债权转让通知程序，通知债务人、附属担保权益义务人(如有)及其他权利义务人(如有)(如需)。

2. 资产支持证券的种类

我国资产支持证券产品的类型包括由中国人民银行和原银保监会(即现在的国家金融监督管理总局)监管的信贷资产支持证券、由证监会监管的企业资产支持证券、由交易商协会监管的资产支持票据和由原银保监会监管的保险资产支持计划四种类型(见表 6—27)。

表 6—27　　资产支持证券的基本类型

产品类型	信贷资产支持证券	企业资产支持证券	资产支持票据	保险资产支持计划
监管机构	中国人民银行和原银保监会	证监会	交易商协会	原银保监会
发起人	金融机构(商业银行、政策性银行、邮政储蓄银行、财务公司、信用社、汽车金融公司、金融租赁公司等)	金融机构、非金融企业	非金融企业	以保险公司为主的非银行金融机构
审核制度	备案制	备案制	注册制	初次申报核准，后续产品注册
基础资产	银行信贷资产、由资产管理公司收购的银行不良贷款等	企业应收款、租赁债权、信贷资产、信托受益权等财产权利，基础设施、商业物业等不动产财产或收益权等	权属明确、能够产生可预测现金流的财产、财产权利或财产和财产权利的组合	能够直接产生独立、可持续现金流的财产、财产权利或财产权利构成的资产组合(动态负面清单管理)
信用评级	双评级，鼓励采用投资者付费模式评级；定向发行则与投资者协商	不强制双评级	双评级，鼓励采用投资者付费模式评级；定向发行则与投资者协商	信用评级不是合规要件，可由受托人自行决定是否评级
特殊目的载体	特殊目的信托	证券公司/基金子公司资产支持专项计划	特殊目的信托	保险公司资管计划
投资人	银行间市场投资者	合格投资者，不超过 200 人	公开发行面向银行间市场所有投资者，定向发行面向特定机构投资人	保险机构等合格投资者

续表

产品类型	信贷资产支持证券	企业资产支持证券	资产支持票据	保险资产支持计划
交易场所	可选择跨市场发行	交易所、证券业协会机构间报价与转让系统、柜台市场等	银行间债券市场	保险资产登记交易系统有限公司、上海保险交易所
登记托管机构	中央国债登记结算有限责任公司	中国证券登记结算有限责任公司	上海清算所	具备保险资金托管资质的托管人

资料来源:根据公开资料整理

(二)资产支持证券的交易结构

资产支持证券的交易结构包括参与机构、基本交易结构和信用增进方式等内容。

1. 参与机构

资产支持证券的参与机构包括原始权益人、计划管理人、销售机构/推广机构、托管人、担保机构、会计师事务所、法律服务机构和信用评级机构等。

(1)原始权益人

原始权益人是指按照资产支持证券监管规定及约定向专项计划转移其合法拥有的基础资产以获得资金的主体。原始权益人开展资产支持证券业务应当合法合规、满足主管部门监管要求,取得相关经营许可或经营资质。同时,原始权益人应当按照规定或者约定移交基础资产,确保基础资产真实、合法、有效和独立。

(2)计划管理人

计划管理人是指为资产支持证券持有人的利益,对专项计划进行管理和履行其他法定及约定职责的证券公司、基金管理公司子公司。计划管理人接受原始权益人委托设立专项计划,负责产品设计、资产选择、现金流分析、辅导专项计划申请文件的制作及专项计划申报,并行使管理权利和义务,建立封闭独立的现金流归集机制,监督检查原始权益人持续经营情况,分配收益以及履行信息披露。

(3)销售机构/推广机构

资产支持证券的销售机构/推广机构负责资产支持证券的推广和销售事项,主要是由证券公司、基金管理公司子公司负责,单只资产支持证券产品可以设置多个销售机构/推广机构。

(4)托管人

托管人是指为资产支持证券持有人的利益,按照规定或约定对专项计划相关资产进行保管，并监督专项计划运作的商业银行或其他机构。托管人负责安全保管专项计划资金，办理专项计划账户的托管业务并出具托管报告。

(5)担保机构

资产支持证券的担保机构主要是具备较强实力的企业或第三方专业担保公司，为专项计划提供外部信用增进。

(6)会计师事务所

资产支持证券的会计师事务所主要负责提供基础资产的财务信息、财务处理方法以及现金流分析。

(7)法律服务机构

资产支持证券的法律服务机构是律师事务所，负责起草发行文件和法律协议，协助解决资产支持证券的法律问题和交易结构问题等。

(8)信用评级机构

资产支持证券的信用评级机构是资信评级机构，负责对专项计划进行信用评级和跟踪评级。

2. 基本交易结构

本书介绍的资产支持证券产品主要是企业资产支持证券。企业资产支持证券产品的基本交易结构如图 6—5 所示。

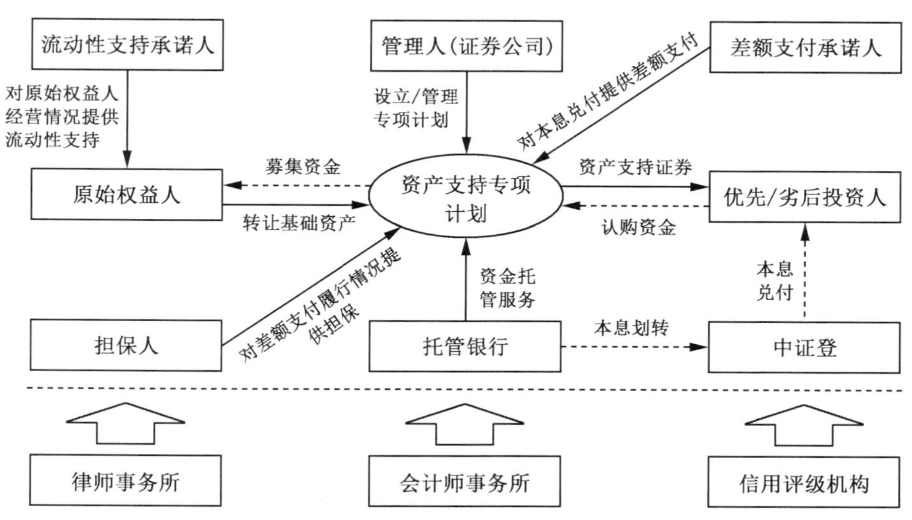

图 6—5 资产支持证券交易结构

以应收账款类 ABS 为例，资产支持证券的主要交易结构流程如下：

(1)投资者与计划管理人签订《认购协议》，将认购资金以专项资产管理方式委托计划管理人管理，计划管理人设立并管理专项计划，投资者取得资产支持证券，成为资产支持证券持有人。

(2)计划管理人与原始权益人签订的《资产买卖协议》约定，将专项计划资金用于向原始权益人购买基础资产。基础资产是指基础资产清单所列明的由原始权益人在专项计划设立日或循环购买日转让给计划管理人的、原始权益人依据相关业务合同对付款义务人享有的应收账款及其附属权益。

(3)资产服务机构根据《服务协议》的约定，负责基础资产对应的债权回收和催收以及违约资产处置等基础资产管理工作。

(4)监管银行根据《监管协议》的约定，依照资产服务机构的指令在回收款转付日将基础资产产生的回收款划入专项计划托管账户，由托管人根据《托管协议》对专项计划资产进行托管。

(5)计划管理人根据《计划说明书》及相关文件的约定，向托管人发出分配指令；托管人根据分配指令；将相应资金划拨至登记托管机构的指定账户用于支付资产支持证券本金和预期收益。

(6)当发生任一差额支付启动事件时，差额支付承诺人根据《差额支付承诺函》将差额资金划入专项计划托管账户。当发生任一担保支付启动事件时，担保人根据《担保函》将差额资金划入专项计划托管账户。

(7)计划管理人履行信息披露义务，负责专项计划的设立、存续期管理、终止清算等事项，出具资产管理年度报告和清算报告。

3. 信用增进方式

从国内资产支持证券的发行实践来看，资产证券化产品的信用增进方式包括如下类型：

(1)现金流超额覆盖

在基准情景下，各兑付日现金流入扣除信托税费及专项计划费用后对优先级资产支持证券本息的覆盖倍数均在×倍以上。在压力情形下，各兑付日现金流入扣除信托税费及专项计划费用后对优先级资产支持证券本息的覆盖倍数均在×倍以上。现金流对优先级资产支持证券的兑付形成了一定程度的超额覆盖，从而降低了优先级资产支持证券的信用风险。因此，当专项计划发生损失时，基础资产现金流超额覆盖的部分能够为优先级资产支持证券的投资者提供风险缓冲，在一定程度上减少优先级资产支持证券投资者的损失。

（2）优先级/次级资产支持证券分类

优先级/次级资产支持证券的分类安排是资产证券化项目中的常见内部增信安排。根据交易安排，在专项计划存续期内的每个兑付日，优先级资产支持证券持有人对当期优先级资产支持证券的应分配预期收益和本金享有优先受偿权，在优先级资产支持证券获得其应分配的预期收益和/或本金后，次级资产支持证券才能获得分配。

（3）差额支付承诺

根据标准条款的约定，发生差额支付启动事件时，管理人应于差额支付启动日（在普通分配和处分分配的情况下，该日为T－5日）通知增信安排人向专项计划账户划付差额支付金。增信安排人应于差额支付日（在普通分配和处分分配的情况下，该日为T－5日；在清算分配中，该日为差额支付启动日后的第三个工作日）向专项计划账户划付差额支付金。

（4）清仓回购承诺

原始权益人/差额支付承诺人/信用增进机构向计划管理人（代表专项计划）出具《清仓回购承诺函》。原始权益人/差额支付承诺人/信用增进机构将按照《资产买卖协议》及《清仓回购承诺函》的条款与条件，对专项计划基础资产在约定的条件下进行清仓回购。

（5）原始权益人赎回机制

在专项计划存续期间，就不合格基础资产而言，计划管理人或资产服务机构发现不合格基础资产应立即书面通知原始权益人，原始权益人应按照《资产买卖协议》第×款的约定向计划管理人赎回不合格基础资产；就违约基础资产而言，原始权益人或资产服务机构有义务在发现违约基础资产后书面通知计划管理人，经计划管理人书面同意后按照《资产买卖协议》第×款的约定向资产买方赎回违约基础资产。

（6）评级下调承诺

在专项计划存续期内，若信用评级机构对优先级资产支持证券的评级低于AAA（含）/AA＋（含），则自评级下调日后的×个工作日内，管理人向增信安排人发出书面通知，增信安排人应按照支付通知所列示的时间及金额，自评级下调日后的×个工作日内无条件并一次性向管理人指定账户支付相当于截至评级下调终止日全部优先级资产支持证券持有人的未分配本金和预期收益的现金，由管理人于评级下调终止日将该优先级资产支持证券收购金全部通过管理人指定账户向优先级资产支持证券持有人进行支付,收购全部优先级资产支持证券。评级下调承诺为优先级资产支持证券提供了有效增信。

(7)优先级终止退出安排

发生标准条款第×条约定的专项计划终止事件后,在法律法规允许的情况下,管理人有权于专项计划终止事件发生日书面通知增信安排人,要求增信安排人于终止退出日买入全部优先级资产支持证券。增信安排人应不晚于专项计划终止事件发生日后的第×个工作日前将收购价款支付至管理人指定的账户,收购价款等于优先级资产支持证券截至专项计划终止退出日的未分配本金及预期收益。管理人应于终止退出日在法律法规允许的范围内协助优先级资产支持证券的买卖双方办理优先级资产支持证券过户手续。

(8)信用触发机制

专项计划可以设置信用触发机制,当触发差额支付事件后,差额支付承诺人需按照《差额支付承诺函》的规定履行差额支付义务。当发生加速清偿/违约事件后,专项计划内的资金将按照加速清偿/违约事件发生后的顺序进行分配。当触发任一权利完善事件后,回收款转付频率将提高,原始权益人应按《资产买卖协议》的约定在权利完善事件发生之后×个工作日内将其届时持有的承租人或第三方交付的全部保证金转付至专项计划账户,并在保证金科目下核算。在发生任一提前回购事件后,原始权益人应于该事件发生后最近的一个回收款转付日向专项计划账户支付清仓回购价款,以回购届时全部的资产池。在发生加速清偿事件、违约事件、权利完善事件后,经有控制权的资产支持证券持有人大会决议,专项计划可提前终止。

(三)资产支持证券的申报材料

根据上海证券交易所于2022年12月30日印发的《上海证券交易所资产支持证券挂牌条件确认规则适用指引第1号——申请文件及编制》(上证发〔2022〕164号)[①],资产支持证券的申报材料清单如表6—28所示。

表6—28　资产支持证券的申报材料清单

序号	材料名称	说　明
1	挂牌转让申请书	首次申请时及封卷阶段应提交盖章版扫描件,抬头为上海证券交易所,落款处加盖计划管理人公章。申请书应后附挂牌转让申请报告并加盖计划管理人公章。

① 资料来源:上海证券交易所网站,http://www.sse.com.cn/lawandrules/sselawsrules/bond/listing/assets/c/c_20221230_5714699.shtml

续表

序号	材料名称	说　明
2	专项计划说明书	首次申请时及封卷阶段应提交盖章版扫描件,可标注申请稿字样;审核过程中涉及修改的,无需提交盖章版扫描件;盖章版文件的封面及签章页应加盖计划管理人公章。
3	法律意见书	首次申请时及封卷阶段应提交盖章版扫描件,首次申请时可标注申请稿字样;审核过程中涉及修改的,无需提交盖章版扫描件;法律意见书应由两名经办律师及律师事务所负责人签名,加盖律师事务所公章。
4	信用评级报告(如有)	封卷阶段加盖评级机构公章,并后附备案文件。
5	专项计划标准条款(如有)	封卷阶段应当提交加盖计划管理人公章的扫描件。
	专项计划基础资产买卖协议	封卷阶段应当提交加盖计划管理人及原始权益人公章的扫描件。
	专项计划托管协议	封卷阶段应当提交加盖计划管理人公章的扫描件。申请分期发行的项目,可提交拟签署的文本。
	专项计划监管协议(如有)	
	专项计划资产服务协议(如有)	封卷阶段应当由计划管理人及资产服务机构签字或盖章。
	其他补充合同(如有)	按照法律法规的规定签名盖章。
6	特定原始权益人最近3年(未满3年的自成立之日起)经审计的财务报告、最近一期财务报告或会计报表	首次申请时应提交。 审计报告或审阅报告应由两名注册会计师签名及盖章,并加盖会计师事务所公章。 财务报告或财务报表应由单位负责人和主管会计工作的负责人、会计机构负责人(会计主管人员)签名或盖章,并加盖特定原始权益人或增信机构公章。
7	增信机构最近一年经审计的财务报告、最近一期财务报告或者财务报表(如有)	
8	关于专项计划会计处理意见的说明(如有)	封卷阶段应当提交加盖会计师事务所公章的扫描件。
9	资产评估报告(如有)	封卷阶段应当提交加盖报告出具方公章的扫描件。 基础资产涉及不动产的,需提供不动产评估报告或资产评估报告。若估价报告或评估报告采用收益法评估,且已披露不动产项目未来现金流预测情况的,可不提供现金流预测分析报告。
10	现金流预测分析报告(如有)	封卷阶段应当提交加盖报告出具方公章的扫描件。 基础资产为债权的,现金流回款金额和期限确定,支付未附加条件,笔数不多且不进行循环购买,投资者可清晰识别的,可不提交现金流预测分析报告。计划管理人应在计划说明书中详细披露现金流回款的基础数据、测算过程及结论。

续表

序号	材料名称	说　明
11	差额支付承诺函、担保合同或担保函等增信文件，以及增信机构就提供增信获得的授权文件(如有)	首次申请时及封卷阶段，计划管理人应当提交担保协议或担保函/差额支付承诺函、相关授权文件的盖章版扫描件。 增信合同(如有)：合同双方的法定代表人或授权代表签名或盖章，并分别加盖公章或合同专用章。 担保函/差额支付承诺函：统一加盖骑缝章并在尾页加盖担保人/差额支付承诺人公章；若增信机构为自然人，应统一加盖骑缝章，并由增信机构在尾页签名或盖章。 担保人/差额支付承诺人就提供担保/差额支付获得的授权文件(专业担保公司除外)：相应文件加盖出具机构的公章。 须经主管机关批准、核准或同意的，应提供相应主管部门的批准、核准或同意的文件。
12	专项计划尽职调查报告	封卷阶段应当提交加盖计划管理人公章，并由项目组全体成员签字的扫描件。
13	管理人的合规审查意见	首次申请时应由计划管理人合规负责人签字，并加盖公司公章。 合规审查意见应包含：计划管理人内核程序履行情况、内核会议关注的主要问题及解决情况、内核会议意见结果等内容。
14	法律法规或原始权益人公司章程规定的有权机构关于开展资产证券化融资相关事宜的决议	首次申请时提交加盖原始权益人或其有权机构公章的决议扫描件。 (1)原始权益人有权机构为股东会的，股东会决议应由出席会议的股东签名或盖章；有权机构为股东大会的，股东大会决议应由出席会议的股东代表或董事签名或盖章；有权机构为董事会的，董事会决议应由出席会议的董事签名。 (2)按照法律法规、公司章程或原始权益人内部规章制度的相关规定，原始权益人有权机构为股东(大)会、董事会以外的其他机构(含人员)的，决议按规定或约定签名或盖章，并由原始权益人出具决议有效性说明。决议有效性说明应加盖原始权益人公章。 (3)原始权益人开展资产证券化融资相关事宜须经主管机关批准、核准或同意的，应提供相应主管部门的批准、核准或同意的文件。
15	第三方评估意见或认证报告(如有)	封卷阶段应当提交加盖报告出具方公章的扫描件。
16	特定行业主管部门出具的监管意见书(如有)	监管部门按规定对原始权益人发行资产支持证券需出具监管意见的，应提供监管部门的监管意见书，由出具单位加盖公章。
17	资产支持专项计划挂牌转让申请承诺履行事项登记表(如有)	计划管理人应当在提交申报材料时就其知晓或应当知晓的待履行事项填写本表。 封卷阶段，计划管理人应当向交易所提交加盖计划管理人公章的登记表及相应承诺(如有)的盖章版扫描件。若不涉及承诺事项，应当在本表注明“无承诺事项”，并提交盖章版扫描件。 登记事项完成后，计划管理人应当在履行发行前备案程序时向交易所提交更新后的上述文件盖章版原件扫描件及证明材料。

续表

序号	材料名称	说　明
18	基础资产未被列入负面清单的专项说明	首次申请时及封卷阶段应提交盖章版扫描件。
19	多期申报差异说明(如有)	同一管理人就同一原始权益人的同类型基础资产发起资产支持证券挂牌转让申请的,应当在首次申请时提交加盖计划管理人公章的扫描件。
20	管理人关于申请文件不适用情况的说明(如有)	首次申请时及封卷阶段应提交盖章版扫描件。
21	信息披露豁免申请(如有)	首次申请时及封卷阶段应提交盖章版扫描件。
22	律师对报送的电子文件和预留原件的一致性出具鉴证意见	申请文件的原始纸质文件中需要由申报律师鉴证的文件,申报律师应在该文件首页注明“以下第××页至第××页与原件一致”,并签名和签署鉴证日期,律师事务所应在该文件首页加盖公章,并在第××页至第××页侧面以公章加盖骑缝章。
23	廉洁从业承诺函	首次申请时及封卷阶段应提交盖章版扫描件。
24	交易所要求的其他文件(如有)	—

附注：

1. 计划管理人应当根据《资产支持专项计划说明书内容与格式指引(试行)》《证券公司及基金管理公司子公司资产证券化业务尽职调查工作指引》《证券公司及基金管理公司子公司资产证券化业务信息披露指引》等相关规定,对计划说明书、尽职调查报告等申请文件内容的完备性进行核对。

2. 基础资产为信托贷款、委托贷款等以底层基础资产现金流作为偿债资金来源的(双 SPV 交易结构),需参照特定原始权益人相关要求提交实际融资人相关财务报表等信息。

3. 按照要求可在封卷阶段提交盖章版扫描件的文件,计划管理人应当在首次申请时提交拟签署的文本。

4. 通过电子形式提交的申请文件,签章页原则上应为原件的彩色电子扫描件。电子申请文件的原始纸质文件原则上均应当为原件。原始权益人或计划管理人不能提供原件的,应由申报律师提供鉴证意见,或由出文单位盖章,以保证与原件一致。如原出文单位不再存续,由承继其职权的单位或作出撤销决定的单位出文证明文件的真实性。

5. 申请文件中的公章,可为传统印章或符合条件的电子印章。若使用电子印章,需符合《电子签名法》等有关规定。

二、资产支持证券发展历程

我国资产支持证券发展经历了萌芽发展阶段、探索发展阶段、停滞发展阶段、试点发展阶段、爆发发展阶段和规范发展阶段六个阶段。

(一)萌芽发展阶段

资产支持证券的萌芽发展阶段是从1992年1月至2003年11月。在萌芽发展阶段,资产支持证券没有专门的、系统的监管规则,各种资产支持证券产品零星出现,均处于初始发展阶段。

1. 我国的资产支持证券发展始于1992年。中国人民银行海南分行于1992年1月1日印发《海南省房地产投资券管理暂行办法》(琼银市管字〔1992〕4号)①,规范房地产投资券的发行要求、发行流程和监管要求等,首先在全国推出了"地产投资券"项目,开始进行资产支持证券尝试。但是这种尝试处于资产支持证券发展的原始阶段,仅适用于企业资产支持证券,产品发行数量也很少,而且并没有推出金融机构作为原始权益人的信贷资产支持证券产品。

2. 中国人民银行于1997年7月3日印发《特种金融债券托管回购办法》②,提出部分非银行金融机构可以发行特种金融债券,需要办理资产抵押手续,并委托中央国债登记结算有限责任公司负责相关事项。《特种金融债券托管回购办法》在一定意义上使不良资产支持债券产品成为可能,此后市场上出现了由资产管理公司作为发行人的几只不良资产支持证券产品。

3. 中国人民银行于2000年9月批准建设银行、工商银行为住房贷款证券化试点单位,开始探索信贷资产证券化试点。

4.《中华人民共和国信托法》(中华人民共和国主席令第五十号)于2001年4月28日颁布实施,为资产支持证券(尤其是信贷资产支持证券)的发展奠定了法律制度基础。

5. 中国信达资产管理股份有限公司于2003年1月将不良债权余额达25.52亿元人民币(其中本金15.88亿元、应收利息3.47亿元、催收利息6.17亿元)的20个项目进行打包,由德意志银行负责在境外发债,是我国首只不良资产境外资产支持证券。

6. 中国华融资产管理股份有限公司于2003年6月以132.5亿元不良债权资产委托中信信托投资公司设立三年期的财产信托,是第一只信托公司作为受托人发行的资产支持证券。

---

① 资料来源:中国法院网,https://www.chinacourt.org/law/detail/1992/01/id/77681.shtml

② 资料来源:中国人民银行网站,http://www.pbc.gov.cn/bangongting/135485/135495/135499/2892447/index.html

(二)探索发展阶段

资产支持证券的探索发展阶段是从2003年11月至2006年11月。在探索发展阶段,中国人民银行、中国证监会和原银监会等多个金融监管机构开始制定多个监管规则,初步构建了资产支持证券监管规则体系。但是在探索阶段,资产支持证券产品发行的数量和规模依然较小。

1. 中国证监会于2003年12月18日印发《证券公司客户资产管理业务试行办法》(中国证券监督管理委员会令第17号)①,明确证券公司可以开展单一客户办理定向资产管理业务,为企业资产证券化业务的全面开展奠定了制度基础。

2. 国务院于2004年1月31日印发《关于推进资本市场改革开放和稳定发展的若干意见》(国发〔2004〕3号)②,明确提出"积极探索并开发资产证券化品种",这是国内首个明确鼓励发展资产证券化的监管文件。

3. 中国工商银行宁波分行于2004年4月将面值26.19亿元、预计回收8.2亿元的不良债权信托在中诚信托设立自益性财产信托,并委托中信证券作为包销商将其A、B级受益权转让给外部投资者,这是我国商业银行直接发起的首只不良贷款证券化产品。

4. 中国证监会于2004年10月印发《关于证券公司开展资产证券化业务试点有关问题的通知》,明确资产证券化的定义、基本要求、基础资产及转让、结构安排、监督管理等内容,是企业资产证券化的基本监管文件。

5. 中国人民银行于2004年12月14日印发《全国银行间债券市场债券交易流通审核规则》(中国人民银行公告〔2004〕第19号)③,明确了债券交易流通的具体要求和条件,为资产证券化产品发行流通扫清障碍。

6. 2005年3月,由中国人民银行牵头,国家发改委、财政部、原银监会、证监会和原保监会等多部委共同成立信贷资产证券化试点工作小组,国家开发银行和中国建设银行作为试点单位。

7. 中国人民银行和原银监会于2005年4月20日联合印发《信贷资产证券化试点管理办法》(中国人民银行、中国银行业监督管理委员会公告〔2005〕第7号)④,明

---

① 资料来源:中国证监会网站,http://www.csrc.gov.cn/csrc/c101838/c1022081/content.shtml

② 资料来源:国务院网站,https://www.gov.cn/gongbao/content/2004/content_63148.htm

③ 资料来源:中国人民银行网站,http://www.pbc.gov.cn/tiaofasi/144941/144959/2818530/index.html

④ 资料来源:中国人民银行网站,http://www.pbc.gov.cn/tiaofasi/144941/3581332/3582992/index.html

确以金融机构信贷资产作为基础资产进行证券化正式启动试点，确定信贷资产证券化的基本法律框架。信贷资产证券化在试点初期确立了以信贷资产为基础资产、由信托公司组建信托型 SPV、在银行间债券市场发行资产支持证券并进行流通的框架。

8. 中国人民银行于 2005 年 6 月 30 日印发《资产支持证券信息披露规则》①，明确资产支持证券信息披露中原始权益人和受托机构的责任义务，界定可能对资产支持证券投资价值有实质性影响的临时重大事项范围，并规范受托机构报告编制要求。

9. 依据《证券公司客户资产管理业务试行办法》中关于客户资产管理业务的规定和国务院颁布为落实《行政许可法》允许证监会有权审批资产管理项目的规定，中国证监会于 2005 年 8 月批准全国首个资产证券化试点项目"中国联通 CDMA 网络租赁费收益计划"，发行金额为 32 亿元。

10. 原银监会于 2005 年 11 月 7 日印发《金融机构信贷资产证券化试点监督管理办法》（银监会令 2005 年第 3 号）②，在信贷资产证券化市场准入、业务规则风险管理及资本要求等方面进行全面规范。

11. 2005 年 12 月 15 日，国家开发银行和中国建设银行分别发行了第一只 ABS 债券（41.78 亿元）和第一只 MBS 债券（29.27 亿元），是我国第一批信贷资产支持证券试点产品。

12. 2006 年 3—11 月，国内多家企业作为原始权益人发行了多只资产支持证券产品，具体情况如表 6—29 所示。

表 6—29　　2006 年资产支持证券产品发行情况

时　间	项　目
2006 年 3 月	中国国际金融有限公司作为计划管理人设立"中国网通应收款资产支持收益凭证"，项目规模 103.15 亿元。
2006 年 4 月	招商证券股份有限公司作为计划管理人设立"华能澜沧江水电收益专项资产管理计划"，项目规模 20 亿元。
2006 年 5 月	东方证券股份有限公司作为计划管理人设立"远东租赁资产支持收益专项资产管理计划"，项目规模 4.86 亿元。

① 资料来源：中国人民银行网站，http://www.pbc.gov.cn/tiaofasi/144941/3581332/3583019/index.html

② 资料来源：国家金融监督管理总局网站，http://www.cbirc.gov.cn/cn/view/pages/ItemDetail.html?docId=1159&itemId=928&generaltype=0

续表

时　间	项　目
2006 年 6 月	东海证券有限责任公司作为计划管理人设立“南京城建污水处理收费资产支持收益专项资产管理计划”，项目规模 7.21 亿元。
2006 年 6 月	国泰君安证券股份有限公司作为计划管理人设立“浦东建设 BT 项目资产支持收益专项资产管理计划”，项目规模 4.25 亿元。
2006 年 8 月	华泰证券有限责任公司作为计划管理人设立“南通天电销售资产支持收益专项资产管理计划”，项目规模 8 亿元。
2006 年 8 月	中信证券股份有限公司作为计划管理人设立“江苏吴中集团 BT 项目回购款专项资产管理计划”，项目规模 16.58 亿元。
2006 年 9 月	大连万达集团联合迈格里银行发行“CMBS（商业房地产抵押贷款支持证券）”，项目规模 11.52 亿元。
2006 年 11 月	东方资产管理公司和信达资产管理公司发行首批不良资产证券化产品。由东方资产管理公司发起的“东元 2006－1 重整资产支持证券”，项目规模 19 亿元；由信达资产管理公司发起的“凤凰 2006－1 资产证券化信托资产支持证券”，项目规模 47.5 亿元。

资料来源：根据公开信息整理

（三）停滞发展阶段

资产支持证券的停滞发展阶段是从 2006 年 12 月至 2009 年 4 月。在停滞发展阶段，资产支持证券的发展被按下了暂停键，监管机构没有出台新的监管规则，新发行的资产证券化产品数量非常少。

1. 2006 年 12 月，中国证监会与沪深证券交易所、各地证监局等对 9 个专项资产管理计划试点项目进行联合检查，检查完成之后，中国证监会暂停新资产支持证券产品的审批。

2. 国务院于 2007 年 4 月 28 日批准同意扩大信贷资产证券化试点工作，但是明确要求在试点过程中始终加强制度建设和风险防范，认真研究扩大合格机构投资者范围，加强基础资产池信息披露，规范引导信用评级机构评级行为等制度措施，确保扩大试点工作顺利进行。①

3. 2007 年 9 月，我国启动第二批信贷资产支持证券试点工作，试点银行包括工商银行、中国银行、农业银行、浦发银行、招商银行、兴业银行和中信银行 7 家银行。“浦发 07 信贷资产支持证券”为第二批试点的首只产品，发行规模为 43.83 亿元，分为 A、B、C 及次级四档证券，厚度分别为 83％、7.8％、5.7％和 3.5％，其中 A、B、C

① 资料来源：国务院网站，https://www.gov.cn/banshi/2007-08/29/content_730459.htm

三档证券采取簿记建档方式向市场公开发行。

4. 2008 年美国次贷危机引发全球金融危机后，我国资产支持证券正式进入停滞发展阶段。

(四)试点发展阶段

资产支持证券的试点发展阶段是从 2009 年 5 月至 2014 年 1 月。在试点发展阶段，监管机构进一步扩大企业资产证券化和信贷资产证券化试点工作，资产支持证券的发展得到了进一步规范。

1. 中国证监会机构部于 2009 年 5 月 21 日向各地证监局下发《关于通报证券公司企业资产证券化业务试点情况的函》及附件《证券公司企业资产证券化业务试点指引(试行)》①，是企业资产证券化试点阶段的基本监管文件，明确了企业资产支持证券的发行条件和发行要求。

2. 2011 年 8 月，中国证监会同意“远东二期专项资产管理计划”发行，企业资产支持证券业务重启。远东国际融资租赁有限公司于 2011 年 8 月 5 日发行的“远东二期专项资产管理计划”是重启之后的首只资产支持证券产品，发行规模为 12.79 亿元。

3. 中国人民银行、原银监会和财政部于 2012 年 5 月 17 日联合印发《关于进一步扩大信贷资产证券化试点有关事项的通知》(银发〔2012〕127 号)②，鼓励将国家重大基础设施项目贷款、涉农贷款、中小企业贷款、经清理合规的地方政府融资平台公司贷款、节能减排贷款、战略性新兴产业贷款、文化创意产业贷款、保障性安居工程贷款、汽车贷款等多元化信贷资产作为基础资产开展信贷资产证券化，首期信贷资产证券化的额度为 500 亿元。银发〔2012〕127 号标志着停滞近四年之久的信贷资产支持证券重新开闸，信贷资产证券化第三批试点开始。

4. 交易商协会于 2012 年 8 月 3 日印发《银行间债券市场非金融企业资产支持票据指引》(中国银行间市场交易商协会公告〔2012〕14 号)③，推出了资产支持票据(ABN)产品。至此，我国三种主要资产证券化类型(企业资产证券化、信贷资产证券化、资产支持票据)全部推出。

5. 国家开发银行于 2012 年 9 月 7 日发行的“2012 年第一期开元信贷资产支持

---

① 资料来源：豆丁网，https://www.docin.com/p-2560822018.html

② 资料来源：中国人民银行网站，http://www.pbc.gov.cn/tiaofasi/144941/3581332/3586995/index.html

③ 资料来源：中国银行间市场交易商协会网站，https://www.nafmii.org.cn/xhdt/201208/t20120803_196885.html

证券”是第三批试点的首只产品，发行规模为101.6亿元，划分为三个层次：优先A档、优先B档、次级档证券，分别为80.68亿元AAA评级的优先A档、12亿元AA评级的优先B档、8.984 4亿元未评级的次级档证券。

6. 中国证监会于2013年3月15日印发《证券公司资产证券化业务管理规定》(中国证券监督管理委员会公告〔2013〕16号)[①]，将资产证券化基础资产的范围扩大为企业应收款、信贷资产、信托受益权、基础设施收益权等财产权利以及商业物业等不动产财产。此次新规将原始权益人范围扩大到金融机构，将信贷资产纳入基础资产范畴。

7. 2013年8月，中国人民银行和原银监会推动国家开发银行、工商银行等机构开启新一轮信贷资产证券化试点工作，试点额度3 000亿元。其中1 000亿元额度分给国家开发银行；1 000亿元额度分给工农中建交国有五大行；1 000亿元额度分给进出口银行、农业发展银行和地方城商行等金融机构。

(五)爆发发展阶段

资产支持证券的爆发发展阶段是从2014年2月至2022年6月。在爆发发展阶段，监管机构针对资产支持证券产品制定了一系列监管规则，企业资产证券化、信贷资产证券化、资产支持票据和不良贷款资产证券化等均得到了快速的发展。

1. 中国证监会机构部于2014年2月明确取消证券公司专项资产管理计划的行政许可，为资产支持证券由审核制转向备案制扫除了制度障碍。[②]

2. 中国证监会于2014年11月19日印发《证券公司及基金管理公司子公司资产证券化业务管理规定》及配套的《证券公司及基金管理公司子公司资产证券化业务信息披露指引》《证券公司及基金管理公司子公司资产证券化业务尽职调查工作指引》[③]，明确企业资产支持证券实行基金业协会事后备案和基础资产负面清单管理，强化重点环节监管及对基础资产的真实性要求，是企业资产支持证券最主要的监管法规。此后，企业资产支持证券进入快速发展阶段，各种类型的企业资产证券化项目纷纷亮相。

3. 原银监会办公厅于2014年11月20日印发《关于信贷资产证券化备案登记工作流程的通知》(银监办便函〔2014〕1092号)[④]，进一步明确和细化了信贷资产证

---

① 资料来源：中国证监会网站，http://www.csrc.gov.cn/csrc/c101852/c1023888/content.shtml

② 资料来源：中国新闻网，https://www.chinanews.com/stock/2014/03-03/5901368.shtml

③ 资料来源：中国证监会网站，http://www.csrc.gov.cn/csrc/c101802/c1045426/content.shtml

④ 资料来源：联合资信官网，https://www.lhratings.com/file/fd184d21-9ba3-45fe-b9a5-64275f4d0a99.pdf

券化的业务资格审批、产品登记和过渡期安排等。

4. 中国证券投资基金业协会于2014年12月24日发布《资产支持专项计划备案管理办法》及配套规则的通知(中基协函〔2014〕459号)[①],确定企业资产支持证券实施备案制,明确了设立备案流程和备案材料。

5. 2015年1月,原银监会下发文件批准中信银行、光大银行、华夏银行、民生银行、招商银行、兴业银行、平安银行、浦发银行、恒丰银行、渤海银行、北京银行、河北银行、晋商银行、锦州银行、上海银行、江苏银行、南京银行、杭州银行、台州银行、徽商银行、南昌银行、汉口银行、华融湘江银行、重庆银行、南充市商业银行、宁波银行和青岛银行27家银行获得开办信贷资产证券化业务资格[②],标志着信贷资产证券化业务备案制的实质性启动,信贷资产证券化发行开始提速。

6. 交易商协会于2016年4月19日印发《不良贷款资产支持证券信息披露指引(试行)》(中国银行间市场交易商协会公告〔2016〕10号)[③],不良贷款资产证券化产品正式推出。不良贷款资产支持证券是指在中国境内,银行业金融机构及其他经监管部门认定的金融机构作为发起机构,将不良贷款信托给受托机构,由受托机构以资产支持证券的形式向投资机构发行受益证券,以该不良贷款所产生的现金支付资产支持证券收益的证券化融资工具。

7. 原银保监会于2020年9月30日印发《关于银行业金融机构信贷资产证券化信息登记有关事项的通知》[④],明确进一步优化银行业金融机构信贷资产证券化登记管理流程,原银保监会不再对信贷资产证券化产品备案登记,实施信贷资产支持证券信息登记。

(六)规范发展阶段

资产支持证券的规范发展阶段是从2022年7月至今。在规范发展阶段,上海证券交易所、深圳证券交易所和中国证券投资基金业协会等分别制定了一系列资产证券化监管规则,进一步规范企业资产支持证券产品的发展。

1. 深圳证券交易所于2020年12月31日印发《资产证券化业务指南第1

① 资料来源:中国证券投资基金业协会网站,https://www.amac.org.cn/fwdt/wyb/jgdjhcpbeian/zczqhcpba/xgzc/202008/t20200826_19947.html

② 资料来源:央广网,https://finance.cnr.cn/gundong/20150114/t20150114_517423652.shtml

③ 资料来源:中国银行间市场交易商协会网站,https://www.nafmii.org.cn/ggtz/gg/201604/t20160419_198098.html

④ 资料来源:国家金融监督管理总局网站,https://www.cbirc.gov.cn/cn/view/pages/ItemDetail.html?docId=933082&itemId=883

号——挂牌条件确认业务办理》(深证上〔2020〕1279号),于2022年7月15日印发《资产支持证券挂牌条件确认业务指引第1号——确认程序》(深证上〔2022〕679号),于同年12月30日印发《资产支持证券挂牌条件确认业务指引第2号——分类审核》(深证上〔2022〕1215号)、《资产支持证券挂牌条件确认业务指引第3号——特定品种》(深证上〔2022〕1216号),于2023年3月3日印发《资产支持证券挂牌条件确认业务指引第4号——保险资产管理公司开展资产证券化业务相关要求(试行)》(深证上〔2023〕159号),对资产支持证券的确认程序、分类审核、特定品种和挂牌条件等做了进一步的细化规范。

2. 上海证券交易所于2022年12月30日印发《资产支持证券挂牌条件确认规则适用指引第1号——申请文件及编制》(上证发〔2022〕164号)、《资产支持证券挂牌条件确认规则适用指引第2号——大类基础资产》(上证发〔2022〕165号)、《资产支持证券挂牌条件确认规则适用指引第3号——分类审核》(上证发〔2022〕166号)、《资产支持证券挂牌条件确认规则适用指引第4号——特定品种资产支持证券》(上证发〔2022〕167号),于2023年3月3日印发《资产支持证券挂牌条件确认规则适用指引第5号——保险资产管理公司开展资产证券化业务相关要求(试行)》(上证发〔2023〕55号),对资产支持证券的申请文件及编制、大类基础资产、分类审核和特定品种等做了进一步的细化规范。

3. 中国证券投资基金业协会于2024年3月17日印发《资产证券化业务基础资产负面清单指引》(中基协发〔2024〕3号)①,进一步明确资产证券化业务基础资产的筛选范围、把控基础资产的实际还款来源以及保障基础资产的现金流稳定,更关注基础资产的实质,突出资产证券化产品的本质。最新资产支持证券业务的基础资产负面清单包括如下情形:

(1)不符合地方政府性债务管理有关规定或者新增地方政府性债务的基础资产。

(2)被有权部门认定的失信被执行人、失信生产经营单位、其他失信单位作为重要现金流提供方的基础资产。重要现金流提供方重要子公司存在上述失信情形的,视同重要现金流提供方存在相关情形。

重要现金流提供方,是指在现金流预测基准日基础资产或者底层资产现金流单一提供方按照约定未支付现金流金额占基础资产未来现金流总额比例超过15%,或

① 资料来源:中国证券投资基金业协会网站,https://www.amac.org.cn/xwfb/xhyw/202403/t20240329_25350.html

者该单一提供方及其关联方的未支付现金流金额合计占基础资产未来现金流总额比例超过20%的现金流提供方。

重要子公司，是指最近一年末经审计的总资产、净资产或者营业收入任一项指标占合并报表相关指标比例超过30%，或者对重要现金流提供方偿债、经营能力影响较大的子公司。

(3)产生现金流的能力具有较大不确定性的资产，如矿产资源开采收益权、土地出让收益权、电影票款以及不具有垄断性和排他性的入园凭证等。

(4)因空置、在建等不能产生稳定现金流的不动产、不动产租金债权或者相关收益权。

(5)不能直接产生现金流、仅依托处置资产才能产生现金流的基础资产，如提单、仓单、产权证书等具有物权属性的权利凭证。

(6)法律界定及业务形态属于不同类型且缺乏相关性的资产组合，如基础资产中包含企业应收账款、高速公路收费权等两种或者两种以上不同类型资产。

(7)违反相关法律法规或者政策规定的资产。

(8)以上述资产作为底层资产或者现金流来源的基础资产。底层资产是指根据穿透原则在专项计划中作为专项计划现金流最终偿付来源的资产。

4. 上海证券交易所和深圳证券交易所于2024年3月29日分别发布《资产支持证券业务规则》，进一步丰富和细化了原有的资产支持证券业务规则，对于资产证券化的发行和挂牌转让、信息披露、持有人权益保护、自律监管等环节及领域做出明确的规定，对于资产支持证券在沪深证券交易所的申报、发行和存续期管理具有重要的参考意义。

三、资产支持证券类型

根据资产支持证券基础资产的类型进行分类，企业资产支持证券的类型可以分为债权类资产支持证券、未来经营收入资产支持证券、不动产资产支持证券和特定品种资产支持证券四大类。

(一)债权类资产支持证券

债权类资产是指债权人已经完全履行其在合同项下的义务、债务人付款时间和付款金额明确的合同债权，包括企业应收账款债权、融资租赁债权、小额贷款债权、企业融资债权等。债权类资产支持证券是指以债权类资产作为基础资产发行的证券化产品。

1. 应收账款资产支持证券

应收账款资产支持证券是指以企业应收账款作为基础资产，将其产生的现金流作为偿付支持，通过结构化等方式进行信用增级所发行的资产支持证券。应收账款资产支持证券主要适用于应收账款规模较大、年末计提压力较大且面临两金占用率考核的企业，以及加速资金回流和周转需求迫切的贸易、工程类企业。

核心企业供应链应收款资产支持证券是指围绕核心企业信用反向延伸的供应链金融资产证券化，以核心企业应付账款（相应供应商的应收账款）为基础资产发行的证券化产品，是在以供应商为核心的应收账款资产证券化基础上开展的供应链融资创新模式。核心企业供应链应收款资产支持证券主要适用于交易金额较大、流转速度较快的贸易类企业和房地产开发公司。

应收账款资产支持证券是国内最早进行探索的资产支持证券品种之一。中国网通（集团）有限公司于 2006 年 3 月 14 日发行的"中国网通应收款资产支持受益凭证"是全国首只应收账款资产支持证券，发行金额为 103.15 亿元。在进入爆发发展阶段之后，应收账款资产支持证券的发行数量和发行金额大幅提高。五矿发展股份有限公司于 2014 年 12 月 24 日发行的"五矿发展应收账款资产支持专项计划"是爆发发展阶段全国首只应收账款资产支持证券，发行金额为 29.41 亿元。

2. 融资租赁债权资产支持证券

融资租赁债权是指融资租赁公司依据融资租赁合同对债务人（承租人）享有的租金债权、附属担保权益（如有）及其他权利（如有）。融资租赁债权资产支持证券是指管理人通过设立资产支持专项计划开展资产证券化业务，以融资租赁债权为基础资产或基础资产现金流来源所发行的资产支持证券。融资租赁债权证券化的基础资产池应当具有一定的分散度，至少包括 10 个相互之间不存在关联关系的债务人，单个债务人入池资产金额占比不超过 50％，且前五大债务人入池资产金额占比不超过 70％。融资租赁债权资产证券化主要适用于有资产出表需求、利用杠杆倍数扩大业务规模需求较强、需要降低融资成本的优质融资租赁公司。

融资租赁债权资产支持证券是国内最早进行探索的资产支持证券品种之一。远东国际融资租赁有限公司于 2006 年 5 月 10 日发行的"远东首期租赁资产支持收益专项资产管理计划"，发行金额为 4.86 亿元，是国内首只上市交易的租赁资产证券化产品。在进入爆发发展阶段之后，融资租赁债权资产支持证券的发行数量和发行金额大幅提高。中航国际融资租赁有限公司于 2014 年 8 月 21 日发行的"中航租赁资产支持收益专项资产管理计划"是爆发发展阶段全国首只融资租赁债权资产支持证券，发行金额为4.55亿元。

3. 小额贷款债权资产支持证券

小额贷款债权资产支持证券是指小额贷款公司或者其他金融机构通过线下或者线上方式开展放贷业务，依据借款合同向债务人提供的用于消费、日常生产经营周转等的个人贷款和流动资金贷款，即把多笔小额贷款的借款本息和担保权利等作为基础资产发行的证券化产品。小额贷款债权资产支持证券主要适用于小额贷款公司和互联网金融企业等。小额贷款公司因不能吸收存款、资金来源有限而难以适应其放贷业务要求，因此对通过资产支持证券方式利用资金有比较强的需求。

小额贷款债权资产支持证券是交易所于2014年推出的债权类资产支持证券。中和农信农业集团有限公司于2014年12月4日发行的“中和农信2014年第一期公益小额贷款资产支持专项计划次级资产支持证券”是全国首只小额贷款债权资产支持证券，发行金额为5亿元。

4. 企业融资债权资产支持证券

企业融资债权资产支持证券是以企业的信托贷款融资债权为基础资产发行的证券化产品。企业融资债权资产支持证券原则上不得“一次申请，分期发行”；确有需求的，管理人应当提交首期真实资产池，且明确后续债务人并提供相应白名单。

企业融资债权资产支持证券是交易所于2014年推出的债权类资产支持证券。中建三局集团有限公司于2014年12月12日发行的“中建三局集团有限公司委托贷款债权证券化项目专项资产管理计划”是全国首只企业融资债权资产支持证券，发行金额为5亿元。

(二)未来经营收入资产支持证券

未来经营收入资产支持证券，是指管理人通过设立资产支持专项计划开展资产证券化业务，以燃气、供电、供水、供热、污水及垃圾处理等市政设施，公路、铁路、机场等交通设施，教育、健康养老等公共服务产生的收入为基础资产现金流来源所发行的资产支持证券。交易所鼓励积极服务绿色发展、“一带一路”、精准扶贫、京津冀协同发展、长江经济带、雄安新区建设、“中国制造2025”和新型城镇化建设等国家重大战略的基础设施类资产支持证券业务。

以未来经营收入作为基础资产的资产支持证券的发行情况如下：

(1)南京公用控股(集团)有限公司于2012年3月20日发行的“南京公用控股污水处理收费收益权专项资产”是全国首只以污水处理费收入为基础资产现金流来源所发行的资产支持证券，发行金额为13.30亿元。

(2)华能澜沧江水电股份有限公司于 2013 年 5 月 29 日发行的“华能澜沧江第二期水电上网收费权专项资产管理计划受益凭证”是全国首只以供电收入为基础资产现金流来源所发行的资产支持证券，发行金额为 33 亿元。

(3)迁安市供热管理中心于 2014 年 6 月 13 日发行的“迁安热力供热收费权专项资产管理计划”是全国首只以供热收入为基础资产现金流来源所发行的资产支持证券，发行金额为 12.50 亿元。

(4)淮北矿业股份有限公司于 2014 年 8 月 2 日发行的“淮北矿业铁路专用线运输服务费收益权专项资产管理计划”是全国首只以铁路收入为基础资产现金流来源所发行的资产支持证券，发行金额为 21 亿元。

(5)惠州中水水务发展有限公司于 2014 年 10 月 30 日发行的“中国水务供水合同债权专项资产管理计划”是全国首只以供水收入为基础资产现金流来源所发行的资产支持证券，发行金额为 7.85 亿元。

(6)嘉兴市天然气管网经营有限公司于 2015 年 3 月 20 日发行的“嘉兴天然气收费收益权资产支持专项计划”是全国首只以燃气收入为基础资产现金流来源所发行的资产支持证券，发行金额为 9.80 亿元。

(7)内蒙古交通集团有限公司于 2015 年 4 月 15 日发行的“包东高速公路通行费收入收益权资产支持专项计划”是全国首只以高速公路收入为基础资产现金流来源所发行的资产支持证券，发行金额为 12 亿元。

(8)长治银行股份有限公司作为原始权益人、海口美兰国际机场有限责任公司作为担保人于 2015 年 7 月 2 日发行的“美兰机场信托受益权资产支持专项计划”是全国首只以机场收入为基础资产现金流来源所发行的资产支持证券，发行金额为 12 亿元。

(9)昆明理工大学津桥学院于 2015 年 8 月 27 日发行的“津桥学院资产支持专项计划”是全国首只以学费收入为基础资产现金流来源所发行的资产支持证券，发行金额为 10.50 亿元。

(三)不动产资产支持证券

不动产资产支持证券是指以居住不动产(住宅小区、公寓、别墅等)、商业不动产(购物中心、商业综合体、宾馆、酒店等)、办公不动产(办公楼、写字楼等)、工业不动产(工业厂房、仓储物流用房等)和基础设施等不动产作为基础资产发行的证券化产品。

1. 不动产要求

不动产项目运营情况应当符合下列条件：

(1)具备成熟稳定的运营模式且已经开始运营。运营时间不满 1 年的，管理人应当结合不动产项目经营合同签署情况、周边不动产经营情况、现金流回款情况等说明不动产项目运营稳定性。

(2)经营合同应当符合相关合同登记备案(如需)的管理规定。未能按照规定办理合同登记备案手续的，管理人应当在计划说明书中披露原因，充分揭示风险并设置合理有效的风险缓释措施。

(3)产生的现金流应当能够覆盖不动产项目运营支出且有盈余，不依赖外部主体补足。

2. 不动产资产支持证券类型

不动产资产支持证券主要包括以下几种产品：

(1)类 REITs

REITs(Real Estate Investment Trusts)是指房地产投资信托，是以经营性商业不动产为基础资产公开发行的证券化产品，而非公开发行的 REITs 产品则被称为“类 REITs”。

类 REITs 主要采用“资产支持专项计划＋私募基金”的模式，产品结构中设有两个 SPV 架构(一般简称为 SPV1 和 SPV2)，其目的是能够实现专项计划 100%持有私募基金，私募基金 100%持有项目公司股权，项目公司 100%持有标的物业(项目公司仅入池物业一项资产/业务)，从而达到专项计划间接 100%持有标的物业的目的。

以是否转移底层物业所有权为标准，类 REITs 可以分为权益型类 REITs、抵押型类 REITs 和持有型类 REITs 三类：

①权益型类 REITs，即项目公司的股权将转移至 SPV2(通常为契约型私募基金)名下，使得投资者间接持有底层物业所有权。

中信证券股份有限公司作为原始权益人于 2014 年 4 月 25 日发行的“中信启航专项资产管理计划”是全国首只类 REITs 产品，也是全国首只权益型类 REITs 产品。本产品的发行金额为 52.1 亿元，其中优先级受益凭证的发行金额为 36.5 亿元，固定回报部分的年预期收益率为 7%；次级受益凭证的发行金额为 15.6 亿元，实际收益情况取决于未来目标资产的租金和增值情况。本产品的基础资产为北京中信证券大厦和深圳中信证券大厦，通过证券公司专项资产管理计划、私募基金、特殊目的公司等多层特殊目的载体和交易结构设计，最大限度保证物业租金和资产增值转化为投资者收益。

②抵押型类 REITs，即项目公司的股权仍由项目公司原股东持有，SPV2（通常为单一资金信托计划）仅对项目公司享有债权（信托贷款），投资者无法间接持有底层物业所有权。

中国银泰投资有限公司作为原始权益人于 2016 年 8 月 19 日发行的“北京银泰中心资产支持专项计划”是全国首只抵押型类 REITs，发行金额为 75 亿元。本产品的基础资产为单一资金信托受益权，目标资产为“北京银泰中心”写字楼、商业裙楼、北京柏悦酒店以及车位合计约 17.29 万平方米物业。本产品项下优先 A、B、C 类资产支持证券的发行金额分别为 40 亿元、33 亿元、2 亿元，发行利率分别为 4%、5.3%和 6.98%，存续期为 18 年，每 3 年设置开放时间。

③持有型类 REITs，即在项目设计时一般不再设置优先劣后的分层安排，也不再依托主体信用来为产品增信，而是通过机制创新来压实资产信用。持有型类 REITs 创新性地在信息披露机制、激励约束机制、二级市场活跃机制、流动性支持机制、持续扩募机制和运营治理机制“六大机制”方面做出更为市场化的机制设计，促进投融资双方互信。

中交路桥建设有限公司于 2023 年 12 月 20 日发行的“华泰－中交路建清西大桥持有型不动产资产支持专项计划资产支持证券”是全国首只持有型类 REITs，也是首只特许经营权领域的持有型类 REITs，发行金额为 19.6 亿元。本产品的基础资产是广东清西大桥及接线工程项目，为纯使用者付费项目，现金流全部来源于特许经营收入。本产品不设票面利率，产品期限与底层资产运营年限相匹配。

建信住房租赁基金（有限合伙）、建万（北京）住房租赁投资基金（有限合伙）、建融安居（北京）股权投资基金（有限合伙）作为原始权益人于 2024 年 6 月 27 日发行的“建信住房租赁基金持有型不动产资产支持专项计划资产支持证券”是全国首只产权类持有型类 REITs，发行金额为 11.7 亿元，产品期限为 66 年，并设置前 8 年每半年开放退出安排。本产品的基础资产是位于上海市闵行区、杭州市上城区和武汉市汉阳区的三个保租房项目，资产运营稳定，收入来源分散，现金流稳健。

（2）CMBS

CMBS（Commercial Mortgage Backed Securities）即商业地产抵押贷款资产支持证券，是以单个或多个包括写字楼、酒店、会议中心、商业服务经营场所等商业物业的抵押贷款组合包装而构成的基础资产，通过结构化设计，以相关地产未来收入为主要偿债本息来源的资产支持证券产品。CMBS 的最大特征为将商业地产资产作为抵押标的，其偿债本息来源以租金以及商业管理费等房地产预期未来收益为主。

根据交易结构涉及的 SPV 数量，CMBS 产品可以分为双 SPV 结构和单 SPV 结构两种产品结构。

①双 SPV 结构，即原始权益人借助信托公司成立信托计划向借款人发放信托贷款，从而形成“单一资金信托计划＋专项计划”的双 SPV 结构。

金茂投资管理（上海）有限公司作为原始权益人于 2016 年 8 月 29 日发行的“高和招商—金茂凯晨资产支持专项计划”是全国首只商业地产抵押贷款资产支持证券（即 CMBS 产品），也是全国首只双 SPV 结构的 CMBS 产品。本产品发行金额为 40.01 亿元，其中优先级证券规模为 40 亿元，发行利率为 3.30％，评级为 AAA；次级证券规模为 100 万元。本产品的基础资产为方正东亚·北京凯晨置业贷款单一资金信托之信托受益权，规模为 40.01 亿元，存续期限为 18 年；目标资产则为凯晨世贸中心租金收益（2013—2015 年租金收入分别为 4.82 亿元、5.56 亿元和 5.96 亿元）。

②单 SPV 结构，即原始权益人借助委托贷款银行向借款人发放委托贷款，发放委托贷款无需另设 SPV，从而形成只有专项计划的单 SPV 结构。

南京世茂房地产开发有限公司作为原始权益人于 2020 年 4 月 10 日发行的“中信信托—南京世茂希尔顿酒店资产支持专项计划”是全国首只单 SPV 结构的商业地产抵押贷款资产支持证券。本产品发行金额为 7.1 亿元，其中优先级证券规模为 7 亿元，发行利率为 4.98％，评级为 AAA；次级证券规模为 0.1 亿元，无评级。在本产品中，南京世茂新里程置业有限公司以其所持有的南京世茂希尔顿酒店的运营收入等符合资产证券化监管要求的物业资产产生的现金流作为支撑，通过中信信托设立“中信信托—南京世茂希尔顿酒店资产支持专项计划”发行资产支持证券。

（3）物业服务费 ABS

物业服务费 ABS 是指以物业费合同债权的未来现金流作为第一还款来源的资产支持证券产品。物业服务费作为物业公司的未来债权，其现金流具有稳定、可持续、属性同一、便于管理等特点，是非常适合资产支持证券的基础资产。

根据交易结构，物业服务费 ABS 可以分为单 SPV 结构、单 SPV＋银行委托贷款结构和双 SPV 结构三种类型。

①单 SPV 结构，即以物业服务合同债权作为基础资产，直接将其转让给专项计划并发行资产支持证券产品的结构。

世茂天成物业服务集团有限公司于 2015 年 8 月 12 日发行的“博时资本—世茂天成物业资产支持专项计划”是全国首只物业服务费资产支持证券，也是全国首只单 SPV 结构的物业服务费资产支持证券，发行金额为 15.1 亿元。本产品以世茂房地产控股有限公司境内全资子公司世茂天成物业服务集团有限公司因提供物业服务而享有的物业服务费收入为基础资产。

②单 SPV＋银行委托贷款结构，即以物业服务合同债权作为质押财产的委托贷款债权作为基础资产，然后将委托贷款债权转让给专项计划的产品结构。

金科地产集团股份有限公司于 2015 年 11 月 5 日发行的“招商创融—金科物业资产支持专项计划 1 号”是全国首只单 SPV＋银行委托贷款结构的物业服务费资产支持证券，发行金额为 15 亿元。在本产品中，金科地产集团股份有限公司向金科物业服务集团有限公司发放银行委托贷款，金科物业将特定物业服务合同债权质押给委托贷款银行，并以物业服务费收入作为主要还款来源，再由计划管理人发起设立资产支持专项计划，将募集资金用于购买金科地产集团持有的委托贷款债权。

③双 SPV 结构，即以物业服务合同债权作为质押财产的信托受益权作为基础资产，然后将信托受益权转让给专项计划的产品结构。

晋商银行股份有限公司作为原始权益人于 2016 年 7 月 15 日发行的“中民—明华物业信托受益权资产支持专项计划”是全国首只双 SPV 结构的物业服务费资产支持证券，发行金额为 10.5 亿元。在本产品中，晋城银行与信托公司签订信托合同，在信托公司设立单一资金信托并获得信托受益权；信托公司与上海明华物业管理有限公司签订《明华物业信托贷款合同》，构建信托贷款，同时明华物业将特定物业服务合同债权质押给信托公司，并以物业费收入作为信托贷款的主要还款来源；证券公司为计划管理人设立资产支持专项计划，发行资产支持证券募集资金，并将该资金用于购买晋城银行持有的信托受益权，由中民物业提供连带责任保证担保。

(4)购房尾款 ABS

购房尾款 ABS 是指以房地产开发公司开发项目的银行按揭贷款或购房者未来应分期支付的房款等应收款为基础资产发行的资产支持证券产品。根据还款来源的不同，购房尾款可以分为银行商业贷款、公积金贷款、组合贷款，以及购房者自行分期付款等。购房尾款 ABS 实质上是房地产开发公司的应收账款证券化，可以提前将房地产公司的部分流动资产变现，使预售资金提前回流，缓解公司的资金占用压力，提高资金使用率等。购房尾款 ABS 中一般会设置循环购买结构，即在循环期内，基础资产的现金流回款在循环购买日购买后续基础资产；循环购买频率通常为按季或按半年循环购买。

上海世茂建设有限公司于2015年11月13日发行的“汇添富资本—世茂购房尾款资产支持专项计划”是全国首只购房尾款资产支持证券，发行金额为6亿元。本产品以世茂集团旗下位于一、二线城市的项目公司对其购房者的购房尾款应收账款作为基础资产，将南京海峡开发、福建世茂置业、厦门市世茂新纪元等项目公司涉及的购房尾款进行资产证券化。此后，多家房地产公司发行购房尾款ABS产品。

(5)供应链金融ABS

供应链金融ABS是指以房地产开发公司及其下属项目公司的应付账款作为主要还款来源的资产证券化产品。房地产业务形成的应收账款主要有两类：一类是上游供应商因提供货物或服务、承包工程等对供应链核心企业形成的应收账款债权；另一类是核心企业因其下游销售房产而形成的应收账款债权。

供应链金融ABS有三种模式：①应收账款类资产证券化，基础资产为债权人(多为核心企业)对下游客户的应收账款债权；②保理债权资产证券化，基础资产是保理公司的保理应收款，保理公司是有融资需求以转让保理应收款的融资方；③基于产业链核心企业的反向保理资产证券化，发起方通常是作为债务人的核心企业，基础资产为多个上游中小企业供应商对于核心企业(或其下属项目公司)的应收账款，是围绕核心企业信用而反向衍生出的“1+N”的反向保理模式。

深圳市前海一方商业保理有限公司作为原始权益人于2016年7月27日发行的“平安证券—万科供应链金融1号资产支持专项计划”是全国首只供应链金融资产支持证券，发行金额为13.07亿元，基础资产为万科企业股份有限公司上游供应商对其下属各区域项目公司的应收账款。万科通过出具付款确认书并以债务加入的形式成为各笔入池应收账款债权的共同债务人，债权人可以选择向万科或者原始权益人直接要求还款。

(四)特定品种资产支持证券

特定品种资产支持证券是指基础资产来源、转让基础资产所取得资金的用途等基本要素符合国家宏观战略和产业政策特定方向的资产支持证券，包括特定领域资产支持证券、可续发型资产支持证券和特定概念资产支持证券三类。

1. 特定领域资产支持证券

特定领域资产支持证券主要包括绿色(含碳中和、蓝色)资产支持证券、住房租赁(含保障性租赁住房)资产支持证券、知识产权资产支持证券、乡村振兴资产支持证券、科技创新资产支持证券、低碳转型资产支持证券和“一带一路”资产支持证券等。

(1)绿色资产支持证券

绿色资产支持证券是交易所于 2016 年推出的特定领域资产支持证券。绿色资产支持证券应当符合下列条件之一:

①基础资产全部以绿色项目所产生的收入作为收益支持;

②转让基础资产所取得资金全部用于支持符合规定条件的绿色产业、绿色项目或绿色经济活动,包括绿色项目的建设、运营、收购,补充项目配套营运资金或偿还绿色项目的有息债务。

新疆金风科技股份有限公司于 2016 年 8 月 3 日发行的“银穗盈·金风科技风电收费收益权绿色资产支持专项计划”是全国首只绿色资产支持证券,发行金额为 12.75 亿元。本产品的基础资产是 3 个项目公司下的 5 个风电站项目 5 年(2016—2021 年)的电费收益权,其中 3 个项目公司是哈密天润、平陆天润和金风天翼,5 个风电站项目是哈密天润十三间房风电场一至三期、平陆张店镇风电场、达坂城金风风电场,装机规模均为 49.5MW。

绿色资产支持证券包括碳中和绿色资产支持证券和蓝色资产支持证券两个子品种:

①碳中和绿色资产支持证券

这是指基础资产全部以碳中和项目所产生的收入作为收益支持,或者转让基础资产所取得的资金全部用于碳中和项目建设、运营、收购,或偿还碳中和项目贷款、补充碳中和项目配套营运资金的资产支持证券,可以在资产支持证券全称中使用“碳中和绿色资产支持证券”标识。

龙源电力集团股份有限公司于 2021 年 3 月 30 日发行的“龙源电力可再生能源电价附加补助 2 期绿色资产支持专项计划(专项用于碳中和)”是全国首只碳中和绿色资产支持证券,发行金额为 10.3 亿元。本项目基础资产是从发电企业处受让取得的、已销售电量享有的尚未收回的可再生能源电价附加补助资金应收账款。根据对应的特定电场项目的不同,基础资产区分为储备基础资产和初始基础资产,以龙源阿拉山口风电场四期(江巴斯)49.5 兆瓦风电项目、龙源哈密巴里坤三塘湖风电场一期 49.5 兆瓦发电工程为储备基础资产,其余特定电场项目对应的基础资产部分为初始基础资产。

②蓝色资产支持证券

这是指基础资产全部以海洋保护和海洋资源可持续利用相关项目所产生的收

入作为收益支持，或者转让基础资产所取得的资金全部用于支持海洋保护和海洋资源可持续利用相关项目的资产支持证券，可以在资产支持证券全称中使用“蓝色资产支持证券”标识。

中交第三航务工程局有限公司于 2022 年 12 月 16 日发行的“中国交建应收账款 1 号第 11 期绿色资产支持专项计划（蓝色）”是全国首只蓝色资产支持证券，发行金额为 9.47 亿元。本产品的基础资产为中交第三航务工程局的应收账款债权和/或工程尾款债权，入池资产共涉及 12 个债务人的 14 笔应收账款债权和/或工程尾款债权。

（2）住房租赁资产支持证券

住房租赁资产支持证券是交易所于 2018 年推出的特定领域资产支持证券。基础资产现金流主要来源于保障性租赁住房项目所产生的收入的，可以在资产支持证券全称中使用“保障性租赁住房资产支持证券”标识。保障性租赁住房项目应当符合《国务院办公厅关于加快发展保障性租赁住房的意见》（国办发〔2021〕22 号）相关规定。

武汉城市发展投资有限公司于 2018 年 11 月 8 日发行的“长江资管—武汉地产公租房资产支持专项计划”是全国首只住房租赁资产支持证券，发行金额为 8.915 亿元。本产品以惠民居、青和居、惠康居、中央华城、青雅居 5 个公租房项目作为基层资产，共有 11 434 套租赁住房，借款人/出质人/售回与购回承诺人为武汉地产开发投资集团有限公司，资产服务机构和共同债务人为武汉市保障性住房投资建设有限公司。

（3）知识产权资产支持证券

知识产权资产支持证券是交易所于 2018 年推出的特定领域资产支持证券。基础资产现金流主要来源于知识产权项目所产生的收入的，可以在资产支持证券全称中使用“知识产权资产支持证券”标识。知识产权包括著作权、专利权、商标权以及权利人依法享有的相关专有权利。知识产权资产支持证券应当符合下列条件之一：

①基础资产现金流 70％以上来源于知识产权通过转让、许可等方式所产生的收入或为知识产权融资所形成的债权；

②转让基础资产所取得资金 70％以上用于取得知识产权。

天津聚量商业保理有限公司于 2018 年 12 月 25 日发行的“奇艺世纪知识产权供应链金融资产支持专项计划”是全国首只知识产权资产支持证券，发行金额为 4.7 亿元。本产品的基础资产为上游内容合作方与奇艺世纪之间知识产权交易形成的应收账款，即原始权益人对债务人享有的版权应收账款债权，对债务人享有的、要求债务人履行相应的付款义务及支付滞纳金、违约金、损害赔偿金的请求权，以及基于该等请求权而享有的全部附属担保权益（如有）。

（4）乡村振兴资产支持证券

乡村振兴资产支持证券是交易所于 2021 年推出的特定领域资产支持证券。乡村振兴资产支持证券应当符合下列条件之一：

①基础资产现金流 70％以上来源于乡村振兴领域所产生的收入或为乡村振兴领域融资所形成的债权；

②转让基础资产所取得资金 70％以上用于巩固脱贫攻坚成果、推动脱贫地区发展和乡村全面振兴，包括乡村振兴领域相关项目的建设、运营、收购，或者偿还项目贷款等。

安吉租赁有限公司于 2021 年 11 月 24 日发行的“安和第 3 期资产支持专项计划（乡村振兴）”是全国首只乡村振兴资产支持证券，发行金额为 14.02 亿元。本产品的基础资产为原始权益人依据租赁合同对承租人享有的租金请求权和其他权利及其附属担保权益，其中租金请求权和其他权利/应收租赁款是指对各承租人享有的全部债权，包括未偿本金余额、利息、违约金，损害赔偿金，租赁物件留购价款等；附属担保权益包括但不限于抵押权、质权、第三方保证、保证金等。本产品 70％以上的入池资产及募集资金新增投放资产所对应的承租人位于乡村地区，车型主要为轻微型卡车、货车等常用于支持农业生产建设及居民生产经营的车型，有助于促进乡村地区人口稳定就业、优化乡村就业结构。

（5）科技创新资产支持证券

科技创新资产支持证券是交易所于 2022 年推出的特定领域资产支持证券。科技创新资产支持证券基础资产转让所取得资金用于科技研发投入、国家重大科技项目等特定专项用途的，可以在资产支持证券名称中增加专项标识。科技创新资产支持证券应当符合下列条件之一：

①基础资产现金流 70％以上来源于科技创新领域所产生的收入或为科技创新领域融资所形成的债权。

②转让基础资产所取得资金 70％以上用于科技创新领域，包括用于科技创新领域相关的研发投入，科技创新领域相关项目的建设、并购、运营，对科技创新企业进行权益出资等。科创升级类、科创投资类和科创孵化类原始权益人，用于产业园区或孵化基础设施相关用途比例不得超过 30％。

深圳市高新投小额贷款有限公司于2022年4月14日发行的“山区—高新投知识产权5号资产支持专项计划(科技创新)”是全国首只科技创新资产支持证券,发行金额为2.06亿元。本产品的基础资产为深圳市高新投小额贷款有限公司对深圳市12家科技创新型民营企业发放的知识产权质押贷款债权,底层借款人均注册在深圳市南山区,所属行业涵盖新一代信息技术、高端装备制造、生物医药、智能制造等多个领域。本产品基础资产对应的质押知识产权有26项,包含发明专利、外观专利和实用新型专利等类型。

(6)低碳转型资产支持证券

低碳转型资产支持证券是交易所于2022年推出的特定领域资产支持证券。低碳转型资产支持证券的计划管理人可以通过遴选关键绩效指标和低碳转型目标,明确目标达成时限,并将资产支持证券条款与原始权益人低碳转型目标相挂钩,发行低碳转型挂钩资产支持证券。

中交上海航道局有限公司于2022年9月16日发行的“民生证券—中交上航局应收账款2022年1期资产支持专项计划(低碳转型挂钩)”是全国首只低碳转型资产支持证券,发行金额为9.9亿元。本产品的基础资产为原始权益人依据工程合同及基础资产转让合同对付款义务人及担保人享有的应收账款和/或工程尾款债权及其附属担保权益。本产品为关键绩效指标对应选取了1个低碳转型目标,即在中交上海航道局有限公司2021年度万元营业收入综合能耗0.162 2吨标煤/万元的基础上,2024年度万元营业收入综合能耗不超过0.157 3吨标煤/万元,即较2021年下降3%。

(7)“一带一路”资产支持证券

“一带一路”资产支持证券是交易所于2023年推出的特定领域资产支持证券。“一带一路”资产支持证券应当符合下列条件之一:

①基础资产现金流70%以上来源于“一带一路”项目所产生的收入或为“一带一路”项目融资所形成的债权;

②转让基础资产所取得资金70%以上用于“一带一路”建设,包括投资、建设或运营“一带一路”项目,偿还“一带一路”项目所形成的专项有息债务,或者开展“一带一路”沿线国家(地区)业务等。

南通东灶港口发展有限公司于2023年9月25日发行的“华夏—平安—东灶港港口收费收益权第1期资产支持专项计划(一带一路—长江经济带)”是全国首只“一带一路”资产支持证券,发行金额为8.22亿元。本产品的基础资产是南通东灶港口发展有限公司在黄海南部小庙洪水道西端深槽西侧、海门东灶港水域的南通港吕四港区东灶港作业区 2 万吨级通用码头(即“东灶港码头”)提供相应的港口停泊服务、港口货物装卸服务、进出港及靠离泊警戒技术服务与库场使用服务而享有的港口收费收益权。原始权益人是江苏省参与实施“一带一路”倡议的组成部分,基础资产现金流来源于“一带一路”产生的收入。

2. 可续发型资产支持证券

可续发型资产支持证券是交易所于 2021 年推出的产品。可续发型资产支持证券是指以能够产生持续稳定现金流的基础资产为支持,以后一期资产支持证券募集资金、基础资产现金流回款、增信主体流动性支持作为偿付资金来源,滚动连续发行的短期资产支持证券。可续发型资产支持证券的基础资产原则上应当为应收账款(含供应链)、租赁债权、小额贷款债权等权属清晰、现金流明确可预测的既有债权类资产。偿付资金来源包含后一期资产支持证券募集资金的,资产支持证券名称中应当标注“资产支持证券(可续发型)”。

中国电建集团租赁有限公司于 2021 年 12 月 24 日发行的“电建租赁第 1 期绿色租赁资产支持专项计划(续发型)”是全国首只可续发型资产支持证券,发行金额为 11.62 亿元。本产品的基础资产是中国电建集团租赁有限公司依据融资租赁合同对承租人享有的租金请求权和其他权利及其附属担保权益。本产品分 N 号发行,预计第 1 号至第 N－1 号优先级资产支持证券本金的偿付来源为基础资产的回收款和第 N 号优先级资产支持证券的募集资金,最后一号优先级资产支持证券本金的偿付来源为基础资产的回收款及差额支付资金等。

3. 特定概念资产支持证券

特定概念资产支持证券是指基础资产具备特定领域、特定种类的特点,虽然没有专门的监管规则,但是具备较强的创新性、可参考性和可复制性。从公开发行数据来看,特定概念资产支持证券包括如下类型:

(1)保单质押贷款资产支持证券

太平人寿保险有限公司于 2016 年 3 月 28 日发行的“太平人寿保单质押贷款债权支持 1 号专项计划”是全国首只保单质押贷款资产支持证券,发行金额为 5 亿元。本产品的基础资产为投保人可以以所持有保单现金价值作为担保,从保险公司获得贷款。为保护客户权益,针对每一笔保单质押贷款,太平人寿都将征得贷款人对“公司转让合同项下债权”的书面同意后再进行后续处理,且全过程中客户无需与任何第三方发生直接接触,客户的贷款、还款行为与以往没有任何变化。

(2)高端制造资产支持证券

中国康富国际租赁股份有限公司于2019年6月27日发行的“华泰—海通—康富租赁高端制造1期资产支持专项计划”是全国首只高端制造资产支持证券，发行金额为1.7亿元。本产品的基础资产为中国康富国际租赁股份有限公司核心业务之一的工程机械租赁资产，租赁设备为三一集团制造的高端工程机械设备，并由三一集团对逾期基础资产提供垫付及回购承诺。

(3)长三角一体化资产支持证券

绿城商业保理(上海)有限公司于2019年7月24日发行的“中信建投—绿城保理—绿城长三角一体化供应链金融1号资产支持专项计划”是全国首只长三角一体化资产支持证券，发行金额为11.74亿元。本产品入池基础资产的总规模为75 337.49万元，共包括310笔合同，涉及159个初始债权人，以及债务人绿城房地产集团有限公司和绿城集团49个下属子公司共50个债务人，分布于以浙江为核心的长三角地区。

(4)特许经营权资产支持证券

北京首汽(集团)股份有限公司于2019年12月12日发行的“中国中投证券—首约科技特许经营收入资产支持专项计划”是全国首只特许经营权资产支持证券，发行金额为15.8亿元。在本产品中，首汽集团作为委托人对首约科技(北京)有限公司的借款是底层借款债权，作为信托财产信托给光大兴陇信托有限责任公司，底层借款债权还款来源和质押财产是首约科技的网约车营运收入。

(5)疫情防控资产支持证券

中车商业保理有限公司于2020年2月25日发行的“中金—中车保理供应链金融3期资产支持专项计划(疫情防控ABS)”是全国首只疫情防控资产支持证券，发行金额为5.39亿元。本产品的基础资产为中车青岛四方机车车辆股份有限公司、中车洛阳机车有限公司、中车山东机车车辆有限公司、中车长春轨道客车股份有限公司、中车大同电力机车有限公司和中车株洲电力机车有限公司6家企业的部分应付账款。

(6)数字经济资产支持证券

深圳市高新投小额贷款有限公司于2021年8月27日发行的“龙华区—万和证券—高新投知识产权1号资产支持专项计划(数字经济Ⅰ)”，发行金额为2.02亿元。本产品的基础资产为对中小企业的小额贷款，涉及的主要服务对象均是数字经济领域的企业。

(7)能源保供资产支持证券

国能(北京)商业保理有限公司于 2021 年 11 月 29 日发行的“国家能源集团—工银瑞投—能源保供 1 期资产支持专项计划”是全国首只能源保供资产支持证券，发行金额为 50 亿元。本产品的基础资产为国家能源集团辖内电厂的应收电费款，募集资金用于国家能源集团旗下 15 个省市共计 35 家发电供热企业，为相关企业提供了高效、低成本的资金，切实保障能源供应。

(8)长江经济带资产支持证券

葛洲坝集团交通投资有限公司于 2022 年 6 月 21 日发行的“招商—葛洲坝内遂高速长江经济带资产支持专项计划”是全国首只长江经济带资产支持证券，发行金额为 60.13 亿元。本产品的基础资产为葛洲坝集团以 BOT 方式投资建设的四川省内江至遂宁高速公路项目，即内遂高速公路。内遂高速公路联通成渝、成南、绵渝等多条高速公路，与成渝、内昆等铁路形成铁路、公路联运合力，是连接中国大西北和大西南的高速大动脉，也是当前成渝地区双城经济圈中唯一一条从川东北到川南的高速公路。

(9)畅通货运物流资产支持证券

狮桥融资租赁(中国)有限公司于 2022 年 6 月 22 日发行的“狮桥中信证券普惠 11 期资产支持专项计划(畅通货运物流)”是全国首只畅通货运物流资产支持证券，发行金额为 8.815 2 亿元。本产品的基础资产涉及 4 519 个承租人签署的 5 816 笔租赁合同，均为运输行业重卡业务。

(10)专精特新资产支持证券

科学城(广州)融资租赁有限公司于 2022 年 7 月 26 日发行的“中金—科学城租赁(专精特新)资产支持专项计划”是全国首只专精特新资产支持证券，发行金额为 4.31 亿元。本产品的底层资产中承租人属于“小巨人”和省级、市级专精特新中小企业名单的入池资产金额比例超过 70%，项目的发行旨在服务“专精特新”中小企业。

(11)“20+8”产业集群资产支持证券

深圳市高新投小额贷款有限公司于 2022 年 12 月 8 日发行的“龙华区—万和证券—高新投知识产权 4 号资产支持专项计划(‘20+8’产业集群)”是全国首只“20+8”产业集群资产支持证券，发行金额为 1.77 亿元。2022 年 6 月 28 日，深圳市人民政府发布《深圳市人民政府关于发展壮大战略性新兴产业集群和培育发展未来产业的意见》，提出发展壮大 20 个战略性新兴产业集群，瞄准培育 8 个未来产业。本产品的基础资产涉及 11 笔小额贷款，借款人全部位于广东省，涉及的行业为软件和信息技术服务业和安全节能环保产业。

(12)革命老区资产支持证券

江苏新华日报商业保理有限公司于 2022 年 12 月 29 日发行的“新华保理—新江苏红色传承第 1 期保理债权资产支持专项计划(革命老区)”是全国首只革命老区资产支持证券，发行金额为 5.1 亿元。本产品的基础资产来源于盐城、徐州和淮安等革命老区的基础设施建设应收账款，包括高效农业项目、锡沂高新区长江大道(鸭绿路—长信路)工程、“一片林”项目等，募集资金全部用于为革命老区企业提供资金支持，助力江苏革命老区建设发展。

(13)保交楼资产支持证券

中国信达资产管理股份有限公司于 2023 年 2 月 24 日发行的“信达明远 5 号续发型纾困资产支持专项计划(专项用于保交楼)”是全国首只保交楼资产支持证券，发行金额为 100.430 5 亿元。本产品的基础资产涉及 13 个债务人形成的 14 笔债权资产，分布于陕西省、江苏省和山西省等区域。信达资产拟将不低于 70%的募集资金用于化解各地房地产风险项目，推动问题楼盘复工复产，实现顺利交付，落实国家“保交楼、保民生、保稳定”相关要求。

(14)海南自由贸易港资产支持证券

声赫(深圳)商业保理有限公司于 2023 年 4 月 28 日发行的“平安—崖州湾科技城控股集团供应链金融 1 期资产支持专项计划(海南自由贸易港)”是全国首只海南自由贸易港资产支持证券，发行金额为 3.01 亿元。2020 年 6 月 1 日，中共中央、国务院印发《海南自由贸易港建设总体方案》;海南自由贸易港 11 个重点园区于 6 月 3 日举行挂牌仪式。本产品的基础资产初始债务人为三亚崖州湾科技城控股集团有限公司，资产池包括 13 笔、余额为 35 037.54 万元的应收账款债权，涉及 10 个原始债权人/供应商和 2 个债务人，债务人均位于三亚市。

(15)科创金融改革试验区资产支持证券

嘉兴科技城建设投资有限公司于 2023 年 5 月 31 日发行的“华泰—嘉兴科技城产业园区一期(科创金融改革试验区)资产支持专项计划”是全国首只科创金融改革试验区资产支持证券，发行金额为 9.36 亿元。2022 年 11 月 21 日，中国人民银行、国家发改委、财政部、原银保监会和证监会等多部门联合印发《上海市、南京市、杭州市、合肥市、嘉兴市建设科创金融改革试验区总体方案》，明确提出按照《长江三角洲区域一体化发展规划纲要》和《国家创新驱动发展战略纲要》要求，推进上海市、南京市、杭州市、合肥市、嘉兴市科创金融改革，加大金融支持创新力度。

(16)海南自贸区资产支持证券

中能建城市投资发展有限公司于 2023 年 6 月 20 日发行的“海通国君—中能建城市发展公司海南嘉佩乐酒店(海南自贸区)资产支持专项计划”是全国首只海南自贸区资产支持证券，发行金额为 21.01 亿元。海南嘉佩乐酒店位于海南省陵水黎族自治县土福湾度假区内，营业收入包括客房收入、餐饮收入、娱乐康体等其他收入及商铺租赁收入。

(17)大湾区高端智造资产支持证券

珠海横琴金投商业保理有限公司于 2023 年 9 月 15 日发行的“横琴金投—供应链金融 1 期资产支持专项计划(大湾区高端智造)”是全国首只大湾区高端智造资产支持证券，发行金额为 2.81 亿元。本产品的基础资产笔数为 42 笔，涉及 24 个债权人、7 个债务人，入池应收账款类型全部为贸易采购款，债务人所在行业主要集中于通用设备制造业。

(18)半导体与集成电路资产支持证券

深圳市高新投小额贷款有限公司于 2023 年 12 月 5 日发行的“福田区—高新投知识产权 6 号资产支持专项计划(半导体与集成电路)”是全国首只半导体与集成电路资产支持证券，发行金额为 1.36 亿元。本产品的基础资产涉及贷款合同 8 笔，借款人行业主要集中于计算机、通信和其他电子设备制造业，软件和信息技术服务业，对应的贷款均有质押担保和保证担保，质押物包括发明专利和实用新型。

(19)助力产业升级资产支持证券

海发宝诚融资租赁有限公司和远海融资租赁(天津)有限公司作为原始权益人于 2024 年 2 月 2 日发行的“海发宝诚融资租赁远航 2 号第 4 期资产支持专项计划(助力产业升级)”是全国首只助力产业升级资产支持证券，发行金额为 15.838 亿元。本产品的基础资产对应承租人所在行业主要分布于工程建设、轻工和教育行业等，通过融资租赁助推产业类承租人新建生产线、设备更新和技术改造等，支持推动产业布局优化和结构调整，以服务产业升级战略。

(20)碳资产支持证券

深圳市中小担小额贷款有限公司于 2024 年 7 月 15 日发行的“深圳担保集团—南山区—中小微企业 19 号资产支持专项计划(碳资产)”是全国首只碳资产支持证券，发行金额为 1.15 亿元。本产品的基础资产为原始权益人依据借款合同对借款人享有的本息请求权和其他权利及其附属担保权益，借款合同的担保方式为深圳市深担增信融资担保有限公司对借款人的偿付义务所提供的一般责任保证担保和借款人提供的碳排放权质押担保。

(21)“14+7”产业集群资产支持证券

深圳市高新投小额贷款有限公司于 2024 年 7 月 31 日发行的“南山区—高新投知识产权 15 号资产支持专项计划(‘14+7’产业集群)”是全国首只“14+7”产业集群资产支持证券,发行金额为 2.11 亿元。2023 年 11 月 2 日,深圳市南山区工业和信息化局发布《深圳市南山区创新型现代化产业体系“十四五”发展规划》,提出为贯彻落实深圳市“20+8”产业集群统一部署,南山区重点发展十四大战略性新兴产业集群和七大未来产业。本专项计划的基础资产共涉及 18 个借款人,其中 16 个借款人属于“14+7”产业集群,入池资产金额占比为 89.57%。

(22)中小微企业高质量发展资产支持证券

三一融资租赁有限公司于 2024 年 8 月 29 日发行的“中金公司-中信证券-三一租赁智能装备第 7 期资产支持专项计划(中小微企业高质量发展)”是全国首只中小微企业高质量发展资产支持证券,发行金额为 9.01 亿元。本产品基础资产的法人和承租人均为中小微企业,入池资产均为三一集团旗下产品,产品类型涵盖挖掘机、起重机、装载机、采煤机、叉车、泵车、纯电动牵引车、锂电池、新能源搅拌车、新能源叉车、新能源自卸车、沥青搅拌站、压路机、混凝土搅拌机等。

(23)数智技术资产支持证券

深圳市高新投小额贷款有限公司于 2024 年 9 月 19 日发行的“深圳市知识产权 7 号-高新投资产支持专项计划(数智技术)”是全国首只数智技术资产支持证券,发行金额为 0.76 亿元。本产品的基础资产池涉及贷款合同 5 笔,资产池借款人 50%以上的主营业务或产品涉及数字化、智能化:深圳市奇见科技有限公司提供互联网+智能立体停车解决方案;深圳市恒扬数据股份有限公司提供智能化数据采集、系统分析、统一加速管理解决方案;深圳市华汉伟业科技有限公司聚焦机器视觉、人工智能技术和产品的自主研发;深圳市泛海统联精密制造股份有限公司的产品制造主要采用了各种精密制造工艺,主要制程工序皆已实现自动化。

第六节　境外债券产品

境外债券是指境内企业及其控制的境外企业或分支机构向境外举借的、以本币或外币计价、按约定还本付息的债务工具。境外债券的监管机构包括中国人民银行、国家发改委和国家外汇管理局。

一、境外债券概述

(一)境外债券的种类

根据债券特征以及发行方式的不同,境外债券可以分为公开发行或私募配售、单次发行或中期票据下提款、固息或浮息、投资级或高收益、优先级或次级等。根据债券的币种,境外债券可以分为美元债券、点心债券、自贸区债券、莲花债券和玉兰债券等产品。

1. 美元债券

美元债券是境内企业及其控制的境外企业或分支机构向境外举借的、以美元计价、按约定还本付息的债券。房地产美元债、城投美元债和金融美元债是美元债券的三大主流品种。

2. 点心债券

点心债券(dim sum bonds)是指境内机构在香港发行的以人民币计价的债券。中国人民银行和国家发改委于 2007 年 6 月 8 日联合印发《境内金融机构赴香港特别行政区发行人民币债券管理暂行办法》[①],开启了主要以中资金融机构以及国际金融机构为发行人的点心债券试点。

3. 自贸区债券

自贸区债券是发行人(境内、自贸区内及境外的金融机构或企业)面向上海自由贸易试验区内及境外已开立自由贸易账户的机构投资者所发行的以人民币计价的债券品种。

4. 莲花债券

莲花债券是指金融机构、非金融企业依据澳门特别行政区政府颁布的《公司债券发行及交易转让管理指引》在中华(澳门)金融资产交易股份有限公司(简称"MOX")发行的离岸人民币债券。

5. 玉兰债券

玉兰债券主要以美元和欧元计价,将通过中国银行间债券市场票据交换所——上海清算所——发行"玉兰债"的国际投资者在欧洲清算银行的网络内进行结算。玉兰债券是上海清算所与欧洲清算银行合作通过金融基础设施跨境互联互通,服务

① 资料来源:中国人民银行网站,http://www.pbc.gov.cn/tiaofasi/144941/3581332/3585031/index.html

中国发行人面向国际市场发债的创新业务。

(二)境外债券的优势

对于发行人来说,境外债券具备如下优势:

1. 拓展新的投融资渠道

通过发行境外债券,可以拓宽境内发行主体的融资渠道,提高融资方式的灵活性。发行海外优先无担保债券不需要增信方式,对融入资金的使用方向没有限制,能显著拓宽企业的投资人群体,丰富资金来源,完善融资渠道多元化,极大增强财务灵活性。

2. 境外债券存在监管优势

目前境内信用债券的申报发行监管呈收紧的趋势,而境外债券发行监管较为独立、稳定,可以为企业融资起到重要的补充作用。与此同时,境外债券在发行审查、资金监管、条款设计等方面较为宽松,发行效率和后续资金使用便利度较高。

3. 打开低成本中长期债务融资渠道

发行人通过发行境外债券可以进入国际债券资本市场,有效利用成本低、期限长的资金,将有效改善公司债务期限结构并降低公司的融资成本。

4. 提升公司国际形象及知名度

发行人取得良好的国际信用评级和成功发行境外债券,能进一步提升公司的形象和知名度,展现公司的实力。

二、境外债券的审核政策

境外债券的审核主要涉及发行审批和资金使用两大环节,由中国人民银行总体监督管理,由国家发改委负责发行审批监管、国家外汇管理局负责资金使用监管。国家发改委负责发行审批监管的部门是外资司,国家外汇管理局负责资金使用监管的部门是资本项目管理司。

根据监管政策来划分监管阶段,境外债券的审核政策经历了严格—宽松—严格的变化。

1. 在2015年之前,境外债券的监管很严格,主要监管政策是《国务院办公厅转发国家计委、人民银行关于进一步加强对外发债管理意见的通知》(国办发〔2000〕23号)[①]。国办发〔2000〕23号文明确将可转换债券、大额可转让存单、商业票据视同对

① 资料来源:国务院网站,http://www.gov.cn/gongbao/content/2000/content_60112.htm

外发债进行管理，外债发行实行审核批准制，发行监管严格，企业境外直接发债的门槛较高。

在境内企业的发债资格认定方面，由原国家计委会同人民银行和有关主管部门，借鉴国际惯例进行评审后报国务院批准，发债资格每两年评审一次。而在对外发债审批方面，境内机构对外发债，经原国家计委审核并与国家外汇管理局会签后报国务院审批。国务院批准后，市场选择、入市时机等由国家外汇管理局审批。

2. 2015 年至 2017 年，境外债券的发行申报监管有所放松，取消企业发行外债的额度审批，改革创新外债管理方式，实行备案登记制管理，境外债券发行规模大幅提高。

3. 2018 年以后，境外债券的监管趋严，对部分行业和低资质主体境外发债提出更高要求。出于控制外债风险以及配合国家房地产行业和地方政府债务监管政策的考虑，企业境外发债政策略有收紧。

中国人民银行、国家发改委和国家外汇管理局等监管机构的境外债券审核政策情况如下：

(一)中国人民银行监管政策

1. 中国人民银行于 2017 年 5 月印发《关于全口径跨境融资宏观审慎管理有关事宜的通知》(银发〔2017〕9 号)[①]，明确建立宏观审慎规则下基于微观主体资本或净资产的跨境融资约束机制，企业和金融机构均可按规定自主开展本外币跨境融资。但是银发〔2017〕9 号文明确政府平台和房地产企业不能发行外债。

2. 中国人民银行于 2018 年 1 月印发《关于进一步完善人民币跨境业务政策促进贸易投资便利化的通知》(银发〔2018〕3 号)[②]，境内企业在境外发行人民币债券，按全口径跨境融资宏观审慎管理规定办理相关手续后，可根据实际需要将募集资金汇入境内使用。境内企业在境外发行股票募集的人民币资金，可按实际需要汇入境内使用。

(二)国家发改委监管政策

1. 国家发改委于 2015 年 9 月 14 日印发《关于推进企业发行外债备案登记制管理改革的通知》(发改外资〔2015〕2044 号)[③]，对境外债券的发行流程进行了优化，对

① 资料来源：平顶山人民政府网站，http://www.pds.gov.cn/contents/22445/133378.html

② 资料来源：国务院网站，http://www.gov.cn/xinwen/2018-01/06/content_5253804.htm

③ 资料来源：国家发改委网站，https://www.ndrc.gov.cn/xxgk/zcfb/qt/202008/t20200813_1236072.html

于境外债券的发展起到了很大的促进作用。

(1)明确外债的含义和范围

发改外资〔2015〕2044号文明确外债包括境内企业及其控制的境外企业或分支机构向境外举借的、以本币或外币计价、按约定还本付息的1年期以上债务工具,包括境外发行债券、中长期国际商业贷款等。

(2)改革外债管理方式

发改外资〔2015〕2044号文取消企业发行外债的额度审批,改为实行备案登记制管理,放开了对境内企业直接发行境外债券的监管,明确企业发行外债需要事前向国家发改委申请办理备案登记手续。

(3)明确资金的重点投资领域

发改外资〔2015〕2044号文引导资金投向国家鼓励的重点行业及重点领域,如"一带一路"、京津冀协同发展、长江经济带与国际产能和装备合作等重点工程建设和重点领域投资。

(4)明确企业发行外债的基本要求

发改外资〔2015〕2044号文要求,外债发行企业需要信用记录良好,已发行债券或其他债务未处于违约状态;具有良好的公司治理和外债风险防控机制;资信情况良好,具有较强的偿债能力。

2. 国家发改委于2015年12月18日印发《企业境外债券发行指引》[①],明确企业境外发债应按规定事前申请备案登记,事后及时报送发行信息。同时明确外债包括但不限于普通债、高级债、金融债、永续债、可转债、优先股等境外债务性融资工具。

3. 国家发改委和财政部于2018年5月11日联合印发《关于完善市场约束机制严格防范外债风险和地方债务风险的通知》(发改外资〔2018〕706号)[②],确定了境外债如下关注事项:

(1)对地方政府举债做了明确的限制

发改外资〔2018〕706号文严禁企业以各种名义要求或接受地方政府及其所属部门为其市场化融资行为提供担保或承担偿债责任,切实做到"谁用谁借、谁借谁还、审慎决策、风险自担"。

---

① 资料来源:国家发改委网站,https://www.ndrc.gov.cn/fggz/lywzjw/wzgl/201512/t20151218_1048061.html

② 资料来源:国家发改委网站,http://www.ndrc.gov.cn/zcfb/zcfbtz/201805/t20180517_886505.html

(2)进一步明确募集资金支持领域

发改外资〔2018〕706 号文明确外债的募集资金重点用于支持创新发展、绿色发展、战略性新兴产业、高端装备制造业以及"一带一路"建设和国际产能合作等。

(3)明确提出防控外债风险

发改外资〔2018〕706 号文要求企业举借中长期外债要统筹考虑汇率、利率、币种及资产负债结构等因素,灵活运用货币互换、利率互换、远期外汇买卖、期权、掉期等金融产品,防控外债风险。

(4)明确不得将企业信用与地方政府信用挂钩

发改外资〔2018〕706 号文明确要求,债券募集说明书和信用评级报告等材料中,均严禁与政府信用挂钩,不得披露所在地区财政收支、政府债务数据等可能存在政府信用支持的信息。同时,发改外资〔2018〕706 号文再次明确不得将公益性资产及储备土地使用权计入企业资产。

4. 国家发改委于 2018 年 6 月 15 日印发《国家发展改革委有关负责人就企业违规发行外债事宜答记者问》①,对境外发债违规企业实行"三次警示"方式:

(1)第一次警示

如初次发现企业发行外债有未事先办理备案等违反发改外资〔2015〕2044 号文相关规定的行为,约谈企业和承销商、律所等中介机构,并在国家发改委官网发布相关警示公告。

(2)第二次警示

如再次发现违规行为,则在国家发改委官网点名警示违规企业和相关中介机构,通报其违规行为。

(3)第三次警示

如第三次发现违规行为,则会同有关部门对有关企业和中介机构进行问责,暂停有关企业的境外发债备案登记和有关中介机构参与发行外债。

5. 国家发改委于 2019 年 6 月 6 日印发《关于对地方国有企业发行外债申请备案登记有关要求的通知》(发改办外资〔2019〕666 号)②,提出了如下要求:

(1)明确备案登记范围

发改办外资〔2019〕666 号文明确所有企业及其控制的境外企业或分支机构发

---

① 资料来源:国家发改委网站,http://www.ndrc.gov.cn/xwzx/xwfb/201806/t20180615_889523.html

② 资料来源:国家发改委网站,http://www.ndrc.gov.cn/zcfb/zcfbtz/201906/t20190613_938528.html?from=timeline&isappinstalled=0

行外债，需由境内企业向国家发改委申请备案登记。

(2)明确企业经营时间要求

发改办外资〔2019〕666号文明确要求地方国有企业发行外债申请备案登记需持续经营不少于三年，这是对于企业成立期限明确的要求。

(3)明确募集资金使用要求

发改办外资〔2019〕666号文明确承担地方政府融资职能的地方国有企业发行外债仅限用于偿还未来一年内到期的中长期外债，这是对于募集资金用途的明确限制。

(4)明确严禁与政府信用挂钩

发改办外资〔2019〕666号文再次明确严禁在发行材料中掺杂可能与政府信用挂钩的误导性宣传信息。

6. 国家发改委于2019年7月9日印发《关于对房地产企业发行外债申请备案登记有关要求的通知》(发改办外资〔2019〕778号)①，明确要求房地产企业发行外债只能用于置换未来一年内到期的中长期境外债务，稳妥选择融资工具，有效防控外债风险。

7. 国家发改委于2023年1月5日印发《企业中长期外债审核登记管理办法》(国家发展和改革委员会令第56号，以下简称"《审核登记管理办法》")②，对企业发行境外债券的审核登记管理办法进行了完善，《关于推进企业发行外债备案登记制管理改革的通知》(发改外资〔2015〕2044号)同时废止。《审核登记管理办法》提出了如下要求：

(1)明确债务工具范围

《审核登记管理办法》明确债务工具的范围包括但不限于高级债、永续债、资本债、中期票据、可转换债券、可交换债券、融资租赁及商业贷款等，进一步明确了长期外债的范围。

(2)完善监管口径

《审核登记管理办法》明确将境内企业通过间接方式到境外借用外债纳入管理范围，对企业通过不同方式举借的外债进行监管全覆盖，监管口径更加全面。

(3)强化募集资金使用监管

① 资料来源：国家发改委网站，https://zfxxgk.ndrc.gov.cn/web/iteminfo.jsp?id=19506

② 资料来源：国家发改委网站，https://www.ndrc.gov.cn/xxgk/zcfb/fzggwl/202301/t20230110_1346285.html?code=&state=123

《审核登记管理办法》对外债募集资金用途管理提出外债用途正面导向和负面清单，明确企业外债募集资金实际用途应与审核登记内容相一致，不得挪作他用，确保资金用途符合我国有关发展战略规划、产业政策和区域政策。

(4)细化审核登记程序

《审核登记管理办法》细化了审核登记程序，进一步明确审核登记的申请时点、主体、途径、材料等要求，规范申请变更的适用情形和办理流程。同时，《审核登记管理办法》以信息披露为核心，提高申报材料的真实性、准确性、完整性。《审核登记管理办法》还进一步完善了外债审核登记网络系统，企业外债审核登记申请、信息报送等主要环节均可以通过网络系统来进行。

(5)加强事中事后监管

《审核登记管理办法》进一步加强了企业外债的事中事后监管，明确联合有关部门和地方发展改革部门建立协同监管机制，通过在线监测、约谈函询、抽查核实等方式开展监督管理。

(6)加大对违规行为的处置力度

《审核登记管理办法》进一步明确企业和相关中介机构违规行为的处置，并要求企业自主做好合规性审查，确保企业举借外债的事中事后监管与事前审核登记更好衔接。

8. 国家发改委于 2024 年 7 月 23 日印发《关于支持优质企业借用中长期外债促进实体经济高质量发展的通知》(发改外资规〔2024〕1037 号)①，对优质企业发行境外债券的条件和审核程序进行了优化。

(1)优质企业认定条件

国家发改委现阶段重点支持同时满足以下条件的企业可以被认定为优质企业，需要注意的是，下列条件需要同时满足，缺一不可。

①符合《企业中长期外债审核登记管理办法》(国家发展和改革委员会令 2023 年第 56 号)等有关规定要求。

②生产经营符合国家宏观调控和产业政策。

③近一年营业收入规模排名行业前五，资产负债率等指标优于行业平均水平。

④企业国际信用评级为投资级(BBB－及以上)或国内信用评级为 AAA。

⑤最近三年：A. 未发生境内外债务违约且不存在处于持续状态的延迟支付本

① 资料来源：国家发改委网站，https://www.ndrc.gov.cn/xxgk/zcfb/ghxwj/202407/t20240723_1391882.html

息事实；B. 无重大违法违规行为，未纳入严重失信主体名单；C. 财务报表未被注册会计师出具否定意见或无法表示意见，如被注册会计师出具保留意见的，保留意见所涉及事项的重大影响已经消除。

(2)优化审核程序

对于优质企业申请办理外债审核登记，国家发改委将在现行管理基础上，实行专项审核，适当简化相关要求，加快办理流程。

①企业可提交包含子公司在内的年度计划性合并外债额度申请。

②如申请借用国际商业贷款，暂无法提供已签署贷款协议，但能提供贷款机构意向性文件的，可予“容缺办理”；企业应在首次提取贷款后向国家发改委报送信息时，补充提供相关贷款协议。

③如申请发行境外债券，暂未确定主承销机构的，可予“容缺办理”；企业应在每笔境外债券发行结束后向国家发改委报送信息时，补充提供主承销机构尽职调查报告和真实性承诺函。

④国内信用评级为 AAA 且国际信用评级达到 A－及以上的企业，申请材料中的专业机构法律意见，可由企业内部法律或合规部门出具。

(三)国家外汇管理局监管政策

1. 国家外汇管理局于 2013 年印发《外债登记管理办法》(汇发〔2013〕19 号)[①]，明确要求债务人按规定借用外债后，应按照规定方式向所在地外汇管理局登记或报送外债的签约、提款、偿还和结售汇等信息。

2. 国家外汇管理局于 2016 年 4 月 29 日印发《关于进一步促进贸易投资便利化完善真实性审核的通知》(汇发〔2016〕7 号)[②]，明确统一中资企业和外资企业外债结汇管理政策，中资非金融企业借用的外债资金可以按现行外商投资企业外债管理规定结汇使用。汇发〔2016〕7 号文是国家外汇管理局首个支持企业申报发行外债的监管文件。

3. 国家外汇管理局于 2016 年 6 月 9 日印发《关于改革和规范资本项目结汇管理政策的通知》(汇发〔2016〕16 号)[③]，明确规定境内企业(包括中资企业和外商投资企业，不含金融机构)外债资金均可按照意愿结汇方式办理结汇手续，中资非金融企

① 资料来源：国务院网站，http://www.gov.cn/zwgk/2013-05/03/content_2395170.htm

② 资料来源：国家外汇管理局网站，http://www.safe.gov.cn/safe/2016/0429/5367.html

③ 资料来源：国家外汇管理局网站，http://www.safe.gov.cn/wps/wcm/connect/safe_web_store/safe_web/zcfg/zbxmwhgl/zbxmzh/node _ zcfg _ zbxm _ zbzh/1c8409804d241f1687cd8fe39639345e? digest = 14mv1os6gonaoicjsshhzw

业借用的外债资金可按照外商投资企业外债管理规定结汇，大幅度缩减了负面清单，并可以自由选择外债资金结汇时机。汇发〔2016〕16号文为企业使用外债资金提供了前置便利，进一步推动了外债市场的发展。

4. 国家外汇管理局于2017年1月26日印发《关于进一步推进外汇管理改革完善真实合规性审核的通知(汇发〔2017〕3号)[①]，进一步明确允许内保外贷的资金调回境内使用，包括以境内放贷、股权投资等方式将担保项下资金直接或间接调回境内使用。汇发〔2017〕3号文进一步完善了企业跨境投融资的规范，为充分利用境外市场提供了便利保障。

5. 国家外汇管理局于2017年3月24日印发《〈关于进一步推进外汇管理改革完善真实合规性审核的通知〉(汇发〔2017〕3号)政策问答(第一期)》[②]，明确境内机构办理境外直接投资登记和资金汇出手续时，均需要提供董事会决议。

6. 国家外汇管理局于2017年4月27日印发《〈关于进一步推进外汇管理改革完善真实合规性审核的通知〉(汇发〔2017〕3号)政策问答(第二期)》[③]，明确进入国内外汇贷款专户的国内外汇贷款，可以由债务人自行选择按照支付结汇或者意愿结汇方式。

7. 国家外汇管理局于2024年4月3日印发《资本项目外汇业务指引(2024年版)》(汇发〔2024〕12号)[④]，明确提出"具有提供担保的意思表示、实质构成担保的维好协议须参照内保外贷管理，境内担保人承担法律性质甄别及登记责任"，进一步加强了对境外债券维好协议发行方式的监管。

三、境外债券的发行模式

境外债券的发行模式可以分为直接发行模式、间接发行模式和备用信用证模式三种。

(一)直接发行模式

直接发行模式是指境内企业作为发行主体直接在境外市场发行债券并将债券募集资金回流至境内的境外债券发行模式。

---

① 资料来源：国家外汇管理局网站，http://www.safe.gov.cn/safe/2017/0126/6821.html

② 资料来源：国家外汇管理局网站，http://www.safe.gov.cn/safe/2017/0324/6911.html

③ 资料来源：国家外汇管理局网站，http://www.safe.gov.cn/safe/2017/0427/6912.html

④ 资料来源：国家外汇管理局网站，http://www.safe.gov.cn/safe/2024/0412/24230.html

1. 发行流程

直接发行模式的具体发行流程如下：

(1)国家发改委登记

企业发行境外债券，需要事前向国家发改委申请办理备案登记手续。企业提交申请后 5 个工作日内，国家发改委决定是否予以受理。企业自受理之日起 7 个工作日内收到《企业发行外债备案登记证明》，发行结束后 10 个工作日内向国家发改委报送发行信息。

(2)国家外汇管理局登记

除财政部门、银行以外的其他境内境外债券发行企业，应当在外债合同签约后 15 个工作日内，到所在地外汇管理局办理外债签约登记手续。

(3)募集资金使用

境外债券发行募集资金可以由企业根据实际需要自主在境内外使用。只要有国家发改委签发的预先登记表及相关汇回的批准，国家外汇管理局就可以同意企业将资金汇回境内。如有任何调回的计划，企业需要与当地外汇管理局进行事先沟通以明确审批程序。

2. 资金回流方式

直接发行模式下，境外债券的资金回流程序较为简单。在完成外汇管理局外债签约登记后，境内企业可将资本金账户中的外汇资本金自行选择时机结转为人民币，纳入结汇待支付账户管理。当境内企业需要实际使用结汇资金进行支付时，再由银行对结汇资金支付用途进行审核。

(二)间接发行模式

间接发行模式是指境内企业(母公司)通过其控制的境外子公司或新设境外 SPV 发行美元债，由境内母公司为境外主体提供担保或其他增信措施。在间接发行模式下，境外债券的发行利率定价主要参考境内企业母公司担保人的信用评级。采取间接发行模式发行境外债券的企业主要是在海外有资金需求的大型企业。间接发行模式中常见的增信方式包括维好协议、资产购买承诺和流动性支持承诺。

1. 常见增信方式

境外债券间接发行模式的常见增信方式如下：

(1)维好协议

维好协议是由境内母公司与境外债券发行子公司之间签署的协议，主要内容包括境内母公司承诺境外平台子公司保持总资本为正，并拥有足够的流动性。从担保效力来看，境外债券维好协议不具有如保证担保下还本付息的法律效力。

(2)资产购买承诺

资产购买承诺是指境内母公司承诺在境外债券发行人无法偿还债务时，母公司将向境外平台子公司购买境内或境外资产的股权，购买资产的股权的价格将不可低于境外平台子公司的债务本息总额，资金所得将用于境外债务的偿还。

(3)流动性支持承诺

流动性支持承诺是指境内母公司承诺以中国法律法规认可的所有方式，为境外发债子公司提供必要的流动性支持，包括但不限于注入资本金、提供跨境借款、建立共享的资金池等。

2. 资金回流方式

间接发行模式下，主要通过两种方式实现资金回流：

(1)向境内放贷模式，即境外发行人将债券募集资金通过借贷的方式提供给境内担保主体。在向境内放贷模式下，除了内保外贷登记手续外，担保方还需就该笔外债在外汇管理局办理外债登记手续。

(2)股权投资模式，即境外发行人使用债券募集资金在境内新设外商投资企业、并购境内企业等实现资金回流，需要满足相关主管部门对外商直接投资(FDI)的管理规定。

(三)备用信用证模式

备用信用证模式主要由境内银行或境内企业向境外发行人提供不可撤销的跨境备用授信(standby facility)，承诺如果境外债券发行人未能按时支付本息，债券持有人可以直接要求银行代为支付。对债券持有人来说，备用信用证是备用于发行人发生违约时取得补偿的一种方式，具有担保的性质；对发行人来说，备用信用证可起到促进发行、降低融资成本的作用。提供备用信用证的银行通常是境内主体的授信行，银行通常会要求发行人提供可接受的反担保措施，并按备用信用证金额的一定比例收取开证费用。

备用信用证模式在法律层面上具备强制担保属性，增信力度更强；而且备用信用证模式对发行人境内母公司资信背景的要求稍低，可以借助银行信用提高债项评级。因此在备用信用证模式下，境外债券的评级一般可以达到银行自身高级债券的水平，发行利率则比银行自身发行的高级债券略高。备用信用证模式发行的流程如图 6—6 所示。

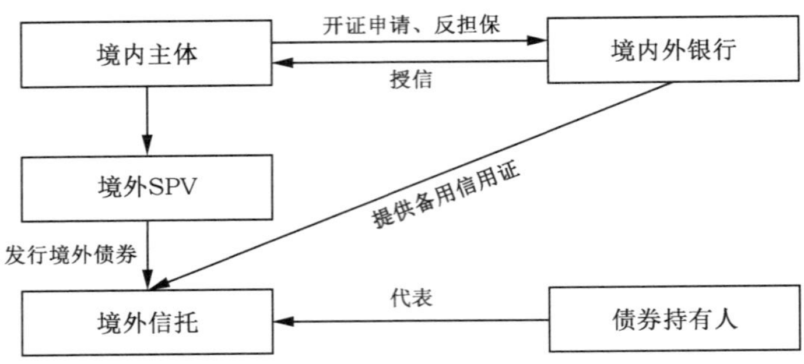

图6—6 境外债券备用信用证发行流程

四、境外债券的审批发行流程和涉及的中介机构

(一)境外债券的审批流程

境外债券审批是发行境外债券最重要的环节,每个节点均有着明确的审批要求。根据国家发改委网站披露的信息,境外债券的审批流程如图6—7所示。

(二)境外债券的发行流程

从发行流程上看,境外债券发行包括审核登记、指定中介机构、项目启动、准备发行文件、路演与定价、发行与簿记6个环节(见图6—8)。

1. 审核登记

发行境外债券,发行人需要先向国家发改委进行境外债券发行申请,取得《企业借用外债审核登记证明》。

2. 指定中介机构

发行人通过招投标或者比选等方式,指定本次境外债券的主承销商、律师事务所、评级公司等中介机构。

3. 项目启动

发行人召集境外债券的中介机构召开项目启动大会,完成法律、财务等尽职调查安排。

4. 准备发行文件

境外债券的发行文件主要是由发行人律师负责准备。

5. 路演与定价

境外债券的路演与定价主要是由承销商负责,接触潜在投资者并进行路演,了解投资者认购需求与意向价格,确定境外债券的价格区间。

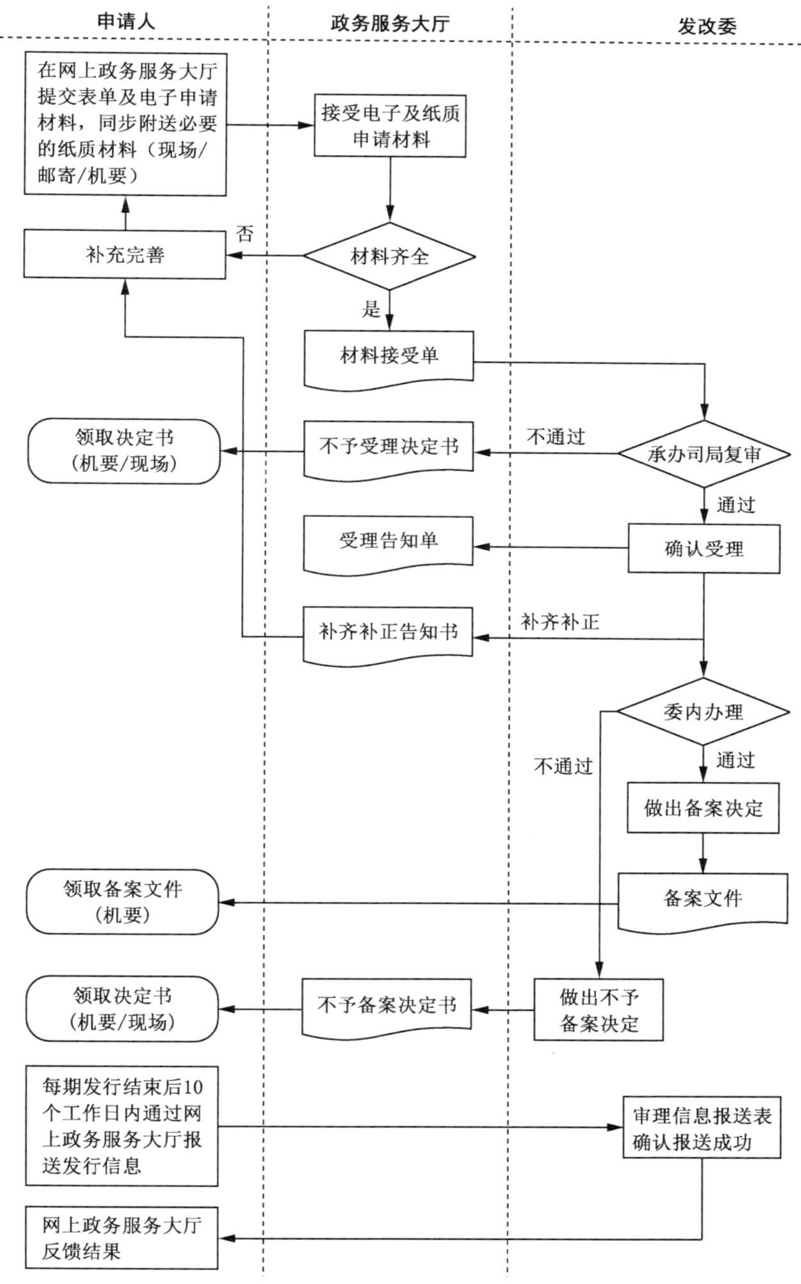

资料来源：国家发改委网站

图 6—7　境外债券的审批流程

6. 发行与簿记

在完成路演及投资者会议后确定最终价格，发行债券并簿记建档，再向有关部门报送相关信息。

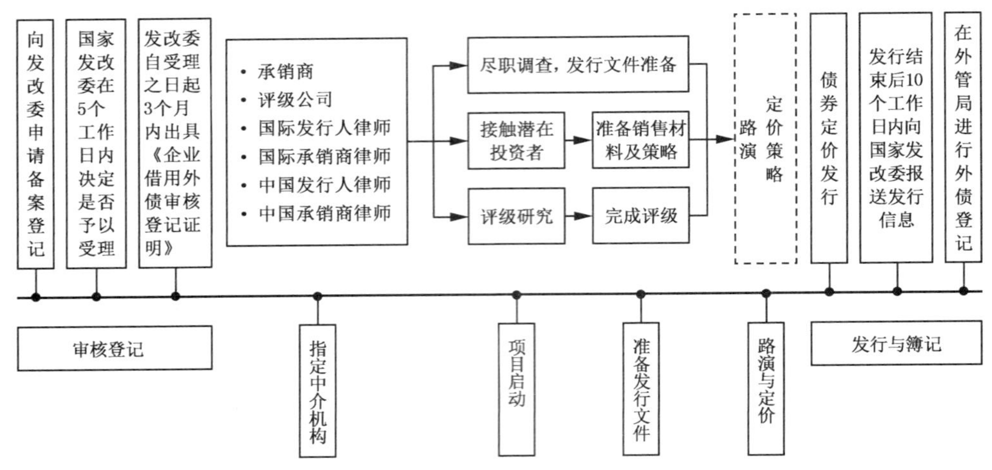

图 6—8　境外债券的发行流程

(三)境外债券涉及的中介机构

发行人申报发行境外债券，涉及的中介机构包括律师团队（发行人境外律师、发行人境内律师、承销商境外律师、承销商境内律师和财务代理人律师）、发行中介团队（全球协调人、主承销商和簿记管理人）和其他中介机构（审计师、评级公司、财务代理人和印刷商），如图 6—9 所示。

五、自贸区债券

自贸区债券又称为“明珠债”，自 2023 年以来发展迅速，本书专门对自贸区债券进行介绍。自贸区债券诞生时间较短且被定位为“在岸的离岸债券”，因此其适用的境内法律条文和负责其业务的境内监管机构与其他境外债券一致：短期离岸债券由国家外汇管理局直接监管，中长期离岸债券则由国家发改委进行监管。自贸区债券与一般的境外债券在外债审核登记、信息披露规则、发行流程、资金回流等方面都基本一致，由中央国债登记结算有限责任公司负责发行、登记及代理兑付。

自贸区债券的最大特色体现在其运行机制是围绕上海自贸区独有的分账核算单元（Free Trade Unit，FTU）和分账核算账户（Free Trade Accounting，FTA）进行

图6—9　境外债券涉及的中介机构

的。对于投资国内传统债券市场的境外投资者而言，其交易资金需先存放于在境内托管人处开立的专用人民币账户或境外人民币账户；而上海自贸区债券业务，投资者的资金仅来自上海自贸区独有的分账核算账户（FTA）。

（一）自贸区债券的发展历程

自贸区债券诞生于2016年。上海市财政局于2016年12月8日在中央国债登记结算有限责任公司上海分公司开立债券发行账户，通过财政部政府债券发行系统，面向上海自贸区内及境外机构投资者成功发行了30亿元3年期地方政府债券，票面利率为2.85%，标志着自贸区债券市场的诞生。

但自贸区债券市场自2016年完成首发后，便一直没有新的债券完成发行。2019年才再次实现以企业作为主体发行自贸区债券。南京东南国资投资集团有限责任公司于2019年11月8日发行的“G19东南国资01”是首只由企业作为发行人的自贸区债券。“G19东南国资01”发行金额为10亿元，债券期限为10年，票面利率为4.6%，交易流通场所是澳门金交所。

“G19 东南国资 01”发行之后，2019 年和 2020 年再未有自贸区债券发行。从 2021 年开始，自贸区债券发行数量有所增加。2022 年是自贸区债券迅猛发展的一年，发行只数相比 2021 年增加了 10 倍多，作为一个新的境外债券产品在债券市场上备受关注。自贸区债券在 2023 年得到了发行人和投资者的广泛认可，发行金额超过了 800 亿元。

表 6－30　2019—2023 年自贸区债券发行数据统计

时　间	发行只数	发行金额(亿元)
2019 年	1	10
2020 年	0	0
2021 年	5	54.20
2022 年	57	362.35
2023 年	122	838.84

资料来源：根据 Wind 资讯数据整理

(二)自贸区债券的特点

自贸区债券在发行人、投资人和投资方式等方面，与其他境外债券产品相比有着明显不同的特点：

1. 发行人

自贸区债券的发行人包括境内机构和境外机构，可以是政府机构、金融机构、实业企业、国有企业、城投公司等，涵盖的债券发行人范围非常广，适合各种类型的发行人。

2. 投资人

自贸区债券的投资人包括自贸区内的合格投资者和境外的合格投资者。自贸区债券的合格投资者必须符合以下条件：已设立自贸区分账核算单元并经过验收的境内机构；已开立自由贸易账户(FT 账户)的境内外机构；已开立人民币银行结算账户(NRA 账户)的境外机构。

境外机构一般包括合格的境外机构投资者(Qualified Foreign Institutional Investor，QFII)、人民币合格的境外机构投资者(RMB Qualified Foreign Institutional Investor，RQFII)、境外三类机构(境外中央银行或货币当局，香港、澳门地区人民币业务清算行，跨境贸易人民币结算境外参加银行)以及其他合格的境外金融机构。

3. 投资方式

投资人参与自贸区债券的方式主要有三种：

（1）直接参与

投资人可以在上海清算所开立自贸区债券专用托管账户和资金结算账户，并通过与上清所建立联网或其他方式自行办理结算，直接参与自贸区跨境人民币债券业务。

（2）通过结算代理人参与

境外投资人可在上海清算所开立自贸区债券专用托管账户和资金结算账户，通过具备结算能力的银行间市场结算代理人，参与自贸区跨境人民币债券业务。

（3）通过国际合作托管机构参与

投资人可以通过国际合作托管机构在上海清算所开立自贸区债券业务专用总账户，持有和结算自贸区跨境人民币债券。

（三）自贸区债券的发行流程

自贸区债券的发行流程主要包括发行审核、开立账户、发行准备、债券登记、募集资金使用和清算兑付环节。

1. 发行审核

自贸区债券属于境外债券的一种，发行人需要按照境外债券监管机构的发行审核要求，登录"企业外债审核登记管理和服务网络系统"办理外债审核登记申请及报告。

2. 开立账户

自贸区债券涉及的账户包括债券账户和资金账户两类。债券账户是中央结算公司为投资者设立的自贸区债券业务专用分组合账户，专用于托管投资者持有的自贸区债券，参与自贸区债券市场结算；资金账户是中央结算公司为已开立自贸区债券分组合账户的合格投资者开立的 FT 资金结算账户，专门用于办理自贸区债券业务的资金结算。

3. 发行准备

自贸区债券发行前，发行人或主承销商应通过债券信息自助披露系统申请债券代码，提交《上海自贸区债券代码和债券简称申请书》。同时，发行人应通过债券信息自助披露系统在中国债券信息网披露发行公告、募集说明书等发行文件。定向或私募发行的，按相关规定办理。

4. 债券登记

发债人通过招投标方式发行债券结束后，发行人或簿记管理人需提交债券发行认购额及缴款汇总表、发行招标情况一览表、上海自贸区债券注册要素表、国际证券识别码系统基础数据资料表等；发行人通过其他方式发行债券的，发行人或主承销商应不晚于发行首日 14:00，通过债券信息自助披露系统提交上海自贸区债券注册要素表。

5. 募集资金使用

自贸区债券遵循“一线放开、二线管住”的资金出入境管理原则。自贸区债券的募集资金如果在自贸区内或者境外使用，不受影响；如果要回流境内使用，则需要遵循资本项目收入用途的负面清单管理。

自贸区债券募集资金使用的负面清单为：

(1)不得直接或间接用于企业经营范围之外或国家法律法规禁止的支出。

(2)除另有明确规定外，不得直接或间接用于证券投资或除银行保本型产品之外的其他投资理财。

(3)不得用于向非关联企业发放贷款，经营范围明确许可的情形除外。

(4)不得用于建设、购买非自用房地产(房地产企业除外)。

6. 清算兑付

自贸区债券发行完成后，中央结算公司根据交易双方确认的成交指令办理结算，结算方式为券款对付(DVP)。在付息兑付方面，中央结算公司承担自贸区债券业务的代理付息兑付职能。发行人按照《发行、登记及代理兑付服务协议》中约定的时间，按时、足额将债券本息资金划付至中央结算公司指定的银行 FT 资金账户；在指定的付息兑付日，中央结算公司在收到足额付息兑付资金后，在不迟于付息兑付日日终前，将应付资金拨付给债券持有人。

第七章

城投公司的信用评级

信用评级与城投公司有着紧密联系，随着城投公司的发展，信用评级行业也逐渐壮大。城投公司信用评级逻辑与一般企业相比有着很大的不同，评级机构关注和分析的重点包括区域经济发展情况、区域政府债务率情况、区域产业发展情况、区域内城投公司数量和债务情况等因素。

第一节　城投公司信用评级框架

因为城投公司的特有属性，评级机构为城投公司构建了专门的信用评级框架。城投公司的信用评级框架可以从评级机构对城投公司的界定，以及评级机构对城投公司的评级框架来分析。

一、评级机构对城投公司的界定

（一）城投公司的定义

目前城投公司并没有权威、官方的定义，各家评级机构从各自的专业角度对城投公司的含义进行了界定。本书选取中诚信国际信用评级有限责任公司（以下简称“中诚信国际”）、联合资信评估股份有限公司（以下简称“联合资信”）和中证鹏元资信评估股份有限公司（以下简称“中证鹏元”）三家具有代表性的评级机构对城投公司的定义作为参考。

1. 中诚信国际对城投公司的定义

中诚信国际将城投公司的名称确定为基础设施投融资公司，简称为“基投公司”。根据中诚信国际官网于 2022 年 8 月 5 日披露的《中诚信国际基础设施投融资行业评级方法与模型》[①]，基础设施投融资公司为地方政府实际控制的，主要服务于地方公共政策目标的实施或履行地方政府赋予的其他职责，业务属性以公益性或准公益性为主，大部分投资项目具有较强的社会效应，不以利润最大化为主要经营目标，对政府支持的依赖性较强的地方国有企业。

2. 联合资信对城投公司的定义

联合资信将城投公司的名称确定为城市基础设施投资企业，简称为“城投企业”。根据联合资信官网于 2022 年 8 月 5 日披露的《城市基础设施投资企业信用评级方法》[②]，城投企业是指由地方政府及其部门和机构等通过财政拨款或注入土地、股权等资产设立，承担政府投资项目融资功能，并拥有独立法人资格的经济实体(引自国发〔2010〕19 号文)。

3. 中证鹏元对城投公司的定义

中证鹏元将城投公司定义为基础设施投资类企业，简称为“基投企业”。根据中证鹏元官网于 2024 年 1 月 15 日披露的《基础设施投资类企业信用评级方法和模型》[③]，基础设施投资类企业是指由地方政府及其部门或机构实际控制，主要职能为执行地方政府公共政策或提供公共服务，从事地方公益性或准公益性项目投资业务，并且对地方政府支持依赖性较强的企业。

(二)城投公司的类型和业务

中诚信国际列举了常见基础设施投融资公司，主要包括负责铁路投资、土地开发整理、保障房建设、城市交通投资、轨道交通建设、水利投资、农业投资、文化旅游投资、各类政府主导的开发区建设的地方国有企业，同时包括部分承担基础设施投融资职能的地方国有资本投资公司和国有资本运营公司等。

联合资信对城市基础设施投资的内容进行了界定，包括机场、地铁、公共汽车、轻轨等城市交通设施投资，市内道路、桥梁、高架路、人行天桥等路网设施投资，城市供水、供电、供气、电信、污水处理、园林绿化、环境卫生等公用事业设施投资等领域。

---

① 资料来源：中诚信国际信用评级有限责任公司网站，https://www.ccxi.com.cn/creditrating/document/documentDetail/1759

② 资料来源：联合资信评估股份有限公司网站，https://www.lhratings.com/file/47bb1b2f-a487-4747-9891-920faa2cff05.pdf

③ 资料来源：中证鹏元资信评估股份有限公司网站，https://www.cspengyuan.com/pengyuancmscn/pdf.html

二、评级机构对城投公司的评级框架

综合各家评级机构对于城投公司的评级思路和评级逻辑，笔者认为城投公司信用评级框架主要包括宏观经济情况、区域发展情况和城投公司发展情况三个维度。

(一)宏观经济情况

宏观经济情况是所有城投公司进行信用评级的前提假设和主要内容，直接决定了城投公司的外部运营环境和发展前景。良好的宏观经济环境有利于城投公司开展各项业务；如果宏观经济增长缓慢甚至波动性大，城投公司开展业务将面临一定的困难，也不易获得地方政府的外部支持。

(二)区域发展情况

城投公司与地方政府之间存在着密不可分的联系，在考虑城投公司主体信用级别的时候必须充分考虑区域发展情况。区域发展情况可以从三个维度进行分析：

1. 区域经济发展情况

区域经济发展情况可以通过区域的经济总量、经济发展增速、产业结构等指标衡量。区域经济发展情况较好，可以为城投公司带来三方面的支持：一是可以为城投公司带来充足的业务机会；二是区域产业市场化程度会较高，可以为城投公司转型提供产业方向和发展机会；三是可以为城投公司提供潜在的信用加持，提升金融机构、评级公司、债券投资机构等对于公司的信任程度。

2. 区域财政情况

区域财政情况可以通过财政收入、一般公共预算收入等指标衡量。区域经济发展情况较好，意味着区域内的财政收入情况也较好，可以为城投公司提供更加有力的财政支持，能够帮助城投公司解决在发展过程中遇到的资金问题。地方政府及其职能部门可以通过财政注资、财政补贴、资产划转、税收优惠等多种方式提升城投公司的综合实力。

3. 区域地方政府债务情况

区域地方政府债务情况可以通过地方政府债务率情况、地方政府隐性债务情况和城投公司有息债务情况等指标衡量。地方政府债务率越高，获取资金的难度就越大，就越需要通过城投公司进行融资来为区域经济发展补充资金，对于城投公司的依赖程度就越高。但是从另一个角度来看，地方政府债务率越高，能够给予城投公司的支持就越少，尤其是在财政注资和财政补贴等方面。

(三)城投公司发展情况

城投公司发展情况是评级机构对其进行信用评级的基础，可以从四个维度进行分析：

1. 城投公司的定位情况

通过分析城投公司在区域内的定位情况，可以判断城投公司的重要程度以及可获得的地方政府支持力度。如果一家城投公司是区域内最重要甚至是唯一的城投公司，则意味着该公司可以得到区域内所有的政策支持，有助于公司的长远发展；如果某家城投公司只是区域内众多城投公司中的一家，则意味着公司的地位一般，很难得到地方政府的全方位支持。

2. 城投公司的经营情况

城投公司的经营情况主要是指公司从事的主营业务以及业务开展情况，可以从五个维度进行分析：

(1)业务的核心性

业务的核心性是指城投公司开展基础设施建设业务、土地整理业务、保障房建设业务和棚户区改造业务等传统城投公司业务的情况。传统城投公司业务是城投公司的核心业务：一方面是因为这些业务与地方政府及其职能部门之间的关联性较强；另一方面是因为这些业务的持续性较好。如果城投公司从事的主营业务不具备核心性特征，则表明公司在区域内属于非重要城投公司，未来获得地方政府支持的可能性也较小。

(2)业务的多元性

业务的多元性要求城投公司有多个经营性业务板块。业务的多元性可以确保城投公司实现主营业务的均衡发展，从而不过度依赖单一业务。随着市场环境的变化，城投公司的业务不再局限于传统的基础设施委托代建和土地整理业务等，开展的业务类型日渐丰富。当然，城投公司拓展市场化业务时，需要根据自身的资源禀赋谨慎确认，防范多元化业务经营过程中产生的风险。

(3)业务的盈利性

业务的盈利性要求城投公司的主营业务必须是盈利的，而不能是公益性或者亏损的。业务的盈利性是保障城投公司日常运营和业务发展的基础，是确保公司有充足的资金偿还有息债务的前提。由于业务类型和业务模式的差别，城投公司不同主营业务的毛利率水平差别较大。当然，部分主营业务在发展初期可能是亏损的，随着业务的发展会逐步实现盈利。

(4)业务的稳定性

业务的稳定性是指城投公司的主营业务每年都能够稳定地为公司带来一定的业务收入,不同年度之间的业务收入波动性较小。业务的稳定性也意味着城投公司主营业务收入的可预测性较强,能够确保公司盈利能力和偿债能力的持续性。如果城投公司主营业务中的偶发性业务占比较高,则需要重点关注。

(5)业务的持续性

业务的持续性要求城投公司的主营业务可以为公司带来持续的业务收入,业务本身具备较强的内生发展潜力。如果城投公司的主营业务缺乏持续性,则意味着公司需要尽快进行转型,找到适合自身的持续性业务。由于城投公司各项业务已经发展了很多年,部分业务的持续性开始下降。以基础设施建设业务为例,城市化水平越高的地区,未来开展基础设施委托代建业务的空间就越小。

3. 城投公司的财务情况

城投公司的财务情况是指通过分析城投公司的各项财务指标,判断城投公司未来的偿债能力和盈利能力,进而判断城投公司的潜在财务风险。城投公司的财务情况可以从五个方面进行分析:

(1)资产情况

资产是城投公司开展各项主营业务的经营成果,可以体现公司的现有发展状况和未来发展潜力。评级机构分析城投公司的资产情况,可以从资产数量、资产结构等方面进行。

(2)负债情况

负债是城投公司在未来一段时间内需要偿付的债务,可以直接反映公司的偿债压力。评级机构分析城投公司的负债情况,可以从负债总额、负债结构、融资情况、融资成本、融资负面舆情等多方面进行。

(3)所有者权益情况

所有者权益主要是由城投公司实收资本、地方政府无偿划转资产形成的资本公积以及未分配利润组成,可以体现城投公司的综合资本实力。评级机构分析城投公司的所有者权益情况,可以从实收资本、资本公积和少数股东权益等多方面进行。

(4)收入情况

收入是城投公司每年开展主营业务的运营成果,体现城投公司的经营实力。评级机构分析城投公司的收入情况,可以从主营业务收入结构、毛利率、财政补贴等多方面进行。

(5)现金流情况

城投公司的现金流是评级机构关注的重点,因为现金流量是偿付债务的基础,将城投公司在一段时期内可支配的现金,与公司应偿还的全部债务相比较,可以显示公司在持续经营中获取的现金对全部债务的保护程度。评级机构分析城投公司的现金流情况,可以从收到其他与经营活动有关的现金、支付其他与经营活动有关的现金、取得借款收到的现金等多方面进行。

4. 城投公司的外部支持情况

城投公司的外部支持主要来自地方政府及其下属职能部门,这是城投公司发展过程中得到的最重要的支持。地方政府对城投公司的支持可以从政府的支持能力、支持意愿和支持方式三方面来分析。

(1)地方政府的支持能力

地方政府的支持能力是区域综合实力的体现,主要是考察区域经济实力、财政实力、偿债能力、政府治理能力等指标。地方政府的综合实力越强,意味着支持能力越大,可以为城投公司提供的支持也就越多。

(2)地方政府的支持意愿

地方政府的支持意愿是指地方政府愿意为城投公司进行支持,取决于三个因素:一是城投公司在区域内的定位及其重要性,越重要的城投公司甚至唯一的城投公司更容易得到地方政府的支持;二是城投公司与地方政府及其职能部门之间的业务联系,业务联系越紧密,地方政府的支持意愿就越强;三是城投公司的发展状况,业务发展或者融资方面出现问题甚至危机的城投公司更有可能得到地方政府的支持或者救助。

(3)地方政府的支持方式

地方政府对城投公司的支持方式是多样化的,具体支持措施包括资产注入、财政补贴、财政贴息、土地出让金返还和税收优惠等各种类型。地方政府的各类支持政策实际上是将政府信用注入了城投公司,是城投公司发展最重要的信用支持。

第二节 城投公司信用评级关注指标

城投公司信用评级关注指标主要包括区域经济指标、城投公司经营指标和城投公司财务指标三个方面。当然,这是笔者根据各家评级机构公开披露的材料以及城投公司评级实践整理得出的评级关注指标,与评级机构实际的城投公司评级模型有一定的差异，仅供参考。

一、区域经济指标

评级机构分析的区域经济指标，包括经济发展指标、财政实力指标和地方政府债务指标。

（一）经济发展指标

评级机构分析区域经济发展情况，主要是关注地区生产总值及其增速、人均产值及其增速、地方固定资产投资增速、产业结构、城镇化率、人均可支配收入等指标。这些宏观经济发展指标可以衡量区域的经济发展状况、产业结构、未来发展潜力等，是对城投公司进行信用评价的宏观基础。对城投公司来说，可以选择主营业务和发展方向，但是无法选择所在的区域以及区域经济发展状况，所以区域就相当于城投公司的出身，是无法改变的，这也是城投公司与国有企业之间的区别之一。

（二）财政实力指标

评级机构分析区域财政实力，主要是关注地方一般公共预算收入、政府性基金收入、转移支付和税收返还收入、税收收入占一般公共预算收入比重、财政自给率（一般公共预算收入/一般公共预算支出）、刚性支出占一般公共预算支出比重等指标。在这些财政实力指标中，评级机构最关注的是一般公共预算收入和政府性基金收入。

1. 一般公共预算收入

地方一般公共预算收入是指由地方征收，按照现行体制缴入地方金库的收入，是税收收入与非税收入之和。税收收入主要包括增值税、企业所得税和个人所得税等。非税收入包括专项收入、行政事业性收费收入、罚没收入、国有资源（资产）有偿使用收入、政府住房基金收入和其他收入 6 项（见表 7－1）。

表 7－1　　地方公共预算收支平衡表

一般公共预算收入	预算数	一般公共预算支出	预算数
一、税收收入		一、一般公共服务支出	
增值税		二、外交支出	
企业所得税		三、国防支出	
个人所得税		四、公共安全支出	
资源税		五、教育支出	

续表

一般公共预算收入	预算数	一般公共预算支出	预算数
城市维护建设税		六、科学技术支出	
房产税		七、文化、旅游、体育与传媒支出	
印花税		八、社会保障和就业支出	
城镇土地使用税		九、卫生健康支出	
土地增值税		十、节能环保支出	
车船使用税		十一、城乡社区支出	
耕地占用税		十二、农林水支出	
契税		十三、交通运输支出	
环境保护税		十四、资源勘探信息等支出	
二、非税收入		十五、商业服务业等支出	
专项收入		十六、金融支出	
行政事业性收费收入		十七、自然资源、海洋、气象等支出	
罚没收入		十八、住房保障支出	
国有资源(资产)有偿使用收入		十九、粮油物资储备支出	
政府住房基金收入		二十、灾害防治及应急管理支出	
其他收入		二十一、预备费	
一般公共预算收入小计		二十二、其他支出	
下级上解收入		二十三、债务付息支出	
上级税收返还及财力性补助收入		二十四、债务发行费用支出	
转移支付补助收入		一般公共预算支出小计	
上年结余		上解上级支出	
调入资金		地方政府一般债务还本支出	
地方政府一般债券转贷收入		补充预算稳定调节基金	
动用预算稳定调节基金		安排预算稳定调节基金	
收入总计		支出总计	

资料来源：根据公开材料整理

2. 政府性基金收入

政府性基金收入是指地方政府通过征收各种基金收入，用于特定的公共事业或工程并按照特定的用途和规则进行使用的资金，包括国有土地使用权出让收入、国有土地收益基金收入、农业土地开发资金收入、城市基础设施配套费收入、小型水库移民扶助基金收入、彩票公益金收入等类型(见表7—2)。政府性基金收入最主要的来源是国有土地使用权出让收入。国有土地使用权出让收入在计提完各项税金后，由市和区(县)两级政府分配，主要有三种情形：

①市级政府统一征收并通过转移支付的方式分配给下辖区县；

②市级和区县级政府按照一定原则分配土地收入；

③市区范围内土地出让收入归市级预算，其他区县土地出让收入归区县级预算。

表7—2　　政府性基金收支平衡表

收　入	预算数	支　出	预算数
一、农网还贷资金收入		一、文化体育与传媒支出	
二、铁路建设基金收入		国家电影事业发展专项资金支出	
三、民航发展基金收入		二、社会保障和就业支出	
四、旅游发展基金收入		大中型水库移民后期扶持基金支出	
五、海南省高等级公路车辆通行附加费收入		三、城乡社区支出	
六、国家电影事业发展专项资金收入		国有土地使用权出让收入安排的支出	
七、国有土地收益基金收入		国有土地收益基金支出	
八、农业土地开发资金收入		农业土地开发资金支出	
九、国有土地使用权出让收入		城市基础设施配套费安排的支出	
十、大中型水库移民后期扶持基金收入		污水处理费收入及对应专项债务收入安排的支出	
十一、彩票公益金收入		棚户区改造专项债券收入安排的支出	
十二、城市基础设施配套费收入		四、其他支出	
十三、小型水库移民扶助基金收入		其他政府性基金及对应专项债务收入安排的支出	
十四、国家重大水利工程建设基金收入		彩票发行机构和彩票销售机构的业务支出	
十五、车辆通行费		彩票公益金安排的支出	
十六、污水处理费收入		五、债务付息支出	

续表

收　入	预算数	支　出	预算数
十七、彩票发行机构和彩票销售机构的业务费用		六、债务发行费用支出	
收入小计		支出小计	
下级上解收入		上解上级支出	
政府性基金补助收入		政府性基金上解支出	
上年结余		调出资金	
地方政府专项债券转贷收入		地方政府专项债务还本支出	
收入总计		支出总计	

资料来源:根据公开材料整理

(三)地方政府债务指标

评级机构分析地方政府债务情况,重点会关注债务额(地方政府债务余额+隐性债务)、负债率(债务余额/GDP)、债务率(债务余额/地方政府财政收入)、地方政府债务限额等指标,由此可以判断区域内的债务负担及地方政府偿债能力。在这些地方政府债务指标中,评级机构关注最多的就是债务率。

债务率的计算口径为:(地方政府债务余额+隐性债务)/综合财力。其中,综合财力的计算口径不同省份可能有细微差异,主要大项包括一般公共预算收入和政府性基金收入。

目前财政部将地方政府债务风险分为红、橙、黄、绿四个等级,风险依次由高到低。各个风险等级的债务率指标要求如下:①红色:债务率≥300%;②橙色:200≤债务率<300%;③黄色:120≤债务率<200%;④绿色:债务率<120%。

二、城投公司经营指标

评级机构分析的城投公司经营指标,主要包括公司战略定位、主营业务类型、主营业务储备、地方政府支持、对外担保情况、受限资产情况、重大诉讼情况和企业信用记录。

(一)公司战略定位

城投公司的战略定位可以从两个层次来分析:一是地方政府对公司的战略定位;二是城投公司自身的战略定位。通过分析地方政府对公司的战略定位,可以确定城投公司在区域内的重要性、业务发展方向以及政府支持力度。通过分析城投公司自身战略定位，则可以确定城投公司的业务发展规划和未来发展思路，有助于了解城投公司的未来发展潜力。

（二）主营业务类型

主营业务类型决定了城投公司在区域内的地位，以及业务发展的稳健性和持续性。城投公司的业务类型可以分为两大类：城投公司传统业务和城投公司转型类业务。因为城投公司特有的属性，主营业务类型中必须包含城投公司传统业务。城投公司传统业务是城投公司的本源性业务，是城投公司最核心的主导业务，也是决定城投公司属性的本质性业务，是城投公司区别于一般国有企业的特定业务，包括基础设施建设业务、土地整理业务、保障房建设业务和棚户区改造业务等业务类型。城投公司转型类业务则是指城投公司在发展过程中逐渐拓展和丰富的业务板块，具备一定的市场化竞争能力，包括工程施工业务、房地产开发业务、河道砂石开采业务等业务类型。

（三）主营业务储备

主营业务储备决定了城投公司的业务发展潜力和未来转型能力。随着国内城镇化水平的不断提高，与基础设施建设关系密切的城投公司传统业务开始萎缩，主要体现为在建工程和拟建工程的数量和规模在下降，这也是城投公司必须进行市场化转型的一个重要原因。在这个大背景下，需要重点分析城投公司主营业务的储备项目，通过储备项目的收入和盈利情况来分析城投公司盈利能力的持续性。

（四）地方政府支持

地方政府支持是城投公司能够获得的最重要的外部支持，是城投公司综合实力的重要体现。城投公司的设立、发展、壮大均离不开地方政府的支持，即使是进行市场化业务转型，也需要得到地方政府的支持。地方政府对城投公司的支持方式多种多样，包括货币资金注资、资产划入、股权划入、税收优惠等，其中最重要的方式是货币资金注资和国有资产无偿划拨。货币资金注资可以快速提升城投公司的现金储备并提高偿债能力，而国有资产无偿划拨则可以有效提高城投公司的综合实力。

（五）对外担保情况

对外担保代表城投公司潜在的偿付风险，如果被担保人无法按期足额偿付到期债务，则需要由城投公司来承担债务偿付责任。城投公司的对外担保主要是对区域内资质较弱的国有企业且以无评级、未发行过债券的国企为主。当然也有部分城投公司为了配合地方政府招商引资或者出于推动区域内产业发展升级的要求，为部分民营企业融资提供了担保。在分析城投公司的对外担保情况时，需要重点分析对外担保总额、担保类型、被担保人的企业性质和信用情况、被担保人的行业和经营情况、担保期限和反担保措施等。对于部分经济发展较弱地区，需要重点关注区域内城投公司互保风险，在融资政策收紧的监管环境下，城投公司之间的互保有可能加剧区域内信用风险传导。

（六）受限资产情况

受限资产一般是城投公司为了实现融资而将部分资产抵押、质押给金融机构所形成的，主要涉及银行存款、应收账款、在建工程、固定资产、投资性房地产和无形资产等资产。受限资产意味着城投公司对部分资产的所有权和使用权受限，无法在特定时间对资产进行变现处理，在一定程度上限制了公司的偿债能力。受限资产情况可以根据因抵质押等导致流动性受限的资产账面价值占净资产的比重来衡量，需要重点关注受限资产总额、受限类型、受限原因、债权人类型和受限期限等。如果是因为诉讼或者被列为失信被执行人等原因使得部分资产成为受限资产，则意味着城投公司有一定的可能性会丧失对这部分资产的所有权。

（七）重大诉讼情况

司法诉讼一般是城投公司在开展业务过程中与交易对手产生的纠纷所引发的各类诉讼，可能给公司带来一定的潜在损失。在分析城投公司的诉讼情况时，需要关注诉讼案件的数量、诉讼案件的金额、诉讼地位（原告或被告）、诉讼原因、败诉可能性、被冻结资产情况等。需要说明的是，因为城投公司的主营业务包含基础设施建设、土地整理等业务，均与工程施工相关，而工程施工是诉讼案件的高发领域，所以城投公司涉及工程施工类诉讼和纠纷非常普遍。与此同时，国内已经有多家城投公司遭遇了商业票据诈骗，由此也引发了多起诉讼案件。商业票据诈骗可能给城投公司带来直接的重大损失，需要进行重点关注。

（八）企业信用记录

企业信用记录是体现城投公司历史履约能力和履约意愿的重要参考，债券中介机构可以通过查询中国人民银行《企业信用报告》，了解城投公司已结清和未结清债务中不良和关注类债务原因；通过国家企业信用公示系统等网站查询城投公司已发行债券的还本付息情况等来判断受评企业以往的信用状况。此外，在分析城投公司信用记录时，还要关注负面事件对公司整体信用水平造成的影响。例如，公司被立案调查、被列为失信被执行人、受到监管处罚、被监管问询；公司的实际控制人和核心高管人员被立案调查、被列为失信被执行人；公司的控股股东被立案调查、被列为失信被执行人等。

三、城投公司财务指标

城投公司的财务报表是遵循《企业会计准则》的相关要求编制的，但是因为城投公司业务的特殊性，其财务报表也有着独有的特点。城投公司的资产负债表、利润表和现金流量表可以体现与地方政府及其职能部门之间的关系，进而反映城投公司的盈利能力和偿债能力。评级机构分析的城投公司财务指标，包括资产类指标、负债类指标、收入类指标和现金流量类指标。

（一）资产类指标

城投公司最有特点的资产类指标包括其他应收款、存货、合同资产和无形资产科目。

1. 其他应收款

其他应收款是城投公司非常重要的一个科目，是城投公司与区域内其他国有企业、地方政府及其职能部门之间产生的往来款或拆借款，具体形式包括各类往来款、支付的保证金、押金、项目保证金、前期垫款、项目融资利息、土拍保证金等。

其他应收款的金额越大，一方面表明公司与地方政府及其职能部门之间的关系越紧密；另一方面，其他应收款回收周期越长、回收难度越大，对于城投公司形成了较大的资金占用，从长远来看不利于城投公司的发展。

（1）其他应收款的分析维度

城投公司的其他应收款可以从三个维度进行分析：

①其他应收款的账龄结构

虽然其他应收款的对手方是以地方政府职能部门和区域内国有企业为主，风险较低，但是账龄越长，风险越大，尤其是账龄超过 5 年的，意味着存在一定的回款风险。

②其他应收款的债务人结构

如果城投公司的其他应收款集中于少数几个债务人，表明其他应收款集中度过高，一旦发生坏账损失，公司就可能面临较大的风险。对于其他应收款余额较大的债务人，需要重点关注其经营情况和财务情况。

③其他应收款的金额变化

其他应收款本质上属于资金拆借，是需要债务人偿还的。因此如果城投公司对部分债务人的其他应收款余额一直在增加，或者债务人数量不断增加，则表明城投公司的资金被占用情况较为严重。

(2)非经营性其他应收款的界定

根据形成原因,其他应收款可以分为经营性其他应收款和非经营性其他应收款:经营性其他应收款主要是与城投公司主营业务相关而产生的;非经营性其他应收款是城投公司非因日常生产经营活动直接产生的,对其他企业或机构的往来占款和资金拆借。经营性其他应收款主要包括如下情形:

①城投公司因开展自身经营性业务或者项目所产生的预付款、项目保证金、前期垫款、项目融资利息、土拍保证金等款项。

②城投公司开展小额贷款等类金融业务所形成的拆借款项。

③城投公司受政府委托或者授权,作为区域内借款主体向政策性银行统一贷款后,转贷给区域内其他国有企业所形成的应收款项。

④城投公司按照所属集团公司资金归集要求,向集团或者集团财务公司进行日常资金归集所形成的应收款项。

⑤城投公司属于合作开发项目的参与方,因联合开发项目对项目相关方的资金拆借款项。

⑥城投公司因资产处置等非经常性业务所产生的应收款项。

除上述情形可以划分为经营性往来占款外,其他类型的其他应收款原则上应当认定为非经营性往来占款。

(3)非经营性其他应收款与公司债券申报

根据《上海证券交易所公司债券发行上市审核规则适用指引第3号——审核重点关注事项(2023年修订)》,根据非经营性其他应收款占总资产的比例对公司债券申报提出了明确的监管要求:

①城投公司非经营性其他应收款余额超过最近一年末经审计总资产3%的,应充分披露与前五名债务方形成非经营性往来占款和资金拆借的原因、回款相关安排、报告期内的回款情况等事项,并在募集说明书中作风险提示或重大事项提示。

②城投公司非经营性其他应收款余额超过最近一年末经审计总资产5%的,应承诺在债券存续期内原则上不新增非经营性往来占款和资金拆借余额。

③城投公司非经营性其他应收款余额超过最近一年末经审计总资产10%的,申报债券的募集资金原则上应用于偿还存量公司债券。

2. 存货

存货主要包括开发产品、开发成本、土地使用权和合同履约成本等细分科目,是城投公司资产负债表中的重要组成部分。部分城投公司的存货占公司资产总额的比例超过 50%,有的甚至超过 80%。

按照《企业会计准则第 14 号——收入》的要求,城投公司存货中的开发成本主要是棚户区改造业务等涉及房地产开发项目形成的成本,合同履约成本主要是基础设施建设和土地整理业务等项目形成的成本。在分析城投公司开发成本和合同履约成本时,需要关注已完工未结算部分,这反映了委托方对城投公司资金的占用。存货中的土地使用权主要是城投公司近期拟开发、使用的项目用地,在一定时间内会在土地上建设项目。

3. 合同资产

合同资产是指公司已向客户转让商品而有权收取对价的权利,且该权利取决于时间流逝之外的其他因素。城投公司的"合同资产"主要是"已完工未结算资产",反映的是已经履约但尚未与客户结算的项目,而且已经根据完工百分比法确认了收入。待项目完成结算后,"合同资产"会转入"应收账款"。

在城投公司的财务报表中,"合同资产"和存货中的"合同履约成本"有一定的相似性,但是区别也很明显,最关键的因素在于是否已经确认了收入:"合同资产"是产品(或劳务)控制权已转移,发行人已经确认了收入和成本,但尚未获得收款权利,在未来获得无条件收款权利时,将转入"应收账款";合同履约成本是产品(或劳务)控制权未转移,尚未进行成本和收入确认的资产,未来确认成本和收入时,将转入"主营业务成本"。

4. 无形资产

城投公司的无形资产以土地使用权为主,而且很多土地使用权是地方政府及其职能部门为了支持城投公司的发展无偿划转至城投公司的。随着城投公司业务的拓展,无形资产的内容日渐丰富,增加了多种特许经营权,比如城乡供水特许经营权、污水处理特许经营权、高速公路收费权、垃圾处置特许经营权和停车位特许经营权等。除此之外,砂石采矿权、新能源充电桩运营权、海域使用权、广告经营权、旅游景区项目经营权等,也成为城投公司无形资产的重要组成部分。

(二)负债类指标

城投公司负债类科目主要是与债务规模、债务期限和债务成本等要素相关。根据债务的类型,城投公司的负债可以分为经营性债务和有息债务两大类。

1. 经营性债务

经营性债务是指城投公司在开展业务过程中产生的、不计利息的债务,包括应付账款、预收款项和其他应付款。

(1)应付账款

城投公司的应付账款主要是由工程施工类业务、大宗商品贸易业务等经营性业务形成的对供应商的欠款。应付账款是对供应商资金的占用,所以应付账款的规模可以在一定程度上反映出城投公司在开展业务过程中对上下游供应商的议价能力。

(2)预收款项

城投公司的预收款项主要是在开展棚户区改造业务、安置房建设业务过程中形成的,先于结算获取的项目结算资金。在项目完工或者结算之后,预收款项可以直接确认为营业收入,不属于公司后续需要支出的债务。

(3)其他应付款

城投公司的其他应付款主要是公司与地方政府职能部门、区域内其他国有企业之间的往来款和拆借款。如果其他应付款是对地方政府职能部门的拆借,可以理解为地方政府对城投公司的特定资金支持;如果其他应付款是对区域内其他国有企业的拆借,则可以理解为对其他国企的资金占用。当然,如果其他应付款规模过大或者增长速度较快,也在一定程度上表明城投公司的资金压力较大、融资难度较高,只能通过拆借的方式来缓解资金压力。

2. 有息债务

城投公司的有息债务是指主要来自金融机构、需要按期支付利息并在到期后偿付本金的借款,体现在“短期借款”“一年内到期的非流动负债”“其他流动负债”“长期借款”“应付债券”“长期应付款”等科目。分析城投公司的有息债务,可以从债务结构、债务成本和债务期限三个维度进行。

(1)债务结构

债务结构是指城投公司债务的类型,也就是债务资金的主要来源。城投公司的债务类型可以分为银行贷款、信用债券和非标融资三大类,其中银行贷款是最重要的融资方式,信用债券是重要组成部分,非标融资则是重要补充。在城投公司的有息债务中,需要重点关注的就是非标融资,因为非标融资的成本相对较高,会增加发行人的财务费用和偿债压力。根据上海证券交易所的监管规定,最近一期末同时存在下列情形的,城投公司应当审慎确定公司债券申报方案:

①银行借款余额低于有息债务总额的30%;

②银行借款与公司债券外其他公司信用类债券余额之和低于有息债务总额的50%。

如果城投公司同时触发这两个指标,则意味着发行人非标融资占比过高,债务结构不合理。

(2)债务成本

债务成本是指城投公司有息债务的融资成本,通过分析债务成本可以判断城投公司的融资能力和债务压力。在银行贷款中,如果城投公司从地方银行取得贷款的成本较高,则表明公司对银行的议价能力较弱;在信用债券中,如果城投公司的债券发行利率较高,则表明资本市场对于公司的认可度不高;在非标融资中,如果城投公司的综合融资成本较高,则表明公司的融资压力较大,只能通过非标融资来缓解资金压力。

(3)债务期限

债务期限是指城投公司各类债务的期限结构,通过分析债务期限可以判断城投公司在一定时间内的偿债压力。对于城投公司来说,最合适的债务期限结构是以长期债务为主、短期债务为辅,同时能够确保公司不会在短期内有集中兑付压力。如果城投公司以短期债务为主,则表明金融机构对公司没有信心,不给予长期资金支持;如果城投公司缺乏短期债务,则表明公司缺乏必要的流动资金支持,也不利于公司的长期发展。

(三)收入类指标

城投公司的收入类指标主要可以从收入结构、财务费用、投资收益、其他收益等科目进行分析。

1. 收入结构

城投公司的收入结构,需要重点关注公司主营业务数量、主营业务结构、城投业务占比、贸易业务占比和转型业务发展趋势等。在进行信用债券审核时,会将贸易业务从主营业务收入中剔除。一般来说,城投公司的城投业务收入在营业总收入中的占比会超过50%;如果城投业务占比持续下降,则表明公司的城投属性有所减弱。通过分析转型业务的发展趋势,可以判断城投公司未来的发展潜力。与此同时,还需要关注营业收入波动性、主营业务的毛利率等指标。

2. 财务费用

债务资金是城投公司的主要资金来源,所以在审计报告中体现的财务费用通常比较大。城投公司的财务费用可以分为资本化利息费用和费用化利息费用两大部分。资本化利息费用计入相关资产价值,一般不在审计报告中披露,需要城投公司单独提供。费用化利息费用主要是城投公司当期支付的利息费用,能在一定程度上体现出公司的资金压力和偿债压力。需要注意的是,费用化利息是小于城投公司实际支出的融资利息的，部分城投公司会通过将利息费用资本化的方式来减少审计报告中体现的财务费用。

3. 投资收益

投资收益是城投公司持有股权或者基金等获得的分红，可以体现出城投公司对外投资的企业的发展情况和盈利情况。城投公司的股权类投资主要包括城商行股权、区域内国有企业股权、收购的上市公司股权以及其他各类股权/产业行业基金等，其中城商行股权是城投公司投资收益的最主要组成部分。当然如果城投公司对外投资的企业产生了亏损，则会对城投公司的盈利情况产生一定的负面影响。

4. 其他收益

城投公司其他收益主要包括地方政府补贴、捐赠利得、债务重组利得等，是城投公司不具备持续性的收入来源，也是城投公司利润的重要补充。其他收益中最重要的组成部分是地方政府补贴，补贴金额的规模和持续性是判断地方政府对城投公司支持力度的重要指标。因为城投公司地位的特殊性，所以一般会持续性地获得地方政府补贴。如果地方政府补贴占净利润的比重过高，则意味着公司的主营业务盈利能力有待进一步提高。

(四)现金流量类指标

城投公司的现金流量表主要可以从经营活动现金流、投资活动现金流和筹资活动现金流三个方面进行分析。

1. 经营活动现金流

经营活动现金流可以反映城投公司主营业务的运营情况和回款情况，是分析城投公司经营情况的重要指标。在经营活动现金流中，有两个指标需要重点关注：

(1)“销售商品、提供劳务收到的现金”，主要是用于核算城投公司的主营业务收入、其他业务收入收到的现金，涉及基础设施建设业务和土地整理业务等。因为城投公司传统业务的运营周期较长，需要与地方政府及其职能部门结算之后再确认收入，而且收入确认和现金流确认存在一定的延迟，所以部分城投公司的“销售商品、提供劳务收到的现金”指标较差。

(2)“收到的其他与经营活动相关的现金流量”，主要是用于核算城投公司收到的往来款和拆借款、地方财政补贴、利息收入等现金。部分城投公司与地方政府职能部门和区域内其他国企之间的往来款金额较大，如果其他应收款回款状况较差，则会直接体现为“收到的其他与经营活动相关的现金流量”金额较小，对城投公司的资金占用较多。

2. 投资活动现金流

投资活动现金流可以反映城投公司的投资情况、项目储备情况和未来资金支出压力。由于大多数城投公司从事与基础设施建设相关的业务，投资活动现金流出（包括购建固定资产、无形资产和其他长期资产支付的现金以及投资支付的现金等）规模会比较大，因此投资活动现金流呈现现金净流出状态。但是如果城投公司的投资活动现金流长期为负，则表明公司投资建设的项目收益较差，不利于公司的长远发展。

3. 筹资活动现金流

筹资活动现金流可以反映城投公司的融资情况，能够直接体现城投公司的融资能力和债务偿还压力。城投公司主要资金来源是债务资金，所以通过各类金融机构取得的借款规模比较大，主要体现在“取得借款收到的现金”科目。“偿还债务支付的现金”是城投公司每年需要偿付的债务本息规模，代表公司的偿债压力。如果筹资活动产生的现金流量金额持续为负，则表明公司的融资能力有可能恶化，存在无法及时取得各类金融机构的借款的可能性。

第八章

城投公司的资产整合

城投公司资产整合是应对发展环境变化的重要解决方式，是城投公司发展过程中的必然选择。对于城投公司来说，关键是选择什么样的资产整合方式对公司的未来发展最有利。

第一节　城投公司资产整合的原因

城投公司进行资产整合有其必然原因，但是资产整合的力度也要适度，需要根据区域经济发展情况和公司实际情况制订适宜的整合方案。盲目的资产整合是城投公司发展的大忌，很可能给公司带来不可控的风险。

一、城投公司资产整合的必然性

在监管机构对城投公司的监管力度加强、城投公司融资难度提升、城投公司负面评级不断等背景下，城投公司的资产整合已经变成了一个必然的选择，尤其是对于弱势城投公司、网红地区城投公司和部分区县级城投公司。

（一）监管机构对城投公司的监管力度加强

从现有的城投公司监管政策来看，监管机构对城投公司的监管已经呈体系化、系统化，未来对城投公司业务开展会有更多的规范措施，进一步规范城投公司的业务和融资。这些监管措施在规范城投公司发展的同时，也会在一定程度上限制城投公司的腾挪空间，对城投公司传统业务模式和融资模式产生一定的负面影响，需要进行市场化业务转型。

（二）城投公司的融资难度有所提升

从城投公司的发展实践来看，融资（包括银行贷款、债券融资和非标融资）是城投公司持续发展的基础。原银保监会 2021 年 15 号文发布之后，城投公司申请流动资金贷款的难度在加大。而在“红橙黄绿”债务率、“335”指标等信用债券新规的监管框架下，城投公司新增信用债券规模难度有所提高。同时，从公开披露的信托贷款、融资租赁等非标产品业务数据来看，非标产品的存续规模和新增规模都在降低，预计未来新增非标融资的难度会提升。

（三）部分城投公司主营业务缺乏持续性

随着国内城镇化水平的不断提高，部分区域城投公司的基础设施委托代建业务、土地整理业务等核心业务不断减少，未来发展缺乏持续性，无法保证公司主营业务的稳定以及财务报表数据符合金融机构的要求。因此部分区域选择通过资产整合、并入多个城投公司和国有企业股权的方式，实现城投公司主营业务类型的多元化，增强主营业务的持续性，这样才能够保障公司主营业务的持续发展。

（四）部分区域城投公司发展环境出现问题

一个区域的所有城投公司是一个整体，发展情况是共荣共存的。一旦区域内出现一例关于城投公司融资的负面信息，整个区域都会受到金融机构的重点关注，整个地区所有城投公司的融资难度都将会大幅度提高，没有一个城投公司可以在区域风险中独善其身。因此在区域出现较多负面舆情或者融资负面事项时，部分区域会选择通过对区域内的城投公司进行资产整合重组，提升区域内城投公司的综合实力以及融资能力，应对区域负面因素带来的不利影响。

（五）城投公司的评级负面案例不断增多

从公开数据可以看出，受评级严监管、部分城投公司出现负面信息等多重因素的影响，2021 年城投公司出现主体信用评级下调或者评级展望调整为负面的案例大幅提高。而城投公司一旦出现了评级负面信息，实现新增融资的可能性也就非常小了。虽然 2022 年、2023 年城投公司负面评级案例有所减少，但是依然是城投公司面临的一个重大挑战。在出现评级负面的情况下，仅仅依靠城投公司是很难解决的，必须从上而下对区域内的城投公司进行资产整合，实现评级由负面转为正面或者区域内主要城投公司信用评级的提升。

（六）区域内城投公司优化重组的要求

部分地区存在城投公司数量较多、国有资产分散、经营业务重复、融资成本高等问题，不利于城投公司做大做强，增加了区域整体债务负担，也影响了国有资产的使用效率,不利于有效盘活整个区域的存量国有资产。因此部分地区对区域内的城投公司按照战略定位、主营业务行业、重点布局产业等要素进行了重新定位,通过地市、区县城投公司的综合资产整合,形成了多个专业性、专营性的城投公司,避免区域内城投公司的重复性运营。

因此对于弱势城投公司、网红区域城投公司和部分区县级城投公司来说,想要在未来严监管的情况下生存下去,最好的选择就是和区域内优质城投公司进行资产整合,实现区域内城投公司信用级别、资产质量、盈利能力和偿债能力的综合提升,实现区域内城投公司的抱团取暖,从而能够有效应对新形势下的发展挑战。

二、城投公司资产整合要适度

适度的城投公司资产整合可以集中区域优势资源,提升城投公司的综合实力,但这并不意味着可以随意进行城投公司资产整合。盲目的城投公司资产整合没有任何意义,反而有可能增加部分区域的整体信用风险。

(一)部分整合只是为了提升评级

主体信用评级的提升可以提高城投公司的综合实力和融资能力,降低公司整体融资成本。但是从实践来看,受限于城投公司现有的主体信用级别,评级机构直接进行主体信用等级调升的难度很大。在无法直接实现主体信用等级提升的情况下,部分发行人选择新成立城投公司或者将已发债企业划入新公司,从而变相实现主体信用等级提升。这种操作模式会直接增加发行人的管理难度,容易造成公司治理架构的混乱。这种主体信用等级的调升,并不会为信用债券市场提供优质的发行人,反而可能会增加公司的管理风险。

(二)部分整合只是形式整合

部分城投公司在进行资产整合时,对纳入合并范围的子公司并不会进行实质性管理,只是一种形式整合。尤其是对于同一行政级别的城投公司来说,因为公司董事长的行政级别相同(比如均为正处级),在进行整合时很难完成实质性的管理,很容易变为形式上的合并。在完成资产整合之后,各个被划入的城投公司依然是各自为政,各自负责自己的业务和融资,没有形成统一的集团管理机制,很容易导致同质化竞争或者业务重复。

(三)部分整合会影响融资能力

城投公司的资产整合并不一定代表着公司融资能力的提升,有时反而会降低公司的融资规模，尤其是在银行贷款方面。银行等金融机构受到授信集中度的限制①，对于单一客户的授信是有上限的，在完成资产整合之后，新城投公司的整体授信集中度并不会有大的提升，但很有可能会超过各家公司的授信上限之和，导致部分子公司只能提前偿还银行贷款，这样会使得新集团的整体融资能力受到负面影响。同时，资产整合之后的城投公司在进行债券申报时，因为各家子公司均有存量债券，公司的整体债券申报额度可能会受到一定的负面影响。

（四）部分整合是无效整合

部分地区城投公司的整合缺乏有效的规划，只是将部分城投公司和国有企业股权拼凑在一起，对于公司未来发展没有明确战略规划或者产业布局安排。而且更为关键的是，整合之后的城投公司不符合监管机构的最新监管要求，无法实现新增融资规模，公司整体融资成本也没有下降。因此这种城投公司整合实际上就是一个股权整合的大杂烩，属于典型的无效整合。

第二节　城投公司资产整合的方式

城投公司可以根据区域发展情况、资源禀赋情况、区域债务情况、城投公司数量、城投公司评级情况等确定资产整合范围、明确整合路径，实现城投公司数量的减少和质量的提升。城投公司完成整合之后，不仅可以提升其综合实力，还有望提升主体信用级别。

一、城投公司资产整合范围

城投公司可以整合的资产包括 7 种类型：

（一）行政事业单位经营性资产

行政事业单位的经营性资产主要包括行政事业单位闲置或拟腾空的机关事业单位持有的住宅、写字楼、酒店、公租房、保障性住房、闲置土地使用权、物流仓储和停车场等资产，能够为城投公司带来一定的经营性收益。城投公司拟整合的行政事业单位资产必须是经营性的，公园、学校、医院和政府办公楼等公益性资产不能纳入整合范围。

① 单一集团客户授信集中度又称单一客户授信集中度，为最大一家集团客户授信总额与资本净额之比，不应高于 15%。

(二)国有企业股权

国有企业股权是指由地方政府及其职能部门持有的各类地方国有企业股权,包括地方银行(城商行和农商行等)股权、公用事业企业股权、金控类企业(私募基金、小贷公司、保理公司等)股权、文旅类企业股权和城市更新类企业股权等。

(三)国有企业资产

国有企业资产是指由地方政府及其职能部门持有的各类地方国有企业所拥有的资产,主要包括住宅、写字楼、酒店、公租房、保障性住房和停车场等。部分地方国有企业因为有特殊的定位,无法将其股权直接划转至城投公司,可以将其持有的部分资产无偿划转至城投公司。

(四)国有资源

国有资源由地方政府及其职能部门控制,能带来一定的收益,主要包括土地使用权、矿产资产、森林、自然保护地(国家公园、自然保护区、风景名胜区、森林公园、地质公园、湿地公园)等。国有资源可以在进行市场化评估之后,按照评估价值划入城投公司。

(五)特许经营权

特许经营权是指城投公司充分利用自身优势地位在区域内取得的特有的经营权,主要包括在市政公用领域、交通运输领域、城市交通领域、水利设施领域和旅游领域等的特许经营活动。

1. 市政公用领域的特许经营权主要包括城市供水(含自来水厂及管网)、城市供气(含管网)、城市供热(含管网)、污水处理(含污水处理厂及管网)、垃圾处理等的经营权。

2. 交通运输领域的特许经营权主要包括高速公路、一级公路、二级公路、交通枢纽、收费桥梁、轨道交通、航道航运、机场和港口码头等的经营权。

3. 城市交通领域的特许经营权主要包括客运出租汽车运营权和城市公共汽车客运线路运营权等。

4. 水利设施领域的特许经营权主要包括水库(含灌溉、自来水水源)、城乡引水工程和水利枢纽等的经营权。

5. 旅游领域的特许经营权主要包括区域内自然资源景区和文物资源景区等的经营权。

(六)特许收费权

特许收费权是城投公司在区域内取得的特定专营活动的收费权,主要包括停车场经营权、城市停车位收费权(含市政道路两侧停车位、公园或市政广场周边停车位)、地下综合管廊收费权以及区域内广告收费权等。

(七)数据资产

数据资产是指特定主体合法拥有或者控制的、能进行货币计量的,且能带来直接或者间接经济利益的数据资源。数据资产具有明显的区域特征,是城投公司所在区域内的政府数据、交通数据、电信数据、工业数据、贸易数据和金融数据等各类数据信息。但是需要特别注意的是,数据资产划入城投公司之前必须进行脱密处理。数据资产的评估必须公允、合理,确保能够以公允价值计入城投公司财务报表。

二、城投公司资产整合的路径

从国内城投公司的整合实践来看,不同行政级别的城投公司整合路径有所不同。根据城投公司的行政级别,资产整合路径可以分为省级城投公司资产整合、地市级城投公司资产整合和区县级城投公司资产整合。

(一)省级城投公司资产整合

省级城投公司资产整合的主要方式是组建新的省级城投公司,将省内的优质资源和城投公司进行合并,通过整合建立高级别的省级城投公司。

组建省级城投公司的案例是甘肃省建设投资(控股)集团有限公司(以下简称“甘肃建投集团”)。甘肃建投集团原名为甘肃省建设投资(控股)集团总公司,根据甘肃省人民政府于2019年9月29日印发的《关于甘肃省建设投资(控股)集团总公司改制方案的批复》,公司名称变更为甘肃省建设投资(控股)集团有限公司,股东由甘肃省建设委员会变更为甘肃省国资委,公司性质由全民所有制变更为有限责任公司(国有独资),注册资本增至200亿元,同时将甘肃省城市建设投资有限责任公司、甘肃省宏信建设科技有限责任公司的股权划入甘肃建投集团。

(二)地市级城投公司资产整合

地市级城投公司资产整合是目前城投公司资产整合案例最多的一类,整合方式包括新设地市级城投公司资产整合、地市级城投公司吸收合并整合和地市级城投公司根据业务类型整合。

1. 新设地市级城投公司资产整合

新设地市级城投公司资产整合是指地市级政府通过设立新的城投公司,然后将区域内的多家城投公司和国有企业股权划入新设立的城投公司,实现区域城投公司主体信用等级和综合实力的提升。

新设地市级城投公司资产整合的典型案例是长沙城市发展集团有限公司(以下简称“长沙城发集团”)。长沙城发集团系根据长沙市人民政府印发的《关于同意成立长沙城市发展集团有限公司的批复》(长政函〔2019〕103号)成立于2019年9月20日,注册资本为500亿元人民币,由长沙市国资委100%持股。2019年10月16日,长沙市国资委印发《关于长沙市城市建设投资开发集团有限公司和长沙先导投资控股集团有限公司股权无偿划转的通知》(长国资产权〔2019〕137号),将两家公司100%股权无偿划转至长沙城发集团,同意长沙城发集团将因股权无偿划转形成的资本公积中的360亿元转作实收资本,其余部分作为长沙城发集团资本公积,另财政拨款5 000万元作为实收资本。2020年11月30日,经大公国际综合评定,长沙城发集团的主体信用等级为AAA。

2. 地市级城投公司吸收合并整合

地市级城投公司吸收合并整合是指在地级市内选择一家城投公司作为主城投公司,将其他地市级城投公司的全部股权或者部分股权划入主城投公司,实现主城投公司综合实力的提升。

地市级城投公司吸收合并整合的典型案例是武汉城市建设集团有限公司(以下简称“武汉城建集团”)。武汉城建集团原名为武汉地产开发投资集团有限公司,根据武汉市委办公厅、市政府办公厅于2020年9月25日印发的《关于印发部分市属出资企业整合重组工作实施方案的通知》(武办文〔2020〕31号),以2019年12月31日为基准日,对7家市属国有企业进行整合重组,武汉地产开发投资集团有限公司直接更名为武汉城市建设集团有限公司,将武汉中央商务区投资控股集团有限公司、武汉建工(集团)有限公司、武汉园林绿化建设发展有限公司、武汉市工程咨询部、武汉二零四九集团有限公司、武汉市都市产业投资集团有限公司整体划入武汉城市建设集团有限公司。武汉城建集团此次整合涉及部分城投公司和部分国有企业。

3. 地市级城投公司根据业务类型整合

地市级城投公司根据业务类型整合是指由地方政府根据战略规划安排,按照业务类型或者业务方向对区域内的城投公司进行整合,实现业务专营化。地市级城投公司根据业务类型整合包括两种模式:

(1)N模式

N模式即地级市国资委或者财政局控股的多家地市级城投公司分别开展主营业务。N模式的案例为惠州市。2020年12月,惠州市国资委制订了《惠州市属国有企业改革重组实施方案》，并经惠州市委常委会、市政府常务会议审议通过，以惠州市委深改委名义正式印发。惠州市制定了“6＋N”模式[①]，涉及惠州市交通投资集团有限公司（主体信用等级为 AAA）、惠州市城市建设投资集团有限公司、惠州市水务集团有限公司、惠州市港口投资集团有限公司、惠州市国有资本投资集团有限公司和惠州市产业投资集团有限公司。这 6 家城投公司或国有企业的控股股东均是惠州市国资委，分别按照惠州市政府规定的战略规划开展主营业务。

（2）1＋N 模式

1＋N 模式即地级市国资委或者财政局控股的 1 家地市级城投公司下辖的多家子公司分别开展主营业务。1＋N 模式的案例为东阳市。东阳市在 2021 年形成了“1＋6”的国有企业布局，“1”是东阳市国有资产投资有限公司（主体信用等级为 AA＋），“6”是东阳市城市建设投资集团有限公司、东阳市交通投资建设集团有限公司、东阳市水务投资集团有限公司、东阳市资源开发集团有限公司、东阳市产业发展集团有限公司和东阳市文旅投资发展有限公司。这 6 家城投公司或国有企业的控股股东均是东阳市国有资产投资有限公司，按照规划的业务范畴分别开展主营业务。

（三）区县级城投公司资产整合

1. 新设区县级城投公司资产整合

新设区县级城投公司资产整合是指区县级地方政府通过设立新的城投公司，然后对区域内的多家城投公司进行整合，这种模式主要适用于经济发达地区。

新设区县级城投公司资产整合的案例是苏州市吴中国有资本控股集团有限公司（以下简称“苏州吴中国控集团”）。出于苏州市吴中区国有资产优化整合的需要，苏州市吴中区人民政府于 2023 年 6 月 20 日投资设立了苏州吴中国控集团，注册资本 120 亿元，控股股东和实际控制人均为苏州市吴中区人民政府。苏州市吴中区人民政府将苏州市吴中城市建设投资集团有限公司（主体信用等级为 AA＋）股权无偿划转至苏州吴中国控集团。

2. 区县级城投公司股权上划到地级市政府部门

区县级城投公司股权上划到地级市政府部门是指将区县级城投公司的全部股权或者控股股权上划至地级市市政府、市国资委、市财政局等，公司的控股股东和实际控制人变更为地级市政府。

---

① “6＋N”的含义是 6 家城投公司可以分别按照公司的战略规划和主营业务情况对区域内其他城投公司进行整合，未来可能会形成 N 个城投子公司。

区县级城投公司股权上划到地级市政府部门的案例是大荔县城市开发投资集团有限公司[①]（以下简称“大荔城发集团”）。大荔城发集团的股东原为大荔县国有资产管理局。根据渭南市国资委印发的《关于划转大荔县城镇开发投资有限责任公司部分股权的通知》（渭国资发〔2016〕129号），大荔县国有资产管理局将其所持有的占大荔城发集团60.00%的股份无偿划转至渭南市国资委。上述变更完成后，渭南市国资委、大荔县国有资产管理局和国开发展基金有限公司分别持有大荔城发集团60.00%、34.05%和5.95%的股权，公司的控股股东和实际控制人由大荔县国有资产管理局变更为渭南市国资委。

3. 区县级城投公司股权并入地市级城投公司

区县级城投公司股权并入地市级城投公司是指将区县级城投公司的全部股权或者控股股权并入地市级城投公司，公司的控股股东变更为地市级城投公司，实际控制人变更为地级市政府或者部门。

区县级城投公司股权并入地市级城投公司的案例是荆州市荆州区城乡建设投资开发有限公司（以下简称“荆州区城投”）。根据《荆州市政府国资委关于同意荆州区国资局国有股权无偿划转事项的批复》，同意将荆州区国资局持有的荆州区城投100%股权无偿划转至荆州市国资委。根据《荆州市人民政府关于荆州高新发展集团有限公司重组方案的批复》（荆政函〔2022〕140号），荆州市国资委将其所持有荆州区城投100%股权转让给荆州高新发展集团有限公司。本次股权转让完成后，荆州区城投的控股股东由荆州区国资局变更为荆州高新发展集团有限公司，实际控制人变更为荆州市国资委。

4. 区县级城投公司吸收合并整合

区县级城投公司吸收合并整合主要是经济发达地区的优质区域，在区县内选择一家城投公司作为主城投公司，将其他区县级城投公司的全部股权或者部分股权划入主城投公司，提升主城投公司的综合实力。

区县级城投公司吸收合并整合的案例是绍兴市柯桥区国有资产投资经营集团有限公司（以下简称“柯桥国资集团”）。柯桥国资集团的原股东为柯桥区财政局。根据柯桥区政府协调会会议精神，柯桥区财政局将持有的柯桥国资集团90%股权划转至绍兴市柯桥区国有资产控股集团有限公司，柯桥国资集团的控股股东发生了变更，但实际控制人仍然为柯桥区财政局。

---

① 曾用名：大荔县城镇开发投资有限责任公司。

三、城投公司资产整合案例

通过公开渠道整理的城投公司发布的公告信息可以看到，2020 年以来有多家城投公司进行了资产整合重组。本书选取了全国各省市具有代表性的城投公司资产整合案例进行介绍。

(一)湖北省级城投公司整合

湖北省委、省政府于 2021 年 12 月 6 日召开省属国资国企改革推进会，湖北省联合发展投资集团有限公司作为深化国资国企改革的首批企业，与湖北省工业建筑集团有限公司、湖北清能投资发展集团有限公司、湖北省宏泰城市发展有限公司“四企合一”，组建了湖北联投集团有限公司(以下简称“湖北联投集团”)。湖北联投集团被湖北省委、省政府赋予“三全三商”的职责使命，即“科技园区、产业园区、功能园区全生命周期运营商”“城市更新全产业链综合服务商”和“工程建设全领域总承包商”。

在本次资产整合中，将湖北清能投资发展集团有限公司 53.15%股权、上海世胥投资管理中心(有限合伙)47.34%财产份额、United Investment Europe SA 90%股权、湖北省工业建筑集团有限公司 43.17%股权、湖北省宏泰城市发展有限公司 100%股权、湖北省住房保障建设管理有限公司 100%股权、湖北金卫信息咨询中心 100%股权、武汉联林建设开发有限公司 25%股权、湖北省黄麦岭控股集团有限公司 42.08%股权 8 家公司股权、1 家合伙企业财产份额以资产置换及现金收购的方式注入湖北联投集团。

在划入资产的同时，本次资产整合将湖北联合交通投资开发有限公司 51%股权、湖北联投鄂咸投资有限公司 94%股权、湖北交投赤东高速公路有限公司 100%股权、湖北环湖地产有限公司 100%股权、鄂州桐德置业有限公司 100%股权、鄂州桐趣置业有限公司 100%股权和鄂州桐道置业有限公司 100%股权划出湖北联投集团。

(二)南昌市城投公司整合

2022 年 6 月 22 日，南昌市组建了南昌市产业投资集团有限公司(以下简称“南昌产投集团”)、南昌市政公用集团有限公司(以下简称“南昌市政公用集团”)、南昌市建设投资集团有限公司(以下简称“南昌建投集团”)和南昌市交通投资集团有限公司(以下简称“南昌交投集团”)四大集团。此次资产整合完成之后，南昌四大集团的主体信用等级均为 AAA。

1. 南昌产投集团是以原南昌工业控股集团有限公司为基础，合并原南昌国资产业经营集团有限公司组建而成，是南昌市级层面唯一以产业投资为主业的国有资本运营公司，拥有各级控股和实际控制企业上百家，主要业务板块为产业投资、产业园区建设和运营、产业金融。南昌产投集团主体信用等级为 AAA，评级机构为东方金诚。

2. 南昌市政公用集团以水务、环保和现代农业为主业，在原南昌市政公用投资控股有限责任公司的基础上，划入其他市属国有企业的环保、农业、林业、粮食类等各级企业 130 余家。南昌市政公用集团控股主体基本保持不变，保留原市政房地产和建设类业务，基于水务环保一体化的行业发展趋势及集团的发展基础，继续打造市政公用品牌。南昌市政公用集团主体信用等级为 AAA，评级机构为东方金诚和中证鹏元。

3. 南昌建投集团以城市建设开发为主业，在原南昌城市建设投资发展有限公司的基础上，合并南昌市城市规划设计研究总院，划入原南昌工控集团、原南昌国资产业集团的建筑类、房地产企业。南昌建投集团主体信用等级为 AAA，评级机构为东方金诚和大公国际。

4. 南昌交投集团以城市交通和文旅开发为主业，在南昌水利投资发展有限公司的基础上，合并江西南昌旅游集团有限公司和江西国控汽车投资有限公司，整合市属平台企业旗下交通、文旅产业资源。南昌交投集团主体信用等级为 AAA，评机构为中证鹏元。

(三)徐州市城投公司整合

2022 年 7 月 21 日，徐州市委全面深化改革委员会第 15 次会议研究通过了《关于对部分市属国有企业实施重组整合的工作方案》，对部分市属国有企业进行整合重组，进一步明晰各企业战略定位及发展方向。徐州市本轮改革主要对市属国有企业中徐州市新盛投资控股集团有限公司(以下简称“徐州新盛集团”)、徐州市新城区国有资产经营有限责任公司(以下简称“新城区国资公司”)、徐州新田投资发展有限责任公司(以下简称“徐州新田公司”)、徐州市国有资产投资经营集团有限公司(以下简称“徐州国投集团”)、徐州市国盛控股集团有限公司(以下简称“徐州国盛集团”)、徐州市环保集团有限公司(以下简称“徐州环保集团”)6 家企业进行同业重组。

1. 徐州新盛集团聚焦城乡开发建设运营服务(城市更新、基础设施建设运营、房地产业、水务一体化产业)、粮食食品产业(食品饮料制造及农副产品储运、加工销售）两大领域，完善城市功能服务。徐州新盛集团的主体信用等级为 AAA，评级机构为中诚信国际和联合资信。

2. 整合组建徐州市产城发展集团有限公司（以下简称“徐州产城集团”），主业定位为产业园区投资建设运营、新城区范围内道路桥梁等基础设施和功能性项目代建、城乡土地整理开发三大领域。徐州产城集团是在新城区国资公司与徐州新田公司的基础上组建完成的。在资产整合完成之后，徐州产城集团的主体信用等级在 2022 年 12 月 30 日由 AA＋调升至 AAA，评级机构为大公国际。

3. 徐州国投集团是在原徐州市国有资产投资经营总公司、徐州市投资总公司和徐州市城市建设投资总公司基础上合并重组成立，主业定位为新能源、双碳环保产业两大领域，其中徐州环保集团由徐州国投集团实施整合并管理，成为二级子公司。徐州国投集团的主体信用等级为 AA＋，评级机构为东方金诚。

4. 徐州国盛集团，主业定位为金融投资、科技创新及人才服务三大领域，重点打造具有地方特色的金融科创集团。徐州国盛集团的主体信用等级为 AA，评级机构为联合资信。

5. 徐州市国源资源开发集团有限公司在徐州铁矿集团有限公司基础上组建成立，主业定位为矿山开采、矿产品加工、市域范围内国有自然资源开发利用三大领域。

6. 徐州市交通控股集团有限公司、徐州地铁集团有限公司、徐州市文化旅游集团有限公司等市属国有企业主体框架保持不变，主责主业定位及发展方向不变，主要通过集团内部同业整合及非主业退出，进一步聚焦主责主业，深化创新管理机制，放大国有资本功能，增强企业发展活力和内生动力，加快实现稳定健康发展。

(四)九江市城投公司整合

九江市的城投公司整合模式为将九江市内主要的城投公司均整合至九江市国有投资控股集团有限公司（以下简称“九江国控集团”）。

九江国控集团原名为九江人防地下空间开发利用有限公司，成立于 2012 年 1 月。根据九江市人民政府办公室 2021 年 10 月 14 日出具的九府办抄字〔2021〕337 号抄告单，同意将九江人防地下空间开发利用有限公司整体产权无偿划转给市国资委，由九江市国资委履行出资人职责，同时公司注册资本由 30 万元增至 100 亿元人民币。2021 年 10 月 16 日，公司变更名称为九江市国有投资控股集团有限公司，注册资本为人民币 100 亿元，由九江市人民政府授权市国资委履行出资人义务，公司性质为国有独资公司。

根据九江市国有资产监督管理委员会于2021年9月25日签发的《关于市属国有企业资产资源划转的通知》(九国资字〔2021〕82号),九江市国资委将九江市城市发展集团有限公司等市属国有企业资产资源无偿划转至九江国控集团名下。此次国有资产划转通知主要事项如下:

1. 同意接收柴桑区投资集团有限公司整体产权并无偿划入九江市交通航运发展集团有限公司,由九江交发集团履行出资人职责。

2. 将九江市城市发展集团有限公司整体划入九江国控集团,由九江国控集团履行出资人职责。

3. 将九江市城市发展集团有限公司下属的九江市工业发展集团有限公司、九江市交通航运发展集团有限公司、九江市文化旅游发展集团有限公司整体划入九江国控集团,由九江国控集团履行出资人职责。

4. 同意九江国控集团成立全资子公司九江市城乡发展有限公司。

5. 同意九江国控集团成立全资子公司九江市九派投资管理有限公司,并将九江市城发集团所持有的九江市国有融资担保有限公司66%的股权无偿划入九江市九派投资管理有限公司。

6. 将九江市储备粮油经营管理有限公司整体无偿划入九江市工业发展集团有限公司,由其履行出资人职责。

7. 将九江市政府授予国资委的采砂经营收益权注入九江国控集团。

在此次资产整合完成之后,九江国控集团于2021年12月24日取得远东资信的AAA主体信用等级,并于2023年1月16日取得大公国际的AAA主体信用等级。九江国控集团自2022年起发行了多只私募公司债券、中期票据、PPN和企业债券。

(五)青岛市城投公司整合

2021年上半年,青岛市政府印发《做大做强市属平台公司推动全市重大基础设施项目建设工作方案》、青岛市国资委印发《关于国有股权划转企业深化改革协同发展实施意见》,明确提出要有序推进市属企业国有股权划转至城投公司,优化国有企业资产配置,持续优化业务布局,集中力量做大做强优势产业,不断增强市属国有经济的竞争力、创新力、控制力、影响力和抗风险能力。在这两个文件的指导下,青岛市对部分城投公司进行了整合:

1. 青岛市将部分优质国有企业股权划转至青岛城市建设投资(集团)有限责任公司(以下简称"青岛城投集团")。青岛城投集团的主体信用等级为AAA,评级机构为中诚信国际、联合资信和大公国际。

(1)根据青岛市国资委2019年8月12日印发的《关于青岛交通发展集团有限公司国有产权无偿划转的通知》(青国资委〔2019〕67号),青岛市国资委将青岛交通发展集团有限公司100%国有股权无偿划转至青岛城投集团。

(2)根据青岛市国资委2020年3月3日印发的《关于无偿划转青岛农村商业银行股份有限公司股权的批复》(青国资委〔2020〕28号),青岛市国资委同意将青岛国际机场集团有限公司持有的青岛农村商业银行股份有限公司5亿股股权无偿划转至青岛城投集团。本次划转完成后,青岛城投集团持有青岛农商行502 730 500股股份,占青岛农商行总股本的9.05%。

(3)根据青岛市国资委2020年4月20日印发的《关于将双星集团有限责任公司股权划转青岛城市建设投资(集团)有限责任公司的通知》(青国资委〔2020〕49号),青岛市国资委将双星集团有限责任公司100%国有股权无偿划转给青岛城投集团。本次划转完成后,青岛城投集团按照《双星集团有限责任公司混合所有制改革实施方案》(青国资委〔2020〕47号),依法依规按程序组织做好双星集团混合所有制改革相关工作。2020年4月27日,双星集团增资扩股同步股权转让项目在青岛产交所挂牌,引入战略投资者后,青岛城投集团持有双星集团股权比例达41%,成为第一大股东。

(4)根据青岛市国资委印发的《关于青岛国际机场集团有限公司国有产权无偿划转的通知》,青岛市国资委将所持有的青岛国际机场集团有限公司93.7%的国有股权无偿划转至青岛城投集团。

(5)根据青岛市人民政府办公厅印发的《关于印发做大做强市属平台公司推动全市重大基础设施项目建设工作方案的通知》(青政办字〔2021〕34号),青岛市国资委将所持有的青岛水务集团有限公司、青岛能源集团有限公司、青岛市政空间开发集团有限责任公司100%的国有股权划转至青岛城投集团。

2. 青岛市国资委将澳柯玛股权划转至青岛海发国有资本投资运营集团有限公司(以下简称"青岛海发国资")。青岛市国资委于2021年2月3日印发《关于青岛澳柯玛控股集团有限公司国有产权无偿划转的通知》(青国资委〔2021〕12号),将青岛市国资委持有的澳柯玛控股集团100%产权无偿划转至青岛海发国资。2021年3月30日,澳柯玛控股集团已完成股权划转工商登记变更。青岛海发国资的主体信用等级为AAA,评级机构为东方金诚。

3. 青岛市国资委将海信集团股权划转至青岛华通国有资本投资运营集团有限

公司[原名为“青岛华通国有资本运营(集团)有限责任公司”,以下简称“青岛华通国资”]。青岛市国资委于2020年5月27日印发《青岛市国资委关于海信集团有限公司股权划转青岛华通国有资本运营(集团)有限责任公司的通知》(青国资委〔2020〕78号),以海信集团2019年度财务审计报告为依据,将海信集团公司100%国有股权无偿划转给青岛华通国资持有;上述股权划转工商登记变更于2020年12月30日完成。2021年1月6日,青岛市人民政府下发文件《青岛市人民政府关于海信集团有限公司改革调整的通知》(青政字〔2021〕1号),海信集团不再列为市直企业管理,由青岛华通国资按照国资监管有关规定进行管理。青岛华通国资的主体信用等级为AA+,评级机构为中诚信国际、东方金诚和上海新世纪。

4. 青岛西海岸新区成立了青岛西海岸新区海洋控股集团有限公司(以下简称“海控集团”)。2018年11月,根据《青岛西海岸新区国有资产管理办公室关于同意设立青岛西海岸新区海洋控股集团有限公司的批复》(青西新国资〔2018〕132号),青岛西海岸新区海洋控股集团有限公司成立,注册资本为50亿元。2018年12月,青岛西海岸新区国有资产管理办公室出具《青岛西海岸新区国有资产管理办公室关于青岛黄岛发展(集团)有限公司等企业变更股东的通知》(青西新国资〔2018〕143号),将青岛黄岛发展(集团)有限公司(主体信用等级为AA+)、青岛海洋投资集团有限公司(主体信用等级为AA+)、青岛董家口发展集团有限公司(主体信用等级为AA+)、青岛西海岸旅游投资集团有限公司(主体信用等级为AA)、中德联合集团有限公司(主体信用等级为AA)、青岛海高城市开发集团有限公司的股东由青岛西海岸新区国有资产管理办公室变为青岛西海岸新区海洋控股集团有限公司。

(六)淮安市城投公司整合

淮安市的城投公司整合模式是通过对现有城投公司和国有企业进行整合,组建了五大国有企业集团。淮安市人民政府于2021年7月23日印发《市政府关于组建(重组)市属企业的通知》(淮政发〔2021〕16号),重组淮安市国有联合投资发展集团有限公司(以下简称“淮安国联集团”)、重组淮安市投资控股集团有限公司(以下简称“淮安投控集团”)、重组淮安市交通控股集团有限公司(以下简称“淮安交控集团”)、重组淮安市文化旅游集团股份有限公司(以下简称“淮安文旅集团”)、组建淮安市金融发展集团有限公司(以下简称“淮安金发集团”)。

1. 淮安国联集团

淮安市将淮安国联集团的主营业务确定为城市投资建设开发、市政公用、城市服务、资产管理、类金融(市场化);发展方向确定为围绕城市建设、城市运维、城市服务三大内容开展业务，大力发展市政公用、城市服务业，提高资产管理经营效益，夯实建设开发、类金融板块。淮安国联集团的整合方案为：

(1)将淮安市政府持有的淮安市工业发展投资控股集团有限公司股权 100%、淮安市热电集团有限公司股权 100%无偿划转给淮安国联集团。

(2)将淮安市国资委、淮安市工投集团分别持有的淮安市工贸资产有限公司股权 95%、5%无偿划转给淮安国联集团。

(3)将淮安市国资委持有的淮安市国企服务中心有限公司股权 100%无偿划转给淮安国联集团。

2022 年，淮安市国资委将持有的淮安市金融发展集团有限公司 7.07%股权无偿划转至淮安国联集团，公司对淮安金发集团的持股比例由 46.60%提升至 53.67%，并能够达到实际控制，类金融板块正式形成，涵盖担保、贷款、融资租赁等多个领域。2023 年 5 月，淮安市国资委将持有的淮安市交通控股集团 30%股权无偿划转至淮安国联集团。

2023 年 6 月 12 日，东方金诚国际信用评估有限公司将淮安国联集团的主体信用等级由 AA+调升至 AAA。

2. 淮安投控集团

淮安市将淮安投控集团的公司主业确定为产业投资(市场化)、施工、房地产、投资建设(新城镇等)、类金融(市场化)。发展方向确定为：逐步转型为产业投资，保持投资建设和房地产业务稳步发展；继续提升施工业务竞争力、营收规模并推动上市；以"新兴产业"为主，重点强化产业投资拓展和资产管理能力，适度发展产业金融服务能力。淮安投控集团的整合方案为：

(1)将淮安市水利控股集团有限公司更名为淮安市投资控股集团有限公司。

(2)将淮安市工业发展投资控股集团有限公司持有的超美斯新材料股份有限公司股权 9.20%无偿划转给淮安投控集团。

(3)将淮安市热电集团有限公司持有的江苏天汇红优医药健康产业基金股权 3.86%、江苏疌泉天汇苏民投健康产业基金(有限合伙)股权 5.94%无偿划转给淮安投控集团。

淮安投控集团目前的主体信用等级为中诚信国际和东方金诚的 AA+。

根据淮安市人民政府于 2023 年 7 月出具的《关于组建淮安市城市发展投资控股集团的通知》，将淮安市国资委持有的淮安投控集团 100%股权无偿划转至淮安市城市发展投资控股集团有限公司。

3. 淮安交控集团

淮安市将淮安交控集团的公司主营业务确定为交通产业投资建设运营、港口物流、现代农业、数字经济;发展方向确定为在完善交通产业相关业务运作模式的基础上,持续提升港口物流业务规模和资产收益水平,重点发展现代物流产业和数字经济相关业务。淮安交控集团的整合方案为:

(1)将淮安市交通控股有限公司更名为淮安市交通控股集团有限公司。

(2)将淮安市国有联合投资发展集团有限公司持有的江苏冲浪软件科技有限公司股权74%无偿划转给淮安交控集团。

淮安交控集团目前的主体信用等级为联合资信和东方金诚的AA+。

4. 淮安文旅集团

淮安市将淮安文旅集团的公司主营业务确定为文旅项目建设开发与生态保护、文旅策划与运营服务、餐饮与酒店会展、其他(生态农业、资产管理等);发展方向确定为围绕"全域旅游",重视"运营策划",加强对市文旅资源的统筹运营盘活,做好已有文旅项目运营与新文旅项目建设之间的平衡。淮安文旅集团的具体整合方案为:

(1)将下列单位持有的股权无偿划转给淮安文旅集团:

①淮安市政府持有的淮安市白马湖投资发展有限公司股权93.282 3%。

②淮安市政府、淮安新城投资开发有限公司、淮安市水利控股集团有限公司、淮安市工业发展投资控股集团有限公司、淮安市交通控股有限公司分别持有的淮扬菜集团股权1.418 5%、5.774 7%、53.326 3%、9.784 2%、1.576 1%。

③淮安市工业发展投资控股集团有限公司持有的淮安市淮州宾馆经营管理有限责任公司股权100%。

④淮安市水利控股集团有限公司持有的江苏楚云文化传播有限公司股权100%。

⑤淮安市国有联合投资发展集团有限公司持有的淮安国联酒店管理有限公司股权100%、淮安市幽兰都大酒店有限公司股权100%。

⑥江苏省淮安市保安服务总公司持有的淮安市剑兰宾馆股权100%。

(2)将淮安市水利控股集团有限公司拥有的东湖宾馆单项资产(账面值1 033.18万元)无偿划转给淮安文旅集团。

5. 淮安金发集团

淮安市将淮安金发集团的公司主营业务确定为金融服务(商业性、政策性)、产业投资(商业性、政策性);发展方向确定为强化"金融服务与产业投资平台"的功能定位，通过金融服务、产业投资两大业务，强化区域内产融协同效应，推动产业与金融的深度融合。淮安金发集团的具体组建方案为：

（1）将淮安市金融控股集团有限公司更名为淮安市金融发展集团有限公司。

（2）将淮安市城市资产经营有限公司持有的淮安金发集团股权 8.536 6%无偿划转给淮安市国有联合投资发展集团有限公司。

（3）将淮安市财政局、淮安市国联集团、淮安市水利控股集团有限公司、淮安市交通控股有限公司、淮安市城市资产公司、淮安市工业发展投资控股集团有限公司、淮安市热电集团有限公司、淮安市热力中心、淮安新城投资开发有限公司分别持有的淮安市融资担保集团有限公司股权 6.572%、34.122%、10.975 3%、4.337 5%、9.858%、3.039 6%、0.161%、0.046%、16.340 1%无偿划转给淮安金发集团，上述股权作为各自对淮安金发集团增资。

第三节　区县级城投公司的整合

在讨论城投公司资产整合问题时，不可避免地要面对区县级城投公司的问题。因为受到区域资源、区域经济、产业发展和财政收入等的限制，区县级城投公司的发展空间相对有限，面临的挑战也更多。对于全国一半以上的区县级城投公司来说，未来的出路可能是被地市级城投公司合并。当然这也只是针对部分区县级城投公司的看法，并不适用于全部的区县级城投公司。每个区县级城投公司均有各自的特点，因此每个城投公司的未来都是不一样的，没有可以完全复制的经验。

一、区县级城投公司的现状

区县级城投公司是县城城镇化建设与开发的主力，因此需要特别关注区县级城投公司的发展。

（一）区县级城投公司基本情况

根据 Wind 资讯的统计数据（截至 2024 年 1 月 1 日），Wind 资讯统计口径下的发债城投公司数量为 3 585 家，其中区县级城投公司（实际控制人属于区县级、区县开发区级以及地市开发区级）合计为 2 115 家，占全部城投公司的比例为 58.99%，占比接近 60%。但是区县级城投公司的信用债券余额为 55 671.02 亿元，占比只有 46.81%。区县级城投公司的信用债券余额和占比与区县级城投公司的数量并不匹配，而且很多区县级城投公司存续债券是增加了担保增信措施的，债项评级达到了

AA+或者AAA,实际上区县级城投公司纯信用债券余额更低。

从区县级城投公司的地域分布来看,分布极不均衡,全国发行过债券的区县级城投公司集中在江苏、山东和浙江三个省份:江苏、山东和浙江的区县级城投公司数量为1 086家,占比为51.35%;存量债券金额为36 918.89亿元,占比为66.32%。这种区域分布情况就意味着其他省份的区县级城投公司通过信用债券进行融资的数量较少。

上述数据仅是针对有发债记录的区县级城投公司。目前全国共有2 844个县级单位(包括市辖区、县、县级市、自治县、自治旗等),很大一部分区县并没有发债城投公司。而对于没有评级的区县级城投公司来说,在融资方面面临的难度会更大。

(二)区县级城投公司的分类

根据是否发行过信用债券,可以将区县级城投公司分为无存量债券的区县级城投公司和有存量债券的区县级城投公司两大类:

1. 无存量债券的区县级城投公司

由于目前监管机构对于区县级城投公司的监管政策处于收紧阶段,所以融资难度有所提升。无存量债券的区县级城投公司,一般也没有公开的主体信用评级,因此,对于无存量债券的区县级城投公司,不管所属区域、财政实力和公司财务情况如何,获取公开主体信用评级并进行债券融资的难度非常大。尤其是目前监管要求部分区域的部分城投公司只能是"借新还旧",不能新增债券规模,因此对于没有存量债券的区县级城投公司来说,实际上在短期内已经没有通过发行信用债券进行融资的可能了。

对于无存量债券的区县级城投公司来说,因为融资渠道受限,所以未来的出路可能就是被地市级城投公司合并,一方面可以获得地市级城投公司的支持,另一方面可以实现行政级别和主体信用等级的调升,从而有可能进一步拓展债券等融资渠道。

2. 有存量债券的区县级城投公司

有存量债券的区县级城投公司主要可以分为以下三大类:

(1)经济发达地区的高评级区县级城投公司

对于经济发达地区的高评级(AA+、AAA)区县级城投公司来说,在地方经济、区域产业和财政实力的支持之下,有望可以实现市场化转型,因此可以保持独立发展。

(2)经济发达地区的AA级区县级城投公司

对于经济发达地区的AA级区县级城投公司,如果随着区域经济的发展和财政实力的提升，有望将主体信用等级提升至AA+乃至AAA级，则建议城投公司保持独立发展。对于债务压力不大的经济发达地区的AA级区县级城投公司，也建议城投公司保持独立发展。对于债务压力较大且短期内没有提升主体信用等级可能性的城投公司，则建议并入地市级城投公司，借助地市级城投公司的融资渠道化解债务压力。

(3)经济不发达地区的区县级城投公司

需要说明的是，经济发达地区的区县级城投公司在全部区县级城投公司中的占比并不算高，当然这取决于怎么界定经济发达地区。对于经济不发达地区的区县级城投公司，建议在适当条件下并入地市级城投公司，这和无存量债券的区县级城投公司的逻辑是一样的，因为只靠城投公司自身的实力是无法化解现有的债务压力的。

二、区县级城投公司的出路

从区县级城投公司的发展现状来看，部分区县级城投公司最终会并入地市级城投公司。区县级城投公司并入地市级城投公司，已经在市场上有了较多的案例，部分省份也推出了相应的鼓励政策。

(一)陕西省的市县城投公司整合实践

陕西省发改委和陕西省财政厅于2020年10月19日联合印发《关于加快市县融资平台公司整合升级推动市场化投融资的意见》(陕发改投资〔2020〕1441号，以下简称"《意见》")[①]，要求"积极推行以市带县模式，由市级平台通过参股、业务整合等方式带动县级平台公司；鼓励将县级平台并入市级平台"。《意见》提出了如下要点：

1. 城投公司市场化转型要求

《意见》要求"将现有融资平台公司转型为权属清晰、多元经营、自负盈亏的市场化综合性国有资本运营集团公司"。城投公司市场化转型是城投公司未来发展必然要面临的问题，需要谨慎确定转型方向，但是从实践来看，已经成功完成市场化转型的案例并不多。

2. 城投公司资产规模要求

《意见》要求"原则上每个市(区)打造一个总资产500亿元级以上综合性国有资

① 资料来源：陕西省发改委网站，http://sndrc.shaanxi.gov.cn/fgyw/tzgg/ZjURZf.htm

本运营集团，每个县（区）打造一个总资产 50 亿元级以上综合性国有资本运营公司（对陕南地区，市级平台资产规模为 200 亿元级，县级平台资产规模为 20 亿元级）”。

根据 Wind 资讯的统计数据，目前陕西省共有省级城投公司 6 个；陕西省市级城投公司资产规模在 500 亿元以上的只有西安、延安、榆林和宝鸡 4 个地级市，咸阳、铜川、渭南、汉中、安康和商洛 6 个地级市的城投公司未达到《意见》的要求，预计需要进行一定规模的资产整合和梳理。陕西省资产规模在 50 亿元以上的区县级城投公司只有 3 个：大荔县城市开发投资集团有限公司、西安高新技术产业开发区创业园发展中心和西咸新区鸿通管廊投资有限公司。

3. 城投公司数量

《意见》要求“除西安市、西咸新区外，原则上市级平台不超过 4 家，国家级开发区平台不超过 3 家，省级开发区和县（区）级平台不超过 2 家。2019 年一般公共预算收入少于 2 亿元的区县级原则上只保留 1 家平台”。

根据原银保监会的统计口径，陕西省共有名单内城投公司 202 家，最多的是西安市 74 家；根据 Wind 资讯的统计口径，陕西省发行债券的城投公司共计 75 家，其中最多的是西安市 45 家。从 Wind 资讯的统计数据来看，陕西省的各个地级市符合意见的要求，目前只有铜川市没有发行债券的城投公司。但是如果按照原银保监会的统计口径，各个地级市的城投公司数量均超标了。

4. 区县级城投公司股权上划

《意见》要求积极推行“以市带县”模式，由市级平台通过参股、业务整合等方式带动县级平台公司；鼓励将县级平台并入市级平台。通过将区县级城投公司的股权上划到地级市，可以提高区县级城投公司发行人的信用评级和资信水平，在债券市场上是很常见的操作。但是这个《意见》应该是第一个公开鼓励这种股权上划模式的省级政府文件，预计在未来可以看到很多陕西城投公司股权上划的公告。

5. 市场化、专业化管理

《意见》要求“市县要选强配齐平台公司主要负责人，按照市场化原则推行职业经理人制度，政府工作人员原则上不得兼任公司管理职务。平台要成立专业投融资团队，引入有丰富投融资经验的人员作为融资专员，投融资团队和融资专员薪酬与市场化融资规模及质量挂钩”。

城投公司发展过程中人才短缺是制约其发展的重要因素，地方政府公务员兼任城投公司主要领导是很多城投公司的常规操作，这次《意见》明确提出不能让公务员兼任管理职务，是对城投公司人员管理和公司治理结构的进一步优化。引入专业化的投融资团队的意义则更大，通过专业化、市场化的投融资操作，不仅可以拓宽融资渠道，还可以降低整体融资成本，为城投公司减轻融资压力和财务负担。而且更为关键的是，人员薪酬与融资规模挂钩，对于专业金融人才很有吸引力，是一个可以让城投公司持续稳健发展的措施。

6. 评级要求

《意见》要求“大力提升信用评级。一般公共预算收入超过 12 亿元的县区平台公开市场信用级别原则上要达到 AA，一般公共预算收入超过 5 亿元的县区平台原则上要达到 AA－”。《意见》要求的一般公共预算收入标准与评级公司的评级要求有一定的差异，尤其是 AA－级别，实际操作起来可能有一定的难度。

(二)甘肃省的市县城投公司整合实践

甘肃省发改委、财政局、国资委等七部门于 2021 年 9 月 17 日联合印发《关于推进市县政府融资平台公司整合升级加快市场化转型发展的指导意见》(甘发改财金〔2021〕609 号，以下简称“《指导意见》”)[①]，明确要求通过划分类型、整合资源、注入资产、清理撤销、归并整合、“以市带县”等方式，推动城投公司市场化转型升级。根据《指导意见》的内容，有以下几个方面需要关注：

1. 城投公司数量和资产规模

《指导意见》提出了对各市县城投公司数量和资产规模的要求：每个地级市要有一个 300 亿元以上的城投公司。从各个城投公司的发展情况来看，《指导意见》的这个要求对于甘肃省部分地级市来说还是有一定难度的。

2. 直接融资规模

《指导意见》要求城投公司的直接融资规模翻一番，也就是信用债券发行规模翻一番。《指导意见》对城投公司的直接融资规模的要求非常明确，在现有的信用债券监管政策之下，城投公司发行债券的要求和审核标准有所提高，新增直接融资规模的难度较大。

3. 信用评级

《指导意见》提出了对各市县城投公司的评级要求：“兰州市打造 1 家 AAA 级平台公司，兰州新区争取打造 1 家 AAA 级平台公司，其他 11 个市争取打造 2 家 AA＋级平台公司；县(市、区)级争取打造 5 家 AA 级平台公司。”目前信用评级行业对评级公司的监管日趋严格，城投公司主体信用提升的难度有所加大，新组建城投

---

① 资料来源：甘肃省发改委网站，http://fzgg.gansu.gov.cn/fzgg/c106108/202109/1827024.shtml

公司进行信用评级也有一定的难度。

4."以市带县"的模式

《指导意见》提出通过"以市带县"的模式进行城投公司整合。通过将区县级城投公司的股权上划到地市级城投公司,有助于提高区县级城投公司的资信水平,拓宽融资渠道。

5. 资产盘活整合注入

《指导意见》提出加快资产盘活整合注入。特许经营权、收费权等均属于优质资产,不仅可以提高城投公司的资产规模,还有益于提升盈利能力。如果能将优质资产注入城投公司,将有助于提高城投公司的资产质量和综合实力。

6. 市场化人员

《指导意见》提出专业投融资团队的"薪酬与市场化融资规模及质量挂钩"。这与陕西省印发的《关于加快市县融资平台公司整合升级推动市场化投融资的意见》(陕发改投资〔2020〕1441号)的要求是一致的,有助于实现城投公司融资的专业化运营。

7. 化解政府性债务

《指导意见》提出要化解政府性债务。《指导意见》明确提出城投公司要开展市场化融资,不得承担政府融资职能;同时,需要妥善处理城投公司的存量债务,防范债务风险。

第九章 城投公司的转型

转型是城投公司发展到一定阶段之后必然要面临的选择，只有通过转型才能系统性解决城投公司发展过程中遇到的问题和挑战。从国家层面到省级、地市级乃至区县级层面，均出台了不少鼓励、支持城投公司转型的政策。但是从国内城投公司的实践来看，已经成功实现市场化转型的城投公司案例并不多，部分城投公司转型过程中出现了一定的风险，所以城投公司转型是一个需要慎重对待的事情。

城投公司转型的目标是对公司的主营业务进行市场化、产业化改变，本质上是通过转型发展来化解城投公司现有的风险。在转型过程中，城投公司通过盘活区域内的经营性资产，创造真实、持续的现金流，使公司具备独立经营能力，在运营上实现自负盈亏、自主独立发展，从而拉动地方经济、增加财政收入，促进存量债务化解与增量债务管控。

第一节　城投公司转型的必然性

首先需要明确的是，转型是城投公司发展过程中的一个必然结果，是城投公司发展的内生性要求，监管机构对城投公司转型的要求只是一个外部性规范，并不是城投公司转型的直接动因。所以只有了解了城投公司转型的必要性，才能更清晰地知道城投公司的未来转型方向。

一、城投公司转型的原因

2008 年以后是城投公司的高速发展期，城投公司的数量和质量有了很大的提高。自国务院《关于加强地方政府性债务管理的意见》(国发〔2014〕43号)出台之后,城投公司步入了规范发展阶段,面临体系化的监管规则,主营业务和融资都越来越规范。由于城投公司部分原有业务已经被规范或者无法持续,因此需要逐渐进行业务和融资的转型来适应市场和监管环境的变化。

(一)城投公司核心业务无法持续

基础设施委托代建和土地整理等业务是城投公司的核心业务,是城投公司利润的主要来源。但是随着城镇化水平的进一步提高,城投公司核心业务持续性不断下降。根据国家统计局的数据,我国2023年年末常住人口城镇化率已经达到了66.16%。[①] 国内城镇化已经达到了较高的水平,而且城镇化的增速已经开始有所放缓。

随着城镇化水平的不断提高,全国各个城市基础设施建设的规模会有所下降,城投公司需要承担的基础设施建设任务会逐渐减少。基础设施建设业务、土地整理业务、保障房建设业务等是城投公司的传统业务,也是利润的主要来源,因此主营业务的减少对于城投公司的营业收入、盈利能力、偿债能力势必会产生一定的负面影响。

(二)城投公司债务规模已经很大

随着城投公司传统业务的减少,依靠现有的主营业务很难支撑城投公司的整体运营成本。尤其是城投公司的债务成本是需要每年都支付的,而且债务成本(包括本金和利息)的金额每年都在增加。因此为了保障城投公司的正常运营且确保可以偿还有息债务,城投公司必须有可以持续发展的市场化业务,实现盈利能力的提升。

根据Wind资讯城投公司2023年年度报告中关于有息债务的统计数据,截至2023年12月31日,国内城投公司有息债务金额为60.18万亿元(包括短期借款、一年内到期的流动负债、长期借款、应付债券、租赁负债和长期应付款等)(见表9—1)。

表9—1　　城投公司2014—2023年债务数据情况

年　份	2014年	2015年	2016年	2017年	2018年
有息债务规模(亿元)	119 498.31	144 795.47	174 473.41	215 929.91	261 809.45
有息债务占比(%)	57.96	57.09	55.98	57.26	57.91
总债务规模(亿元)	206 177.49	253 620.60	311 660.61	377 093.52	452 062.15

① 资料来源:国家统计局网站,https://www.stats.gov.cn/sj/sjjd/202401/t20240118_1946701.html

续表

年　份	2019 年	2020 年	2021 年	2022 年	2023 年
有息债务规模(亿元)	361 192.94	434 239.07	515 059.06	569 852.07	601 842.96
有息债务占比(%)	67.74	68.09	68.84	68.44	68.11
总债务规模(亿元)	533 224.75	637 775.26	748 179.88	832 589.76	883 681.99

数据来源:Wind 资讯,中泰证券研究所

需要说明的是,这是根据 Wind 资讯统计的城投公司有息债务数据。城投公司的统计口径不同,有息债务规模也会有很大的差异。而且城投公司实际的有息债务金额相比年报披露的数据可能会更大,因为部分城投公司在进行会计处理的时候,会把有息债务计入其他非债务科目中,比如部分城投公司的其他付款(尤其是往来拆借款)是含息的。而且城投公司的有息债务是在动态变化中的,每天都会有新增债务和债务到期偿付,所以城投公司的有息债务金额是一个变化的数字。

(三)城投公司监管力度日渐加强

自 2020 年以来,监管机构对于城投公司的监管力度有所加强,财政部、原银保监会、证监会、发改委等多个监管机构都相继出台了规范城投公司的监管规则。因此城投公司必须拓展符合监管规则的主营业务,发展市场化业务,这样才能在监管机构许可的框架下实现持续发展。监管机构对于城投公司的监管规则有三个典型代表:

1. 原银保监会 15 号文

根据原银保监会于 2021 年 8 月印发的《银行保险机构进一步做好地方政府隐性债务风险防范化解工作的指导意见》(银保监发〔2021〕15 号),针对银行保险机构对城投公司提供融资的监管主要有以下几个方面的内容:(1)不得违法违规提供实际依靠财政资金偿还或者提供担保、回购等信用支持的融资。(2)不得要求或接受以政府储备土地或者未依法履行划拨、出让、租赁、作价出资或者入股等公益程序的土地抵押、质押。(3)不得提供以预期土地出让收入作为企业偿债资金来源的融资。(4)参与政府和社会资本合作(PPP)、政府投资基金等,不得约定或要求由地方政府回购其投资本金、承担其投资本金损失、保证其最低收益,不得通过其他明股实债的方式提供融资及相关服务。(5)不得将融资服务作为政府购买服务内容。(6)不得以其他任何形式新增地方政府隐性债务。(7)不得为承担地方政府隐性债务的客户新提供流动资金贷款或流动资金贷款性质的融资。

2. 财政部的监管要求

财政部于 2023 年 1 月 5 日披露了关于政协第十三届全国委员会第五次会议第 00272 号(财税金融 017 号)提案答复的函(财预函〔2022〕83 号)[①],这是对《关于推动地方政府融资平台转型的提案》的回复。财政部的这份回复是专门针对地方政府融资平台(即城投公司)的,可以在一定程度上代表财政部对于城投公司的态度。

(1)严禁新设各类融资平台公司

从城投公司的实践来看,现在已经没有新设城投公司的必要。根据 Wind 资讯的统计数据(截至 2023 年 1 月 20 日),发债城投公司数量为 3 702 家,未发债的城投公司数量更多。即使是地方政府有新的战略需要由新主体来承担职能,也可以通过将城投公司的子公司提级更名的方式来新增主体,这样既可以满足成立满 3 年的要求,又可以不新设城投公司。

(2)严禁融资平台公司继续承担政府融资职能

目前城投公司一般不会直接明确为地方政府承担融资职能,而且很多会在官网上发布公告表明已经退出了地方政府融资平台。但是在实践中,各家城投公司与地方政府及其职能部门之间的资金往来并不少见,而且金额也在不断增加,这实际上是在变相承担政府融资职能。随着监管规则的进一步体系化,城投公司将会进一步减少与地方政府及其职能部门之间的资金往来。

(3)推动融资平台公司市场化转型

城投公司的市场化转型是一个必然的选择,但是城投公司是很难和地方政府及其下属职能部门完全脱离关系的。从全国城投公司的实践来看,还没有实现完全市场化转型、与地方政府完全脱离关系的城投公司。根据财政部的回复文件,确认的转型方向为基础设施、公用事业、城市运营等领域市场化。

(4)城投公司需合法合规开展市场化融资

城投公司的融资一直是监管机构关注的重点问题,严控新增隐性债务、“红橙黄绿”债务率监管等实际上都是在规范城投公司的融资行为。而伴随着城投公司的融资行为,也确实产生了部分违规事项。比如自 2022 年以来,江苏省已经开展了针对城投公司的融资成本、融资中介、盲目投资和虚假化债等问题的专项部署,此次专项整治针对的对象主要是高成本融资背后的腐败谋利问题。因此,城投公司的融资必须是在合法合规前提下的市场化融资,确保城投债务不虚增、不违规。

---

① 资料来源:财政部网站,http://yss.mof.gov.cn/jytafwgk_8379/2022jytafwgk/zxwytafwgk/202301/t20230105_3862120.htm

3. 国务院的监管要求

2023 年 10 月 21 日，在第十四届全国人民代表大会常务委员会第六次会议上印发了《国务院关于金融工作情况的报告》①，对于地方融资平台（即城投公司）的债务风险化解提出了如下要求：

（1）明确支持防范化解地方融资平台债务风险

《国务院关于金融工作情况的报告》提出在部委和地方两个层面建立金融支持化解地方债务风险工作小组，制定化解融资平台债务风险系列文件。这表明未来将会有更加体系化、系统化的债务风险化解监管规则和具体指引，明确地方融资平台的化债路径。

（2）引导金融机构与重点地区融资平台协商

《国务院关于金融工作情况的报告》明确在按照市场化、法治化原则的前提下，引导金融机构与重点地区融资平台平等协商，依法合规、分类施策化解存量债务风险。平等协商意味着部分地区的部分融资平台债务存在展期或者置换的可能，比如参照遵义道桥建设（集团）有限公司的模式。而分类施策则表明对于不同类型的债务会有不同的解决方案，并不会“一刀切”，会根据不同融资平台的不同债务制定个性化的解决措施。

（3）严控融资平台增量债务

《国务院关于金融工作情况的报告》明确提出严控融资平台增量债务，这就意味着城投公司新增债券规模或者银行贷款规模的难度会有所提升。当然，对于城投公司合理的融资需求应该还是会在一定程度上满足的。

（4）完善常态化融资平台金融债务统计监测机制

《国务院关于金融工作情况的报告》明确提出要完善常态化融资平台金融债务统计监测机制，意味着要建立一个体系化、常态化的监测机制，对城投公司的债务进行动态化管理，并加强对重点地区、重点融资平台的风险监测，从而控制地方融资平台债务风险。

（5）压实地方政府主体责任

《国务院关于金融工作情况的报告》明确提出要压实地方政府主体责任，落实防范化解融资平台债务风险的政策措施。但是需要明确的是，虽然地方政府负有主体责任，但地方融资平台信用与地方政府信用之间是没有关联的，因为多个监管文件

① 资料来源：全国人民代表大会网站，http://www.npc.gov.cn/c2/c30834/202310/t20231021_432324.html

中均已明确不得存在地方融资平台与地方政府信用挂钩的虚假或误导性陈述。

(四)地方银行不良贷款率上升

地方银行主要是城市商业银行和农村商业银行。地方银行与区域经济发展捆绑程度很深,信贷资产质量与经营区域的金融生态环境及经济发展程度相关性较高。地方银行的资质情况一方面反映自身经营状况,另一方面也反映当地经济发展情况和城投公司情况。地方银行给予城投公司的支持非常大,尤其是在城投公司出现资金紧张、其他金融机构无法给予资金支持时,地方银行是城投公司资金的最后也是最重要保障。部分城投公司是地方银行的控股股东,这就直接决定了地方银行和城投公司之间存在着非常紧密的关系。即使城投公司不是地方银行的控股股东,只要是地方财政局或者国资委控股的地方银行,就必然会给予城投公司一定的资金支持。

对于经济发展良好的区域来说,区域内地方企业和城投公司的经营能力、抗风险能力和综合融资能力比较强,发生债务违约的风险就较低,地方银行的资产质量也就较高。但是对于经济欠发达区域而言,地方银行的信贷资产质量堪忧:首先是因为财政实力较弱,区域内经济产业结构面临较大的调整压力,城投公司融资难度较大且融资成本较高,使得地方银行的信贷资产质量面临一定下行压力;其次是区域内规模以上企业数量较少且企业抗风险能力较弱,导致地方银行相关贷款风险暴露;最后是经济欠发达区域内金融机构数量较少,金融资源相对贫乏,地方政府综合协调金融资源化解风险的能力较弱,进一步导致区域地方银行面临信用风险加剧。

以城商行为例,截至 2023 年 12 月 31 日,全国共有 125 家城商行,其中辽宁和山东各有 14 家城商行,浙江、四川和河北分别为 13 家、12 家和 11 家,新疆、广东分别为 6 家和 5 家,福建、江苏、江西和内蒙古均为 4 家,其余省份城商行数量为 1—3 家,数量相对较少。全国多家城商行的股东中有城投公司控股或者参股。而且部分城商行的股东中有多家城投公司,甚至包括省级城投公司和地市级城投公司共同持股的情况。其中单一城投公司持股比例超过 10%的城商行情况如表 9—2 所示。

表 9—2　　城投公司控股或者参股超过 10%的城商行情况

城商行名称	城投公司名称	持股比例	城投公司实际控制人
哈密市商业银行股份有限公司	新疆新业国有资产经营(集团)有限责任公司	30.55%	新疆维吾尔自治区国资委
哈尔滨银行股份有限公司	哈尔滨经济开发投资有限公司	29.63%	哈尔滨市国资委

续表

城商行名称	城投公司名称	持股比例	城投公司实际控制人
鞍山银行股份有限公司	鞍山市城市建设发展投资运营集团有限公司	21.02%	鞍山市国资委
鄂尔多斯银行股份有限公司	鄂尔多斯市国有资产投资控股集团有限公司	20.00%	鄂尔多斯市国资委
新疆银行股份有限公司	新疆维吾尔自治区国有资产投资经营有限责任公司	20.00%	新疆维吾尔自治区国资委
秦皇岛银行股份有限公司	秦皇岛开发区国有资产经营有限公司	19.99%	秦皇岛经济技术开发区管理委员会
齐商银行股份有限公司	淄博市城市资产运营集团有限公司	19.95%	淄博市财政局
自贡银行股份有限公司	自贡市国有资本投资运营集团有限公司	19.63%	自贡市国资委
桂林银行股份有限公司	桂林市交通投资控股集团有限公司	19.19%	桂林市国资委
海南银行股份有限公司	海南省农垦投资控股集团有限公司	19.00%	海南省国资委
本溪银行股份有限公司	本溪市城市建设投资发展有限公司	18.92%	本溪市国资委
乐山市商业银行股份有限公司	乐山国有资产投资运营(集团)有限公司	18.92%	乐山市国资委
湖州银行股份有限公司	湖州市城市投资发展集团有限公司	17.90%	湖州市国资委
湖北银行股份有限公司	湖北交通投资集团有限公司	17.64%	湖北省国资委
甘肃银行股份有限公司	甘肃省公路航空旅游投资集团有限公司	17.63%	甘肃省国资委
广西北部湾银行股份有限公司	广西投资集团金融控股有限公司	17.47%	广西壮族自治区政府
衡水银行股份有限公司	衡水市建设投资集团有限公司	15.99%	衡水市财政局
江西银行股份有限公司	江西省交通投资集团有限责任公司	15.56%	江西省交通运输厅
泉州银行股份有限公司	泉州市国有资产投资经营有限责任公司	15.14%	泉州市国资委
富滇银行股份有限公司	云南省投资控股集团有限公司	14.97%	云南省国资委
济宁银行股份有限公司	济宁城投控股集团有限公司	13.06%	济宁市国资委
厦门国际银行股份有限公司	福建省福投投资有限责任公司	12.05%	福建省国资委
库尔勒银行股份有限公司	新疆巴音国有资产经营有限公司	12.01%	新疆巴音郭楞蒙古自治州国资委
大连银行股份有限公司	大连融达投资有限责任公司	11.05%	大连市财政局

续表

城商行名称	城投公司名称	持股比例	城投公司实际控制人
烟台银行股份有限公司	烟台市财金发展投资集团有限公司	10.59%	烟台市财政局
金华银行股份有限公司	金华市轨道交通集团有限公司	10.42%	金华市国资委
乌鲁木齐银行股份有限公司	乌鲁木齐国有资产经营（集团）有限公司	19.60%	乌鲁木齐市国资委
	乌鲁木齐城市建设投资（集团）有限公司	14.61%	
云南红塔银行股份有限公司	云南省建设投资控股集团有限公司	14.67%	云南省国资委
	昆明产业开发投资有限责任公司	14.52%	昆明市国资委
柳州银行股份有限公司	广西柳州市建设投资开发有限责任公司	10.65%	柳州市国资委
	柳州市龙建投资发展有限责任公司	10.65%	
	广西柳州市东城投资开发集团有限公司	10.65%	
	柳州东通投资发展有限公司	10.65%	

资料来源：根据公开信息整理

根据中国人民银行发布的《中国金融稳定报告（2023）》[①]，全国共有城市商业银行125家，11.5%为高风险银行，即高风险城商行有14家；农合机构共2 140家（包括农村商业银行1 608家、农村合作银行23家、农村信用社509家），高风险银行数量为191家，占比为8.93%；村镇银行共有1 643家，高风险银行数量为132家，占比为8.03%。

二、城投公司转型的必备要件

虽然城投公司的转型势在必行，但是城投公司的转型并非一蹴而就。从城投公司的业务、财务、人员、公司治理等各个方面来看，城投公司的转型必须慎重。通过梳理部分城投公司的业务情况，可以看出目前城投公司的转型主要是向工程施工业务、房地产业务、景区运营业务和贸易业务等方向调整。总体来看，城投公司转型有七方面的事项需要重点关注：

（一）科学的决策机制

城投公司作为国有企业，决策机制必须符合国有企业公司治理的相关要求。城

① 资料来源：中国人民银行网站，http://www.pbc.gov.cn/goutongjiaoliu/113456/113469/5177895/index.html

投公司转型市场化业务，需要对新业务的投资、生产、销售、管理等进行决策，这就需要一个科学的决策机制且不同于传统业务的决策方式，必须对新业务的投资和风险有明确的了解，能够有效把控市场化业务的风险。

(二)专业的业务人员

从人员配备来看，城投公司的员工主要是人力、财务、工程、安全和综合等方面的人员，缺乏市场化行业的业务人员、技术人员和管理人员。对于市场化行业，城投公司需要提前配备特定行业的专业技术人员和管理人员，做好人力资源保障。如果没有专业人员配置，城投公司市场化业务或者竞争性业务的开展将面临很大的问题或者出现较大的风险。

(三)有竞争力的薪酬体系

从城投公司的实践来看，城投公司人员的薪酬水平在区域内属于中等情况，与市场化产业薪酬水平相比有一定的差距。城投公司转型市场化业务，配备专业的业务人员意味着需要配备有市场竞争力的薪酬体系。对于部分新兴行业或者充分竞争行业的工作人员，薪酬要求可能比较高。而城投公司现有的薪酬体系则很难支撑这种有竞争力的薪酬，因此需要进一步完善城投公司的薪酬体系。

(四)全新的融资体系

目前城投公司的贷款融资、债券融资和非标融资等，主要是建立在城投公司特有的信用基础之上。如果城投公司完成了市场化转型，现有的融资渠道可能需要重新搭建，构建新的融资框架和融资体系。城投公司转型之后的融资主要需要解决两个问题：第一个是城投公司的存量债务如何兑付，也就是需要考虑满足金融机构风险要求的新的偿债资金来源；第二个是城投公司的新增债务如何增加，城投公司进行市场化转型之后，金融机构为城投公司提供资金支持的逻辑就变了，需要构建新的城投公司投资评价体系。

(五)完善的内控机制

城投公司需要建立有效的内部控制系统，设立一套完整的内在和外在行为约束机制，为各部门建立逐级监督机制和自控组织机制，构成一个有机的控制系统，形成相互配合、相互督促、相互制约的内控机制。在市场化业务方面，城投公司要逐步推进在资金、业务、人事等关键环节、关键领域的内控制度全覆盖。同时，城投公司需要落实不兼容职务相互分离控制，严格落实重要岗位和关键人员在授权、审批、执行、报告等方面的权责，实现可行性研究、决策审批、执行、监督检查等不兼容岗位的职责分离控制。

(六)充足的资金储备

无论城投公司选择什么样的转型业务类型或者转型方向,均需要依靠一定的资金来实现。尤其是产业类的转型,可能需要建立生产车间、购买原材料、招聘员工等,需要城投公司为其持续投入资金且投入的资金规模会很大。因此,城投公司需要具备充足的资金储备,从而为转型业务提供持续的资金支持。如果没有资金储备,可能会导致转型半途而废。

(七)风险承担能力

必须说明的是,城投公司转型有一定的风险,存在失败的可能。因此,城投公司需要具备一定的风险承担能力,也就是如果转型失败,城投公司可以承担由此带来的资金损失、人员损失、担保损失等,依然能够保持公司正常的业务运营和债务兑付。如果没有足够的风险承担能力,城投公司就不适合进行转型。

综上所述,城投公司的转型肯定不是一蹴而就的。从城投公司的业务、财务、人员、公司治理等各个方面来看,城投公司的转型必须慎重。而且,由于区域资源、战略定位、业务发展情况和综合实力等因素差异巨大,城投公司的转型也需要因地制宜,按计划、分步骤、控制节奏进行。尤其是面对城投公司的债务问题,更是需要慎重。如果节奏没有把握好,贸然进行市场化转型,很可能会因为转型失败为公司带来损失,给城投公司的发展带来较大风险,这样反而失去了城投公司转型的意义。

三、城投公司与上市

虽然城投公司有着明确的定义而且理论上也是可以实现上市的,但是需要明确的是,目前国内还没有城投公司直接上市。

(一)城投公司尚无法直接上市

国务院于 2019 年 5 月 28 日发布了《关于推进国家级经济技术开发区创新提升打造改革开放新高地的意见》(国发〔2019〕11 号)[①],明确提出:“积极支持符合条件的国家级经开区开发建设主体申请首次公开发行股票并上市”,这是目前监管政策中关于城投公司上市最直接的态度。但是,目前国内并没有城投公司在 A 股市场上通过 IPO 的方式实现直接上市。目前部分 A 股上市公司的主营业务中涉及一定的城投业务,比如铁岭新城、城投控股、市北高新和浙江建投等。但是这些上市公司均是通过借壳上市或者重组实现主营业务变更,并非城投公司直接通过 IPO 上市。

---

① 资料来源:国务院网站,http://www.gov.cn/zhengce/content/2019-05/28/content_5395406.htm?_zbs_baidu_bk

1. 铁岭新城投资控股(集团)股份有限公司,证券代码 000809.SZ,证券简称铁岭新城,主营业务为土地一级开发和城市运营,与城投公司业务有一定的相似性。铁岭新城是在四川中汇医药(集团)股份有限公司的基础上,进行借壳上市。

2. 上海城投(集团)有限公司控股的上海城投控股股份有限公司,证券代码 600649.SH,证券简称城投控股,主营业务是环境业务、地产业务和股权投资业务,属于房地产行业。城投控股是在上海市原水股份有限公司上市之后,进行了公司名称变更和主营业务变更。

3. 上海市北高新(集团)有限公司控股的上海市北高新股份有限公司,证券代码 600604.SH,证券简称市北高新,主营业务是市北高新园区的开发和运营,属于房地产行业。市北高新是在上海二纺机股份有限公司的基础上,进行的借壳上市。

4. 浙江省国有资本运营有限公司控股的浙江省建设投资集团股份有限公司,证券代码 002671.SZ,证券简称浙江建投,主营业务是建筑施工业务以及与建筑主业产业链相配套的工业制造、工程服务、基础设施投资运营等业务。浙江建投是在多喜爱家纺股份有限公司上市之后,通过重大资产置换及换股吸收合并进行的变更。

(二)城投公司收购上市公司案例

城投公司通过收购上市公司,首先可以扩展公司的市场化业务,提高公司综合实力;其次可以将上市公司的优质产业引入所在区域,带动优质产业上下游业务的发展。通过整理公开信息,笔者发现青岛市是目前城投公司收购上市公司较多的城市。青岛市的城投公司从 2014 年就开始布局国内外资本市场运作,已经有多个城投公司收购境内外上市公司的案例。

1. 华脉无线通讯

2014 年 9 月,青岛市国资委全资控股的青岛城市建设投资(集团)有限责任公司(主体信用等级为 AAA)通过驻港平台华青公司并购香港联交所主板上市公司华脉无线通讯(0499.HK),并更名为青岛控股(国际)有限公司(简称:青岛控股),成功登陆香港资本市场。

2. 青岛中程

2016 年 8 月,青岛市国资委全资控股的青岛城市建设投资(集团)有限责任公司通过子公司青岛城投金融控股集团有限公司收购总部位于青岛的青岛中程(300208.SZ)15%的股份,进一步增持至 22.19%,成为青岛中程的控股股东。

3. 天目药业

2017 年 2 月，青岛市崂山区财政局全资控股的青岛全球财富中心开发建设有限公司（主体信用等级为 AA＋）通过子公司青岛汇隆华泽投资有限公司收购总部位于杭州的天目药业（600671. SH）6. 37％的股份，进一步增持至 22. 01％，成为天目药业第一大股东。

4. 腾信股份

2018 年 9 月，青岛市崂山区财政局全资控股的青岛全球财富中心开发建设有限公司（主体信用等级为 AA＋）通过子公司青岛浩基资产管理有限公司收购总部位于北京的腾信股份（300392. SZ）15％的股份，成为腾信股份第二大股东。

5. 胜华新材

2018 年 9 月，青岛市黄岛区国有资产发展中心控股的青岛西海岸新区融合控股集团有限公司（主体信用等级为 AAA）通过孙公司青岛开发区投资建设集团有限公司和青岛军民融合发展集团有限公司收购总部位于东营的胜华新材（603026. SH）15. 81％的股份，合计持股数量成为公司第一大股东。

6. 百洋股份

2020 年 5 月，青岛市国资委全资控股的青岛国信发展（集团）有限责任公司（主体信用等级为 AAA）通过孙公司青岛海洋创新产业投资基金有限公司和青岛市海洋新动能产业投资基金（有限合伙）分别持有总部位于南宁的百洋股份 16. 85％和 13. 05％的股份，成为公司的第一大股东和实际控制人。

7. 万马股份

2020 年 6 月，青岛市黄岛区国有资产发展中心全资控股的青岛西海岸新区海洋控股集团有限公司收购总部位于杭州市的万马股份（002276. SZ）25. 01％的股份，成为公司的第一大股东和实际控制人。

8. 天晟新材

2020 年 7 月，青岛市李沧区国有企业服务中心全资控股的青岛融海国有资本投资运营有限公司（主体信用等级为 AA＋）通过子公司青岛融海国投资产管理有限公司持有总部位于常州的天晟新材（300169. SZ）9. 20％的股份，成为天晟新材的第一大股东。

9. 北京文化

2020 年 7 月，青岛市国资委全资控股的青岛西海岸发展（集团）有限公司通过子公司青岛西海岸控股发展有限公司持有总部位于北京的北京文化（000802. SZ）10. 87％的股份，成为公司的第二大股东。

10. 三宝科技

2020 年 8 月，青岛市国资委全资控股的青岛西海岸发展（集团）有限公司通过获得南京三宝科技集团有限公司的控股权，成为总部位于南京的三宝科技（1708.HK）的控股股东。

第二节　城投公司转型的原则和陷阱

正是因为城投公司转型很关键、很重要，所以城投公司转型需要遵循一定的原则，确保转型方向能够符合公司未来的发展要求。同时，城投公司在市场化转型过程中，应该避免落入业务转型陷阱，确保符合正确的市场化转型方向。

一、城投公司转型的原则

需要强调的是，笔者并不推荐城投公司进行完全市场化转型。就像笔者在本章第一节中所论述的，城投公司的发展有其特殊性，如果没有合适的人才储备、专业的决策机制和合适的薪酬体系，城投公司在产业发展上并没有任何的优势。而且如果进行了完全市场化转型，城投公司可能就不再是城投公司了，而是成为一个普通的国有企业，城投公司原有的优势也就不复存在。因此，城投公司的转型实际上是一种有限度的转型，并不是完全市场化转型。

虽然合肥市建设投资控股（集团）有限公司在产业转型上取得了非常大的成功，但是这种成功应该算是小概率事件，并不可以作为城投公司转型的常态。城投公司产业转型失败的案例比比皆是，就比如城投公司参与投资每日优鲜的案例，就给部分城投公司和国有企业造成了很大的损失，带来的教训不可谓不深刻。

综合城投公司自身的特点、业务情况和未来发展规划等要素，笔者认为城投公司转型需要遵循以下几个原则：

（一）可持续性

可持续性是指转型方向和转型业务类型能够为城投公司带来持续的业务收入和经营利润，能够支撑城投公司的长远发展。因为城投公司承担着城市基础设施建设和运营的重要任务，承担的是长期国企职责，每年均需要对部分基础设施项目进行更新维护等，所以必须确保转型方向和转型业务类型具备可持续性，才能完成城投公司作为城市基础设施运营商的任务。

(二)可盈利性

可盈利性是指转型方向和转型业务类型能够为城投公司带来稳定的收入和稳定的现金流,能够支持城投公司的运营和发展。城投公司为了维持正常的运营,需要支出的财务成本和运营成本较多,因此必须有盈利性的业务作为公司的支撑。当然,可盈利性并不是要求城投公司转型业务在当年即实现盈利,而是着眼于转型业务在未来可以给城投公司带来稳定的收入,因此城投公司在转型前期可能会承担一定的亏损或者费用。

(三)特殊性

特殊性是指转型方向和转型业务类型需要符合城投公司自身的特点,包括公司的财务情况、现有主营业务情况、人员情况等各方面要素,确定符合公司的实际情况,也就是满足公司发展的特殊性。不同城投公司的资源禀赋差异很大,需要根据自身的特点制定转型方向,不能一味模仿或者参考其他城投公司的转型方式。

(四)标准化

标准化是指城投公司的转型方向是成熟的业务方向,转型业务类型必须是标准化、可复制的业务,同时这些业务类型是金融机构能够接受的,这是城投公司转型非常重要、非常关键的原则。因为城投公司开展的转型业务如果得不到金融机构的支持,未来在融资时也会遇到很大的问题。限于城投公司的人员配置等现状,标准化业务具备可操作性、可复制性的特点,可以将操作风险和业务风险降到最低,能够最大限度提高转型的成功率。

二、城投公司转型的陷阱

笔者认为,城投公司转型需要坚持两个核心不动摇:

首先是城投公司要坚持核心业务不动摇。核心业务是城投公司发展的根基,是城投公司之所以是城投公司的原因。城投公司可以根据公司规划开展市场化业务,但是不能完全脱离本源性业务。如果完全没有核心业务,城投公司也就不再是城投公司了。

其次是城投公司转型要依托区域特点和自身特点。城投公司的发展一般都有区域性限制,这也就意味着城投公司的转型不能盲目参考市场案例,需要根据区域特点制定相应的转型方向。

从国内城投公司转型的案例来看,城投公司转型过程中很容易遇到淡化城投主业、盲目市场化和过分房地产化等陷阱。

(一)淡化城投主业

城投公司与地方政府之间的关系是天然存在的,是无法割裂的。虽然转型是城投公司的一个必然选择,但是城投公司在转型的过程中也必须确保本源性业务的地位,这是确保城投公司属性的最重要的一点。如果淡化城投主业,对于城投公司的本源性业务不再重视甚至不再开展,那么对于城投公司来说是非常危险的。因为没有了城投公司本源性主业作为支撑,城投公司就不再是城投公司,而是变成了一般国有企业。

从本质上来说,城投公司是很难与地方政府及其下属职能部门脱离关系的。如果城投公司进行完全市场化转型,脱离与地方政府之间的关系,城投公司是很难解决现有的债务问题并实现主营业务盈利的。因此城投公司在转型的过程中务必不能淡化城投主业,需要确保自身的城投属性不变。

(二)盲目市场化

盲目的市场化转型是指城投公司在不考虑自身区域情况、经营情况、主营业务情况、债务情况和资金情况等的前提下,盲目跟风其他城投公司的转型思路和发展模式,为了市场化转型而进行转型。虽然目前已经有部分城投公司市场化转型相对成功,但是这些城投公司的转型并没有提供普适性的经验,并不适合所有的城投公司。所以城投公司的转型必须切忌盲目市场化,不能跟风进行不符合自身实际的转型。

目前市场上已经有部分城投公司的盲目市场化转型失败案例。比如城投公司出于特定原因大规模开展大宗商品贸易业务,在市场价格波动较大的情况下,很容易出现操作风险和技术风险,给城投公司带来的影响是不可控的。比如供应链金融业务,虽然可以给城投公司带来一定的收入和利润,但是业务本身需要专业人员来运营,否则很容易出现合规风险和业务风险。又比如部分城投公司通过收购控股民营上市公司来扩展业务板块、提升资本市场运营能力,但是收购之后上市公司的运营情况并不好,个别上市公司甚至已经到了退市的阶段,对于城投公司来说直接面临的就是国有资产损失风险、资产减值风险和连带担保风险等。

(三)过分房地产化

因为城投公司的土地整理业务、保障房建设业务、棚户区改造业务等与房地产开发业务存在天然的联系,从而主动或者被动地成为房地产开发业务的上下游产业链的一部分,所以城投公司开展房地产开发业务具备先天的优势。根据企业预警通的统计数据,2021—2023 年城投公司拿地金额分别为 15 865.58 亿元、24 505.11 亿元和 18 967.24 亿元，城投公司已经成为国内土地市场上的拿地主力。

考虑到房地产业务的开发周期较长、后续投资较大、受监管政策影响大以及目前城镇化已达到较高水平等特点，在城投公司融资面临严监管的情况下，贸然大规模开展房地产业务还是存在一定的风险，尤其是在资金方面可能会给城投公司带来潜在的压力。所以城投公司需要控制房地产业务的规模，尽量避免房地产业务给公司带来的问题。

第三节　城投公司的转型方向

在参照可持续性、可盈利性、特殊性和标准化等原则的基础上，笔者认为城投公司转型方向包括区域产业化、新型基础设施建设、城市更新和乡村振兴等。

一、区域产业化

城投公司最大优势是对所在区域非常熟悉，可以根据区域特点制定符合自身情况的产业发展规划。城投公司区域产业化有两种模式：第一种是通过资金投入和项目建设等方式加强本地优势产业发展；第二种是引入符合本地发展的产业并在本地新增优势产业。

城投公司在明确自身定位的基础上，通过对新业务板块的积极探索，可以实现更好的业务转型。城投公司应当注重对产业特色的重点突出，提高优势产业的发展力度，对具有市场竞争力的产业进行扶持，集中自身的优势资源，采取重点突破的方式，重点发展区域特色产业。

从实践来看，城投公司的区域产业化包括引入市场化产业、产业园区开发、特色景区开发和特色农业开发四个模式。

(一)引入市场化产业

1. 引入市场化产业的含义

引入市场化产业是指城投公司充分发挥在区域内的规模优势、资金优势和地方政府支持优势等，根据地方政府的统筹安排，通过资本招商或者收购上市公司等方式，引入符合区域发展规划的新兴产业或者战略产业，在区域内落地新的产业链，带动当地经济的发展。

2. 引入市场化产业案例

引入市场化产业的典型案例为株洲市国有资产投资控股集团有限公司（以下简

称"株洲国投集团")。基于株洲市国资委赋予株洲国投集团产业投资引导的职能与义务,公司在株洲市产业发展政策指导下,控股、参股与公司发展战略相符的产业或者公司,完善产融一体机制,引导、带动、支持符合公司主营业务方向和战略的株洲市产业发展。

(1)资本招商引入产业

株洲国投集团坚持投资产业化、基金化、证券化思路,聚焦"3+2+2"(电子信息、人工智能、自主可控,新材料、生物医药,5G、新能源)投资主赛道进行市场化投资,以资本招商的方式引进产业项目,扶持培育本地产业与拟上市公司,目前株洲国投集团已经将越摩先进半导体、中建材发电玻璃、智点汽车、博鲁斯潘等一批产业项目通过资本招商方式落地株洲。

①越摩先进半导体

湖南越摩先进半导体有限公司(以下简称"越摩先进半导体")成立于2020年,是一家专注于封装行业的企业,主要面向CPU/GPU/DPU/NPU等高算力领域,北斗汽车导航/压力传感器/车载摄像头等汽车电子领域,MCU/驱动芯片/数据转换等工业控制领域,以及新能源、生物医疗、可穿戴设备领域。国创越摩先进封装项目是湖南省重点项目,由上海兴橙资本、株洲国投集团及项目创业团队合资建设。国创越摩先进封装项目于2020年9月签约引进,规划用地220亩,总投资约26.8亿元,其中一期规划用地100.96亩,于2021年3月开工建设。项目投产后可实现超大面积GPU/CPU国产化封测产线零的突破,同时依托领先的系统级封装服务,吸引优质上下游企业集聚株洲,着力将株洲打造成高密度芯片及HPC模块先进封装供应链中心。

②中建材发电玻璃

中建材(株洲)碲化镉薄膜发电玻璃生产线项目是株洲市政府与央企中国建材集团合作项目,是湖南省、株洲市重点产业项目。株洲国投集团全资子公司株洲市国投创新创业投资有限公司自主管理的国创长银基金、金梧桐基金分别出资3.7亿元和0.8亿元投资该项目。中建材(株洲)碲化镉薄膜发电玻璃生产线项目是全国首条年产300兆瓦碲化镉薄膜发电玻璃生产线,该项目由株洲国投集团投资,占地面积161亩,厂房建筑面积6.8万平方米。项目落户于株洲代管县级市醴陵市的经开区东富工业园,规划用地面积482亩,总投资70亿元。其中,一期项目占地面积161亩,投资18亿元,实现年产值约10亿元。

③智点汽车

湖南智点智能新能源汽车有限公司（简称“智点汽车”）成立于2018年7月，是一家提供整车设计开发、零部件制造以及相关生态服务的新能源商用车运营商。2021年6月，株洲国投集团全资子公司株洲市国投创新创业投资有限公司管理的株洲市产业发展引导基金出资1.4亿元，引导其他社会资本出资8.6亿元，完成了智点汽车的10亿元A轮融资。智点汽车的汽车整装厂位于株洲高新区，是国内第一家以智能新能源商用汽车为主要发展目标的企业，集研发、制造、销售于一体，规划标准产能5万辆。工厂全线竣工投产后，将成为国内规模最大、自动化程度最高、产线最柔性化的新能源商用车生产基地。

④博鲁斯潘

北京博鲁斯潘精密机床有限公司作为一家国家级高新技术企业，将机床作为核心主业，在高端数控机床的核心关键零部件和产品方面，解决了我国高端数控机床的一些“卡脖子”难题，先后获评国家级高新技术企业、国家级专精特新“小巨人”企业，获得国家机械工业部科学技术进步一等奖、二等奖。

株洲国投集团通过湖南航空航天产业私募股权投资基金合伙企业（有限合伙）参与博鲁斯潘项目投资，投资金额1.12亿元。博鲁斯潘精密机床项目位于株洲高新区新马工业园，总占地面积约100亩，总投资5亿元，其中一期占地50亩，总建筑面积2万平方米，总投资2亿元。该项目已于2023年5月竣工投产。

(2)控股上市公司

目前株洲国投集团已经控股株洲千金药业股份有限公司（证券简称“千金药业”，证券代码“600479.SH”）、株洲天桥起重机股份有限公司（证券简称“天桥起重”，证券代码“002523.SZ”）和东莞宜安科技股份有限公司（证券简称“宜安科技”，证券代码“300328.SZ”）等上市公司；参与投资的项目绍兴中芯集成电路制造股份有限公司、重庆新铝时代科技股份有限公司、北京京仪自动化装备技术股份有限公司等已进入IPO上市阶段。

(二)产业园区开发

1. 产业园区开发的概念

产业园区开发是指城投公司在当地政府区域经济政策和产业政策的指导下，根据区域经济发展特点和资源禀赋制定产业方向，以产业园区的土地作为开发和发展载体，通过提供基础设施、生产空间及综合配套服务，吸引特定类型、特定产业集群的企业投资、入驻，形成技术、知识、资本、劳动力等要素高度集结并向外围辐射的特定区域。产业园区负责向入驻的企业提供写字楼、研发楼、厂房、仓库、员工宿舍等。城投公司负责产业园区开发，一方面可以带动区域经济发展，实现区域产业链的纵向衍生；另一方面可以为城投公司带来稳定的收入，同时助推城投公司部分业务实现市场化转型。

当然，随着工业化程度的不断提高，市场竞争越发激烈，产业园区入驻企业对于地方招商引资优惠政策的要求越来越高，不仅需要土地，还需要提供厂房、研发基地、劳务、金融支持等全方位的服务。城投公司产业园区开发业务需要根据入驻企业的需求相应衍生，但此类业务盈利水平普遍偏低，且回收期较长，资金占用较为明显，这对于运营产业园区的城投公司来说是很大的挑战。

2. 产业园区开发案例

产业园区开发的典型案例为苏州工业园区国有资本投资运营控股有限公司（以下简称“苏州工业园区国投”）。苏州工业园区国投已形成园区服务、房地产开发和园区开发三大业务板块。其中，园区服务板块分为现代服务和市政公用服务。现代服务主要包括多元化服务、物业服务、疾防中心服务、公交服务等；市政公用服务主要包括水务、管道燃气、热力发电、环境服务、能源服务等。房地产开发业务根据发展战略转变为房地产经营。园区开发业务包括土地开发和物业出租。

这里重点介绍一下苏州工业园区国投在现代服务板块中多元化服务方面的业务，业务内容包括招商代理及企业服务、咨询服务和物业管理服务。

（1）招商代理及企业服务

苏州工业园区国投的控股子公司苏州中方财团控股股份有限公司与园区管委会签署了相关协议，可根据招商引资落地企业注册资本或到账资本的固定比例收取招商服务佣金。同时，公司在新加坡设立分部，利用其地缘优势大力拓展项目来源，并先后在美国、法国、日本等国家举办招商会，进一步提升园区的品牌效应。同时，苏州中方财团控股股份有限公司全力投入苏州工业园区“三化三型”建设，持续发挥中新合作载体和园区开发主体重要作用，并深入推进苏通科技产业园、宿迁土地一级开发项目等异地项目。同时，大力实施“走出去”战略，在跨省合作上取得重大突破，地理布局上从苏州市范围内，到苏北地区，进而走出江苏省，逐步向泛长三角地区和国内中西部等地区扩展。

（2）咨询业务

苏州工业园区国投子公司中新苏州工业园区教育服务有限公司为发行人咨询业务的经营主体，其经营范围主要为教育培训服务、咨询服务及管理服务等，具体包括教师招聘、培训、教材采购、课程体系制定、学校管理咨询等。

(3)物业管理业务

苏州工业园区国投子公司主要为园区内住宅、商业地产及工业厂房等提供物业管理服务,物业类型包括工业物业、住宅物业、写字楼物业、商业物业和其他物业(主要为学校等公建物业)。

(三)特色景区开发

1. 特色景区开发的概念

景区资源(包括自然景区和人文景区)对游客有着天然的吸引力,发展旅游业有着得天独厚的优势,尤其是5A级景区和4A级景区。城投公司新建或新培育5A级景区和4A级景区的难度极大,但是城投公司可以根据自身区域特点,开拓新的旅游景点或者旅游方式,直接带动餐饮、住宿、娱乐等产业发展,促进经济和社会效益双丰收。

2. 特色景区开发案例

特色景区开发的典型案例为岳阳市城市建设投资集团有限公司(以下简称"岳阳城投集团")。岳阳城投集团成立了岳阳市文化旅游开发有限公司(以下简称"岳阳文旅"),深耕"洞庭天下水,岳阳天下楼"文旅品牌。

(1)聚焦存量景区资源

①打造网红打卡地。按照"在保护中发展、在发展中保护"的原则,岳阳文旅推进了洞庭南路历史文化街区的保护与开发,成为"看夕阳、吃美食、逛节会、品文化"的商业繁华地,创建了独一无二的文旅消费IP。岳阳文旅立足打造国家4A级旅游景区、国家森林公园、国家森林氧吧,加大天岳幕阜山景区基础设施建设,已经建成游客服务中心、天岳大索道、天岳飞龙和星空帐篷营地等40余个基础设施项目。

②建设城市新"乐园"。依托岳阳港码头工业遗址,岳阳文旅打造了滨水休闲体验式的岳阳港工业遗址公园,系统解决了岳阳港工业片区污水直排、防洪排涝、功能缺失等问题,并对防洪堤两侧景观进行改造,打造了"绿色堤防"岸线景观,成为弘扬岳阳历史文化、延续岳阳历史文脉的重要载体。

③增添景区多功能。岳阳文旅加快旅游基础配套设施项目改造与提质,先后完成了岳阳楼景区的主楼油饰、景观水系、灯光亮化、停车场改造等项目,完成了君山岛景区基础配套设施和道路管网的提质改造以及原停车场生态复绿。

(2)重点发展优质景区资源

岳阳文旅以"一湖两岸"为主战场,聚焦岳阳楼、君山岛优势资产,加大项目建设,创新经营业态,推出了一批具有本地特色的文化产品,举办了洞庭渔火季、洞庭芦苇艺术季、岳阳楼日等多项重大节会活动。

(3)形成特色旅游品牌

①举办“洞庭渔火季”“洞庭芦苇艺术季”“岳阳楼日”“洞庭南路·一路过年”“我们毕业啦”、岳阳烧烤音乐节、高校乐队人气争霸赛等节会活动。

②充分发挥岳阳楼旅游区国家级夜间文化和旅游消费集聚区效应,通过夜间灯光秀、演艺表演、主题装饰等活动,让“文火味”飘起来、“烟火气”升起来、“夜经济”燃起来。

(四)特色农业开发

1. 特色农业开发的概念

农业作为重要的第一产业,是很多区域的重点发展产业。城投公司可以根据区域的自然资源禀赋和农业发展情况,发展符合区域特点的特色农业,比如经济作物种植、农业旅游项目、特色养殖业等。城投公司发展特色农业不仅可以增加公司的经营性收入,也可以助推乡村振兴的实现。

2. 特色农业开发案例

特色农业开发的典型案例为自贡市城市建设投资开发集团有限公司(以下简称“自贡城投集团”)。自贡城投集团成立了开展农业业务的自贡市城投农业发展有限公司(以下简称“自贡农发公司”),用于发展自贡市本地的兔肉产业。

自贡市兔肉产业有一定的区域优势,形成了“自贡冷吃兔”区域特色品牌。为了实现“中国兔,看自贡”的美好愿景,自贡农发公司按照“1+4+1”发展思路打造肉兔全产业链发展体系,即建设1个国家级现代农业产业园,建成国家级核心育种场,彻底解决自贡肉兔种源“卡脖子”问题;建设1个肉兔加工产业园区,集饲料加工、冷链物流、仓储、食品深加工、兔产业研发、兔产品交易平台、产业孵化、会展交流于一体;在荣县和富顺县分别建设4个商品兔养殖基地,采用“企业+基地+家庭农场”的产业化发展模式,带动百镇千村万户增收致富。

2022年8月,自贡市农业农村局、自贡农发公司分别与阳光兔业公司、京东集团和顺点科技公司签约,携手打造“100亿级肉兔全产业链项目‘荣县科技示范园建设项目’”“肉兔全产业一体化供应链项目”和“农产品智慧供应链中心建设项目”,以城乡统筹和农旅融合赋能乡村振兴,推动自贡农业产业高质量发展。自贡农发公司与阳光兔业签约合作的“100亿级肉兔全产业链项目‘荣县科技示范园建设项目’”,将在荣县建设占地面积达400亩的国家级现代农业产业园,集肉兔繁育场、教学培训以及肉兔产学研旅于一体，建成后将成为西南地区首屈一指的肉兔产业田园综合体。

二、新型基础设施建设

根据国家统计局的数据，我国 2023 年末常住人口城镇化率已经达到了 66.16%。[①] 虽然国内城镇化建设水平已经达到了新的高度，但是部分区域的基础设施建设仍有待进一步提升与完善。

2018 年 12 月 19 日至 21 日，中央经济工作会议在北京举行，会议提出“我国发展现阶段投资需求潜力仍然巨大，要发挥投资关键作用，加大制造业技术改造和设备更新，加快 5G 商用步伐，加强人工智能、工业互联网、物联网等新型基础设施建设”[②]。这是“新型基础设施建设”概念首次出现在国家层面的会议中。从概念上看，新型基础设施是以新发展理念为引领，以技术创新为驱动，以信息网络为基础，面向高质量发展需要，提供数字转型、智能升级、融合创新等服务的基础设施体系。[③]

(一)新型基础设施概述

1. 新型基础设施的概念

2020 年 4 月 22 日，国家发改委在官网上发布了《新型基础设施主要包括哪些方面？下一步在支持新型基础设施建设上有哪些考虑和计划？》[④]一文，对新型基础设施的含义和主要内容进行了明确。新型基础设施包括以下内容：

(1)信息基础设施

信息基础设施包括以 5G、物联网、工业互联网、卫星互联网为代表的通信网络基础设施，以人工智能、云计算、区块链等为代表的新技术基础设施，以数据中心、智能计算中心为代表的算力基础设施等。

(2)融合基础设施

融合基础设施主要是指深度应用互联网、大数据、人工智能等技术，支撑传统基础设施转型升级，进而形成的融合基础设施，比如智能交通基础设施、智慧能源基础设施等。

---

① 资料来源：国家统计局网站，https://www.stats.gov.cn/sj/sjjd/202401/t20240118_1946701.html

② 资料来源：国务院网站，http://www.gov.cn/xinwen/2018-12/21/content_5350934.htm

③ 资料来源：国家发改委网站，https://www.ndrc.gov.cn/fggz/fgzy/shgqhy/202004/t20200427_1226808.html?code=&state=123

④ 资料来源：国家发改委网站，https://www.ndrc.gov.cn/fggz/fgzy/shgqhy/202004/t20200427_1226808.html?code=&state=123

(3)创新基础设施

创新基础设施主要是指支撑科学研究、技术开发、产品研制的具有公益属性的基础设施,比如重大科技基础设施、科教基础设施、产业技术创新基础设施等。

2. 新型基础设施建设的支持政策

2019 年 7 月 30 日,中共中央政治局召开会议,提出“加快推进信息网络等新型基础设施建设”[①]。2020 年 3 月 4 日,中共中央政治局常务委员会召开会议,强调“要加大公共卫生服务、应急物资保障领域投入,加快 5G 网络、数据中心等新型基础设施建设进度”[②]。此后,新型基础设施建设领域得到了一系列政策支持:

(1)2020 年 7 月 9 日,国家发展改革委办公厅印发了《关于加快落实新型城镇化建设补短板强弱项工作 有序推进县城智慧化改造的通知》(发改办高技〔2020〕530 号)[③],明确提出“针对县城基础设施、公共服务、社会治理、产业发展、数字生态等方面存在短板和薄弱环节,利用大数据、人工智能、5G 等数字技术,在具备一定基础的地区推进县城智慧化改造建设”。

(2)2020 年 8 月 3 日,交通运输部印发了《关于推动交通运输领域新型基础设施建设的指导意见》(交规划发〔2020〕75 号)[④],明确提出要从智慧公路、智慧铁路、智慧航道、智慧港口、智慧民航、智慧邮政、智慧枢纽、新能源新材料行业应用、第五代移动通信技术(5G)等协同应用、北斗系统和遥感卫星行业应用、网络安全保护、数据中心、人工智能和科技研发十四个方面重点推动新型基础设施建设。

(3)2021 年 12 月 31 日,商务部、国家发改委、教育部、铁路局和民航局等 22 部门发布《关于印发〈“十四五”国内贸易发展规划〉的通知》[⑤],明确提出“要统筹推进传统与新型基础设施建设,包括推动 5G 网络、物联网优先覆盖城市商圈、商品交易市场、大型商业综合体、商贸物流园区等,加强人工智能、云计算、区块链、大数据中心等新型网络、技术和算力基础设施建设”。

(4)2022 年 2 月 5 日,国家发改委有关负责人在谈当前经济形势时表示,“适度超前开展基础设施投资,扎实推动‘十四五’规划 102 项重大工程项目实施。推进新型基

① 资料来源:国务院网站,http://www.gov.cn/xinwen/2019-07/30/content_5417282.htm

② 资料来源:民主与法治网,http://www.mzyfz.com/html/2330/2021-12-28/content-1548943.html

③ 资料来源:国家发改委网站,https://www.ndrc.gov.cn/xxgk/zcfb/tz/202007/t20200728_1234739.html?code=&state=123

④ 资料来源:国务院网站,http://www.gov.cn/zhengce/zhengceku/2020-08/06/content_5532842.htm

⑤ 资料来源:金融界网站,https://baijiahao.baidu.com/s?id=1720651116819096921&wfr=spider&for=pc

础设施建设,加大对传统产业向高端化、智能化、绿色化优化升级的支持力度。加强重大项目用地用海用能等要素保障,用好用足中央预算内投资、地方政府专项债券”[①]。

(二)新型基础设施建设业务方式

从公开披露信息中界定的概念和支持政策来看,新型基础设施主要包括两大方面:新型基础设施建设和县城新型城镇化建设。

1. 新型基础设施建设

城投公司的主营业务和新型基础设施建设业务存在天然的联系。无论是委托代建业务,还是土地整理业务,都是主动或者被动地成为基础设施和新型基础设施建设业务的上下游产业链。从实践来看,城投公司开展基础设施和新型基础设施建设业务具备非常明显的先天优势。新型基础设施建设事关老百姓的切身利益,不只是要规划建设,还需要做长期运营管理。城投公司深耕地方区域,属于承担公益性职能的重要国有企业,很适合做长期的建设、运营、维护和管理。因此,新型基础设施建设投资项目是城投公司的业务机会。

有鉴于此,城投公司可以充分发挥公司在本地的资源优势,主动参与到地方政府的新型基础设施项目规划中。根据新型基础设施项目的建设内容、投资规模、收益情况等要素,通过委托代建或者自营建设的方式开展新型基础设施建设工作。

2. 县城新型城镇化建设

县城是我国推进工业化、城镇化的重要空间,城镇体系的重要一环,以及城乡融合发展的关键纽带。改革开放以来,县城建设日新月异,但在公共卫生、人居环境、公共服务、市政设施、产业配套等方面仍存在不少短板弱项,综合承载能力和治理能力仍然较弱,对经济发展和农业转移人口就近城镇化的支撑作用不足。县城新型城镇化的范围如下:

(1)县城产业平台公共配套设施。支持区位布局合理、要素集聚度高的产业平台(主要是中国开发区审核公告目录中的产业园区、各省份特色小镇创建名单内的特色小镇)公共配套设施建设项目,包括但不限于建设智能标准生产设施、技术研发转化设施、检验检测认证设施、职业技能培训设施、仓储集散回收设施和文化旅游体育设施等。支持产业转型升级示范区内重点园区、县城产业转型升级示范园区公共配套设施建设项目。

(2)县城新型基础设施。支持新一代信息基础设施建设项目,包括建设 5G 网

---

① 资料来源:新华社网站,http://www.news.cn/mrdx/2022-02/06/c_1310457761.htm

络、物联网、车联网和骨干网扩容等。支持市政公用设施数字化改造项目，包括改造交通、公安和水电气热等领域的终端系统等。支持大数据设施建设项目，包括建设集约化数据中心、供应链数字化平台和产业数字化平台等。支持网络安全防护体系建设项目。

(3)县城其他基础设施。支持环境卫生设施建设项目，包括建设垃圾无害化资源化处理设施和污水集中处理设施等。支持市政公用设施建设项目，包括改造建设公共停车场和公路客运站等交通设施、水气热等管网设施。支持商贸流通设施建设项目，包括改造建设配送投递设施、冷链物流设施和农贸市场等。支持有一定收益的老旧小区改造项目。支持新型文旅商业消费聚集区公共配套设施建设项目。

因此，城投公司可以充分发挥在区域内的资源优势，协同区域内各个区县级开展县城新型城镇化建设，提高县城的现代化基础设施水平，为县城经济的发展提供基础设施保障。通过协同开展县城新型城镇化建设，城投公司一方面可以开展业务取得一定的营业收入；另一方面可以根据县城发展规划提前布局市场化业务，促进公司产业转型。

三、城市更新

2020 年 10 月 29 日，中国共产党第十九届中央委员会第五次全体会议通过了《关于制定国民经济和社会发展第十四个五年规划和二〇三五年远景目标的建议》[①]，明确提出“实施城市更新行动，推进城市生态修复、功能完善工程，统筹城市规划、建设、管理，合理确定城市规模、人口密度、空间结构，促进大中小城市和小城镇协调发展”。城市更新首次被写入我国五年规划，在“十四五”时期以及未来一段时间，城市更新的重要性被提到了前所未有的高度。

(一)城市更新概述

1. 城市更新的概念

目前关于城市更新没有一个统一的定义，不同地区对于城市更新概念的界定各不相同：

(1)根据深圳市第六届人民代表大会常务委员会第四十六次会议于 2020 年 12

① 资料来源：国务院网站，http://www.gov.cn/zhengce/2020-11/03/content_5556991.htm

月30日通过的《深圳经济特区城市更新条例》[①]，城市更新是指对城市建成区内具有下列情形之一的区域，根据本条例规定进行拆除重建或者综合整治的活动：①城市基础设施和公共服务设施急需完善；②环境恶劣或者存在重大安全隐患；③现有土地用途、建筑物使用功能或者资源、能源利用明显不符合经济社会发展要求，影响城市规划实施。

(2)根据上海市第十五届人民代表大会常务委员会第三十四次会议于2021年8月25日通过的《上海市城市更新条例》[②]，城市更新是指在本市建成区内开展持续改善城市空间形态和功能的活动，具体包括：①加强基础设施和公共设施建设，提高超大城市服务水平；②优化区域功能布局，塑造城市空间新格局；③提升整体居住品质，改善城市人居环境；④加强历史文化保护，塑造城市特色风貌等。

(3)根据北京市第十五届人民代表大会常务委员会第四十五次会议于2022年11月25日通过的《北京市城市更新条例》[③]，城市更新是指对本市建成区内城市空间形态和城市功能的持续完善和优化调整，具体包括：①以保障老旧平房院落、危旧楼房、老旧小区等房屋安全，提升居住品质为主的居住类城市更新；②以推动老旧厂房、低效产业园区、老旧低效楼宇、传统商业设施等存量空间资源提质增效为主的产业类城市更新；③以更新改造老旧市政基础设施、公共服务设施、公共安全设施，保障安全、补足短板为主的设施类城市更新；④以提升绿色空间、滨水空间、慢行系统等环境品质为主的公共空间类城市更新；⑤以统筹存量资源配置、优化功能布局，实现片区可持续发展为主的区域综合性城市更新。同时，城市更新活动不包括土地一级开发、商品住宅开发等项目。

综上所述，城市更新是以人为核心的新型城镇化的重要实现方式，主要内容包括改造提升老旧小区、老旧厂区、老旧街区和城中村等存量片区功能，推进老旧楼宇改造，积极扩建新建停车场、充电桩等。城市更新的目的在于对城市空间形态和城市功能的提升和改善，不再局限于基础设施和公共设施等环境的改善，还包括对历史文化、城市风貌、产业结构等的优化和提升。从概念和业务范畴上来讲，城市更新与棚户区改造、旧城改造等存在一定的重合之处，但也存在着明显的区别(见表9—3)。

---

① 资料来源：深圳市政府网站，http://www.sz.gov.cn/szcsgxtdz/gkmlpt/content/8/8614/mpost_8614017.html#19169

② 资料来源：上海人大网，http://www.shrd.gov.cn/n8347/n8407/n9186/u1ai240288.html

③ 资料来源：北京人大网，http://www.bjrd.gov.cn/rdzl/dfxfgk/dfxfg/202211/t20221128_2867572.html

表 9—3　　城市更新、棚户区改造和旧城改造的区别

内 容	城市更新	棚户区改造	旧城改造
改造对象	工业区、商业设施、居民小区和城中村等，涵盖但不限于棚户区和老旧小区等，重点是进行工程更新与改造	包括国有林区（场）棚户区（危旧房）、国有垦区危房、中央下放地方煤矿棚户区、国有工矿棚户区、城市棚户区和棚户区（危旧房）改造	旧城镇、旧村庄和旧厂房，针对城市、县城（城关镇）建成于2000年以前、公共设施落后、影响居民基本生活、居民改造意愿强烈的老旧住宅小区
改造方式	功能更新与改造、再开发、综合治理	拆旧建新	拆除重建、综合整治
改造周期	周期较长	周期较短	周期较长

资料来源：根据公开资料整理

2. 城市更新的支持政策

2021 年 3 月 5 日，《2021 年政府工作报告》①提出："深入推进以人为核心的新型城镇化战略，加快农业转移人口市民化，常住人口城镇化率提高到 65%，发展壮大城市群和都市圈，推进以县城为重要载体的城镇化建设，实施城市更新行动，完善住房市场体系和住房保障体系，提升城镇化发展质量。"此后，城市更新领域得到了一系列政策的支持：

（1）2021 年 3 月 12 日，《中华人民共和国国民经济和社会发展第十四个五年规划和 2035 年远景目标纲要》②提出，"加快转变城市发展方式，统筹城市规划建设管理，实施城市更新行动，推动城市空间结构优化和品质提升""加快推进城市更新，改造提升老旧小区、老旧厂区、老旧街区和城中村等存量片区功能，推进老旧楼宇改造，积极扩建新建停车场、充电桩"。

（2）国家发改委于 2021 年 4 月 8 日印发《2021 年新型城镇化和城乡融合发展重点任务》（发改规划〔2021〕493 号）③，提出"实施城市更新行动。在老城区推进以老旧小区、老旧厂区、老旧街区、城中村等'三区一村'改造为主要内容的城市更新行动。加快推进老旧小区改造，2021 年新开工改造 5.3 万个，有条件的可同步开展建筑节能改造。在城市群、都市圈和大城市等经济发展优势地区，探索老旧厂区和大型老旧街区改造。因地制宜将一批城中村改造为城市社区或其他空间"。

---

① 资料来源：国务院网站，http://www.gov.cn/zhuanti/2021lhzfgzbg/index.htm?_zbs_baidu_bk

② 资料来源：国务院网站，http://www.gov.cn/xinwen/2021-03/13/content_5592681.htm

③ 资料来源：国家发改委网站，https://www.ndrc.gov.cn/xxgk/zcfb/tz/202104/t20210413_1272200_ext.html

(3)国家发展改革委和商务部于2022年1月26日联合印发《关于深圳建设中国特色社会主义先行示范区放宽市场准入若干特别措施的意见》(发改体〔2022〕135号)[①],针对城市更新专门提出“放宽城市更新业务市场准入,推进全生命周期管理”“探索城市更新与城市历史遗留问题、违法建筑处置和土地整备制度融合机制”,充分体现了对城市更新的重视。

(4)住房和城乡建设部于2023年7月7日印发《关于扎实有序推进城市更新工作的通知》(建科〔2023〕30号)[②],明确提出要健全城市更新多元投融资机制,加大财政支持力度,鼓励金融机构在风险可控、商业可持续前提下,提供合理信贷支持,创新市场化投融资模式。

(二)城市更新方式

城投公司参与城市更新的方式主要包括委托代建、自营项目建设和城市更新基金三种。

1. 委托代建模式

针对公益属性较强的城市更新项目,城投公司可以通过与地方政府及其职能部门签署委托代建协议的模式参与城市更新。在委托代建模式中,城投公司主要是通过与地方政府及其职能部门签署委托代建协议的方式来参与城市更新项目建设。在委托代建模式下,城投公司相当于是在城市更新领域开展传统城投公司业务。

2. 自营项目建设模式

针对收益属性较强的城市更新项目,城投公司可以通过自营项目建设的模式参与城市更新。城投公司通过市场化筛选,选择盈利性较好的城市更新项目,通过主动参与招投标的方式,实现自主开发建设。针对收益性较高的项目,城投公司可以提前与地方政府进行沟通,将项目进行打包,通过企业债券、银行贷款等方式进行融资。城市更新项目的建设过程中包含拆旧建新、土地整理、公益项目投资、市政公共服务等内容,可以在提升区域基础设施建设水平的同时,为公司带来稳定的营业收入。

目前城市更新项目主要包括老旧小区改造、城市基础设施及民生设施改造升级、产业园区改造或低效用地整治和片区综合开发等内容。城市更新项目收益来源

---

① 资料来源:国家发改委网站,https://www.ndrc.gov.cn/xxgk/zcfb/tz/202201/t20220126_1313250.html?code=&state=123

② 资料来源:住房和城乡建设部网站,https://www.mohurd.gov.cn/gongkai/zhengce/zhengcefilelib/202307/20230707_772985.html

主要包括特许经营权收入和新增经营权收入。

3. 城市更新基金模式

(1)城市更新基金的优势

城市更新基金模式具备解决项目资本金、解决拆迁安置和前期基建资金、不提高资产负债率等优势。

①解决项目资本金

根据国务院印发的《关于加强固定资产投资项目资本金管理的通知》(国发〔2019〕26号)[①],“对基础设施领域和国家鼓励发展的行业,鼓励项目法人和项目投资方通过发行权益型、股权类金融工具,多渠道规范筹措投资项目资本金。但不得超过资本金总额的50%”。这是指项目投资方通过发行权益型金融工具筹措投资项目资本金,但若是直接以城市更新基金作为项目投资方之一,则应不受50%的限制。城市更新基金以股权投资方式投资于城市更新项目,是可以作为城市更新项目的资本金的,并能够为城投公司提供项目资本金。

②解决拆迁安置和前期基建资金

银行贷款等金融机构的融资面临监管,资金用途受限较多。而城市更新基金作为股权资金,主要由投资人自主使用,资金用途限制较少。对于难以通过市场化融资解决的征地拆迁和前期基建资金,可以通过引入城市更新基金筹集资金解决。城投公司可以牵头组建城市更新母基金,吸收政府、企业、村组集体各方面资金,深度参与城市更新投融资。城市更新基金对政府土地整备开发项目有优先投资权。

③不提高资产负债率

按照会计准则的要求,城市更新基金属于权益类资金,不会计入公司的负债,在增加公司可用资金的同时不会增加企业的资产负债率。另外,引入私募基金可以根据并表与出表需求进行灵活处理,如果各方均想出表,则可以对股权比例进行分散化处理,且公司章程也不设置任何一方的实质控制权;如果某方想并表,也可以通过公司章程设置赋予其实质控制权以达到并表目的。

(2)城市更新基金案例

目前国内已经有多个城市推出了城市更新基金,其中规模超过100亿元的城市更新基金基本情况如下:

---

① 资料来源:国务院网站,http://www.gov.cn/zhengce/content/2019-11/27/content_5456170.htm

①中关村科学城城市更新与发展基金

中关村科学城城市更新与发展基金于2021年5月18日成立，基金总规模为300亿元，旨在发挥财政资金杠杆撬动作用，引入北京建工集团有限责任公司、中国建筑第七工程局有限公司、上海宝冶集团有限公司等社会资本共同推进城市建设，解决区属国企建设产业项目资本金不足问题。[①]

②上海城市更新基金

上海城市更新基金于2021年6月3日正式成立，基金总规模约800亿元，是目前全国落地规模最大的城市更新基金。上海城市更新基金定向用于投资旧区改造和城市更新项目，促进上海城市功能优化、民生保障、品质提升和风貌保护。[②] 该基金采用"引导基金＋项目载体"模式，其中上海城市更新引导基金规模为100.02亿元，由国泰君安证券旗下国泰君安创新投资有限公司担任基金管理人，与上海地产集团旗下上海地产城市更新投资管理有限公司共同担任执行事务合伙人，负责基金和项目的投资管理运营等相关工作。参与方包括招商局蛇口工业区控股股份有限公司、上海世博土地控股有限公司(控股股东为上海地产集团，实际控制人为上海市国资委)、上海万科企业有限公司、中交房地产集团有限公司。

③无锡城市更新基金

无锡城市更新基金于2021年7月10日成立，总规模为300亿元。无锡城市更新基金是由无锡城建发展集团联合平安建投、中交投资、上海建工、上海城建置业、太保私募、民生银行、平安银行、招商银行、兴业银行、融创地产、华润置地等13家单位共同发起设立的无锡市首只城市更新基金，资金专项用于投资无锡旧城区改造和城市更新项目规划、建设、开发及运营等。[③]

④天津城市更新基金

天津城市更新基金于2021年8月6日成立，总规模为600亿元，由天津城投集团联合中交集团、中国中铁、中国中冶、中国电建、中国金茂、中海地产、华润置地、保利发展、绿城中国、平安不动产、富力集团、天津建工、中国建筑等企业共同发起设立，定向用于天津老旧小区改造提升和城市更新项目。[④]

---

① 资料来源：北京市海淀区人民政府网站，https://zyk.bjhd.gov.cn/jbdt/auto4495_51790/auto4495_52622/auto4495/auto4495/202105/t20210526_4467116.shtml

② 资料来源：中国建设新闻网，http://www.chinajsb.cn/html/202106/07/20642.html

③ 资料来源：江苏省国资委网站，http://jsgzw.jiangsu.gov.cn/art/2021/7/14/art_11703_9880723.html

④ 资料来源：搜狐网，https://www.sohu.com/a/481596215_99986045

⑤石家庄城市更新基金

2021 年 11 月 18 日，石家庄出台《石家庄市城市更新基金设立方案》，明确成立石家庄市城市更新发展基金有限公司，由市国资委委托市城发投集团履行城市更新基金出资人职责，基金规模为 100 亿元。石家庄城市更新基金构成如下：一是市本级筹集城市更新资金 20 亿元，通过市国资委拨付市城发投集团，再由市城发投集团拨付基金公司，全部用于城市更新。二是引进若干基石投资人以及基金管理公司出资 80 亿元，以债权投资方式投入基金公司。[①] 石家庄城市更新基金通过与有实力的房地产资本、建设资本、物业管理资本、产业资本、金融资本等社会资本合作，共同发起设立若干子基金，力争拉动社会投资 500 亿元，用于新华区、长安区、桥西区、裕华区城市更新、老旧小区改造、棚户区改造，以及经市城市更新工作领导小组同意的其他城市更新项目。

四、乡村振兴

乡村振兴战略是于 2017 年 10 月 18 日在党的十九大报告中提出的。乡村振兴是城投公司可以重点开展的业务方向，一方面可以提升所在区域的乡村发展水平，另一方面可以给城投公司带来稳定的营业收入和现金流。

(一)乡村振兴概述

1. 乡村振兴的概念

根据 2018 年 9 月中共中央、国务院印发的《乡村振兴战略规划（2018—2022 年）》[②]，乡村振兴包括实现乡村产业振兴、人才振兴、文化振兴、生态振兴、组织振兴“五个振兴”。《乡村振兴战略规划（2018—2022 年）》从构建乡村振兴新格局、加快农业现代化步伐、发展壮大乡村产业、建设生态宜居的美丽乡村和繁荣发展乡村文化等多个方面对乡村振兴进行了规划。

2. 乡村振兴的支持政策

2018 年 1 月 2 日，中共中央、国务院联合印发了《关于实施乡村振兴战略的意见》[③]，提出乡村振兴战略的主要要求，包括产业兴旺是重点、生态宜居是关键、乡风文明是保障、治理有效是基础、生活富裕是根本、摆脱贫困是前提。2018 年 3 月 5

---

① 资料来源：石家庄市人民政府网站，https://www.sjz.gov.cn/col/1537237889914/2021/11/26/1637916102462.html

② 资料来源：农业农村部网站，http://www.moa.gov.cn/ztzl/xczx/xczxzlgh/201811/t20181129_6163953.htm

③ 资料来源：国务院网站，http://www.gov.cn/zhengce/2018-02/04/content_5263807.htm

日，国务院总理李克强在《政府工作报告》[①]中讲到大力实施乡村振兴战略。此后，乡村振兴领域得到了一系列政策支持：

(1)中共中央、国务院于2021年2月21日印发《关于全面推进乡村振兴加快农业农村现代化的意见》[②]，对新发展阶段优先发展农业农村、全面推进乡村振兴做出总体部署。

(2)2021年4月29日，十三届全国人大常委会第二十八次会议表决通过《中华人民共和国乡村振兴促进法》[③]，全面实施乡村振兴战略，促进农业全面升级、农村全面进步、农民全面发展，加快农业农村现代化。

(3)中国人民银行、国家金融监督管理总局、证监会、财政部和农业农村部于2023年6月16日联合印发《关于金融支持全面推进乡村振兴 加快建设农业强国的指导意见》[④]，明确提出从加大粮食和重要农产品生产金融支持力度、强化高标准农田和水利基础设施建设融资服务、持续加强种业振兴金融支持、做好构建多元化食物供给体系金融服务、做好农业关键核心技术攻关金融服务、加大现代设施农业和先进农机研发融资支持力度、加强农业绿色发展金融支持、支持农产品加工流通业做大做强、推动现代乡村服务业和新产业新业态培育发展、支持县域富民产业发展壮大、促进农民创业就业增收、加强乡村基础设施建设支持、做好县域基本公共服务金融配套支持等28个方面助力全面推进乡村振兴、加快建设农业强国。在信用债券方面，《指导意见》明确提出要鼓励"发行公司债券、短期融资券、中期票据、资产支持证券、资产支持票据、乡村振兴票据"等产品用于乡村振兴，也就是支持符合条件的发行人发行乡村振兴债券。

(二)乡村振兴业务方式

乡村振兴主要包括农民就业增收项目、农业现代化建设项目和农村乡村建设三大领域。城投公司可以通过委托代建模式、自营项目建设模式、乡村振兴债券模式参与乡村振兴。

1. 委托代建模式

针对公益属性较强的乡村振兴项目，城投公司可以通过委托代建模式参与乡村

① 资料来源：国务院网站，http://www.gov.cn/guowuyuan/2018-03/22/content_5276608.htm

② 资料来源：农业农村部网站，http://www.moa.gov.cn/xw/zwdt/202102/t20210221_6361863.htm

③ 资料来源：全国人民代表大会网站，http://www.npc.gov.cn/npc/c30834/202104/8649182798754789b32b329e8a4e885c.shtml

④ 资料来源：中国人民银行网站，http://www.pbc.gov.cn/zhengwugongkai/4081330/4406346/4693549/4959284/index.html

振兴项目建设。在委托代建模式中，城投公司主要是通过与地方政府及其职能部门签署委托代建协议的方式来参与乡村振兴项目建设。在委托代建模式下，城投公司相当于是在乡村振兴领域开展传统城投公司业务。

2. 自营项目建设模式

城投公司可以选择收益较好的乡村振兴项目作为自营项目建设。尤其是地市级城投公司在与区县级城投公司开展合作时，可以充分发挥地市级城投公司的融资优势，利用区县级城投公司的项目优势，实现双赢发展，共同投资乡村振兴项目。城投公司可以根据宏观政策的支持方向和所属区域的发展特点，提前谋划乡村振兴项目，在确保项目收益的同时，积极推进项目建设。

3. 乡村振兴债券模式

目前交易商协会和交易所均推出了乡村振兴相关的债券，支持乡村振兴建设。城投公司可以通过发行乡村振兴债券的方式筹集资金，以推动乡村振兴。

(1)乡村振兴票据

2021 年 3 月 19 日，银行间市场交易商协会通过官方微信公众号发布了《债务融资工具注册发行业务问答(第 8 期)》，对乡村振兴票据的实施细则进行了明确。重庆医药(集团)股份有限公司于 2021 年 3 月 16 日发行的重庆医药(集团)股份有限公司 2021 年度第四期超短期融资券(乡村振兴)[债券简称"21 渝医药 SCP004(乡村振兴)"]是第一只乡村振兴票据。乡村振兴票据有如下要求：

①重点支持领域要求

乡村振兴票据重点支持的领域是三农领域，募集资金投向分别对应的是农民就业增收项目、农业现代化建设项目和农村乡村建设三大领域。乡村振兴票据重点支持的领域与中央近年来对三农问题关注的领域基本相同，项目内涵也基本一致，通过发行债券的金融手段，助力农村农业发展，实现乡村振兴。

②募投项目合规性要求

乡村振兴票据的募投项目应该符合国家、省市乡村振兴主管部门政策文件认定的项目范畴，由主承销商来承担项目认定责任。募投项目的合规性要求是乡村振兴票据的准入门槛。

③募投项目收益性要求

乡村振兴票据的募投项目必须具有市场化的投资收益机制。收益性是乡村振兴票据最难实现的项目指标，选择收益明确、收入模式稳定、成本可控、收入可持续的募投项目是有一定难度的。募投项目的收益性要求是乡村振兴票据的实质性考验。

④募投项目资金使用比例要求

乡村振兴票据对用于乡村振兴领域的募集资金比例最低要求是30%。不低于30%的,可以在票据名称中冠上“(乡村振兴)”;100%用于乡村振兴的,可以在票据名称中冠上“(专项乡村振兴)”。

交易商协会于2023年7月17日发布《关于进一步做好乡村振兴票据有关工作的通知》[①],明确提出支持发行人发行乡村振兴票据用于粮食和重要农产品生产、高标准农田和水利基础设施、种业、现代设施农业和先进农机研发生产、农产品加工流通业等领域。乡村振兴票据鼓励的募投项目包括粮食烘干、设施农业生产、农产品产地冷藏、冷链物流设施、畜禽规模化养殖和屠宰加工、水稻集中育秧中心、蔬菜集约化育苗中心、农产品加工产业园、农产品电商产业园、产地冷链集配中心、农业国际贸易高质量发展基地等。

(2)乡村振兴公司债券

2021年7月13日,上海证券交易所和深圳证券交易所同步印发了特定品种公司债券业务指引,包括乡村振兴公司债券。上海证券交易所于2022年6月2日印发了《上海证券交易所公司债券发行上市审核规则适用指引第2号——特定品种公司债券(2022年修订)》(上证发〔2022〕85号)[②],对乡村振兴公司债券提出了明确的要求。广东省广新控股集团有限公司于2021年6月16日发行的广东省广新控股集团有限公司2021年面向专业投资者公开发行乡村振兴专项公司债券(第一期)(债券简称“21广新V1”)为首只乡村振兴公司债券。

①发行人资质要求

发行人申请发行乡村振兴公司债券,应当符合下列情形之一:

A. 公司注册地在国家乡村振兴重点帮扶县或按照国家有关规定脱贫摘帽不满5年的地区,且募集资金主要用于支持乡村振兴相关领域;

B. 募集资金主要用于乡村振兴领域相关项目的建设、运营、收购,或者偿还项目贷款,且募集资金用于乡村振兴项目的金额不低于募集资金总额的70%。

---

① 资料来源:中国银行间市场交易商协会网站,https://www.nafmii.org.cn/ggtz/tz/202307/P020230717508858820831.pdf

② 资料来源:上海证券交易所网站,http://www.sse.com.cn/lawandrules/sselawsrules/bond/review/c/c_20220602_5703022.shtml

②募集资金用途要求

乡村振兴领域包括支持发展脱贫地区乡村特色产业、促进脱贫人口稳定就业、改善脱贫地区基础设施条件、提升脱贫地区公共服务水平，通过市场化、法治化的方式优化乡村就业结构、健全乡村产业体系、完善乡村基础设施等。

第四节　城投公司转型示范案例

各个地方区域环境、资源禀赋、经济情况和债务情况等各不相同，所以城投公司在产业化转型的具体路径上需要因地制宜，确定符合自身特点的转型方向。笔者对新乡国有资本运营集团有限公司、三门峡市投资集团有限公司、青岛经济技术开发区投资控股集团有限公司、河源市国有资产经营有限公司、杭州市拱墅区国有投资集团有限公司和唐山控股发展集团股份有限公司 6 家城投公司转型示范案例进行介绍，为城投公司转型提供参考和借鉴。

一、新乡国资集团

新乡国有资本运营集团有限公司（以下简称“新乡国资集团”）是承担新乡市基础设施建设、城市运营和产业升级的重要国有企业。在基础设施建设和城市运营方面，新乡国资集团重点支持水利交通、城市更新、黄河流域生态保护和高质量发展、乡村振兴、灾后重建等项目建设；在产业升级方面，新乡国资集团重点聚焦新兴产业发展、产业结构转型升级，实现产融协同发展。

（一）公司组建情况

1. 公司成立

经新乡市人民政府第 77 次常务会议批准（新乡市人民政府常务会议纪要〔2021〕20 号），新乡国资集团于 2021 年 11 月 10 日成立，出资人为新乡市财政局，成立时注册资本为 50 亿元。

2. 公司组建

根据新乡市人民政府于 2021 年 11 月印发的《新乡国有资本运营集团有限公司组建方案的通知》（新政文〔2021〕102 号），为促进新乡市国有投融资主体转型升级，制订新乡国有资本运营集团有限公司组建方案。根据新乡市人民政府于 2021 年 12 月印发的《新乡市人民政府市长办公会议纪要〔2021〕60 号》，新乡国资集团的组建方案如下：

(1)2021 年 12 月 23 日前,新乡市财政局出具股权划转文件,将所持有的市属国有投融资主体全部股权无偿划转至新乡国资集团。

(2)2021 年 12 月 23 日前,新乡市住建局将所持有的新乡市市政设计研究院有限公司 100%股权、新乡市卫健委将所持有的新乡中原医院管理有限公司 100%股权无偿划转至新乡国资集团。

(3)2021 年 12 月 23 日前,新乡市各县(市、区)政府、管委会或其授权的国资监管机构直接出具划转文件,分批将各自出资管理的国有投融资主体 51%的股权无偿划转至新乡国资集团。

表 9—4　　新乡国资集团划入股权明细

股权划转方	划入股权公司名称	持股比例(%)	业务范围
新乡市财政局	新乡白鹭投资集团有限公司	90	主要涉及化纤业务
新乡市财政局	新乡平原发展投资集团有限公司	100	主要涉及租赁业务
新乡市财政局	新乡平原国资经营管理集团有限公司(现已更名为新乡城市建设发展集团有限公司)	100	主要涉及工程施工、服务业务和租赁业务
新乡市财政局	新乡市市政工程处有限公司	90	主要涉及工程施工
新乡市人民政府	新乡文化产业投资有限公司	100	主要涉及服务业务
新乡市财政局	河南电池研究院有限公司	71.55	主要涉及销售商品业务
新乡市住建局	新乡市市政设计研究院有限公司	100	主要涉及服务业务
新乡市卫健委	新乡中原医院管理有限公司	100	主要涉及服务业务
新乡市红旗区财政局	新乡市新东开发建设投资有限公司	85.18	主要涉及基础设施建设,还有租赁业务和城市运营业务
新乡市卫滨区人民政府	新乡市卫滨投资有限公司	100	主要涉及基础设施建设
新乡经济技术开发区管理委员会	新乡经开投资集团有限公司	100	主要涉及基础设施建设、城市运营和销售商品业务
新乡经济技术开发区管理委员会	新乡市新城开发建设有限责任公司	79.38	主要涉及基础设施建设,还有少量销售商品业务
新乡经济技术开发区管理委员会	新乡市东兴实业有限公司	100	主要涉及基础设施建设业务

续表

股权划转方	划入股权公司名称	持股比例（%）	业务范围
新乡市凤泉区财政局	新乡信成投资集团有限公司	100	主要涉及基础设施建设，还有少量服务业务、租赁业务
新乡高新技术产业开发区管理委员会	新乡高新投资发展有限公司	100	主要涉及基础设施建设、城市运营业务、租赁业务
新乡市平原城乡一体化示范区管理委员会	新乡平原示范区投资集团有限公司	90	主要涉及贸易业务、基础设施建设业务
长垣市财政局	长垣市投资集团有限公司	58	主要涉及基础设施建设、工程施工、城市运营业务
辉县市国有资产管理局	辉县市豫辉投资有限公司	92	主要涉及基础设施建设、城市运营和销售商品业务
封丘县财政局	封丘县建设投资有限公司	88.51	主要涉及基础设施建设、服务业务和租赁业务
延津县财政局	延津县建设投资有限责任公司	100	主要涉及基础设施建设和租赁业务
原阳县国有企业资产服务中心	原阳金豫河投资集团有限公司	100	主要涉及基础设施建设、城市运营和销售商品业务
获嘉县国有资产管理中心	获嘉县投资集团有限公司	90	主要涉及基础设施建设、服务业务和租赁业务

3. 增资事项

2022年7月21日，根据《新乡市人民政府市长办公会议纪要》意见，新乡市财政局同意将新乡国资集团的注册资本金增加至300亿元。

（二）重要子公司情况

新乡国资集团重要子公司共4家，分别为新乡平原示范区投资集团有限公司、新乡白鹭投资集团有限公司、长垣市投资集团有限公司、辉县市豫辉投资有限公司。

1. 新乡平原示范区投资集团有限公司

新乡平原示范区投资集团有限公司是新乡市内重要的城市基础设施和相关配套设施的投资建设主体、贸易业务主体，主营业务包括代建业务、工程绿化业务、环卫业务、贸易业务和广告物业等。公司的主体信用等级为AA，发行过多期企业债券、中期票据、非公开发行公司债券和PPN等债券产品。

2. 新乡白鹭投资集团有限公司

新乡白鹭投资集团有限公司是全国纺织技术创新示范企业、河南省技术创新示范企业和河南省节能减排科技创新示范企业，拥有新乡化纤股份有限公司(股票简称:新乡化纤，股票代码:000949.SZ)和北京双鹭药业股份有限公司(股票简称:双鹭药业，股票代码:002038.SZ)两个上市公司。新乡化纤是我国生产纺织原料的大型企业，主导产品有“白鹭”牌再生纤维素长丝、氨纶两大系列；双鹭药业是一家主要从事基因工程和生化药物研究开发、生产和经营的高新技术企业，形成以肿瘤、老年病、肝病为主导的产品线。公司的主体信用等级为AA，发行过规模为5亿元的“20新鹭E1”可交换公司债券。

3. 长垣市投资集团有限公司

长垣市投资集团有限公司是新乡长垣市从事城市基础设施建设的投融资主体，承担了长垣市城市基础设施及市政公用事业的投资、融资、建设等任务，主营业务包括委托代建、商砼销售、市政工程、高速公路通行收费、商品销售、加油等。公司的主体信用等级为AA，发行过多期企业债券和非公开发行公司债券等债券产品。

4. 辉县市豫辉投资有限公司

辉县市豫辉投资有限公司是新乡辉县市重大项目的投资建设主体、国有资产经营单位，负责辉县市城市基础设施的投资与建设、房地产项目投资开发经营以及政府引导项目的投资，主营业务包括基础设施建设、砂石资源销售、粮油销售和安保护卫等。公司的主体信用等级为AA，发行过多期企业债券和非公开发行公司债券等债券产品。

(三)主营业务情况

在转型之前，新乡国资集团的主营业务主要是以基础设施建设业务为主，在进行资产整合之后，主营业务范围拓展到化纤业务、工程施工业务、贸易业务和销售商品业务等。

1. 基础设施建设业务

新乡国资集团受新乡市政府委托，承担新乡市的保障性住房、道路、桥梁等市政基础设施项目建设，业务具有很强的区域专营性，属于城投公司传统业务。新乡国资集团基础设施建设业务由各子公司在特定区域内开展，业务模式以委托代建为主，也包括部分政府购买服务模式。

2. 化纤业务

新乡国资集团化纤业务由下属子公司新乡白鹭投资集团有限公司经营。白鹭集团定位为投资控股平台，围绕化纤行业进行上下游的投资并购，主要业务为化纤的生产销售。化纤业务的生产企业是在深交所挂牌上市的新乡化纤，主要产品包括氨纶纤维和生物质纤维素长丝(粘胶长丝)。新乡化纤是我国生产化纤纺织原料的大型一类企业,生产规模、经济效益在中国粘胶纤维行业中名列前茅,获得国家专利30多项,产品畅销国内外市场,产品注册商标为“白鹭”牌。

3. 工程施工业务

新乡国资集团工程施工业务主要由子公司新乡市市政工程处有限公司负责,其余子公司也开展零星工程施工业务。工程施工业务模式主要是工程总承包,中标后签署建筑工程施工合同,公司对所承接工程实行全流程管理,对工程质量、施工安全、资金结算等由该公司统筹安排并组织实施。工程施工业务的业务区域主要是在新乡市。新乡国资集团的子公司具备市政公用工程施工总承包资质、建筑工程施工总承包资质、建筑装修装饰工程专业承包资质和建筑幕墙工程专业承包资质等。

4. 贸易业务

新乡国资集团贸易业务主要由示范区投资子公司河南凤瑞物产有限公司运营,主要从事大宗产品贸易业务,贸易产品类型主要为煤炭和电解铜等,目前已覆盖陕西、浙江、山西、河南、江苏等大宗商品资源供应省份和需求省份。

5. 销售商品业务

新乡国资集团销售商品业务包括房地产销售、砂石建材销售、粮油销售、商砼销售、加油等。其中,房地产销售板块主要包括保障性住房(经济适用房、公租房及廉租房)和商品房开发。砂石销售业务主要由具备砂石资源开采、加工、销售资质的子公司辉县市三和砂石开发有限责任公司、辉县市豫辉矿业发展有限公司负责运营。

(四)产业转型分析

新乡国资集团的产业转型最关键的环节是在新乡市政府的支持下,对区域内重要产业资源和国有企业资源进行整合,打造“整合县域资源—做大市级平台—反哺县域发展”的闭环模式。新乡国资集团能够成功转型的前提是区域内有着优质的产业资源和市场化运营的实业企业,能够为城投公司的转型奠定坚实的产业基础。在现有产业资源的基础上,新乡国资集团可以充分开发上下游产业链,做大产业规模、做强产业体系,推动区域内产业经济的发展。

1. 整合区域内优质资源

在新乡市政府的支持下,新乡国资集团对全域600余家国资国企进行筛选,通过合并重组整合出一级子公司36家、二级子公司近400家,划入核心产业主体新乡化纤股份有限公司增加市场化营业收入,划入多家AA级国资公司壮大资产规模,划入其他国资公司进一步充实主营业务和资产规模。

2. 协同推动产业发展

新乡国资集团按照现代化产业体系发展要求，针对业务同质、资源分散问题进行战略性重组和专业化整合，根据企业属性及发展方向下设城市发展、金融控股、乡村振兴、交通水利、数智科技、医药化工、文化旅游、矿产建材八大业务板块。值得一提的是，化纤业务从根本上改变了新乡国资集团的资产结构、收入结构和利润结构，为公司可持续发展提供了稳定收益来源，在性质上将公司由城投公司转变为产业类公司。

二、三门峡投资集团

三门峡市投资集团有限公司（以下简称“三门峡投资集团”）是三门峡市重要的国有资产运营主体、重大项目建设主体、城市基础设施营运主体，主营业务包括金银精炼加工、城市基础设施建设及维护等。三门峡市矿产资源丰富，金、铝、煤是三大优势矿产，为三门峡投资集团开展金银精炼加工等业务提供了强有力的支撑。

（一）公司组建情况

1. 公司成立

2011 年 8 月 3 日，根据《三门峡市人民政府关于成立三门峡市投资集团有限公司的通知》（三政〔2011〕66 号），在三门峡市财经投资公司等公司的基础上，三门峡市财政局出资组建成立三门峡市投资集团有限公司，注册资本为 20 亿元。从成立至 2017 年，三门峡投资集团处于初步发展阶段，公司没有公开主体信用等级，也没有发行过信用债券。

2. 公司组建

（1）2017 年 6 月，根据《三门峡市人民政府关于三门峡市投资集团有限公司重组整合的通知》（三政〔2017〕27 号）、《三门峡市人民政府关于市投资集团变更出资人的批复》（三政文〔2017〕73 号），三门峡市人民政府批准将三门峡投资集团的出资人由三门峡市财政局变更为三门峡市国资委。

（2）2017 年 6 月，根据《三门峡市人民政府关于三门峡市投资集团有限公司重组整合的通知》，以资产及股权划拨整合的方式对三门峡市国有企业进行重整，具体方案如下：

①继续由三门峡投资集团控股三门峡市财经投资公司、三门峡市城市建设投资开发有限公司、三门峡市国土资源开发投资有限公司、三门峡市农发投资有限公司、三门峡市建设投资中心、三门峡市中小企业担保有限责任公司 6 家公司。

②三门峡市将三门峡市文博城管理处所属固定资产、三门峡市住房保障中心所属保障房资产、水资源管理处银山宾馆、三门峡市金渠集团有限公司100%股权、三门峡大鹏酒店有限公司100%股权、郑州天鹅城置业有限公司100%股权、三门峡市龙腾置业有限责任公司100%股权、三门峡路桥建设集团有限责任公司100%股权8家单位的股权或资产划入三门峡投资集团。

在正式组建之后，三门峡投资集团的综合实力有了大幅提升，并于2019年1月23日首次取得东方金诚的AA+主体信用评级。

(二)重要子公司情况

三门峡投资集团合并报表范围内一级子公司共有18家，主要涉及基础设施建设、路桥施工、房屋租赁、项目管理等多个领域。最近一年经审计的总资产、净资产或营业收入任一项指标占合并报表相关指标比例超过30%的重要子公司共2家。

1. 三门峡市城市建设集团有限公司

三门峡市城市建设集团有限公司成立于2021年12月29日，注册资本为100 000万元人民币，主营业务为基础设施项目代建和棚户区改造业务。

2. 三门峡金渠集团有限公司

三门峡金渠集团有限公司成立于1998年6月27日，注册资本为15 000万元人民币，主营业务为产品销售、金银精炼加工业务。

(三)主营业务情况

在转型之前，三门峡投资集团的主营业务以基础设施项目代建业务为主，城投属性较为明显。在资产整合之后，三门峡投资集团的主营业务范围拓展到金银精炼加工业务和产品销售业务等。

1. 基础设施项目代建业务

三门峡投资集团基础设施项目代建业务主要由子公司三门峡城投、渑池会盟和陕州财经作为项目实施主体，业务模式以委托代建为主，属于城投公司传统业务。基础设施项目代建业务的具体模式为：子公司负责项目资金的筹措、组织施工及竣工交付等，待项目完工并验收合格后，相关部门根据审定后的实际投资额确定回购价款，并在约定期限内向三门峡城投支付完毕，回购价款涵盖前期费用、征地拆迁补偿费、建筑成本、项目贷款利息及建设管理费等。

2. 金银精炼加工业务

三门峡投资集团金银精炼加工业务由下属三级子公司三门峡金渠金银精炼有限公司负责经营，主要以外购粗金为主，供给结算模式为现金支付，一般为当天付款或次日支付。三门峡投资集团通过外购粗金，经精炼厂精炼后销售标准金，主要利润来源为标准金与外购粗金差价以及精炼过程中所产生的银等副产品销售利润。2019年度三门峡投资集团新增黄金冶炼及精炼生产条线，期初运营成本较高；2021年度随着新增生产条线运营逐渐成熟，毛利率有所上升。

3. 产品销售业务

三门峡投资集团产品销售业务分为房产销售和其他产品销售。其中房产销售业务主要是住宅和商业综合体的建设、销售，由三级子公司三门峡龙腾置业有限责任公司、三门峡市好得置业有限责任公司和河南金渠置业有限公司负责。其他产品销售业务主要是包装材料销售、水泥销售、金矿石加工销售等，其他产品销售收入总体占比较低。

(四)产业转型分析

三门峡投资集团的产业转型模式与新乡国资集团类似，都是在对区域内国有企业和城投公司进行资产整合的基础上，充分发挥区域内的产业资源优势，开发上下游产业链。不过需要关注的是，三门峡投资集团的资产整合主要是针对地市级国有企业和城投公司，并未涉及太多区县级国企资源。

1. 整合区域内优质产业类企业

在三门峡市政府的支持下，三门峡投资集团整合区域内的河南金渠银通金属材料有限公司、三门峡金渠新材料有限公司和三门峡金渠金银精炼有限公司等优质产业类企业以及部分城投公司和国有企业，在增强公司综合实力的基础上，初步建立起产业类企业发展架构。

2. 激活产业发展新动能

三门峡在发展金属新材料产业方面有着一定的资源优势和产业技术优势，黄(黄金)、白(铝)、黑(煤炭)是全市三大优势矿产。在充分利用三门峡市优质资源禀赋的基础上，三门峡投资集团重点布局有色金属、能源等产业，依托黄金冶炼副产品阴极铜以及铝工业产业基础，推动铜基、铝基、镓基等新材料扩量提质发展，不断向产业链末端和价值链高端延伸，并引进了芯片等高端制造业，初步形成了以先进金属新材料为特色的战略性新兴产业集群。

三、青岛经控集团

青岛经济技术开发区投资控股集团有限公司(以下简称“青岛经控集团”)是青岛西海岸新区为贯彻落实中央、省、市关于深化国资国企改革工作部署而组建的区直属国有企业，承担着青岛经济技术开发区的开发、建设和运营职能，服务范围包括开发区转型发展区、王台新动能产业基地和古镇口核心区。青岛经控集团以区域开发建设为基础，按照“专业化、市场化、法治化”的要求，打造一流的“双招双引、金融投资、国际贸易、园区运营”平台。

（一）公司组建情况

1. 公司成立

2019 年 11 月 4 日，根据青岛西海岸新区国有资产管理局（以下简称“新区管理局”）《关于同意设立青岛经济技术开发区投资控股集团有限公司的批复》（青西新国资〔2019〕38 号），青岛经济技术开发区投资控股集团有限公司成立，注册资本为 50 亿元。

2. 公司组建

2020 年 5 月 27 日，根据《关于将经控集团 51％股权无偿划转至融控集团有关事宜的通知》（青西新国资〔2020〕8 号），新区管理局将其持有的青岛经济技术开发区投资控股集团有限公司 51％股权无偿划转至青岛西海岸新区融合控股集团有限公司（以下简称“青岛融控集团”），青岛融控集团以其持有的青岛军民融合发展集团有限公司（以下简称“军民融合集团”）97.62％股权出资注入青岛经控集团，此后持股比例变更为 100％。而在此之前的 2018 年，新区管理局已经将持有的青岛开发区投资建设集团有限公司（以下简称“青岛开投集团”）60％股权无偿划转至军民融合集团。

在完成组建之后，青岛经控集团于 2020 年 8 月 17 日取得联合资信的 AA＋主体信用评级。

（二）重要子公司情况

青岛经控集团最近一年经审计的总资产、净资产或营业收入任一项指标占合并报表相关指标比例超过 30％的重要子公司为青岛军民融合发展集团有限公司和青岛开发区投资建设集团有限公司。

1. 青岛军民融合发展集团有限公司

青岛军民融合发展集团有限公司是西海岸新区重要的基础设施投资及建设主体和国有资产运营主体，是支持黄岛区城市建设和经济发展的重要载体，主营业务板块包括工程业务、贸易业务、船舶建造业务和其他业务。公司的主体信用等级为 AA＋，发行过多期企业债券、中期票据、超短期融资券、小公募公司债券、非公开发行公司债券、PPN 和境外债券等债券产品。

2. 青岛开发区投资建设集团有限公司

青岛开发区投资建设集团有限公司是青岛西海岸新区重要的城市基础设施建设、国有资产经营管理和实体经营平台，主营业务板块包括工程业务和贸易业务。公司的主体信用等级为AA+，发行过多期非公开发行公司债券和境外债券等债券产品。

（三）主营业务情况

青岛经控集团是在多家成熟的城投公司和国有产业主体的基础上组建的，主营业务包括贸易业务、代建业务、工程施工业务、船舶建造业务和化工业务。

1. 贸易业务

青岛经控集团地处青岛西海岸新区，依托前湾港和政府政策支持优势，依靠自身良好的企业信誉和资金实力，大力发展贸易业务。青岛经控集团的贸易业务主要通过青岛开投资产管理有限公司（以下简称"开投资管"）、青岛开投国际贸易有限公司（以下简称"开投贸易"）、青岛开投供应链管理有限公司（以下简称"开投供应链"）以及华欧集团的子公司青岛正立信实业有限责任公司（以下简称"正立信实业"）运营。其中，开投资管主要经营钢材、水泥、木材、棉花等商品的国内贸易；开投贸易主要经营水泥、棉花、冷冻水产品、橡胶等进出口业务；开投供应链主要经营木材和钢材的进口贸易；正立信实业主要经营煤炭的销售业务。

2. 代建业务

青岛经控集团的工程代建业务主要由子公司融发集团和开投集团负责运营，主要包括基础设施代建和保障房代建业务，属于城投公司传统业务。其中，基础设施代建业务模式为各大功能区管委会或其他相关部门作为甲方，融发集团、开投集团作为乙方签署委托代建协议，融发集团、开投集团负责项目融资和建设，项目建成后移交给甲方，项目收益一般按照项目建设总成本的8%确认。保障房代建业务由子公司开投集团负责运营，主要包括黄岛区台子沟社区、殷家河片区等保障性住房项目的建设，采取自主开发模式，建设完成后移交新区管委会，并向新区管委会收取建设管理费。

3. 工程施工业务

青岛经控集团的工程施工业务主要由子公司青岛市华鲁公路工程有限公司负责，将公路施工相关业务收入计入工程施工业务收入。公路工程施工项目主要通过公开招投标和分包的方式获得，根据客户或者发包方的要求进行施工，按照完工百分比法确认收入与成本。公司工程施工上游业主方主要为央企下属分支单位及地方国有企业。

4. 船舶建造业务

青岛经控集团的船舶建造业务由下属子公司蓬莱中柏京鲁船业有限公司负责。京鲁船业主要采用招标、报价的方式进行采购，以集中采购的策略控制采购成本。在销售环节，京鲁船业采取自行接单、投标的定价方式，并采用电汇的结算方式和分段的结算模式。

5. 化工业务

青岛经控集团的化工业务由下属子公司胜华新材料集团股份有限公司（证券简称“石大胜华”，证券代码“603026. SH”）负责。胜华新材为上交所上市公司，是以基本有机化工产品的生产、销售为主的国家重点高新技术企业，产品有碳酸二甲酯、碳酸丙烯酯、碳酸乙烯酯、碳酸甲乙酯等碳酸酯类产品，以及六氟磷酸锂、电解液特种添加剂和 MTBE 等产品。胜华新材已成为国内外多家锂离子电池电解液生产厂家的高品质溶剂原料供应商。

（四）产业转型分析

青岛经控集团产业转型成功最重要的原因是区域优势地位明显、产业业务发达，贸易业务、化工业务、船舶建造业务是区域内优势产业且运营主体为国有企业，在地方政府的支持下能够整合区域内最优质的产业类企业并通过多种资本市场方式拓展业务领域。

1. 多途径整合优质产业资源

青岛经控集团结合当地重点发展的产业方向，通过企业并购、股权投资、混改、出资基金等方式，投向精细化工及新材料、高端装备制造、半导体行业等具有科技创新能力的企业。2022 年末，青岛经控集团下属子公司融发集团收购台海玛努尔核电设备股份有限公司（002366. SZ），布局核电设备销售；2023 年 2 月，对参股公司胜华新材料集团股份有限公司形成控制，实现增加有机化工产品的生产、销售业务。在产业投资领域，青岛经控集团目前股权投资在投项目 76 个，已投基金 18 只，控股 A 股上市企业 2 家，参股港股上市公司 1 家（天图投资）；培育拟上市公司 9 家，其中有 7 家已完成股改、1 家已提报科创板。2024 年 5 月 10 日，青岛经控集团子公司青岛开发区投资建设集团有限公司拟通过股份转让、表决权委托以及股份认购等形式收购西安瑞联新材料股份有限公司，收购完成后瑞联新材控股股东将变更为开投集团，实际控制人将变更为青岛西海岸新区国有资产管理局。

2. 以贸易业务带动转型升级

贸易业务是青岛经控集团收入占比最高的业务板块。虽然贸易业务的毛利率水平较低，但是青岛经控集团依托青岛的外向型经济和港口资源优势，重点开展煤炭贸易，以及钢材、水泥、木材、棉花等其他贸易，通过利用自身银行授信额度以较低的成本开立信用证或者以较低比例的保证金开立信用证，充分发挥公司的产业优势和资金优势，有效推动贸易业务的可持续发展。同时，青岛经控集团持续增加与共建"一带一路"国家的贸易往来，在30个国家的50个口岸城市布局海外仓，进一步提升货物周转效率、降低贸易成本。

四、河源国资公司

河源市国有资产经营有限公司（以下简称"河源国资公司"）是河源市重大投资运营平台，承担河源市重大产业投资、资产运营管理等基本职能，主营业务板块包括现代金融服务板块、矿业开发板块和文教旅体板块等几大产业板块。

（一）公司组建情况

1. 公司成立

根据河源市人民政府于2000年6月30日印发的《关于成立河源市国有资产经营有限公司的通知》（河府函〔2000〕99号），为加强对市属国有资产的管理，决定成立河源市国有资产经营有限公司。从成立至2016年，河源国资公司处于初步发展阶段，没有公开信用评级，也未发行信用债券产品。

2. 公司组建

自2016年以来，河源市通过划入桂山水电站股权、划入国有企业股权、注入资本金、划入厂房和土地等方式，不断提高河源国资公司的综合实力。

（1）2016年10月11日，河源市将河源市农副产品批发中心有限公司64.66%股权划入河源国资公司。

（2）2019年2月27日，河源市将河源市盛源资产经营有限公司100%股权划入河源国资公司。

（3）2021年4月25日，河源市将河源市铁发建设有限公司100%股权划入河源国资公司。

（4）2021年8月10日，河源市将河源市金叶发展有限公司65%股权划入河源国资公司。

（5）2021年11月23日，河源市将河源市保安服务有限公司100%股权划入河源国资公司。

在完成公司组建之后，河源国资公司于 2023 年 10 月 25 日取得中证鹏元 AA 主体信用评级。

（二）重要子公司情况

河源国资公司的资产规模和收入规模较小：截至 2023 年末，河源国资公司的资产总额为 77.85 亿元，负债总额为 45.40 亿元，所有者权益总额为 32.45 亿元；河源国资公司 2023 年共实现营业收入 0.97 亿元，利润总额－0.61 亿元，净利润－0.50 亿元。

河源国资公司的重要子公司包括河源华嘉实业有限公司、河源市农副产品批发中心有限公司（以下简称"农批公司"）、河源市盛源资产经营有限公司（以下简称"盛源公司"）和河源市金叶发展有限公司，均没有公开信用评级。

（三）主营业务情况

在进行转型之前，河源国资公司营业收入较为依赖传统城投业务，公司超过 90％的营业利润来自土地转让业务。在进行资产整合、产业转型之后，河源国资公司的主营业务拓展到租赁业务、房产销售业务和生态环保业务等。

1. 租赁业务

河源国资公司的租赁业务主要是由公司自身及其子公司农批公司、盛源公司和河源市金叶发展有限公司运营，主要经营的物业包括专业市场、厂房及门店、土地、商铺等，最主要的租赁项目是农批中心项目。农批中心项目是河源市国资委系统自主投资、资产规模较大、资产质量较好的重大民生项目，也是粤东北地区目前已建成的规模最大、配套最齐全的农批市场，还是河源市目前唯一一个广东省定点批发市场。

2. 房产销售业务

河源国资公司的房产销售业务主要是由子公司农批公司运营，农批公司具有二级房地产开发企业资质。农批中心项目建成后，前期通过销售部分综合交易区门店以及配套的安置点项目（安置小区）房产回笼资金，用于满足项目运营的资金需求。

3. 生态环保业务

河源国资公司的生态环保业务以河源市康源环保技术有限公司为主体，主要运营项目为河源市医疗废物处置设施项目和河源市热力发电厂项目。医疗废物处置设施项目采用"特许经营权＋使用者付费"方式，向全市医疗机构收取医疗废物收运、处置费用，医疗废物收运、处置业务已覆盖市内多家医疗机构。热力发电厂项目采用PPP模式，由公司作为河源市政府方出资代表与社会资本方深圳能源环保股份有限公司组建项目公司河源市深能绿源环保有限公司进行投资、建设及运营，收入来自上网售电费、垃圾焚烧处理服务费以及政府补贴。

(四)产业转型分析

首先需要说明的是，虽然河源市是地级市，但是目前只有河源市城市开发投资有限公司和河源市润业投资有限公司两家AA级城投公司（按照Wind资讯口径），城投公司数量偏少且无高评级城投公司。这一方面反映了河源市对于城投公司的依赖程度很低，另一方面也表明区域内有优质的待整合产业资源。河源国资公司的产业转型可以理解为“小而美”的产业转型典范，不追求资产规模大、营业收入高、主体评级高的资产整合，而是根据区域内已有的产业资源进行有步骤的整合，优化配置国有资源，放大国有资本功能，推动国有资产保值增值。

1. 产业类股权整合

为降低对城投公司传统业务的依赖，河源国资公司根据市政府的统一安排，先后并入河源华嘉实业有限公司、河源市金叶发展有限公司等主体，整合了市属优质租赁资源，在原有租赁业务的基础上进一步做大规模，同时提早布局建设重要民生类租赁项目如农批中心，为市场化转型奠定了坚实基础。除此之外，河源国资公司的产业类业务还包括河砂销售业务、酒类业务、企业管理服务业务和家政业务等。

2. 布局多元化产业板块

河源国资公司以综合性产业投资公司为定位，积极布局多元化产业板块：现代金融服务板块主要以盛源公司为主体，以粤和基金项目为抓手，充分发挥国有资产投融资功能；矿业开发板块以矿业公司为主体，着力开发矿业板块，围绕建筑石材资源进行集约、有序、绿色开发利用，推进系统整合河源砂石骨料产业；文化教育卫生体育旅游板块以客邑文旅公司为主体，目前该板块属于起步阶段，已建成中小学生综合实践基地并投入运营，正大力推进河源体育产业园及研学一卡通等项目。

五、杭州拱墅国投

杭州市拱墅区国有投资集团有限公司（以下简称“杭州拱墅国投”）的公司定位为拥有全球化视野、在国内具有一定影响力、省内领先的“投资＋实业＋生态链”产业投资平台，聚焦生命健康与数字经济两大赛道，承担放大国有资本效益、助推拱墅区产业升级、做大国有资产等职能。

(一)公司组建情况

1. 公司成立

杭州市拱墅区国有投资集团有限公司前身为2008年6月10日由杭州市下城区国有投资控股有限公司出资组建的杭州下城区创业投资有限公司。

2. 公司组建

(1)2017年2月9日,杭州市下城区政府印发《杭州市下城区人民政府关于组建杭州市下城区国有投资控股集团有限公司的通知》(下政发〔2017〕2号),在原杭州下城区创业投资有限公司基础上成立杭州市下城区国有投资控股集团有限公司(以下简称“下城区国投”)。

(2)2017年8月8日,杭州市下城区财政局印发《关于划拨国有股权的通知》(下财〔2017〕109号),下城区财政局无偿将杭州扬帆文化投资有限公司全部股权划转至下城区国投。

(3)2017年11月15日,杭州市下城区财政局印发《关于划拨国有股权的通知》(下财〔2017〕133号),下城区财政局无偿将杭州下城科技创业创新基金有限公司的国有控股股权划转至下城区国投。

(4)2019年8月31日,下城区国投与润达医疗的7名股东签署了《关于上海润达医疗科技股份有限公司之股份转让协议》及附件协议,转让完成后占润达医疗总股本的20.02%,合计持有27%的润达医疗股东大会表决权,成为润达医疗的控股股东。

(5)2021年4月9日,浙江省人民政府官网发布《浙江省人民政府关于调整杭州市部分行政区划的通知》,杭州市下城区和拱墅区合并设立为新的杭州市拱墅区。公司名称变更为杭州市拱墅区国有投资控股集团有限公司。

(6)2022年9月14日,为进一步提高拱墅区国企融合度、提高资源配置效率,根据杭州市拱墅区财政局下发的《关于无偿划转部分股权的通知》(拱财〔2022〕26号),公司原控股股东杭州市拱墅区财政局将持有的公司100%股权无偿划转至杭州市拱墅区国有资本控股集团有限公司(此公司因此成为杭州拱墅国投的新控股股东)。公司名称由杭州市拱墅区国有投资控股集团有限公司变更为杭州市拱墅区国有投资集团有限公司。

在收购完润达医疗之后,杭州拱墅国投于2020年1月3日取得上海新世纪的AA+主体信用评级。

(二)重要子公司情况

杭州拱墅国投纳入合并范围的子公司共计81家,其中一级子公司共7家。最近一年经审计的总资产、净资产或营业收入任一项指标占合并报表相关指标比例超过30%的重要子公司为上海润达医疗科技股份有限公司(股票简称:润达医疗,股票代码:603108.SH)。润达医疗基本情况及主营业务如下:

润达医疗成立于1999年1月6日,注册地位于上海市浦东新区向城路58号15楼D—I室,为国内医学实验室综合服务商,以大数据、智能互联等信息技术为支撑,为各类实验室(主要为医院的检验科,又称临床实验室,还包括第三方医学实验室、体检中心、疾控中心和血站等其他医疗单位的医学实验室)提供体外诊断产品、技术服务支持、实验室运营管理等全方位的综合服务。公司的主体信用等级为AA,发行过多期中期票据、非公开发行公司债券和可转换公司债券等债券产品。截至2023年末,润达医疗的资产总额为143.1亿元,负债总额为88.63亿元,所有者权益总额为54.47亿元;润达医疗2023年共实现营业收入91.47亿元,利润总额6.56亿元,净利润4.43亿元。

(三)主营业务情况

在进行转型之前,杭州拱墅国投的业务板块包含区块开发、安置房销售、安保服务和租赁物业服务等多个领域,安置房销售是公司最主要的收入来源,城投属性较为明显。在进行产业转型之后,杭州拱墅国投的主营业务拓展至医疗业务和基金投资业务等,医疗业务成为公司最重要的业务板块和最主要的收入来源。

1. 医疗业务

公司医疗业务目前的运营主体为上交所上市公司润达医疗。润达医疗作为医学实验室综合服务商,主要向各类医学实验室(主要为医院检验科)提供体外诊断产品及专业技术支持的综合服务:润达医疗提供的体外诊断产品供应体系基本覆盖了体外诊断领域的全部检验项目,涵盖了包括雅培、罗氏、OCD、西门子、梅里埃、希森美康、凯杰等全球领先品牌在内的几乎全部体外诊断产品主流品牌,也能为客户提供润达医疗以糖化血红蛋白分析系统、化学发光免疫分析系统以及生化试剂和第三方质控品为主的自有产品,能够全面满足医学实验室的各项需求。

2. 基金投资业务

杭州拱墅国投基金投资业务分为创新发展板块和产业发展板块,分别由杭州拱墅国投创新发展有限公司和杭州拱墅国投产业发展有限公司负责。创新发展板块承担市场化创新、文创领域投资职能,设有杭州拱墅产业投资基金有限公司、杭州原动力资产管理有限公司、杭州扬帆文化投资有限公司作为实施投资的具体平台；在具体经营模式方面，创新发展板块以认购基金份额、参与直接股权投资为主，暂无担任基金受托管理人的项目。产业发展板块由杭州拱墅国投产业发展有限公司实施，管理三家全资的政府性产业基金公司，其中产业基金公司为母基金，双创和扶持基金为子基金；在具体经营模式方面，产业发展板块以认购基金份额、参与直接股权投资为主，暂无担任基金受托管理人的项目。

3. 土地整理业务

杭州拱墅国投承担拱墅区土地整合指挥部确定的土地整理工作，业务范围主要涵盖征地、拆迁、规划治理等。拱墅区区政府根据相关规划，将相关片区委托给杭州拱墅国投进行土地整理，并根据地块的区位及历史交易价格因素约定土地整理项目的工程造价区间。土地整理项目完工后，由杭州市土储交易中心对整理完成的项目进行公开招拍挂。拱墅区财政局根据杭州拱墅国投核定的土地整理成本及相关成本加成向其支付项目工程对价，具体加成比例根据不同项目资质确定，最高不超过成本的15%。

(四)产业转型分析

杭州拱墅国投转型的最关键环节是通过收购上市公司拓展产业链，为产业化转型奠定基础，同时充分发挥投资业务优势，通过产业基金不断撬动优质、成熟、高成长项目以及上下游配套资源落地。杭州拱墅国投聚焦生物医药和数字经济两大重点投资方向，创新性地打造并践行了“产业＋投资＋园区”的运作模式，以投资引导培育产业、集聚产业、赋能产业、升级产业。

1. 收购优质上市公司

在区政府围绕医疗健康产业打造区域经济新增长点的大背景下，杭州拱墅国投收购优质医疗行业上市公司润达医疗的控制权，并以此为产业转型方向。在收购润达医疗之后，杭州拱墅国投聚焦医疗行业，不断寻求与润达医疗的有机协同，打造“凤栖谷”生命健康产业系列园区和“元洲”数字经济系列园区等主题空间，并成功引进了阿斯利康、浙江省医疗健康集团、厚无生物等行业龙头企业。

2. 重点拓展投资业务

杭州拱墅国投作为拱墅区从事产业基金、资产运营等的国有经营主体，投资板块包括创新发展和产业发展两大块。创新发展板块的投向为处于成长阶段、市场前景良好、已具有一定发展基础的新兴产业、创新型企业及重点拟上市企业；产业发展板块的投向为政府性产业基金。同时，杭州拱墅国投依托政策、空间、资金等多重资源优势，多方位赋能被投企业，旨在促进优质项目落地，充分发挥产业基金引导功能。

六、唐山控股集团

唐山控股发展集团股份有限公司（以下简称“唐山控股集团”）是唐山市政府的国有产融结合控股集团、唐山国际旅游岛区域（菩提岛、祥云岛和月岛）运营主体，已逐步发展成为以“大健康＋大数据＋新材料＋旅游业＋电子科技＋金融投资＋资产管理 AMC”为主业的产融结合的国有资本运营集团。

（一）公司组建情况

1. 公司成立

唐山控股集团前身为唐山湾国际旅游岛投资有限公司（以下简称“旅游岛投资”），是在 2010 年 7 月 2 日由唐山湾三岛旅游区旅游开发建设有限公司以货币出资 3 000 万元人民币组建的有限公司。

2. 公司组建

（1）2010 年 10 月 10 日，唐山湾三岛旅游区开发建设指挥部办公室将所辖菩提岛资产（评估价值为 71.176 845 亿元人民币）的使用权投资到旅游岛投资，海岛使用权的出资金额为 60.68 亿元。

（2）2011 年 4 月 5 日，唐山湾三岛旅游区旅游开发建设有限公司决定将其持有的旅游岛投资 100％股权，全部转让给唐山湾国际旅游岛国有资产管理办公室。根据唐山湾国际旅游岛开发建设指挥部于 2011 年 4 月 21 日印发的《关于收回唐山湾国际旅游岛投资有限公司股权划拨为唐山湾国际旅游岛国有资产管理办公室所有的通知》，唐山湾国际旅游岛国有资产管理办公室享有唐山湾国际旅游岛投资有限公司 100％股权，负责对其国有资产的运营和监督管理。

（3）2012 年 12 月 18 日，公司名称由“唐山湾国际旅游岛投资有限公司”变更为“唐山湾国际旅游岛投资集团有限公司”。

（4）2013 年 12 月 19 日，唐山市国资委出具《关于唐山湾国际旅游岛投资集团有限公司股权上划的复函》，同意将发行人 100％股权无偿划转至唐山市国资委。

（5）2014 年 6 月 3 日，公司名称由“唐山湾国际旅游岛投资集团有限公司”变更为“唐山金融控股集团有限公司”（以下简称“唐山金控集团”）。

在完成初步资产整合之后，唐山金控集团于 2015 年 5 月 27 日取得联合资信的 AA 主体信用评级。

(6)2018 年 11 月 4 日，唐山金控集团的全资子公司唐山金融控股集团产业孵化器有限公司与股权出让方签订《关于上海康达化工新材料股份有限公司之股份转让协议》，受让其持有的康达新材 62 700 000 股股份，占康达新材股份总数的 26%，成为康达新材的控股股东。

唐山金控集团于 2019 年 12 月 12 日取得远东资信的 AA+主体信用评级，并于 2020 年 8 月 13 日和 9 月 8 日分别取得中证鹏元和大公国际的 AA+主体信用评级。

(7)2022 年 7 月，唐山国控集团有限公司与唐山市国资委签订《企业国有产权无偿划转移交协议书》，根据《唐山市人民政府常务会议纪要》和《唐山国控集团有限公司组建方案》，唐山市国资委将其持有的唐山金控集团 98.48%股份以无偿划转的方式划入唐山国控集团有限公司。

(8)2023 年 3 月 30 日，公司名称由“唐山金融控股集团有限公司”变更为“唐山控股发展集团股份有限公司”。

(9)2024 年 2 月 20 日，唐山控股集团全资子公司唐山工业控股集团有限公司与股权出让方签订《关于常熟风范电力设备股份有限公司之股份转让协议》，受让其持有的 144 680 675 股风范股份，占风范股份总数的 12.67%，成为风范股份的控股股东。

(10)2024 年 7 月，唐山市人民政府将唐山国控集团有限公司所持唐山控股集团 98.48%国有股份无偿划转至唐山市国资委，公司的控股股东变更为唐山控股集团。

(二)重要子公司情况

最近一年经审计的总资产、净资产或营业收入任一项指标占合并报表相关指标比例超过 30%的重要子公司为康达新材料(集团)股份有限公司(股票简称：康达新材，股票代码：002669.SZ)。康达新材基本情况及主营业务如下：

康达新材成立于 1988 年 7 月 14 日，是主要从事结构胶粘剂的研发、生产和销售的科研产业实体，拥有改性丙烯酸酯胶、有机硅胶、环氧树脂胶、聚氨酯胶、PUR 热熔胶、SBS 胶等多种类型、百余种规格型号的产品，主要应用于风力发电、光伏太阳能、轨道交通、航空航天、海洋船舶工程、软包装复合、橡塑制品、建筑工程、家用电子电器、汽摩配件、电机、电梯、矿业设备、工业维修等多个领域。截至 2023 年末，康达新材的资产总额为 71.23 亿元，负债总额为 38.14 亿元，所有者权益总额为 33.09 亿元；2023 年共实现营业收入 27.93 亿元，利润总额 0.42 亿元，净利润 0.34 亿元。

(三)主营业务情况

在2018年完成收购上市公司康达新材后,唐山控股集团新增胶粘剂业务收入和电子产品服务业务收入,进而将康达新材的胶粘剂新增生产基地合理布局至唐山市,结合已有产业资源组建新材料产业园,形成产业集群。目前唐山控股集团的主营业务包括土地使用权转让业务、化工产品生产与销售业务、电子产品服务业务和海岛旅游业务。

1. 土地使用权转让业务

唐山控股集团土地使用权转让业务的运营主体为母公司,具体业务模式为:公司通过国土部门招拍挂获得唐山国际旅游岛区域内的土地,支付相应的土地出让金并取得土地证后计入公司存货;通过转让存货中的土地使用权,获取土地使用权转让业务收入,收入与成本之间的差额为该业务的利润。土地使用权转让业务为市场化经营业务,土地使用权转让价格由买卖双方按市场价格协商确定。唐山控股集团是唐山国际旅游岛区域内的重要运营主体,负责唐山国际旅游岛区域的商业、旅游、海洋经济类项目的土地开发经营,目前已获得充足的土地和海岛资源,业务发展具有可持续性。

2. 化工产品生产与销售业务

唐山控股集团化工产品生产与销售业务的运营主体为康达新材,化工产品收入包括胶粘剂类产品收入、复合材料收入和轮胎加工销售收入等。康达新材是一家包含胶粘剂与特种树脂新材料、电子信息材料和电子科技三大业务板块的高新技术企业,通过自主研发的内生性增长,打造"军工新材料+信息化"新平台。康达新材业务范围覆盖装备制造、新能源、轨道交通、航空航天、电子信息、国防军工以及低碳环保等产业。

3. 电子产品服务业务

唐山控股集团电子产品服务业务由康达新材的子公司成都必控科技有限责任公司(以下简称"成都必控")运营。成都必控主要从事电磁兼容设备、电磁兼容预测试系统及相关软件、电磁兼容加固产品以及电磁屏蔽材料的研发、生产与销售等业务,主要产品包括电磁兼容预测试系统、电磁兼容设备、滤波器、滤波组件、电源滤波模块、电磁屏蔽材料等。电子产品服务业务采用直销模式为军工企业、军工研究所提供"一条龙式"电磁兼容产品和服务,通过销售电磁兼容相关产品、提供电磁兼容解决方案和服务实现收入。

4. 海岛旅游业务

唐山控股集团海岛旅游业务收入为唐山国际旅游岛旅游资源的租赁收入。具体业务模式为：公司将菩提岛和三贝码头海域的使用权、经营权和收益权租赁给唐山湾国际旅游岛旅游发展有限公司，租期为20年（自2014年1月1日至2033年12月31日），每年收取租赁收入。租赁期间，唐山湾国际旅游岛旅游发展有限公司自主经营，享有租赁标的地产生的旅游收入，并自负盈亏。

（四）产业转型分析

唐山国控集团产业转型的关键环节是通过收购优质企业股权和上市公司股权，建立和发展完整的金融产业链条，力推产融结合，打造产融结合的国有资产运营主体。

1. 收购优质企业股权

为进行市场化业务转型，唐山控股集团首先在金融板块开展了转型探索，在2014年新增对唐山银行投资9.3亿元，随后逐步投资了唐山港集团、中原银行等上市公司，获得了较好的投资收益。金融股权和上市公司股权属于优质资产，不仅可以改善公司的资产结构、提升资产质量，还可以为公司融资提供优质的质押物，提高金融机构对公司的认可程度。

2. 收购上市公司股权

唐山控股集团在2018年11月并购康达新材，实现对该上市公司的实际控制，得以快速进入新材料领域，实现产业多元化，并投资"唐山丰南区康达化工新材料有限公司3万吨/年胶粘剂及上下游新材料项目"，该项目成为唐山市打造千亿级新材料产业集群的一个重量级项目。唐山控股集团在2024年2月收购国内输电线路铁塔龙头企业风范股份，进一步加强在高端装备制造和光伏行业的布局。

3. 布局产业发展

通过多年在全国的产业布局和技术积淀，唐山控股集团积极进行产业投资，已拥有8家专精特新企业，其中5家是国家级专精特新企业，成功进入国家"卡脖子"材料与技术相关领域，形成新材料、科技产业等多元化的产业布局，实现"1＋1＞2"的协同效应，形成新的产业链条，在提高自身综合实力、布局市场化产业转型的基础上进一步推动区域经济的发展，在福建南平、四川成都、河北唐山、天津等地建立园区，延伸产业链。

第十章 城投信仰与城投公司的未来

城投公司是一个群体，所以并不能只看个体城投公司的发展情况，不能因为部分城投公司的成功发展或者出现问题就对城投公司整体做出判断结论。城投公司的未来是所有城投公司都需要面对的一个问题。就像木桶理论一样，最短的一块木板决定木桶的水容量，而少数城投公司的发展情况在一定程度上可能会决定城投公司这个群体的未来。如果部分城投公司出现了问题，意味着整个城投公司的评价体系需要重新构建，会对城投公司的发展产生很大影响。

第一节 城投信仰

通过梳理城投公司的定义、发展阶段和主营业务等可以看出，城投公司的诞生、发展和壮大与地方政府的鼓励和支持存在着密不可分的关系，这也就使得无形之间，城投公司与地方政府建立了直接的、全方位的联系，进而产生了城投信仰。

城投信仰的概念实际上经历了一个逐渐变化的过程。城投信仰最早的概念包含银行贷款、信用债券、非标融资乃至商业票据等全部类型债务的刚性兑付，是一个全方位、立体化的城投信仰。但是受城投公司融资规模的不断增加、融资监管政策的趋严等多种因素的影响，部分城投公司已经出现了银行贷款展期/逾期、非标融资逾期、商票逾期等情况，使得城投信仰涵盖的范围不断缩小。目前城投信仰实际上只剩下城投公司信用债券的刚性兑付。如果未来城投公司信用债券也出现了逾期或者展期，那么城投信仰就会被完全打破，不复存在了。

一、城投信仰的来源

城投信仰最重要的来源就是城投公司与地方政府及其职能部门之间的紧密联系。这种紧密联系相当于地方政府及其职能部门为城投公司的信用进行了加持或者做了信用背书，使得城投公司与一般国有企业和实业国有企业之间有了明显的不同。

（一）城投公司的实际控制人

城投公司均是地方政府及其职能部门设立的，出资人或者实际控制人包括地方政府、国资委、财政局、交通局、住建局、文旅局、规划局、国土局、工业园区管委会、经济开发区管委会或者高新技术开发区管委会等。地方政府及其职能部门作为城投公司的实际控制人，会为城投公司的发展提供支持并协助城投公司解决发展中出现的问题。

（二）城投公司从事的业务

城投公司从事的基础设施建设、土地整理、保障房建设、公用事业运营、文化旅游开发等多种业务，均是来自地方政府及其下属部门的委托或者授权，收入和回款在很大程度上也依赖于地方政府及其职能部门。

（三）城投公司与地方政府之间的往来

城投公司与地方政府及其职能部门之间的往来一般都很多，主要包括各种往来款、拆借款、备用金等。这些往来款产生于城投公司与地方政府之间的业务或者非业务联系，是城投公司与地方政府之间关系密切的典型代表。

（四）地方政府对城投公司的支持

城投公司在诞生、发展、壮大的各个阶段都得到了地方政府在资产注入、财政补贴和税收优惠等各个方面的支持，在出现债务压力的时候也可以得到地方政府的支持，与地方政府之间有着密不可分的关系。

二、城投信仰并非牢不可破

从 2021 年以来多家城投公司披露的公告信息来看，部分城投公司的主营业务已经没有可持续性，融资难度大幅提升，而且已经有部分城投公司因为融资问题、担保问题等被列为失信被执行人。城投公司的发展遇到了前所未有的挑战。城投问题的本质就是债务问题，而债务问题的本质就是城投公司如何通过时间换空间，用发展的方式去化解存量债务。

但是需要特别关注的是,城投公司的有息债务规模已经非常大了,每年需要偿还的融资利息规模也很大,这在很大程度上已经占用了城投公司的利润。每年需要支付的有息债务本金和利息,又会限制城投公司发展和转型的空间,成为城投公司发展的沉重负担。所以债务问题是城投公司发展和转型中首先需要解决的问题,但同时又是最难解决的问题。尤其是在房地产行业低迷、地方财政收入受限的情况下,城投公司可能得到的地方政府支持会更加受限,这就让城投公司债务的解决难上加难。

笔者认为,城投公司的发展已经达到了一个转折点,最明显的标志就是全国各地城投公司之间的分化越来越明显:一方面部分地区的城投公司主营业务收入开始萎缩、非标融资产品逾期不断、负面事件不断增加;另一方面部分城投公司进行了市场化业务转型,通过资产整合实现了主体信用等级提升,债务融资成本不断降低。可以这样说,城投公司的转折点就是城投公司已经处于冰火两重天的态势,强者更强,弱者更弱。为什么城投公司之间的分化越来越明显会是城投公司的转折点呢?逻辑很简单,从城投公司诞生开始,城投公司之间就有差异、有强弱。只不过刚开始城投公司之间的差距并不算太大,属于正常的范畴。虽然有强有弱,但是各地城投公司均可以找到合适的主营业务和融资方式,能够保障公司的正常运营。此时城投公司之间的差距属于可接受的范畴,各种类型的城投公司均可以实现正常发展。但是在叠加多重负面因素的影响之后,城投公司之间的差距变得非常大,优质城投公司和弱势城投公司实际上已经是两个完全不同的群体。部分弱势城投公司可能已经走到了危险的边缘,不管是主营业务还是融资,随时都有可能出现问题。如果部分弱势城投公司出现债券违约或者破产重组,受到影响和冲击的将是整个城投公司群体,都会面临全新的挑战。所以笔者认为城投公司之间的分化越来越明显是城投公司的转折点。

(一)城投公司非标融资违约

从2019年开始,城投公司非标融资产品逾期(包括信托贷款、融资租赁、定融产品等的利息和本金逾期)数量和金额一直处于上升趋势。非标融资产品是城投公司的重要融资渠道,是维护城投公司业务正常运营的重要保障。虽然非标融资产品的融资成本较高,但是也具备审核周期短、资质要求低、资金使用灵活等特点,因此得到了各地城投公司的青睐,多数城投公司或多或少会有一些非标融资产品,尤其是在资金紧张的情况下,可以确保城投公司的正常运营以及债务能够按时兑付。

非标融资产品的逾期经历了一个变迁过程,从最早的融资租赁逾期到信托贷款逾期、融资租赁逾期、银行贷款逾期和商票逾期等，逾期产品的类型和金额都在增加。这个变迁也意味着部分城投公司的融资能力在变弱，从而导致金融机构对城投公司群体的信任程度在下降。各地陆续出现的城投公司非标融资产品逾期案例会提高金融机构的不良资产率，进而会提高金融机构项目审核标准和增信措施要求。部分金融机构已经对部分网红区域或者弱势区域的城投公司实施限制性措施，进一步增加了非标融资产品新增规模的难度，进而减少了部分城投公司通过非标产品进行融资的可行性。这就很可能形成一个负面循环，部分城投公司获取非标融资资金难度的提升，会进一步加剧部分城投公司的资金紧张情况，从而很有可能出现新的非标融资产品逾期。

虽然城投公司非标融资的规模已经很大，关于城投公司非标融资违约的统计口径也比较多，但是目前还没有一个专门的、权威的统计口径。因为非标融资产品的兑付信息是可以不公开的，很多违约的产品并没有公开信息，所以目前各种口径统计的违约数据肯定是小于实际发生的城投公司非标违约金额。尤其是定融产品，2020 年以来城投公司发行的规模较大，但是公开信息并被统计的并不多。本书分析的城投公司非标融资违约统计数据主要是来自企业预警通和 DM。

1. 2021 年城投公司非标违约情况

2021 年城投公司非标融资产品违约共计 54 只，涉及 32 家城投公司，违约金额超过 50 亿元。

从非标违约产品类型看，2021 年城投公司违约的非标产品中：26 只为信托产品（涉及 10 家信托公司）、14 只为融资租赁（涉及 12 家租赁公司）、8 只为券商资管计划、3 只为私募基金、3 只为定融产品。

从地域分布情况来看，涉及非标违约的 32 家城投公司分布在 9 个省份。其中，贵州省涉及的城投公司数量最多，为 17 家；云南省与河南省涉及的城投公司各有 4 家。从行政层级看，32 家涉及非标违约的城投公司中，26 家为区县级城投公司，占比达 81.25%；5 家为地市级城投公司，占比 15.63%；1 家为省级城投公司，占比 3.13%。

2. 2022 年城投公司非标违约情况

2022 年城投公司非标融资产品违约共计 34 只，涉及 29 家城投公司，违约金额超过 30 亿元。

从非标违约产品类型看，2022 年城投公司违约的非标产品中：14 只为信托产品（涉及 6 家信托公司）、10 只为融资租赁（涉及 5 家租赁公司）、7 只为定融产品、2 只为私募基金、1 只为券商资管计划。

从地域分布情况来看，涉及非标违约的 29 家城投公司分布在 11 个省份。其中，贵州省涉及的城投公司数量最多，为 14 家；甘肃省与陕西省涉及的城投公司各有 4 家。从行政层级看，29 家涉及非标违约的城投公司中，20 家为区县级城投公司，占比达 68.97%；8 家为地市级城投公司，占比 27.59%；1 家为省级城投公司，占比 3.45%。

3. 2023 年城投公司非标违约情况

2023 年城投公司非标融资产品违约共计 233 只，涉及 138 家城投公司，违约金额超过 100 亿元。

从非标违约产品类型看，2023 年城投公司违约的非标产品中：94 只为定融产品、65 只为信托产品、58 只为融资租赁、16 只为其他产品。

从地域分布情况来看，涉及非标违约的 138 家城投公司分布在 15 个省份。其中，山东省涉及的城投公司数量最多，为 50 家；贵州省涉及的城投公司有 38 家，云南省涉及的城投公司有 12 家。从行政层级看，138 家涉及非标违约的城投公司中，111 家为区县级城投公司，占比达 80.43%；27 家为地市级城投公司，占比 19.57%。

(二)城投债的技术性违约

虽然城投公司的非标融资产品违约已经很多，但是截至目前城投债依然保持了零违约的记录。不过城投债还是出现过部分技术性违约事件：

1. 07 宜城投债

安庆市城市建设投资发展(集团)有限公司于 2007 年 11 月 30 日发行了“2007 年安庆市城市建设投资发展(集团)有限公司公司债券”(债券简称“07 宜城投债”)，付息日为每年的 11 月 30 日。“07 宜城投债”本应该于 2009 年 11 月 30 日支付债券利息，但是实际支付时间为 2009 年 12 月 1 日，比预定兑付日期延迟了一天。

2. 14 新密财源债

新密财源城市开发建设有限公司于 2014 年 9 月 12 日发行了“2014 年新密财源城市开发建设有限公司公司债券”(债券简称“14 新密财源债”)，付息日为每年的 9 月 12 日。“14 新密财源债”本应该于 2017 年 9 月 12 日付息，实际支付日期是 2017 年 9 月 13 日，延迟了一天。

3. 17 兵团六师 SCP001

新疆生产建设兵团第六师国有资产经营有限责任公司于 2017 年 11 月 16 日发行了“新疆生产建设兵团第六师国有资产经营有限责任公司 2017 年度第一期超短

期融资券”(债券简称“17 兵团六师 SCP001”),债券到期日为 2018 年 8 月 13 日。新疆生产建设兵团第六师国有资产经营有限责任公司于 2018 年 8 月 13 日发布公告,“17 兵团六师 SCP001”未按期足额兑付债券本息。

2018 年 8 月 15 日上午,新疆生产建设兵团第六师国有资产经营有限责任公司发布公告,已经将“17 兵团六师 SCP001”的债券本息足额支付到上海清算所。

4. 16 呼和经开 PPN001

呼和浩特经济技术开发区投资开发集团有限责任公司于 2016 年 9 月 26 日发行了“呼和浩特经济技术开发区投资开发集团有限责任公司 2016 年第一期非公开定向债务融资工具”(债券简称“16 呼和经开 PPN001”),到期日为 2019 年 12 月 6 日。2019 年 12 月 6 日,上海清算所发布公告,明确未足额收到“16 呼和经开 PPN001”付息兑付资金。

根据公开信息,“16 呼和经开 PPN001”在经过一个周末的技术性违约之后,于 2019 年 12 月 9 日最终得以兑付。

5. 15 吉林铁投 PPN002

吉林市铁路投资开发有限公司于 2015 年 8 月 17 日发行了“吉林市铁路投资开发有限公司 2015 年度第二期非公开定向债务融资工具”(债券简称“15 吉林铁投 PPN002”),到期日为 2020 年 8 月 17 日。“15 吉林铁投 PPN002”于 2020 年 8 月 17 日 17 点前未完成资金划付,出现了技术性违约。2020 年 8 月 17 日晚上,发行人出具了《兑付资金已经足额划转的公告》,于 17 日 22 点 30 分完成了资金的划转工作。

6. 18 沈公用 PPN001

沈阳城市公用集团有限公司(以下简称“沈阳公用”,现已经更名为沈阳盛京能源发展集团有限公司)于 2018 年 8 月 10 日发行了“沈阳城市公用集团有限公司 2018 年度第一期非公开定向债务融资工具”(债券简称“18 沈公用 PPN001”),到期日为 2020 年 8 月 10 日。

沈阳公用于 2020 年 10 月 23 日收到沈阳市中级人民法院送达的《民事裁定书》,裁定受理债权人对公司的破产重整申请,并根据《中华人民共和国企业破产法》第四十六条:“未到期的债权,在破产申请受理时视为到期。附利息的债权自破产申请受理时起停止计息。”

根据《21 世纪经济报道》10 月 28 日晚间的报道,沈阳公用回应称“不能单独清偿个别债务"[①]。但是根据公开信息,2020 年 10 月 28 日"18 沈公用 PPN001"完成了本期债券本息的兑付工作。根据公开披露信息,沈阳中院于 2022 年 3 月 7 日裁定批准《沈阳盛京能源发展集团有限公司等十二家公司重整计划》。

7.19 兰州城投 PPN008

兰州市城市发展投资有限公司于 2019 年 8 月 28 日发行了"兰州市城市发展投资有限公司 2019 年度第八期定向债务融资工具"(债券简称"19 兰州城投 PPN008")。"19 兰州城投 PPN008"于 2022 年 8 月 29 日 17 点前未完成资金划付,出现了技术性违约。根据公开信息,发行人于 2022 年 8 月 29 日 20 点 55 分将兑付资金足额划转至上海清算所,完成了本期债券本息的兑付工作。

(三)城投公司评级负面数量增加

自 2021 年以来,城投公司的主体评级下调或者评级展望调整为负面的力度之大前所未有。这其中固然有城投公司融资难以及评级监管趋严的原因,但还有可能是评级公司对城投公司未来发展前景的一个判断或者认知。部分城投公司尤其是出现评级负面的城投公司需要在一定的时间内承受较大的资金偿付压力,因为可能没有新增融资资金进入。而如果在一定时间内出现债务逾期或者违约的情况,城投公司就会真的丧失融资能力,和信用债券市场无缘了,非标融资的难度也会大幅增加。

1. 2021 年共有 42 家城投公司出现了评级负面事项,其中包含 9 家 AA+级城投公司(统计的评级负面调整不包括中债隐含评级下调)。

2. 2022 年城投公司主体信用等级出现负面事项的案例有所下降,但是数量仍然较多。2022 年共有 35 家城投公司出现了评级负面事项,其中包含 3 家 AA+级城投公司。

3. 2023 年城投公司主体信用等级出现负面事项的案例继续下降,但是数量仍然较多。2023 年共有 29 家城投公司出现了评级负面事项,其中包含 1 家 AAA 级城投公司和 8 家 AA+级城投公司。

第二节　城投公司的未来发展方向

城投公司承担了一个城市基础设施建设、保障房建设、道路建设管理、园林绿化

---

① 资料来源:21 经济网,http://www.21jingji.com/article/20201028/herald/bae0d4122e3cffcb37476e8d3f646fbe.html

等各项职能，是城市基础设施最重要的建设和管理主体，为保障城市经济发展打好了坚实的物质基础。有了城投公司建设的基础设施作为保障，各行各业才能够快速健康发展，城市经济发展也就更有潜力。所以我们需要了解城投公司的使命，才能更好地明确城投公司的未来。

一、城投公司的使命与地位

（一）城投公司的使命

城投公司的爆发式发展起源于 2008 年，是为应对美国次贷危机特殊时期的特殊产物。城投公司承担起了各个地区基础设施建设的重任，通过银行贷款、信托贷款、融资租赁、信用债券等多种方式进行融资，为各地基建水平的提高做出了重大贡献。而各地基础设施建设水平的提高，是推动当地经济发展不可或缺的基础保障。

除了基础设施建设，城投公司还担负起了保障房建设、公用事业运营、文化旅游开发等多种职能。但城投公司承担的职能不限于此，主营业务范围和主营业务类型也在不断丰富。比如 2020 年新冠疫情暴发后，城投公司承担起了防疫物资采购、安置点建设、方舱医院建设等多种任务；又如 2021 年以来面对下行的房地产市场，城投公司担负起了房地产开发的职能，成为土地市场上重要的拿地者。在经济发展面临困难的时候，只有城投公司来承担这种历史性使命。而城投公司的使命依然存在，城投公司依然有一定的发展空间。

当然不可否认的是，城投公司在发展的过程中，也出现了很多的问题：比如部分城投公司的过度融资问题，导致债务压力很大；比如部分城投公司的非标逾期问题、被执行问题、失信被执行人问题；又如部分城投公司的高管或者从业人员在业务开展过程中产生的违法违规问题。而且从城投公司的现状来看，部分区域的城投公司出现破产重整的可能性还是很大的。城投公司需要改正这些问题，但是这些问题的出现，无法掩盖城投公司的作用。

（二）城投公司的地位

城投公司在一定程度上代表着一个区域的最高信用，代表着地区经济未来发展的潜力。从实践来看，一个区域的城投公司的质量和数量，与区域经济发展情况是成正比的。目前弱势城投公司或者网红城投公司所在区域，经济发展情况一般也不尽如人意；而地方经济发展一般，能够给予城投公司的支持也就较少，使得城投公司的存在感较低。经济发展情况较好，才有能力支持城投公司发展，能够形成互相支持、互相促进的良性循环。

从某种意义上来说，如果没有城投公司的存在，城市的基础设施水平就不会提升得如此之快。而为了进一步提高城镇化水平，还需要进行一定的市政基础设施建设，城市道路、园林、绿化、道路管网和污水处理设施等一系列市政基础设施工程的运营和维护，都离不开城投公司。所以可以肯定的是，城投公司在未来很长一段时间内都会存在并持续发展，而且是未来经济发展不可或缺的重要组成部分。

二、城投公司债务化解

在分析城投公司债务化解方式之前，首先要明确城投债务产生的原因。1994年分税制改革后，中央和地方财权与事权错配的状况日益严重，地方政府的财权难以匹配其所承担的事权，使地方政府不得不通过其他渠道进行融资。地方政府通过城投公司从各种渠道融资来为地方经济发展打好基础，使得地方隐性债务规模、城投公司债务规模不断增加。

根据财政部的数据，我国地方财政收入在总财政收入中的占比从 1979 年的 79.82%下降到了 2023 年的 54.07%（见图 10－1），但是地方财政支出在总财政支出中的占比却从 1979 年的 48.90%提升至 2023 年的 86.08%（见图 10－2）。从公开数据可以看出，地方财政收入占比一直在下降，但是财政支出占比却在不断提高，地方政府面临很大的财政压力，因此地方政府只能通过其他渠道融资来解决现有财政体制下的财政收支缺口。

需要说明的是，目前并没有专门针对城投公司债务化解的公开监管文件，各个监管文件中提到的是地方政府债务风险。从实践来看，城投公司债务是地方政府债务的一部分，具体形式包括显性债务和隐性债务。目前已经有多个监管文件或者监管政策针对地方债务风险化解，也可以理解为对城投公司未来债务化解的参考方式。

（一）化债方向

城投公司的债务化解可以从 2023 年部分金融工作会议和金融访谈的精神来判断未来方向和化债思路：

1. 中共中央政治局于 2023 年 7 月 24 日召开会议，分析研究当前经济形势和经济工作①，明确提出“要有效防范化解地方债务风险，制定实施一揽子化债方案”。这是针对地方债务风险化解首次提出“一揽子化债方案”，是对地方债务风险化解的方

① 资料来源：国务院网站，https://www.gov.cn/yaowen/liebiao/202307/content_6893950.htm

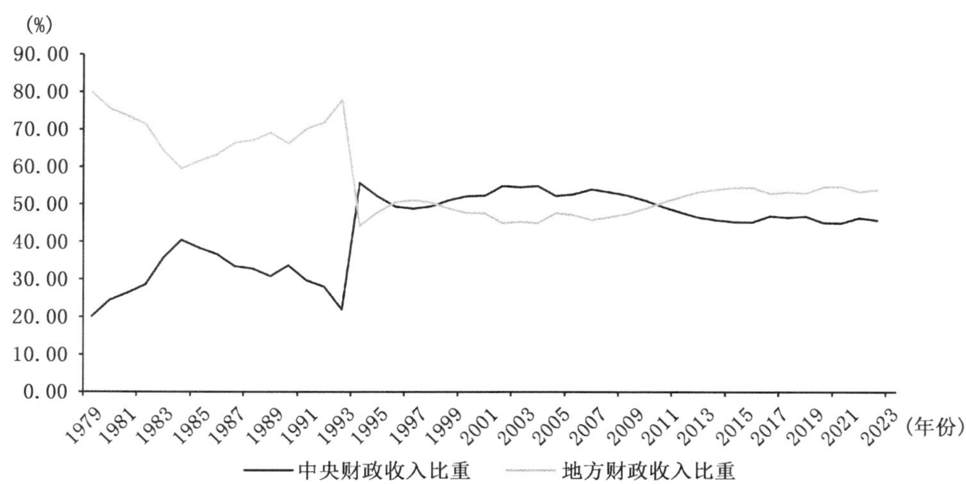

资料来源:根据财政部公布数据整理

图 10—1　中央和地方财政收入比重变化

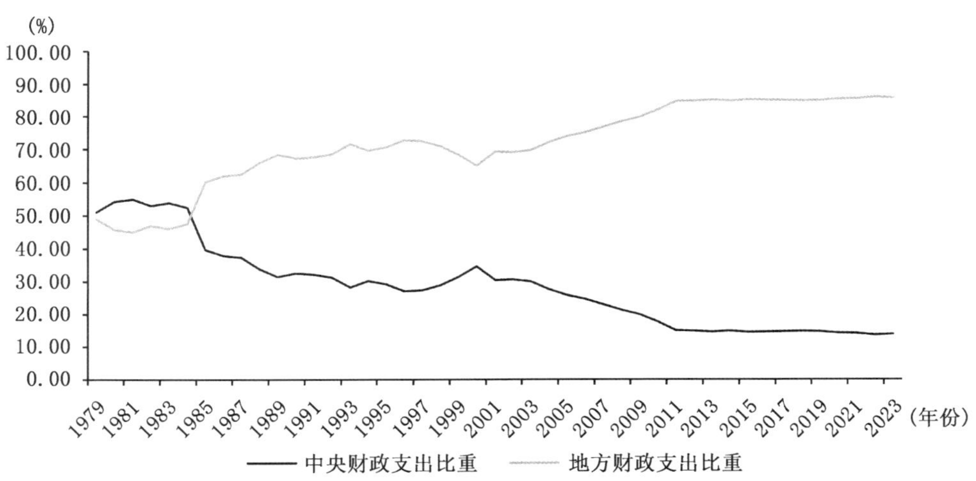

资料来源:根据财政部公布数据整理

图 10—2　中央和地方财政支出比重变化

向性大纲。

2. 中国人民银行、国家外汇管理局于 2023 年 8 月 1 日召开 2023 年下半年工作会议[①]，明确提出统筹协调金融支持地方债务风险化解工作，进一步完善金融风险监测、评估与防控体系，继续推动重点地区和机构风险处置，丰富防范化解系统性风险的工具和手段，牢牢守住不发生系统性金融风险的底线。只有金融支持才能够实现地方债务风险化解，这是最基本的化解手段和方式。

3. 2023 年 8 月 28 日在第十四届全国人民代表大会常务委员会第五次会议上公布的《国务院关于今年以来预算执行情况的报告》[②]，明确提出防范化解地方政府债务风险，制定实施一揽子化债方案。这是对于一揽子化债方案的进一步确认，不过报告中没有明确一揽子化债方案的具体内容和方式。

4. 中国人民银行、金融监管总局和中国证监会于 2023 年 11 月 17 日联合召开金融机构座谈会[③]，重点工作中提到了融资平台债务风险化解事项，明确提出金融机构要配合地方政府稳妥化解存量债务、严格控制新增债务，确保金融支持地方债务风险化解工作落实落细。金融机构要与融资平台开展平等协商，通过展期、借新还旧、置换等方式，合理降低债务成本、优化期限结构。

5. 新华社官网于 2023 年 12 月 2 日披露《权威访谈丨以金融高质量发展服务中国式现代化——中国人民银行党委书记、行长潘功胜接受新华社记者专访》[④]，针对防范化解地方政府债务风险事项，潘功胜提出中国人民银行将会同有关部门指导金融机构按照依法合规、平等协商的原则，稳妥化解地方政府存量债务风险，严格控制新增债务，健全债务风险防范长效机制，必要时对债务负担相对较重地区提供应急流动性支持。支持地方政府通过并购重组、注入资产等方式，逐步剥离融资平台政府融资功能，转型为市场化企业。

6. 2024 年 3 月 5 日，《2024 年国务院政府工作报告》[⑤]中明确提出“统筹好地方债务风险化解和稳定发展，进一步落实一揽子化债方案，妥善化解存量债务风险、严防新增债务风险。建立同高质量发展相适应的政府债务管理机制，完善全口径地方债务监测监管体系，分类推进地方融资平台转型”。根据公开披露的信息，一揽子化债方案会有更加明确、详细的后续措施。

---

① 资料来源：国家外汇管理局网站，http://www.safe.gov.cn/safe/2023/0801/23016.html

② 资料来源：中国人大网，http://www.npc.gov.cn/npc/c2/c30834/202309/t20230901_431394.html

③ 资料来源：中国人民银行网站，http://www.pbc.gov.cn/goutongjiaoliu/113456/113469/5138967/index.html

④ 资料来源：新华网，http://www.news.cn/2023-12/02/c_1130005591.htm

⑤ 资料来源：国务院网站，https://www.gov.cn/gongbao/2024/issue_11246/202403/content_6941846.html

7. 中共中央政治局于2024年7月30日召开会议，分析研究当前经济形势和经济工作，明确提出“要完善和落实地方一揽子化债方案，创造条件加快化解地方融资平台债务风险”①。这表明未来监管机构针对城投公司化债会制订更加细化的解决方案。

（二）化债方式

首先需要说明的是，目前监管机构对于地方政府债务和城投公司债务的管控基本原则是“稳妥化解融资平台存量债务风险，严格控制新增债务”。这里的严格控制新增债务并不是单指信用债券，应该是适用于所有类型的债务（包括但不限于银行贷款、信托贷款、融资租赁和定融产品等），意味着未来城投公司新增债务规模的难度会有所提升。当然严格控制新增并不是不能新增，对于符合监管要求的新增债务还是支持的。

根据上述会议精神和各个监管机构债务化解文件，笔者认为城投公司债务的化解方式包括如下内容：

1. 一揽子化债方案

目前各种金融会议和监管文件中并没有关于一揽子化债方案内容或者范围的明确信息，笔者认为一揽子化债方案可能包括特殊再融资债券、银行贷款债务重组、非标债务重组、人民银行应急流动性支持（SPV）等多种债务化解方式，是一个综合性的债务化解方案，不同地区会根据债务情况采取不同的化债方案，而且内涵和范围可能会随着债务化解进度进一步丰富。

其中，需要说明的是人民银行应急流动性支持（SPV）。虽然人民银行表示将会在必要时对债务负担相对较重地区提供应急流动性支持，但是这种应急流动性支持应该不会是一种常态性措施，而是针对个别债务负担很重的地区采取的应急措施。从公开新闻报道来看，广西是首个获得人民银行SPV的地区，具体方式是应急流动性贷款。②

2. 化债职责划分

从地方政府债务化解的职责划分来看，化债需要严格落实“省负总责，地方各级党委和政府各负其责”的要求，意味着省级政府是地方债务化解的总负责人。而中央财政积极支持地方做好隐性债务风险化解工作，督促地方统筹各类资金、资产、资

---

① 资料来源：新华网，http://www.news.cn/politics/leaders/20240730/4c72f3d27e54447f9793c20d1d577ec2/c.html

② 资料来源：财联社网站，https://www.cls.cn/detail/1637775

源和各类支持性政策措施，也就是说，中央财政只是发挥协调作用，并不会对地方政府债务进行兜底。紧盯市县加大工作力度，意味着各个县市是地方政府债务化解的直接责任人。

3. 具体化债方式

根据中国人民银行、金融监管总局和中国证监会于2023年11月17日联合召开的金融机构座谈会，地方政府债务和城投公司债务化解的具体方式是“展期、借新还旧、置换”①。展期是直接将原有债务的期限进行延长；借新还旧则是通过新债务偿还到期债务，常见于信用债券和银行贷款；置换则是用一种债务偿还另一种债务，比如用银行贷款偿还非标债务。这三种债务化解方式理论上是可以同时对一个城投公司的不同债务类型进行使用的，而且化债方式可能会进一步丰富。在制订具体化债方案时，金融机构与城投公司开展平等协商。“平等协商”意味着需要城投公司与金融机构根据具体债务的要素进行平等沟通，根据各个区域、各个城投公司的债务形成原因、债务规模、利率水平和城投公司还款能力等要素来确定最终债务化解方案。

4. 化债目标

城投公司存量债务化解的基本目标是“合理降低债务成本、优化期限结构”。降低债务成本可以降低城投公司的整体偿还规模，优化期限结构可以平滑城投公司每年的债务偿还数量，最终都可以实现化解城投公司存量债务、降低城投公司债务风险的目标。只不过什么是合理降低、什么是优化期限结构，有待进一步明确。同时，债务化解肯定不是针对城投公司所有的债务，应该是针对部分地区、部分城投公司的部分债务。

城投公司存量债务化解的最终目标是“转型为市场化企业”。地方政府通过并购重组、注入资产等方式，逐步剥离城投公司的融资功能，根据区域的产业发展禀赋，拓展适合公司自身发展特点的产业方向，使其逐渐转型为具备市场化竞争能力的产业化、市场化企业。

三、城投公司的未来

城投公司的未来会是什么样，这是一个复杂的问题。笔者认为，城投公司作为一个特殊时期的产物，会长期存在下去，但是随着经济的发展和监管政策的更新，必

① 资料来源：中国人民银行网站，http://www.pbc.gov.cn/goutongjiaoliu/113456/113469/5138967/index.html

然会有部分城投公司消失。城投稳、经济兴，这是地方经济发展的一个潜在逻辑。城投公司是保障地方经济稳定和发展的重要手段，能够为区域发展提供基础保障。因此我们要相信城投公司的力量，这也是对未来经济发展的一大期待。未来发展方向需要能够为城投公司带来稳定的收入和现金流，笔者认为包括如下几个：

（一）基础设施建设方向

基础设施建设方向定位于城投公司所在区域的重大基础设施项目建设、运营、管理，是城投公司本源性的核心业务。对于城投公司来说，需要积极主动承担区域内重大基础设施及功能配套建设，落实市政建设管理职能，提升城投公司在区域内的投资建设主体地位，为城市经济发展做好基础设施保障。同时，城投公司可以根据区域特点，充分发挥资金、建设、运营和人才等方面的优势，在承担基础设施建设项目的同时，将公司业务延伸到基础设施项目的上下游产业链，拓展市场化业务范畴。

虽然国内城镇化建设水平已经达到了较高的水平，但是部分区域的基础设施建设仍有待进一步提升与完善，而这些投资建设任务都需要城投公司来承担。基础设施建设事关老百姓的切身利益，需要做长期运营和维护。城投公司作为深耕地方区域、承担公益性职能的重要国有企业，很适合做基础设施建设项目的长期运营管理，通过开展基础设施建设业务，可以优化区域综合环境，提升基础服务功能。

"三大工程"中的"平急两用"公共基础设施建设即属于这个方向。"平急两用"设施的"平"时用途大多与传统公共基础设施相近，"急"时则可满足洪灾、地震、疫情、火灾等紧急情况发生后的临时安置、应急隔离、物资保障等需求。城投公司可以积极参与区域内的"平急两用"公共基础设施建设，这样不仅可以有效补齐超大特大城市应急能力建设短板，同时还能提升城市文旅、物流、居住等品质，推进城市高质量发展。与此同时，城投公司在开展"平急两用"公共基础设施建设时，要注重统筹新建增量与盘活存量，积极盘活城市低效和闲置资源，依法依规、因地制宜、按需新建相关设施。

（二）城市更新方向

城市更新方向定位于城投公司通过市场化投资运作手段参与区域内城市更新项目，探索一级土地整理及收储模式，通过一二级联动带动土地二级市场开发，完善城市内的区域空间布局。城投公司开展的城市更新业务包括居住类城市更新、产业类城市更新、基础设施类城市更新、公共空间类城市更新和区域综合性城市更新等内容。城投公司在城市更新方向开展业务时，需要特别关注城市更新项目的合规性、收益性和持续性等要素。

城投公司通过开展城市更新业务，可以协助参与统筹城市规划建设管理，推动城市空间结构优化和品质提升，同时还可以为公司带来稳定的经营收入。另外，城投公司开展城市更新业务需要由“开发方式”向“经营模式”转变，探索地方政府引导、市场化运作、公众参与的城市更新可持续模式。

（三）棚改保障安居方向

棚改保障安居方向定位于城投公司开展棚户区改造、保障房建设、保障房租赁运营等业务，改善区域内群众的居住条件，兼顾完善城市功能、改善城市环境。通过开展棚改保障安居业务，城投公司可以充分发挥保障性作用，在区域内高质量、高标准推进保障性住房建设，进一步提升保障性住房的管理水平，增强人民群众满意度。在完成地方政府安排的棚改保障安居任务的前提下，城投公司开展业务时需要提升市场化运作的水平，提高业务的建设水平和运营水平，通过市场化方式参与业务的上下游产业链，提高棚改保障安居业务的盈利水平和盈利能力，并提升区域内的保障安居水平。

“三大工程”中有两大工程是与棚改保障安居方向相关的，分别是规划建设保障性住房和积极推动城中村改造，这是城投公司需要重点关注的业务发展方向。

1.《关于规划建设保障性住房的指导意见》在2023年8月25日召开的国务院常务会议上审议通过，明确加大保障性住房建设和供给，让工薪收入群体逐步实现居者有其屋。规划建设保障性住房应按照工薪收入群体可负担、项目资金可平衡、发展可持续的原则，由城市人民政府按划拨方式供地和负责建设配套设施。城投公司可以采取市场化方式运作保障性住房，按保本微利原则进行配售，实现持续的主营业务收入。

2.《关于在超大特大城市积极稳步推进城中村改造的指导意见》在2023年7月21日召开的国务院常务会议上审议通过。城投公司一方面可以通过参与城中村拆迁改造，在优化城市空间布局的前提下获得委托代建业务收入；另一方面可以将城中村整治提升与保障性租赁住房筹集相结合，收储筹集城中村住宅用作保障性租赁住房并长期租赁，在解决部分市民住房困难的同时获得稳定的租金收入。另外，城投公司应该配合地方政府在摸清城中村产业情况的基础上，对需要搬迁的产业做好先行搬迁，安排好产业转移承接园区，有序疏解在城中村集聚的产业。

（四）公用事业方向

公用事业方向定位于城投公司开展供热、供气、供水、排水、污水处理等业务，重点是保障城市的公用事业稳定运营。公用事业业务具备很强的公益性，是城市日常运营的重要保障，其一般会有一定的财政补贴，对于城投公司来说是较为稳定的业务类型。在开展传统公用事业业务的同时，城投公司还可以积极开展新能源产业，在保障能源安全的前提下实现市场化业务的发展。城投公司可以通过建立完善能源生产供应网络和储存设施，构建安全有韧性的城市能源系统，促进传统能源产业与新能源产业的协同发展。

（五）房地产开发方向

房地产开发方向主要是定位于区域内市场化的住宅地产、商业地产、康养地产、工业地产等。城投公司开展房地产业务，具备成本优势、业务优势、融资优势和沟通优势，相较其他主体具备一定的优势。尤其是产业地产业务，城投公司可以参与产业开发类项目投资，提升项目招商策划及运营管理水平，提供优质产业载体与配套服务，助力城市产业发展。但是，城投公司开展房地产业务要根据自身情况适度进行，谨防踏入房地产业务陷阱。

（六）类金融方向

类金融方向定位于融资租赁、商业保理、小贷公司、担保公司、资产管理、私募基金等业务，可以提升城投公司通过类金融业务服务城市建设属性，为城市基础设施建设产业链上下游提供金融支持。城投公司可以在控制风险的前提下推动类金融业务的多元化发展，完善债权类和股权类业务布局。

除了类金融业务，目前已经有城投公司控股和参股了证券公司、信托公司、城商行、农商行等金融机构。比如，宁波开发投资集团有限公司设立并控股了甬兴证券有限公司；广西投资集团有限公司控股了国海证券股份有限公司；常州投资集团有限公司参股了东海证券股份有限公司；青岛全球财富中心开发建设有限公司参股了联储证券股份有限公司；云南省投资控股集团有限公司参股了红塔证券股份有限公司；南京市交通建设投资控股（集团）有限责任公司参股了南京证券股份有限公司。再如：河南投资集团有限公司控股了中原信托股份有限公司；天津泰达投资控股有限公司控股了北方国际信托股份有限公司。

（七）资本市场方向

资本市场方向定位于收购上市公司、孵化 IPO 项目、参与上市公司定向增发、设立股权投资基金等，通过拓展资本市场业务为城投公司提供新的市场化收入。因为资本市场业务的风险较大，因此城投公司开展资本市场业务必须谨慎，以风险把控为第一前提。当然资本市场业务必然有风险，不可能完全规避风险，只能是最大限度控制风险。目前国内已经有多家城投公司收购了上市公司或者参与定向增发等。

资本市场业务需要有专业化、市场化的人才,在把控风险的前提下选择合适的资本市场运作方向。

(八)科技创新方向

科技创新方向定位于发挥城投公司的信用优势、资金优势等,通过股权、债权等方式支持区域内科技创新企业发展,进而推动地方产业结构优化升级。对于具备条件的城投公司来说,可以设立创业投资公司或者产业基金,控股或参股节能环保、新兴信息产业、生物产业、新能源、新能源汽车、高端装备制造业、生物技术与新医药等新兴产业项目。城投公司通过积极支持地区科技型中小企业发展,可以有效促进企业自主创新,为科技型中小企业创造良好的融资环境,促进地区科技型中小企业健康发展。从目前城投公司公开的资料来看,江苏、浙江、广东等地的城投公司已经走在了前列,多家城投公司已经积极布局科技创新方向,发展市场化业务。

(九)混合所有制改革方向

混合所有制改革方向定位于城投公司将部分子公司或者孙公司通过引入战略投资者的方式进行混合所有制改革,盘活经营性资产,提高公司的整体经营能力。城投公司通过实现推动体制革新升级、提升经营管理水平、拓宽经营领域、优化资本结构等目标增强自身综合竞争力,为城投公司市场化转型发展提供推动力。当然,出于制度监管、管理体系、资产结构、负债压力、盈利能力、员工身份等原因,混合所有制改革难度较大,目前国内城投公司实现混合所有制改革的案例并不算多(见表10—1)。

表10—1　　城投公司混合所有制改革案例

时间	城投公司名称	实施主体	混改主体层级	引入对象	混改方式	混改时持股比例	最新持股比例
2014.01	上海城投(集团)有限公司	上海城投控股股份有限公司	二级子公司	弘毅(上海)股权投资基金中心(有限合伙)	股权转让	10%	6.35%
2018.02	杭州市城市建设投资集团有限公司	杭州热电集团股份有限公司	二级子公司	浙江华视投资管理有限公司	增资扩股	5%	4.5%
2018.12	哈尔滨城市发展投资集团有限公司	哈尔滨市城投物业管理有限公司	二级子公司	哈尔滨幸福时代物业服务有限公司	股权转让	60%	41%
2019.01	河南交通投资集团有限公司	河南省公路工程局集团有限公司	二级子公司	绿地城市投资集团有限公司	股权转让	70%	51%

续表

时间	城投公司名称	实施主体	混改主体层级	引入对象	混改方式	混改时持股比例	最新持股比例
2019.04	漯河市城市投资控股集团有限公司	漯河市惠达物业管理有限公司	二级子公司	索克科技服务股份有限公司	股权转让	60%	60%

资料来源：根据公开材料整理

（十）两地城投公司合作方向

两地城投公司合作方向定位于异地的城投公司实现业务合作、优势互补，提升两地城投公司的综合竞争力。城投公司的业务范围一般有着较为明确的区域限制，除了投资类业务，跨区域开展的业务较少。两地城投公司进行合作，可以互相借鉴成功发展经验，提供资金、人才或者技术支持，实现两地城投公司的携手共进。

目前国内已经有两地合作成立的城投公司了——深圳市深汕特别合作区城市建设投资发展有限公司（以下简称“深汕建投”）。深汕建投成立于 2017 年 12 月 20 日，注册资本 18.5 亿元，深圳市深汕特别合作区发展改革和财政局持有公司 100% 股权，主体信用等级为 AA。深汕特别合作区隶属广东省汕尾市海丰县行政区域，由深圳市主导建设管理，是中国首个特别合作区。因此深汕建投可以理解为深圳市和汕尾市两地合作的城投公司。深汕建投的经营范围包括：基础设施投资、建设和经营；城市建设综合开发；产业园区开发建设、运营管理；土地开发；保障房、安居房等房地产项目的开发、销售、运营管理和综合服务；停车场经营管理等。

除深汕建投外，国内其他地区也有两地城投公司开展合作的案例：

1. 哈尔滨市城市建设投资集团有限公司与杭州市城市建设投资集团有限公司联合设立产业基金，重点围绕新能源、智慧城市、高端装备、新材料等战略性新兴产业进行投资。两家城投公司在共同关注的领域深入开展全方位、多维度的合作，努力成为国企强强联手共创未来的新典范，承担起国企的历史使命和社会责任，加速推动城市现代化建设再上新台阶、展现出新面貌。

2. 龙岩城市发展集团有限公司与广州市城市建设投资集团有限公司明确成立 10 亿元广州—龙岩对口合作基金，围绕双方产业合作具有协同效应的领域重点发展产业，积极促成相关科技成果转化，落实跨地区的投资引导合作。需要注意的是，此次合作是为了贯彻落实《闽西革命老区高质量发展示范区建设方案》和《广州市与龙岩市对口合作实施方案》。

参考文献

[1]胡恒松,曹玉屏,苑德江.城投公司实操手册[M].上海:上海财经大学出版社,2023.

[2]胡恒松,王宪明,马燕,罗强.中国地方政府投融资平台转型发展研究 2023[M].北京:经济管理出版社,2017.

[3]李奇霖,王言峰,李云霏.城投再来:地方融资平台如何转型[M].北京:华夏出版社,2017.

[4]周沅帆.城投债:中国式市政债券[M].北京:中信出版社,2010.

[5]毛捷,刘潘,吕冰洋.地方公共债务增长的制度基础——兼顾财政和金融的视角[J].中国社会科学,2019(9):45—67,205.

[6]李桂君,田宗博,白彦锋.财政分权与金融分权的协同性及其对地方政府举债行为的影响研究[J].财政研究,2022(2):91—105.

[7]楼继伟.面向 2035 的财政改革与发展[J].财政研究,2021(1):3—9.

[8]程宇丹,龚六堂.财政分权下的政府债务与经济增长[J].世界经济,2015(11):3—28.

[9]钟辉勇,陆铭.财政转移支付如何影响了地方政府债务?[J].金融研究,2015(9):1—16.

[10]郭庆旺,贾俊雪.地方政府间策略互动行为、财政支出竞争与地区经济增长[J].管理世界,2009(10):17—27,187.

[11]范剑勇,莫家伟.地方债务、土地市场与地区工业增长[J].经济研究,2014(1):41—55.

[12]张莉,年永威,刘京军.土地市场波动与地方债——以城投债为例[J].经济学(季刊),2018(3):1103—1126.

[13]司海平,刘小鸽,范玉波.地方债务发行与产业结构效应[J].经济评论,2017(1):15—27.

[14]梁若冰，王群群. 地方债管理体制改革与企业融资困境缓解[J]. 经济研究，2021(4)：60—76.

[15]袁航，朱承亮. 国家高新区推动了中国产业结构转型升级吗[J]. 中国工业经济，2018(8)：60—77.

[16]郭琳，樊丽明. 地方政府债务风险分析[J]. 财政研究，2001(5)：64—68.

[17]马海涛，吕强. 我国地方政府债务风险问题研究[J]. 财贸经济，2004(2)：12—17.

[18]韩增华. 中国地方政府债务风险的预算管理与分权体制完善[J]. 经济体制改革，2011(4)：142—145.

[19]贾康，刘微，张立承，石英华，孙洁. 我国地方政府债务风险和对策[J]. 经济研究参考，2010(14)：2—28.

[20]巴曙松. 地方债务问题应当如何化解[J]. 西南金融，2011(10)：4—6.

[21]贾康. 我国分税制改革思路及政策安排：回顾与前瞻[J]. 金融发展论坛，2010(11)：14—20.

后　记

笔者自毕业以来，工作单位服务的客户主要是城投公司，所以对城投公司有着很独特的感情。对城投公司的认识就像是拼图一样，从刚开始的疑惑、一知半解，再到熟悉、脉络逐渐清晰。为了更好地理解城投公司，笔者通过各种途径尽可能全面地搜集整理了有关知识，从而完成了《城投简史》这本书。《城投简史》中既有对城投发展的梳理，也有笔者多年从业过程中形成的认识和见解。囿于笔者的学识，对于城投公司一些问题的认识和看法可能还相对简单，甚至比较肤浅，但是《城投简史》承载了笔者这么多年对城投公司的感情，是笔者致城投公司的一封情书，笔者想将了解、认识、熟悉的城投公司介绍给大家。

也正是因为和城投公司打交道比较多，所以才更了解城投公司的重要性，真心希望城投公司蓬勃发展，并能够拥有定位清晰的未来。虽然城投公司转型已经成为老生常谈的话题，但是成功转型的城投公司并不多，这与城投公司的主营业务有关，更与城投公司的债务问题有关。读懂了城投公司，就读懂了中国经济，这并不是一句简单的口号，而是根据经济发展实情道出了城投的地位，这种特殊的地位意味着我们必须想尽一切办法来确保城投公司转型成功。虽然我们无法预知城投公司的未来，但是我们可以按照现有的发展逻辑去分析城投公司可能的转型方向和发展路径。当然，每个城投公司都有其特殊性，转型是否成功有很大的不确定性，这是对城投公司的挑战，也是对城投公司相关合作方的挑战。

感谢我挚爱的妻子和可爱的儿子对我工作的理解和支持。工作性质属于全年无休，不是在出差，就是在开会加班，只能挤出少得可怜的时间写作《城投简史》。谨以此书记录我努力的样子，希望以一种新的方式为孩子诠释专注与热爱。

作此后记，铭记城投公司历史，静待城投公司未来。